張君勱著
程文熙編

# 中西印哲學文集

下册

臺灣學生書局印行

# 第五編　儒家哲學之內涵

# 一、紀念孔子誕辰

十九世紀中英國傳教士李格氏留港卅年，譯四書五經為英文本，可謂孔子之功臣矣。其評論孔子，以耶教為標準；謂孔子不論宇宙創造，不知有一神為其缺點。今距李氏譯書之日逾百年矣。西方人認識孔子之偉大，正由於其不以教主自居，不言一神，而論天道；不分形上形下為二。其論人道處，推本於天而以一誠貫之，用力於求知，至於發憤忘食。且示人以博學愼思審問明辨篤行之方法，其於推己及人與所以善羣之道，有格物致知誠意正心修身齊家治國平天下之八目。竊嘗以孔子所陶鑄之中國，比諸印度矣，印度四吠陀之梵天，佛教之空有，與其他哲學派之潛思默索，頗有為吾國所不及者；然其出發點在宗教在解脫痛苦，因而忽略人事方面。一九四九年遊印之日，知其語言文字紛歧，土語二百種，主要語言十四種，獨立以後其政府規定以印地語代英語，然何年何月實現，恐為期甚遠。印人好冥想，忽史實，求如吾國一部廿四史，竟不可得。英治時代各地藩王之數，多至四五百，至獨立後乃合併於印度共和國。至於宗教之爭，語言分省之爭，迄今不絕於耳。謂吾國之書同文，秦後政體大一統者，不如印度乎。至於以中國與歐洲文化相較，其民主政治之風行，其科學成績之發展，其生活程度之提高，誠為吾國望塵莫及。然其歷史上教權與王權之爭，科學與宗教之爭，帝王與貴族之爭，今則有兩階級曰資本與勞動之爭。惟其在政制社會文化方面，常有二者對峙之現象，一方必竭盡其力，以發所長，乃有所謂個人主義與社會主義；乃有超形之宗教與以人智為證驗之科學，宗教也、科學也、物質也、精神也、個人也、社會也，必出之於一邊主張之獨是，而不容有「道並行而不相悖，萬物並育而不相害」之兼收，因此爭端層見疊出，雖有奇花怒放之光輝，而缺中正和平與維持久遠之傳統。以視吾國儒家折兩用中而不趨極端者非自有一日之長乎？吾人既比較中印與中歐文化之得失，乃述平日所以服膺孔子者以與國人共勉焉。

第二、孔子學思並重。孔子曰「學而不思則罔，思而不學則殆」。其所謂學，即現代所謂經驗，耳聞目擊與書籍所載者是也。人之智識須基於官覺所接觸，有事實以為張本，此無徵不信之言所由來也。然學之所以為學，以邏輯決其矛盾；以疇人之學定其數量；以倫理定其善惡；以哲學成其會通。質言之，學而不思，則為博聞強記，陷於班固所謂碎義逃難，或清儒所謂飣餖支離。反是者思而不學，則為想入非非，雖窮幽竭深，而不免於冥行，人且以烏托邦譏之。孔子二者並重之言，足以祛重學（即歐美之經驗主義），或重思（即歐美之理性主義）之一偏之弊矣。

第二、孔子由可知推及於不可知，或曰由形下推及於形上，茲舉兩方面孔子之言如下：

子路問事鬼神，子曰：未能事人，焉能事鬼，未知生，焉知死。

子曰：鬼神之為德，其盛矣乎。視之而勿見，聽之而勿聞，體物而不可遺……詩曰：神之格思，不可度思，矧可射思。

子曰：敬鬼神而遠之。

子曰：天何言哉，四時行焉，百物生焉。

孔子曰：君子有三畏，畏天命。

孔子關於宇宙創造，非不知有神，非不知有天。但就理性範圍以內言之，且就萬物之由來而推至終遠之源言之，且以為必所知之眞切，乃敢明白言之，其隱微不可知者，則存戒愼恐懼之心以待之。孔子曰：知之為知之，不知為不知。此言乎可知者名之曰知，其不可知者，則戒愼乎其所不覩，恐懼乎其所不聞，其於形上界之立言，謹愼如是，未嘗如歐人以上帝，靈魂不死與自由意志三事為形上學之題目而論究之，然孔子不否定上界之天與神，可於其言詞中見之。

第三、孔子信古因時雙管齊下，舉其兩方面之言如下：

孔子曰：信而好古。好古，敏以求之者，子入太廟，每事問。

子曰：行夏之時，乘殷之輅，服周之冕。

子曰：夏禮吾能言之，杞不足徵也；殷禮吾能言之，宋不足徵也，文獻不足故也，足則吾能徵之矣。

子張問十世，可知也。子曰：殷因於夏禮，所損益可知也；周因於殷禮，所損益可知也。其或繼周者，雖百世可知也。

孟子曰：孔子，聖之時也。

孔子知立國之道，不能不以本國歷史為根據，乃正詩書禮樂贊周易修春秋，誠如其所自謂「述而不作，信而好古」者矣。然其答顏淵為邦，與子張十世之間，則孔子因時損益之見，顯然流露矣。及至孟子，將孔子與伯夷、伊尹、柳下惠相較，因以見孔子之大而無所不包，乃斷言曰孔子聖之時也。可以見孔子雖自稱為信而好古，然極知因時制宜之重要，或依現代語可名之曰隨時代進步之人也。公羊三世義中，以時代為歷史中心，尤顯然矣。

我所見孔子之立場如是，在此東西交通科學昌明之日，雖移而用之於今日之二十世紀，大可以相通而不至扞格不入，此我所以追念顏淵仰之彌高，鑽之彌堅之嘆。與夫誦子思「上律天時，下襲水土，譬如天地之無不持載無不覆幬」之言，而低徊不能自已者也。（五十年九月）

五月八　金山

# 二、孔子與現代思潮

## 「明日之中國文化」摘錄五則

### 一、孔子之宗教觀：

「孔子之教，宗教乎？非宗教乎？世人辨之者眾矣。謂爲宗教乎？則孔子不語神怪。且無教會宗門之制，其異於一般宗教之神秘也可知。謂爲非宗教乎？則孔子嘗有畏天命，事鬼神之說，敬天尊祖，自爲孔子所許可。我以爲自其學說言之，孔子之教決與宗教殊科，自社會敬天尊祖之習慣言之，自有宗教元素存乎其中，蓋孔子之道以人事爲本位，而上及乎至隱之天道，二者一以貫之者也。中庸之言曰：

子曰：素隱行怪，後世有述焉，吾弗爲之矣。君子語大，天下莫能載焉，語小，天下莫能破焉。君子之道，造端乎夫婦，及其至也，察乎天地。

惟孔子之道，造端乎夫婦，而致極於天地，故與耶穌以人間爲地獄者，迥然異轍，與佛教之超脫生死輪迴者，亦自不可同日而語。西哲杜里舒嘗遊北京之雍和宮與大成殿。既出而告我曰，一則富於幻想與鬼怪（指歡喜佛言之），一則光明易簡，此言也，可謂道中孔道之眞相矣。孔敎博大而無所不包，故鮮與他敎發生衝突，佛敎之來也迎之，耶敎之來也迎之，乃至西方哲學之來也，科學之來也，無一而不迎之。佛敎入中國後，嘗有三武一宗之難，然皆起於佛道之間，而不起於儒釋之間，則孔敎之博大寬宏也可知。至於西洋史上歷時三十年之宗敎戰爭，尤爲吾國之所絕無。一言以蔽之，是皆孔子之厚賜於吾民族者也。」（一四〇頁——一四二頁）

## 二、孔子之社會觀：

孔子關於社會組織之說，漢儒嘗引伸其義，而爲白虎通之三綱說。曰君爲臣綱，父爲子綱，夫爲妻綱，自西方民主之說入中國，君臣之義與君主之制大爲世所非笑。自西方小家庭之說入中國，昔日子孝弟恭與夫對伯叔或從兄弟之禮讓，概視爲大家庭之流毒而非之，至於夫綱之說，亦以其背於男女平等之學說而視爲不足道。我以爲孔子生當春秋封建之世，臣弑其君之禍，史不絕書，其所謂尊君，亦猶法儒布丁氏言主權之貴乎統一，英儒霍布斯之言專制，言各有當，何能以今日之學說評二千年前之先哲乎？父爲子綱之說，猶之各民族中父權之制，爲社會學中所常見。大家族乃各國農業時代合族聚居之通例，非我國所獨有，及乎子弟眾多，應析產而分居，宋儒張栻且嘗言之，奚待西歐人而始發見之乎？至於夫綱之說，自其今日言之，謂其背乎男女平等，然西人家庭與社會之間，除禮節上尊崇婦女之外，以家庭實權言之，何嘗操於女而不操於男，對於既婚之婦許其有獨立財產，斯爲西方近世特有之制；以社會地位言之，多數職業，何嘗操於女而不操於男，所謂男女平等者，視爲女子權利之增長則可，何嘗有兩性間眞平等之可言哉？凡此孔子之三大原則，自社會進化之階段言之，本無可非，其所以爲此言者，乃時代實使之然，何能執二千年後之是非，定二千年前之人之功罪哉？況乎舍社會進化之標準而就理之是非言之，則孔子之言，自有其至當不易之價值。凡社會必有別上下，定民志之秩序，今日所謂鐵的紀律，所謂領袖制度，皆久亂後求有新秩序之呼聲之表現。君爲臣綱之說，作爲治者與被治者之關係以觀之，父爲子綱，夫爲妻綱之說，作爲家庭間負責人之關係以觀之，安在此等學說可以一概抹殺哉？西人勞佛爾讚揚吾國社會之說曰：

中國文化於史後時代大進步之關鍵，在乎其社會的與民事的德性之健全發展，此種學說之造極，成爲孔聖所定之政治倫理系統，以祀祖結合同族也，家庭生活之神聖與純潔也，子孫之孝敬也，以個人納入家與國中而爲其一員也，皆爲中華人之種族的與國家的歷久長存之大因，中華文化與其制度所以具有不可破壞之活力者在此。

異哉！舊社會制度之優點，惟外人稍窺見之，至於二千年後之子孫，惟知毀謗而已。」

（一四一頁——一四三頁）

## 三、孔子自孔子有其所立乃得有中國文化傳統：

「竊以爲文化之改造，非易事也，舍己而求人，是爲忘其本根，採他人之方而不問其於己之宜否，是爲藥不對症，心目中但欣羨他國之制，而忘其本身之地位，是爲我喪其我，雖欲建樹而安從建樹乎？吾人不敏，敢貢二義：

第一　自內外關係言之，不可舍己徇人。

第二　自古今通變言之，應知因時制宜。

文化之建立，猶之種樹，不先考本國之地宜，則樹無由滋長，且國民習性與制度相表裏，習性不改，則新制無從運用，此己之不可離者一。日日瞪眼以靜待世界之變，因他人之變而效顰，抑知己之不能自立，卽失其所以爲己，雖學而不得其似，此己之不可離者二。抑所謂己焉者，非獨限於現代之人，當推本於過去之己，則祖宗是矣。國中少數學者不特不能窺見前人制作之精意，專毀謗先人以自眩其新奇，冥冥之中，使國人喪失其自信力，實卽所以摧毀其自己。古人之立言，必有其所以然之故，孔子之尊王，所以裁抑封建諸侯，而非以壓倒民眾，古人提倡德化，言乎德禮之重要，非非薄近代之法治，古人尊德性之說，言乎身心當修養，非謂物質科學之不當注重。乃至古今制度學說中，有爲歷史上之塵垢粃糠所蒙者，應爲之分別洗滌。孔子自孔子，不因秦漢後君主專制之政而損其價值。陽明自陽明，不得以明末之心性空譚而抹殺之，今人讀古書，當求古人之眞面目，不可合其相連以起者而排之。要而言之，從善意方面加以解釋，自能於四千年之歷史中求得其精義，以範圍國民心志。若徒加以漫罵，甚且以宦官、外戚、纏足、科舉、娶妾等事，概以歸罪於孔子之敎者，直喪心病狂而已。」（一五八頁——一五九頁）

## 四、孔子所謂御射君子之爭正所以示人格之自由發展：

「民族國家養成健全國民之方法，除文字、智識之敎育外，以人格發展爲第一義。父母之於兒童也，導之以義方，更許以隨時表示其好惡，以養成其獨立判斷之能力。其入於社會也，賦以言論結社之自由，蓋個性發展之結果，惟有許以各行其是，非古代「道一風同」之敎所得而範圍之矣。個人之與個人，團體之與團體，其相待也，有公平競爭之原則，各人於比賽之中，可以表示其所長，然比賽有兩造共守之規則，則雖爭而不至於相殘相害，以損社會之元氣，與孔子所謂御射時君子之爭，其用意正同。質而言之，人格之自由發展，乃現代道德教育之要素焉。」（一六一頁）

## 五、孔子之精神復活於宋人理學：

「吾先人當外來文化之侵入，而謀所以處之者，固有術矣。晉室不綱，五胡竊發，北方諸省，陷於鮮卑、氐、羌諸族者數百載，斯時佛教直取孔教而代之。歷隋、唐之後，吾族之自覺性恢復，而孔子之精神，賴佛家明心見性說之觸發，而復活於宋人理學之中矣。今日東西之外患，視五胡如何？或曰東西人之智力，非五胡所能比擬，或曰東西洋人之入寇，不至如五胡之甚。乃至歐洲文化之優勝，視佛又如何？或曰科學之力，祇及於思想與技術，不及於倫理；或曰科學能影響於吾人之全部人生。凡此雙方之是非，誠未易得一定論，然吾族今日政治上，思想上猶能維持其主權，則為人所共見，或者由沈睡而覺醒之期，不必如由五胡、南北朝而達於隋唐之歷時久遠。徵諸往史，吾族之能消化外來元素以成為我之所固有，本已的然無疑，其亦繼戰國、唐、宋之後，而另成一文化大振之新時期乎。此由既往推將來而有以知其必然者也。」（一六三頁）

# 「義理學十講綱要」摘錄七則

## 六、孔子教義與西化及所以為國事可憂者

「吾國傳統文化之性質，其在今日，可與西方兩相比較，而明其優劣。第一、曰敬天尊祖，而無西方一神之宗敎信仰，孔子之敎義，重在讀書明理與道之並行而不悖，故心理上之信心，不如西方之專一與堅強。第二、曰以社會秩序爲重，在家有家庭制，在政有君主制，以盡孝盡忠爲事，不聞有如西方貴族與君主之爭，更不聞有平民與君主相勉於憲章遵守之爭，爲人子者不知獨立奮鬭，好以依賴爲事。第三、曰學術思想，除戰國時代之百家爭鳴外，但知守先聖遺訓，註疏講解。唐宋以降，有宋明理學運動，雖取佛敎之地位而代興，然於格物致知之功，遠不逮西方。第四、曰人民生計，重農業而賤工商，生齒日繁，無法貯資本，土地雖廣，而天然資源不如西方富厚。凡此四端，僅以簡單式之標語表而出之，若語其詳，雖千萬言不能盡也。

吾族立國東亞，目擊四境之外，曾無一族文化足與相抗衡者，循致養成其自大自是之習慣，失其適應環境之靈敏性，自十九世紀後半，西歐國家之挾其文藝復興以來之科學知識，工業技能與政治制度，與我國度長絜短，我無往而不遭懲創，一敗再敗乃至三敗四敗之後，專以崇拜外人爲事，而盡喪其對於本國文化之信心，此則今日共產主義之所以泛濫國中之主因也。

現代西方文化之東來也，我百餘年前乃至二三百年之先民，見所未見，聞所未聞，竟不能認識其價值與推求其所以效法之故，始也排斥，繼之以模仿而不得其道，且以新舊派之意見紛歧，致令國人莫知所從，其終也內亂迭起，外患乘之，而混水摸魚之輩方且利其紊亂以爲攘奪之計，此非太平天國以來迄於今日之過去總帳之結算單乎。試分項言之。

第一、就宗敎言之，自明萬歷間耶穌會傳敎士之東來，徐光啟輩之受洗禮者稱之曰，耶敎與孔道不相衝突，且足以相輔相成，然自康熙間羅馬敎廷下令禁止祭祖之禮，於是耶穌會人士或被驅逐或禁閉，中西文化交通斷絕垂百數十年之久，及乎十九世紀後新教與舊教相隨並至，所謂天津教案（曾文正時代）與團匪事變始終糾纏於其中而無以自拔，其間康南海獨見及宗教為一國文化之大關鍵，欲以孔教立為國教，然梁任公發為「保教非所以尊孔」之論，其後胡適、陳獨秀更起而明標「打倒孔家店」之幟，此非中西文化之衝突，至今不得調解之一端乎？

第二、就學術思想言之，吾國所謂正心誠意致知格物之學，乃今日西方所謂道德價值，亦即吾國所謂是非善惡之準則。西方所謂科學，乃天文、地理、物理、化學分科之學，屬於自然界之知識。徐光啟受學於利瑪竇之日，早已認定名數之學為科學之基礎，可以與孔子之教相輔而行。至曾文正時，亦確認科學之重要，乃有譯書局之設與江南製造局之創辦，不謂至張南皮勸學篇又一轉而為「中學為體西學為用」之言，顯為分別輕重，至胡適輩，乃認科學為萬能，而否定孔孟以來之道德價值，此非中西文化之衝突，至今不得調解之又一端乎。

第三、就政治與社會言之，吾國素以社會秩序為重，故以家庭為社會重心，以君主為政治重心。家長之制，羅馬法中有之，不能以此責孔子，封建制度下之諸侯，戰爭不息，乃思以一統天下之君主代之。猶之法國路易氏提倡專制君主也。此亦不足為孔咎。吾儕為後世子孫者，不自改進以求進於民主憲政，反責備先聖先賢，以淆惑人心。此非中西文化之衝突，至今不得調解之又一端乎。

自以上三大項言之，已足以見近百年來吾國宗教，學術與政治社會上之爭執，而陷人心於不安，然近三十餘年來所以動盪人心，使之但知有疑，而不知有信，但知輕漂而不知嚴重，但知有亂，而不知有治之心理。更如水之下流，而莫知所底止矣。

（甲）近年治學治史者但知以人物生死年月與書本眞僞之考訂爲事。此自爲整理國故者所不可忽，然對於國家治亂風俗厚薄，視之爲不屑措意，使全國學風趨於枝枝節節，餖飣支雜，而不識心中歸宿之所在，舉其至顯著之現象言之：

（一）但知有疑而不知有信

（二）但知有破而不知有立

（三）但知一人一書一名一物——正確之重要，而忘人心大方向之轉移。

（四）但知各派之同流並進，而不知其間應有主從先後之分別。漢書藝文志嘗於論六藝一百○三家之後，繼之曰「後世經傳既已乖離，博學者不思多聞缺疑，而務碎義逃難」，曾文正對於清代漢學家，名之曰餖飣支雜，吾人處於大難之中，宜懲前毖後，而知所以改絃易轍之道乎。

（乙）提倡文藝者，視紅樓水滸與左傳史記之文爲同等價值。此猶戲臺之上但誇青衣丑腳之動人悅目，而忘鬚生之羽扇綸巾矣。其弊之顯著者：

（一）動人聽眾。

（二）避嚴重尙輕佻。

（三）棄大事小。

隋開皇四年之詔曰：「忽人君之大道，好雕蟲之小技」，又曰：「文華日繁，其政日亂。良由棄大聖之軌模，構無用以爲用也」。此言也，隋皇爲南朝之君主言之，然移此言以評三十年來之文藝界，其棄大事小一也。

（丙）爲政治活動者，但知爲一黨一己爭權奪利，而忘政府對於人民負治國安民之責任，一若內戰可以長久繼續，治安不必維持，飢溺可以不管。而一己政權可以有恃無恐者矣。其弊之至顯者：

（一）以暴易暴。

（二）朝秦暮楚。

（三）南走越北走胡。

（四）引外人覆宗邦。

（丁）批評社會制度者之偏激處如下：

（一）攻短而不見長。如攻三綱五常之短，不識其對於安定社會秩序之長，知讀經之陳舊，不知經中保存文獻之大用。

（二）但揚叛亂而忘治安，如恭維太平天國，而罵曾文正爲劊子手，稱李自成之農民暴動，而忘漢唐之盛治。

（三）但好異而不見常，如表彰墨子推崇法家（左派）；至於孔孟與宋明儒者之言，則淡焉若忘。

（四）蔑視本國，崇拜外人。吾國文化之固有者，在清末嘗有附會穿鑿之習，存其皮相，以詢謀僉同爲議會。以鄉舉里選爲地方自治，及至軍閥割據，內亂連年，乃以爲吾國之舊制無一可取，西方民主國之爲政，亦視爲已在過去之列，獨有蘇俄共產主義之制度，一黨專政也，民主集權也，排斥異黨也，否定人民主權也，雖明知其爲偏宕之制，可以愚民於一時，而不能愚民於萬世者，相率趨而效之，逮政權搶奪之局已定，雖摧殘一切文化傳統而無所愛惜，猶之石敬塘之父事契丹以自覆其宗邦，雖認賊作父，而不以爲恥笑。

由於以上甲、乙、丙、丁四項之心理狀態，造成吾國人精神上之眞空，對於固有者旣莫知所適從，對於西方之新來者，以一手掩盡天下耳目之手段行之，有第三國際之政略爲護符，有中共軍隊爲驅除之先鋒，有馬克思，列寧，史大林之著作爲經典，其令天下風從而靡者，亦曰其手段之工巧，豈有眞正仁民愛物之義行之可言哉？

吾人由是以知國家政治制度之推翻，由於人心之動搖，由於是非之淆亂，五代之世，歐陽文忠稱之曰廉恥道喪之日，然間亦有一二善言之可取者，後唐大理少卿唐澄之言曰：

國家不足懼者五，有深可畏者六：

陰陽不調不足懼　　賢人藏匿深可畏
三辰失行不足懼　　四民遷業深可畏
小人訛言不足懼　　上下相徇深可畏
山崩川涸不足懼　　廉恥道消深可畏
蟊賊傷稼不足懼　　毀譽淆亂深可畏
　　　　　　　　　僞言蔑眞爲可畏

唐澄氏之意亦曰天災地變，民窮財盡，舉不足畏，獨有賢不進，不肖不退，上下相蒙，是非混淆，以僞亂眞，則國家無復有由失復得，由亂返治之可能，所以治國家者，亦曰明是非彰善惡以正人心而已。」（一頁——七頁）

## 七、孔子之教在六經不必擬之於宗教：

「孔子亦嘗有天生德於予之言。然其思想由於好古敏求，學如不及，博學多識，未聞自稱曰上帝之子或上帝之預言者，耶教有末日審判之說，回教亦然。佛教名之曰孽，孔子雖有爲善有慶，爲惡有殃之言，其意限於倫理範圍之內。與宗教中之天堂地獄絕不相類。況乎孔子有未知生焉知死之言。有不語怪力亂神之言，有敬鬼神而遠之之言。此孔子對於『不可知之事物』審愼立言之意。乃以譯孔子各書著名之來格氏，有大責孔氏之言一段，爲國人所不經見。茲譯而出之。

『孔子不語怪力亂神，原不應責備。特其對於此等事之無知，乃孔氏之不幸。既無所聞，又無所見，且但知注意於日用之事，故視苦心焦思於不確定之事爲無用。

依我觀之，孔子非反宗教，乃不知宗教，孔子性情與頭腦之冷靜，不利於中國人宗教熱情之鼓動，其所走途徑，或爲中古與近代文人學士中無神論之準備。

我所提出一項問題，卽孔子是否將古代宗教有變更，我不信孔子對於古代宗教教條，故意有所隱匿，倘使孔子癖性不若是冷靜，其論及宗教之處，不至若今日書中之猶移不定，更可進而懷疑孔子是否十分忠實於先代文獻。以上云云，非指孔子關於信仰之文有所增損之謂。

孔子云：『我不與祭如不祭。』此習慣定由於死者在死後繼續存在之信念而來，既有祭禮，則彼等當信死後之有知，但孔子關於此事，向不明確言之，且有規避之意。

我初無意於主張對死者之祭禮，所以提起此問題者，因孔子既承認有祭禮，何以不明言祭禮出於信仰，而孔子但視之爲禮節，則他人可以不誠意責之。』

夫鬼神之事，屬於『不可知』者。孔子之不確定，與十九世紀英國哲人斯賓塞氏所謂「不可知」，其意正同。歐人發見此界線於兩千年後，而孔子已見及於兩千年前，此孔子之所以偉大也。

或者曰，孔子非宗敎，何以孔子對於中國社會有莫大之威力，吾國何嘗不稱之爲名敎樂地，其類似於宗敎之處：（一）有聖廟與祭祀。（二）有漢武帝定六經於一尊。他家學說難以比擬。吾以爲此由於孔子以文化傳統爲基礎，國人受其益，乃思有以報之尊之。自韓愈後更有道統之說。孔子之後，繼之以孟子，孟子之後，繼以宋之程朱，雖亦頗似耶穌門徒或敎皇之繼承。然此皆由於學者與政府之公共評論，初不若羅馬敎皇之由選舉而執行職務，其定六經由於一尊，乃爲士子必讀之書，且爲考卷題目所自出。然孔門之內，初有孟荀之爭，漢代有今文古文之爭，至宋明有朱陸朱王之爭，可見一尊之下，思想自由仍在發展之中，未嘗因此而受阻也。

或曰，因孔子之非敎主，吾國乃成爲一個非創造宗敎之國家，因此而有佛敎、回敎、耶敎之侵入。如何改孔敎爲國敎以抵制之，戊戌前後康南海倡言保敎，在其戊戌奏稿中有以孔敎爲國敎之條陳，然其門下梁任公則反對之，所著「保敎非所以尊孔」一文中，有昔爲保敎之驍將，而今爲其敵人之語，其激昂慷慨之情見乎辭矣。吾以爲孔子之敎，以六經爲基礎，其性質爲先代文獻，其所以敎之者曰博學篤志，切問近思，既非上帝之子，又非代上帝立言，宜仍二千餘年來之舊，不必因西方之有宗敎，而爲東施效顰之舉也。

況乎吾人今日讀歐洲與各國歷史矣，因宗敎而致戰爭，爲吾國之所無。同國之人因宗敎而分裂如印巴者，爲吾國之所無。宗敎與科學之衝突，爲吾國之所無。有神論無神論，在孔子敎義之內，無自而生，吾人宜感謝孔子胸襟之濶大，分析之精密，服膺其學不厭，敎不倦，道並行而不相悖，萬物並育而不相害之宗旨，他國宗教之來，吾人一律接受或研究之。異時或有如佛輸入後引起宋明新儒家運動之一日，在受取他人長處之中，仍有自己樹立之可能，是視吾族聰明才智之努力如何耳。」（十七頁——十九頁）

## 八、孔子所以爲萬世師表自有其價値在：

「近數十年吾國思想界對孔子學說之推崇，由於漢武表彰六藝罷黜百家之詔書，因此儒家地位特別提高，其他各派如道、墨、名、法皆在擯斥之列，究竟孔孟所以獨尊之故，由於帝王之一紙詔書歟？此吾人今日所當明辨者。

吾以爲孔孟學說之所以被推崇：（一）由於其學說能解決社會問題，如君臣父子夫婦朋友之秩序，爲社會所必需。（二）孔孟以堯舜禹湯文武在文獻中之事實爲基礎，不若道家之改制，託之於黃帝一人，墨家理想中之人物，託之於大禹一人。（三）道家之任自然，墨家之摩頂放踵，雖有獨到之處。而不免於偏激，不若孔孟忠恕之道近於人情。（四）孔子自稱曰述而不作，以古代文獻六藝傳之於人，較老墨之自著一書表彰自己學說者，反易爲人所接受，吾以爲孔子學說之所以被推崇者，其原因在此。漢武之詔書，乃就漢以前孔子在社會上之地位，從而承認之核定之而已。

試考漢武以前之人物對於孔子之評論：

子貢曰：固天縱之將聖，又多能也。

顏淵曰：仰之彌高，鑽之彌堅，瞻之在前，忽焉在後。夫子循循然善誘人，博我以文，約我以禮，欲罷不能，既竭吾才，如有所立，卓爾！雖欲從之，末由也已。

子思於中庸之言曰：仲尼祖述堯舜，憲章文武，上律天時，下襲水土，辟如天地之無不持載，無不覆幬；辟如四時之錯行，如日月之代明。萬物並育而不相害，道並行而不相悖，小德川流，大德敦化，此天地之所以為大也。

或者曰：以上三人，或為孔子門人，或為其子孫，對於其師其祖多顯揚之語，乃人情之常。然荀子雖為儒家，自守其立場甚堅，其解蔽篇評定各派，獨稱道孔子之言如下：

> 墨子蔽於用而不知文，宋子蔽於欲而不知德。
> 愼子蔽於法而不知賢，申子蔽於勢而不知智。
> 惠子蔽於辭而不知實，莊子蔽於天而不知人。故由用謂之，道盡利矣，由俗謂之，道盡嗛矣，由法謂之，道盡數矣，由勢謂之，道盡便矣，由辭謂之，道盡論矣，由天謂之，道盡因矣，此數具者，皆道之一隅也。夫道者體常而盡變，一隅不足以舉之。曲知之人觀于道之一隅而未之能識也。故以為足而飾之，內以自亂，外以惑人，上以蔽下，下以蔽上，此蔽塞之禍也。孔子仁智且不蔽，故學亂術足以為先王者也。一家得周道舉而用之，不蔽於成積也。故德與周公齊，名與三王竝，此不蔽之福也。

或者更有人以為荀子屬於儒家，自然袒護孔子，則請讀道家莊子天下篇之言。

> 古之人其備乎，配神明，醇天地，育萬物，和天下，澤及百姓，明於本數，係於末度，六通四闢，大小精粗，其運無乎不在，其明而在數度者，舊法世傳之史尚多有之，其在於詩書禮樂者，鄒魯之士，縉紳先生多能言之。

莊子稱道儒家，可謂至矣。

漢代司馬遷於所著史記中多評漢武之言，未必隨帝王之意旨，亦步亦趨，其於孔子則贊之曰高山仰止，景行行止，雖不能至，心嚮往之。

由以上諸家對於孔子之評論，然後知孔子之所以爲萬世師表，有其自身價值之所在。」

（二〇頁——二二頁）

## 九、孔子爲中國傳統文化之柱石：

「孔孟對於吾國學術思想社會結構之影響，更有論列之必要。

（甲）孔子不以宗教爲立國大本，其長處已詳第二章中，使吾國免於宗教戰爭，且使儒釋道回四教得以和平相處。

（乙）孔子在六經中保存文獻，留下吾國社會之眞面目，視印度人但好哲學，無自古迄今之歷史著作者，正相反對。

（丙）孔子有正名之說，具體言之，以君君臣臣父父子子之義，安定社會秩序，其反於正名之行爲者，則記之於春秋中，稱之曰亂臣賊子。

讀者諸君勿惑於近年毀棄三綱五常之說，而以爲君臣父子之說爲不足重輕，試觀中共政權之下，子孫檢舉與審判父祖案件中之逆情背理，可以見此中消息。孔子論語曾有一段兒子控告父親之文曰：

葉公語孔子曰：吾黨有直躬者，其父攘羊，而子證之。孔子曰：吾黨之直者異於是，子爲父隱，父爲子隱，直在其中矣。

何晏論語爲之注曰：子苟有過，父爲隱之，則慈也。父苟有過，子爲隱之，則孝也。孝慈則忠，忠則直也。故曰直在其中矣。吾以爲攘羊案件，自可按法律處理，自有檢察官之偵查，不待父子之告訴以明其爲正直。疏中江熙更有語曰：「葉公見聖人訓動有隱諱，故舉直躬，欲以此言毀訾儒教，抗衡中國，夫子答之，辭正而義切，荆蠻之豪喪其誇矣。」嗚呼，荆蠻之豪四字，何其似毛澤東之徽號歟。

（丁）孔子開門授徒，樹私人講學之風，以智力資格，代替貴族世襲之制。此授徒講學一端，可以知訾孔子爲擁護封建制度之人，乃不值駁之言，至於解「三月無君皇皇如焉」，爲急於求官，「瞰亡往拜」爲虛僞，濫言而已。

孟子一書，七篇之中之主張，其重要者凡五點：（一）稱堯舜。（二）道性善。（三）貴王賤霸。（四）拒楊墨。（五）明正氣。（中略）嗚呼，孔子孟子，吾國文化傳統之柱石，定二千年來是非邪正標準之人也，其毀之者，吾亦曰借子貢之言以答之曰：何傷於日月」。（二四頁——二六頁）

## 十、孔子之人貴自立與治學方法論：

「依大學之心、身、家、國說起，惟心字太抽象，不若將心身二字合而爲一，而以人字代之，良以今日而謀義理學之復興，當返之於孔孟之創始期，不牽涉孟荀兩派與今古文之如何，至於宋明理氣問題與程朱陸王之辨別，正如牛毛繭絲之別以釐毫絲忽，易陷於紛爭，然我非因此而蔑棄宋明理學家之功績，惟以爲哲理之精微，與道德之切用於日用者，乃兩方面之事，不當混而爲一者也。

第一、人。人之立於斯世，以自立爲第一義，孔子自述其一生曰，吾十有五而志於學，三十而立。凡人當養成其獨立不倚賴之志，故曰三軍可奪帥也，匹夫不可奪志也，必如是，而可名之曰人。

爲人以誠實忠信爲第一原則，故孔子曰，言忠信，行篤敬，雖蠻貊之邦可行焉，言不忠信，行不篤敬，雖州里行乎哉，孔子尤不願言行之不相符，或巧言令色，故曰君子恥其言而過其行。又曰，巧言令色鮮矣仁，惡利口之覆邦家者，羣居終日，言不及義，惡行小惠難矣哉，孔子勉人以刻苦節儉，故曰食無求飽，居無求安，士志於道，而恥惡衣惡食者，未足與議也。孔子對仁義二字，尤爲注重，其言曰，人而無信，不知其可也。自古皆有死，民無信不立。又曰，見義不爲無勇也。孔子待人之道，以恕爲中心，故子貢問曰，有一言而可以終身行之者，子曰其恕乎，己所不欲，勿施於人，孔子惡人之相爭，故曰君子無所爭，必也射乎，揖讓而升，下而飲，其爭也君子。言競賽則可，其終也，應以禮讓出之，如美國兩黨總統競選，選票既揭曉，則敗者發賀電，祝勝者之成功，亦此意也。

孔子關於治學之方法曰，學而不思則罔，思而不學則殆，又曰，博學而篤志，切問而近思，此爲內界之心思，與外界之智識並重。孔子對於人處危難之際，一方勸人以危邦不入，亂邦不居，他方則曰見危致命，又曰，志士仁人，無求生以害仁，有殺身以成仁，孔子不責人之犯過，而望人不文過飾非，故曰君子之過也，如日月之食也。過也，人皆見之，更也，人皆仰之。孔子勸人對於毀譽，依直道二字行之，故曰，吾之於人也，誰毀誰譽，如有所譽者，其有所試矣，斯民也，三代之所以直道而行也。孔子尤重禮，人羣相處，言動拜訪與婚喪喜慶，在風俗上應有一定之禮節，故曰，生事之以禮，死葬之以禮，祭之以禮，禮之用，和爲貴，言乎禮之不可無，然不尚奢華，而貴質樸，論語中記棘子成之語曰，君子質而已矣，何以文爲，子貢嘗駁斥之，然處衰敗之日，不以質樸誠實爲起點，而徒事文飾與花言

巧語，其無補於危亡，可以斷言，曾文正於中興之日，所以竭力提倡拙與誠者，豈不以此乎？」（三五頁——三六頁）

## 十一、孔子治國之道：

「齊景公問政於孔子，孔子對曰：君君臣臣父父子子，公曰：善哉！信如君不君臣不臣父不父子不子，雖有粟吾得而食諸，此言治者與被治者各有應盡之職務，如治者不盡其職，其國家必不能保，其身正不令而行，其身不正雖令不從，與自古皆有死，民無信不立云云，出於同一精神，孔子於適衞之途中，與冉有論政治三要點，曰庶曰富曰敎，註者之語曰，富之者當施舍薄斂，使之衣食足，此言乎未有人民食不飽，衣不暖，而可以保有國家者，衣食之足，賴乎治安，若內戰連年，國庫空虛，盜賊遍地，政以賄成，則人民如何能安居樂業，此違犯孔子治國要義之至顯者也。

大學之論治國曰：民之所好好之，民之所惡惡之，此之謂民之父母。詩云，節彼南山，維石巖巖，赫赫師尹，民具爾瞻，有國者不可以不愼，辟則爲天下僇矣。此末一句言乎邪僻失道，則有大刑，卽失國之謂也。

中庸之言曰：凡爲天下國家有九經，曰脩身也，尊賢也，親親也，敬大臣也，體羣臣也，子庶民也，來百一也，柔遠人也，懷諸侯也。下段解釋九經之語，極關重要，以文煩不備錄，末後更有一語曰，凡事豫則立，不豫則廢，政治家應豫有先見，謀定而後動，不可但作臨時應付之計。」（三九頁——四〇頁）

## 十二、反孔及反儒家之答辯：

「近人論孔子之罪有二：（一）曰封建主義，（二）曰促成專制帝王。至於孔子保存文獻，安定社會秩序與開私人講學之風，則鮮有人道及之者。

論語於季氏一章中，孔子明言曰，禮樂征伐自諸侯出，蓋十世希不失矣。註者曰，始於隱公，至昭公十世失政，死於乾侯矣，又曰自大夫出，五世希不失矣，註者曰：季文子初得政，至桓子五世，爲家臣陽虎所囚，又曰陪臣執國命，三世希不失矣，註者曰：陽虎爲季氏家臣，至虎三世而奔齊，由此觀之，孔子自身早已見及封建制度之不能維持矣，而近時之論者，但據禮不下庶人刑不上大夫之語，稱爲春秋戰國尚行封建制度，此誠事實如此，然與孔子何涉乎？孔子鑒於諸侯大夫與陪臣執政之不可，乃想望一個禮樂征伐自天子出之一統天下，謂孔子爲贊成君主制度誠是矣。此猶歐洲之論政者厭倦封建時代之戰爭不息，乃欲以專制君主代之，其用意正同，吾儕爲子孫者當自怨自艾於其不克爲華盛頓以造成一個安定的共和國，奈何徒詛咒其祖宗乎，吾未聞世界上進於民治之國家以毀謗昔日之帝王爲事者，況乎孔子徒爲坐言之人，未嘗一日負實際政治責任者乎。

明末顧亭林氏與顏習齋氏所以批評理學者，不外下列四點：（一）心性空譚，（二）主靜，（三）但知書本，（四）無補於救亡。

顧氏之語，近年引之者多矣，無待重複，吾以爲一國之學術，有虛實、體用，精粗，養心與實用之分，不可一概而論，孔子孟子之書，何嘗非空論，然所以定吾國人心者，其效用何如，柏剌圖與亞歷斯大德之書何異於孔孟，歐洲文化，實以此爲濫觴，陽明學說在吾國明末，流爲狂禪，傳至日本，造成明治維新之大業，此視其所以用之者何如耳，學問之屬於心性者曰宗教，曰哲學，曰倫理，此雖爲空爲虛，而與實際生活互有關係，其他實科之學，如天文，地理，生物，化學，物理與農工商技術，此自爲實際生活所必需，理論爲實際之基礎，實際爲理論之應用，二者同時有用，不可但知其一不知其二也。

習齋嘗言「請畫二堂」，一堂上坐孔子，劍佩觿決……干戚舞武。一堂坐程子，峨冠博帶，垂目如泥塑。此乃斥宋儒之主靜，吾以爲宋儒主靜，乃受印度佛教瑜珈派之影響，既欲有所體驗，自不能採用印度方法，若謂此主靜之方法不足以救亡，此與吾國人之重文輕武有關，此種風氣之養成，由於歷代帝王收天下兵器，不許人民習武之所致，其責在歷代帝王，宋儒之靜坐，乃其至小之一因素而已。

習齋又責宋儒之好讀書，此自爲卓見，且爲數千年僅有之卓見，自漢以來，學者潛心於書本，少向農商方面，下手於實際生活，吾國士大夫，倘今後不改此習，吾族必難於復興，故少著書，而多動手，乃習齋之特見，吾人不可不牢記其言。

至於習齋所云前之居汴也，生三四堯孔六七禹顏，後之南渡也，又生三四堯孔六七禹顏……上不見一扶危濟難之功，下不見一可將可相之材，云云，此其所責，不免文不對題，何也，伊川與其門下在紹聖之間，爲秦檜因黨論削籍，朱子在南渡後，有志匡國復仇，嘗上書孝宗甯宗，爲韓侂胄所排擯，不能立朝，程朱二氏在南北宋，爲階下囚，奈何以救亡之業期之，彼既不柄政，有何職責可言乎？」（四一頁——四三頁）

# 三、孟子哲學（四十七年十月）

——四十七年十月二十八日西貢大學英文講詞漢譯——

孟子之強調「思」的哲學方法，其意卽謂：「沒有思便沒智識。」孟子是將其哲學建立於「種類」術語基礎上的人。他的著作，可與笛卡兒的「思索」相提並論；或等於康德所說：「有官覺而無概念是盲目的」。

孟子認人爲理性的動物，他希望強調人的特性，完全是一位道德嚴格論者，他堅持凡在意志上是對的，便是善，他反對功利主義。

## 一、導　言

西方人要欣賞中國哲學，是極其困難的。因爲中國文字、語言、造句、與表達觀念的方式，均與西方國家完全不同。有些歐洲人說：「在中國哲學書裏，有許多術語含糊。」我可對他們說：「誠然！中國哲學術語，含有歧義，而在西洋哲學中，亦可發現同樣情形。當一個人眞正獻身於中國哲學，而仔細研讀其所爭論的術語時，便可發現每一術語有其限定而正確的意義。在各時代常有一個傳統的詮釋法。」另有些西方中國語文學者說：「中國式的觀念表達法，是採取格言的形式，而不構成系統。」

此一觀念也許是對的。但所以謂其是對的，僅因爲他們是習慣於柏拉圖、康德、或黑格爾的著作中的寫法。我們可以描繪法來作一個比較，一個中國畫家，能以少數幾筆，即可畫好一個人的臉，有所謂畫龍點睛之說。許多西方人士可認爲如此數筆畫法，再也栩栩如生的沒有。這證明兩種觀念的不同。如果輕輕數點，足以畫成一個人相，何以數句不能表達一個完全的觀念而無需哲學中的冗長贅言？

我可以說，關於批評中國字、造句、及表達法爲含糊，一切此等批評，並不妨對中國哲學之眞正了解。我自已就曾試將中西哲學，作過比較研究，而未曾發現在基本原則上，有任何眞正的差別。

上面導言說過後，我現在來述說孟子的哲學。

## 二、「思」與出發點

孟子是儒學中將「思」置於哲學之主要地位的第一人。孔子對此同樣主題，也說過數語，而將「思」與「學」置於同等水準。孔子說：「學而不思則罔，思而不學則殆」。這些話的意思就是：因爲智識是從經驗與資料而得來的，以其獲自別人所發現的東西，故每個人必須學習，以擴大其智識領域。但是僅僅從學他人，則其心思便會消散而混亂，有如有許多頭緒在手，而不知其綱領何在？孔子告誡其弟子，要以更爲深刻的方法去尋思，俾發現一個系統，或所謂一貫之基本原則。孟子以一種特殊的方式，修正孔子之說，而強調「心之官則思……」，有如法國笛卡兒說法「我思故我在」，以爲現代哲學之出發點；謂兩者同具重要性，蓋不爲過也。

笛卡兒學說，反映西洋哲學之發展，可以想見其如何重要。而孟子之「心之官則思」的理論，在東方亦有其重要性，而能與笛卡兒之說相比擬。若說孟子在東方並未如笛卡兒在西方之扮演如此一種重要地位，則是對的。但是，如果追溯宋朝陸九淵的哲學，及明朝王陽明的哲學，便不能不認孟子「思」的學說，實爲一種前驅與發源的著作。

孟子說：「耳目之官不思，而蔽於物，物交物則引之而已矣。心之官則思，思則得之，不思則不得也。此天之所與我，先立乎其大者，則其小者不能奪也，此爲大人而已矣。」孟子在其書中許多次說到「心」必執行「思」的功用。孟子還說：「今有無名之指，屈而不信，非疾痛害事也。如有能信之者，則不遠秦楚之路，爲指之不若人也。指不若人，則知惡之；心不若人，則不知惡，此之謂不知類也。」

「思」的強調，這對於孟子或笛氏，並不是一件特殊事，而是哲學家的一個必需步驟。這可以追溯到柏拉圖。柏拉圖說：「他只以心思向一件事去達到他們的最純粹的智識，而不是導行視覺或任何及其他感覺入思想行爲，但以心思本身清晰的光輝，便可鑽入每一件事的本來眞理。」柏氏此一短短引語，我看已足夠表示東西哲學家之間，實在沒有差異。

## 三、邏輯與概念

在一切現象之間，必有若干特徵，這是每一個現象或全部現象所具有的共同點。特徵可以發現於自然體，或發現於人類生活之中，此等特徵如何而能被發現呢？在有形世界中，可用觀察及經驗而獲得發現，但道德原則，由於宗教預言家、道德導師及哲學家所發現，道德原則不能被武斷。因爲道德原則必須由人類羣體或大多數加以實踐，既然道德原則必須由人類實踐之，則必須有一個可爲人類同意的基本。這便是自然律，慣例，或法則。

關於道德原則，不易獲得其一致的同意，如在自然現象中一樣。然而當其被同一羣體大多數人員遵守時，則其必須爲遵守它們的人們所同意。此兩種注重自然與社會現象的原則，以孟子術語言之，謂之「義」與「理」。以現代術語說：「義」就是道德義務律，「理」就是有形體與社會現象中的理則。

根據孟子學說：「義」與「理」之發現，是以共同通過或不通過卽共同「是非」爲基礎，是與非其意義維何？這不僅是「是」與「非」的行爲，而是以許多方式使之具體化；其方式諸如語言、著作、及法制，這些均是人類社會的基礎。特別言之，共同「是非」，是觀念所以形成的方法。讓我們引述孟子一段話說：「故凡同類者，舉相似也，何獨至於人而疑之，聖人與我同類者。故龍子曰：不知足而爲屨，我知其不爲蕢也，屨之相似，天下之足同也……惟耳亦然，至於聲，天下期于師曠，是天下之耳相似也；惟目亦然，至於子都，天下莫不知其姣也，不知子都之姣者，無目者也。故曰：口之於味也，有同嗜焉；耳之於聲也，有同聽焉；目之於色也，有同美焉；至於心，獨無所同然乎？心之所同然者何也？謂理也，義也，聖人先得我心之所同然耳；故理義之悅我心，猶芻豢之悅我口。」

諸君必須仔細注意「類」這一辭，亦可用「物三等類」代替，如同一般術語：人也，動物也，或植物也，是一種「類」的觀念。此種「類」的觀念之形成，是當同類事物之一組共同特性被發現時，便形成其一定的觀念。此種物類形成是構成常識、科學或哲學的基礎。如果此等「類」的術語不存在，即沒有科學智識，也沒有哲學。在孟子前後，有許多關於此種術語的討論，散佈於墨子及荀子等著述中。我們可以斷定，中國哲學家，對於邏輯原則，及觀念價值，有極豐富的智識，雖然在古時中國，並沒有一本討論爲邏輯的專書有如亞里斯多德之「論理學」。

我是說，批評中國哲學缺少邏輯原則，是不對的；至於說古時中國沒有一本關於全部邏輯方面的書，那我可以同意；但邏輯原則是有的。那麼可能也不會有討論理論或窮究事理的研究。我現在結束此一段落並作結語曰：

孟子之強調「思」的哲學方法，其意卽謂：「沒有思卽沒有智識」。孟子是將其哲學建立於「種類」術語基礎上的人。他的著作可與笛卡兒的思索（Cogito）相提並論，或等於康德所說：「有官覺而無概念，是盲目的。」

## 四、孟子「心」的學說

顯然的，在古時中國，諸哲學家如孔子、孟子、墨子、及老子，其言談著作的目的，旨在勸服人民遵行其敎範。就某方面意義說，與其稱他們是哲學家，不如稱之爲導師。他們所著述的，並不是事實的說明，而是價值的判斷，或箴言；其弟子們必須遵從。實在的，這些言論，並不如現代科學家所實驗者，故不是事實的說明。在一個統治良好的社會裏，有一個明顯的劃分，卽一方面是述說出來的事實，另一方面是宣揚或制定政策；同時給予研究者以學術自由權。但在蘇俄，一切科學研究及文學著述工作，都被控制在政治利益之觀點下，因此在「什麼是自由的」，及「什麼不是自由的」中間，沒有劃分，即是說：在發現事實與政府制定政策之間，很難保持一個界線。在過去，核子彈研究工作，是爲學術自由權的工作，而今日的物理學家，不得不遵守若干價值律或社會義務，因爲問題所在，是有關人類的生死。這表示，某種社會義務原則，是要加給那些從事發明工作人的身上。如果在廿世紀發明工作與道德義務有其相連的關係，則何能責公元前之中國哲學家，不從事於事實說明工作，而但能利用心理學與道德，以改革當時社會的道德情狀？鑒於目前的情形，道德及心理的科學研究法，在孟子時代，是做不到的，其理極爲顯然。我們不要忘了蘇格拉底及柏拉圖的著作：如辯護狀，烏托邦（理想之國），其內容亦如孔孟所著述者。孟子之出發點是：「人是理性的動物」，這是在事物之間，植物、動物與人之間，尋求其共同特性時，「種類」觀念形成的結論。他認爲事物是由物理因素所造成，植物能生長，但不能動作；動物能生活與動作但沒有智識，人是唯一的生物，而知道「這是什麼」，以及「什麼是對的與不對」，或者什麼是義與不義。孟子說：「人之所以異於禽獸者幾希」！這「幾希」一點，就是說，人有智識與道德感，孟子對于這一點，極爲強調。他又說：「所以謂人皆有不忍人之心者，今人乍見孺子，將入於井，皆有怵惕惻隱之心，非所以內交於孺子之父母也，非所以要譽於鄉黨朋友也，非惡其聲而然也。由是觀之，無惻隱之心，非人也；無羞惡之心，非人也；無辭讓之心，非人也；無是非之心，非人也。惻隱之心，仁之端也；羞惡之心，義之端也；辭讓之心，禮之端也；是非之心，智之端也。人之有是四端也，猶其有四體也。有是四端而自謂不能者，自賊者也。謂其君不能者，賊其君者也。凡有四端於我者，知皆擴而充之矣。若火之始然，泉之始達，苟能充之，足以保四海，苟不充之，不足以事父母。」（公孫丑上）

孟子將人視爲理性動物，故以如此強烈的字眼「非人也，非人也」來表達其觀念，因爲他希望強調人的特性，特別注重人的特性。

若干中國哲學家，不同意孟子以嚴正的方式把人看做理性動物，他們喜將人類生活的觀點，基於自然主義上面。那卽是包括慾望、情感，及本能之研究，他們強調孟子之下面諸語：「口之於味也，有同嗜焉；耳之於聲也，有同聽焉；目之於色也，有同美焉；至於心，獨無所同然乎？」（告子上）。此等哲學家之意見是：如果孟子將心放于口、耳、眼各官覺之同等水準，則其包括慾望、情感與本能，是對的，這是一種唯物主義者的觀點。我想當孟子注意「什麼應當是，什麼是對的或錯的，乃是意志或動機之無形原動力」。他自然只有堅守其嚴格的人類生活之道德觀。孟子學說，與康德所謂「意志中之是方是善」之「斷言命令」，是可同日而語的。孟子完全是一道德嚴格論者，他堅持凡在意志上是對的，乃是善的，而反對功利主義——或「凡有用的卽是對的」主義。他認爲凡善的唯有求之于意志中，故他不注意在結果上有何便利或利益。

孟子觀點是：凡在意志或情緒上，是對的，卽是好的，他相信在良知裏賦有某種責任律例，卽是說「義」或「對的」，可以從良知的本源上測知之。他說：「人之所不學而能者，其良能也；所不慮而知者，其良知也。孩提之童無不知愛其親者，及其長也，無不知敬其兄也。親親仁也，敬長義也。無他，達之天下也。」（盡心上）我們必需提一問題：卽良知良能，是否已足，是否不須加上智識或經驗，這在中國哲學史上，是一個辯論的大問題。哲學家如朱熹者，認爲單單靠良知就不够，而必須以更多的經驗有以進修。王陽明是主張良知爲本之學者。但你們必須知道，孟子本人就開始了此一學說，他並未想只以「心」就足够了解何者爲「義」，而不努力於修養充實，我們可再引述孟子之言曰：「牛山之木，嘗美矣，以其郊於大國也，斧斤伐之，可以爲美乎？是其日夜之所息，雨露之所潤，非無萌蘖之生焉，牛羊又從而牧之，是以若彼濯濯也。人見其濯濯也，以爲未嘗有材焉，此豈山之性也哉！雖存乎人者，豈無仁義之心哉！其所以放其良心者，亦猶斧斤之於木也，旦旦而伐之，可以爲美乎？其日夜之所息，平旦之氣，其好惡與人相近也者幾希！則其旦晝之所爲，有梏亡之矣，梏之反覆，則其夜氣不足以存，夜氣不足以存，則其違禽獸不遠矣。人見其禽獸也，而以爲未嘗有才焉者，是豈人之情也哉？故苟得其養，無物不長，苟失其養，無物不消。孔子曰：『操則存，舍則亡，出入無時，莫知其鄉，惟心之謂與？』」（告子上）。如果孟子警告人民：人之喪失其良知良能，有如樹木之被斧斤砍伐，則顯見而明者是。單有良知良能，猶不足知何者爲「義」或「是」也，而必須得其養，以充實之，昇化之。

## 五、形上學之背景

「人」與「天」的關係，是中國哲學家討論得很多的一個問題，「天」在中國哲學上可以表示許多事物，其意可爲藍色的天；最高的造物主；最高的理性。茲引述孟子對「天」的觀念如下：

「詩曰，天生蒸民，有物有則，民之秉彝，好是懿德。孔子曰，爲此詩者，其知道乎！故有物必有則，民之秉彝也，故好是懿德。」這卽是說，舉凡自然律，懿德，及物則，均由「天」所賦。既然人之構造乃天賦，均爲「天」所造，所以「天」「人」之間的關係便不能否認。以西洋術語言之，此一問題是在「形上學」專門予以討論，孟子在其著述中對此問題未詳盡討論。但是孟子是「子思」的弟子，「孟子」書中離婁上章有一節是與中庸二十五章相同的，亦可說中庸的翻本。因此，我們可以根據此兩書來討論此問題，孟子說：「是故誠者，天之道也；思誠者，人之道也。至誠而不動者，未之有也；不誠，未有能動者也。」何以「誠」爲「天道」？而天道爲何？在中庸一書中，我們可以發現下面諸語：「誠者，自成也，而道自道也。誠者，物之始終，不誠無物，是故君子誠之爲貴。」

中國之「誠」字有廣泛意義，一如西洋哲學中之「實在」一詞爲宇宙的「本體」一樣。「實在」在西方可指許多事物，所以「誠」字在東方亦應予以確實意義以肯定。李格氏將「誠」字譯成「信」（Sincerety）——信是指個人的美德而言，較之上面所引中庸一段話中的誠字，斷非一個正確的表達。在上段引語中，我們認爲「誠者自成也」一句，可以解釋爲近乎亞里斯多德之「無動之動者」。可以正確的說：孟子之所謂人之工作，須以盡性知天爲歸宿，其言曰：「盡其心者，知其性也；知其性，則知天矣」。孟子之道是追溯人之本性到「天」，此與儒學另一派荀子極爲相反。荀子說：「惟聖人不求知天」。此與孟子之說，極爲相左，孟子相信在研究道德思想之後，必須研討「天」或「形而上學」。

尤有進者，我們在「中庸」中發現有「形而下」及「形而上」的兩種觀點。這兩種觀點，告訴我們：宇宙有自然律；同時，宇宙是尊貴的，高尚的和不可測的。即所謂：「天地之道，博也，厚也，高也，明也，悠也，久也。今夫天，斯昭昭之多，及其無窮也，日月星辰繫焉，萬物覆焉。今夫地，一撮土之多，及其廣厚，載華嶽而不重，振河海而不洩，萬物載焉。……詩云：維天之命，於穆不已。蓋曰，天之所以爲天也，於乎不顯。……」（第二十六章）。

中國人之視宇宙有二觀點：一、從自然科學觀之；二、從哲學及宗教觀之；惟有綜合此兩種觀點，才能導致人類於正確的宇宙觀。否則，若僅從其自然科學觀之，可能導致人走向唯物主義及機械主義；而純粹的超自然信念，或可導致教條主義，或獨斷主義。此兩種因素一旦互相敵對，則便常有衝突。惟有綜合兩者之不同遠景，才能對人類心靈和平有其偉大貢獻。

# 四、孟子哲學之意義（四十七年六月）

原載於美國東西哲學第八卷第一第二兩期合刊，一九五八年六月出版，本文係一九六一年十月王春譯。

孟子（公元前三七二——二八九）乃承繼中國道統之孔子繼承者。就某種意義言，孟子實爲一有過於孔子之偉大哲學家。孔子爲儒學奠其磐基，而孟子則闡明其原理，深究其義蘊，而建立一遠爲明晰之體系。孔子死後之戰國時代，強權政治，瀰行四方。思想流派，又競尙詭辯。孟子其人之哲學家，實爲此時所迫切需要。彼對當時軍事、外交、及哲士等人，曾勇予批判。孟子所給予後起哲學家之基準是：稱堯舜、道性善、主能思之心、養崇高之德。此等準則皆爲後繼各朝代如宋明所接受、發展、及實踐。當遭逢重大國難時，並給予中國人民，以絕大之道德力量。正因孟子在中國人生活多方面，有其深遠影響，故堪認定爲一有過於孔子之偉大哲學家。由於孟子學說，在思行諸方面，被廣泛實用，足證其在形成中國民族，與思想特點上，實爲決定因素。在事實上一弟子著作，其所生影響，雖大於其先師，但無必要將其先師置於一次要地位，孔孟情形正係如此。

有趣之事，爲西方漢學家與中國經書譯者李格（James Legge）有關孟子之言曰：「孟子有廿三年生活，全與柏拉圖相同。亞里斯多德、齊諾、伊壁鳩魯、德謨克里圖斯等西方偉人，亦皆為其同時代人物。孟子列身於此等人士之中，可以相對而毫無遜色。」（註一）

孟子受業何人？前以其師為孔子孫子思，但後經發現為不正確。設子思生於其父鯉死之年，則當孟子降生時子思已一百一十二歲。設孟子於廿歲時尋得良師，則子思已一百三一歲矣。此時彼等尚能面對為師生，實屬不可思議。可被認為正確者，為司馬遷史記，言孟子乃學於子思之門人。孟子在其書中亦言其塾徒為：「予未得為孔子徒也，予私淑諸人也。」此外復可證明孟子曾遊學於子思學派，即在孟子書中，有一節發現與子思所作中庸中之一節，幾乎全同。

誰為孟子親師固難確定。但孟子宗依於孔子，則明見於其著作中。孟子曰：「由孔子而來，至於今日，百有餘歲，去聖人之世，若此其未遠也，近聖人之居，若此其甚也；然而無有乎爾，則亦無有乎爾！」（註二）孟子醉心於孔子者多矣！彼雖另有塾師，而其心中之師，則實為孔子。

趙岐認定，傳孔教於後世者，厥為孟子。趙岐生於漢（公元一〇八——二〇一）為評述孟書第一人。趙岐曰：「孟子七篇，包羅天地，揆敍萬類。」（註三）「天地」二字，即古代中國「宇宙」之義。其勝義在：當人討論到人生或倫理問題時，彼必溯求本源，此即宇宙。或現代西方哲學術語之形上背景。趙岐繼言孟子論「仁義道德，性命禍福」諸問題，較其弟子如公孫丑萬章所為者，更為粲然。此示孟子書，乃出於其本人手筆。孟子論述倫理，涉及人性善惡之基本問題，於是爭論以起。由於孟子書含義甚廣，吾人必須依現代哲學原則，分為倫理、邏輯、知識論及形上學以讀釋之。

韓愈（七六八——八二四）生於唐，曾對當時盛行之佛敎思想，激烈反對；彼論中國道統之遞嬗曰：「堯以是傳之舜，舜以是傳之禹，禹以是傳之文武周公，文武周公傳之於孔子，孔子傳之於孟軻，軻之死，不得其傳焉。」（註四）此所謂道之遞嬗，並非謂確係由一人親傳之於另一人，而係言此種哲學信仰，雖隨各時代主流，時有其新發展，但其傳統仍爲各時代之學者，所信守不渝。此傳統自孟子死後而中斷。孟子死後，無一儒者之哲學建樹，可視爲孔學之續存。

無疑，孟子爲一哲學家、邏輯家、與辯證家，彼影響於後代思想家者，大於任何人。在孔門弟子中，孟子實爲將其體系建基於理念之第一人。彼認實在存於各人「本心」中，不在於現象世界。知識須歸於德，非由視聽味觸所成，係由內在心靈而生。孟子爲一觀念論者，但非如柏拉圖派——認共相須溯跡於理型領域。彼認理想世界，乃基於「應然」或「正當」。當人依其當爲而爲時，即能達於理念領域。整個孟子體系，全建基於「思維」及「四德」學說之上。

當此研究之始，以數語略言中國哲學，當不無裨益。

因中國文字詞句構造，及觀念表達方法，大異於西方世界，若干歐洲人士，多以爲在中國哲學著作中，含混模稜之詞甚多。但西方哲學詞義，亦多游移，其含混模稜，並不亞於中國。再者中國人了解西方哲學並無困難。如吾人能眞正致力於中國哲學，並精讀其文詞，即能發現其詞之廣狹各義。因歷代釋義方法，固甚明確也。

另一困難，爲中國哲學，表達其觀念，多採格言式，非採有系統之論文式。此困難乃直接由於西方中國哲學學生，已慣於西方之系統哲學著作，如柏拉圖、康德與黑格爾等。

余試以一簡單比喻，指出中國哲學中模稜詞類，與夫格言式觀念，皆不能構成西方人士之嚴重困難。在繪畫方面，一中國畫家，能以少許數筆而勾出一人像，多數西方人士，亦有此寥寥數筆能呈現一活圖畫之感。少許數筆既足以畫一人像，而些許詞句又何不能表達一完全觀念？在中西哲學比較研究中，余發覺兩者在傳統基礎方面，實有若干相同之基本原理。

甲、起點：「思」。在儒學中，以思想爲哲學思索契機者，孟子爲第一人。孔子將「思」與「學」置於平等地位。子曰：「學而不思則罔，思而不學則殆。」(註五) 此謂知識既從經驗、素材、及人之發現而來，故欲擴大其知識領域則必須學。但徒學於人，可能陷於迷惘，有如亂絲之在手。固是孔子又訓勉其徒，多事深思，以明其體系與原理。孔子此意，孟子以其特殊方法說明，強調「心爲思官」。以孟子之強調「心爲思官」，與笛卡兒格言「我思故我在」爲同等重要，實不爲過。而後者則爲現代西方哲學之起點。但須指出者，孟子在東方所演之重要角色，則不如笛氏之在西方所爲者。雖然，如有溯究宋代陸象山及明代王陽明哲學者，則其人勢必承認，孟子之重「思」，實開中國觀念論之先河。

孟子曾云：「耳目之官不思，而蔽於物；物交物則引之而已矣。心之官則思，思則得之，不思則不得也。此天之所以與我者。先立乎其大者，則其小者不能奪也。此爲大人而已矣。」(註六) 孟子諄諄告人，勿放心而弗思，勿役於小人之養。彼將「感覺」與「思想」明白劃分。認刺激吾人感覺之外界事物，變化靡常，解釋各異，此種感覺印象，不能成就知識。彼告誡吾人，感覺僅能導人脫離「正覺」。「正覺」唯能來於自識之德。此德依彼卽爲「仁」「義」「禮」「智」。在此余欲着力言之者爲四德中之「智」，實卽是德；因其目的在行善。然此與柏拉圖共相理型，並不相牟。惟柏氏以善爲最高理念，則可在中國哲學中，尋得其同儔，此即止於至善之「四德」。

依孟子，「思」即是「自反」，其目的在實現自識之德。此或使人意以孟子完全忽略邏輯思想，是又不然。孟子並未在其體系中，排除定義。分類等重要邏輯詞類。將感覺與思想予以分界，並非爲孟子之立異，實因其爲進入哲學之必要方法。柏拉圖亦曾作此分界。以下費多（Phaedo）篇引文，即示孟子與此希臘哲人相同之見解：

「何爲眞知？身體對此問題之解答，究爲阻碍抑爲助手？余意係謂視聽中有否眞理？抑其親驗之不眞有如詩人騷客所常告於吾人者？……或思想最善：當其心神專一，毫無外物之干擾——如聲、色、苦、樂等；當其遺忘其身，盡可能與其無牽；當其無身感意欲，僅專心致志於眞理？誠然！」（註七）

柏氏又曰：

「有純粹知識之獲得，須就每事專其心力，勿爲與思想理路相牽掛之一切雜覺所擾。修盡其心能固有清明之光輝，以硏透其每一事理之極……身體於人，爲大患之根源；其需要者唯食物，而食物貪之過，則又易致於疾，並爲吾人尋求眞理之阻碍。其所給於吾人者，不外爲各種愛、慾、懼、幻之充滿，愚貪之無窮，與夫吾人思力之褫奪。」（註八）

此最後「吾人思力之褫奪」一語，豈不提醒吾人憶及孟子所云：感覺導人脫離正覺之言哉？誠然如此顯著之相同點，實堪注意！關於認感覺與理性爲知識二源泉之觀念，在古代中國與希臘，似未之聞。僅當現代科學發展時期，感覺或印象，始被認爲知識之另一源泉。

**乙、邏輯觀念**：在人觀察與考查下之現象中，有各種不同屬性。此等屬性如何發現？在自然界由於觀察與考查。至於道德原理（ethical principles）則爲若干宗教先知、教師、與哲學家等所發現。道德原理，並非可任意創造，因其必爲社會上大多數人所認可。由此其基礎必建於人類能予贊同之上。此種贊同乃體現於社會觀念、自然法、契約或制度中。道德原理一致贊同之獲得，較自然現象原理，遠爲不易。但當大部社會成員遵守同一道德原則時，則已大致表示其贊同矣。

孟子稱此社會與自然現象之兩種法則，爲「義」與「理」。依現代術語，「義」爲道德義務法則，而「理」則爲治理自然與社會現象之法則。「義」與「理」依孟子乃建基在「共是」與「共非」（Common Approval and Common Disapproval）。「是」「非」二字非僅指行動上「可」與「不可」，而係就其在語言，知識或常規等社會基礎之具體意義言。質言之，「共是」係指概念之達於一致。

在以上言論中，孟子常用「類」一詞彙，此示孟子對類概念之重視：

「故凡同種者，（譯者按：此處孟子原文爲「類」，而英文原文爲 kind 即種）舉相似也。何獨至於人而疑之？聖人與我同類者。

故龍子曰：不知足而爲屨，我知其不爲蕢也。屨之相似，天下之足同也。

口之於味有同耆也，易牙先得我口之所耆者也。如使口之於味也，其性與人殊，若犬馬之與我不同類也，則天下何耆皆從易[illegible]味也？至於味，天下期於易牙，是天下之口相似也。惟耳亦然，至於聲，天下期於師曠，是天下之耳相似也。惟目亦然，至於子都，天下莫不知其姣也。不知子都之姣者，無目者也。故曰口之於味也，有同耆焉。耳之於聲也，有同聽焉。目之於色也，有同美焉。至於心，獨無所同然乎？心之所同然者何也？謂理也義也。聖人先得我心之所同然耳。故理義之悅我心，猶芻豢之悅我口。」（註九）

初視之，此段似屬普通常識。但一哲學者讀之，即能發現其邏輯中「分類」、「定義」與「客觀論證」。此須予以分析與解釋。

讓余先以「類」代「種」字，則李格譯文應改爲：「故凡同類者，舉相似也」。孟子曾另在他處用此同一之「類」字：

「指不若人，則知惡之，心不若人，則不知惡，此之謂不知類也。」（註一〇）

孟子此意甚明。指爲身體之一部，並非人最重要之部分，至於心，則爲思之源泉，乃人之最重要者。此種身心之別，依孟子乃一極重要問題。

以下爲孟子重視分類之另一說明：

「麒麟之於走獸，鳳凰之於飛鳥，泰山之於丘垤，河海之於行潦，類也。聖人之於民亦類也。」（註一一）

在前引節文中，製屨不同於製蕢，其義至明。屨為履之一種，而蕢之用則為携物。其用各為不同之類。故作者知其性屬而不至於誤作。

誠然，孟子重視不同種類之事物，即可認定古代中國已有所謂玻爾菲利樹之觀念。孟子概念中之人，為知義與理，其與西方哲學中，人為理性動物之觀念，極為近似。作為哲學推理基礎之玻爾菲利樹，東西實屬相同。雖然在中國經書中缺乏邏輯，但其詞彙、區分、分類與定義等觀念，中國學者固亦用之矣。

關於普遍運用種或類，將自然界事物分為：無生物、植物、動物與人等，以為製作定義供給基礎，此種類與種差，無疑乃玻爾菲利樹之產物。

吾人茲試尋出何者為孟子道德律之基礎？在上述引文中，孟子指出人之味聽與視皆有同好之後，乃轉至心之主題，而巧問：「至於心獨無所同然乎」？「同然」二字，顯含有兩過程：第一、各個人皆有一主觀心靈上之然可；第二、眾人皆有一共同之然可。此示道德律為大多數人所同意及心靈所判斷之實在。換言之，孟子認為道德義務上或自然現象上之律則，非一主觀見解，而為社會上大多數人之一致判斷。誠然，當某一觀念盛行於文化中時，此觀念即可被認定為社會所一致同意。一致同意，為道德與自然律之基礎。

邏輯觀念曾在孟子哲學中充其角色。是其已指出認中國哲學缺乏邏輯或認識論背景之斷言，乃一錯誤。誠然在古代中國無如亞里斯多德論理學之書。但邏輯觀念則固有之。

**丙、孟子之心論**：孟子對於心之研究，乃從價值立場出發，而非從事實出發。彼一如孔子、墨子與老子，爲一哲學大師。其文章之目的，不外在提高其門人及全人類之人格。藉其倫理學之研究，以提攜當時人民之道德生活。彼等對於制訂國家政策，與帝王應如何治理國家，亦多有其議論。其所反對者，爲人君不守正義或道德原則，而以闢土地尚戰爭爲務之政策。在孟子時代，學者（尋求事實）與政治家（制作政策）之分界，實難期其存在。

孟子學說之基點在以人爲理性動物。此係其在將自然界分類爲無生物、植物、動物與人之後，所獲結論。在分類時，彼所依據之「類別」與「種差」是：無生物無生命；植物能生長但不能活動；動物有生命，能活動、能感覺，但無道德知識；惟獨人爲能分別善惡之生靈。孟子曰：「人之所以異於禽獸者幾希」。此「幾希」即指人之知識與道德。彼此一至意，可於下述引文中見之：

「所以謂人皆有不忍人之心者，今人乍見孺子將入於井，皆有怵惕惻隱之心，非所以內交於孺子之父母也，非所以要譽於鄉黨朋友也，非惡其聲而然也。

由是觀之，無惻隱之心，非人也；無羞惡之心，非人也；無辭讓之心，非人也；無是非之心，非人也。惻隱之心，仁之端也。羞惡之心，義之端也。辭讓之心，禮之端也。是非之心，智之端也。

人之有是四端也，猶其有四體也，有是四端而自謂不能者，自賊者也。謂其君不能者，賊其君者也。凡有四端於我者，知皆擴而充之矣；若火之始然，泉之始達。苟能充之，足以保四海。苟不充之，不足以事父母。」（註一二）

如吾人能了解中文語義，則吾人將可看出，孟子所謂人爲理性動物，乃以強調語法表出。於是上文前數句可確實英譯爲：「無惻隱之心，非人也；無羞惡之心，非人也；無辭讓之心，非人也；無是非之心，非人也。」此數語在讀者心中將可明白了解，孟子心目中人之主要本質究竟爲何。此外孟子曾以稍異形式，重復此同一觀念：

「惻隱之心，人皆有之；羞惡之心，人皆有之；恭敬之心，人皆有之；是非之心，人皆有之。惻隱之心仁也；羞惡之心義也；恭敬之心禮也；是非之心智也。仁義禮智，非由外鑠我也，我固有之也；弗思耳矣。故曰，求則得之，舍則失之。或相倍蓰而無算者，不能盡其才者也。」（註一三）

以上引文明示孟子所考究之人，非一生物學或社會學之人，而乃一道德之人。

戴震，中清之語言家與哲學家，對於孟子視人爲純粹理性動物之嚴肅方法，不予同意。在彼所考究之人，包含情慾與本能。彼對於孟子在言「味」「聽」與「視」之後，繼以人「心」問題，特予重視：

「口之於味也有同耆焉；耳之於聲也有同聽焉；目之於色也有同美焉；至於心獨無所同然乎？」（註一四）

戴震解釋此段，認孟子將心與感覺置於同等地位。但人如能細心研讀孟子著作，即可知此言不確。吾人須知孟子所最重視者在行爲之正當性與當然性，及其不可見之意志動機。其學說與康德「斷言命令」爲一偉大同一——意正即是善。在固執如何善其意方面，彼反對功利主義，或「利即是善」之學說，如墨子所主張者。因其視善爲意志之事，故彼不問結果之功或利。從上述孟子著名引文，當人乍見孺子將入井，人皆有怵惕惻隱之心以觀，可見孟子所重視者，在發動行動之道德感。人之所以必須救一墮水孺子，乃因人皆有一不得不爾之道德感。此種道德感，如上所述，正與英國十七世紀道德家，及現今伊文（A. C. Ewing）等人所主張者同。（註一五）

孟子更進而認定，良心爲一定律則，與責任產生之源泉，並能判別是非。彼曰：

「人之所不學而能者，其良能也。所不慮而知者，其良知也。孩提之童，無不知愛其親也。及其長也，無不知敬其兄也。親親，仁也。敬長，義也。無他，達之天下也。」（註一六）

關於判別是非，是否獨依直覺即足，抑或必須知識與經驗之問題，在中國哲學中之爭論與西方哲學同。如朱熹諸哲，認爲獨依良心命令，顯然不足，必須益之以經驗與問學。而王陽明則持另一見解，堅信良知爲是非之標準。彼曰：

「良知是天理之昭明靈覺處。」（註一七）

「良知之在人心，不但聖賢，雖常人亦無不如此。」（註一八）

「良知如明鏡，無物不照。」（註一九）

王氏在其致陸原靜書中曰：

「良知未嘗不在。但人不知存，則有時而或放耳。雖昏塞之極，而良知未嘗不明。但人不知察，而有時而或蔽耳。雖有時而或放，其體實未嘗不在也，存之而已耳，雖有時而或蔽，其體實未嘗不明也，察之而已耳。」（註二〇）

孟王關於良知之說是否同一爲一問題。王氏心卽理之說與孟子不慮而知之直覺知識，略有不同。如孟子學說判斷是非爲一先天與直接秉賦，不依賴於外界知識，則與王氏所側重之理有所不同。

然直覺主義實爲孟子，陸象山與王陽明之共同背景。彼等皆持直覺能力，能知當然或是非，無待於熏習之知識（Supplementary Knowledge）。

此種關於直覺主義者與經驗論者或功利主義者之討論，不僅發生於古代中國，卽在現今經驗主義傳統植有深基之英國，亦仍在繼續。如一方爲直覺主義者普里加德（Prichard）與伊文，另一方爲功利主義者穆爾（Moore）等之爭論。此正說明一項事實，即此等問題實爲東西哲學經常發生之共同問題。重新研究孟子學說，將可有助於東西道德原理之更佳瞭解。

## 註釋

註一　李格：「孟子之生活與著作」一六頁。
James Legge, The Life and Works of Mencius p. 16.

註二　李格譯孟子第一卷，第二篇第十二章。
四書中國書店第二六一頁。

註三　趙歧，孟子正義卷一（上海中華書局）第七頁。

註四　此段發現在韓愈「原道」論文中。

註五　李格譯。孔子選集第二卷第十五章。
四書（上海中國書店）第七四八頁。

註六　同註①前書八八四——八八五頁。

註七　約偉德著「柏拉圖著作」第二册二〇三——二〇四頁。
B. Jowett, The Works of Plato

註八　右書第二册二〇五頁。

註九　同註①前書八六五——八六八頁。

註一〇　同註①前書第六卷第一篇第十二章二節八八〇頁。

註一一　右書第二卷第一篇第二章二十八節。

註一二　同書第二卷第一篇第六章三——五節五四九——五五二頁。

註一三　同註第六卷第一篇第六章七頁八六一——八六二頁。

註一四　同書第六卷第二篇第七章八節八六七頁。

註一五　「善之定義」The Definition of the Good ((New York: The Macmillam Co. 1947)

註一六　李格前譯書第七卷第一篇第十五章九四三——九四四頁。

註一七　王陽明傳習錄（中華書局）第二卷二四頁。

註一八　同右書第二卷答陸原靜書。

註一九　此段意譯王陽明右書。

註二〇　同書第二卷一七頁。

# 五、孟子哲學

## ——原載東方人文學會「儒學在世界論文集」——

儒家哲學在數千年歷史中，比之西方希臘哲學與印度之印度教與佛教，固有其不朽之地位。

諸先生用賤辰有「儒學在世界」論文集之出版，謹隨大雅諸君子之後，勉成孟子哲學一文，以謝諸君子之盛意。

### 一、以思爲出發點之聲明

吾國四千餘年歷史中，奠定思想之基礎者，無有過於孔子孟子。孔子和平中正，折兩用中。對於各問題，思之再四，每舉其扼要之兩方面，如曰：「學而不思則罔，思而不學則殆。」言乎人類知識，有得之自學問者，則好古敏求之事，經驗界之事也。有得之於自己思索者，則愼思明辨之事也。又曰：「吾嘗終日不食，終夜不寢，以思，無益；不如學也。」

此孔子對於學與思二者之兼顧也。孔子又曰：「性相近也，習相遠也。」言各人本然之性，相去不遠，然因環境之陶鎔，乃有絕然各別之兩類，曰善惡，曰君子小人。及戰國孟荀之世，此問題遂展開而爲性善性惡之大爭辯，至於政治之本，孔子但言正名，與君君、臣臣、父父、子子之大道。然在季氏篇中，對於封建社會之自相殘殺，孔子早已見之。惟「民爲貴、君爲輕」之旨，由孟子單刀直入而指出之。此又孔孟兩人性格之異，而其對於人民之輕重，因之而異矣。其在哲學方面根本上之不同，莫如孟子之言思。告子篇曰：

「惻隱之心，仁也。羞惡之心，義也。恭敬之心，禮也。是非之心，智也。仁、義、禮、智，非由外鑠我也，我固有之也。弗思耳矣。故曰：求則得之，舍則失之，或相倍蓰而無算者，不能盡其才者也。」上六

告子篇公都子問曰：

「鈞是人也，或爲大人，或爲小人，何也？」孟子曰：『從其大體爲大人，從其小體爲小人。』曰『鈞是人也，或從其大體，或從其小體，何也？』曰：『耳目之官，不思，而蔽於物，物交物，則引之而已矣。心之官則思，思則得之，不思則不得也。此天之所與我者。先立乎其大者，則其小者弗能奪也。此爲大人而已矣。』上十五

孟子於告子同一篇中，一則曰求則得之，再則曰舍則失之。再則曰思則得之，不思則不得

也。孟子所以去學而側重於思者，非不知耳目之知，聞見之知與經驗之知，爲思之成份之一。然其所以去學而重思者，由於其深知一切判斷皆由思來也。黑白之色，多少之分，異同之辨，由思來也。人之所以爲人，與物之所以爲物之分，由思來也。不論爲泥土，爲草木，爲鳥獸，爲人羣，一切名之曰有曰存在，由思來也。宇宙之全體，非目之所能見，手之所能觸，而各人心中，存一宇宙全體之見解，由思來也。如是，舉思一端而學自在其中矣。世人但知所耳聞目見之爲眞有其物，爲實有其事，然黑白多少同異之辨，何一不由思而來？人與物之概念，何一不由思而來？所謂物之全體，宇宙之全體，何一不由聞見與觸覺之一部，而推知爲全部。如是所謂思則得之，不思則不得也云云，正所以明思之無深不入，無遠不屆，而非經驗界之聞見接觸所能與比也。此爲孟子繼孔子後之大發明，而由程朱陸王爲之昌大者也。孟子爲學，向重規矩準繩。離婁篇曰：

「離婁之明，公輸子之巧，不以規矩，不能成方圓。師曠之聰，不以六律，不能正五音。堯舜之道，不以仁政，不能平治天下」。上一

孟子在人之精神方面，求工程之規矩與音樂家之六律。更求之於道德方面，得善惡是非之準則，名之曰義曰理。其言曰：

「口之於味也，有同嗜焉。耳之於聲也，有同聽焉。目之於色也，有同美焉，至於心，獨無所同然乎。心之所同然者何也？謂理也義也。聖人先得我心之所同然耳。故義

理之悅我心，猶芻豢之悅我口。」——告子上七

數千年來之吾國，既不若西歐之有耶教，印度之有印度教與佛教，以正人心而端趨向，所倚爲傳統者，獨有儒家道德學說，申殺身成仁之義。所以整肅綱紀，端正士習，而維繫國家於不墜。然道德之制裁力，視人之心意之誠與不誠。限之於少數讀書人士而已。至於理智方面，如邏輯、如數學、如治學方法、如康德哲學之由時空之直觀以進於理解之方式，更由理解之方式，以進於理性之準則。此爲西方文藝復興以來學術昌明後之大事，爲吾國昔日所未聞。然與孟子重思之義，正復同條共貫，可爲今後進一步發展之餘地者也。

德哲康德之言曰：「學開始於經驗」。吾人自然同意於觀察與試驗，爲各種科學不可少之工作。然各種學問之所以成爲學問，如定義之成立，思之事也；概念之確定，思之事也。乃至國家與社會之改造，是否可以暴力或階級鬬爭爲武器，資本家之財富，是否由於生產工具之私有，是否由於不付價之工時而來，思之事也。社會所以成，由互助而來，抑以鬬爭爲事，思之事也。乃至牛頓萬有攝力說，變爲愛因斯坦相對論，此亦思中時空之結構之大改造，非經驗一端所能盡也。光線行近太陽者顯彎曲之形，此亦由於以思爲指南針之結構而來，非經驗一端所能盡也。至於哲學方面以思想爲主要工作，尤顯然易見。譬曰此屬於官覺，此屬於理智（即理解之形式）、此屬於理性，此三者之界限之劃分，思之事也。理智所不通者，賴理性以通之，思之事也。如是，理性爲至高之法官，一切判斷由之以出。此則仁義禮智之所以歸於性，而後世「性理」之名所由來也。就其條例之當然者言之，名之曰義曰理。就其來源言之，名之曰性。此時之心官之思，深入於理性與道體範圍之內矣。中庸曰：

『道不可須臾離也，可離非道也。』『語大，天下莫能載焉。語小，天下莫能破焉。』是心官之思所以察道體而形容之之言也。孔子曰：『行仁由己，而由人乎哉。』顏淵曰：『克己復禮爲仁。』曾子曰：『吾日三省吾身。』此省察克治之中，卽思之所在，亦卽己與道之所在。此乃己之日新又新，而道在其中矣。然此三者之所以合而爲一，心官之思主之也。

## 二、孟子之治學方法與行己立身之道

讀孟子者，好舉滕文公篇『孟子道性善，言必稱堯舜』之語。此十字指孟子所達到之結論言之。然其開始時之治學方法，較之今日西方邏輯學之所謂分類法可謂彼此一致。公孫丑篇引有若之言曰：

「豈惟民哉，麒麟之於走獸，鳳凰之於飛鳥，泰山之於丘垤，河海之於行潦，類也。聖人之於民，亦類也。」上二

此節就自然界之事物，分之走獸飛鳥；此在今日爲動物學。丘垤高山行潦河海；此在今日爲地理學。聖人與一般人，同屬於人；此在今日爲人類學。此各種事物之類既分，每一類之特點何在，各類所以異同之故何在，而後物之爲物，與人之爲人，乃瞭然矣。

離婁下篇曰：

「人之所以異於禽獸者幾希。庶民去之，君子存之。舜明於庶物，察於人倫。」

下十九

所謂幾希者，言飲食男女之慾，人與禽獸不殊。人之能分辨黑白，彼此，同異與是非，此則理知與理性有以致之。亞歷斯多德曰人爲理性的動物。此言根據邏輯學中人與禽獸同屬於動物一大類中，然加上二者之差別之理性，則人之小類出矣。可知邏輯學中大類加上差別，得人之所以爲人之小類，孟子早已應用之矣。

告子上篇又曰：

「凡同類者，舉相似也。何獨至於人而疑之？聖人與我同類者。故龍子曰：『不知足而爲屨，我知其不爲蕢也。』屨之相似，天下之足同也。」上七

以草織屨，依足形爲之。以草編蕢，依或方或圓之形，爲置物之用。屨與蕢二者之形大異，故織屨者，決不至織之爲蕢。因此可見古人分類法適用之廣，上自人事社會，下至木工草工，無不以分類法爲其基礎。

西方邏輯學中所謂分類法，以物質（Substance）爲大類，其下更分之爲有形體無形體，活物死物，有感覺無感覺，以達於人類。其法名曰自然分類法。依物質之形體，生命與感覺，自然差別爲其異同之標準。至於孟子書中之類字，尚另含有事物價值高下之義，故不知類三字，有不知其價值高下之意義。舉告子上篇無名之指一章以明之。

「孟子曰，今有無名之指，屈而不伸（信），非疾痛害事也。如有能伸之者，則不遠秦楚之路，爲指之不若人也。指不若人，則知惡之。心不若人，則不知惡。此之謂不知類也。」上十二

此類字指身體之病與精神之病二者之輕重關係言之，亦即指二者價值之高下言，與從其大體爲大人，從其小體爲小人一章，正復相同。孟子擴充類字之義至於精神價值，於是將不充類三字，指不能發揮人之精神價值言之。舉孟子滕文公下篇論陳仲子章中之一節以明之。

「仲子，齊之世家也。兄戴，蓋祿萬鍾。以兄之祿，爲不義之祿，而不食也。以兄之室，爲不義之室，而不居也。避兄離母，處於於陵。他日歸，則有饋其兄生鵝者。己頻顣曰：『惡用是鶃鶃者爲哉。』他日，其母殺是鵝也，與之食之。其兄自外至。曰：『是鶃鶃之肉也。』出而哇之。以母則不食，以妻則食之。以兄之室則弗居，以於陵則居之。是尚爲能充其類也乎？若仲子操，蚓而後充其操者也。」滕文公下十

匡章稱陳仲子爲齊之廉士。孟子比仲子於上食槁壤，下飲黃泉之蚓，謂其不與人同處，而盡分工作之義務也。

孟子認爲人類之處世，有其立身行己之大道，不必若陳仲子之避地而居，或許行之並耕而食。其所標舉立身行己之道。曰：

「居天下之廣居，立天下之正位，行天下之大道。得志與民由之，不得志獨行其道。富貴不能淫，貧賤不能移，威武不能屈，此之謂大丈夫。」滕文公下二

孟子處戰國之中，所遭值者，不外兵家與縱橫捭闔之士。對於前一種人，孟子評之曰：『爭地以戰，殺人盈野，爭城以戰，殺人盈城，此所以率土地而食人肉，罪不容於死。故善戰者服上刑，連諸侯者次之。闢草萊，任土地者次之。』對於後一種人，孟子因景春羨慕公孫衍張儀，有「豈不誠大丈夫哉。一怒而諸侯懼，安居而天下熄」之贊嘆辭。孟子因此一問，乃有一段對於縱橫家之估價。其言曰：

「是焉得為大丈夫乎？子未學禮乎？丈夫之冠也，父命之。女子之嫁也，母命之。往送之門，戒之曰：『往之女家，必敬必戒，毋違夫子。』以順為正者，妾婦之道也。」滕文公下二

孟子對於蘇秦張儀之佩相印者，視之為同於妾婦，其為一文不值，可以想見。孟子自知其抱負之不合於當世，乃有『居天下之廣居，立天下之正位，行天下之大道』之決心，言乎人自有聰明，自有智識，自有善惡是非之辨別，自有淑世之方法，只要自己義理充實，有大識見，有經綸，自足以挽回人心，扶植世道。此則孟子所以有『當今之世，舍我其誰』之信心也。孟子更以孔子之繼承人自任。其言曰：

「由孔子而來，至於今百有餘歲。去聖人之世，若此其未遠也，近聖人之居，若此其甚也。然而無有乎爾，則亦無有乎爾。」盡心下卅八

韓退之致孟尙書書曰：『向無孟氏，則皆服左衽而言侏離矣。』故愈嘗推尊孟氏以爲功不在禹下。韓氏送王塤秀才序之文曰『故求觀聖人之道，必自孟子始。』然則孔子之後，能發揮光大儒家之學者，唯有求之於孟子而已。

## 三、孟子對於同時代學者之評論

孟子於兵家與縱橫家之估價，既如上述。更述其關於其同時代學者（甲）許行（乙）夷子（丙）宋牼（丁）墨子之言，則孟子所以自任之廣居，正位，大道，更因對照而顯然。

（甲）陳相見孟子，道許行之言曰「滕君則誠賢君也，雖然未聞道也。賢者與民並耕而食，饔飧而治。今也滕有倉廩府庫，則是厲民而以自養也。惡得賢。」孟子曰「許子必種粟而後食乎。曰然。許子必織布而後衣乎，曰否，許子衣褐。許子冠乎。曰冠。曰奚冠。曰冠素。曰自織之歟。曰否，以粟易之，曰許子奚爲不自織。曰害於耕。曰許子以釜甑爨，以鐵耕乎。曰然。自爲之歟。曰否，以粟易之。以粟易械器者，不爲厲陶冶，陶冶亦以械器易粟者，豈爲厲農夫哉。且許子何不爲陶冶，舍皆取諸其宮中而用之。何爲紛紛然與百工交易，何許子之不憚煩。曰百工之事，固不可耕且爲也。然則治天下獨可耕且爲歟。」

孟子就許子平日生活所需之衣冠釜甑，問其所自來。其答案曰以交易方法得之，可知分工合作，互易有無，自爲生活之常態。是『與民並耕而食』之主張，不攻而自破矣。

（乙）「墨者夷子，因徐辟而求見孟子。」（中略）『吾聞夷子墨者，墨之治喪也，以薄爲其道也。夷子思以易天下，豈以爲非是而不貴也。然而夷子葬其親厚，則是以所賤事親也。』（中略）『夫夷子信以爲人之親其兄之子，爲若親其鄰之赤子乎。彼有取爾也。赤子匍匐將入井，非赤子之罪也。且天之生物也，使之一本，而夷子二本故也。蓋上世嘗有不葬其親者。其親死，則舉而委之於壑。他日過之，狐狸食之，蠅蚋姑嘬之。其顙有泚，睨而不視。夫泚也，非爲人泚，中心達於面目。蓋歸反虆梩而掩之，掩之，誠是也。則孝子仁人之掩其親，亦必有道矣。』徐子以告夷子，夷子憮然爲間曰：命之矣。」墨者尙薄葬非樂之儉，忽視喪葬之禮之繫於愼終追遠。夷子聞『非爲人泚，中心達於面目』之言，只能以『命之矣』三字答之，已因孟子之言而有所感動矣。（滕文公上五）

（丙）「宋牼將之楚，孟子遇之於石丘。曰：『先生將何之？』曰：『吾聞秦楚搆兵，我將見楚王，說而罷之。楚王不悅，我將見秦王，說而罷之。』（中略）『軻也，請無問其詳，願聞其指，說之將如何。』曰：『我將言其不利也。』曰：『先生之志則大矣。先生之號則不可。先生以利說秦楚之王，秦楚之王悅於利，以罷三軍之師，是三軍之士樂罷而悅於利也。爲人臣者，懷利以事其君。爲人子者，懷利以事其父。爲人弟者，懷利以事其兄。是君臣、父子、兄弟，終去仁義，懷利以相接。然而不亡者，未之有也。』（下略）」（告子下四）宋牼墨者，信『禁兵寢兵』之說，依現代術語言之，爲和平主義者。彼等以罷戰爲人世間之大事，與孟子之以仁義爲立場者同。罷戰既爲國家、百姓、人民之利。其利字作爲全體人民之所欲所求解釋，與孟子之解爲三軍與君臣、父子、兄弟間各個人有所得者，絕然不同。此段譚話所以不若對於夷子之言之收效者，爲此故也。

（丁）『聖王不作，諸侯放恣，處士橫議，楊朱墨翟之言盈天下。天下之言不歸楊，則歸墨。楊氏爲我，是無君也，墨氏兼愛，是無父也。無父無君，是禽獸也。（中略）詩云戎狄是膺，荆舒是懲，則我莫敢承。無父無君，是周公所膺也。我亦欲正人心，息邪說，距詖行，放淫辭，以承三聖者，豈好辯哉，予不得已也。能言距楊墨者，聖人之徒也。』

墨家之非攻寢兵，與孟子之非戰，可謂兩家之目的原本一致。其所以成爲千里之差，由於愛無差等與愛有差等，卽一方爲兼士，一方爲別士之出發點而來。孟子無父之說，在家族主義之社會中，尤爲響亮。此問題是非之判節，尙待悉心研究，姑且置之。

讀以上孟子與同時代學者辯難之言，可謂辭鋒犀利，洞中要害，與孔子時代多寬裕溫柔之語者，大不相同。何也。戰國中堅白同異與墨辯盛行，孟子之文理密察，駕孔子而上之矣。荀子評孟子之語，曰『僻違而無類，幽隱而無說，閉約而無解。』可謂爲顚倒是非黑白之言。試問孟子嘗自言其所長，曰『我知言，我善養吾浩然之氣。』其知言之長，見之於上文辯難之詞，許行與夷子之徒，因孟子之難而不知所以作答，則其所以知己之長攻人之短，致敵人喪其所守。豈僻違幽隱者所能致之歟。其養氣之功如何。孟子述曾子之語曰『自反而不縮，雖褐寬博，吾不惴焉。自反而縮，雖千萬人，吾往矣。』又曰『其爲氣也，至大至剛，以直養而無害者，則塞於天地之間。其爲氣也，配義與道，無是餒也。是集義所生者，非義襲而取之也。』孟子一生自處於廣居正位。上溯之於堯舜禹湯，下徵之於當代，乃有見大人則藐之之氣慨。此孟子所以爲儀型萬世之人物也。

## 四、立心立極之學

宋儒張橫渠之言曰『爲天地立心，爲生民立命，爲往聖繼絕學，爲萬世開太平。』萬世開太平之言，就秦漢以後吾國治平言之，未必後勝於昔。此語加諸孟子，殆非孟子所願自承。以云前三句，孟子誠足以當之矣。孟子所以自立其思想體系與定吾思想界之方向者，以簡單之辭，表而列之。

一曰以四德爲人性之源。

二曰以心爲人生之主體。

三曰以思爲心官之能。

四曰義理爲言行之準則。

五曰以良知與窮理或曰德性之知與聞見之知二者相輔而行。

(一)孟子性善之說，舉仁義禮智四德爲證。其論四德曰：「惻隱之心，仁也；羞惡之心，義也；恭敬之心，禮也；是非之心，智也。」除是非一端外，其言仁以惻隱爲根，言義以羞惡爲根，言禮以辭讓爲根，此正今日西方學者所謂本能或情感也。孟子名此四者曰四端，猶之一種子，有待於存養擴充。故曰『凡有四端於我者，知皆擴而充之矣，若火之始燃，泉之始達。』牛山之木一章之言曰：『雖存乎人者，豈無仁義之心哉，其所以放其良心者，亦猶斧斤之於木也，旦旦而伐之，可以爲美乎。』因此章末所着重於操存舍亡四字，以明培植之重要。告子以爲性無善無不善也，或曰性可以爲善可以爲不善，乃就人之已成完形者，而歸之於性善性惡以爲之因。正與孟子之原意相背馳者也。惟人有此性善之源，加之以培養，則義理自湧之以立矣。

(二)所謂心者非人身中形體之心也。黃百家之言曰『心處身中，纔方寸耳。』又曰『

非謂我一人之心，僅爲分得之家當也』。所謂心，果何物乎何狀乎。橫渠正蒙大心篇第七之言如下：

「大其心，則能體天下之物。物有未體，則心爲有外。世人之心，止於聞見之狹，聖人盡性，不以見聞梏其心。其視天下，無一物非我。孟子謂盡心則知性知天。以此天大無外。故有外之心，不足以合天心。」

以現代名辭解之，心之所知，有出於官覺者，有出於理智者，有出於理性者。聲色臭味，官覺也。黑白同異，理智也。民胞物與爲善去惡，理性也。此三類之知，苟以聲色臭味爲重，則男女食色而已。苟以黑白同異爲主，則專科之學而已。惟有合古今人我萬物於一爐，庶幾不以聞見爲劃地之牢。可以謂之爲大心，卽古人所謂道心，爲人之主宰也者。

(三)天下之事物無窮，有待於人心之思，以推求其所以然之故。事物之種類也，先後也，輕重也，本末也，價值高下也，外延也，內包也。學問之種類也，何謂天文，何謂地理，何謂物理化學，何謂生理心理，何謂社會與民族，何謂政治法律，其範圍其主題其界說其概念，何一不賴有心官之思爲之劃分，爲之整齊條理，爲之確定層次秩序。如剝筍子，去了一層，還有無數層。如陟高山，上了一級，還有千百級。惟物理人情與知識之無窮，故思之爲用泱無終了之一日。孟子曰「思則得之，不思則不得也」之語，言乎尤思則理尤多，無止境之可言。此證之古往今來之哲學，倫理與科學，顯然可見者也。反之，其不以思爲事者，形同槁木死灰，坐待他人之掃除而已。

(四)孟子曰『至於心，獨無所同然乎。心之所同然者，何也。謂理者義也。』中庸更有『君子動而世爲天下道，行而世爲天下法，言而世爲天下則』之語。因此吾國人心中有一部道德法典，一若天不變道亦不變之條文，可以一查便是。然就義理二字之精義言之，人生之至高目的，如愛人利人，乃至不謊言不殺人，可謂東西古今所共守而未嘗變焉。以云生活之實況，如君主之變爲民主，如大家庭之變爲小家庭，如勞工之由奴隸而爲神聖，此則因時、因地、因社會情況。新要求既已提出，一般民眾從風而靡，則實際生活之方式隨之而變矣。然愛國公忠之理，未嘗變焉。家庭間夫婦之愛，未嘗變焉。對於勞工愛護之精神未變焉。是在實際生活情況變遷中，一成不易之理，依然如故。則謂義理二者爲歷久不變之當然之理，何不可以有乎？

（五）今日所當明辨者，良知與窮理之爭是也。孟子有「人之所不學而能者，其良能也；所不慮而知者，其良知也」之語，因以開姚江王氏致良知學說之端緒。然朱子「即物窮理」之說曰：「人心之靈，莫不有知，而天下之物，莫不有理。惟於理有未窮，故其知有不盡。」豈不與王氏致良知之方法，正相對立乎？我讀陽明書而深有所感者，但見王氏注重心理合一與知行合一。王氏曰：「理無內外，性無內外，故學無內外。講習討論，未嘗非內也。返觀內者，非遺外也。」此即王氏不否認窮理之明證也。西方學者如倫理學家，如數學家，莫不承認直觀說（Intuitionism）。此即謂以觀察試驗爲窮理之法外，另有一種直覺之眞理在焉。數學倫理學既認此方法，則孟子「不學不慮」之知，何爲在哲學中不能成立乎？

孟子哲學之體系，依西方學者之分派言之，可名曰唯心主義者，與希臘之柏拉圖最相類似。柏氏之師蘇格拉底氏，爲雅典青年辨析名義，被判罪爲惑亂人心，至於服毒而死。柏氏追述蘇氏思想於各篇對話之中，所以記蘇氏之言行。此與孟氏以身殉道之旨相符合者一。柏氏自身歷訪雅典以外之各邦之主，希冀得君行道，被雪拉糾司（Syracuse）之暴君所囚，且謂之爲奴。柏氏得友人援手，退歸雅典，創辦學院以終其身。此與孟子「用之則行，舍之則藏」之旨相符合者二。雅典當時詭辯學派盛行，認爲所謂是非云云，依人爲尺度，即是依人意之便利之別名。柏氏以蘇氏與雅典青年辯論勇氣，克治，友誼，智識諸德性，謂此諸德自有其正確意義，非人所能信口雌黃。此與孟子闢邪說之旨相符合者三。柏氏非度（Phaedo），非特羅司（Phaedrus）各篇力言「思」之重要與物慾之戒。此與孟子大體小體之旨相符合者四。柏氏分智識爲四層，理性爲最高層，理智爲第二層，意見爲第三層，官覺所觸者爲最下層。其以理性爲最高層，與孟子所謂仁義禮智之性，或簡言之曰義理之旨相符合者五。柏氏以爲通眞理之哲人，方能爲統治者，因而自鑄一名詞曰聖哲王者（Philosophers-king）。孟子逕以堯舜之專名爲其理想的王者。此與孟子相符合者六。此六項就其大體之相同言之。故謂柏氏與孟子爲同一類型之人物也。柏氏之立意措辭，有希臘背景，難與孟子置之於同一水平之上，極顯然也。唯兩人同以心官之思爲出發點，同以爲由心之不懈之努力，方能改造現實，達於理想，如愚公之移山，精衞之填海。此其所以爲唯心主義者也。

## 五、孟子所以影響後代學者

孟子一書所以影響後世者，有趙岐、韓愈、陸象山、王陽明四人。茲分別言之。

（甲）後漢末，趙岐已有孟子題辭。趙氏之言曰：

> 包羅天地，揆敍萬類，仁義道德，性命禍福，粲然靡所不載。帝王公侯遵之，則可以致隆平，頌清廟。師大夫蹈之，則可以尊君父，立忠信。守志厲操者儀之，則可以崇

高節，抗浮雲。有風人之託物，二雅之正言。可謂直而不倨，曲而不屈，命世亞聖之大才者也。」

此數十字中，將孟子書中之重要題目，一一備舉。其正義一書，爲注疏解釋之文而已。以云孟子之思想，趙氏既不能提要鉤元，亦不能有所發揮。其『直而不倨，曲而不屈』云云，正與孟氏書之理直氣壯，旁若無人者，正相反對。何也。義理書中含邏輯或道德之理，如匠人之彈墨線，唯有直而已，何倨之可言。不直而爲圓者，何曲而不屈之可言。此可以見趙氏不識孟子書之精義矣。

（乙）漢代以降，識孟子之價値者，當推韓愈，愈有推「孟子之功不在禹下」之言。於是孟子七篇之文與大禹之抑洪水爲同其功德。此歷代以來所罕聞者也。韓氏非潛心哲學之人，對孟氏書中論性論心之言，無發揮之處。韓氏性有三品之說，只爲一篇普通常識之文而已。

（丙）漢唐以降，其眞能運用孟子書中之哲學概念，見之於思想，形諸文字者，當以陸象山爲第一人。不唯形諸文字，且使孟子之精神躍然於儒者心目之間。謂爲孟子思想之復活可也。陸子明白承認其所得力處，爲孟子先立乎其大者一語。其言曰：

「近有議吾者云，除了『先立乎其大者』一句外，全無伎倆。吾聞之曰誠然。」

『先立乎其大者』，爲孟子之原文。陸子好引用此語，旁人以爲陸子除引用此語之外，絕無他長。然不知陸氏引用之而發揮之，以至於宇宙之大，此正陸氏之不可及處也。陸子曰：

宇宙便是吾心，吾心便是宇宙。東海有聖人出焉，此心同也，此理同也。西海有聖人出焉，此心同也，此理同也。南海北海有聖人出焉，此心同也，此理同也。千百世之上有聖人出焉，此心同也，此理同也。千百世之下，有聖人出焉，此心同也，此理同也。」

陸子又云：

「孟子云，『盡其心者知其性，知其性則知天矣。』心只是一個心。某之心，吾友之心，上而千百載聖人之心，下而千百歲復有一聖賢，其心亦只如此。心之體甚大，若能盡我之心，便與天同。爲學只理會此。」

自表面言之，陸子擴大孟子盡心知天四字之義而言之。然東海西海南海北海，千百世上，千百世下之言，何以他人不言而待陸子言之，此即無伎倆背後之大本領也。

陸子不獨指東西南北，千載上千載下公共之心言之，更取當前一人之心之知是知非爲實例爲證。舉慈湖傳（宋元學案）中之言如下：

楊簡，字敬仲，慈溪人。乾道五年進士，調富陽主簿。嘗反觀覺天地萬物通爲一體，非吾心外事。陸象山至富陽，夜集雙明閣。象山數提本心二字。先生問何謂本心？象山曰君今日所聽扇訟。彼訟扇者，必有一是一非。若見得孰是孰非，即決定某甲是某乙非。非本心而何？先生聞之，忽覺此心澄然清明。亟問曰止如斯邪。象山厲聲答曰更何有也。先生退。拱坐達旦。質問納拜。遂稱弟子。」

此訟扁中之本心之活現象，較之文字注解之效力，遠在千百倍之上。陸子之善於活用孟子，於此可見。吳草廬所以有「陸子有得於道，壁立萬仭」之言也。

（丁）明代王陽明以孟子「良知」說建立其哲學體系。其影響之大，更超於象山學派之上。陽明治學之始，心中有一基本問題曰「物理與吾心是一或是二」。其初讀考亭之書，循序格物，顧物理吾心，終判爲二，無所得入（梨洲明儒學案姚江學案之言）。此言物理既在心外，則天下之物理百千億兆，如何能一一盡求之而歸於一。龍場一悟，忽見到物理皆透過吾心之知，吾心之知出於一。百千億兆之物理，卽同出於一。於是還源於「聖人之道，吾性自足，不假外求」（梨洲原文）。於是，理與心合而爲一矣。然心與理合一之大原則，雖易於確立，至其應用之法，非一言所能盡，梨洲乃有「其學三變」之說。第一期「盡去枝葉，一意本原，以默坐澄心爲學的，有未發之中，始能有發而中節之和。視聽言動，大率以收斂爲主。發散是不得已。」第二期「江右以後，專提致良知三字，默不假坐，心不待澄，不習不慮。出之自有天則。蓋良知卽是未發之中，此知之前，更無未發。良知卽是中節之和，此知之後，更無已發。」第三期「居越以後，所操益熟。所得益化。時時知是知非，時時無是無非。開口卽得本心。」吾人讀梨洲三變說，乃知天泉證道語中「無善無惡心之體」之言之重要性矣。陽明學派在最後一期中，既不講心與理如何合一，又不講知與行如何合一，乃專求所謂心之體，專求無善無惡之本體。此眞爲狂禪之言，或曰形上學之本體論。此時，既離開事物，又離開學問思辨，又離開正心誠意，其所追求者，爲無善無惡之心體。梨洲所以評之爲「說玄說妙，幾同射覆」也。抑知吾人所處爲物質世界，所知爲物類。彼此同異，所視爲規矩者，爲理之善惡是非。其有超出人類經驗之外者曰上帝。此則由理性推斷，而奉爲準則者也。所謂無善無惡之境，所謂離心之用。而別有心體，所謂體者，究與物與心與理三者之關係如何？此皆超出於理性之外，非人所能斷言者也。或者詢曰：良知說之發展至於如是，孟子誤陽明歟？抑陽明派之自誤歟？吾以爲孩提之良知良能，在孩提之飲食笑貌動作中可以窺見。孟子更有四端論，言四德之發展之可能性。即令再擴而爲今日數學或倫理學之直觀主義，亦自有立言之根據。以云無善無惡之心體。既無善惡矣，何以爲心？更何以爲心之體。此則超脫乎理智性範圍之外。猶康德氏「憑形上學之夢以解釋幻覺家——夢」（Dreams of a visionary explained by the dreams of metaphysics 之書名矣。明代學者不守學術分界之過，而王學反動因之以起矣。

孟子學說如何爲人利用，吾人姑置之不論。孟子一鱗片爪之言，象山陽明遵守之，以立一派學術之基礎，猶礦石成爲鋼鐵也，泥沙之淘洗爲金塊也。此在歐洲一見之於柏拉圖，再見之於康德，三見於黑格爾。各國之信從者，一再復活於他國之中，而有所謂柏拉圖派，康德派與黑格爾派。其在吾國，獨有孟子學說，一再復活於象山與陽明名義之下。此則孟子所以成其偉大也。

## 六　結論

明代因王學之反動，心性問題人目之爲空譚，乃有亭林「經學即理學」之言，更輔之以陸隴其「尊朱」之說，於是王學沈寂矣。清之中葉，考證學者戴東原氏著「孟子字義疏證」，以歷來解釋孟子者未當其意也。

其著字義疏證之動機，詳於下文一段。錄其言如下：

人物以類區分。而人所稟受，其氣清明，異於禽獸之不可開通。然人與人較，其材質差等凡幾。古聖賢知人材之有等差，是以重問學，貴擴充。老莊釋氏謂有生皆同，故主於情欲以勿害之，不必問學以擴充之。在老莊釋既守己自足矣，因毀訾仁義以伸其說。荀子謂常人之性，學然後知禮義，其說亦足以伸。陸子靜王文成諸人同於老莊釋氏，而改其毀訾仁義者，以爲自全乎仁義，巧於伸其說是也。程子朱子尊理，而以爲天與我。猶荀子尊禮義，以爲聖人與我也。謂理爲形氣所汙壞，是聖人而下，形氣皆大不美，卽荀子性惡之說也。而其所謂理猶湊泊附着之一物，猶老莊釋氏所謂眞宰眞空之湊泊附着於形體也。理旣完全自足，難於言學以明理，故不得不分理氣爲二本，而咎形氣。蓋其說雜糅傅合而成，令學者眩惑其中。雖六經孔孟之言具在，咸習非勝是，不復求通。嗚呼！吾何敢默爾而息乎。」

上文所言，可見戴氏對於老莊、釋氏，荀子與程朱陸王，皆未嘗下一番愼思明辨工夫。謂陸王同於老莊釋氏，則陸氏何必有立大，王氏何必有致良知之說乎？謂程朱之形氣論，同於荀子之性惡，則程朱何爲着重於本然之性乎？謂程朱之「理」爲湊泊附着之物，則伊川何以有『天下無實於理者』之言乎？謂程朱難於以學明理，則朱子何以有「卽物窮理」之言乎？此爲程朱陸王之單辭片語，舉之，便可以證戴氏立言之不足信矣。

戴氏思想之要點，詳見於告子上篇公都子性無善無不善一章之註解，卽「學以擴充」。

依此以解孟子，義實與孟子重德性，重義理之義，正相反矣。茲分三項論之。

（一）心與耳目鼻口之內外問題。孟子曰：『口之於味也，有同嗜焉。耳之於聲也，有同聽焉。目之於色也，有同美焉。至於心，獨無所同然乎。心之所同然者何也？謂理也義也。』戴氏解釋之言曰：『人徒知耳之於聲，目之於色，鼻之於臭，口之於味之爲性，而不知心之於義理，亦猶耳目口鼻之於聲色臭味也。故曰至於心獨無所同然乎。蓋就其所知，以證明其所不知。舉聲色臭味之欲，歸之耳目口鼻，舉義理之好歸之心。皆內也，非外也。』戴氏將聲色臭味與義理之好，置之於同一水平線上，稱之曰皆內也非外也。然戴氏於聲色臭味之下，用一「欲」字，於義理之下，用一「好」字。是二者之區別，早自知之，豈得謂之曰「皆內也非外也」。若聲色臭味與義理同屬於內，孟子何必有大體小體之分乎。戴氏依西方學派分類之法言之，可謂之爲自然主義（Naturalism），以爲人既有耳目口鼻，自不能不有聲色臭味之養，其下文接續言之曰『日用飲食，自古及今，以爲道之經矣。』循戴氏之意，心與耳目口鼻雖各有分司，然義理與聲色臭味之界，非壁壘森嚴如宋明儒者所云云也。

（二）義理之質性。孟子曰心之所同然者何也？謂義也理也。據孟子性善之言以推之『惻隱也，羞惡也，辭讓也，是非也』，即義理之四端也。戴氏注解之言曰：『當孟子時，天下不知義理之爲性，害道之言紛出，以亂先王之法。是以孟子起而明之。』是義理起於性善。戴氏與孟子一致者也。下文又曰：「舉性之名曰理，是又不可。」似戴氏意，性善之中含有義理，非其所反對者也。至於宋儒性卽理之言，則力斥其非。此由於戴氏將聲色臭味四者，包括於性之才質中或形氣之中。聲色臭味，既在其列，則理等於性之言，爲戴氏所最不樂聞者矣。戴氏解釋爲義理在人性之內，知所節制卽爲性善之旨。然孟子以爲四端與性俱生，宋儒將義理與形氣隔斷，一屬於思想與道德，一屬於形氣。二者如何混而為一乎？

（三）大光察照之明。孟子曰：「耳目之官不思而蔽於物，物交物，則引之而已矣。」老子有言，「五色令人目盲。五音令人耳聾，五味令人口爽，馳騁田獵令人心發狂。」其言物交物之害之明顯，莫過矣。孔子謀所以矯之，乃有告顏回之言曰：「非禮弗視，非禮弗聽，非禮弗言，非禮弗動。」是閉其耳目以致於思之謂耳。心之能在思，而思之用在於克制耳目之非，在於知其耳目之所當為與所不當為。其不如戴氏專恃察照之明者，顯然也。其言曰：

故孟子曰，耳目之官不思，心之官則思，是思者心之能也。精爽有蔽隔而不能通之時，及其無蔽隔無弗通，乃以神明稱之。凡血氣之屬，皆有精爽。其心之精爽，鉅細不同。如火光之照物，光小者其照也近。所照者不謬也。所不照則疑謬承之。不謬之謂得理。其光大者，其照也遠，得理多而失理少。且不特遠近也，光之及又有明暗，故於物有察有不察。察者盡其實，不察斯疑謬承之。疑謬之謂失理。失理者限於質之昧，所謂愚也。惟學可以增益其不足而進於智。益之不已。至於其極，如日月有明，容光必照，則聖人矣。此中庸「雖愚必明」，孟子「擴而充之」之謂。聖人，神明之盛也。其於事靡不得理，斯仁義禮智全矣。故義理非他，所照所察者之不謬也。何以不謬？心之神明也。人之異於禽獸者，雖同有精爽，而人能進於神明也。理義豈若別為一物，求之所照察之外。而人之精爽能進於神明，豈求諸稟氣之外哉。

戴氏所念念不忘者，義理或曰仁義禮智不在氣稟之外。照與孟子「非外鑠我也，我固有之也」之語，豈不相刺謬矣乎？況惻隱，羞惡，辭讓，乃自然流露之情，與照察絕不相涉。我所以謂戴氏字義疏證，乃考證學者本於其經驗以解釋孟子之文字。至於孟子哲學中如心如性如盡心知天之要義，可謂無所窺見也。

最後，我有一句結束之詞曰：孟子一書在秦漢後千數百年中起落升降之情，如上所述。然孟子書之永久價值，初無損害可言。何也？古今哲人之書，在人事盛衰之中，時有其遭遇之不同，如柏拉圖全書，在歐洲中世紀，爲人所遺忘，不如亞歷斯大德氏之書遠甚。及東羅馬淪陷，乃有携柏氏書返至歐洲者，或譯拉丁、意、法、英、德文，或考其文字之年月，或窮其是否爲柏氏作之眞僞。經數百年研究之後，今成爲歐洲各國之公共遺產矣。康德氏之書，在十九世紀之初，因其所用名詞與科學時代之名詞，格格不入，人視之爲時代過去之作。及愛因斯坦相對論發明，乃有人以爲康氏學說與新物理學有相連之處而推尊之。可知一書之價值，視其書中之蘊藏如何。倘其果爲豐富之鑛藏，何患無後來人之發掘。我於孟子書所以不問歷代之好惡如何，而視之爲東亞之遺產者，爲此而已。

一九六七年七月十八日　美國

# 六、立極之哲人——孟子

## 甲、序　言

吾國古今哲人之立言起義，能影響千百年後之人心而支配之者，莫過於孟子。性善之說，非宋明儒者所一致堅持者乎？立大之說，非象山學說之所自出乎？良知之說，非陽明學說之源乎？仁義王覇之說，非吾國儒者論政之標準乎？儒者斤斤於學說是非之辨，如朱子之於陸子陳亮，非效法孟子之拒楊墨乎？其視張儀公孫衍爲妾婦之道，非後世讀書人愼於出處進退之所本乎？浩然之氣，非文文山正氣歌之母體乎？嗚呼！以一人之一言一義，而千百年後之人心朝宗之遵行之，此決非孔孟定於一尊之所能爲力，而其學說自有其恰心歸當之處，所以能使人於斟酌去取之中，必歸於孟氏而後心安理得。宋儒周子曰：「聖人定之以仁義，中正而主靜（自註云無欲故靜），立人極焉。」此爲我標題中立極二字之所由來。以現代語解之，卽謂其能確立一種正確之宇宙觀或人生觀，示世人以立己達人之方向，乃其所以成爲萬古不廢之河岳也。

哲人之所以爲哲人，非徒著書立說已焉，非徒獨出心裁已焉，非徒聰明才辯已焉。必其所把握者，爲人心之所同具，且爲往復不已之問題。本之正確之理智，深入之洞見，予之以解答，因而潛心於哲學問題之思索者。雖時不免有東西躑躅左右徬徨之入於歧途之輩，然譚到宇宙之根本問題，終有暫離而復歸於若干哲人之基本主張。其在西方，則有蘇葛拉底之德由知入之說，有柏拉圖之意典說，有康德之純理批判實理批判之兩部大著。其在吾國，則有易經形上之道，形下之器，孔子學思並重與夫大學之八條目，此爲先哲所指示之範疇，猶宇宙之東西南北之方向也。孟子繼起而發揮光大之，乃有仁義禮智之說，性善之說，心官之思與良知良能之說。孟子所處者爲戰國之世，趙岐嘗說明之曰：「周衰之末，戰國縱橫，用兵爭強以相侵奪。當時取士，務先權謀以爲上賢。」以廿世紀名詞言之，此爲軍事競賽之世，此爲唯實主義之世。人人但以目擊所手觸者爲有爲實，至於人性中所以擴而充之之潛能，則視同無物而舍之。自孟子出，乃起而力爭之，告人以性善，告人以存心，告人以養氣。所以反抗當時之權謀術數而已。其所以能爲此者，一曰識時代之趨勢，二曰窮盡心思知所抉擇，且予以答案，三曰以矯正風氣爲己任。其言曰：我亦欲正人心息邪說。又曰：若夫豪傑之士，雖無文王猶興。其所以決定千百年後之思想界者，非徒爲能思之哲人已焉，由於其具有以理智爲主，輔之以決心與正氣。此之謂哲人中之豪傑。西方哲學界有理智的英雄主義之名，可以爲孟子之寫照。

## 乙、孟子之時代

史記孟子荀卿列傳之言曰：「當是之時，秦用商君富國強兵，楚魏用吳起戰勝弱敵，齊威王宣王用孫子田忌之徒而諸侯東面朝齊。天下方務於合縱連橫，以攻伐爲賢。而孟軻乃述唐虞三代之德，是以所如者不合，退而與萬章之徒，序詩書述仲尼之意，作孟子七篇。」此簡短之數十字，可謂道出孟子之生世矣。孟子生死年月，迄今無定說。然大概不外乎：一曰生於周定王卅七年，卒於赧王十三年。二曰生於周安王廿六年，卒於赧王廿六年。三曰生於安王十七年，卒於赧王廿六年。四曰生於烈王四年或五年，卒於赧王廿六年。生年之說紛紛，而卒年則均以赧王廿六年爲然，下距秦始皇之統一六國，不過四十餘年而已。此一時代，以晉國分爲韓趙魏始，以秦之一統爲結束，因此號爲七國爭霸之局。其間流行之政策：曰富國強兵，曰合縱連橫。其出色人物爲法家商鞅申韓，爲縱橫家蘇秦張儀，爲軍事家吳起孫臏白起。孟子處此環境中，不以一身之富貴利達爲意，決心起而與抗。趙岐稱之曰：「孟子憫悼堯舜湯文之業，將遂湮微，正塗壅底；仁義荒怠，佞僞馳騁，紅紫亂朱，於是則慕仲尼周流憂世，遂以儒道遊於諸侯，思濟斯民。然由不肯枉尺直尋，時君咸謂迂濶於事，終莫能聽納其說。」不知所以稱爲迂濶於事者，正由於其不肯遷就時君與事實而已。猶之蘇葛拉底之批評希臘之市民政治，雖以身殉而不悔，柏拉圖之抱定其共和國公道之理想，以遊說於時之執政而卒至被黜爲俘虜也。

孟子對於當時軍事家吳起孫臏白起之流之批評曰：

> 「君不行仁政而富之，皆棄於孔子者也。況於爲之強戰，爭地以戰，殺人盈野，爭城以戰，殺人盈城。此謂率土地而食人肉，罪不容於死。故善戰者服上刑，連諸侯者次之，闢草萊任土地者次之。」

此所言者，非指孫臏之伐魏救韓，白起長平之役坑趙卒四十萬人，與夫秦、楚、韓、魏、齊、燕、趙千百次戰爭言之乎？

孟子於蘇秦張儀等之縱橫家，更視爲一文不値，斥之爲妾婦之道。其論齊人一妻一妾章中「人之所以求富貴利達者，其妻妾不羞也而不相泣者幾希矣！」亦指蘇秦張儀輩專趨時好逢迎君惡者言之。

由春秋之百數十國而併爲七雄，由七雄而變爲秦之統一，其間以戰爭爲過程，爲勢之所不能免。然孟子不肯與世浮沈，毅然與之反抗，亦曰其所着眼者爲人羣生聚敎養治平之大經大法，由其自己一身之正思正見，體驗而發揮之。其言曰：「居天下之廣居，立天下之正位，得志與民由之，不得志獨行其道。」此言乎當博觀宇宙之大，窮極義理與是非之正，然後用則行之，舍則藏之。蓋與張載所謂「爲天地立心，爲生民立命，爲往聖繼絕學，爲萬世開太平」云云，其字句各不相同，然其意旨其精神，則先後一轍者也。

## 丙、孟子論其同時代之人物與思想家

公都子好辯一章中，有「聖王不作，諸侯放恣，處士橫議，楊朱墨翟之言盈天下」之語。諸侯放恣四字，指前段七國戰爭與縱橫之政治實況言之。處士橫議之後，接以楊朱墨翟，指其同時代之思想家言之。孟子生於安王赧王之世，其所與接觸者，除其本身所私淑之儒家外，有宋牼、夷子二人，非墨家乎？有陳仲子許行，非農家乎？自其白馬白雪之辯言之，非出於堅白同異之名家之惠施公孫龍輩乎？自其言必稱堯舜與追溯堯舜禹湯文武之業言之，非法家商鞅所言「三代不同禮而王，五伯不同法而霸，前世不同教，何古之法，帝王不相復，何禮之循」之言之反應乎？孟子既樹其一家之言，同時對於各派，自有其意見之參差出入。茲略舉孟子對於各家之言而疏解之：

一、**墨家**　孟子稱墨翟摩頂放踵利天下而爲之，是墨子赴湯蹈火救人急難，孟子深知之。其所以斥其爲無父者，由於儒家仁義禮智之教，始於事親從兄。其言曰仁之實，事親是也。義之實，從兄是也。既已將仁義之德，與孝悌忠信合而爲一，則儒家邏輯之理論，因愛有等差之義，乃有爲父者有第一優先之地位。而墨家兼愛之義中，忽視此點，此其所以爲孟子所非也。

墨子所以非儒，因其與儒家有根本上見解之不同。儒家謂人性中之仁義，出於天性，而無待於外求。孟子曰：「我固有之焉。」惟其爲人性之所固有，見父母知孝，見兄弟而知悌。其他忠信禮讓之德，無一不出於此。則仁義孝悌忠信之德，乃良心之所命，而與事物之以有用無用爲標準者，迥然各別。墨子立論以用以利以方法爲出發點。其答人「善矣，雖然豈可用哉？」之問曰：「用而不可，雖我亦將非之，且焉有善而不可用者。」其以效用爲善之標準，顯然也。墨子評儒家樂以爲樂之答案，是未答其所問，舉譬以明之曰：「今我問曰何故爲室？曰冬避寒焉夏避暑焉，室以爲男女之別，則子告我以爲室之故。」今儒家之答案曰，樂以爲樂，猶答人曰室以爲室。則室之爲用如何，絕未能道出其所以然之故也。墨子更對孔子於葉公子高問，善爲政者如之何，曰「遠者近之，舊者新之」答案；駁之曰孔子於所以爲之者若何，未能說出，故以爲孔子所云，未答葉公子高之問。此可以見墨子之注重方法。效用也，方法也，皆起於人與人間，人與物間所以用之所以利之者如何，此與儒家善由於固有，善由自發之義，兩不相容者也。澈底言之，儒家之立場：曰道德之自主。墨家之立場：曰功利，曰方法。此孟子所以對於宋牼說秦楚罷兵之舉，以一利字駁之而已。

**二、名家**　孟子書中不見有惠施公孫龍之名，然因其所處時代考之，孟子之措詞如白羽白雪白玉云云，似已受有堅白同異之影響。其書云「所惡於智爲其鑿也」，此乃指臧三耳雞三足，天與地卑，山與澤平之琦辭怪說。孟子繼言曰：「如智者若禹之行水，則無惡於智矣。禹之行水也，行其所無事也。如智者亦行其所無事，則智亦大矣。」此其意曰智應以事物之大經大法爲本，順其自然而察之而行之。若專以苛察繳繞爲能，未見其能成爲正確之智。亦猶荀子論名家辯而無用，多事而少功，不可以爲治綱紀之意也。

**三、農家**　陳仲子與許行，爲承長沮桀溺偶而耕之一派，以自食其力爲主義者也。荀子列陳仲子爲十二子之一，是爲當時有力之學派。許行自稱曰「賢者與民並耕而食，饔飧而治」，其信奉自耕自食其力之說顯然。依漢書藝文志稱之爲農家。孟子因匡章稱陳仲子爲廉士。孟子答之曰：「齊國之士，必以仲子爲巨擘，然仲子惡能廉。充仲子之操，則蚓而後可者也。夫蚓上食槁壤，下飲黃泉……若仲子者，蚓而後充其操者也。」孟子之意，謂一人之身，在人羣分工合作中，自能生養。何必以自力自耕爲獨是，至於離羣索居而後安乎？孟子稱許行之徒數十人，皆衣褐捆屨織席以爲食。又曰許子必種粟而後食。孟子乃詢以衣冠釜甑何自來？其徒答之曰：由於交易而來。孟子乃斷言之曰，以粟易械器，不爲厲陶冶，以械器易粟，不爲厲農。亦言乎分工合作爲人羣生活之自然，自耕自食者，反而有害於人之社會生活而已。

四、**告子** 告子在孟子書中或其他書，向未指出爲何派之學者。然讀告子一篇，以現代語釋之，可名之曰唯實主義之關係外在論者。其視仁義爲杞柳桮棬，其視人性爲湍水，西流東流唯人力使之使然。其不認有內在之心，固有之性，惟知外力之驅使，顯然矣。告子嘗有所謂仁內義外之說。然其所以自釋之者曰：彼長而我長之，非有長於我也。猶彼白而我白，從其白於外也。是所謂仁內者，亦以先有彼長在外，而後我內從而長之。是與儒家長幼之序，發之於內心者，迥然異轍。故我稱之爲關係外在論者。孟子以「嗜秦人之炙，無以異於嗜吾炙……然則嗜炙亦有外歟」之言以駁之，所以明知味之心，必存於內，然後炙之嗜與不嗜，乃可得而言也。

五、**法家** 孟子於法家，雖未嘗指名而責之，然以孔子「導之以德，齊之以禮，有恥且格。導之以政。齊之以刑，民免而無恥」之言衡之，孟子之贊同德化，不待言矣。自其稱述堯舜禹湯文武之制度言之，尤見其對於治國之道，應循古代統緒而損益之。其於商鞅「苟可以強國，不法其故，苟可以利民，不循其禮」之言，視背棄歷史急切圖功之冒險嘗試矣。

由上孟子之往復論辯，則爲儒家所以與他派異同之故，可以見矣。孟子一貫之義不外乎人人親其親，長其長，而天下平。意謂人人能正心修身，推之於社會，爲分工合作。其在政治上，以與民同樂爲心，敎之養之，使民遷善而不自知，是之爲仁政。論語曰修己以安人，修己以安百姓。孟子曰君子之守，修其身而天下平。修身與治國，乃一樹之根本與枝葉。同條而共貫者也。

## 丁、孟子思想之基本方法

五年前由歐道經香港赴日，與錢賓四唐君毅先生譚及孟子，我提出孟子之思想方法，以「類」字爲管鑰。兩先生同時以手擊其所坐之椅，曰得之矣。此印象至今猶存於心目中。茲更以孟子之思想方法，分爲五項言之：一曰分類方法，二曰人禽之別，三曰人性，四曰心官之思，五曰良知。

**一曰分類方法**　孟子書中論類之言如下：

「麒麟之於走獸，鳳凰之於飛鳥，泰山之於丘垤，河海之行潦，類也。聖人之於民，亦類也。」

「凡同類者，舉相似也。何獨至於人而疑之？聖人與我，同類者。故龍子曰不知足而爲屨，我知其不爲蕢也。足之相似，天下之足同也。」

「口之於味，有同嗜也，易牙先得我口之所嗜者也，如使口之於味也，其性與人殊，若犬馬之與我，不同類也。」

「指不若人，則知惡之，心不若人，則不知惡，此之謂不知類也。」

由以上各節所引，可以見類字在孟子思想體系中之重要。此類字之涵義有四：第一，孟子時代，早知有西方邏輯中之「樸爾斐利」之樹，由有形無形有生無生，而達於生物動物與人類。惟其然也，乃從河海山岳飛鳥走獸，說到聖人，而以類分之。第二，知同類之物有其共有之屬性，故知其似。曰足之相似，天下之足同也。又伸說屨者知足之形，故不致錯誤而爲蕢。

第三，既知有類，自知有所謂共名，現代謂之爲概念。孟子曰相似，至荀子正名篇中有所謂共名，其義同也。

第四，孟子特別指出物理界之物，與精神界之物二者輕重，大相懸殊。故曰心不若人，則不知惡。是其諄諄告人以知類者，應以充類至盡爲事。卽謂理性的動物者，應擴充其理性也。

如是類之一字，孟子書中，兼分類，概念，與人類之修養言之。

**二曰人禽之辨**　孟子知人之與禽獸差別甚微，同有生命，同嗜飮食，同有男女之慾。惟人知造文字，利用萬物，建立家庭社會政治文化之制度。其所成就，非禽獸所能及。然人類因男女飮食而起爭端，與禽獸不相上下。故孟子曰「人之所以異於禽獸者幾希」。焦循「孟子正義」中論性善一段中，關於人禽之辨，有極透澈之語曰：「人之有男女，猶禽獸之有牡牝也。其先男女無別，有聖人出，示之以嫁娶之禮，而民知有人倫矣。示之以耕耨之法，而民知自食其力矣。以此敎禽獸，禽獸不知也。」又曰：「同此飮食男女嫁娶以別夫婦，人知之，禽獸不知之。耕鑿以濟飢渴，人知之，禽獸不知之。禽獸旣不能自知，人又不能使之知，雖爲之，亦不能善。」是則人禽之辨，若是非黑白之不可混同。奈何世人聞人由猴變之說，乃以人與獸等同一視，而以爲快意。一若人之所以爲人之知識與理性，可以棄置之而不足愛惜矣。此孟子所以於幾希之下，繼之以庶民去之君子存之之語也。

**三曰人性**　孟子注重人禽之辨，尤注重於人之所以爲人之性，曰仁義禮智四端。孟子所以斷言人之有是四端，初不出於武斷，亦非架空言說。蓋亦以一種歸納方法，驗之於人心之所同然，然後得此結論。故其言曰：「口之於味也，有同嗜焉。耳之於聲也，有同聽焉。目之於色也，有同美焉。至於心，獨無所同然乎？心之同然者何也？謂義也，理也。聖人先得我心之所同然耳，故義理之悅我心，猶芻豢之悅吾口。」此其意曰四端之存在，可驗之於人心。人既知他人之有心，可以忖度而得之。且有語言文字，與夫姿態之可以應對，可以互相瞭解，則各人心中之義理，可以推見而知之。譬如以四端之智言之，所以辨彼此黑白多少，與數目之多少，邏輯之矛盾，非人所共有者乎？以四端之仁言之，孟子常以孺子入井，人不忍坐視而思所以救之爲證。其實小之如樂善好施，大之如救鄰國饑荒水旱之災，均爲仁之表現。更大之如原子武器之毀滅人類，各國中不問其身受與否，科學家政治家教育家羣起力爭思所以阻制之，非仁之發於人性乎？人之處社會，有主客長幼先後之分。以爭奪爲非，以禮讓爲是。以守法爲是，以暴力，叛亂爲非，非禮之表現乎？天下必有曲直是非，如嫁娶之由搶親買賣，而歸於婚禮。如勞工之由奴隸而進於自由工作。如政府執政者之由世襲，而歸於民選。皆因時進展，而定其宜與不宜，非義之表現乎？孟子於四端之具於人，所以名之曰端者，指其僅爲潛能，乃用「知擴而充之」之五字以廣之，其意告人以存養，省察，克制之不可缺。其言曰：「雖存乎人者，豈無仁義之心哉？其所以放其良心者，亦猶斧斤之於木也，旦旦而伐之，可以爲美乎？」以見有此四端，而不知存養，則爲牛山之濯濯。猶之人以暴戾恣睢爲事者，自然不知有仁義，且直以反人性爲當然矣。

**四曰心官之思**　孟子論心論思之義如下：「口之於味也，有同嗜焉，耳之於聲也，有同聽焉，目之於色也，有同美焉。至於心，獨無所同然乎？心之所同然者何也？謂理也，義也。」又曰：「鈞是人也，或從其大體，或從其小體何也？曰耳目之官不思，而蔽於物。物交物則引之而已矣。心之官則思，思則得之，不思則不得也。此天之所以與我者。先立乎其大者，則其小者弗能奪也。」孟子獨重心之思，似與孔子學思並重之旨相出入。孔子曰：「學而不思則罔，思而不學則殆。」其所謂學，指考察事物。讀先哲書籍，或就事練習言之，即現代所謂經驗，求之於外者也。其所謂思，指一人之靜思默索言之。然但求之於內，而不以事物爲本，則有暗中摸索之病，此所以爲殆也。孔子學思並重之說，爲事理之常軌。然至戰國百家馳騁之日，非理智之銳，辨析之明，難以折服墨楊名法諸家，此孟子所以特重心官之思也。

然孟子重思之說，與口之於味，耳之於聽，目之於色，連累而言之。後世乃有合耳目口鼻與心爲一之說，謂心不能獨任，而有待於四官。四官受制於心，而後有聽聲色味之辨。戴東原之言曰：「百體之能，皆心之能也。豈耳悅聲目悅色鼻悅臭口悅味，非心悅之乎？曰：否。心能使耳目口鼻，不能代耳目口鼻之能。彼其能者，各自具也。故不能相爲。人物受形於天地，故恒與之相通。盈天地之間，有聲也，有色也，有臭也，有味也。舉聲色臭味，則盈天地之間，無或遺矣。外內相通，其開竅也，是爲耳目口鼻。五行有生剋。生則相得，剋則相逆。血氣之得其養失其養繫焉。資於外，足以養其內，此皆陰陽五行之所爲。外之盈天地之間，內之備於吾身，外內相得無間，而養道備民之質矣。日用飲食，自古及今，以爲道之經也。血氣各資以養，而開竅於耳目口鼻以通之。既於是通，故各成其能而分職以司之。」戴氏本此所言，乃創爲「血氣心知」合一之說。戴氏所云，可謂正與孟子相刺謬。孟子嘗言：口之於味目之於色耳之於聲鼻之於臭，與夫四肢之於安佚，釋之曰性焉，有命焉，君子不謂性也。人身雖資飲食以養血氣，然飲食自飲食，血氣自血氣，心思自心思，三者不可混而爲一。孟子又曰：「豈惟口腹有飢渴之害，人心亦皆有害。人能無以飢渴之害爲心害，則不及人不爲憂矣。」此明言飲食之際，有是非邪正之分。一簞食一豆羹，嘑爾蹴爾而與之，乞人且勿屑也。更以孟子大體小體之言衡之，耳目口鼻之官，與心之官截然不同。其言曰：「耳目之官不思而蔽於物，物交物則引之而已矣。心之官則思，思則得之，不思則不得也。」一曰能思，一曰不思，則心之官，不能與耳目同一視，更不能因血氣飲食，與心思之相爲表裏而混一之，何待論乎！戴氏自謂由文字以通乎道，然道爲宇宙之大經大法，在乎心通其意，不在乎文字訓詁之間，此所以孟子字義疏證之作，不特不足以發明孟子之奧義，反成一種曲解而已。

世間所謂學問，不論其方法如何，或曰博學愼思審問明辨篤行，或曰格物致知正心誠意，要不外出於心，出於心之思而已。其辨黑白彼此者，思也。其辨輕重緩急者，思也。其辨是非邪正者，思也。其辨形上形下，常與變，有與無者；思也。以現代學術言之，所以成爲物理天文地理之學者，由於思也。所以知有邏輯同異排中矛盾諸律者，由於思也。所以知倫理學之道德，或曰功用主義者，由於思也。心思之爲固有爲自具，東西哲人早已言之。然其中確分爲二派：一曰心思有待於外之聞見，如吾國之朱子派與西方之經驗派是。二曰心思能自知自證，如吾國之陸王派與西方理性派。然不論爲何派，要必先有獨立自主之心，有獨立自主之思，然後能有名數之學，有物理之學，有人羣之學。學問之日新月異，即心思之日新月異。舍此而外，焉有學問可言哉！

更就一國文化之演進言之，何一不由思想家與制作家之心思有以致之？其在吾國：曰孔孟，曰離婁，曰公輸班，曰扁鵲，乃至後來之朱子陸子王子，與夫黃棃洲王夫之與顧亭林等。其在西方：曰柏拉圖，曰亞里斯大德，曰笛卡兒，曰陸克，曰牛頓，曰亞因斯坦。良以不得也。由於思，乃有新說，乃有條理，乃有統系。思則進化，不思則停滯。故曰思則得之，不思則不得也。

**五曰良知** 孟子更有言孔子所不言者，曰良知。孔子好古好問，好學不厭。質言之，以古人以事物爲師。然孟子則以爲人有不學而能不慮而知者。此之謂良知。證以孟子「人人有貴於己者弗思耳。人之所貴者非良貴也。趙孟之所貴，趙孟能賤之」之言，是爲己所固有，不由外鑠之知也。此種知之有無或足或不足，後來之朱晦盦、陸象山、王陽明、湛甘泉，歷有爭辨。吾以爲數目之多少等不等，非一見而知之乎？邏輯之同異與矛盾，非一見而知之乎？倘無此一見而知之良知，則其他事物之觀察試驗，與後來之修正，且無由着手矣。可知所謂良知，乃自明自證之知也。然在倫理上之是非邪正，較名數之同異多少，更不易論定。然仁愛與害人也，誠與僞也，宜不宜也，應辭也，應受也，應出也，應處也，自有其一觸乎心，而有自安不自安之感，此卽良知之本也。若夫人羣之制度條理是非，因時因地而異者，自不能於片時之間，分辨判斷者，然不能不本乎仁義禮智之基本元素則一。試問遍世界之反對原子武器者，何嘗有身歷原子彈之經驗？其所以反對之者，亦曰出於自身之直接感覺，是亦良知而已。

## 戊、結　論

古今大哲之言，歷久猶新，猶之源泉之水，雖日夜取之而不竭。今年今日讀之而得其新義，明年明日或後年後日讀之，又發昨年昨日所未發之覆。此所以在西方讀柏拉圖之學，自希臘中古以迄於今日，無一代無柏拉圖主義者。言乎柏氏思想，爲人所不能外也。懷悌黑之言曰：西方一部哲學史，乃柏氏之書之註腳。其精義之不可勝窮，可以見矣。吾國則有孟子之書，趙歧讀之，曰包羅天地，揆敍萬類，仁義道德性命福禍，粲然靡所不載。韓愈讀而稱之曰，其功不在禹下。朱子讀之而註之，不止一次。象山讀之，而有立大之說。陽明則以良知建立其哲學之體系。下至清之中葉，有戴東原之孟子字義疏證，有焦循之孟子正義。如是漢唐宋明清以來，莫不視孟子為精神食糧之源矣。吾人居廿世紀之今日，稍通西方之學說，何能不以孟子書中之微言奧義，與西方較其得失，求其異同。且於不勉強附會之中，融會而貫通之。況處此大道晦塞，聖學不絕如縷之日，倘我此文之作，讀者認其為有裨於墜緒之扶持，人心之振作，正氣之發皇，則吾幸何如。

五十年十二月八日胃疾後休養中寫於金山

# 七、孟子致良知說與當代英國直覺主義倫理學之比較

一九四六年諾斯羅魄（F. S. C. Northrop）「東方與西方之相會」（The Meeting of East and West）一書出版後，便有許多人討論和研究這個題目。事實上，在以前每一個時代裏，東西方便有許多文化交流，其中有一些重要的例子我們可以列出。古希臘的畢達哥拉斯學派，便很可能是從印度人那裏學到靈魂輪廻和素食。又如中亞和印度和尚，在一世紀中期把佛教介紹到中國，並且這種工作持續了一千年，在十六世紀，中國受到基督教的影響，耶穌會的傳教士在一五八〇年來到中國，隨後有許多中國人入教。然而這個文化交流是兩向發展的，我們知道耶穌會士在十七世紀將儒家典籍譯成了拉丁文，這個工作鉅大的幫助了西洋理性主義的發展，及在歐洲、美國天賦人權觀念的形成，德國學者克里斯丁・吳爾夫（Christian Wolff）和其他歐洲學者如來布尼玆（Leibniz）伏爾泰（Voltaire）都明確表示對中國思想和生活方式的欣賞，英國對印度的殖民統治，則開始另一個東方與西方更直接的接觸，終而可能是完成了所有東西文化最完全的交流。

以前段當爲介紹，現在我要回到正題——孟子致良知說與當代英國直覺主義倫理學之比較，我極樂意指出在兩個學派中有一個交會點，他們似乎都同意在道德知識上有先天而直接的洞察(Insight)。現在我將討論這兩個學派間一致的觀點。

在討論孟子良知說之前，我要簡略的討論一下中國的道德系統：中國的倫理學是規範的而且是理性的系統；他的起點是德性，德性是人自身而有並且不能外求的意向(disposition)；儒家發展出五種主要的德性，即：仁、義、禮、智、信五常，被視爲基本的德性。中國倫理學也提倡個人的道義之理論；且說人類的關係有五種，即：一、父子關係，父應愛子女，子女亦當孝其父母；二、長幼關係，兄弟應該相互友愛，三、夫婦關係，夫婦應該相敬如賓，四、朋友關係，朋友有信，五、君臣關係，則君對臣下有禮，臣下對君主有忠。更進一步說，中國的倫理學之目標是求社會中的分子都和諧的共同生活在一起，這個目標在大學中詳細的列有四點：一、修身，二、齊家，三、治國，四、平天下。

我樂意指出中國倫理學理論，在強調正義或道義上，並沒有因此而忽略從道德活動所得的利益。古聖賢所敎的道義基本原理也許可以叫做「無上律令」(Categorical Imperative)，雖然這個原理是傳統的，傳授給一般人着重於自己修身，可是聖賢們強調道義的意義必須爲個人所自覺，對這些道義所作的判斷必須來自每個人自己的良心。孔夫子敎人此道理。可是他卻於如何知此處默然不語，孟子則強調心靈的直接洞察，他說：

「人之所不學而能者，其良能也；所不慮而知者，其良知也。孩提之童，無不知愛其親也，及其長也，無不知敬其兄也；親親，仁也；敬長，義也，無他，達之天下

也。」（註一）

上面引自孟子書中的話，十分恰當的綜括了中國直覺說的理論，直覺學派即由此而建立。在這個學派的反對者中，荀子持的是是非之道德意識只能由知識學習而獲得。直覺學派和知識學派（或理性學派）是中國兩個主要倫理學派。孟子則以下面的實例來描寫是非之直接洞察的理論，他以仁、義、禮、智爲人性的四端。在一個例證中，他描寫仁之端如何在人心中作用：

「所以謂人皆有不忍人之心者，今人乍見孺子將入於井，皆有怵惕惻隱之心，非所以內交於孺子之父母也，非所以要譽於鄉黨朋友也，非惡其聲而然也。」（註二）

所以很清楚的，孟子所說仁之發展，是自然的，天性的，並且是人性的一個基本部分。第二個我將列舉說明的例子是，孟子以爲一個人自然而然的喜好保有他的人格尊嚴和榮譽感，而不能忍受對他做的不當行爲。

孟子說：

「魚，我所欲也，熊掌，亦我所欲也；二者不可得兼，舍魚而取熊掌者也。生，亦我所欲也，義，亦我所欲也，二者不可得兼，舍生而取義也。生亦我所欲，所欲有甚於生者，故不爲苟得也。死亦我所惡，所惡有甚於死者，故患有所不辟也。如使人之所欲莫甚於生，則凡可以得生者，何不用也？使人之所惡莫甚於死者，則凡可以避患者，何不爲也？由是則生而有不用，由是則可以辟患而有不爲也。是故所欲有甚於生者，所惡有甚於死者，非獨賢者有是心也，人皆有之，賢者能勿喪耳！

一簞食，一豆羹，得之則生，弗得則死，嘑爾而予之，行道之人弗受，蹴爾而予之，乞人不屑也。」（註二）

在這個說明中，孟子提出兩個可能的決定——一個是不惜任何代價保存生命，這是人強烈的自然傾向；另外一個是選擇死亡而不願傷害自己的尊嚴。孟子說人必然願意後者，因爲這是由於人先天的是非之道德感而來的。因此蘇格拉底選擇飲毒而死，不做越獄逃走之舉。對於孟子，如同蘇格拉底除遵循個人義務之道德感而作外，是別無他路的。

中國的聖賢尋找道義的規則，而使得道德成爲一個規範的系統（normative system），他們研究的目的和態度很不同於現代英國哲學家或其他西方學者，現代直覺派的哲學家花很多時間於理論論證的形式之道德抉擇上，例如，他們興趣於知道是否一個債主有完全的義務，在當借款遺失時再付款給借貸人；這種討論形式是異於中國的，因爲中國人天生的興趣在於道義的指導本性（Commanding nature of obligation），而不是理論的。根據中國人的想法，良心的直接洞察即能夠表明一個人如何需要去成全他的道義。

雖然孟子相信良知是先天之能，可是他不認爲能夠將其從如欲望、意志和理性等心的作用中孤立出來，他提出了達成良知的諸種方式，首先他提出養心，並將養心與養樹相比：

「牛山之木嘗美矣，以其郊於大國也，斧斤伐之，可以為美乎？是其日夜之所息，雨露之所潤，非無萌櫱之生焉！牛羊又從而牧之，是以若彼濯濯也，人見其濯濯也，以為未嘗有材焉！此豈山之性也哉？

雖存乎人者，豈無仁義之心哉？其所以放其良心者，亦猶斧斤之於木也，旦旦而伐之，可以為美乎？其日夜之所息，平旦之氣，其好惡與人相近也者幾希？則其旦晝之所為，有梏亡之矣，梏之反覆，則其夜氣不足以存，夜氣不足以存，則其違禽獸不遠矣。人見其禽獸也，而以為未嘗有才焉者，是豈人之情也哉？

故苟得其養，無物不長，苟失其養，無物不消。孔子曰：『操則存，舍則亡，出入無時，莫知其鄉。』其心之謂與？」(註四)

雖然不能觸摸到，可是孟子在這裏主張心必須培養，就如同我們種植植物這種可以觸摸到的經驗事實一樣的。

其次，達到良知必須要克制個人欲望。經由感覺如視、聞、味等所得到的都是欲望對象。人們應當更關心心官於思功用之心靈的發展，而不能滿意於個人感覺的快樂，孟子說：

「養心莫善於寡欲，其為人也寡欲，雖有不存焉者寡矣；其為人也多欲，雖有存焉者寡矣。」(註五)

完成良知的第三個建設是動機的控制，動機是所有欲望和意志抉擇之根源，人若默思或檢查一下欲望在人心中昇起的來源，便能於正義在人心中萌發和成長時免去邪惡阻礙，並因此導動機於正道上，倘若邪惡的動機沒有在肇端時除去，他將會發現已來不及預防許多錯誤的爆發。至於控制動機的方法是：「靜坐」，這是中國學自印度禪定的方法，閱讀討論道德的書，及特別注重對個人喜、怒、哀、樂表現做自我檢討。在宋儒中，他們強調控制動機，為心理衛生的一個重要部分，然而這種說法是孔子嫡傳弟子曾參首先說出的，他說：

「吾日三省吾身，為人謀而不忠乎？與朋友交而不信乎？傳不習乎？」（註六）

隨著佛教的傳入，禪定的實踐，為儒家所吸收，而以靜坐的形式當為心靈訓練的一部份。這樣做的目的是為節制人的欲望，而導動機於正途。

如此可見，良知雖然是先天的，並不是預先完成的實體，而是如植物一般須要耘植。故良知是心靈的直接洞察。他是獨立的，也是天生的，並且他是自知的而不能從外界求得的知識。甚至於當一個人由於自我的耽溺而失掉他時，他只是被蒙蔽而已。在人心清明下，良知將再度作用。

現代有一些英國哲學家放棄了他們經驗主義和功利主義的傳統，而採取直覺主義。這個情形值得中國人慶賀，因為這是東西方兩個思想趨向值得注目的交會；對這個英國直覺學派追探本源則是很有趣的；這個學派的鼻祖是十八世紀的巴特勒（Butler），普來斯（Price）和謝夫之貝利（Shaftsbury），但在這個討論中，我只有限度的討論現代英國倫理學，尤其是從穆爾（G. E. Moore）及其在一九〇三年出版的「倫理學原理」（Principia Ethica）一書開始，穆爾在這本書中說善是不能下定義的，而結論說善或惡本身是一個綜合命題，並且只有從直覺才能領會，同時他強調善所造成的結果。

在英國哲學家間，這本書引起一個很大的波瀾。普里卡（H. A. Prichard）——一個極端的直覺主義者——在他的一篇文章：道德哲學基於一個錯誤嗎？（Does Moral Philosophy Rest on a Mistake?）攻擊穆爾的態度，這篇文章是刊登在一九一二年出版的「心靈」（Mind）雜誌；普里卡的態度是以爲一個正當行爲基於是非或道義感，而這個道義感則是獨立於「善」之外。他在這篇文章中說：現代所流行的基於道德感之善的觀念是不合法的，他反對正義或道義觀念是依於善而來的說法，但他並不否認善是直覺的一部份這種觀念。普里卡強調正義或道義是道德行爲的根本基礎，在此強迫的因素也包括在內，並且是反對功利，欲望和需要的觀念，普里卡對道義觀念的強調是所謂道義論學派的基礎，而相對的價值論學派則是基於價值觀念。他也不同於現象學派置價值於實在論的基礎（realistic basis），這三個學派，同時都對道德觀念採取直覺的進向，他們的不同是在於如道義、觀念價值在實在價值等詞語的使用上。

雖然在事實上都是由於對正義的強調而立名，可是許多其他擁護道義論的人，都以不同的方式表達他們的觀念。加里特（E. F. Caritt）——一個傑出的道義論者——在他一九二八年出版的「道德理論」（The theory of moral）中說：「在這本書較早期的階段，我感謝他（指普里卡）爲我早期道德哲學興趣的導師，及以他爲一個經常做討論和嚴厲批評激勵的朋友。但是當他使我確信「我們在所有部分都似乎略有不同時，使我有勇氣去思考我的著作少許或加增激發他的著作。」（註七）另一位道義論者羅斯（Ross），在他「正義及善」（The

Right and the Good）一書的序言中，則如此說：「我主要的責任是要感謝普里卡教授。我相信我著作首兩章的一些觀念是由他的文章「道德哲學是基於一個錯誤嗎？」（Does Moral Philosophy Rest on a Mistake）而起的。」當然這是普里卡攻擊穆爾討論善的文章，然而羅斯在對事物善或不善的區分並不同於普里卡，在直覺主義者中，耶溫（A. C. Ewing）教授並不能算爲純粹的道義論者，他是一九四七年出版的「善之定義」一書的作者，他想調解普里卡和穆爾的立場，而結合他們的思想成爲一個單一系統，他相信正義的觀念和善的觀念是可能熔合的觀念，耶溫相信正當行爲是能產生最大限度的善的，因此他推論說：一個人不可能故意在義務上能完成更多善時，而故意少做，這種觀念是不可設想的。（註八）

做了以上簡要的介紹現代英國直覺主義的支持者後，現在我便可進行這個學派與孟子致良知說的比較。首先，中國並不分辨仁善（Good）及道義（Right）兩個字，他們雖是兩個字，可是意義卻是相同的；他們並沒有如西方一樣劃分一字爲正義或道義的意味，而另一字爲善，利，樂趣的意味。善，如其爲善，必須在同時有正義的性質；以一個說明爲例，現在讓我們再回到孟子對「仁」的討論中去，用他以孺子落井的實例來說明，他說：「所以謂人皆有不忍人之心者，今人乍見孺子將入於井，皆有怵惕惻隱之心。」因此他們將會儘快救起孺子，而這卽是正義或道義感所激引的迅速行動，而仁善的結果卽伴隨這個正義行爲而來，這個同樣的行爲也一樣的都成有仁善的結果；換句話說：若一個人救取一小孩是爲得到其父母的好處，或其他人的稱譽，這個行爲的價值就不同了。根據孟子的標準，行爲循由錯誤動機出發是不好的。正確的動機在中國經常被大力強調，善的行爲總是需要從正確的動機出發；在西方善或正義那個居先的問題曾爲大爭論的題目，但是在中國，正義和善的意義既然是完全相等的，就沒有爭論這問題的必要。

現代英國直覺主義者仍一直忙於是善或正義爲倫理學的基本觀念的爭論中；雖然正義並不除外，可是穆爾持的是善的基本觀念，可是普里卡和羅斯卻相信正義爲更重要；道義論者甚至更進一步說正義有時會與善相對立。中國的直覺學派——人或可如此宣稱——把善和正義兩觀念同樣視爲倫理學的基礎。如此中國直覺主義者能同時同意穆爾和普里卡，中國的直覺主義者是在如下的原理中同意穆爾。其一是「善是簡單的觀念，就如同黃是簡單的觀念一樣」（註九），其次「它是那些無數本身不能定義的思想對象之一，因爲他們是關係於不管能否定義而必須被定義之最極致的詞語。」（It is one of those innumerable objects of thought which are themselves incapable of definition, because they are the ultimate forms by reference to which whatever is capable of definition must be defined.）（註一〇）在考慮第二個原理時，中國人並不用如「善不能定義」一類的字眼，他們說善是「本身具足」，亦即意味它是不能用字詞表達的。善之爲善，是如此的在其本身，他不須從外界附加上任何東西。但是，中國人強調在動機上的正義，因此他們也能同意普里卡對正義的強調，他說功利主義以善的觀念開始，而忘卻一個重要的考慮，即行爲也能爲道德的無關心和正義的純粹知識所激起這個事實。無疑的，穆爾和普里卡都從直覺開始，因此普里卡持善能夠眞爲直覺所把握，而差異是在於強調「在一個正當的行爲中，有一個無法逃避的道義表現，去做人本不願做的事情」（註一一）中特別彰顯出來。以中國的心靈去看善和正義兩個字詞在西方中所扮演的角色，就如引發起存在於理想功利主義者穆爾和道義論者普里卡的差異，是非常有趣的。

在談到東、西方直覺主義所強調的地方，只有在一個人意識到兩個文化的差異時，才能眞正說明他們之間很多的差異。中國哲學家以爲這相關而且重要的問題是日常生活實際的一面。一個行爲在於其是否爲道德的是或非，完全的被分析著，且正確的行爲是人應當視做其所當爲的義務；在西方，智識是更被強調的一面，而西方之導進更多的爭論，是要歸因於術語清楚的定義及高大堂皇的理論討論。

現在我將討論中國和英國直覺主義中的一般差異，第一點是關於穆爾和中國直覺主義所給定的正當行爲定義的結果，事實上，穆爾並沒有定義善，而僅說他是不可定義的，但是他定義正當行爲有助於善的產生，而這卽是理想功利主義者的態度。結果的好或壞的考慮提供唯一最終的標準，以爲決定其是否爲吾人的義務去行動。中國直覺主義者在這個考慮中，則站在相反的端點上。結果的好或壞在開始根本不在考慮之中。好的結果只是正當行爲的自然結果。因此，在對梁惠王要求孟子給他有好處的計劃——卽好的結果的建議中，孟子說王必須行仁義，而不要去考慮利益；孟子的意思是說若王做了如愛民治國根據法律這些正當作法，則好的結果像是足夠的食物，衣及安全就隨之而來了。更進一步，穆爾對一切行爲之判斷爲對爲錯，是基於藉歸納證明的使用之理論化所可能結論比較而來。於此，穆爾是順著西方理論的倫理學的傳統，而中國直覺主義者則強調正當或錯誤抉擇的分析於一實際而個別的處境，如蘇格拉底在牢獄中選擇死亡一樣。他們很少關心於爲何其是正當，或者爲何其是錯誤的理論論證。在中國荀子的知識主義派也是興趣於什麼造成正當或錯誤的論證，可是他決沒走到西方所造成那麼高的理論化階層。

很明顯的，穆爾直覺學派及道義論者中的爭論，幫助了英國倫理學研究的興趣之成長。

雖然這兩個學派在一些觀點下，也許能感覺他們是具有創作性的；在細心分析中，我們能發現他們的主義與希伯來或希臘傳統很近似。道義論者強調的「你應該」（Thou should）或「你不該」（Thou should not）可能溯源於摩西的法典，這個傳統是為德國康德和十八世紀英國倫理學家所繼續。其他強調行為目的，如快樂、愉悅或功利的傳統，則為柏拉圖和亞里士多德所交下的，其最近的代表是英國功利主義者如邊沁（Bentham），彌爾（Mill）、謝得未克（Sidgwick）和穆爾，由此，可見功利學派和直覺學派是自從哲學誕生即肩並肩的發展到今；並且由於我生活的世界之實在本性和人生活在是什麼和什麼應該是交互關係的實在本性中，爭辯是將要繼續下去的。正義和善是人生命中不可分的觀念，人活在世界上常要做「什麼是」與「什麼是應該的」選擇，因而人生命本性本身造成依強調不同選擇而來的功利主義或道德論兩個學派。功利主義者留心於物質世界或「什麼是」的觀念，由於其有益於人；而道德論者則相反的強調「該為的」，因為人的行為不但要對其本身負責，也要對其鄰人負責也。

為了解決在西方這個長期的爭論，也許西方人可以考慮一下如同在中國倫理中正義與善的綜合，中國人強調正義但並不忽略善。孔子說：

「萬物並育而不相害
道並行而不相悖。」

對西方給予理論、邏輯和明確方法優越地位的心靈，中國綜合的進向可能對其很陌生，可是我相信我們已到了一個用這種造成一個新的世界文明是很有用的階段，這個新文化必須為深深根植於東西傳統內在思想眞正交流之結果上才是最理想的。（江日新譯）

（本文原爲英文，刋於淸華學報五十三年臺灣新八卷第二期）

## 附註

註一　孟子　卷七上　十五章

註二　孟子　卷二上　三章

註三　孟子　卷六上　十章

註四　孟子　卷六上　八章

註五　孟子　卷七下　三十五章

註六　論語　卷一　四章

註七　Caritt, E. F. The Theory of Morals (London: Oxford University Press, 1952) p. VI.

註八　Ewing, A. C. The Definition of Good, (New York: The Mac-Millan Co 1947) p. 188.

註九　Moore, G. E: Principia Ethica.

註一〇　Ibid p. 9.

註一一　Prichard, H. A., Does Moral Philosophy Rest on a Mistake? Mind, New Series, Vol. XXI. (1912) p. 25.

# 八、孟子與柏拉圖

## 緒　言

## 第一章　孟子與柏拉圖之哲學

(一)以心官之思爲出發點

(二)以知類爲方法

類絕對

類之美善

類邏輯之共相

(三)以正心爲立身之本

(四)德性爲人所固有

(五)以道爲歸宿

## 第二章 社會與政治理論

甲、社會起源

乙、政治爲專門技術

丙、人民之養與教爲國家大事

丁、守法爲立國之本

戊、政體與人民之參預

## 第三章 諸德之關係

（編按：全文共三章，緒言係全文之前引，全文似未完成卽逝世。）

或者曰：子於東西比較哲學之開宗明義，首列「孟子與柏拉圖」，其故安在？應之曰：西方文化之要素三，曰希臘羅馬，曰耶教，曰現代思想。此三者之中，希臘思想始終貫澈於古代中世，與現代爲其骨幹，如耶教之傳至歐洲，初期依柏拉圖，後期依亞歷斯多德爲媒介，現代西方思想之復活，始於希臘古書由君士但丁堡移至於意大利。至於近時英德人口中有哲學不外兩派，一曰柏拉圖派，二曰亞歷斯多德派。此可以見西方文化，迄今猶在有形無形中爲希臘學者之勢力所支配。吾人誠能從中，希思想之相同處，謀吾國思想界之復活與中西文化之接近，或者由流溯源，較諸移植西方現代科哲學者，或可更得其由本見末之一脈相沿，彼此貫通之處。此『孟子與柏拉圖』之文所由作也。就中、希兩方背景言之，東西各據一地，一爲大陸國，一爲海濱城市國，一爲農業，一爲經商，一爲君主專制，一爲各種政體之迭代，其地理，生業與政治之各異若此。然文字之創造，文化之傳播，與精神之歷久不廢，可謂中希在東西文化兩大體系中遙遙相對者也。就孟子與柏拉圖之理論言之，曰善爲人生之目的，曰四種德性，柏氏舉自克、勇氣、公道、智慧四種爲人所生同果，曰理性爲人類之特點，曰智識不在官覺而在思想中。曰思想之所集中，爲事物之共同處，名曰類或曰概念。曰國家之基礎爲人人各得其所之公道。凡此所云，何一不與孟子心之官則思，思則得之，耳目之官不思而蔽於物。義理爲我心之所固有。堯舜之於人亦類也等語，心同而理同者乎。

## 第一章　孟子與柏拉圖之哲學

哲學之目的，爲求眞知而已。其派別雖多，就其大體言之，不外兩類，一曰自全體自共通，自內心以把握之者，二曰自分殊、自個體、自外形以求之者。前者爲理性派，後者爲經驗或實證派。吾人就學問之種類，智識之項目與求知之方法言之，何一種學問，何一智識之項目，何一求智之方法，不先由個體、分殊、外形下手，而得其結論於全體於共通於內心者乎。所謂物理學，爲質與能之總名，所謂生物學，爲植物、動物與人類之總名，所謂人類，爲士、農、工、商與甲乙丙丁以至百萬千萬，萬萬人之總名。就其項目言之，所謂人類團體，可分之爲原世社會、家庭，社會與政治。就其求知方法言之。每種學問必有主題，曰社會、曰國家、曰政府，而其中每一主題，就其主要特點舉而出之，名之曰定義者，即就各種社會各種國家各種政府之所共通者，舉而列之，以顯其爲社會組織之公性。如是，學問之種類項目方法，何一不由個體之分殊者，而還原於全體與大類乎。

孟子與柏拉圖，東西異地。就其生死年月言之。柏氏之死爲公元前三四七年，孟子之生爲三七二年，是孟子二十五歲，爲柏氏去世之日，謂之爲東西兩哲，異地同時可也。柏氏與孟子同不滿於當時之政治，一則有『哲人帝王』，一則有『堯舜其君』之說。一則周遊於齊梁，見道之不行，乃退而著孟子七篇，一則遊於徐拉鳩司，至爲人俘虜而出賣之，友人贖之以出，乃歸雅典，以聚徒講學爲事。乃至眾說紛紜之中，好斥邪辨僞，以求一是之歸，尤爲兩人性質相同之處。漢代趙岐稱孟氏曰『垂憲言以治後世』。至宋明時有陸王爲之發揚光大。柏氏在歐久有柏拉圖主義之傳統。其各篇文字之眞僞，經近百年之研究，亦已考證明白。懷悌黑氏謂西方哲學爲柏氏書之註脚，則柏氏在西方之地位，同於孔孟，可以見矣。孟子與柏氏不謀而合之點五：㈠曰以心官之思爲出發點。㈡曰以知類爲方法。㈢曰以正心爲立身之本。㈣曰以德性爲人所同具。㈤曰以道爲歸宿。試分論之。

㈠以心官之思爲出發點　孔子曰學而不思則罔，思而不學則殆。所以言學者需要博聞廣見，先之以搜集材料，其論斷乃有根據而不流於空疏。然學之所以爲學，有體系、有原則、有章節先後之序，倘徒以記誦爲功，搜集爲能，於同於檔案資料之積貯而無益於進德修業。孔子所以指罔與殆之危險者爲此而已。孟子稱道堯舜禹湯文武之文，詳見於其所著之書，乃至墨子、宋牼、許行、陳仲子與告子之學說，一一辟而闢之。足以見其平日所學之廣，然孟子特舉思字爲其發點者，誠以一切學說之成立，必以思爲之先也。

孟子論大體、小體、心官耳目之異同，見於卷六告子之中。擇要錄之。

「公都子問曰，鈞是人也，或為大人，或為小人。何也。孟子曰從其大體為大人，從其小體為小人。曰鈞是人也，或從其大體，或從其小體。何也。曰耳目之官，不思，而蔽於物，物交物，則引之而已矣。心之官則思，思則得之，不思則不得也。此天之所與我者。先立乎其大者，則其小者不能奪也。此為大人而已矣。」

人自墜地以降，有口腹之飲食，與耳目之聞見。然體膚之養，不獨自己知之，而父母又從而撫育之。至於心官之思，除自己亦步亦趨之學習外，有學校敎師以灌注之，待至成年，稍能思辨，分別異同黑白，至於眾說紛紜之中，求善惡是非邪正之分，自為至難之事。以云言見人所不見，言人所不言，與夫特立獨行，先憂後樂之士，則一國歷千百年中二三人而已。此孟子所以謂從其大體為大人者之不易多見也。

孟子曰：

「今有無名之指屈而不伸。非疾痛害事也。如有能伸之者，則不遠秦楚之路。為指之不若人也。指不若人，則知惡之。心不若人，則不知惡。此之謂不知類也。」

孟子書中之類字，乃一極重要之名辭，猶之邏輯學所謂分類或現代哲學中所謂價值。上文中不知類三字，指身軀之病與心不若人之病二者本末輕重之分，為俗人所不能察見也。下文再詳論之。

孟子曰：

「欲貴者，人之同心也，人有貴於己者，弗思耳。人之所貴者，非良貴也。趙孟之所貴，趙孟能賤之。詩云既醉以酒，既飽以德，言飽乎仁義也。所以不願人之膏粱之味也。令聞廣譽施於身，所以不願人之文繡也。」

此段言人自有其天然固有之至寶(或曰良貴)，是爲思之自主權。由此廓而充之，能居天下之廣居，立天下之正位，行天下之大道。但常人每以飽食煖衣，或功名利祿爲念。不知此乃人爵之得失，操之在人者也。

柏拉圖著對話錄十餘種，範圍之廣超於吾國之上。然其輕小體重大體，輕口腹耳目之樂重心官之思，與孟子如出一轍。茲舉翻度（Phaedo）篇中之言。

蘇葛拉底問：我另有一問題詢求君之見解與答覆，俾對於吾人之論題，有發輝光大之處。所謂問題，即哲學家應否注意於飲食與醉酒之樂乎？

辛米亞答：決然不可

蘇：哲學家對於愛情之樂，君意如何？

辛：不應注意。

蘇：哲學家關於其他身體安佚，如衣服之文繡，如冠履之美觀，如身上之裝飾，應注意及之乎。恐不特應毫不關心，反應視爲毫不足道。除一人所必需者外，更復何求。

君意何如？

辛：哲學家應輕視此等適身之物。

蘇：君意是否謂哲學家應注意於心靈，而不注意於軀體，應離軀體而專向於心靈。（希臘人信靈魂不死說，此心靈之原文爲靈魂，然心自在其中，故譯之爲心靈）。

辛：誠然。

蘇：關於此等問題，哲學家將心靈與身體各自分離，

辛：誠然。

蘇：世人見解，以爲人生無軀體之樂者，而不值得活，彼等以爲無身體之樂者猶如已死之人。

辛：誠然。

蘇：關於求智識，以身體參預其中，足以爲助之歟？抑適以阻之歟？我意所欲言，卽目耳之聞見，可以爲眞理乎。抑如詩人所言，僅爲不正確之證人乎。耳目所聞所見，卽令其不正確，然較之其他感官，已爲彼善於此。

辛：誠然。

蘇：然心靈求眞理之日，以軀體參預其間，則心靈有受欺之厄。

辛：誠然。

蘇：然則事物之存在，非獨顯於思乎。

辛：是。

蘇：思之發揮，在於吾心集於一己，而不讓耳聲，目色與身之苦樂爲之紛擾。換詞言

之，愈少軀體之擾，無感官之覺，然後能企望所謂眞有（Being）。

辛：此言良是。

蘇：辛米亞，尚有另一事，所謂絶對公道，世間究有此事或無此事？

辛：確有之。

蘇：世間有無所謂絶對美絶對善？

辛：自然有之。

蘇：君目中曾見此三者否？

辛：未曾見之。

蘇：其他身體上之感官能觸及之抑否。（我意，除絶對公道、絶對美、絶對善三者外，尚有絶對大。絶對健康、絶對強與其他事物之眞性）此等事物之眞性，君曾經由身體上感官而覺知之否乎。抑關於事物之眞性，需人安排其理智的直觀(Intellectual Vision)，得其所觀察之物之眞性之最正確的概念，乃爲其眞知之最接近之路歟？（詳細見下文知類方法中）

辛：確然如此。

蘇：可知求純粹之知者，惟有由心求之，而不讓耳目或其他感官夾雜於思中，惟有如此，乃能以心之光透入於眞理之光。先去其求知之心靈上耳目與其他體官之擾亂，而後此人爲達於物之眞性之人矣。

辛：蘇葛拉底，此爲極可寶貴之眞理。

蘇：綜上所言，哲學家得一反省之論，可以互相告曰，當吾人思索而爲軀體所縛，則邪惡雜於心靈之中，而求眞之願無由得遂。因軀幹爲種種擾亂之源，如飲食卽其一端。此外更有男女，貪慾、恐懼、奇思、偶像，無一事不足妨礙吾人之思。更就戰爭言之，分黨分派而鬪爭起，其所以爭，皆起於軀體之慾，如銀錢得失，皆所以滿其軀殼之快樂而已。然因此之故，所以孜孜不倦於哲學之時間荒廢矣。卽令尚有餘時與志願，以盡力於哲學，然此軀殼引起紛亂與混雜於思索之際，雖有意於求眞而不可得。就一切經驗言之，惟有脫離軀體，乃能達於事物之眞知，本其心靈之自身，乃能察及事物之自身，吾人所謂愛智（卽哲學）之學，乃可得矣。吾人所愛之智慧，卽純粹之智識，在受軀體束縛之日，殆無由得之。而其結論歸於二種，一曰智識不可得，二曰惟有待死後乃能得之，卽軀殼脫離而心靈歸於自己之日也。其在有生之際，惟有減少身體之欲，此爲趨於智識之捷徑，待上帝解放吾人與身體之束縛，庶幾肉體之蠢事可免，人類還復其純潔，乃可晤對他方之純潔心靈，如同處於光天化日之光明中，所謂眞理之光，殆卽此類，因不純潔者與純潔者不容互相接觸也。此爲從事於愛智學者不敢不如此言之如此思之。不知君能同意否？

辛：誠然！蘇葛拉底。

「翻度」與「辨解」之中，柏氏述蘇葛拉底與世長辭之語。時蘇氏抱有殺生成仁之心，多賤軀殼重精神之言，自爲事理之當然。然此種思想爲蘇氏立言之本源，不獨限於此二篇已焉。

(一)以知類爲方法　孟子處戰國後期，與惠施莊子等爲同時人物。書中多愼思明辨之語，知類卽其方法之一端也。孟子公孫丑篇述子貢，宰我有若等論孔子爲人一段中之語曰：

「麒麟之於走獸，鳳凰之於飛鳥，泰山之於丘垤，河海之於行潦，類也。聖人之於民，亦類也。」

此段中孟子所採用者爲分類方法，極爲明顯。第一類爲動物，分而爲二，一爲陸行之獸，二爲空中飛行之鳥。第二類爲地理，又分爲二，一爲山地如泰山，二爲水地如河海。第三類爲人，張三李四等屬於人，卽聖賢如堯舜，亦爲人類中之人，故曰『聖人之於民，亦類也。』然此類字之含義極豐富，借西方學說爲說明之資，而後「類字」與「思字」乃得而貫通之。譬曰人之所以爲人，國之所以爲國，物之所以爲物。此乃以「人」以「國」以「物」爲典型，舉其一以代表其餘，雖所舉爲一，而其所代表者爲類，如曰人爲理性的動物，卽指其異於禽獸者言之。此所舉者一人，而人之共相（Universals）在其中矣。猶之舉一梨字，而梨之全類盡在其中。然就梨之各別者言之，曰天津梨，皮色黃而質脆，俄國梨，皮綠而性軟。其各類之性不同如是，而舉一梨字，已足以代表其全類，以全類之共同特點在其中矣。或者詢曰，各類之物之特殊者，卽甲乙丙丁之梨列在面前，故其各殊爲耳目之官所共聞見，至於具有共通點之梨，非耳目之所能見所能聞，只能由心以求之，由思以得之。此則類之所類，同於人之所以爲人，國之所以國，只成其爲思想之形式，名曰概念（Concept）而已。由此而推之，曰絕對圓、曰絕對方、曰絕對平等、曰絕對相同，皆不可得之於有形之事物中，而惟有求之於理想之中，乃致曰絕對眞、曰絕對善、曰絕對美，或曰仁義禮智之屬於道德觀念者，其中無一項爲目之所見手之所觸。所以求之而達之，惟有由於心思。孟子曰：『心之所同然者，何也，謂理也義也。聖人先得我心之所同然者耳。故理義之悅我心，猶芻豢之悅我口。』此非言理義二者之有形體，眞能爽心適意，乃僅以口體之養之芻豢與之相比而已。

孟子類字之用法，更舉其書中之數段以明之。

「凡同類者，舉相似也。何獨至於人而疑之。聖人與我同類者。故龍子曰不知足而爲屨，我知其不爲蕢也。屨之相似，天下之足同也。」

孟子認定分類爲物理人事之基本。上文所舉鳥、獸、山川一段，已足以明之。茲再述鞋匠與製蕢兩種手工之異同，一爲鞋匠，雖其所製之鞋未嘗按人腳之大小而後爲之，然腳之形體，各人相似，就腳之形體，製爲千百雙之鞋，聽人各就其所適者擇之。至於蕢，使人携帶，爲置物藏物之用。其形或圓或方。其與鞋之只容一腳者決不相似。因此製蕢者與製鞋者不至混二者而爲一，顯然易見也。孟子從類之同，推及於嗜好之同。其言曰：

「如使口之於味也，其性與人殊，若犬馬之與我不同類也。則天下何嗜皆從易牙之於味也。」

其意謂物之種類不同，即其嗜好智識與價值因之而不同。孟子對於同時代學者之見解之不同者，比陳仲子爲蚓，稱墨子曰無父無君是禽獸，皆由於其所立之價值標準之是非而起者也。

孟子於拱把之桐梓章曰『至於身而不知所以養之者，豈愛身不若桐梓哉。弗思甚也。』言乎愛樹不及愛心，名之曰弗思，指心中不辨有形者與無形者之價值之高下。猶之無名之指屈而不伸一章中指不若人則知惡之，心不若人則不知惡，其末句『此之謂不知類也。』亦卽有形之指與無形之心二者之價值高下之不辨也。則孟子書中辨之以類與辨之以思者，同以義理之是非爲標準，彰彰明甚矣。論柏氏與孟子之同處，惟有從柏氏所謂意典（Idea）說起。柏氏之意典，種類極廣，姑分之爲三。（第一），指眞有（Being）言之，凡永恒不變者，卽屬此類，其因時而變者，名之曰現象，猶之行雲流水，不爲哲學家之所貴。柏氏所謂絕對眞、絕對善、絕對美絕對平等等均屬此類。（第二）指有典型意義之觀念言之。凡事物之不屬於官覺，而另有其眞有者，如美術家所謂美，行爲之所謂善。均屬之。（第三）指萬殊之物之邏輯方面言之。如物理、生物、人類云云，就其物之具有相同特點者爲一類，具有不相同特點者又爲一類。此乃萬殊之物，有類可歸，而紛亂之中，乃有井然條理之可言也。柏氏此三類之分，在其學說發展之中，先後輕重互不一致。在其後期中，由眞有而漸移於共相之有。（卽邏輯方面）然其於眞有初無放棄之意也。茲錄柏氏共和國論「共相」（卽意典）之言，以見萬物之共一名者，因其物之有共同特點在也。其言曰：

凡若干個體之物有同一名者，因其個體之物，合於同一意典故也。君解吾意否乎？

答：知之。

舉普通事物爲例，曰牀曰棹，世間之牀棹不可勝數。

答：誠然。
但先有二意典，一曰牀之意典，二曰棹之意典。
答：然。
製牀者製棹者，遵照牀棹之意典，製牀棹以供人之用，匠人不能爲意典之作者，意典之作，非彼所能也。
答：不可能。
此必另有匠心獨運之人。不知君將何以名之。
答：其人爲誰。
此乃一切匠人所製之物之總創作人。
答：此爲奇才異能之人。
姑且稍待，君言正合於我下文所欲言之其他理由。此人不特爲一切器物之造成者，乃至植物、動物、其他物如天如地與夫天下地上之物，無一不出於彼。乃至神鬼，亦彼造之。

柏氏此段所言之重點，爲物之共相。惟有共相，乃有普遍性有恒常性，而物理事理之是非即在其中，與尋常感覺中忽彼忽此，忽寒忽熱之頃刻變易者不可同日語也。質言之，事理之普遍性，求之於思而已。思之共相，由於天生，由於造物，非人所能爲也。

由此推及於上文之三類。（第一）絕對類。畢翻度篇中言以明之。（篇中號碼七十四）

吾人進一步，確認有所謂平等本身。此非指兩木之相等，兩石之相等，乃指兩木兩石以外之絕對平等言之。吾人應如此說乎。

答：應如此說。且可發誓曰深信其如此。

吾人眞知絕對平等之眞性質如何乎。

答：誠知之。

此眞知從何而來。此非吾人見物質之木石之兩相等者，而後有此相等觀念。相等觀念，與木石之相等之有參差者兩不相同。

答：確然如此。

眞正平等永爲眞正平等。旣爲平等，卽與不平等不同。

答：平等不能與不平等同。

號曰平等者，與平等之概念不同。

答：當然不相同。

號曰平等者，雖與平等概念異，然吾人心中之平等，卽由此而來。由所謂絕對平等，推及於絕對眞、絕對善、絕對美，其理正同。此爲理想境中之尺度，無法移用之於物質世界也。

第二類之美善、美術之平衡，音樂之和協與善行之德性屬之。柏氏書對於自克（Imper-ance），勇氣（Courage），公道（Justice）特著專篇論之。

第三類邏輯之共相，指萬物之特性之共通者，歸之於一類，如生物中之植物與動物。其形狀聲色，可得之於耳目之感覺，至其所以異所以同之共相，則屬於思想之中，茲據泰以太透（Theaetatus）篇中之言以明之。（號碼一八五，指篇中引語所在）

蘇問：所以感覺冷煖、軟硬、光暗、甘苦之官，非身體之官乎。

泰答：此皆身體之官。

甲官之所覺，非乙官之所覺。耳之所聞，非目之所見，目之所見，非耳之所聞。

當然不能。

卽令思中同時想及二物，然二物不能同時現於二覺之中。

聲與色二者何如。或者君能承認二者同在。

是也。

然二者各異，各爲一物。

是也。

二者爲二物，各不相同。

是也。

君更可言二者所以不同。

我敢言之。

君何以能有此二者之覺，此決非單由耳官或目官而來，姑舉例明之。我且問，君覺聲與色二者有鹽味否乎。君必答曰，此屬於舌之味覺，故與目官耳官無涉。

誠然，此屬於味覺。

君之所答良是。請再語以其所以能對於各官覺之所司與對於事物之共同觀念有此辨別之力，卽對於一切事物之眞有與非眞有或曰共相，所以能作此辨別者，有何官以司此共相之感知。

君之所言，指事物之眞有或非眞有，類或不類，同或異，合一或不合一，或其他數目之可應用於感覺中之事物言之。君意所欲言，卽問心靈經由何種小體之官，而知其數目之爲單爲雙或其他算術名辭。

君聽吾言甚明。泰以太透！此正爲我之所問。

我不易答君之問。凡此種種，不爲感覺之對象，無小體之官以司之。其自身自爲一力，名之曰心，事物之共相，皆心之默思之所得。

由此言之，在萬殊之物中得其共性，以歸於一類，此卽心官之所思。孟子謂思則得之，不思則不得也之故，可以大明矣。

㈢以正心爲立身之本　大學曰『所謂修身在正其心者，身有所忿懥，則不得其正。有所恐懼，則不得其正。有所好樂，則不得其正。有所憂患，則不得其正。心不在焉，視而不見，聽而不聞，食而不知其味。此謂修身在正其心。』此段所以解釋一人之身，有耳目口舌小體之慾，若得失憂患充滿於心，則心先有所蔽，而失其虛靈之用，此心不正之病所由生也。孟子書中再三言小體受外物之惑，至一樹之微，不伸之指，無不求所以養之伸之法，獨至於心，則舍之而不求。故曰『哀哉。人有鷄犬放則知求之，有放心而不知求。學問之道無他，求其放心而已矣。』

柏拉圖示世人以心之所在，所用方法，先將外物闢開，與孟子立言之意正同。舉其「亞爾西寶第一」對話錄之文如下：

蘇氏：是否以手足鍊習身體，以手藝彫刻手飾之指環？

亞氏：是。

是否所以製成某物之手藝，與備齊某物之附屬品之用心，純係兩事。

是。

如是，照顧君所用之物，非卽照顧君自己。

當然不是。

所以照顧吾人之用品與照顧吾人自身，是兩事。

當然不是一事。

我當問君所以照顧吾人自己之方法爲何。

我不能答。

但吾人可說，所以製成吾人之用品之方法，非卽所以使吾人改過遷善。

誠然。

假令吾人不知鞋之何如，如何能知製鞋之方法，使其更加適合。

當然不能。

假令不知指環如何，如何能知製成更好之指環。

此言良是。

假令不知吾人自身何如，如何能知所以勸人向善之方法。

此爲不可能。

倘若自知之明（Self-knowledge）爲一件易事，岱爾飛廟中立碑記此言之人應不爲人所重視。或者自知之明爲一件難事，非多數人所能達成。

據我觀之，自知之明，有時容易，有時甚難。

亞爾西竇第——不論難易如何，除此以外，別無他法。知自己，而知所以治己，不知己，卽不知所以治己。

誠然。

再研究此自存之己如何發見。或者吾人之所以生，爲吾人所不知者，可由此以發見。

君言極是。

請坐近一點。君所與譚者，爲誰歟，爲我歟。大約爲我。

是。

我所與譚者爲君。

是。

此乃我，蘇葛拉底與君譚。

是。

亞爾西竇第爲我之聽者。

是。

我譚時所用爲字眼。

良然。

譚話與用字二者同義。

自然。

用者與其所用之事物爲兩事。

君意何所指？

我爲君解釋。製鞋所用者，有方矩，圓規與其他切皮之具。

是。

用具與切皮者，用具者，非同物。

當然不同。

此猶彈琴者之琴與彈者，決然不同。

是如此。

此時君知我昔時所發之問，曰用者與所用物之不同之意義。

我知之。

我再一提製鞋者是否以工具切或以手切？

同時以手切。

他同時用手。

是。

切皮時是否又用眼？

是。

如是吾等可知用者與所用之具決非同物。

是。

製鞋者與彈琴者，與其所用之手與足，決然非同物，可以明矣。

甚明。

人是否用其全身？

應當如此推論。

此人爲誰？

我不能答。

君可以言此人爲身體之使用者。

是。

此身體之使用者爲心靈。

是。此爲心靈。

心靈爲主宰。

是。

吾姑作如下之斷定語，依我意，可爲一般所同意。

此何語？

凡人不外三事。

何謂三事？

心靈、身體，二者相合而成之整體。

確然。

吾人可否言身之眞實主宰爲人。

是如是。

身體能否自爲主宰？

不能。

吾人可言身體爲受制者。

然。

旣爲受制者，即非吾人所求之主宰。

似非主宰。

吾人可否作一論斷，曰二者之結合爲身之主宰，此卽爲人。

似矣。

斷斷不然。倘二者之一爲受制者，二者之合，不能爲主宰。

確然。

因身體非人，二者之合非人，其結論不外乎二，㈠曰人非眞有，㈡曰心靈爲人。

姑以此言爲定論。

是否尚需其他證據，以證明心靈爲人。

不需其他證據。所有者已足。

如證據已足，卽不完全，已可滿意。

我須特別指出者，柏氏心靈說所含之意義有其大異於孟子之處。(第一)，靈魂不死，(第二) 靈魂離身獨立，(第三) 靈魂生前已具，入於人身後，有「再追憶」(Recollection)之效用。此爲孟子所未曾道者。然前段所引鞭辟入裏以求其理智道德之我，則與孔子所謂三省之我，孟子所謂天爵，如出一轍。不可因其異而忽其同也。

柏氏所謂正心之法何如乎。柏氏以人之處世，其四周所見之寶極多，如飲食如男女如金錢，均有益而可給人之欲。然人苟不知所以用之，則利人者適所以害之。乃至人之智識，如醫學家之技，本所以生人者，可置人於死，兵家之技原所以衞國者，可自陷於窮兵黷武之境。此則心之知善知惡以辨所應爲與所不應爲者，即正心之關鍵也。柏氏深知善惡之知，出於自知 (Self-knowledge)，技能之知，如醫生之於治病，匠人之知，所以製物者異。故善惡之知，即善之本身之知，非有克己反省之功，不易言也。

㈣德性爲人所固有，東西兩方關於人之德性，有一種爭執，即德性爲人所固有，抑由外力所強加，東西所用名辭各不相同，孟子書中名之曰，一爲固有，一爲外鑠。柏氏書中名之曰一爲天賦，爲上帝所與，一爲智識，由敎者所灌輸。或吾國荀子名之曰性，「僞」意謂以人爲之法強之而後成者也。此爭執既爲東西所同，玆先舉孟子言如下：

孟子曰：「人皆有不忍人之心。先王有不忍人之心，斯有不忍人之政矣。以不忍人之心，行不忍人之政，治天下可運之掌上。所以謂人皆有不忍人之心者。今人乍見孺子將入於井，皆有怵惕惻隱之心，非所以內交於孺子之父母也，非所以要譽於鄉黨朋友也，非惡其聲而然也。由是觀之，無惻隱之心，非人也。無羞惡之心，非人也。無辭讓之心，非人也。無是非之心，非人也。惻隱之心，仁之端也。羞惡之心，義之端也。辭讓之心，禮之端也。是非之心，智之端也。人之有是四端也，猶其有四體也。有是四端而自謂不能者，自賊者也。謂其君不能者，賊其君者也。凡有四端於我者，知皆擴而充之矣，若火之始燃，泉之始達。苟能充之，足以保四海。苟不充之，不足以事父母。」

孟子之論仁義理智，用一端字，猶之現代名辭中可能性或潛能之義也。此可能性須愛護須培植，乃有滋長盛大之望，否則痿悴以至於死亡。在家且不能孝事父母，更何論乎治國平天下乎。澈底言之，端由於天生，而培植長養則在乎人。智爲四端之一，與仁義禮信同屬於德，是智在德性之中，不在德性外而與之對立。此乃東方所以重德性重德智合一之教，而西方則智與德對立，且走上智德分途之趨向之大原因之所在也。

孟子固有外鑠之別，詳見於告子篇公都子一章之中。其言曰：

「乃若其情，則可以爲善矣。乃所謂善也。若夫不爲善，非才之罪也。惻隱之心，人皆有之，羞惡之心，人皆有之，恭敬之心，人皆有之，是非之心，人皆有之。惻隱之心，仁也。羞惡之心，義也。恭敬之心，禮也，是非之心，智也。仁，義，禮，智，非由外鑠我也，我固有之也。弗思耳矣。故曰求則得之，舍則失之。或相倍蓰而無算者，不能盡其才者也。詩曰天生蒸民，有物有則，民之秉彝，好是懿德。孔子曰爲此詩者，其知道乎。故有物，必有則，民之秉彝也。故好是懿德。」

德性論所引起者，其在東方爲性善性惡之爭，其在西方爲宗教家原始罪惡說。然兩方所爭均爲擬似的假問題。以爲惡者未必因人之惡而不施以教育，使之爲善。以爲善者，未必不防其爲惡而不加以強制也。實際言之，兩方皆認德性爲人所固有，乃有所謂『由己』與自由之說也。 柏氏對話錄中頗多德性爲智識之言。然柏氏所謂智識，指的然無疑之知或自知之知，與現代科學之知，技術之知，決非一物。自此方面言之，因柏氏書中『德性卽智識』之語，或德性可由教育灌注之言，乃謂柏氏視德性爲智識，乃不知柏氏之淺嘗之言也。摘錄柏氏『墨諾』(Meno)篇中之言如下。(此篇譯文，與孟子之文之長短不稱，譯者深有此感。然東西行文之法不同，非譯者所能刪改。況不依原文直譯將失希臘哲人辯論之精意。與其尋章摘句而遺其精華，不如仍其冗長而令國人窺見柏氏思辨方法之爲得矣)。

蘇氏：請語我以德性爲何。？

墨氏：欲答此問，非難事，以男子之德言之，彼應知如何治理國家，如何方能有益於友，有害於敵，且注意於自己不至受害。以女子之德言之，如何治家，如何料理閫內之事，如何順從丈夫。各人，因爲爲男爲女，爲長爲幼，爲自由人爲奴隸，各有其不同之德。德之數甚多，故其定義不一。德視各人年齡與行動與所爲之各異而異。自反面言之，其爲不德之事，亦與此同。

蘇氏：我深以爲幸。我所問者爲一種德，君以君所知之一羣之德告之。設想我遇一羣蜂，詢君曰蜂之性質如何。君答曰蜂之種類甚多。我再問曰蜂之種類既多，則蜂與蜂之不同何在。或因大小，形狀美醜之性地而異。則君之答何如？

墨氏：旣同爲蜂，則彼此間無異同可言。

蘇氏：此爲我所欲知者。墨諾！請語我以蜂之所不異或曰蜂之相同處。此爲君所能答？

墨氏：此爲我所應答。

蘇氏：以云德性，亦復如此。德之種類雖多，然其所以爲德，必有其共性（A Common Nature）。此乃答何爲德者所應注意之點。不知君已明吾意否。

墨氏：我已開始明君意，但我尚未能把握問題之義，如我心所願。

蘇氏：君言德有男子之德有婦女之德，有孩子之德。君此言限於德一項乎，抑並其他如健康如大小如強弱等：一樣適用乎。抑或健康爲各人所同，無男女之分乎。

墨氏：就健康以言健康，爲男女所同，無彼此分別可言。

蘇氏：此語可適用於大小與強弱問題。婦女之所以強，同於男人之所以強。強指其力言之，男之力同於女之力。有所以異乎？

墨氏：無異。

蘇氏：如是，德亦只有一種，不論其男、女、大小，一也。

墨氏：我不能不說，德唯一種之言，恐不盡然。

蘇氏：何以不然？君曾否言男子之德爲治國，婦女之德爲治家。

墨氏：我曾有此言。

蘇氏：治國者與治家者能不以公道與禮讓（卽自克）治之乎。

墨氏：不能。

蘇氏：治國與治家，須同公道與禮讓治之。

墨氏：誠然。
蘇氏：不論男女，須同爲善人，方知有公道與禮讓之同種德性。
墨氏：誠然。
蘇氏：老年少年倘不公道不禮讓，可以爲善乎。
墨氏：不能。
蘇氏：老年少年須同知公道與禮讓。
墨氏：是。
蘇氏：各人之善出於一途，具有同種之德。
墨氏：應如是推論。
蘇氏：各人苟不具同一之德，何能出於同一之善。
墨氏：是不可能。
蘇氏：德之同一，既已證明。君當能記憶君與佐治所論之德如何矣。
墨氏：君需要關於一切德之唯一界說是矣。

德性中有仁義智勇之分。然既同爲德，應有同一共性，猶之植物，動物與人類之共性曰生，生卽動物植物與人類之所共，所謂概念是也。蘇氏依剝竹筍之法，先去一層又一層之外皮，及於最後，乃得其各類之所同。此西方治學方法中分類與共相之所由來也。我所以不願輕此文而刪削之者，爲此而已。

蘇氏：此正爲我之所求。

墨氏：我此時所能言者，只有一語曰，德者治人之權力也。

蘇氏：德之此種定義，能舉一切德而概括之乎。墨諾！小孩與奴隸非同有德乎。小孩能治父乎？奴隸能治其主乎？能治人者尚可稱爲奴隸乎？

墨氏：我以爲不可。

蘇氏：此爲不合理之言。依君意，德爲治人之權力。然君嘗加「公道」字樣，或「非不公道」字樣於其後矣。

墨氏：是。我同意。因公道爲德也。

蘇氏：君但言德或一項德（A virtue）乎？（此又爲東西文法不同之點，應注意）

墨氏：君意何在？

「墨諾」對話錄之譯文，到此爲止，不再望下繼續矣。因原文中蘇氏又提體態(Figure)問題顏色問題，體態有平面有立體之分，論圓論方論三角論圓錐，只能以一種體態名之，依西方文法，應加愛字（A），所以明其爲體態之一種，猶之論顏色者知有黑白紅綠之分，說白時應說白爲一種色也。若論體態時舉方與圓之一爲解釋之資，論顏色時舉黑白紅綠之一爲解釋之資。此爲以各分殊（Particulars）解全體，而妄其全體共性（或曰概念）之何在矣。蘇氏所以駁墨氏權力之說，卽因權力爲強者所獨有，非男女老少奴隸與主人所公有故也。蘇氏再三駁難後，終達於各人所共有之善，謂之爲德。此乃墨諾篇之要點也。茲錄篇中最要語如下。

德者人之對於善之願欲，與達於善之力也。

柏氏以善爲總綱以德爲節目。試問與告子篇公都子問性善之說，孟子舉仁義禮智爲人所固有以答之者，有以異乎。乃至大學首章之明明德，止至善，貫之以八條目者，又何以異乎。

善爲德目之總綱，因而各德彼此間，有其互相貫通之處，皆求所以達於善也。柏氏在其卜羅太固拉司對話錄中，有與蘇葛拉底氏問答之語曰：

蘇氏問：各種德爲德之全體之一部，是否公道，克治（卽禮讓）與神聖均爲其一部，或爲同一物之名稱之各異者。此爲我心之所疑。

卜氏答：此問之答覆不難。君所舉之各性，皆同一德之部分也。

蘇氏問：各德彼此間所以相同，如同一面貌上之耳目口鼻乎，抑如同一金塊之分爲大小各塊乎。

卜氏答：如人面上之耳目口鼻，雖爲各部分，而仍與全面相關連者也。

吾人讀柏氏之短篇對話錄，如論友誼、論勇、論克治諸篇，無一不以諸德之相通爲根據。如論勇篇言勇者須知所當堅守與所不當堅守，此乃勇中之智也。其論克治，頗近於擇善折中之義，然推源至於自己返省或自知之明，此乃禮讓中之智也。本此義以求諸孔孟之書。所謂「克己復禮爲仁」，非仁中之禮乎。所謂「勇者應臨事而懼，好謀而成」，非勇中之智乎。所謂「惟仁者能好人能惡人」，卽愛人之中含有善惡好惡之別，非仁中之義乎。是諸德之所以相通，由於其出於一源，惟其所以表現於智情意與其所以應付之事情之不同，乃有仁、義、禮、智、謙、勇、忠信之別。如是各德相通，同歸於善，非東西哲學之同出一轍者乎。

㈤曰以道爲歸宿　吾先錄朱子中庸章句中「率性之謂道」之解釋如下：

「人物各循其性之自然，則其日用事物之間，莫不各有當行之路，是則所謂道也。」

道有在宇宙之間者，如陰陽也五行也，太極無極也，理氣之關係也，理與實之性質也（程子言天下無實於理者），此爲宇宙全體論中所必起之問題也。道有在人與人之間，如家庭間之父慈子孝，朋友間之信義，人與人之平等，乃至所謂仁義禮智之德。此人倫中所必起之問題也。道有在物理之中者，如事物之類分，如事物之分析，如事物之因果律。合而言之，無一非道之節目也。因此中庸之言曰：

「道不可須臾離也，可離非道也。」

「天地之道，可以一言而盡也。其爲物不貳，則其生物不測。」

如是，恒常不易之理，東西學者日夜仰觀俯察，苦心思索以求之者也。其目的之所向同，而其所定之名稱，彼此各異。孔孟名之曰道，而柏氏名之曰意典。此由於柏氏分宇宙爲二，一曰變易。二曰實有或至有。其來去不定，變化不息者屬之於變易。其永久不改者，屬之於實有或至有。譬之目見之一菓一瓜有生有滅，至於菓瓜之類名，則永久存在，猶之一人有生有死，而人之所以為人之共相則永久存在。方、圓、三角之形之成於木石者，尺寸相同，時不免於毫釐之差，但數學中之方、圓、三角，則絕無參差可言。乃至美之各物，與美之型所以各異，亦復如此。如是永久世界中之一定不易者，實有也，意典也。一時世界中之忽來忽去者，一時耳目口鼻手足之所觸者而已。如是孔孟之所謂道器之分所謂大體小體之分，一在感覺之中，一在思想之中，與柏氏名異而實同。可以見矣。

孟子與柏氏所以相類，更可以孟子之言之有關於六律，規矩者明之。離婁篇曰：

離婁之明，公輸子之巧，不以規矩，不能成方圓。師曠之聰，不以六律，不能正五音，堯舜之道，不以仁政，不能平治天下。……

聖人既竭目力焉，繼之以規矩準繩，以為方圓平直，不可勝用也。既竭耳力焉，繼之以六律正五音，不可勝用焉。既竭心思焉，繼之以不忍人之政，而仁覆天下矣。規矩、方圓之至也，聖人、人倫之至也。

孟子之言，與柏氏學院外牆上所懸通告曰，不通數學者不必入內之言，自不相同。然孟子心中知以數學中之方圓與音樂中之六律為學問之極致，則與柏氏無異。柏氏共和國中所以訓練其治國者自二十歲至三十歲十年間為治數學之年。對於數學中各科目，先說明其所以治學之方法。㈠算術中之加減乘除。非為商業上之算數，乃所以知各數所以相等之故。㈡平面幾何。非求方圓之如何構造，乃知圓之自身，方之自身。（即圓、方之有（Being））。㈢立體幾何。此為當時方在創造之中，長、寬二者之外更求其深。㈣天文，非求其與農業、航海、戰略之有用處，乃求各星之動與其速率如何。柏氏學院治學之方法，不爲實用，乃爲發展思想。吾知二人晤對一堂之日，定有其心心相印之處也。

以上所舉五項，非謂其字句之相同。乃指其思想之相同，大概人之所以爲人（卽理性動物之謂）之概念，與夫德性之由來，皆出於心官之思，而無與於耳目之感覺，此乃兩人所以由形下走入於形上，而各項相同之點自隨之而來矣。

雖然，我論孟子與柏氏哲學之所以同，不能不兼及於其所以異何也。東西兩方各有其歷史沿革，地理背境與語言之不同，不合，乃理之當然，而合，其偶然者耳。就語言之文法言之，西方動詞（To be 或 is），吾國譯之爲「是」，或僅略而不譯。此爲主辭與形容辭，或主辭與主辭間之連繫字。此一字有存在之義，亦卽含有有與無二者之義，此字爲西方哲學中之大問題，我倘置之不論不義，則爲治學者之自欺欺人矣，然在吾國哲學語言中，求與此相等之字不可得矣。再言兩方所討論之內容。西方哲學以求客觀眞理爲主，而道德是非次之，吾國反之，以道德是非爲先，而客觀眞理次之。惟如此，吾國所注意者爲心爲良知爲忠孝仁義之德，西方所注意者爲實有（Reality）爲有（Being）爲絕對之眞善美爲自然界爲上帝。名其有形者曰自然界，名其無形者曰上帝曰絕對曰精神。我國之心也良知也德性也，外在之物理性不如自然界，內在之絕對性不如上帝。此所以徬徨中道，自保其獨立立場，以云內外兩方之收效，則與西方不可同日而語矣。乃希臘古代史中有一段自宇宙論回到人生行爲論之時期，而爲蘇葛拉底與柏拉圖之時期，其精力所注者爲行爲是非、爲德性爲共相爲思。於是柏氏與孟子乃有其不謀而合之處，此中西哲學史中絕無而僅有之一次，我所以名之曰偶然也。其相合處既如上述，更就其異處言之，其一爲文字之繁簡。孔子曰「朝聞道，夕死可矣！」言乎知道者平日心安理得，至殺生成仁之日，無怨天尤人之意，視死如歸而已。孔子以七字表達聞道者之心情；而柏氏對話錄有兩篇記蘇氏死前之言，一曰辨解錄，英譯本有三十四頁之多，二曰翻度篇，述蘇氏靈魂不死之言，有六十頁之多。此兩篇均柏氏之文，非蘇氏所自作。其視孔子七字之文，一詳一簡爲何如。誠以西方哲學務求其委曲詳盡，不令人引起誤會，與東方之輕墨淡寫，留有餘不盡之意於後人者，其性質自不同也。其二爲邏輯方面之注意。西方語言文法中有所謂冠辭（Article），即a字與The字之類。前段所譯墨諾一篇論圓形時，墨氏未用a字，蘇氏駁之曰：圓爲形態之一，猶之方爲形態之一。既指一種形態而言之際，不可遺漏a字。其意以爲論方圓爲形態之一者，與論全部形態者，應在文字上有所區別。此段所以如此言之者，不外乎說明舉德之一種，以爲德之說明，不若就一切德求之，庶幾德之公性或曰共同概念，乃可得矣。此段討論中，可以明希臘論德之本性，與韓愈氏「足乎己而無待於外之謂德」之言，純出一致，然其所以得之者，自有東方爲直覺方式，西方爲邏輯方式之差別也。其三爲論辨之多方。宇宙之由來，本於一理，就其生生不已之象言之，則化而爲萬殊。依現代名辭言之，此爲一與多之問題。朱子亦已見及其理，名之曰理一分殊，言其理雖出於一，而外象之紛紜，非人計算之所能盡，乃名之曰萬殊。其在西方名之曰一與多。此問題之各方面，詳見於柏拉圖一篇巴米納第司對話錄（Parmenides），所以明一與多二者之對立，不容人之同時肯定或同時否定。茲再舉其八種假定列之如下。（參考程子天下無實於理者一語，表中實字可以理字代之。）

甲 (1)若實爲一，則任何事無可爲一肯定。
(2)若實爲一，則任何事可爲一肯定。

乙 (3)若實爲一，則任何事可爲一以外之其他事（或萬）肯定。
(4)若實爲一，則任何事無可爲一以外之其他事肯定。

丙 (5)若一爲非實，則任何事可爲一肯定。
(6)若一爲非實，則任何事無可爲一肯定。

丁 (7)若一爲非實，則任何事可爲一以外之其他事肯定。
(8)若一爲非實，則對於任何事，無可爲之肯定。

以上八種假定，因牽涉太大，恕不一一詳釋。讀者求之巴米納第司對話錄可也。我所欲問者，朱子既知「一與萬」之問題而提此標語矣。何以後來繼起者但認爲由一至萬之由於氣質之變化，至於一與萬一眞一假之對立，可以發生如上所述之八種難題，乃竟無人見及而提出之者，何也。同爲思想，有就其內容言之，有就其形式言之，如同異一端，黑白之爲異色，動物與人之爲異類，人所共見也。然邏輯方面之同一，排中矛盾等律之發明，必待西方人爲之，而吾國人不能焉。此由吾國人忽視語言形式之所致，而東西思辨之工拙，因之而大異矣。

我以爲吾人處於現世界，應知東西彼此之所以同，然後能不喪其所固有，而更求其發揚光大。同時不可不知東西彼此之所以異，然後能知己之短，而擇人之長以補之。孟子嘗言智有二，一曰一得一隅之智，二曰大經大法之智，前者但足以救一時之偏敝，後者可以奠永久之基礎。茲錄其言如下：

「所惡於智者，爲其鑿也。如智者若禹之行水也，則無惡於智矣。禹之行水也，行其所無事也。如智者亦行其所無事，則智亦大矣。天之高也，星辰之遠也，苟求其故，千歲之日致，可坐而致也。」

孟子所言穿鑿之智或一得一隅之智，就本書求之，殆指墨子之兼愛，許行之並耕，陳仲子之廉言之，此三人關於人情物理，偶有其一得之見，欲本此而推行之於四海。然經孟子研究之後，知其左支右絀與偏宕之處，乃提出大禹，疏江導河爲例，稱之爲大智。然則循西方思想史之過去，古代希臘之注重德性，邏輯與數學與現代西歐科學家之尙觀察與實驗二者，非同爲可行之大道而不可偏廢者乎。

## 第二章　社會與政治理論

八，除其一人之行己立身外，無不以民胞物與爲懷，所以好爲政治活動，即此之由，孟子處戰國之世，遊齊梁諸國，百方勸說，無能聽之者，與縱橫家蘇秦張儀之執六國相印，與商鞅見知於秦惠，韓非爲秦政所傾倒者，大不相類。何也？不肯枉道徇人故也。柏拉圖氏得友人之介，訪地中海之西雪里王地翁尼西烏（Dionysius）因所論不合，出賣柏氏於奴隸市場，友人以金贖之（公元前三八七年），乃返雅典設柏氏學園。地翁尼西烏死，其子繼之。柏氏續遊西島兩次（公元前三六七，，三六一年）欲以哲學授之，然終爲事阻，重回雅典。如是，哲人學說，欲憑帝王之力以實現，其不易可見矣。其政治理論，爲世人所重視。東西古今，一也。舉孟子與柏氏之社會與政治學說如下。

## （甲）社會起源

社會起源，由於人羣之需要，本分工合作之法，互通有無，而得如願以償。此東西所共肯定，無以易之者也。孟子之時，陳相許行等倡唯耕者有食學派，乃有與民並耕而食饔飧而治之言，一若除自耕自爨自勞動外，不應飽食暖衣與安居。孟子提出通力合作之說以駁之曰：

「有爲神農之言者許行，自楚之滕，踵門而告文公曰，遠方之人，聞君行仁政，願受一廛而爲氓。文公與之處，其徒數十人皆衣褐，捆屨、織席以爲食。陳良之徒陳相，以其弟辛負耒耜而自宋之滕。曰聞君行聖人之政，是亦聖人也。願爲聖人氓。陳相見許行而大悅，盡棄其學而學焉。陳相見孟子，道許行之言。曰滕君則誠賢君也。雖然，未聞道也。賢者與民並耕而食，饔飧而治。今也滕有倉廩府庫，則是厲民而以自養也。惡得賢。孟子曰，許子必種粟而後食乎。曰然。曰許子必織布而後衣乎。曰否，許子衣褐。曰許子冠乎。曰冠。曰奚冠。曰冠素。曰自織之歟。曰否，以粟易之。曰許子奚爲不自織。曰害於耕。曰許子以釜甑爨，以鐵耕乎。曰然。自爲之歟。曰否，以粟易之。以粟易器械者，不爲厲陶冶。陶冶亦以其器械易粟者，豈爲厲農夫哉。且許子何不爲陶冶，舍皆取諸其宮中而用之。何爲紛紛然與百工交易，何許子之不憚煩，曰百工之事，固不可耕且爲也。然則治天下，獨可耕且爲歟。有大人之事，有小人之事，且一人之身，而百工之所爲備，如必自爲而後用之，是率天下而路也。故曰或勞心或勞力。勞心者治人，勞力者治於人，治於人者食人，治人者食於人。天下之通義也。」

以上孟子所言，將許行「自耕而食，自織而衣主義」，使之體無完膚矣。然「不勞者不得食」之說，至今猶復流行。吾不知克蘭姆靈宮與北京宮殿中之主人有一人自耕自織者乎。

柏拉圖以其大著「共和國」中想像國家之起源，正與孟子不謀而合者也。其文曰：

假令吾們想像國家如何創立，則國家以內公道非公道問題，因而益明。

我以爲然。

國家創立完成以後，吾人所欲研究之目的，亦易於發見。

當然，更爲容易。

但國家創立之工，是否爲吾人所應爲。因此乃一種極重要工作，吾人需多方思考。

我已想過，且望君能爲之。

依我所見，國家起於人羣之需要，各個人無一人能自足自給，有各種之人，有各種之需。君以爲除人羣之需要外，尚有其他說法，可以明國家之起源者乎。

別無他種。

人羣中各人有所需，惟賴多種人供給其所需。合此等通力合作之人於一隅之地，而爲居民，此卽國家之起源。

誠然如此。

此等人居於一地，各以其所有，易其所無，於是各有所取舍，此取舍之所以行，由於其中之同一觀念，曰各得其所。

此言甚是。

我初言我以想像之力創造國家，實則所以創造之者必要是也。必要爲萬物製作之母。

此爲事之自然。

最先最大之必要爲食物，因食物爲人所賴以生存。

誠然。

第二爲居住，第三爲衣服與其他。

甚然。

吾人且看吾等之市府如何供此需求，市府中應有農夫一人，造屋工人一人。織匠一人。或者須加鞋匠一人，或者再人體所需之供應者一人。

誠是。

如是國家之中，至少須有此四人或五人。

此事甚明。

但彼等工作應如何。應由一種人盡其全力以供他人之所需，譬如爲農夫者以四倍以供其己所需之力產生糧食，以之供應餘四人乎。抑置旁人之需要於不顧，而以四分之一之時間供一己之食物，其餘四分之三時間，用於造屋，縫衣與製鞋。如是不與人合力，而專以自給其求爲事乎。

阿特曼都答曰：農夫應以產生糧食爲務，而不必顧及其他所需之物。

答曰此爲較善之法。我聞君言，憶及人之性質，各不相同。惟性質不同，各人各有其所宜之職業。

誠然。

君以爲人之善其事者，以一人兼數職乎，或一人一業爲當乎。

一人一業爲是。

更有應言者，工作應及時完成，否則有損壞之虞。

此亦無可疑者。

職務無法等候，不能待人有暇而後爲之，有時開始以後，須計時完畢。如此言之，職務爲人生第一目的。

他必須如此爲之。

唯如此，人須專治一業，不及其他，旣爲其所好之業，在適當之時間完成，則因熟能生巧之故，出品尤多，而品質精良。

此無可疑者。

或此市府之民須有所增。農夫須備工作之器，但他不能自造耒耜或鋤頭。造屋匠所需之工具更多，織工與鞋匠亦復如此。

誠然。

如是，此小國已在長大之中，須有木工，鐵工，與其他工匠。

誠然。

此外更須增牧牛者牧羊者與牧馬者，因農夫需以牛拖耒，造屋者與農夫須以牛馬運貨，織匠需以牛馬運羊毛牛皮。然此國家尚不甚大。

誠然，既有各種工匠，此國家已不小。

國家之地位如此，然欲求此國中無外貨進口，乃不可能者。

此不可能。

如是需有另一種公民，專運外貨，以供人民所需。

必須如此。

然此種商人空手而去，而他國中亦無可以供人需要之品，其人將空手而返。

當然如此。

如是，本國所產者，不但可供自己之用，且在質在量兩方，應供他國人所需，以易其可爲我用者。

誠然。

如是，農夫與工匠更需增加。

應增加。

不但農夫與工匠，以進口出口爲業之大商人，亦需增加。

是也。

是否吾們應需大商人。

需要。

既有商品在海外運輸，則熟練水手亦需大增。

是也。其數目甚大。

然市府國家以內，貨物交易，如何進行。

吾人組織社會與成立國家之日，卽以交易爲主要目的之一，此爲君所記憶。

彼等將以買賣爲事，此事甚明。

如是彼等需有市場與大小錢幣以達交換之用。

誠然。

設想有一農夫與一工匠，携其所有之物入市，而市上無與之交易者，彼等將棄其職業歟，抑閑坐以待歟。

不須如此。市上自有買賣人知其物之爲人所需。彼等因體力較弱，不耐辛勤，乃開設一舖，以其金錢買收他人之物，或以物出售而收其錢。因此市府之內，乃有零售商人。在市內買賣者，名曰零售商，由甲城去乙城者，名曰大商人。

甚是。

另有一類服役者，其智識不與商人平等。但體力充足，專以賣力爲人勞動，名曰雇工，所謂雇工，卽以工資爲其勞力之代價。

誠然。

如是，因雇工之故，人口又爲之增。

是也。

如是：阿特曼都，是國殆已成熟而完成。

我以爲然。

柏氏所言，涉及海外貿易，此爲希臘之地理使然，乃與孟子略異。然通力分工之中，各人各精一業，互通有無。兩人如出一轍也。

## (乙) 政治爲專門技術

孟子對於齊梁之君之一無所知，而妄以開疆拓土爲事，深惡痛絕，嘗有對梁惠王之語曰。

「狗彘食人食，而不知檢，塗有餓莩而不知發。人死，則曰非我也，歲也。是何異於刺人而殺之，曰非我也，兵也。王無罪歲，斯天下之民至焉。」

「殺人以梃與刃，有以異乎，曰無以異也，以刃與政，有以異乎。曰無以異也。曰庖有肥肉，廐有肥馬，民有飢色，野有餓莩。此率獸而食人也。獸相食，且人惡之。爲民父母行政，不免於率獸而食人，惡在其爲民父母也。」

孟子與梁惠王問之問答如此，可謂視之如三歲小孩，而爲人君者坐待孟子面責，而不知所以爲對，是尙得謂盡君道之君乎，孟子所以對梁襄王，直評之曰「望之不似人君，就之而不見所畏焉。」

孟子對於齊宣王之問答，同以「見大人則藐之」之態度出之。其言曰：

「王之臣有託其妻子於其友，而之楚遊者，比其返也，則凍餒其妻子。則如之何。

王曰棄之。曰士師不能治士，則如之何。王曰已之。曰四境之內不治，則如之何。王顧左右而言他。」

孟子對於時君之態度如此。輕之鄙之，無以復加矣。

孟子乃進言於齊宣王，治國須有學問技術，如同造屋之匠，琢玉之匠。其言曰：

「爲巨室，則必使工師得大木，工師得大木，則王喜，以爲能勝其任矣。匠人斲而小之，則王怒，以爲不勝其任矣。夫人幼而學之，壯而欲行之。王曰姑舍汝而從我，則何如。今有璞玉於此，雖萬鎰，必使玉人彫琢之。至於治國家，則曰姑舍汝所學而從我，則何以異以教玉人彫琢玉哉。」

孟子視治國爲專門學問與技術之意，至爲明顯。然世人每以爲一朝權在手，便把令來行。一若權力第一，而學術次之。乃以治國之學問爲書生之見，此乃治日少而亂日多之大因也。

柏拉圖以治國比醫生與船長，其言如下。（柏氏之文爲公道與強者之權利（卽孟子所謂霸）一段中之一節。其對談者爲太拉西麥舠司 Thrasymachus 等六人）

不如讓我先提出一問題。醫生，如君所言爲嚴格意義之醫生，爲治病之人乎，抑爲謀利之人乎。

答曰：爲治病之人。

海上船主，卽嚴格意義之船主，其人不僅爲水手，乃號令水手之主人。

是眞船主。

彼在海上航行，不過偶然情勢如此。名曰船主，則與水手不同。因其當號施令，主管船上一切人事。

誠然。

我言：一切藝術皆有其主要目的。

確然如此。

凡藝術皆有其所欲達之事。

是也。此卽藝術之目的。

藝術最注意者，爲藝術之完美。除此以外無他事。

君意何所指。

吾意所指，可以身體爲例，從其消極方面以說明之。假如君問，身體爲自足者乎抑或另有所需要者乎。我可逕答曰身體有需於外物，譬如身體有病，則需人治之，此卽醫藥之目的，自醫藥之緣起也。此諒爲君所承認。想君亦以我言爲然。

良是。

他答：甚是。

然醫術或其他技術，是否有何缺點，須以外物爲助，如目之不見，須求助以光，耳之不聞，須求助於聲，如是，須其他技術以爲見與聞之設備。技術旣有其缺點，須以他技術爲之補充，甲需乙，乙需丙，丙更需丁，戊，己，以至無窮乎。或每一藝術自足乎己乎。或既不需己助，亦不需人助，專恃其自身，可以達其所欲之目的乎。因某一藝術固已完美無恨矣。君意以爲何，請坦白告我。

是也，此事甚顯著。

如是醫只需以身體之利益爲事，不須再問醫學本身何如。

他答曰：誠然。

太拉西麥芻司——是藝術皆足以自爲主人，而君臨其對象矣。

太氏雖似同意，然有躊躇之色。

於是我斷言曰無一種藝術，以高位或力強者之利益爲念，彼等所念念不忘者爲對象（卽醫生之病人）爲弱者之利益而已。

太氏頗有意駁斥此項命題，然卒面從而止。

我續言：凡爲醫生，須以病人之利益爲念，不先爲自己打算。良以爲醫生者須視病人爲君王之人民，不可以圖一己私利爲念。此乃上文吾人所承認者。

是也。

嚴格意義之船主，卽水手之主，不僅爲航海員已焉。

此亦前文所承認者。

如是爲船主爲主人所應顧到者，乃其水手之利益，非其自身之利益。

太氏勉強答曰是。

我言：太氏西麥芻司氏——凡居於治者之地位者，無一人以自己利益爲念，無一人不以其對象者之利益爲念。其所思所言所行，無非此一事而已。

吾輩所辯論者至此爲止。各人共見太氏所主張強者之利益之定義，已推翻矣。太氏乃不作答覆，忽而問曰你有看護士歟。

我曰：君應作答，何以忽提出此問。

太氏曰：君不見看護士讓小孩鼻涕下流，而不先注意，此種人何能作牧童與羊羣之區別乎。

君發出此問之意何在。

太氏答曰：試設想世間有牧童之於牛羊，專爲牛羊之利益，而不爲自己利益或其主人之利益計乎。世間之治者，有不以其人民爲牛羊，而日夜爲其人民之利益計乎。君誤入歧途，對於公道不公道之觀念完全不明，不知公道云云，乃借其名義爲一己利益之計，實即強者之利益，而無與於人民。強者自居於治者，視人民爲牛馬，以增進一己之福利，與人民有何涉哉。愚蠢之蘇格拉底——自命爲公道者，常有失無得，與不公道者相反。試思私立公司中，公道者與不公道者合股營商，當解散之日，不公道者所得反多，公道者所得反少。又如與國家交涉之際，公道者多付所得稅，不公道者少付所得稅。又如政府有所與，不公道者所得多，公道者所得少。又如各人就政府職位之日，公道者爲顧全公家計，奉公守法，不令國家受損。而在不公道者爲之，徇私犯法，通同作弊。更有竊國之暴君，就國家之宗教的與世間的，公的，私的財產一切攘爲己有，人將視爲大功，事之如君，倘就其所爲，分項論罪，可分之四，竊廟者，竊人者，刼財者，偷竊者或欺騙者。而竊國成功者，則此諸罪之名，歸於烏有矣。蘇格拉底！恃暴力者不公道者其橫行之便，方法之巧，誰能及之者。此我所以屢屢告人曰，公道者，不過強力者之盜竊名義，以謀一己之私利而已。

太拉西麥努司氏既說此段，如人入浴，頭面耳目均爲水澆，而太氏將卽轉身走矣。同座者堅持太氏應坐下，且辯護其所言。我（蘇氏）亦告太氏，曰君言頗動人，然其是非如何，君應聽旁人辯解。各人處世之道，如何有益於人與有益於己，乃一件大事，不可依君所見，視爲不關痛癢之小事而已。

此問題之是非如何，我與君之意各不相同。

太拉西麥努司！君似以爲吾人處世之道，與君合，或不與君合，以爲無關得失。洎列梯君！君應以胸中所識，暢快言之，而在座諸友因聞君言。得君之益。就我個人言之，我不信不公道者輕諸公道者不受牽制而能暢快行事者，能多有所得。卽令不公道者因欺詐或暴力之故，而所犯不公道尤甚者，然謂其獲益多於他人，此爲我所不信，或者在座諸君中，有與我抱同一見解者。太拉西麥努司！倘吾人以公道爲是，以不公道爲非者，不應更以君之智慧爲吾人解釋乎。

太氏曰：我不知將以何道令君等舍己從人。君等在其所言之中，已有其自信之立場，非我所能矯正。君等其以爲吾之肉體能變更君等之心靈乎。

答曰：此正與吾等之所求相反。吾等所願，乃君所言之前後一致，卽有移動之處，亦需以公開之道行行之，不可以騙術出之。太拉西麥努司！君初言曰嚴格意義之醫生，何以不同以此意義適用於牧羊兒乎。依君所言，牧羊兒不爲羊之利益計，而但爲他人，如食客與商人等類之利益計。然眞爲牧羊兒者，應知羊之利益，此由牧羊之術早已確定，彼應依樣爲之。我所以謂治者之爲治者亦應依同義行之，不論在公在私方面，應以人民利益爲念。但我聞君所言，似乎治者卽總總權位之人而已。

我不如此想法。我自知之。

試問居於卑職小位之人，何以必須另給薪金，然後就位乎。此由於彼等所以居此位之故，乃爲他人利益，非爲自己利益。我且問君，各種藝術，是否按其性質，各不相同。此問題君意以爲何如，請直陳所見，或者吾人所論，可以向前一步。

他答：各種藝術之性質自不相同。

各種藝術各以其特長利人，如醫生之長在治病，航海之術爲海上安全，惟除此而外，另有其共同之長。

他答：是也。

會計之術在於付款，惟不可以付款與其他藝術混爲一談，譬云航海者因海行而健康增進，此卽以醫術與航海混爲一談也。如君言語言之嚴格意義，當不至以爲航海術卽醫術也。

當然不應如此。

譬諸人在健康中得領薪金，君當不至以付薪卽爲醫術。

不應如此。

君亦不至以醫生治病者之獲得診費，而視醫術爲受款之術。

當然不可。

吾人前已認定，每一種藝術有其特有之長。

是也。

然各種藝術又有其共有之長，此卽各種藝術有其對於人類之共通益處故也。

他答：誠然。

因此藝術家，除其專精之術應得酬報外，常另有其共同酬報，此卽由於藝術家對於人類之共通益處故也。

他極躊躇後，勉強同意。

此項酬報，不由於各種藝術之專長而來。嚴格言之，如醫生之予人以健康，木匠之爲人建屋，然各人應有工資，此卽公共酬報之謂也。如是每一藝術，有其專門，亦卽其對像所得之益處也。假令此類藝術家不得工資，則此藝術家是否無所得於其藝術乎。

當然無所得。

但不爲人工作，是否卽無益於人乎。

否！彼等有益於人。

如是，太拉西麥芻司！凡爲藝術，凡爲政府，不以一己之利爲利，可以見矣。彼等所爲，乃爲人民之利益，卽弱者之利益，非強者之利益也。惟如此，所以我前言有人，除另給以酬金外，不願居於權位之他人之困難爲事者，因其居於治者之地位，所爲之善者，皆非爲自己而爲人民也。惟其然也，在其任職之先，要求酬報三種，金錢，名譽與不就職之處罰。

格牢康氏詢蘇格拉底！君言之意何在？前二項尚易瞭解。所謂處罰，旣爲處罰，何能稱爲酬報。

君言不知此三項何以能成能善人之酬報。君自知，野心與貪心二者，乃人之恥辱也。

此言甚確。

因此我可以明言，金錢與名譽，在善人視之，絕無吸引之力，因善人不願因統治而得酬報，其得金錢，則降爲雇傭人或竊賊之流矣。且亦無野心，以不顧所謂名譽也。所謂處罰者，使其知所畏懼，不得不出而任事也。世間流行一種風氣，曰爭先就職，不待人請而自至者，爲不名譽。但各人不願就治者之職位，則次一等人起而代之，此即善人所受之罰也，善人之就職，非其心之所願，乃受人逼迫而後爲之，所以表示其不爲酬報不爲享樂而來，乃爲其不得更善之人或同等之人而來也。吾人可以設想一城或一國之內均爲善人，將有避位之風氣，一如今日爭位風氣之甚。由此可知所謂治者之職，非爲一己之利益而爲人民之利益。其意所在，與其居高位而受人以恩澤，反不如居卑位而奉命行事之爲得也。

柏氏此段文字中力言統治之責與醫生航海家同，皆所以爲人，非所以爲己。其與孟子玉人琢玉之意，顯然相同，明矣。然柏氏更進一層，有賢者避位不居之言，所以明責任負擔之不易，則與一己利益之目的，相去更遠。莊子曰：「千金，重利，卿相，尊位也。子獨不見郊祭之犧牛乎。養食之數歲，衣以文繡，以入太廟，當是之時，雖欲爲孤豚，豈可得乎。子亟去無汚我，我寧游戲汚瀆之中，無爲有國者所羈。」此乃道家遁世絕人之意，與儒家以斯人之徒自任者相反。然一國中爭城奪地之禍，正由此起。治者何由而來，所以成爲古今之大問題也。

## （丙）人民之養與教爲國家之大事

孔孟言『爲政以德』。以人民之衣食與其禮教爲國家之基礎。希臘柏拉圖氏首著共和國一書，以爲治國之道，應以倫理以正誼爲本，與儒家正同。其論社會起源在於通力合作之旨，已詳前文。共和國爲柏氏早年高標理想之作。及其晚年認識人性改造之不易，乃就腳踏實地處立論，有論『法律』一書，雖同爲治國之論，然一以德性（正誼）爲主，一以法律爲主，乃兩所以異也。錄孟子之言如下：

「是故明君制民之產，必使仰足以事父母，俯足以畜妻子，樂歲終身飽，凶年免於死亡，然後驅而之善，故民之從之也輕。今也制民之產，仰不足以事父母，俯不足以畜妻子，樂歲終身苦，凶年不免於死亡。此惟救死，而恐不贍，奚暇治禮義哉。王欲行之，則盍反其本矣。五畝之宅，樹之以桑，五十者可以衣帛矣。雞豚狗彘之畜，無失其時。七十者可以食肉矣。百畝之田，勿奪其時，八口之家，可以無飢矣。謹庠序之教，申之以孝悌之義。頒白者不負戴於道路矣。老者衣帛食肉，黎民不饑不寒，然而不王者，未之有也。」

吾國教育，最重人倫，猶現代所謂公民也。孟子述夏，殷，周三代之制度曰：

設爲庠，序，學校以敎之。庠者養也，校者敎也，序者射也。夏曰校，殷曰序，周曰庠，學則三代共之，皆所以明人倫也。人倫明於上，小民親於下。有王者起，必來取法。是爲王者師也。」

柏拉圖所處所見聞者，爲海濱小國，其區域爲一島或爲海邊之一城，居民之數，據柏氏所想像，不應超過五千零四十人（此爲假定數目），居民在國內或赴海外以商爲業。如是，希臘之市府國家與吾大陸家賴田地爲衣食之源，以『百畝之田勿奪其時』爲立國方針者，自不可同日而語矣。柏氏晚年自知其共和國中所主張之共產說之不易實行，乃退而採取私產之制。其言曰：

「讓一切公民分地分家宅，且不必共同耕地，因財貨公共之制，超於人民生活之原意，成長與敎育之外也。」

前語之下，柏氏續之以父親逝後分產之制應如何。此與敎養爲兩事，故略而去之。惟每人所分之地，應保持勿失。良以此乃農民應有之生業也。

柏氏深知市府國家之民，不以農夫爲限。乃有論一般居民之財富之言曰：

所望來此殖民地之人民，各人所有之物，彼此平等，然平等爲不可能之事，各人所有之物自有或多或少之不同。更有種種理由，引起其所以不同之故。有時因國家危機之故，比例於各人財富之多寡，其地位或高或下，其納稅或多或少，因而各異。然地位高下。既因財富而異，令人起不平之感，此種不平等之由於法律者，仍以平等爲旨歸，希望各人勿因此而起爭吵。因此富力之異，分人民爲四類，有恆居於富者，有恆居於貧者，有由富而變爲貧者，有由貧而變爲富者。我所建議之法，卽爲一國之內，不應有甚富甚貧之分，因甚富者爲一派，甚貧者爲一派，此爲國家之大禍，應力求避免者也。因此國中立法家應確定富之限界如何，貧之限界如何。所謂貧之限界，應以各人所分得之地之價値爲度。富之限界，應以兩倍，三倍或四倍於貧者所得土地之價値爲度。如此，治者不令貧者所授之土地稍有損失，則彼等之名譽與德性可以保全矣。除所規定以外，富者尚有餘資，應以之獻於國家社稷之神，則彼可不受處罰，倘彼不自遵守法律，而他人將其事報告之者，則其餘資之一半爲報告之酬，另一半屬於社稷之神。各人所有者，除貧者所分之地外，一律向官廳登記，使金錢訴訟，明白易曉。

柏氏論教育之語，尤爲詳盡，不獨及於教育之宗旨，更涉及教育中之課目。其言如下：

亞典客人曰：讓我告君以教育之宗旨，君以爲能滿君意否。

克蘭意納（克蘭島人）答曰：我且聽君言。

亞典客人曰：依我意，凡長於某事者，自幼時卽行實習某事，不限於一種。喜造屋者，卽以造小孩屋爲遊戲，喜爲農夫者，卽令其種地，其爲教師者，應以同類之模擬工具予之，使其玩具之所習者，卽爲異日之工具。譬之異日木工應自幼時知規矩之用，異日之戰士應知騎射之用。如是男童之所好，由其玩具而循致於終身之職業。兒童教育尤以幼稚園一段爲重要，使小孩幼時之心靈，由其玩具達於其性情之所長，而終於其成人時之所造就。不知君意與我合乎。

克氏：誠然如此。

亞典客人曰：讓我將教育之義不令含糊，說得明白。吾人對人成立以後，稱某爲有教育，某爲無教育。譬如某人爲零賣商，某爲船主，某某爲其他業者，此等人有時目之爲無教育，因吾人不以一人之技爲盡人之長，而將教育二字作狹義解釋故也。由德性之修養，進而爲公民中之完人，如何治國，如何服從命令，無一事不在教育含義之中，此乃君人所謂教育也。如是其他訓練之爲致富爲強身者，只可謂之爲聰明，其與理智與公道分離者，不合於胸襟寬大之旨，不足謂爲教育也。吾人不必因字面爭辯，只須抱定吾人之大宗旨曰：教育之目的，使人爲善人而已。

柏氏於『法律』一書中，更詳述教育之課目，分爲三類（第一）十歲至十三歲，識字作文。（第二）十三歲至十六歲，音樂，舞蹈，體育。柏氏以爲音樂使人知節奏，和協之美，極爲重視。（第三）少數人更應學算術，幾何，天文三科。柏氏以爲此三項非人生活所必需，然爲追求科學眞理者所必經之途徑。今日視之，乃大學教育所應有事。然當代之科學研究以數理爲本，謂爲由柏氏方法一貫而來者矣。

## （丁）守法爲立國之本

孟子曰：

「離婁之明，公輸子之巧，不以規矩不能成方圓。師曠之聰，不以六律不能正五音。堯舜之道，不以仁政，不能平治天下。今有仁心仁聞，而民不被其澤，不可法於後世者，不行先王之道也。故曰徒善不足以為政，徒法不能以自行。詩云不愆不忘，率由舊章，遵先王之法而過者，未之有也。聖人既竭目力焉，繼之以規矩準繩，以為方員平直，不可勝用焉。既竭耳力焉，繼以六律正五音，不可勝用也。既竭心思焉，繼之以不忍人之政，而仁覆天下矣。」

孟子言『先王之法』，其為習慣法，顯然甚明。然其與規矩方圓，六律五音相提並論，則其守法之嚴，可以想見。柏氏『法律』一文，視法律如神，是更進一步矣。

亞典客人曰：吾人論治國者，每云由誰治誰，吾人所常達到之結論曰，以父母治小孩，長者治幼者，貴者治賤者。此外尚有其他原則，彼此互不一致。此類之中，有一項，曰力之原則，卽希臘詩人平爾德所謂暴力，指有力者應有統治之權言之也。

克氏曰：此為我所記憶。

亞典客人曰：究竟應以國家託之於誰。此為古今以來之國家中所常發現之事。

克氏曰：何種事。

亞典客人曰：國家之中，彼此各爭權力地位之高下。居上峯者常欲獨佔政府之權，不令敗者或其同志分得一份。彼此儼同對壘，其在位者常恐他人熟知其為非，得取之而代興。然此種政府不成爲治體，其所定之法，只爲一階級之利，非爲全國之公。此種國家不成爲治體，只可視之爲一黨一派，其所云公道，尤爲無意義之名辭。我所以如此云云，所以明託國之道，不可因其人之富，不可因其家之貴，或因其有其他利益，惟有以國家託之於服從法律者，使之掌握大權，彼居於第一位，且爲各神之第一侍者。此外位置，更以他人輔之。此種治者，可名之曰法律之僕人或侍者。此非我之標新立異，乃因國家之禍福，視其法律之守與不守也。我信一國之中，法律無權，由人顛倒之者，其國必敗；法律居於治者之上，治者居法律之下者，其國必興，因其爲諸神所愛護也。

希臘各國中政體之種類甚多，其以法律爲調和各階級利害爲公道之所寄之信心至爲堅強，與孟子所謂道揆法守，其義一耳。

## (戊) 政體與人民之參預

孟子生於周烈王四年，歿於周赧王二十六年。計其生後二十六歲，乃柏氏逝世之年。以年齡計之，倘同處一國中，尚得相從問業之人也。孟子處戰國之世，所見政體種類之多，不如柏氏。而其民貴君輕之主張之堅定，駕柏氏而上之。視西方民主政治之理論家，亦早千餘年之久。然則孟子民貴君輕之義，謂爲世界民主論之先驅可也。孟子政治理想之根本，爲民貴，君輕四字。此四字之精神，貫徹於全書之中。其言曰：

「民爲貴，社稷次之，君爲輕。」

孟子所用民貴君輕四字，由於其以人爲人，以人爲目的，不以人爲工具。人各有其衣食之需與其美善之德。凡爲政者順人民之性，而有以滿足之發展之，乃能謂盡其治者之天職，否則爲害民之君。孟子曰『賊仁者謂之賊，賊義者謂之殘，殘賊之人，謂之一夫。聞之誅一夫紂矣。未聞『弑君也』。如是政治通於道義。彼不能負『內聖外王』之責者，既不能自己正心修身，當何能率天下之民而居於安樂之境乎。

孟子對於戰國之君與臣，認其所爲無一能合於其理想中之天職者，故曰：

「五霸者，三王之罪人也。今之諸侯，五霸之罪人也，今之大夫，今之諸侯之罪人也。」

其於戰國之臣如公孫衍張儀，則目爲「以順爲正之婦道」。吳起孫臏，則謂爲善戰者服上刑之人也。

孟子再三思索，認定其時之君與臣，無一合於治道。於是其理智中起一種交替作用，或曰任擇其一之工作。伸言之，君民二者之間，應以何者爲立國之本。此民貴君輕之結論所由來也。孟子於人性，豈有不知其有內外之分。然其毅然舍性之外緣而走向於內心之本然者，所望以內制外，而有性善之說。孟子以同樣方法，研究國中君民之孰輕孰重，乃決然捨棄君尊民卑如荀子所云云者，而創爲民貴之說。此則孟子在今日民主潮流中所以爲先時之見，爲後人所不及也。孟子於是有辨正弑君之說。其言曰：

齊宣王問曰：「湯放桀，武王伐紂，有諸？孟子對曰：於傳有之。曰：臣弒其君可乎？曰：賊仁者謂之賊，賊義者謂之殘，殘賊之人謂之一夫。聞之誅一夫紂矣，未聞弒君也。」

孟子此言，不獨爲湯武開說，且爲英國克林威爾奪沙利王位而殺之，與法國革命時殺路易十六世者，爲之陳其正大理由之所在矣。孟子不獨以廢放賊仁賊義之君爲當然，更明言關於黜陟進退，國人有其可否之權利。其言曰：

「齊宣王曰：吾何以識其不才而舍之。曰：國君進賢，如不得已，將使卑踰尊，疏踰親，可不慎歟。左右皆曰賢，未可也。諸大夫皆曰賢，未可也。國人皆曰賢，然後察之，見賢焉，然後用之。左右皆曰不可，勿聽，諸大夫皆曰不可。勿聽。國人皆曰不可，然後察之，見不可焉，然後去之。左右皆曰可殺，勿聽，大夫皆曰可殺，勿聽。國人皆曰可殺，然後察之，見可殺焉。然後殺之。故曰國人殺之也。如此，然後可以爲民之父母。」

國人除其對政府之用人，有可否之權外，更有對於一國首長，有其或迎或拒之權。所謂迎拒，非卽現代之投票選舉，然由其心之向與不向，由其行事可以見之。其言曰：

「萬章曰：堯以天下與舜，有諸？孟子曰：否，天子不能以天下與人。然則舜有天下也，孰與之。曰天與之。天與之者，諄諄然命之乎。曰否，天不言，以行與事，示之而已矣。曰以行與事示之者如之何。曰天子能薦人於天，不能使天與之天下。……昔者堯薦舜於天，而天受之，暴之於民，而民受之。故曰天不言，以行與事示之而已矣。曰敢問薦之於天而天受之，暴之於民，而民受之如何。曰使之主祭而百神享之，是天受之。使之主事而事治，百姓安之，是民受之也。天與之，人與之。故曰天子不能以天下與人。」

孟子舉人事之實例以證之。

「舜相堯，二十有八載，非人之所能爲也，天也。堯崩，三年之喪畢。舜避堯之子於南河之南。天下諸侯朝覲者，不之堯之子而之舜，訟獄者不之堯之子而之舜，謳歌者不謳歌堯之子而謳歌舜。故曰天也。……泰誓曰：天視，自我民視，天聽，自我民聽，此之謂也。」

依孟子之言，國人之向背去取，爲各人固有之權利。雖夏商周三代君位世襲之後，而孟子猶堅持其人民向背去舍之權利一如昔日。孰謂君爲臣綱爲儒家一成不易之規矩乎。自商鞅韓非等法家起而促成秦國之統一天下而專制君主制，乃垂兩千餘年之久。是則定於君主一尊之局者，出於法家之努力，而與孟子之身，何嘗有絲毫相涉哉。此今日國民，所當明辨者也。

柏拉圖「共和國」與「法律」兩論中列舉政體六種，曰君主政體（Royalty），曰勢利政體（Timocracy），曰貴族政體（Aristocracy），曰寡頭政體（Oligarchy），曰民眾政體（Democracy），曰暴君政體（Tyranny）。此六者為希臘論政者所習舉，然當時地中海東西兩端，皆希臘移民之所居，其所建之國，均為市府小國，當在一百或二百之間。由亞歷斯大德氏收集之憲法種類，至百五十種之多，其國家之數，略可推見矣。柏氏關於政體之名稱分為六種，君主政體有善者惡者，守法愛民者，名曰君主，及其落墜，以權力勢位相號召者名勢利政體。貴族之有品有學者執政，名曰貴族政治，及其以權位私諸少數人者，名寡頭政體。由民眾參加於議事與司法者，名曰民眾政體，及其政權旁落於一人之手，不顧一切以行之者，是為暴君政體。柏氏生當比烈克爾（希臘民眾政體之首領 Pericles）後，民眾政治極盛之日，其時政治制度如下。

第一、人民大會　在比烈克爾時代，人口三十一萬五千人，公民四萬三千人，每一公民有權投票，並以抽籤方法，各人均能輪當行政官或法官。其婦女，工人，或外國人計二萬八千五百人喪失公民權。人民大會即為統治機關，異於今日之代議政治。選舉政府職員名阿衡（Archon）發佈命令，其權不限於立法。每月開會四次，公民以旅行困難，到會者自二千至三千人。

第二、元老院　人數隨時代而變，時為三百，進而四百，五百人。此為大會之委員會或今日所謂主席團。其會員以抽籤方式定之。公民全體分為十部落每部落舉五十人，任期一年，待公民每一人輪到之後，各人方能第二次被選。元老院之職權，決定人民大會議事日程，為大會之牽制機關。當軍事與外交者十人，由將軍任之。將軍十人地位重要，由公民選舉，不以抽籤方式行之。元老院主席，由各院員輪流任之，每人主席一日。

第三、人民法院。公民五千人，負法官之職，依公民冊以抽籤方法定之。五千人分爲十表，輪流充任。以平均數言之，每人每三年輪當法官一次。每一表上列名出席者爲二百至三百人，遇有重大案件，如蘇格拉底之案，出席者千二百人。判案定罪，常在最後一刻，法官之數既多，原被告雖欲行賄，而不可得。

希臘更有一種制度，名曰貝殼放逐制，公民中認爲有危害國家之人，得以六千公民之簽名，放逐之，使不得預聞政治五年至十年之久。此與現代共產國家中所謂清黨有相似之處。

蘇格拉底氏好與青年明辨是非。有阿尼拖司氏（Anytus）告蘇氏以危害國家與宗教之罪，應逐之於亞典之外，或處死刑。經人民法官五百人審蘇氏犯惑亂青年之罪。法官中認爲有罪者僅得六十人，第二次投票，又加多八十人。是五百人中僅得百四十票判爲有罪，蘇氏本可以交罰款三千米那（合美金三千元）出獄。蘇氏堅持不肯出獄，卒飲毒酒而逝。

柏拉圖鑒於希臘於人民大會之抽籤制與人民法院中法官之無識，乃於著作中力斥民眾政體之非，專以培養治國者之學識爲要務，而有「哲人帝王」（Philosopher-King）之論。柏氏於「共和國」談話中，先作共產共妻之主張，稱爲辨論中之兩次大浪。繼作理想國建設之言，是爲辨論中之第三次大浪。蓋明知其意之難於實現，然爲其理想價値計，不能不推其極而暢快言之。此爲西方理論中之極端派，爲東方人好爲言顧行，行顧言者中所罕見者也。柏氏言如下：

吾人實在不應准許有此類事。蘇格拉底——君不應如此立論，因君於辯論之始，曾有一言曰，此類事情之可能性如何。似君已全忘此語矣。我準備承認君所欲提出之計劃，倘眞能見諸施行，自於國家有種種好處。

蘇氏答：我畧起而徘徊，請勿顧惜，仍對我力加攻擊。我對第一浪第二浪，尚未完全逃脫。似乎君將掀起第三次大浪，此爲最猛最大之一次。我願告君我對於公道不公道問題，已得其解決之法。

他答曰然。其法如何。

蘇氏：我先問，我輩所主張之公道，是否對於絕對公道，不應有毫釐之差，抑或但求其近似於絕對公道者。

他答：蘇格拉底！但得其近似於絕對公道者，可矣。

蘇氏：吾人所研究者，爲絕對公道之性質與完全公道者之品格，與不公道與完全不公道之品格。此卽吾人所求之理想標準也。此卽吾人論吾人自己快樂與不快樂之標準，或其近似之程度也。此標準此程度在事實上是否存在，置之不論可也。吾人所欲造成者，乃一完全美滿國家之理想也。此種理想，是否因吾人不能證明其一一可見諸事實，而吾人之理論，便爲不足道之理論乎。

他答：當然不是如此。

蘇氏：君可不必堅持實際的國家一一須與理想的國家相符合矣。倘吾人誠能發見一個市府國家之統治，已近於吾人所建議者，君當承認吾人所要求之理想國之可能性，已發見矣。誠能如此，吾人可引為滿意。我個人已滿意。不知君意何如。

他答：蘇格拉底！我同意。

蘇氏：讓我指出方今國家政治所以不善之故。然由不善而善之些微改革亦須指出。我以為只須一項改革辦到，則國家之革新可立至矣。此一改革自有可能，然非易事。此為最後一次我將遭遇之大浪。則令潮水澎湃而來，一若我身埋沒於人之非笑中，我仍願將我之所欲言者，傾吐而出之。不知君注意我言否乎。

他說：蘇格拉底！盡君所欲言。

蘇氏：我之字句如下：非待哲人為君王，或當代君王知哲學之理與力之後，非待政治的偉大與政治的理智合於治者一人之身，非待庸俗人知有其一而舍其他者，退處閒地之日，則市府國家無法免於災害而得安樂。卽以全人類言之，亦復如此。此為我之所信。唯有待此日到來，吾國家方有生活之可能，方見光明之天日。

讀者勿因聞柏氏哲人君主之名辭，乃以為東西論政者之間之距離，如天高地下之懸隔，不知其歸結，一也。孔孟之論政，以堯舜為其理想的標準人物，與柏氏所謂哲人帝王同。唯一為專名（Proper Noun），一為共名（Common Noun）。伸言之，一為一人專有之名，一為眾人共有之名，其為殊類，無待言矣。然一方有「堯舜其君」之言，以一二人之名，推及於一般人之身。柏氏則將空談理論之哲人，使之負治者之責，而成為堯舜。兩方之塗徑各殊，共以聖賢為治者之宗旨，一也。柏氏所以以哲人為治者或守國者之故，以為治者須知有與無、眞與僞、是與非、苦與樂、暫與久、分與全之分。其所求爲國家大衆長久之大計，所以培植而成之者，應從有、眞、是、久、與全下手，然後其所圖爲全國之大公，非一己一時之私利，所尤重者爲智、勇、公、自克之四德，則與中庸以智仁勇爲始，以天下國家之九經爲終者之觀點之相通，盡人所共見者也。然兩方可以相通之故，莫過於中庸下文之言：

仲尼祖述堯舜，憲章文武，上律天時，下襲水土，譬如天地之無不持載，無不覆幬，譬如四時之錯行，如日月之代明，萬物並育而不相害，道並行而不相悖。」

此與柏氏在哲學、天文、數學中求變中之有，求感覺以上之理，求運行中之常道，求無物之不得其所者，有何異同可言乎。

中庸更有言曰：

惟天下至聖爲能聰明睿知，足以有臨也。寬裕溫柔，足以有容也。發強剛毅，足以有執也。齊莊中正，足以有敬也。文理密察，足以有別也。溥博淵泉，而時出之。」

聰、明、睿、知、文、理、察、密，非柏氏所謂智乎？發、強、剛、毅、齊、莊、中、正，非柏氏所謂勇乎？寬、裕、溫、柔，非柏氏所謂自克乎？溥博淵泉，而時出之，非柏氏所謂公道乎？如是哲人帝王之辭，若駭人聽聞。然德性言之，則與吾國至聖之德，爲同一典型人物而已。此則孟子與柏氏政論之相同，決非牽強傅會之文字已焉，自有其同氣連枝之關係在也。

# 第三章 諸德之關係

孟子所謂仁，義，禮，智，四端，中庸所謂智仁勇三德。如孟子所言四端皆根於心，其生色也，晬然見面盎背。然其所以發動行使之方，出於合歟，出於分歟，抑分中有合歟，合中有分歟。茲合孔孟兩家之言而研究之，再繼之以柏氏之比較。

「仁主於愛，義主於羞惡，禮主於辭讓，智主於彼此同異、善惡是非之辨。此四者各有專職。」此主分之說也。

顏淵問仁一章，孔子答之曰「克己，復禮爲仁。」是仁之中，以克己爲先，再以復禮繼之。是爲仁中有禮之說。又曰「惟仁者能好人能惡人」，此爲仁中有分辨之智與義。又曰「仁者必有勇」，此爲仁勇之合。此主合之說也。

論語六言六蔽一章，尤足以見諸德皆有待於學或曰知識以完成。其言曰：

「好仁不好學，其蔽也愚。好智不好學，其蔽也蕩。好信不好學，其蔽也賊。好直不好學，其蔽也絞。好勇不好學，其蔽也亂。好剛不好學，其蔽也狂。」

此言乎諸德之運用，須先有一番學養，與孟子所謂四端之貴乎存養擴充者，原非有矛盾衝突之言。此德與智或曰學之應合而不分矣。可見矣。

子路曰：「君子尙勇乎？」子曰：「君子義以爲上。君子有勇而無義，爲亂。小人有勇而無義，爲盜。」此義勇應合之說也。

孟子曰：「仁之實，事親是也。義之實，從兄是也。智之實，知斯二者弗去是也。禮之實，節文斯二者是也。樂之實，樂斯二者。樂則生矣。生則惡可已也。惡可已，則不知足之蹈之，手之舞之。」此爲少可以見仁，義，禮，智，樂，五者之合，惟因其所發而異其名。是可謂分中有合，合中有分之二者，爲同一事耳。

孔孟既以爲謂德可以由一而分爲數事，或由分而合爲一事。乃可更進而論柏氏之見解。柏氏對話錄「辣希司」（Laches）論「勇德」之性質。先陳馳兵試劍之不足以爲勇。終乃述三人同意之之見解曰。

蘇氏　請君再從頭說起。君當記憶吾人原初視勇爲德之一部份。

尼西阿司氏　定然。

蘇氏　君旣言勇爲一部分，則尚有德之其他各部分之應集合爲一者。

尼氏　誠然。

蘇氏　所謂各部分，如公道如自克，君是否同意。此二者與勇同爲德之部分。君是否能同爲此言。

尼氏　天然。

蘇氏　此爲吾人所同意之點。然吾人須更進一步同意於所謂可懼與可希望者。吾兩人所談須出於一致，不可一彼一此。吾言有誤，君可駁正。所謂可懼可希望者，非指現在或過去之事造成恐懼者言之，乃指未來或意計中之危害言之。」君同意此言否。辣希司。——（此爲書名，亦爲參加談話者之人名。）

尼氏　是，蘇氏，全部同意。

蘇氏　尼氏！此爲我意如此。可懼者指惡事之屬於未來者。可希望者指好者屬於未來者言之。君是否同意。

尼氏　同意。

蘇氏以爲所謂勇者，必須其人對於未來之禍福，先有所知，而以堅貞不撓不屈之態度出之。其言與孔子所謂：「暴虎憑河，死而無悔者，吾不與焉。必焉臨事而懼，好謀而成者。」可謂同出一轍矣。既能出之以勇往直前，更輔之以戒懼與謀畫與小心謹愼。此非勇與智與其他部分之合而爲一乎。

柏氏更有卻滿第司（Charmides）對話篇論自克之道。先提出定義五：一曰安靜。二謙退。三曰自治己事爲務。四曰以善行爲己事。五曰自知。蘇氏以前四者爲不足盡自克之義。乃加第五曰自知（Self-Knowledge）。蘇氏以爲人之五官，如目視耳聽，必先有形色有聲音，而後目有所見耳有所聞。然心中之知，不必有形有聲，而自能辨別是非善惡。此爲之所以能自訟自改自返省其所爲之不忠不信不習之失也。柏氏視此自知爲善惡是非之知，不同於醫藥、技能之知，因醫藥之知可以治病，技能之知可以成器，二者可以有益於人羣。至於自知限於善惡是非，能治一己之心，使之去邪而歸於正。此自克之道與孔子所謂克己復禮，與顏回之不貳過，正相脗合。惟柏氏另以一名名之曰自克。孔子有時合於仁之中，名之曰克己復禮，有時名之曰三省之功，有時名之曰改過。要之不先有此最高之自知，則反省，復禮，克己，與夫不貳過之工，一切無可施展矣。孟所以名「自克」爲智（Wisdom），其鄭重立言之意，可以見矣。

由上所言，仁中有勇有自克存乎其內，勇中有好謀之智。因此柏氏對話錄「泊羅太哥拉司」（Protagoras）有語曰：「君所言公道，自克之諸性質（Qualities），合而名之曰德。究竟以德爲其全體，而諸德爲其各部分歟，抑諸德爲同一體之異名歟？」此爲蘇格拉底向泊羅太哥拉司氏所提出之問題。蘇氏更繼之以說明曰「所謂部分，或如同一人面上口，舌，耳，目之分歟？或如同爲金而有大小方圓之塊之不同歟？」泊氏答曰「仁勇諸德雖各不同，然互有關係，如人面上之口，舌，耳，目。蘇氏又詢曰是否有人具甲而缺乙，有人具乙而缺甲，或者有甲必有乙，或有乙必有甲。泊氏答曰各人不全具有，譬如有人公而不勇，或公而不智。智勇二者之爲德，爲人所不能否認，而智尤爲高貴。然智仁勇各有專職，猶之耳目口舌之各有所司。如是仁義智勇之同屬於德，而所司各異。乃蘇氏泊氏二人所共同意。此非與中庸所謂「智，仁，勇，三者天下之達德，所以行之者一也」之旨，相合矣乎。

更有應進而硏究者，德與善之關係是也。韓退之言曰「足乎己而無待於外之謂德」。此論德之言，同時可移之以論善。何也？仁主愛，義主愛，智主所以分辨，皆人自具之良知良能而不必依賴外物。孟子所謂天爵是也。以現代名辭言之，就其分殊言之，謂之曰仁義禮智之德，就其集體之總合者言之，謂之曰善。此可引柏拉圖飛連帛司對話錄（Philebus）之言以明之者也。

飛連帛司對話之言如下：

蘇格拉底氏曰　我記憶在醒時或夢中曾有關於樂與智慧之討論。然此二者俱不足稱之爲善。（樂中有善有惡，須賴智慧以別之，故樂非自足乎己者也。智慧有時爲善，有時爲惡，非先有善，無法使智慧行之而得其當，故智非自足乎己者也。）故須有第三者以代樂與智慧。如是樂失其勝利之望，因其與善爲兩事也。我言是否。

泊羅太邱司氏（Protachus）曰 是。

蘇氏曰 吾人將樂之分類暫擱，俟下文進行後，自明其故。

泊氏曰 然。以向下討論爲要。

蘇氏曰 讓吾人同意於一項小事。

泊氏曰 何事？

蘇氏曰 所謂善，自完事，不自完乎？

泊氏曰 蘇氏，此爲一切物中之最自完者。

蘇氏曰 善自足乎己乎？

泊氏曰 然！自足乎己，駕於一切之上。

蘇氏曰 無人能否認，一切人所欲求者爲善。（孟子曰可欲之爲善）其不具有善者，非人所求。

泊氏曰 此乃無可否認者。

蘇氏曰 讓我將樂之生（The life of pleasure）與智之生（The life of wisdom）分而爲二，且再加以追溯。

泊氏曰 君意何在？

蘇氏曰 先假定樂之生中無智，智之生無樂。如此二者爲善，則二者均無待於外。反是，二者均有待於外，則二者均不成善。

泊氏曰　此乃不可能之事。

蘇氏曰　君能助我對兩種生活試驗之乎？

泊氏曰　當然。

蘇氏曰　我問，君答。

泊氏曰　然。

蘇氏曰　君願否一生爲享樂之生？

泊氏曰　當然爲我所願。

蘇氏曰　君已享全樂，尚需有何物他求者乎？

泊氏曰　無所求。

蘇氏曰　且試反省一下。是否需要智慧，理解，預算，或目見等事。

泊氏曰　不必有所求。旣有樂矣，卽有一切。

蘇氏曰　君以爲如此，便可享受至大之樂。

泊氏曰　我以爲我享受至樂。

蘇氏曰　君無心，無記憶，無智識，則君於樂或不樂，茫然無知，因君缺乏理智故也。

泊氏曰　誠然。

蘇氏曰　無記憶則所樂如何，不能追憶，且不知樂爲何如。無眞意見，則當時之樂何如，何由而知之。無計算則過去之樂與未來之樂，如何比較。此種生活，乃蠔之生活，非人之生活也。除爲蠔外，更何所有。

泊氏曰　無所有。

蘇氏曰　此可以爲合格的生乎？

泊氏曰　我已失我語言之能，無以作答。

蘇氏曰　吾人須保持勇氣不可自餒。試取智之生活考之。

泊氏曰　何謂智或心之生活。

蘇氏曰　吾人願採純智或純心之生活，而樂或苦之感覺不滲入其中。

泊氏曰　兩者均不合於我，恐亦無人願採。

蘇氏曰　兩者相合之生，泊羅太邱司！君意何如？

泊氏曰　將樂與心與智合而爲一。

蘇氏曰　我意卽謂樂與智相合之生活。

泊氏曰　我無意見之不同。此乃二者以外之第三種生活，任何人所願採。

蘇氏曰　君知其後果否乎？

泊氏曰　吾知之。卽兩種生活，曰樂之生，智之生二者，非自足乎己，不合於人，不合於動物者也。

蘇氏曰　樂之生與智之生不成爲善。倘其一種果合於善，則必能自定自足，而爲人與動物所採擇矣。有採擇之者，乃不出於自由意志，而出於愚昧與物之強迫之所致也。

泊氏曰　此言似爲正確之言。

蘇氏曰　此知飛連帛司所崇拜之女神與善無涉矣。

如是此對話錄經詳細辨論之餘，乃知善之爲性，足乎己而無待於外，且爲盡人所欲而利人之行也。其言與大學始章所謂明明德與止於至善，與中庸所謂自誠而明，自明而誠者，其爲同條共貫，蓋顯然矣，此眞東西哲學相通之明效大驗也。

或者詢曰，吾國與希臘哲學之旨，旣可相通，何以兩方對於諸德之命名不若是。一方曰智仁勇，或曰仁義禮智。他方曰智，勇，自克，公道。其故何在。吾應之曰兩方之立言與其次第條理，互有不同。然就其內容言之，則一而已。智，勇二者之名同而含義如一，已如前述。自克之中，含有謙退，禮讓之旨，吾國所謂禮，在其中矣。以云仁之主愛，柏氏雖未列於四德之中，然其「合餐聚談」（Symposium）一文，將仁愛之旨，上自上帝之慈愛，下至男女之慾。與美，善之旨一切概如而論之。錄其言如下：

番特魯司氏曰　愛爲最老之神，不特最老，且爲百益之源。青年正在成長之際，愛之加惠於青年，較任何幸福爲大。愛爲人生之指導，在其以光榮之生爲目的，非親親之恩，非功名，非金錢所能比擬。以光榮之生爲目的，一切善行偉大之行之基礎也。愛人者不光榮之舉，或因凌侮而受屈辱，爲人所知之際，則被愛者之痛心，甚於其家中之父兄或其朋友。假如以愛人者與被愛者組成一軍，則愛人者不至輕棄其崗位或武器，或者至怯之人，變爲英雄，因有愛與勇灌輸於胸中也。（中略）

包薩那司（Pausanias）曰　光榮者，從善之謂，不光榮者，從惡之謂。光榮者愛靈魂，不光榮者愛肉體。光榮之樂，不光榮者愛一時之樂，可以時間爲試驗者也。因金錢，財富與政權而從人，或因賄賂與地位而爲人收買，一旦利盡權去，則交誼斷絕。於是人之所以能長久相愛者，決之於德而已。

如是「合餐聚談」之文，雖涉及宇宙之廣，然與儒家仁恕之旨，有何不同可言乎。

或者又詢曰柏氏「共和國」論公道之說，其所謂公道，指各人行其所委工作之宜，如治者行其「智」之工作，戰者行「勇」之工作，「自克」不限於階級，應由上，中，下，三層之公民共習之。此與吾國儒家指事理之宜之言，極不相類。吾唯有答曰，此駁論極是，然謂柏氏立言之中，不知有事理之宜則斷乎不可。此為東西措辭之不同，引起之誤會而已。智之宜，勇之宜，自克之宜，三者必須實現，而後國家可治。此為東西一貫之理，柏氏決不否認，可斷言焉。

更有言者，世人每因柏氏有「德為智識」與「德可從教入手」（Virtue is teachable）之言，誤以為柏氏視智識與德同類，一若同於技能之智可由學由練習而來者。然試進而深求之，方知柏氏所謂德之智，乃知善知惡之知，乃自知之知。此屬於理性一層，與耳目所接之有形世界，毫不相涉。惟有由心發之思得而知之。如是善惡之知為理性之知，更足以證柏氏與孟子之言出於一源矣。

（第三章完　八月七日）

# 九、新儒家思想史寫完以後



新儒家思想史，乃自唐代歷宋明以迄於民國今日之吾國哲學史。歷時約千三百餘年，除清末與民國以來一段時間外，吾國絕未與西方接觸。然其中各學派之種類，無一不有可與西方哲學史相媲美。此足證明吾國學者之善於思索與能獨出心裁，不落人後也。方今儒家思想爲中共所唾棄所摧殘，然我預料將來必有復興之一日。此非我之袒護儒家而爲此言，乃根株深厚之思想體系，無不同有此仆而復興之現象。柏拉圖與亞歷斯大德之思想與方法，非在今日英德法等思想界重復出現乎？印度之各派哲學，非至今日尙有人遵守之或變通之者乎？其在吾國自東漢歷南北朝，儒家思想因佛教之侵入，一時晦蒙否塞，然因周張二程朱陸之努力，而孔孟學說賴以復活。如是自歐印之現狀與吾國之往事言之，儒家思想之中興，殆無可懷疑者矣。

西方哲學史中有一元、二元、理性、經驗、唯心、唯實、唯物、功利、直覺與實用等各學派，求之吾國，亦同此各派互相對峙。此由於人類思想不外乎若干類型，不論其或爲東或爲西或贊或否或正或反，要不出此類型也。

先就吾國古代言之，孔子每就宇宙中人與事之當然之理與其人其事之本性立言，故曰君君臣臣父父子子，此之謂正名，亦卽就其本然之性而推定其應有之義務應盡之責任。又曰「政者正也」，「人者仁也」。皆政治與爲人之道應當如此，卽西方之所謂「應當」（ought）是也。至於墨子自爲工程師，每着眼於實用或方法如何？其所注目者爲好處用處如何。公孟篇中墨子以爲儒家之「樂以爲樂」「室以爲室」之言，皆未能明白答覆樂與室之所以爲用。耕柱篇又評孔子對葉公近悅遠來之言，以爲未答葉公所問爲政之道。此卽儒家之道德主義與墨家功利主義之爭也。

孟子論人性中有仁義禮智，由於惻隱、恥惡、辭讓、是非之心而來，此四端爲人所固有，非由外鑠。而荀子就人之氣質立論，與孟相反，其言曰「今人之性，生而有好利焉，順是故爭奪生，而辭讓亡焉。生而有疾惡焉。順是故殘賊生，而忠信亡焉。生而有耳目之欲，有好聲色焉。順是故淫亂生，而禮義文理亡焉。」歷代以來，孟荀兩派對立，一曰性善，一曰性惡。而在今日言之，荀子着眼於自然之事實，孟子窮其義理之當然。此卽經驗派與理性派之爭。

列子中設爲力命問答：「力曰：壽夭窮達，貴賤貧富，我力之所能也。命曰：彭祖之智，不出堯舜之上，而壽八百，顏淵之才，不出衆人之下，而壽四八，仲尼之德，不出諸侯之下，而困於陳蔡……若是汝力之所能，奈何壽彼而夭此，窮聖而達逆，賤賢而貴愚，貧善而富惡也？」此卽西方思想界中一主人之自由意志，一信自然界定律之支配，是爲定命論與自由意志論之爭。

吾國法家與現代馬克斯主義者極相類似。法家惡詩書禮樂仁義道德，馬氏之徒信自然界之定律，而否認精神生活。商鞅曰「國有禮有樂，有詩有書，有孝有弟，有廉有辨，國有十者，上無使戰，必削至亡，國無十者，上有使戰，必興至王。」商君所重者，惟有農戰二事。此非與共產國家之以發展工業爲戰備，以集合農場爲足食之用者如出一轍乎？法家者，吾國之唯物主義派也。

以上就吾國古代言之，所以明東西思想類型之相似。若進而求之宋明以降新儒家，其類似之處，尤爲顯然。因其思想受佛敎刺激後，另有各種新範疇，如曰太極無極，曰理氣，曰主敬致知，曰本體功夫。此皆孔孟時代所未嘗區及者也。茲舉兩派之對立者，或一派之能自立者，以明西方哲學史之各派，亦爲吾國所同具。

朱子爲宋代儒家思想之集大成者，既受小程子辨析精微之敎，同時力追大程子博大圓融，乃能建立一大系統，合各家於一爐而治之。此後人所以稱朱子爲全體大用兼綜條貫，表裏精粗交底於極也。朱子對於理論或事之對立者，如無極太極、一本萬殊、理氣、知行心理與涵養進學，無一不出之以深思熟慮，兼籌並顧。但舉其論理氣關係之言如下：

「所謂理與氣，決是兩物。但在物上看，則兩物渾淪，不可分開各在一處，然不害爲二物之各爲一物也。若在理上看，則雖未有物而已有物之理，然亦但有其理而已，未嘗實有是物也。」（答劉叔文書）

「理氣本無先後之可言，然必欲推其所從來，則須說先有是理。然理又非爲一物，卽存乎是氣之中，無是氣則是理亦無掛搭處。」（語類）

「天地之間，有理有氣。理也者形而上之道也，生物之本也。氣也者形而下之器也，生物之具也。人物之生必稟此理，然後有性，必稟此氣，然後有形。」（答黃道夫）

朱子之兼籌並顧有稱之謂理氣二元論者。然自其「未有物而已有物之理」言之，朱子非不知理在氣先，故亦可稱之爲理先氣後之準一元論者。朱子此項兼籌並顧之論，忽有單刀直入之人乘隙而動者，是爲陸象山與王陽明。象山曰：

「宇宙便是吾心，吾心卽是宇宙。東海有聖人出焉，此心同此理同也。……南海北海有聖人出焉，此心同此理同也。」

陽明曰：

「夫物理不外於吾心，外吾心而求物理，無物理矣。遺物理而求吾心，吾心又何物耶？」

「朱子所謂格物云者，在卽物而窮其理也，是就事事物物上求其所謂定理者也，是以吾心求理於心物之中，析心於理而爲二矣……若鄙人所謂致知格物者，致吾心之良知於事事物物也。吾心之良知，卽所謂天理也……。是合心與理而爲一者也。」（答顧東橋書）

自常識言之，事與理，心與物，形上與形下，自可分而爲二。然推原至宇宙之始，必先有理而後有物，或窮理之由來必本於心，則宇宙中之事物，自可還原於一理一心。此在西方古代有物質與格式之二元論，至近代有現象與本體之二元論。然推至宇宙所以創造之絕對理念，或智識所以形成之出於一心，則有認識論中之唯心一元論，與黑格爾絕對理念之精神一元論。其但就耳聞目見之現象言之，自不能離乎事物之形形式式，與官覺中之形形式式，則感覺主義經驗主義或實證主義，自爲方法學中之所不可缺。如是朱陸朱王之爭起於一元二元之辨，而延及於理性派與經驗派範圍之內矣。

朱子之論道，徘徊於一元二元之間，而其論政之善惡，則一以道義爲準繩，蓋本孟子「言必稱堯舜」與「王何必曰利，亦有仁義而已矣」之教也。易經有言「義者利之和也」，此六字之中，在吾國古代早已知所謂善有義有利兩方面，義指是非之分，利指對於人羣之利害。其在西方自古代以迄今日有將善作爲正義與善意解者，是爲蘇格拉底、是爲康德。有將善作爲有功用有利益解者，是爲樂利主義與邊沁氏。此兩種見解，求之宋代，則有朱子與陳龍川爲之代表。陳氏評當時道學派之言曰：

「道德性命之說一興，而尋常爛熟無所能解之人，自託於其間，以端慤靜深爲體，以徐行緩語爲用。務不可窮測，以蓋其所無。一藝一能，皆以爲不足自通於聖人之道。於是天下之士，始喪其所有，而不知適從。爲士者耻言文章行義，而曰盡心知性，爲官者恥言政事書判，而曰學道愛人，相蒙相欺，以盡廢天下之實，終於百事不理而已。」

此段文字曰一藝一能，曰政事書判，皆指人生日用中自有其實用上不可缺少之事物，非空譚心性者所能了也。

陳同甫尤反對儒家以道義爲標準而貶抑漢唐之說，乃爲之辯護曰：

「近世諸儒，謂三代專以天理行，漢唐專以人欲行，其間有與天理暗合者，是以亦能久長。信斯言也，千五百年之間，天地亦是架漏過時，而人心亦是牽補度日，萬物何以阜蕃，而道何以常存乎？故亮以爲漢唐之君，本領非不洪大開廓，故能以其國與天地並立，而人物賴以生息。」

陳氏更明言其哲學之立場，在乎功用，非徒爲漢唐辨解已焉。其言曰：

「亮之不肖，於今世儒者，無我爲役，其不足論甚矣。然亦只要做箇人，非專徇管蕭以下規摹也。正欲攪金銀銅鐵爲一器，要以適用爲主耳。亦非專爲漢唐分疏也。」

如是陳氏於政治善惡不循道義正規，而以有用有利爲標準。朱子稱之曰義利雙行，王霸並用，實則不如明言其爲功利主義派之爲直截痛快也。

儒者論學有明體達用之說，宋史論胡安定曰：「國家累朝取士，不以體用爲本，而尚聲律浮華之詞，是以風俗偸薄。臣師當寶元明道之間，尤病其失，遂以明體達用之學授諸人，夙夜勤瘁，二十餘年。」所謂體，指修身養性言之。所謂用，指愛人利物之效用言之。然自陽明有良知卽是未發之中，卽是廓然大公寂然不動之本體，「至善是心之本善」，與「無善無惡心之體，有善有惡意之動」之言，於是明末之龍溪派以求本體爲爲學之本，一時學者靡然從之，至於流爲狂禪。東林學派起，力矯其弊。高涇陽之言曰：

「夫自古聖人爲學，爲善去惡而已。爲善爲其固有，去惡去其本無，本體如是，工夫如是，其致一也。」

高景逸之言曰：「不患本體不明，只患工夫不密。」

黃梨洲記錢啟新之言曰：「先生之學，得之王塘南者居多，懲一時學者喜談本體，故以工夫爲主。」

梨洲明儒學案自序，開首處卽明言「心無本體，工夫所至，卽是本體。」澈底言之，心與性，體也，修養、工夫也。二者互相聯繫爲一，體在用中，用在體中。吾國哲學自倫理出發，在心性上發見體用二者之關係。西方近年因邏輯數學與科學之進步，乃發見體（Substance）與用（Function）之相依伏，且知物質本身非恒久固定之體，而在其變動不居之用中，因此有職能主義（Functionalism）與運行主義（Operationalism）之學說，此可與吾國工夫所至卽是本體，互相發明者也。

吾國哲學界承宋明儒者理性主義之後，主張默坐澄心，體認天理，一若以爲是非之準，卽在靜默之中。於是有明末之東林派起而反對之，力持捨工夫以外無本體之論。而其尤爲澈底者爲顏習齋之習行主義，一反心、性、理、知之說，而以事物、行動與效用爲主。其所以名習齋者，由於孔子將性與習相對立，宋明以性爲本，顏氏則一反而以習爲本矣。顏氏之言曰：

「見理已明而不能處理者多矣。有宋諸先生便謂還是見理不明，只教人明理，孔子只教人習事，迨見理於事，則已徹上徹下矣。此孔子之學與程朱之學所由分也。」（存學編）

「必有事焉，學之要也。心有事則存，身有事則修，家之齊、國之治皆有事也。無事，則道與治俱廢。故正德利用厚生曰事，不見諸事，非德非用非生也。德行藝曰物，不徵諸物，非德非行非藝也。」

習齋之論學，既重習行與事物，尤以「用」爲旨歸。其言曰：

「陳同甫謂『人才以用而見其能否，安坐以能者不足恃，兵食以用而見其盈虛，安坐而盈者不足恃。』吾謂德性以用而見其醇駁，口筆之醇者不足恃，學問以用而見其得失，口筆之得者不足恃。」（年譜）

「心中惺覺，口中講說，紙上敷衍，不由身習，皆無用。」

「學須一件做成，便有用，便是聖賢一流。」（言行錄學須第十三）

凡此習齋之言，皆因宋明儒主靜主敬致知窮理之反動，與歐美之實用主義起於理性主義主知主義與黑格爾泛論理主義之後，如出一轍。軒雷氏（Schiller）曰：「其可以稱爲眞理者，由吾人認識的努力，將各種實際之事物加之改造，乃能使吾之所欲所知者，成爲世界所以形成之眞實力量。」（人文主義研究四二五頁一九〇六年出版）；丕爾斯氏（Peirce）曰：「所以定理知概念之意義者，惟有查此項概念之眞實性中所生實用的效果如何。」詹姆斯氏曰：「實用主義之方法，所以解釋概念者，在推求各概念之實用的效果如何。倘有兩造對辯，甲以爲應如此，乙以爲應如彼，而甲乙兩方均不發生效用，則此兩方均爲無益之爭論。」（實用主義第四十五頁）；杜威之言曰：「一種學說一種計劃各爭是非者，惟有付諸實行，乃能定其爲眞爲僞，或適合於目的，或以無用而棄之。此行動的職能爲其中之主要成分，眞僞由之而定。假設之可以應用者，方能稱之爲眞，卽因工作與效果而得證實之謂也。」此軒雷氏等四人所言非與顏氏如出一轍者乎？

王船山在明末儒者中尤爲博大精深，其發人之所未發，駕亭林梨洲習齋而上之。其學以腳踏實地爲出發點，故以反求諸實爲旨歸。於宋儒中獨推尊張橫渠，良以橫渠有言太和，所謂道中涵浮沉升降動靜相感之性。合理與氣爲一而言之者也。此爲橫渠之出發點，亦卽船山之出發點，因而有道不離氣之主張。船山之言曰：

「天下者，惟器而已矣，奚患無道哉。道者器之道，器者不可謂之道之器也。無其道則無其器，人類能言之。雖然，苟有器矣，奚患無道哉。」

「洪荒無揖讓之道，堯舜無弔伐之道，漢唐無今日之道，今日無他年之道者多矣。

未有弓矢而無射道，未有車馬而無御道，未有牢醴璧幣鐘磬管絃而無禮樂之道。則未有子而無父道，未有弟而無兄道。道之可有而且無者多矣。故無其器則無其道，誠然之言也，而人特未之察耳。……如其舍此而求諸未有器之先，亙古今，通萬變，窮天窮地窮人窮物而不能爲之名，而況有其實乎？」

船山之論學，既以爲道不離器，因而因「有」以見「用」，亦因「用」而知其「有」。蓋與東林梨洲之卽本體卽工夫，與習齋利用厚生之論，乃一唱一和之言也。然船山戛戛獨造之言，在其日生日成之性論。彼以爲性受之於天而非一成不易，乃日在生長之中，故曰「性者生也，日生而日成之也。」

船山生當明末，不若法國柏格生氏身處生物學心理學昌明之日，而其以「生」爲立論之中心，與柏氏同。既以生命爲中心，生一日不斷，卽努力一刻不懈。孔子十五志學，卅而立，四十而不惑，五十知天命，七十從心所欲不踰矩。此孔子誠意正心修身與時俱進之工作，何嘗求所謂一成不變之心性之體哉？船山知生之日長日成，故重視一時一刻之光陰，亦與柏格生氏視生命與時間有不可離之關係者，正相吻合。惟柏氏之所謂生命，溯之於有生之初，因而有植物動物之分，乃至本能與理智之分。此爲船山之所不能道，不待言矣。

既有生命，乃有其過去現在與未來。過去者，存貯於心，以備現在與未來之用，此之謂記憶。柏氏曰：「記憶爲離物質而獨立之力。倘精神爲一種實在，則精神卽在記憶之中，此吾人能在實驗上與之接觸者也。」船山就尙書第二十多方篇「惟聖罔念作狂，惟狂克念作聖」十二字，解釋念字之義，正與柏氏所謂記憶相同。正義之註曰：

「惟聖人無念於善，則爲狂人。惟狂人能念於善，則爲聖人。言桀紂，非實狂愚，以不念善故滅亡。」此言乎念中知善而守之，知不善而避之，是能由狂而聖。王氏更詳爲之解釋曰：

> 「相續之爲念，能持之爲克，遽忘之爲罔，此聖狂之大界也。奈之乎爲君子之學者，亦曰聖人之心如鑑之無留影，衡之無定平，既往不留，將來不慮，無所執於忿恐憂懼而心正，則此浮屠之無念而已，則亦莊周之坐忘而已。前際不留，今何所起，後際不遇，今何所爲。」（尚書引義卷五多方）

此爲王氏斥釋之無念與道之坐忘而發，其正面之意，在乎呼起人心中分別邪正是非之念。即柏氏所謂精神實在之記憶力也。夫王氏與柏氏身世之相距三百餘年，而起立言之異代同揆如此，豈立言之邏輯，有以使之不得不然者歟？

抑我尚有欲言之餘意在焉。廿世紀之今日，四海一家之世界也。東西之相通，實爲第一件大事。其在政治、經濟之制度，尚且如此，更何論乎人類共通之思想乎？方今西方學者尚有懷疑哲學之價値者，其在東方之趨時者，亦重科學而輕哲學。然要知哲學之任務，所以求宇宙事物之原始，與更求其所以說明宇宙之基本概念之意義明晰與條理一貫。東方曰道問學，尊德性，致廣大，盡精微，其意一也。以云世界之知識能一切歸結於證實之科學，而舍棄哲學之理性的說明，我所認爲此乃可望而不可接者也。更有吾國學者認儒家之言爲食古不化，因其不合於現代而吐棄之。然經上文之比較，可以知思想之類型，初不因東西古今而有異同。即令儒家哲學因數理邏輯與科學之不進步，而有遜色之處，其詳盡節目上不免有疵病，至其基本概念之一致，則上文所舉之各派可以爲明證。

吾之此文，初無一毫雷同附和之意，其求眞之切，決不後於亞歷斯大德所謂吾愛吾師吾尤愛眞理云云。倘吾國學子，因此而恍然大悟吾國在哲學史上之地位，則吾幸如何。

——人生二九七期五十二年三月——

# 十、現代世界紛亂與儒家哲學的價值

林一介譯

譯按：張君勱先生，自（四十七年）十一月六日抵達日本後，約二星期的時間，關於今日世界問題，對日本政學各界，發表了獨到的見解，深使鄰邦朝野感動，如日本政界巨頭石井光次郎之輩，亦不禁稱譽張先生為現代中國的張「大人」。張先生曾自比此次如朱舜水之流亡日本。朱舜水的學問，曾使日本於二百五十年後，完成了明治維新的大業；張先生在日本的演講，不特穩定了搖擺不定的日本態度，我們並相信可使日本人反省再思，為亞洲反共大業，拿出他的優秀潛力，以貢獻於自由陣營。朱舜水所編的「大日本史」，曾為日本留下了偉大的尊皇精神，張先生的見解，亦已震動了今日自由日本的每個國民心弦。張先生曾對日本朝野指出，日本國民致力反共運動，其重要性，等於日本過去所致力的尊皇運動。這是鼓舞日本人反共精神一針見血的卓論，張先生強調，東西文化有其不同的趨向，唯有發揚東方固有的文化道德，始能解決歐洲文明所到達的最後危機。是則東方固有文化的燈塔——自由中國，它所負時代性的使命，眞是任重道遠。張先生講演詞翻譯由池田篤紀及柳內滋二氏負責，所有講演日文紀錄，有亞細亞問題研究會今年一月一日發行的「亞細亞」雜誌第十七號「張君勱博士滯日講演特集」一冊，公之於世。茲根據該特集發表的日文紀錄，譯介於本刊，恐內容或與張先生的原意，有所出入，附此聲明！

（一）

現在，我們生存於思想、文化、政治的矛盾鬪爭時代之中。所以我認爲，處於今日時代，必須先從了解歐洲文化着手。我們今天，大約受了一百多年來西洋文化的重大影響。所謂文化，概括言之，就是一切力量總合的發現，因爲它包含着思想、學問、政治、文化、經濟、軍事、及其他一切；假如這些裏面，沒有實際的力量，它所表現於思想、學問、及文化各部門的，都成了無力的東西。那麼，每個人對於文化，就不能抱負著堅強的信心了。雖然有傳統悠久的文化，其他部門如軍事、政治、或經濟，技術等，這些是無力的場合，縱使它的思想、學問、傳統悠久，國民對於文化的信仰，一定會發生動搖的。但是西洋文明，經過了第一次第二次世界大戰之後，使我們發現了一種非常嚴重的問題。試舉一個例，所謂西洋文化，知識卽力量，畢竟就是權力的思想，它的知識，最明白地表現於自然科學上面的，卽是現代技術的完成。今天，那些西洋文明，，已經到達了原子力的時代。

那麼！西洋文明，雖然已經把原子力解放了，但是今日世界的不安問題，到底能否得到解決呢？它眞是陷於沒有把握的矛盾狀態。站在政治世界的立場而言，從中世紀以來，雖然有些國家推行了所謂民主主義政治，那個民主主義政治，結果卻衝擊出共產主義，並且，歐洲本身，對於它自己所產生的共產主義，也沒有應付的方法。於是，我們亞洲人，應該站在亞洲人的反省和自覺的立場，對於歐洲人自己所不能解決的歐洲，應該指示它以某種解決問題的辦法！今天是在這種狀態之中的。

（二）

的確，今天我們是生在非常困難的時代。不過，我們爲欲發現解決這種困難的一條活路，必須上溯西洋文明的源流，先要把它了解。並且我認爲，唯有如此，纔能找到對於解決某種困難問題的手法。所謂西洋文明，如果探索它的源流，大概有以下四種：第一是希臘的學問，第二是基督敎，第三是羅馬的法律，第四是現代的科學技術。

然而造成西洋文明的四種要素，竟是互相對立，衝突，而且矛盾的東西。譬如說：基督敎和自然科學，竟然展開了鬪爭的歷史，在歐洲一切的一切，都是這種對立鬪爭的狀態。此外有似宗敎和自然科學的對立鬪爭情形，還有階級和個人，國民和國家的鬪爭等等。這是知識問題。但是知識的本質是什麼？我對此要附帶說幾句話。

## （三）

所謂西洋的思想，知識，如果我們加以考察一下，便可知道，從希臘時代到今天，它是一貫不變的。西洋的知識，重視邏輯，結果對於定義，爭論不休，再從定義演進到概念。一方，西洋式的知識，採取抽象化的方向。第一性質和第二性質相合，從具體事物的「眞」字出發，它們的概念便離開了。並且一方被抽象化的邏輯傑作，所造成的東西，反使人們發生錯覺，認爲這纔算是「眞」的東西。西洋式的知識，是有這種性質的。

還有一種，非常看重專門化，而流於個別的細目的討論。經濟是經濟，政治是政治，把政治和經濟分做兩件事情。討論社會的時候，忘掉了個人，討論個人的時候，忘掉了社會。這是西洋式知識的一種特徵。

（四）

西洋式的知識，對於如何作成它的定義的問題，非常重視。這種性質，老早出現於柏拉圖的對話裏。我們一讀到柏拉圖的對話，結果可以發現在它的裏面，蘇格拉底所做的工夫，不過就是如何下定義而已。對於事物如何下定義，在柏拉圖對話裏，可以看出蘇格拉底是從頭到尾，在做着這種工夫的。

這是西洋知識根本的特徵。固然，下定義是必要的。我們也承認下定義是必要的。然而，由此發生了困難的事情。定義就是知識。譬如對於道德下一定義。知識的世界所下道德的定義，竟然把道德的範圍，束縛起來。知識結果變成了能够左右道德的東西。

我們東方人，道德是道德，知識是知識，不承認道德要服從知識的。然而按照西洋式的方法做去，很容易出現那些毛病。

（五）

由定義說起，現在說到概念。先照西洋式的方法做去，一部份一部份可能成立全部。這個概念若能完全成立，一切問題可在知識之中，得到解決。所以，國家的概念，和人類、政治、道德、經濟等概念，能在知識之中，精密組織起來。然而，這裏發生了困難的事情。縱使國家這個概念，無論怎樣詳細組成，並且成立了極詳細的國家論，但是實在的國家問題，能不能得到解決？這又是另外的問題。

人生的概念，縱使怎樣極其詳細把它組成，但現實的人生，實在的人生是什麼？仍然不能解決這個疑問。在知識世界裏，下定義與概念的工夫，一告完成，以為實在的人生，國家，這些問題，都能得到解決了，人們是容易陷於這種錯覺的。近來的所謂存在主義（Existentialism），即是由此種反動而來的。

赫格爾寫論理學，他當然也是站在這種概念的上面。然而站在這種概念上面的論理，縱使怎樣極其精細，這決不是實在的具體的人生。因為不能完全解決實在的問題，所以有一種反動——存在主義的產生。想到赫格爾論理學與存在主義的時候，又有對於抽象的具體的這兩種對立的發生。

試舉經濟學為例，亞當史密斯所完成的一部經濟學，他假想了有所謂經濟人者。其實，我們人生，既然沒有感情，同時也沒有義理人情，從早到晚，以最小勞力，得最大結果；像這樣的人，現實是不存在的。亞當史密斯經濟學，即是以不是實際存在的經濟人，做它的出發點。同樣的情形，反對亞當史密斯的馬克斯經濟學，也犯了同樣的錯誤。所謂價值，到底是由資本產生？或由勞動產生？而討論這些事情，是完全在定義和概念上行之。所以完全和現實地存在的人生，沒有關係。並且由此得到的結論，對於實際的人生給予了影響的西洋文明奇異的特質，先從結果而言，它正在引起着現代矛盾的事態。

再就哲學而言，也有同樣的現象。專門分類的分科主義，對於哲學世界，帶來了非常的毛病。力量是力量，機構是機構，哲學闖進了窄路，不接受外事，也沒有從其他角度觀察的餘地。並且它闖進了窄路以後，動彈不得，對於其他，就一概不承認了，它是這種的態度。

固然，研究一種學問，分科是必要的。然而自從力學發達了以後，非把世界的一切，從力學的角度來看，它不放心。達爾文的進化論一出來，態度又變，非從生物學的角度，看世界和人生不可。那麼，毛病越來越大。結果產生了今天的唯物論，它只固執地相信唯物論，竟然忘掉了從其他的立場來觀察事物，並且拒絕它。因此必然的產生了對立和鬪爭。

## (六)

現在把上述的事情，摘要簡約言之，西洋文化，重視論理，結果轉化爲定義，再進到概念。並且認爲在那些圈子裏面，可以解決問題。還有一種特色，就是抽象。第三是偏重分科，及由於固執地而所產生的自己一派認爲是對的意見，把哲學趕入於窄路裏面去，兩方都產生了對立和鬪爭。這可以說是西洋文化的特徵。

我們亞洲人，過去沒有一個人，能站在這種立場，對那些西洋文化加以批判，甚至被西洋文化壓倒了，而失掉自信。然而經過了兩次世界大戰之後的今天，我們要有我們的看法，必須對西洋文化加以批判了。

換言之，亞洲人對於西洋文化，應該漸漸拿出一種信心，去找它的短處，以代替過去只承認西歐長處的態度。

## (七)

根據這種立場，現在我要談到儒家本來的精神了。

原來西洋文化的本質，在於知識。不過所謂知識，對以人是不要求義務的。然而東方的學問，最初是把知與德，置於不可分離的境地，無論大學，中庸，論語，孟子，它們都是把知與德的關係視爲不可分離的東西。在西洋，最近好像漸漸也注意到，自然科學者，應該使自然科學對於人生，非有一種責任感，和非有一種義務感不可了。

要之，自然科學的發達竟把包括科學者本人在內的人類，導入滅亡的危機。他們好像也漸漸地注意到了的樣子。但是我們東方人，當數千年以前，老早就把知，德的關係講得很清楚。最近美國的科學家，哲學家，德國的科學家，哲學家，凡是我所遇到的人，他們異口同聲的很深刻地告訴我，知識應該建立在道德的基礎上面。

一個月以前，我在德國。德國的科學家，哲學家，也在這樣地說到他們一向的錯誤。並且對我很痛心地說過：知識假如不建立在道德的基礎上面，這對我們人生有什麼用呢？各位知道，德國的科學家和哲學家們，日本湯川博士也在內，簽名決議了反對及不參加製造原子炸彈。由這一件事，即可證明，沒有道德支援的自然科學，一定會自己毀滅自己的。上述這些就是舉出了他們漸能注意到，自然科學和知識的發達，沒有了道德的援助和支持，就是等於做傻事的一個例子。

## （八）

儒家的精神，可以解決現代的矛盾。「道並行而不悖」。在西方，不但沒有不允許思想的自由發展，而且認爲思想非自由不可。然而我們看到實際上歷史的事實，一種有力的思想，常常壓倒了其他無力的思想。不過，儒家的精神，「道並行而不悖」，天下許許多多的見解，可以存在，互不鬪爭，誰也不必打倒誰。東、西、南、北無論走那一條路，彼此不會有矛盾和衝突的發生。

儒教精神除了上述「知德合一」和「道並行而不悖」兩點外，其貢獻於世界的第三要點，卽是不但有形而下學的世界，並且還有形而上學的世界。形而下的世界，卽是所謂道具的世界，是可以分析，觀察，實驗的世界。然而我們不能只認爲形而下的世界是世界，應該同時認識還有形而上的世界。形而上的世界，不能分析，不能解剖，不能可以說就是「無」。今天看安岡先生的房間，有敬天愛人四字，敬天就是形而上的世界。把世界限定到形而下，或且只拿出通用於形而下世界的法則，來壓倒形而上的世界，這些都是錯誤。形而下世界和形上世界相合爲一，這才算是眞正的世界。這就是眞正的人生。

——原文載日本亞細亞雜誌第十七號——

# 十一、漢學宋學對於吾國文化史上之貢獻

## ——五月十八日香港大學中文學會演講——

剛才主席提到科學與玄學之戰，今天的題目對於這問題也有多少的淵源，因爲當時大家都以爲哲學與宋學相近，漢學與科學相近，這種見解是否正確，暫且不論。中國思想史上漢宋之爭，不起於宋，不起於明，而起於清。清時漢學家惠棟戴東原輩，均反對宋學甚力。這運動最初與陽明有關，因陽明支配明朝思想，雖同時有反對之者，如湛若水等，然陽明學仍大盛。但其結果，明朝不免於亡，於是反對王學者，責其空譚心性，如顧亭林是。梁任公在其「清代學術概論」中視顧亭林輩爲清代漢學之前驅；但實在說起來，他們各有自己的志趣，有自己的思想系統，決非惠棟戴東原輩之漢學家可比。

閻若璩「古文尚書疏證」出，以前僅在思想上攻擊王學者，一變而爲考據工作，以書本爲考據之對象，乃開漢學之風氣。何以會發生這種風氣？因爲當時大家都反對王學，謂其空而不實，但空與實對待，如哲學上唯心唯實之對待一般，既不滿於王學之「空」，則必求其「實」。由空而實，決非專攻擊「空」者所能有濟，於是乃舍思想而求諸書本，故漢學興。

漢學家以書本爲實，以心性爲空，此與宋學家之以義理根於心，不必求諸古經者正相反對。但清朝漢學雖盛，可也不能說清朝無理學，如正誼堂全書，也算是部巨著，可惜無創造思想，僅僅以祖述程朱了事。其實一國文化，在乎思想發達與否，而思想決不能限於書本，如果限於書本，思想文化必不發達，因爲思想的來源在思想，非在古人的書本。宋學家以爲心性爲思想之源，故不重視書本，漢學家做文字工夫，以爲古人思想，古人道理盡在經書中，因而兩派之衝突以起。

漢學家以爲求聖人之道在書本，宋學家的見解則超乎此。茲將雙方爭執之點，約之如下：

## 一、道之所在的問題

漢學家戴東原之言曰：

> 後之論漢儒者，輒曰故訓之學云爾，未與於理精而義明，則試詁以求義理於古經之外乎，若猶存乎古經中也。則鑿空者得乎？嗚呼，經之至者道也，所以明道者其詞也；所以成詞者，未有能外小學者也。由文字以通乎語言，由語言以通乎古聖賢之心志，譬之適堂奧之循其階，而不可以躐等者。

他的意思就是求聖人之道，必在文字之中。

宋儒則以爲無論何人思想，總是從思想中出來。所以陸象山說：「堯舜曾讀何書？」又說：「六經皆我註脚。」他們的意思以爲書本雖寶貴，但總是思想的產物，總離不了思想。從前本來沒有書，我們能寫書，可見書本是從思想中來。

## 二、道與佛教之關係的問題。

漢學家以爲兩漢時，中國的思想未滲入印度的思想成分在內，故回到漢朝，可以求中國眞正的思想。如阮元序「漢學淵源記」說：

> 兩漢經學，所以當遵行者，爲其先聖賢最近，而二氏之說尚未起也。

其實這種話已經是思想上的問題，而非書本上的文字問題。宋學家雖有習靜與覺悟之說，而其克己立人的工夫，去佛教的思想遠甚，至陽明序陸象山集說：

> 象山文集所載，未嘗不教其徒讀書窮理，而自謂理會文字頗與人異者，則其意實欲體之於身，其亟所稱述以誨人者，曰居處恭，執事敬，與人忠；曰克己復禮；曰萬物皆備於我，反身而誠，樂莫大焉；曰學問之道，無他，求其放心而已；曰先立乎其大者，而小者不能奪。是數言者，孔孟之言也，惡在其爲空虛者乎？獨其易簡覺悟之說，頗爲當時所疑，然易簡之說出於繫辭；覺悟之說，雖有同於釋氏，然釋氏之說，亦自有同於吾儒而不害其爲異者，惟在於幾微毫忽之間而已。

這種思想，當然與印度思想大有區別。

## 三、心性虛實的問題

漢學家以心性之探索爲空譚，以六藝之文，百王之典爲實，簡言之，有書本可考證者爲實。顧亭林說：

昔之清譚譚老莊，今之清譚譚孔孟，未得精而遺其粗，未究其本而先辭其末，不習六藝之文，不考百王之典，不綜當代之務。舉夫論學論政之大端，一切不問，而曰一貫，曰無言，以明心見性之空言，代修己治人之實學，股肱惰而萬事荒，爪牙亡而四國亂。神州蕩覆，宗社丘墟。

宋儒則以爲身心體驗，事切於身心者爲實，否則，從書本中求者爲虛。陸象山說：

宇宙間自有實理，所貴乎學者，爲能明此理耳。此理苟明，則自有實行實事。

又曰：

千虛博不得一實，吾生平學問無他，只是一實。

漢宋兩派對於上述各點，既有不同的見解，於是更進而爲方法之爭。漢學家既以爲求聖人之道，不離乎古經，而所以解經者，又不離乎文字，故其下手之法，在乎訓詁小學。宋學家則以爲義理自義理，不應求諸訓詁文字之中，如鐘鼎中一字就有若干種的解釋，假定文字是實在的，則何以同一個字而有許多不同的解釋？可見還是由各人按照上下文的理推演出來，還是用「心」來判斷的。

這種爭執，在現在看來，都是文不對題。如戴東原的「孟子字義疏證」一書，近人梁任公，胡適之都很恭維它，其實戴氏這部書，已不是字義問題，而是觀念問題了，純粹的講字義，只是字典，而戴氏這書，決不是如此。如所謂理，情之不爽失者也，究爲字義問題，還是觀念問題？理離情，理不離情，完全是哲學上立場問題，決不是字義問題。朱子謂得之於天，具之於心，戴氏則不承認，可見朱氏所謂理是理在心，戴氏所謂理是理在外，這完全是哲學上的問題，不是小學訓詁的問題。任何學說，總有其基本的概念，如孔子言仁，孟子言仁義，均有其一貫的主張，其背後有思想，有系統。所以，專從小學，文字方面以求得古人之仁眞義，這是不可通的。

所以，清朝漢學家專從文字訓詁研究，反對宋學，實在對於宋學的眞正價値，未能作公平的估價；反之，宋學家對於漢學家，也是如此。江藩著「漢學師承記」，他以爲經術一壞於東西晉之淸譚，再壞於南北宋之道學，因爲古經到宋朝而大糟，所以宋學家應負其責。他說：

> 宋初承唐之弊，而邪說詭言，亂經非聖，始有甚焉。如歐陽修之詩，孫明復之春

秋，王安石之新義是已。至於濂洛關閩之學，不究禮樂之源，獨標性命之旨，義疏諸書，束置高閣，視如糟粕，棄等弁髦，蓋率履則有餘，考鏡則不足也。

所以，清朝漢學家自以爲能超過唐宋而返到兩漢，乃爲了不得之舉。在宋代言之，其見解正與清人相反。朱子在呂氏家塾讀詩記序中曾說過：

> 唐初諸儒，作爲疏義，因爲踵陋，百千萬言，而不能有以出乎二氏（指毛鄭而言）之區域。至於本朝，劉侍讀，歐陽公，王丞相，蘇黃與河南程氏，橫渠張氏，始用己意，有所發明，雖其淺深約失，有不能同；然自是之後，三百五篇之微詞奧意，乃可得而尋繹，蓋不待講於齊魯韓氏之傳，而學者已知詩之不專於毛鄭矣。

思想隨時代潮流而變更，時代潮流有時以反諸古人爲好，有時以超出古人爲好。宋儒求超出古人，不在古人腳下討生活。此爲宋代之特創精神，與清代之以「返諸漢代」爲歸者，正相反也。所謂理學經學，都不肯落古人窠臼，都脫離古人而自己求路子。其思想的方向不同，故不能以「漢不漢」爲估定價値之惟一標準。且宋人思想範圍甚廣，有時以創造爲事，有時亦以攷據爲事，如朱子之疑古文尚書，即爲閻若璩之先驅。若以「不習六藝之文，不考百王之典」責之，可謂抹殺宋儒訓詁工作。朱子所注中庸，有人與鄭康成注合看，頗多相合之處，可見朱子對漢學決非輕視。

反而求之，漢學家對於保存古籍之功固不可磨滅，然尚有不止於此者。從前人總以爲漢學家長於考據，宋學家長於義理，其實解釋古人書籍，決非專靠文字，尤非有義理不可。此點陳東塾先生最先反對，他說：

「漢儒說經，釋訓詁，明義理，無所偏尚；宋儒譏漢儒講訓詁而不及義理，非也。近儒尊崇漢學，發明訓詁，可謂盛矣。澧以爲漢儒之說，醇實精博，蓋聖賢之微言大義，往往而在，不可忽也。」

譬如白虎通之釋「聖人」曰：

聖人者何？聖者通也，道也，聲也。道無所不通，明無所不照，聞聲知情，與天地合德，日月合明，四時合序，鬼神合吉凶。

這樣的解釋「聖人」當然是有許多意義的，決非文字的解釋。又如鄭康成釋禮曰：

禮者，體也，履也；統之於心曰體，踐而行之曰履。

所謂「體」，所謂「履」，又豈是文字的解釋，當然有義理存焉，可見解釋文字離不了義理。

其次，漢學家長於曆學，因爲求通曆學，所以必須治天文數學。同樣漢學家對於典章文物特別精審，必求其至確而不疑之狀，如禮制中之喪服，兵車之數，古代器皿之圖形，與夫明堂祭祀之制，均有正確的考據。漢學家具有數學頭腦，於文字，名物，制度的形狀數字，決不令其有毫忽之差，所以，漢學家這種成績，也決不容忽視的。

漢學家訓「一」字曰：「惟初太始，道主於一，造分天地，化成萬物」，這其中包括若干原理和許多事實，又豈能於「一」字中以求「一」字之義。又訓「示」字曰：「天垂象，見吉凶，所以示人也，從二三垂日月星也，觀乎天文以察事變，示神事也。」如果單照文字解釋，而不明其義理，我們能懂得嗎？因爲文字的意義，不能得之於文字的本身，非靠義理不可。

現在國內人每以宋學近於哲學，漢學近於科學，好像哲學與科學非對立非仇視不可，其實亦大可不必。我們對於漢宋兩派應求其雙方的貢獻，應求其在古代文化史中所佔的地位。應以公道的立場來估價，不應以學派的立場來互相抨擊。如此看法，可以見得漢宋兩派各有其範圍，不會衝突。

宋人重心性重思想，這點值得重視，惟既有思想，應有存留之法，要存留，非靠文字不可，決不能靠思想來傳思想。文字無義理便沒有意義，義理非文字則不能存留，所以，義理與文字不能離開，義理與文字既不能分離，則漢宋兩派便不能對立。所以漢宋兩派各有各的價值，可以各自發展，不必互相仇視。惟其如此，以往的爭執，不必再續繼下去了。

# 十二、評梁任公先生清代學術概論中關於歐洲文藝復興、宋明理學、戴東原哲學三點

張君勱先生講
麥仲貴筆記

——五十三年十一月四日新亞書院——

——原載於五十三年一月廿日民主評論（香港）第十五卷二期——

我常自己反省我的哲學工作是在斷斷續續的情形下作的，不及唐（君毅）牟（宗三）謝（幼偉）三位先生，在不斷的長期的時間下，專心一志做成的。前幾天我和唐先生談過康德哲學與儒家哲學，我現在亦擬分這兩部份來講。第一部份是講「康德以來至今日之德國哲學」。

其總綱如下：

（一）Kant

（二）Hegel

（三）Marx

（四）Neo-Kantianism and N. Hartmann

（五）Jaspers

現在德國學界最能了解康德哲學的是耶司丕氏（K. Jaspers）。以上是第一部份。第二部份是講「儒家思想之復興」：

（一）緒論

（二）先秦儒家之思辨

（三）宋儒之思辨

（四）明儒之思辨

（五）清儒與戴東原哲學

（六）宋儒復興儒家哲學之工作

（七）今日所以復興儒家哲學爲何

關於儒家思想方面，我打算在再下一次來講，但除了上列題目外，哲學中之細目如關於知識論、形上學、論理學之討論，以前均有文章發表或者此次不及詳解。

就德國哲學鳥瞰言之，可以說康德哲學最大的特點是綜合了理性主義與經驗主義。在歐洲大陸上之理性主義，以笛卡兒（René Descartes）及斯賓諾莎（Spinoza）與蘭勃尼孳之說爲主。而英國方面則由培根（Francis Bacon）至洛克（John Locke）等所信奉之經驗主義，與之互相對峙。康德哲學卽從批判的出發點，來綜合調和這兩派之間的衝突。康德之後，黑格爾繼之，建立絕對唯心主義。他一方面講邏輯，實在卽形上學。另一方面又講精神現象學或精神哲學。當我在歐洲學哲學時，黑格爾唯心主義除在他生時當柏林大學教授之日大名鼎鼎外，他一死之後，德國當時已不大流行。一九三一年，北平燕京大學要我回去講黑氏邏輯。我去書舖買黑氏書，店主告訴我：「黑氏書自其死後未重印，今年為黑氏死後百年紀念，乃復重行出版，所以你能購得此書。」此言中可見德人對黑氏興趣如何。反之，英國及意大利等地反有人為之傳佈。這時自然科學風行，一切以科學為模範，乃有馬克思主義因之而起。繼而新康德學派興起：一是馬堡學派（Marburg school），以解釋康氏第一批判為立場。一是西南學派（Southwest school），以解釋第二批判為立場。換言之，一注重康氏認識論，一注重康氏道德哲學，稍易其名稱曰價值論。及第一次大戰前後，康氏學派衰落，乃有現象學派與哈德猛之唯實主義。二次大戰前後存在主義興於德國，此為關於德國哲學演講之內容。此外我願討論梁任公先生著「清代學術概論」中所論歐洲文藝復興（Renaissance），對宋明理學之意見，與戴東原哲學之提倡之三點。

## （甲）歐洲文藝復興

任公先生於序中述其「新民叢報」中「清代學術概論」第八章結論如下：『此二百餘年間，總可命為中國之「文藝復興時代」……至今日而葱葱鬱鬱有方春之氣焉。』百里之序曰：『由復古而得解放，由主觀之演繹而為客觀之歸納，清學之精神與歐洲之文藝，實有同調者焉。』

歐洲文藝復興如何？清代學術運動是否與歐洲文藝復興相同，應該是重行考慮的一個大問題。我個人雖未執摯於任公先生門下，然其關係是在師友之間的。我對他政治活動很佩服的，且思想上受他影響也不少。梁氏所以在「清代學術概論」中，拿文藝復興與清代三百年學術相比，這是有原因的。一九一八年冬，梁任公先生受政府委託，去參與巴黎和會，梁任公約丁在君、徐新六、蔣百里與及我一同去歐洲。在巴黎時曾請法國美術館之專家講意大利文藝復興，當時演講是由百里記錄的。蔣氏回國後編成了一本「歐洲文藝復興史」，而請任公寫序。梁氏下筆不能自休，而成數萬言，與蔣氏原書字數相埒，故另別為一書，復請蔣氏寫一序，此卽「清代學術概論」一書之由來。梁氏早年讀「宋元學案」，又嘗在學海堂讀書，讀「皇清經解」等書，因而與清代正統派關係較深，但他同時亦受康有為，以及歐洲日本的影響。梁先生在其書中稱歐洲文藝復興為復古運動，卽將希臘羅馬的古典文學，重新復活。復古二字作為歐洲文藝復興之內容，其名稱已不免太狹。因歐洲文藝復興，以反宗教為主要關鍵。所以代之者為『人生之發見』，卽尊重人生之理性感情，故側重於人文與美術等項。所以不能以復古二字，為其二者之公分母。若更詳細言之，則可列為以下四項：

1. 重新恢復希臘羅馬的文學、美術。
2. 科學之探究。
3. 宗教改革卽馬丁路德之宗教革命。
4. 歐洲產生民族國家，由專制君主到民主政治運動。

由上述這四點來看，歐洲文藝復興與清代之古籍考證學是不相同的。因為歐洲文藝復興主要是反宗教的，以及由此而來之文學、藝術等之研究。此與清代考證學背景，大不相同。文藝復興之反宗教性，可以解釋聖經（Bible）之方法證之。以前聖經只能由教皇來解釋，不能由個人去解釋。馬丁路德則起來反對這種章則，以為人應憑個人之良心與理性去解釋聖經。此為尊重個人自由之點，不可不特別提出。這種運動之內容複雜，當然是不可與清代之反理學後文字考證，相提並論的。

除文藝復興之內容以反宗教性爲主要一點外，但另外又由此開出一種新文學來，乃至對人應當如何，提出人文與人道之討論。在美術方面，如達芬奇（Leonard da Vinci）以及米開朗基羅（Michelangelo）等，皆在繪畫與雕刻上有很大的成就。在文學方面，最初講文藝復興時，尋求柏拉圖氏書籍，寫作用拉丁文。馬丁路德出世前後，漸反對用拉丁語，而用各國之方言寫文學。這樣一來，很多文學作品也相繼出現。如但丁（Dante）的神曲（La Divina Commedia）、蒲伽丘（Boccaccio）的十日談（Decameron）、塞萬提斯（Cervantes）的唐・吉哥德先生（Don Quixote）以及莎士比亞（Shakespeare）的戲劇等，皆以各國本地方言寫成。後來胡適之，因此而有白話文之提倡。但歐洲各國以其方言寫作，這與中國之白話文亦不完全相同。因爲白話文在中國，非新創之語言，乃應用之擴大。至於在哲學方面，柏拉圖與亞理斯多德的書籍，有人帶到羅馬去出版。其實早些時聖多馬（Thomas Aquinas），早已由研究亞理斯多德而成一套哲學。這些情形，畢竟與清代學術界之情形大大不同。但梁氏爲着堅持他的論調，所以用種種方法證明清代復古與歐洲文藝復興相似。故由清代之反王陽明，推而廣之，乃及於清代之講考據學、金石、天文、星算、曆法、地理等，皆與歐洲文藝復興之文學科學發展相類。但實際上歐洲文藝復興後之科學，與清代考證學之方法不可相提並論。因爲歐洲文藝復興以後之科學之發展，其題材爲天文物理現象，非書本上之文字。物理界之知識，以數量計算，故有數學方程式以爲憑證。不可以一字之通於羣經，等量齊觀。並且天文物理現象可以觀察，可以試驗，如何能與文字之考證，擺在同一層次之上？考證學在西方，名曰文字學。如柏拉圖氏之書之眞假之研究，古代名物之研究，均屬此項文字學。倘以文字學中之科學方法，視之與漢學家所用之方法，爲同一科學方法，則西方培根氏所提倡之新方法，豈不等於古紙堆中之生活，何以能成爲科學界之先驅呢？

倘由上面所講的再往深一層看，這就證明五四以來不將科學方法作爲限於自然科學之方法，而以之與文字考證學方法混而同之，是一項錯誤。此類舉動可謂爲拿幾個外國的名詞來，隨便套上，要藉此以鼓勵國人對科學之興趣，是不可能的。

## （乙）對於宋明理學批評以時代來比擬

梁先生書中論哲學之一部份，乃將朱子、王陽明、戴東原等人放進去。其書中舉顧亭林語之抨擊王陽明者，以爲清代學術應由虛返實之證。吾以爲居廿世紀之今日而論吾國漢學宋學長短是非，應先從學問體系或學問分類下手。凡所謂學問，自各有其題材、內容與概念等，此爲學問王國之秩序。倘其中各種學問之專名可以移來移去，則此學問王國之基礎不確立，方法學不確定，可以想見。如科學有科學之題材，其中動植物生物諸學，又各有其題材。哲學，有哲學之題材。孔孟以來義理之學，即今日西方所謂哲學，其題材爲心、爲思、爲天、爲人、爲心與理、爲性與習、爲天人關係、爲實理等項主腦。此等題材，自孔孟以至宋儒明儒之討論中，未嘗稍變。任公先生因晚明理學趨於狂禪之弊，乃轉而傾向於亭林經學卽理學之號召，而以宋明理學爲『不可捉摸之一物』。凡談學問，最先要注意的是分類、體例以及主題與範圍，若不弄清這點，則根本上無從談學問的。如顧亭林所說古今安得別有理學者，經學卽理學，自有舍經學以言理學者，而邪說以起。此乃顧氏之意，欲以經學代替理學。吾人平心論之，經學是經學，理學是理學，不能說是二者內容相同的。如其是相同的，何必分爲二？如其是二，則不能說有此無彼。我們談學問，須知學問是有其統系，有其分類。因此我以爲不弄清這些分界而談學問，是很危險的。有人以爲幾千年來，中國書目有了經、史、子、集之分類，便以爲妥當。其實像子書中什麼都有，將佛、墨、名、法與兵家農家陰陽家醫家一切列入，這種分類，應該加以整理、老實說，可以放棄。至於顧氏所謂經學，乃指詩書易禮春秋等已成定本之注解言之。孔子本爲刪訂古代經書之人，倘以爲有此六藝爲已足，則孔子何必再有『論語』一書？倘孟子以六經已足，何必再有『孟子』一書流傳於後世？義理之學是出於個人之心思與對時代環境補救方法之應時發展的。所以到了宋代明代，各思想家又各有著作，此乃自然趨勢，無法遏阻的。譬如孔子將學思二者視爲同等重要，而孟子特別重思，荀子特別重學。又如荀子講性惡，孟子講性善，都是哲學因時而起的。朱子說心與理爲二，陽明卻說心卽理，這是各有各的主張，不能說他們不對。然亭林則以爲不應談心性，應從書本下手。試問不談心性，是否應該將理學一腳推翻？吾看來亭林之學，是以『實』爲根據。倘其生在西方，一定爲培根氏之同志，成爲一個眞正科學家。但是生在中國，欲求所謂『實』，惟有在經學求之，乃有經學卽理學之標語，此乃由於其時代環境使然，非出於其性之所好。

我們處於今日，不必多怪亭林。因他是有感明亡之痛，而有此憤激之說。以上所以如此說，乃是爲今日吾人治學，須先確立學問分類與界域之必要而起的。

由學問分類，自然輪次到一種學問基本概念。例如講生物學，生物包括鷄、犬、牛、羊、馬等等，但「生物」這一名詞，卽是包括一切鷄、犬、牛、羊、馬等等在內之一個基本概念了。無論何種學問，都離不了概念（Concept），而亦必歸諸於概念的。學問有分類，乃有主題，有概念，這樣學問才能建立其基礎與規模。就主題而言，甲主題與乙主題之間，也應有區別，應劃分清楚的。譬如國家學之主題爲國家，社會學之主題爲社會。國家之特徵爲主權，社會則無主權之特徵。所以二者，各自爲一門學問。沒有一門學問沒有他的專門概念、主題、定義及其小分類的，而每門學問中又各有其基本概念。如物理學之質與能，爲物理學之基本概念。生物學之「生」，爲生物學之基本概念。而戴東原以爲講聖人之道，應由文字以通之。概念與文字，二者是不相同的。文字是以一字一義爲本，概念由理論關聯中抽之而出。二者性質上，不相同等。譬如「道」作爲路字解，爲人所共由之路，原已可以瞭解的。但在中庸所謂率性之謂道，老子所謂道可道非常道中之道字，乃是子思理論中之概念，與老子理論中之概念，千萬不能與考證學之道字，混而爲一。考證學（Philology）這門學問，當然也是需要的，而中國文字從甲骨文以來，代有變遷，不能不加以考證的。但文字學有文字學之應用，不能以爲由文字可以通聖人之道，即可代替哲學。因爲哲學總不能限於文字，亦即不能光以文字來了解哲學。如孟子之哲學思想，你能以一個個的字來講嗎？因一個個的字，在孟子與荀子書中所涵之義不同，所以考證學即令對了，不能說即通義理。再如梁氏批評朱子之語，說朱子儒表佛裏，這是不公平的。宋儒見佛敎盛行，他們受佛道之影響，乃起而圖振起之，但其立場亦仍是儒家的，不能說他是儒表佛裏。朱子之思想中心，是理、氣、性、心、格物、致知等理論，不能說他這思想是從佛敎借來，而不繼承孔孟以來儒家之道統的。梁氏批評朱子講心，說心是虛靈不昧的。但須知哲學是以思想爲出發點的，思想源於心，說心是虛靈不昧，這是不錯的，如何能不講？其次如道德之準則，不能離開仁義禮智，猶之希臘哲學不離公道、勇敢、克制等等德性。此種哲學誠有時不免空譚，此爲由環境而來之流弊，不能因噎而廢食。吾人苟明學問之題材爲何，則哲學中空譚心性云云，自可以不必發生了。以上論亭林論經學，而牽連及於學問分類學問題材與學問中之概念。簡單言之，學問是以主題，概念定義之邏輯關聯性爲本，不以書本與文字爲本，此爲吾人今後所不可忽視之基本問題。

## （丙）戴東原哲學

關於戴東原在考證學中之地位，我可以同意梁先生之評價，至其推崇孟子字義疏證一書，有如下所云云：

『疏證一書，字字精粹，右所錄者未嘗萬一也。綜其內容，不外欲以「情欲哲學」代理性哲學。就此點論之，及與歐洲文藝復興時代——思潮之本質絕相似。蓋當時人心爲基督教絕對禁慾主義所束縛，痛苦無藝，既反乎人理而又不敢違，乃相與作僞，而道德反掃地以盡。……戴震蓋有見於此，其志願確爲中國文化轉一新方向，其哲學之立腳點，眞可謂二千年一大翻案。』

梁先生因其提高人欲，乃視之爲與歐洲文藝復興，同一方向。歐洲文藝復興之精義爲『人生之發見』。一切文字、美術、科學、哲學、政治，盡在其中。單單「情欲」二字，是否爲歐洲文藝復興之本質，已大有疑問。更就戴氏原書之體裁言之，我敢以率直之態度評之如下：

（第一）此書名曰孟子字義疏證，然其中每一字之解釋，皆出於戴氏自身之意，非合於孟子之本意。

（第二）敍述孟子思想，是否可以一字一字之單獨研究，而不從此學派主人之思想體系入手？

（第三）書中涉及佛敎，老子哲學，此二家姑視爲同屬於宗敎，是否可以將周程朱王之所謂空無虛靜等字，與佛老之所謂空無虛靜置之於同一層次，視爲同一而令其互相對質？

（第四）戴氏對於情、欲二者，從未見有何定義，有何區別。

（第五）『血氣心知』自爲人生之同具，然此四者如何能合在一塊，血氣自血氣，心知自心知，惟心之能別黑白別異同，乃能求知識而構成科學哲學，試問血氣能發生此求知造成學之工作否？舉此五點，可以知戴氏孟子字義疏證是否有任公先生所論之價值，乃一大大疑問。吾人卽不以西方哲學著作之標準來衡量此書，求如宋儒近思錄之系統分明，朱子語類中卷一至卷七理氣等名義之界畫分明，豈戴氏之非朱子者所能與之頡頏？此由於戴氏只知字義工作，而不知學問之體系。

我再舉戴氏書中之一二例，如云『今之血氣心知，本乎陰陽五行者，無非性也。』試問孟子書中曾有此「陰陽五行」四字否？如此而名曰字義疏證，孟子將痛哭於地下。戴氏又曰：『道者，出處、飲食、言動、自身而周於身之所親，無不賅焉，故曰修身以道。』此其所言，與孔子所言：不以其道得之，不處焉不去焉，稍一比較，便知戴氏所謂道，與孔孟絕不相類。戴東原說：「仁義禮智，不外乎人心之所欲。」但若果仁義禮智卽等於人心之所欲，則仁義禮智卽不足以成其爲仁義禮智。孟子言仁，以孺子入井爲例。孟子舉出，以不納交於父母，邀譽於鄉黨爲正當動機，以此二者爲欲念，而非義理之正。仁義禮智是德，而不是情不是欲。若將仁義禮智與欲連在一起，則道德不能建立起來。所以這樣去解釋孟子，是不能得其要領的。而拿戴東原之思想去說孟子，則與孟子之思想，正是相反的。

總之，我們做一門學問要公平，要有嚴格方法，如分類、分界、主題、概念、定義等。知道學問是有體系，這門學問與他門學問有界限。吾們要追上西方學術進步，千萬不能不在此下一番工夫。

我讀了梁氏這本書後，想了多年，現在不能不將我之所見，公開於國人之前。梁氏以爲情欲哲學，可以代替理性哲學，不知學問與人生不同，人之尋常生活不能不求情欲之滿足。戴東原因反對當時之所謂「理」，乃有「以理殺人」之語。這是未能將政治之理，法律之理分開的緣故。不知理性之所以能至高無上，一方能克制情欲以求合於理。他方在學術上則以理性爲主，其中有物理之理，數學之理，自然科學之理，道德之理，邏輯之理，哲學之理，形上學之理。吾人若不從理下手，而但求情欲之滿足，如是而求與西方並駕，是斷不可能的。理之本性，求諸內而自足乎己。理性又能造知識，以成各種學問。這就是我上面說的學問之分類，概念、定義等項。此爲學問之基礎，萬不可不弄清楚的。

上文所云云，所以重將歐洲文藝復興之性質，加以說明，且對戴氏反理學之議論加以評論，無非希望今後吾國人早早奠定吾國學術之基礎，此爲吾一點誠意，當能爲諸君所共諒解。

# 十三、白沙先生詩文中之美學哲理

西方自希臘以來，稱眞善美三者，爲人類心中所嚮往之鵠的。所謂善，卽大學所謂明明德與在止於至善。所謂眞，卽吾國所謂博學、審問、愼思、明辨、與格物致知之功。所謂美，卽孔子所謂仁者樂山，與在齊聞韶，三月不知肉味之樂之感人之深。此眞善美三者，同出於宇宙與各人感覺之關係之間。然因學術思想之分科，乃分而爲三大區域，其屬於智識者，爲科學與哲學，其屬於辨善惡邪正者爲道德。前者以物之類別，物之所以知爲內容，其着眼處爲物質生物與人類本身所以異同，後者以人之行爲心術爲主題，尤重於其動機之是非邪正。因此之故，科學以分疆畫界爲主，而道德以善惡是非爲褒貶之準則。此二者自有其繩墨規矩爲學問家爲立身行己者所不可不守者也。以云所謂美，雖出於人之感覺之主觀，然其人人胸襟須以宇宙與一身一心合而爲一體，且超出乎世俗所謂生存常變富貴貧賤之外，而後心曠神怡，乃能領略宇宙間種種之美，如山峙、如水流、如日出、如日落、如鳶飛、如魚躍，爲天地自然之美，惟有有道者胸襟開濶，不爲物慾所蔽者乃能得之。此則美學之所以與科學哲學與道德二者迥乎各別者也。

吾人讀論語一書，咸知其爲孔子論仁義忠恕與君臣父子之書。乃孔子與其門人聚會一堂，請其各言爾志：子路答曰：吾能治千乘之國，能使其民有勇而知義方；冉有答曰：方六七十里之小國，可使其民衣食豐足。公西華答曰：當宗廟會同之際，穿章甫之服而爲其小相。及輪到曾點，答曰：我之所志，異於三子。孔子告之曰：何傷乎，亦各言其志。曾晳曰：『暮春者，春服既成，冠者五六人，童子六七人，浴乎沂，風乎舞雩，詠而歸。』夫子喟然嘆曰：『吾與點也。』此段文字，以現代普通語釋之，而曾點願於四五月之交，與成年人五六人，青年十五歲者六七人，一同去河中游水，並在山上乘涼，及其歸家時，在路上一同歌唱。此爲今日學校團體放假日所習見之事，何以孔子獨贊許曾點，亦曰曾點知宇宙中美之所以爲美，有一種純潔心情，以賞之受之，其雅趣高情，可以與陶淵明之高逸，邵康節之瀟灑，相媲美而已。

白沙先生爲學之方，明儒學案所以論之者，最爲扼要。其言曰：

『先生之學，以虛爲基本，以靜爲門戶，以四方上下往古來今穿紐湊合爲匡廓，以日用行常分殊爲功用，以勿忘勿助之間爲體認之則，以未嘗致力而應用不遺爲實得。遠之則爲曾點，近之則爲堯夫，此無可疑者也。』

白沙先生之美學，可分三點言之。一曰與宇宙爲一體，二曰逍遙自得，三曰以酒醉代下意識。茲分項言之。

第一，人自有生以降，既已離父母之身而另爲一人，具耳目口鼻觸五官，又有天賦之知識與道德，又有其與生俱來之情慾。因而有彼此同異之分，愛惡恩仇之私，其對於外界事物之分辨。天性使之然也。至於分之爲用，所以辨彼此同異，所以別是非善惡。以云宇宙之體，爲一乎，爲多乎，爲同乎，爲異乎，蓋有不易斷言者矣。因是東西思想家，有返而求其本體之一，與本體之協和者。若柏拉圖，斯賓諾塞，康德，非希德氏，雪林氏，均注意於內外分合不忘其爲一之哲人也。但舉雪林氏之學說以證之，雪氏以爲宇宙之中，一方爲自然界，爲物理世界，他一方名之曰爲我爲精神，此二者分而爲二，然實出於一體者也。其所述與白沙子風花雪月飛潛動植不外乎我，不外乎一心之言，正相脗合。白沙之言曰：

『此理干涉至大，無內外，無終始，無一處不到，無一息不運，會此，則天地我立，萬化我出，而宇宙在我矣。得此欛柄入手，更有何事，往古來今，四方上下，都一齊穿紐，一齊收拾，隨時隨處，無不是這箇充塞，……此理包乎上下，貫澈終始，混作一片，都無分別，無盡藏故也。』

此中我立我出云云，與非希德氏所謂非我由我建立之言相同。混作一片都無分別云云，與雪林云云，謂爲與雪林氏同體哲學（Identitätsphilosophie）相合，非勉強附會之言也。

白沙在其詩中表達此渾淪一體之意者，有神泉八景中太極涵虛一首，曰：

『混沌固有初，渾淪本無物。萬化自流形，何處尋吾一。』

又睡起一首，如下：

『天地蜉蝣共始終，十年痴臥一無窮。道人試畫無窮看，月在西巖日在東。』

白沙子更有雲封寺有曲江遺像戲題一首，錄其首二句曰：『嘗疑大塊本全渾，不受人間斧鑿痕。』此渾然一體，原非人類知識所能加以分辨或界畫，卽不受斧鑿痕之意也。

雪林氏之言曰：所謂美者，將無窮之宇宙，以限於方隅之方法，表達而出之之謂。其意謂一畫一彫刻，均爲紙筆質料所限，而表達其一景一像，故不免限於方隅，然此一畫一像之背景，實爲宇宙之無盡藏。此亦卽白沙所謂以日東月西之一部分，以象徵此無窮之意也。

二曰，自由戲弄，此語出於康德門下文學家希雷氏，希氏以爲美之所以爲美，由於人之自由戲弄，其意謂人之心靈，任其幻想之所至自由表達而出之之者，如畫家之高山流水，如彫刻家之駿馬奔馳，皆由美術家心靈之自由發揮而偶得之者也。此自由戲弄四字，爲西方習用之語，其在吾國，可以逍遙自得四字代之，逍遙二字爲莊子之文之篇名，可以『應帝王』一篇中以解之：『予方將與造物者爲一，厭則乘夫莽眇之鳥，以出六極之外，而無何有之鄉，以處壙埌之野。』曰莽眇，曰六合之外，曰無何有，可見莊子幻想之所屆，更非希雷氏所能攀援矣。此足以表示吾國思想之飛躍，非西方美術家所能頡頏者矣。白沙先生語要中之言曰：

『靈臺洞虛，一塵不染，浮華盡剝，眞實乃見。鼓瑟鳴琴，一回一點。氣蘊春風之和，心遊太古之世。』

此言乎人棄其世俗之成見，方能如顏回之坐忘，曾點之舞雩，其所謂心遊太古之世，與莊子所謂無何有之鄉，無以異也。

惟其心靈之飛躍自如，乃能有絕妙之詩文，茲舉其『早飲輒醉示一之』一首：

『清晨隱几入無窮，浩浩春生酩酊中，我若扶衰出門去，可能筋斗打虛空。』

再錄寄太虛上人照用舊韻一首：

『衆生苦我我須勞，公在吾儒公亦豪。數點曉星滄海遠，一牀秋月空山高。性空彼我無差別，力大乾坤可跌交。十二萬年如指掌，且併閑弄在甄陶。』

若曉星滄海，一牀秋月，此爲詩人之語盡人而能之至於隱几無窮，春生酩酊。筋斗虛空，乾坤跌交之語，非眞逍遙自得之精神，發揮至於極至者，誰能作此語乎。

更錄次韻顧通守一首：

『到處能開觀物眼，生平不欠洗愁杯。窻前草色爛凝綠，門外波光月蕩開。歌放寬裳仙李白，酧空世界酒如來。春山幾幅無人畫，紫翠重重疊晚臺。』

仙李白，酧如來，非學道者之言，乃由自由胸襟而後吐出，眞空前絕後之句也。此逍遙自得之態，言之雖若甚易，然世人腦中充塞以書本之智識，世俗之名利，視若威權而拜倒之者，決不足以語此，此義白沙論銖視軒冕塵視金玉文，言之至爲深切。錄其中之一段曰：

「則天地之始，吾之始也，而吾之道無所增，天地之終，吾之終也，而吾之道無所損，……則舉天地間萬物旣歸於我，而不足增損於我矣。天下之物盡在於我，而不足以增損我，故卒然遇之而不驚，無故失之而不介，舜禹之有天下而不與，烈風雷雨而不迷，尚何銖軒冕塵金玉之可言哉。」

如是所謂逍遙自得者，在乎能超塵世流俗之習見之外，而後出意語默，乃能自由自在而合乎宇宙之無量無邊之妙境矣。

三曰，以酒醉代下意識，西方哲人分意識爲二，曰自覺的意識，即在日常生活中分辨彼此同異是非之意識，此爲上層意識，然其潛伏於上層意識之下者，有想像中性慾之感覺，或睡夢中之所見，是曰下意識，美術家之詩也、文也、畫也、彫刻也、究其淵源所自，乃得之於潛伏之下意識者，爲多吾國詩人。則以一酒字代表之，將人生作爲一種遊戲，表而出之者，其意境有與日用間之常識相去萬里矣。李太白詩「將進酒」中之句曰「鐘鼓饌玉不足貴，但願長醉不願醒，古來聖賢皆寂寞，惟有飲者留其名」，此在治希聖希賢之學者視之，可謂爲荒唐之語，然在泯去一切差別而達於平等觀者言之，此種境界萬不可缺，此則惟有求之於下意識或酒後狂態之中耳。亦惟有太白之爲酒仙乃能有楊叛兒王君昭之詩，所以表兒女之情，更有「蜀道難」中：『上有六龍迴日之高標，下有衝波逆折之回川，黃鶴之飛尚不得過，猿猱欲度愁攀援。』之妙句也。

吾人研究吾國詩中酒後之狂態，乃可以知西方之注重幻想與下意識者，其根本上之性質，爲異名而同實，此吾人所當爲覺察者也。然白沙先生不以詩人自居。其詩中言飲醉者特多，錄數首如下：

「白衣剛到黃花下，醒長官爲醉長官。社裏斯知僧主酒，向前高視石蒲團。」（淵明愛菊）

「白頭無酒不成狂，典盡春衫醉一場。只許木犀知此意，晚風更爲盡情香。」（木犀—六首之一）

典盡春衫以求一醉，爲尋常人生所不許之行爲，然出之於酒後詩人之口，則爲逍遙自得之妙境。此則詩中所以不可缺少酒醉也。更錄酒醉詩如下：

「盤谷不知何處山，君家眞是兩山環。萬杯春覆酒遺老，一枕日高天與閑。水墨殘巾藏措大，江河前夢說邯鄲。披圖一笑逢摩詰，北沂南垞欲往還。」（題兩山居士圖）

閑眠閑坐或閑行，身老溪雲病亦輕。客至正當秋釀熟，舡來莫待晚潮生。江山偶得三人醉，風月還添一榻清。昨日書來張主事，頭顱空許老無成。」

萬杯春覆酒遺老，一枕日高天與閑，江山偶得三人醉，風月還添一榻清。是何輕鬆高逸，豈尋常詩中所能見及乎。

然白沙子要爲學道之人，其詩中雖充滿宇宙之美，然究與太白酒仙不同。試舉以下兩詩爲例，則道貌高峻之態活躍眼前。

「進亦人所憂，退亦人所憂，得亦人所憂，失亦人所憂，所憂非憂道，所憂其可留；所憂非憂貧，所憂其可休。古來嚮道人，能辯憂所由。去去凌九霄，行行戒深溝。敬此之謂修，怠此之謂流。」（贈世卿之二）

「六經如日朝出東，夫子之教百代崇。揆之千聖無不合，施之萬事無不中。水南新抽桃葉碧，山北亦放桃花紅。乾坤生意每如是，萬古不息誰爲功。」（次韻莊定山謁孔廟）

白沙之詩，志在追蹤淵明康節，不以工巧爲事，故有「文字恥彫蟲」與「詩巧是詩魔」之句。雖時有醉後異想天開之句，然與太白之乘風凌雲者自不同也。

雖然，就哲學上眞善美三大目標言之，同爲宇宙本體之蘊藏，惟在賢哲之士抉發而出之，科學家就物類之同異以求之，哲學家就宇宙之大全以求之，乃得所謂眞，倫理學者就事之善惡是非以求之，乃得所謂善。以云宇宙間之美，則在能達觀者之具雅與有逸趣者，求之山峙水流駕風破浪之中。此在吾國則散見於曾點舞雩康節高歌之中，然不成爲一種條理貫通秩序整然之學，如康德氏之感情判斷力第三批導。此豈非今後新儒家之所應有事者乎。

大會堂。友人梁友衡敎授屬爲言以記，且曰：茲會所爲，對以爲建白沙學校倡也。予卽白沙論書旨之而推之，人之心性，所以具衆理而應萬事，求所以正之調之者，豈徒區區於書畫之爲用而已哉？惟夫道心之微，天命之性，恒若惝恍疑似而莫知其鄉，言功利者則視各迂遠闊於事情。不知利人之事，不恒有之功，又必發於一二人心性之純，而極于羣焉。心性之所期嚮，羣之心性，不甚相遠也。聞聖賢而知慕，覩鄉，獻而知欽，語以化民成俗而與敎則，欣然知所爲力，又況白沙遺敎，將與菊坡廣雅同切於時用，正其誼，以謀得利，明其道，以計其功，吾學會諸君之用心必能相與以有成也。凡會中所展陳者，其人皆有一藝以鳴於無，其白沙論藝之旨，蓋知之詳論之審矣，輙識其大以爲無言，取觀賞焉。

# 十四、附：為中國文化敬告世界人士宣言

## ——我們對中國學術研究及中國文化與世界文化前途之共同認識——

牟宗三　徐復觀
張君勱　唐君毅

（一）前言——我們發表此宣言之理由。
（二）世界人士研究中國學術文化之三種動機與道路及其缺點。
（三）中國歷史文化之精神生命之肯定。
（四）中國哲學思想在中國文化中之地位及其與西方文化之不同。
（五）中國文化之倫理道德與宗教精神。
（六）中國心性之學的意義。
（七）中國歷史文化所以長久之理由。
（八）中國文化之發展與科學。
（九）中國文化之發展與民主建國。
（十）我們對中國現代政治史之認識。

（十一）我們對於西方文化之期望，及西方所應學習於東方之智慧者

（十二）我們對於世界學術思想之期望。

## 一、前言——我們發表此宣言之理由

在正式開始本宣言正文之前，我們要先說明，我們之聯名發出此宣言，曾迭經考慮。首先，我們相信：如我們所說的是眞理，則用一人的名義說出，與用數人的名義說出，其眞理之價值毫無增減。其次，我們之思想，並非一切方面皆完全相同，而抱大體相同的中西人士，亦並不必僅我們數人。再其次，我們亦相信：一眞正的思想運動文化運動之形成，主要有賴於人與人之思想之自然的互相影響後，而各自發出類似的思想。若祇由少數已有某種思想的人，先以文字宣稱其近於定型的思想，反易使此外的人感覺這些思想與自已並不相干，因而造成了這些思想在散佈上的阻隔。

但我們從另一方面想，我們至少在對中國文化之許多主張上是大體相同，並無形間成爲我們的共信。固然成爲一時少數人的共信的，不必即是眞理，但眞理亦至少必須以二人以上的共信爲其客觀的見證。如果我們不將已成爲我們所共信的主張說出，則我們主張中可成爲眞理的成份，不易爲世人所共見。因此，亦將減輕了我們願爲眞理向世人多方採證的願望。至於抱有大體相同思想的中西人士，我們在此宣言上未能一一與之聯絡，則爲節省書疏往返之繁。但我們決不願意這些思想只被稱爲我們幾個人的思想。這是在此宣言正文之前，應當加以預先聲明的。

在此宣言中，我們所要說的，是我們對中國文化之過去與現在之基本認識及對其前途之展望，與今日中國及世界人士研究中國學術文化及中國問題應取的方向，並附及我們對世界文化的期望。對於這些問題，雖然爲我們數十年來所注意，亦爲中國及世界無數專家學者政治家們所注意；但是若非八年前中國遭遇此空前的大變局，迫使我們流亡海外，在四顧蒼茫，一無憑藉的心境情調之下，撫今追昔，從根本上反復用心，則我們亦不會對這些問題能認得如此清楚。我們相信，眞正的智慧是生於憂患。因爲只有憂患，可以把我們之精神從一種定型的生活中解放出來，以產生一超越而涵蓋的胸襟，去看問題的表面與裏面，來路與去路。

如果世界其他國家的學者們，及十年前的我們，與其他中國學者們，莫有經過同類的憂患，或具同一的超越而涵蓋的胸襟，去看這許多問題，則恐怕不免爲一片面的觀點的限制，而產生無數的誤解，因而不必能認識我們之所認識。所以我們必須把我們所認識者，去掉一些世俗的虛文，先後結論上宣告世界，以求世界及中國人士之指教。

我們之所以要把我們對自己國家文化之過去現在與將來前途的看法，向世界宣告，是因爲我們眞切相信：中國文化問題，有其世界的重要性。我們姑不論中國爲數千年文化歷史，迄未斷絕之世界上之極少的國家之一，及十八世紀以前的歐洲人對中國文化的稱美，與中國文化對於人類文化已有的貢獻。但無論如何，中國現有近於全球四分之一的人口擺在眼前。這全人類四分之一的人口之生命與精神，何處寄託，如何安頓，實際上早已爲全人類的共同良心所關切。中國問題早已化爲世界的問題。如果人類的良心，並不容許用原子彈來消滅中國五億以上的人口，則此近四分之一的人類之生命與精神之命運，便將永成爲全人類良心上共同的負擔。而此問題之解決，實繫於我們對中國文化之過去現在與將來有眞實的認識。如果中國文化不被了解，中國文化沒有將來，則這四分之一的人類之生命與精神，將得不到正當的寄託和安頓；此不僅將招來全人類在現實上的共同禍害，而且全人類之共同良心的負擔將永遠無法解除。

## 二、世界人士研究中國學術文化之三種動機與道路及其缺點

中國學術文化之成爲世界學術研究的對象，被稱爲所謂中國學或漢學已有數百年之歷史。而中國之成爲一問題，亦已爲百年來之中國人士及世界人士所注意。但是究竟中國學術文化之精神的中心在那裏？其發展之方向如何？中國今日文化問題之癥結何在？順著中國學術文化精神之中心，以再向前發展之道路如何？則百年來之中國人，或有不見廬山眞面目，只緣身在此山中之處，此姑不論。而世界人士之了解中國與其學術文化，亦有因其出發之動機不同，而限於片面的觀點，此觀點便阻碍其作更多方面的更深入的認識。此有三者可說。由此三者，我們可以知道中國文化，並未能眞被世界人士所認識，而獲得其在世界上應得的地位。

（一）中國學術文化之介紹入西方，最初是三百年前耶穌會士的功績。耶穌會士之到中國，其動機是傳教。爲傳教而輸入西方宗教教義，及若干科學知識技術到中國。再回歐洲即將中國的經籍，及當時之宋明理學一些思想，介紹至西方。當然他們這些使中西文化交流的

功績，都是極大的。但是亦正因其動機乃在向中國傳教，所以他們對中國學術思想之注目點，一方是在中國詩書中言及上帝及中國古儒之尊天敬神之處，而一方則對宋明儒之重理重心之思想，極力加以反對。此種反對之著作，可以利瑪竇之天主實義，孫璋之性理眞詮作代表。他們回到歐洲，介紹宋明儒思想，祇是報導性質，並不能得其要點。故不免將宋明儒思想，只作一般西方當時之理性主義、自然主義、以至唯物主義思想看。故當時介紹至歐洲之宋明思想，恆被歐洲之無神論者、唯物主義者引爲同調。照我們所了解，宋明儒之思想，實與當時西方康德以下之理想主義哲學更爲接近。但是西方之理想主義者，卻並不引宋明儒爲同調。此正由耶穌會士之根本動機是在中國傳教，其在中國之思想戰線，乃在援六經及孔子之敎，以反宋明儒、反佛老，故他們對宋明儒思想之介紹，不是順着中國文化自身之發展，去加以了解，而只是立足於傳敎的立場之上。

(二)近百年來，世界對中國文化之研究，乃由鴉片戰爭、八國聯軍，中國門戶逐漸洞開而再引起。此時西方人士研究中國文化之動機，實來自對運入西方，及在中國發現之中國文物之好奇心。例如斯坦因、伯希和等在敦煌所發現之文物所引起之所謂敦煌學之類。由此動機而研究中國美術考古，研究中國之西北地理，中國之邊疆史、西域史、蒙古史、中西交通史、以及遼金元史，研究古代金石甲骨之文字，以及中國之方言、中國文字與語言之特性等，皆由此一動機一串相連。對此諸方面之學問，數十年來中國及歐洲之漢學家，各有其不朽之貢獻。但是我們同時亦不能否認，西方人從中國文物所引起之好奇心，及到處去發現、收買、搬運中國文物，以作研究材料之興趣，並不是直接注目於中國這個活的民族之文化生命、文化精神之來源與發展之路向的。此種興趣，與西方學者，要考證已死之埃及文明、小亞細亞文明、波斯文明，而到處去發現、收買、搬運此諸文明之遺物之興趣，在本質上並無分別。而中國清學之方向，原是重文物材料之考證。直到民國，所謂新文化運動時整理國故之風，亦是以清代之治學方法為標準。中西學風，在對中國文化之研究上，兩相湊泊，而此類之漢學研究，即宛成為世界人士對中國文化研究之正宗。

（三）至最近一二十年之世界之對中國文化學術之研究，則又似發展出一新方向，此即對於中國近代史之興趣。此種興趣，可謂由中日戰爭及中國大陸之赤化所引起。在中日戰爭中，西方顧問及外交界人士之來中國者，今日即多已成為中國近代史研究之領導人物。此種對中國近代史研究之動機，其初乃由西方人士與中國政治社會之現實的接觸，及對中國政治與國際局勢之現實的關係之注意而引起。此種現實的動機，與上述由對文物之好奇心，而作對文物之純學術的研究之動機，正成一對反。而此種動機，亦似較易引起人去注意活的中華民族之諸問題。但由現實政治之觀點，去研究中國歷史者，乃由今溯古，由流溯源，由果推因之觀點。當前之現實政治時在變化之中，如研究者對現實政治之態度，亦各不一致，而時在變化之中。如研究者之動機，僅由接觸何種之現實政治而引起，則其所擬定之問題，所注目之事實，所用以解釋事實之假設，所導向之結論，皆不免為其個人接觸某種現實政治時之個人之感情，及其對某種現實政治之主觀的態度所決定。此皆易使其陷於個人及一時一地之偏見。欲去此弊，則必須順中國文化歷史之次序，由古至今，由源至流，由因至果之逐漸發展之方向，更須把握中國文化之本質，及其在歷史中所經之曲折，乃能了解中國近代史之意義，及中國文化歷史之未來與前途。由此以研究近代史，則研究者必須先超越其個人對現實政治之主觀態度，並須常想到其在現實政治中所接觸之事實，或只為偶然不重要之事實，或只為在未來歷史中即將改變之事實，或係由中國文化所遇之曲折而發生之事實。由是而其所擬定之問題，當注目之事實，及用以解釋事實之假設，與導向之結論，皆須由其對中國文化歷史之整個發展方向之認識，以為決定。然因世界漢學者研究中國近代史之興趣，本多由其對中國政治社會之現實的接觸，及對中國政治與國際局勢之現實關係之注意而起，則上述之偏弊，成為在實際上最難除去者。我們以上所說，並無意否認根據任何動機，以從事研究中國學術文化史者所作之努力，在客觀上之價值。此客觀價值亦儘可超出於其最初研究時之主觀動機之外。而研究者在其研究過程中，亦可不斷改變其原來之主觀動機。但是我們不能不說此諸主觀動機，在事實上常使研究者只取一片面的觀點去研究中國之學術文化，而在事實上亦已產生不少對於中國學術文化之過去現在與未來之誤解。故我們不能不提出另一種研究中國學術文化動機與態度，同時把我們本此動機與態度去研究所已得的關於中國學術文化之過在現在與未來的結論，在大端上加以指出，以懇求世界人士的注意。

## 三、中國歷史文化之精神生命之肯定

我們首先要懇求：中國與世界人士研究中國學術文化者，須肯定承認中國文化之活的生命之存在。我們不能否認，在許多西方人與中國人之心目中，中國文化已經死了。如斯賓格勒，即以中國文化到漢代已死。而中國五四運動以來流行之整理國故之口號，亦是把中國以前之學術文化，統於一「國故」之名詞之下，而不免視之如字紙簍中之物，只待整理一番，以便歸檔存案的。而百年來中國民主建國運動之着着失敗，及今十分之九的中國人之在列寧斯大林之像前緘默無言，不及十分之一的中國人之漂流於臺灣孤島及海外，更似客觀的證明中國文化的生命已經死亡，於是一切對中國學術文化之研究，皆如只是憑弔古蹟。這一種觀念，我們首先要懇求大家將其去掉。我們不否認，百年來中國民主建國運動之着着失敗，曾屢使愛護中國的中國人士與世界人士，不斷失望。我們亦不否認，中國文化正在生病，病至生出許多奇形怪狀之贅瘤，以致失去原形。但病人仍有活的生命。我們要治病，先要肯定病人生命之存在。不能先假定病人已死，而只足供醫學家之解剖研究。至於要問中國文化只是生病而非死亡之證據在那裏？在客觀方面的證據，後文再說。但另有一眼前的證據，當下卽是。就是在發表此文的我們，自知我們並未死亡。如果讀者們是研究中國學術文化的，你們亦沒有死亡。如果我們同你們都是活的，而大家心目中同有中國文化，則中國文化便不能是死的。在人之活的心靈中的東西，縱使是已過去的死的，此心靈亦能使之復活。人類過去之歷史文化，亦一直活在研究者的了解，憑弔，懷念的心靈中。這個道理，本是不難承認的極平凡的道理。亦沒有一個研究人類過去歷史文化的人，不自認自己是活人，不自認其所著的書，是由他的活的生命心血所貫注的書，不自認其生命心血之貫注處；一切過去的東西，如在目前。但是一個自以爲是在用自己之生命心血，對人類過去之歷史文化作研究者，因其手邊只有這些文物，於是總易忘了此過去之歷史文化之本身，亦是無數代的人，以其生命心血，一頁一頁的寫成的；總易忘了這中間有血，有汗，有淚，有笑，有一貫的理想與精神在貫注。因爲忘了這些，便不能把此過去之歷史文化，當作是一客觀的人類之精神生命之表現。遂在研究之時，沒有同情，沒有敬意，亦不期望此客觀的精神生命之表現，能繼續的發展下去，更不會想到，今日還有眞實存在於此歷史文化大流之中的有血有肉的人，正在努力使此客觀的精神生命之表現，繼續發展下去，因而對之亦發生一些同情和敬意。這些事，在此種研究者的心中，認爲是情感上的事，是妨礙客觀冷靜的研究的，是文學家，政治宣傳家，或渲染歷史文化之色彩的哲學家的事，不是研究者的事。但是這種研究者之根本錯誤就在這裏。這一種把情感與理智割裂的態度，忽略其所研究之歷史文化，是人類之客觀精神生命之表現的態度，正是原於此種研究者之最大的自私，卽只承認其研究工作中有生命有心血，此外皆無生命無心血。此是忘了人類之歷史文化，不同於客觀外在的自然物，而只以對客觀外在之自然物之研究態度，來對人類之歷史文化。此是把人類之歷史文化，化同於自然界的化石。這中間不僅包含一道德上的罪孽，同時也是對人類歷史文化的最不客觀的態度。因爲客觀上的歷史文化，本來自始卽是人類之客觀精神生命之表現。我們可以說，對一切人間的事物，若是根本沒有同情與敬意，卽根本無眞實的了解。因一切人間事物之呈現於我們之感覺界者，只是表象。此表象之意義，只有由我們自己的生命心靈，透到此表象之後面，去同情體驗其依於什麼一種人類之生命心靈而有，然後能有眞實的了解。我們要透至此表象之後面，則我們必須先能超越我們個人自己之主觀的生命心靈，而有一肯定尊重客觀的人類生命心靈之敬意。此敬意是一導引我們之智慧的光輝，去照察了解其他生命心靈之內部之一引線。只有此引線，而無智慧之運用，以從事研究，固然無了解。但是莫有此敬意爲引線，則我們將對此呈現於感覺界之諸表象，只憑我們在主觀上之習慣的成見加以解釋，以至憑任意聯想的偶發的奇想，加以解釋。這就必然產生無數的誤解，而不能成就客觀的了解。要成就此客觀的了解，則必須以我們對所欲了解者的敬意，導其先路。敬意向前伸展增加一分，智慧的運用，亦隨之增加一分，了解亦隨之增加一分。敬意之伸展在什麼地方停止，則智慧之運用，亦卽呆滯不前，人間事物之表象，卽成爲祇是如此如此呈現之一感覺界事物，或一無生命心靈存在於其內部之自然物；再下一步，便又只成爲憑我們主觀的自由，任意加以猜想解釋的對象，於以產生誤解。所以照我們的意思，如果任何研究中國之歷史文化的人，不能眞實肯定中國之歷史文化，乃係無數代的中國人，以其生命心血所寫成，而爲一客觀的精神生命之表現，因而多少寄以同情與敬意，則中國之歷史文化，在他們之前，必然只等於一堆無生命精神之文物，如同死的化石。然而由此遽推斷中國文化爲已死，卻係大錯。這只因從死的眼光中，所看出來的東西永遠是死的而已。然而我們仍承認一切以死的眼光看中國文化的人，研究中國文化的人，其精神生命是活的，其著的書是活的精神生命之表現。我們的懇求，只是望大家推擴自己之當下自覺是活的之一念，而肯定中國之歷史文化，亦是繼續不斷的一活的客觀的精神生命之表現，則由此研究所得的結論，將更有其客觀的意義。如果無此肯定，或有之而不能時時被自覺的提起，則一切對中國歷史文化的研究，皆似最冷靜客觀，而實則亦可能祇是最主觀的自由任意的猜想與解釋，在根本上可完全不能相應。所以研究者切實把自己的研究動機，加以反省檢討，乃推進研究工作的重大關鍵。

## 四、中國哲學思想在中國文化中之地位，及其與西方文化之不同

如上所說，我們研究中國之歷史文化學術，要把它視作中國民族之客觀的精神生命之表現來看。但這個精神生命之核心在那裏？我們可說，它在中國人思想或哲學之中。這並不是說，中國之思想或哲學，決定中國之文化歷史。而是說，只有從中國之思想或哲學下手，才

能照明中國文化歷史中之精神生命。因而研究中國歷史文化之大路，重要的是由中國之哲學思想之中心，再一層一層的透出去，而不應只是從分散的中國歷史文物之各方面之零碎的研究，再慢慢的綜結起來。後面這條路，猶如從分散的枝葉去通到根幹，似亦無不可。但是我們要知道，此分散的枝葉，同時能遮蔽其所托之根幹。這常易使研究者之心靈，只是由此一葉面再伸到另一葉面，在諸葉面上盤桓。此時人若要眞尋得根幹，還得要翻到枝葉下面去，直看枝葉之如何交會於一中心根幹。這卽是說，我們必須深入到歷史留傳下之書籍文物裏面，探求其哲學思想之所在，以此爲研究之中心。但我們在了解此根幹後，又還須順著根幹延伸到千枝萬葉上去，然後才能從此千枝競秀，萬葉爭榮上看出，樹木之生機鬱勃的生命力量，與精神的風姿。

我們之所以要用樹木之根幹與枝葉之關係，來比喻中國歷史文物之各方面與中國之哲學思想，對於中國文化精神生命之關係，同時是爲表明中國文化之性質，兼表明要了解中國哲學思想，不能只用了解西方哲學思想之態度來了解。我們此處所指之中國文化之性質，乃指其「一本性」。此一本性乃謂中國文化在本原上是一個文化體系。此一本並不否認其多根。此乃比喻在古代中國，亦有不同之文化地區。但此並不妨碍中國古代文化之有一脈相承之統緒。殷革夏命而承夏之文化，周革殷命而承殷之文化，卽成三代文化之一統相承。此後秦繼周，漢繼秦，以至唐、宋、元、明、清，中國在政治上有分有合，但總以大一統爲常道。且政治的分合，從未影響到文化學術思想的大歸趨，此卽所謂道統之相傳。

中國歷史文化中道統之說，皆非中國現代人與西方人所樂聞，但無論樂聞與否，這是中國歷史上的事實。此事實，乃原於中國文化之一本性。中國人之有此統之觀念，除其理論上之理由，今暫置不說外，其事實上的原因，是因中國大陸與歐洲大陸，其文化歷史，自來卽不一樣。歐洲古代之希臘城邦，勢力分佈於希臘本土，及諸海上殖民地，原無一統的希臘世界。而近代西方文化，除有希臘之來原外，尙有羅馬，希伯來，日耳曼，回教等之來原。中國文化，雖亦有來原於印度文化，阿拉伯文化及昔所謂四夷者，亦有間接來自希臘羅馬者，然而在百年以前之中國，在根本上只是一個文化統系一脈相傳，則是沒有問題的。西方文化之統，則因現實上來原之衆多，難於建立，於是乃以超現實世界之宗敎信仰中之上帝爲其統，由希伯來宗敎與希臘思想羅馬文化精神之結合，乃有中古時代短時存在的神聖羅馬帝國之統。然此統，不久卽告分裂。今欲使西方諸國家及其文化復歸於統一，恐當在全人類合歸天下一家之時。而中國文化則自來有其一貫之統緒的存在。這於中西文化在來原上的根本分別，爲我們所不能忽略的。

這種西方文化之有各種文化來源，使西方文化學術之內容，特顯複雜豐富，同時亦是西方之有明顯的分門別類，而相對獨立之學術文化領域之原因。西方之科學哲學，原於希臘，法律原於羅馬，宗敎原於希伯來，其文化來原不同，研究之方法、態度、目標、亦不必相同，而各自成範圍，各成界限。而單就哲學說，西方之哲學自希臘以來，卽屬少數哲學家作遺世獨立之思辨（Speculation）之事。故哲學家之世界，恆自成一天地。每一哲學家都欲自造一思想系統，窮老盡氣以求表現於文字著作之中。至欲表現其思想於生活行事之中者，實寥寥可數。而此類著作，其界說嚴，論證多，而析理亦甚繁。故凡以西洋哲學之眼光去看中國哲人之著作，則無不覺其粗疏簡陋，此亦世界之研究中國學術文化者，不願對中國哲學思想中多所致力的原因之一。

但是我們若果首先認識此中國文化之一本性，知中國之哲學科學與宗教、政治、法律、倫理、道德，並無不同之文化來原，而中國過去，亦並無認爲個人哲學之思辨，可自成一天地之說，更無哲學家必須一人自造一思想系統，以全表之於文字著作中之說；則中國哲學著作之以要言不繁爲理想，而疏於界說之釐定，論證之建立，亦不足爲怪。而吾人之了解中國哲學思想，亦自始不當離哲學家之全人格，全生活，及其與所接之師友之談論，所在之整個社會中之行事，及其文化思想之淵源，與其所尙論之古今人物等而了解，亦彰彰明甚。而人眞能由此去了解中國哲人，則可見其思想之表現於文字者，雖以粗疏簡陋，而其所涵之精神意義、文化意義、歷史意義，則正可極豐富而極精深。此正如一樹之根幹，雖極樸質簡單，而透過其所貫注之千條萬葉以觀，則生機鬱勃，而內容豐富，由此我們可知，欲了解中國文化，必須透過其哲學核心去了解，而眞了解中國哲學，又還須再由此哲學之文化意義去了解。以中國文化有其一本性，在政治上有政統，故哲學中即有道統。反之，如果我們不了解中國文化之一本性，不知中國之哲人及哲學，在中國文化中所處之地位，不同於西方哲人及哲學，在西方文化中所處之地位，則我們可根本不從此去看中國哲學思想與中國文化之關係及多方面之意義，更不知中國哲學中有歷代相傳之道統之意義所在，而將只從中國哲學著作外表之簡單粗疏，以定爲無多研究之價值，並或以道統之說，爲西方所謂思想統制之類，而不知其以看西方哲學著作之眼光，看中國哲學著作，正由於其蔽於西方文化歷史情形，而未能肯定中國文化之獨立性，未知中國文化以其來源爲一本，則其文化之精神生命之表現方式，亦不必與文化來源爲多元之西方文化相同也。

## 五、中國文化中之倫理道德與宗敎精神

對於中國文化，好多年來之中國與世界人士有一普遍流行的看法，即以中國文化是注重人與人間之倫理道德，而不重人對神之宗敎信仰的。這種看法，在原則上並不錯。但在一般人的觀念中，同時以中國文化所重的倫理道德，只是求現實的人與人關係的調整，以維持社會政治之秩序；同時以爲中國文化中莫有宗敎性的超越感情，中國之倫理道德思想，都是一些外表的行爲規範的條文，缺乏內心之精神生活上的根據。這種看法，卻犯了莫大的錯誤。這種看法的來源，蓋首由於到中國之西方人初只是傳敎士、商人、軍人與外交官，故其到中國之第一目標，並非眞爲了解中國，亦不必眞能有機會，與能代表中國文化精神之中國人，有深切的接觸。於是其所觀察者，可只是中國一般人民之生活風俗之外表，而只見中國之倫理規範，禮敎儀節之維持現實之社會政治秩序之效用的方面，而對中國之倫理道德在人之內心的精神生活上之根據，及此中所包含之宗敎性之超越感情，卻看不見。而在傳敎士之心中，因其目標本在傳敎，故其目光亦必多少不免先從中國文化之缺乏宗敎精神之方面看。而傳敎士等初至中國之所接觸者，又都是中國之下層民衆。故對於中國民間流行宗敎性之迷信，亦特爲注意。此種迷信中，自更看不出什麼高級的宗敎精神。又因近百年來西方人在中國之傳敎事業，乃由西方之砲艦，先打開了中國門戶，再跟著商船來的。中國之傳統文化，自來不崇拜武力與商人，因而對於隨砲艦商船來之傳敎士，旋即被視爲西方文化侵略的象徵。由此而近代中國之學術界，自清末到五四時代之學者，都不願信西方之宗敎，亦不重中國文化之宗敎精神。五四運動時代領導思想界的思想家，又多是一些只崇拜科學民主，在哲

學上相信實用主義、唯物主義、自然主義的人，故其解釋中國之學術文化，亦儘量從其缺宗教性方面看。而對中國之舊道德，則專從其化爲形式的禮教風俗方面看，而要加以打倒。於是亦視中國之倫理道德只是一些外表的行爲規範，而無內在之精神生活之內容者。至後來之共產主義者，因其爲先天的無神論者，並只重道德之社會效用者，更不願見中國文化精神中之宗教性之成份，而更看不見中國之倫理道德之內在的精神生活上的根據。此與西方傳教士等初到中國之觀感、所得，正可互相配合，而歸於同一之論斷。

但是照我們的看法，則中國莫有像西方那種制度的宗教教會與宗教戰爭，是不成問題的。但西方所以有由中古至今之基督教會，乃由希伯來之獨立的宗教文化傳統，與希臘思想，羅馬文化，日耳曼之民族氣質結合而來。此中以基督教之來源，是一獨立之希伯來文化，故有獨立之教會。又以其所結合之希臘思想，羅馬文化，日耳曼之民族氣質之不同，故又有東正教，天主教及新教之分裂，而導致宗教戰爭。然而在中國，則由其文化來源之一本性，中國古代文化中並無一獨立之宗教文化傳統，如希伯來者，亦無希伯來之祭司僧侶之組織之傳統，所以當然不能有西方那種制度的宗教。但是這一句話之涵義中，並不包含中國民族先天的缺乏宗教性的超越感情或宗教精神，而只知重現實的倫理道德。這只當更由以證明中國民族之宗教性的超越感情及宗教精神，因與其所重之倫理道德，同來源於一本之文化，而與其倫理道德之精神，遂合一而不可分。這應當是非常明白的道理。然而人們祇以西方之文化歷史的眼光看中國，卻常把此明白的道理忽視。照我們的看法，中國詩書中之原重上帝或天之信仰是很明顯的。此點三百年來到中國之耶穌會士亦注意到，而祭天地社稷之禮，亦一直爲後代儒者所重視，歷代帝王所遵行，至民國初年而後廢。而中國民間之家庭，今亦尚有天地君親師之神位。說中國人之祭天地祖宗之禮中，莫有一宗教性的超越感情，是不能說的。當然過去中國之只有皇帝才能行郊祀之禮，便使此宗教感情在民間缺乏禮制以維持之，而歸於薄弱。而皇帝之祭天，亦或是奉行故事，以自固其統治權。皇帝祭天，又是政教合一之事，尤為西方人及中國人之所呵責。但是中國人之只是以皇帝祭天，亦自有其理由。此乃以天子代表萬民祭天，亦猶如西方教皇之可代表萬民向上帝祈禱。而政教合一之所以被西方人視為大忌，亦根本上由於西方教權所在之教會，與西方歷史中政權所在之政府，原為不同之文化來源之故。因其來源不同，故無論以教權統制政權，或以政權統制教權，皆使一方受委屈，因而必歸於政教分離，而此政教分離，亦確有其在客觀上使政治宗教各得其所之價值。此亦為我們在理論上所承認者。但以中西文化不同，則在西方之以政教合一為大罪者，在中國過去歷史，則未必為大罪。而在西方以宗教可與政治以及一般之社會倫理道德皆分離，固特見其有宗教。然在中國，則宗教本不與政治及倫理道德分離，亦非即無宗教。此二點，仍值得吾人研究中國文化者之注意。

至於純從中國人之人生道德倫理之實踐方面說，則此中亦明涵有宗教性之超越感情。在中國人生道德思想中，大家無論如何不能忽視由古至今中國思想家所重視之天人合德，天人合一，天人不二，天人同體之觀念。此中之所謂天之意義，自有各種之不同。在一意義下，此天即指目所見之物質之天。然而此天之觀念在中國古代思想中，明指有人格之上帝。在孔孟老莊思想中之天之意義，雖各有不同。然無論如何，我們不能否認他們所謂天之觀念之所指，初為超越現實的個人自我與現實之人與人關係的。而眞正研究中國學術文化者，其眞問題所在，當在問中國古代人對天之宗教信仰，如何貫注於後來思想家之對於人的思想中，而成天人合一一類之思想，及中國古代文化之宗教的方面，如何融和於後來之人生倫理道德方面及中國文化之其他方面。如果這樣去研究，則不是中國思想中有無上帝或天，有無宗教之問題，而其所導向之結論，亦不是一簡單的中國文化中無神、無上帝、無宗教，而是中國文化能使天人交貫，一方使天由上徹下以內在於人，一方亦使人由下升上而上通於天，這亦不是祇用西方思想來直接類比，便能得一決定之了解的。

此外中國人之人生道德倫理之實踐方面之學問，此乃屬中國所謂義理之學中。此所謂義理之學，乃自覺的依義理之當然以定是非，以定自己之存心與行爲，此亦明非祇限於一表面的人與人之關係之調整，以維持政治社會之秩序，而其目標實在人之道德人格之眞正的完成。此人格之完成係於人之處處只見義理之當然，而不見利害，禍福，得失，生死。而此中之只求依義理之當然，而不求苟生苟存，尤爲儒者之學之所特注意。我們須知，凡只知重現實的功利主義者，自然主義者，與唯物主義者，都不能對死之問題正視。因死乃我的現實世界之不存在，故死恆爲形上的宗教的思想之對象。然而中國之儒家思想，則自來要人秉正視生，亦正視死的。所謂殺身成仁，捨生取義，志士不忘在溝壑，勇士不忘喪其元，都是要人把死之問題放在面前，而把仁義之價值之超過個人生命之價值，凸顯出來。而歷代之氣節之士，都是能舍生取義、殺身成仁的。西方人對於殉道者，無不承認其對於道有一宗教性之超越信仰。則中國儒者之此類之教及氣節之士之心志與行爲，又豈無一宗教性之信仰之存在？而中國儒者之言氣節，可以從容就義爲最高理想，此乃自覺的舍生取義，此中如無對義之絕對的信仰，又如何可能？此所信仰的是什麼，這可說即是仁義之價值之本身，道之本身。亦可說是要留天地正氣，或爲要行其心之所安，而不必是上帝之誡命，或上帝的意旨。然而此中人心之所安之道之所在，卽天地正氣之所在，卽使人可置死生於度外，則此心之所安之道，一方內在於此心，一方亦卽超越個人之現實生命之道，而人對此道之信仰，豈非卽宗教性之超越信仰？

我們希望世界人士研究中國文化，勿以中國人祇知重視現實的人與人間行爲之外表規範，以維持社會政治之秩序，而須注意其中之天人合一之思想，從事道德實踐時對道之宗教性的信仰。這是我們要大家注意的又一點。

## 六、中國心性之學的意義

我們從中國人對於道之宗教性信仰，便可轉到論中國之心性之學。此心性之學，是中國古所謂義理之學之又一方面，卽論人之當然的義理之本源所在者。此心性之學，最爲世之研究中國之學術文化者所忽略所誤解的。而實則此心性之學，正爲中國學術思想之核心，亦是中國思想中之所以有天人合德之說之眞正理由所在。

中國心性之學，乃至宋明而後大盛。宋明思想，亦實係先秦以後，中國思想第二最高階段之發展。但在先秦之儒家道家思想中，實已早以其對心性之認識爲其思想之核心。此我們另有文討論。古文尚書所謂堯舜禹十六字相傳之心法，固是晚出的，但後人之所以要僞造此說，宋明儒之所以深信此爲中國道統之傳之來源所在，這正因爲他們相信中國之學術文化，當以心性之學爲其本源。然而現今之中國與世界之學者，皆不能了解此心性之學爲中國之學術文化之核心所在。其所以致此者，首因清代三百年之學術，乃是反宋明儒而重對書籍文物之考證訓詁的。故最討厭談心談性。由清末西化東漸，中國人所羨慕於西方者，初乃其砲艦武器，進而及其他科學技術，政治法制。五四運動時代時之中國思想界，一方講科學民主，一方亦以清代考證之學中有科學方法，而人多喜提倡清代顏習齋戴東原之學，以反對宋明儒。後來共產主義講存在決定意識，亦不喜歡講心性。在西方傳入之宗教思想，要人自認本性中涵有原始罪惡。中國傳統的心性之學，則以性善論爲主流。此二者間亦至少在表面上是違反的。又宋明儒喜論理氣，不似中國古代經籍中尙多言上帝。此乃自耶穌會士以來之基督敎徒，亦不喜宋明儒的心性之學之故。由清末至今之中國思想界中，只有佛家學者是素重心性之學的。而在清末之古文學家如章太炎，今文學家如龔定菴，及今文學家康有爲之弟子如譚嗣同等，亦皆重視佛學。但佛家心性之學，不同於中國儒家心性之學。佛學之言心性，亦特有其由觀照冥會而來之詳密之處。故佛學家亦多不了解中國儒家心性之學。由是中國傳統的心性之學，遂爲數百年之中國思想界所忽視。而在西方耶穌會士把中國經籍及宋明理學介紹至西方時，乃把宋明理學只當作一般西方之理性主義、自然主義、唯物主義看，此在上文已說。所以宋明理學在西方亦只被理性主義者如來布尼茲，唯物主義者如荷爾巴哈（Holbach）等引爲同調。後來雖有人翻譯朱子語錄中之人性論及其他零碎的宋明儒之文章，但亦似無人能對宋明心性之學作切實的研究者。而宋明儒之語錄，又表面上較先秦諸子更爲零碎，不易得其系統所在，亦與西人治哲學者之脾味不合，於是中國心性之學，遂同爲今日之中國人與西方人所忽略。

中國心性之學在今日所以又爲人所誤解之主要原因，則在於人恆只把此心性之學，當作西方傳統哲學中之所謂理性的靈魂 Rational Soul 之理論，或認識論形上學之理論，或一種心理學看。而由耶穌會士下來的西方宗敎家的觀點，則因其初視宋明理學爲無神論的自然主義，所以總想像其所謂人心人性皆人之自然的心自然的性。由他們直至今日，中國之性字總譯爲Nature。此Nature一名之義，在希臘斯多噶哲學近代之浪漫主義文學，及斯賓諾薩及少數當今之自然主義哲學家如懷特海之思想中，皆頗有一深厚之意義，足與中國之性字相當。但自基督教以Supernature之名與Nature之名相對後，則Nature之名義，在近代日淪於凡俗。而在西方近代之一般自然主義唯物主義哲學興起以後，我們談到Human Nature通常總是想到人之自然心理，自然本能，自然欲望上去，可以卑之無甚高論。人由此以看中國的心性之學，亦總從其平凡淺近處去解釋，而不願本西方較深入於人之精神生活內部之思想去解釋。

然而照我們的了解，則認爲把中國心性哲學當作西方心理學或傳統哲學中之理性之靈魂論，及認識論形上學去講，都在根本上不對。而從與超自然相對之自然主義的觀點去看中國心性哲學，因而祇從平凡淺近處去加以解釋，更屬完全錯誤。西方近代所謂科學的心理學，乃把人之自然的行爲當作一經驗科學研究的對象看。此是一純事實的研究，而不含任何對人之心理行爲作價值的估量的。傳統哲學中之理性的靈魂論，乃將人心視作一實體，而論其單一不朽，自存諸形式的性質的。西方之認識論，乃研究純粹的理智的認識心如何認識外界對象，而使理智的知識如何可能的。西方一般之形上學，乃先以求了解此客觀宇宙之究極的實在與一般的構造組織爲目標的。而中國由孔孟至宋明儒之心性之學，則是人之道德實踐的基礎，同時是隨人之道德實踐生活之深度，而加深此學之深度的。這不是先固定的安置一心理行爲或靈魂實體作對象，在外加以研究思索，亦不是爲說明知識如何可能，而有此心性之學。此心性之學中自包含一形上學。然此形上學乃近乎康德所謂道德的形上學，是爲道德實踐之基礎，亦由道德實踐而證實的形上學。而非一般先假定一究竟實在存於客觀宇宙，而據經驗理性去推證之形上學。

因中國此種由孔孟至宋明之心性之學，有此種特殊的性質，所以如果一個人其本身不從事道德實踐，或雖從事道德實踐，而只以之服從一社會的道德規律或神之命令與新舊約聖經一章一句為事者，都不能眞有親切的了解。換句話說，即這種學問，不容許人只先取一冷靜的求知一對象，由知此一對象後，再定我們行為的態度。此種態度，可用以對外在之自然與外在之社會，乃至對超越之上帝。然不能以之對吾人自己之道德實踐，與實踐中所覺悟到之心性。此中我們必須依覺悟而生實踐，依實踐而更增覺悟。知行二者相依而進。此覺悟可表達之於文字，然他人之了解此文字，還須自己由實踐而有一覺悟。此中實踐如差一步，則覺悟與眞實之了解，即差一步。在如此之實踐與覺悟相依而進之歷程中，人之實踐的行為，固為對外面之人物等的。但此覺悟，則純是內在於人自己的。所以人之實踐行為，向外面擴大了一步，此內在之覺悟亦擴大了一步。依此，人之實踐的行為及於家庭，則此內在之覺悟中，涵攝了家庭。及於國家，則此內在之覺悟中，涵攝了國家。及於天下宇宙，及於歷史，及於一初吉凶禍福之環境，我們之內在的覺悟中亦涵攝了此中之一切。由此而人生之一切行道而成物之事，皆為成德而成己之事。凡從外面看來，只是順從社會之禮法，或上遵天命，或為天下後世立德立功立言者，從此內在之覺悟中看，皆不外盡自己之心性。人之道德實踐之意志，其所關涉者無限量，而此自己之心性亦無限量。然此心性之無限量，卻不可懸空去擬議，而只可從當人從事於道德實踐時，無限量之事物自然展現於前，而為吾人所關切，以印證吾人與天地萬物實為一體。而由此印證，即見此心此性，同時即通於天。於是能盡心知性則知天，人之存心養性亦即所以事天。而人性即天性，人德即天德，人之盡性成德之事，皆所以贊天地之化育。所以宋明儒由此而有性理卽天理，人之本心卽宇宙心，人之良知之靈明，卽天地萬物之靈明，人之良知良能，卽乾知坤能等思想，亦卽所謂天人合一思想。此中精微廣大之說，自非我們今所能一一加以論列者。然由先秦之孔孟以至宋明儒，明有一貫之共同認識。共認此道德實踐之行，與覺悟之知，二者係相依互進，共認一切對外在世界之道德實踐行爲，唯依於吾人之欲自盡此內在之心性，卽出於吾人心性自身之所不容自己的要求；共認人能盡此內在心性，卽所以達天德，天理，天心而與天地合德，或與天地參。此卽中國心性之學之傳統。今人如能了解此心性之學，乃中國文化之神髓所在，則決不容許任何人視中國文化爲只重外在的現實的人與人之關係之調整，而無內在之精神生活及宗教性形上性的超越感情之說。而當知在此心性學下，人之外在的行爲實無不爲依據亦兼成就人之內在的精神生活，亦無不兼爲上達天德，而贊天地之化育者。此心性之學乃通於人之生活之內與外及人與天之樞紐所在，亦卽通貫社會之倫理禮法，內心修養，宗教精神，及形上學等而一之者。然而在西方文化中，言形上學哲學科學，則爲外於道德實踐之求知一客觀之對象。此爲希臘之傳統。言宗教則先置定一上帝之命令，此爲希伯來之傳統。言法律、政治、禮制、倫理，則先置定其爲自外規範人羣者，此主要爲羅馬法制倫理之傳統。中國心性之學則於三者皆不類。遂爲今日世界與中國之學人，習於以西方文化學術觀點，看中國之學術文化者所忽略，或祇由一片面之觀點去看而加以誤解。而不知不了解中國心性之學，卽不了解中國之文化也。

## 七、中國歷史文化所以長久之理由

我們如果能知中國心性之學的重要，我們便可以再進而討論中國民族之歷史文化何以能歷數千年而不斷之問題。以文化歷史之不斷而論，只有印度可與中國相比。但印度人以前一直冥心於宗教中之永恆世界，而缺歷史之意識。故其文化歷史雖長久，而不能眞自覺其長久。中國則爲文化歷史長久，而又一向能自覺其長久之唯一的現存國家。然則中國文化、歷史何以能如此長久？這不能如斯賓格勒之以中國文化自漢以後卽停滯不進來作解說。因漢以後，中國文化並非停滯不進，若其眞係停滯不進，卽未有不歸於死亡消滅者。有的人說，中國文化歷史之所以長久，乃以中國文化，注重現實生活的維持，不似西方文化之喜從事超現實生活之理想或神境之追求，故民族現實生命能長久保存下去。又有人說此乃以中國文化重保守，一切生活皆習故蹈常，不須多耗力氣。故民族生命力得因節約而長久不弊。又有人說，此因中國人重多子多孫，故歷代雖迭遭天災人禍，但以生殖繁多，人口旋卽恢復，民族遂不致絕滅。此外還有各種不同之說法。這些說法我們不能一概抹煞其全無理由。但皆未能從中國學術之本身以求此問題之解答。照我們的了解，則一民族之文化，爲其精神生命之表現，而以學術思想爲其核心。所以此問題之解答，仍應求之於中國學術思想。

如從中國之學術思想去看此一問題，則我們與其說中國文化因重視現實生活之維持，遂不作超現實生活的追求，不如說中國之思想，自來卽要求人以一超現實的心情，來調護其現實生活。與其說因中國文化偏重保守，致其生活皆習故蹈常，不須多耗氣力，不如說中國之思想，自來卽要求人不只把力氣向外表現，而耗竭淨盡，更要求人把氣力向內收斂，以識取並培養生命力氣的生生之原。與其說中國民族，因重多子多孫而民族不易滅絕，不如說在中國之極早思想中，卽重視生之價值，因而重視子孫，重視生命之傳承不絕。總而言之，我們與其說中國民族文化歷史之所以能長久，是其他外在原因的自然結果，不如說這是因中國學術思想中原有種種自覺的人生觀念，以使此民族文化之生命能綿延於長久而不墜。

我們之所以要說中國思想中原有種種人生觀念，以使此民族之文化生命長久，其客觀的證據，是此求「久」之思想在中國極早的時代中已經提出。中國古代之宗教思想中有一種天命靡常的思想。此思想是說上帝或天，對於地上之各民族各君王，並無偏袒。天之降命於誰，使之為天下宗主，要視其德而定。周代的周公，即是深切認識天之降命于夏于殷于周之無常，由是而對周之民族，特別諄諄誥誡，求如何延續其宗祀的。此即是求民族文化之「久」的思想，而周代亦竟為中國朝代中之最久者。此中不能說沒有周公之反省誥誡之功。至於久之哲學觀念的正式提出，則在儒家之易傳中庸中有所謂「可大可久」及「悠久成物」之觀念，老子中有要人法「天長地久」及「深根固蒂長生久視」之觀念。易傳、中庸、老子，皆成於戰國時代。戰國時代是中國古代社會發生急劇變化，一切最不能久的時代。而此時代正是久之哲學觀念，在儒家道家思想中同時被提出的時代。可知求久先是中國古人之自覺的思想中的事，而此後之漢唐宋等朝代之各能久至數百年，皆由其政治上文化上的措施，有各種如何求久的努力。而中國整個民族文化之所以能久，則由於中國人之各種求久的思想。這些思想，由古代的史官之記載與訓誡，後來歷史家所敘述的歷代成敗興亡之故，及哲學家指出久與不久之原理，而散佈至中國之全民族，其內容是非常複雜豐富的。

簡單說，這個思想，以道家形態表現的是一種功利主義的，以退為進的，「不自生故能長生」「後其身而身先，外其身而身存」的思想。此種以退為進的思想，正是以一種超越一般人對其現實的生命身體之私執，及一往向外用力之態度，而使力氣向內收斂凝聚，以求身存及長生之態度。這一種態度，要人少私寡欲，要人見素抱樸，要人致虛守靜，要人專氣致柔以歸於復命。這是可以使人達於自然的生命力之生生之原，而保持長養人之自然生命力的。

至於這些思想之以儒家形態而表現的，則儒家亦有要人把自然生命之力氣加以內斂之一方面，其動機初是要成就人與人間之禮。儒家承周之禮敎，以溫其如玉表示君子之德，玉之特色是外溫潤而內堅剛。堅剛在內，則一切生命力量都積蓄起來。而中庸所崇尚之南方之強與北方之強之不同處，則在北方之強，是力量都在外，而南方之強則「寬柔以敎，不敎無道」，力量都向內收斂，所謂外溫潤而內堅剛。及南方之強，本是指人在道德上人所當有的德性，但是此種德性，能附帶把人之生命力量收斂積蓄於內，亦卽使人之德性更能透過身體之內部而表現出來。德性能透過身體之內部而表現出來，則德性兼能潤澤人之自然身體之生命，此之所謂「德潤身」「心廣體胖」。在西方倫理學上談道德，多談道德規則，道德行為，道德之社會價值及宗教價值，但很少有人特別着重道德之澈底變化我們自然生命存在之氣質，以使此自然的身體之態度氣象，都表現我們之德性，同時使德性能潤澤此身體之價值。而中國之儒家傳統思想中，則自來卽重視此點。中國儒者所講之德性，依以前我們所說，其本原乃在我們之心性，而此性同時是天理，此心亦通於天心。此心此性，天心天理，乃我們德性的生生之原，此德性既能潤澤我們之身體，則此身體之存在，亦卽為此心此性之所主宰，天理天心之所貫澈，因而被安頓調護，以眞實存在於天地之間。

至於純就中國民族之保存而言，則中國人之重視多子多孫，亦不能僅自生物本能之欲保種族以為解說。因中國人之重視子孫，自周代起，卽已自覺此乃所以存宗祀。存宗祀之觀念的事，兼有宗教道德與政治之意義的。人使其自然的生命本能是，只知男女夫婦之愛與對自生之子女之愛的。此自然的生物本能之欲延續其生命的要求，乃一往向前流，向下流的。人只有依其能超越此向前流向下流之自然生命的趨向，而後能對其生命之所自來之父母祖宗有其孝思。由此孝思而慮父母祖宗之無人祭祀。此正爲一超現實的求上慰父母之心，祖宗之靈之要求，由此而請「不孝有三，無後爲大」乃重生子孫，以求現實生命之繼續，而其望子孫之萬代不絕，亦復爲一超越的理想，這不可只以生物之種族保存本能來作說明。這正當以貫通於中國人之思想之中，原以人之心當上通千古下通萬世，乃能顯發此心之無限量來加以說明的。

我們說中國文化中之重子孫及承宗祀之思想，不應只以保存種族之生物本能來說明。同時認爲中國人之求保存文化於永久，亦不應只以保守之習慣來說明。此二者同有一客觀的證據。卽在中國古代之儒家思想中，明白的以亡他人之國，滅他人之宗祀爲不義，在儒家思想中，不僅須保存周公傳下之文化，而且望存二王之後，以保存夏殷之文化。春秋所謂「興滅國，繼絕世」乃一客觀普遍的原則，而不只是爲孔子所在之魯國。孔子週遊列國，亦明是求當時整個之天下之有道，這不應說儒家之重保存民族與文化之思想，只是種族主義或狹隘的國家思想，或只出於一保守習慣之動機。至於孔子之宗周攘夷，及歷代中國儒者之要講夷夏之辨，固然是一事實。但此中亦有「夷狄而中國，則中國之」的思想。依於中國文化核心的心性之學來言，則心之量無限，性之量無限。故凡爲人之心性所認可的文化學術，卽爲吾人心性之所涵容攝取，而不加排斥，此卽中庸上之所謂道並行而不相悖。由此以成就中國文化的博大的性格，而博大亦是悠久的根原。所以中國是對宗教最爲寬容的國家。佛教的三武之難，及義和團事案，其原因皆由政治因素而來，而不來自文化自身，這是不消多說的。

所以只用種族本能與保守習慣一類名詞，來解釋中國人之重民族的文化生命之保存，解釋中國歷史之所以長久，我們絕對不能接受。如果要解釋中國古人何以如此重夷夏之辨，其眞正之理由，只在中國之文化之客觀價值，是較古代之四夷爲高，故不應用夷變夏。至於其他民族中文化之好的部份，依此道理，中國人則當接受而保存之。所以現在之馬列主義者，要否認佛教基督教之價值，與西方文化之價值，眞正之中國人仍願爲保存之而奮鬪。保存到何時，要到億萬斯年，這依於什麼？這還是依於我們之心量，應爲上通千古，下通萬世之心量。這是中國人重視歷史文化保存之自覺的思想中，核心理由之所在，亦是中國之歷史文化，所能實際存至數千年而有一貫之傳統保存下來之核心理由所在。

我們以上所講的數點，是針對世界及中國人士對於中國文化之一些流行但並不眞實之觀念，而把中國文化根本上的幾點性質加以指出，以端正一般人研究中國學術文化的基本認識。這幾點亦是中國文化之正面的價值之所在。至於中國文化理想有所不足之處，及其在現實上的缺點，我們當然承認。此俟以下再說。但是我們必須認清：看任何文化，如果眞能視之爲人類之客觀的精神生命之表現，則我們首當注目而加以承認的，應當是其原來理想所具備的正面價值的方面。我們須知，理想之不足，是在理想伸展爲更高更大之理想時，才反照出來的。現實上的缺點與壞處，是在我們實現理想時，受了限制，阻礙及其他牽掛而後反照出來的。此乃屬於第二義。我們能對於個人先認識其理想的長處，則我們可先對人有敬意。再繼以認識其理想之不足與現實上之缺點，則可使我們想方法補救其理想之不足與現實上之缺點，以表現我們對他的愛護，對於爲人類客觀精神生命之表現的文化，也應當如此。

## 八、中國文化之發展與科學

我們方才說中國文化理想之不足，必待於理想之伸展為更高更大之理想時，乃能反照出來，這亦卽就是說，我們不能只以一外在的標準，來衡量中國文化之價值，指導中國文化之前途。我們要論中國文化理想之不足，我們必需先了解中國文化之理想，其本身應向什麼方向伸展，才能更高更大，以反照出以前文化之缺點。要使此理想更高更大，一般的想法，總是最好把其他文化之理想，亦包括於中國文化的理想之中。但是這種想法，只是想由加添法來擴大中國文化之理想，而沒有注意到此文化之本身要求向什麼方向伸展其理想之問題。如依此加添法的想法，則世界上所有的好東西，最好中國文化中都有，這亦未嘗不是一理想的擴大。如中國有通哲學道德宗教以為一之心性之學，而缺西方式之獨立的哲學與宗教，我們亦願意中國皆有之，以使中國文化更形豐富。但是如依中國之傳統文化之理想說，則我們亦可認為中國無西方式之獨立的宗教與哲學，並非如何嚴重的缺點。而西方之哲學、宗教、道德之分離，缺少中國心性之學，亦可能是西方文化中之一缺點。此點我們後當論之。故我們今不採加添法以擴大中國之文化理想。我們只當指出中國文化依其本身要求應當伸展出之文化理想是什麼。

我們說中國文化依其本身之要求，應當伸展出之文化理想，是要使中國人不僅由其心性之學，以自覺其自我之為一「道德實踐的主體」，同時當求在政治上，能自覺為一「政治的主體」，在自然界知識界成為「認識的主體」及「實用技術的活動之主體」。這亦就是說中國需要眞正的民主建國，亦需要科學與實用技術，中國文化中須接受西方或世界之文化。但是其所以需要接受西方或世界之文化，乃所以使中國人在自覺成爲一道德的主體之外，兼自覺爲一政治的主體，認識的主體及實用技術活動的主體。而使中國人之人格有更高的完成，中國民族之客觀的精神生命有更高的發展。此人格之更高的完成與民族之精神生命之更高的發展，亦正是中國人之要自覺的成爲道德實踐之主體之本身所要求的，亦是中國民族之客觀的精神生命之發展的途程中原來所要求的。

我們承認中國文化歷史中，缺乏西方之近代民主制度之建立，與西方之科學，及現代之各種實用技術，致使中國未能眞正的現代化工業化。但是我們不能承認中國之文化思想，沒有民主思想之種子，其政治發展之內在要求，不傾向於民主制度之建立。亦不能承認中國文化是反科學的，自來卽輕視科學實用技術的。關於民主一層，下文再論。關於科學與實用技術一層，我們須先承認中國古代之文化，分明是注重實用技術的，故傳說中之聖王，都是器物的發明者。而儒家亦素有形上之道見於形下之器的思想，而重「正德」「利用」「厚生」。天文數學醫學之智識，中國亦發達甚早。在十八世紀以前，關於製造器物與農業上之技術知識，中國亦多高出於西方，此乃人所共知之事。然而我們仍承認中國的文化，缺乏西方科學者，則以我們承認西方科學之根本精神，乃超實用技術動機之上者。西方科學精神，實導原於希臘人之爲求知而求知。此種爲求知而求知之態度，乃是要先置定一客觀對象世界，而至少在暫時，收斂我們一切實用的活動及道德實踐的活動，超越我們對於客觀事物之一切利害的判斷與道德價值之判斷，而讓我們之認識的心靈主體，一方如其所知的觀察客觀對象，所呈現於此主體之前之一切現象；一方順其理性之運用，以從事純理論的推演，由此以使客觀對象世界之條理，及此理性的運用中所展現之思想範疇，邏輯規律，亦呈現於此認識的心靈主體之前，而爲其所清明的加以觀照涵攝者。此種科學之精神，畢竟爲中國先哲之所缺，因而其理論科學不能繼續發展。而實用技術之知識，亦不能繼續擴充。遂使中國人之以實用技術，利用厚生之活動，亦不能儘量伸展。中國人之缺此種科學精神，其根本上之癥結所在，則中國思想之過重道德的實踐，恆使其不能暫保留對於客觀世界之價值的判斷，於是由此判斷，卽直接的過渡至內在的道德修養，與外在的實際的實用活動，此卽由「正德」直接過渡至「利用厚生」。而正德與利用厚生之間，少了一個理論科學知識之擴充，以爲其媒介，則正德之事，亦不能通到廣大的利用厚生之事。或只退卻爲個人之內在的道德修養。由此退卻，雖能使人更體悟到此內在的道德主體之尊嚴，此心此性之通天心天理——此卽宋明理學之成就——然而亦同時閉塞了此道德主體之向外通的門路，而趨於此主體自身之寂寞與乾枯。由是而在明末之王船山顧亭林黃梨洲等，遂同感到此道德主體只是向內收縮之毛病，而認識到此主體有向外通之必要。然因中國之缺理論科學之精神傳統，故到清代，其學者之精神雖欲向外通，而在外面世界所注意及者，仍歸於諸外在之文物書籍，遂只以求知此書籍文物，而對之作考證訓詁之功爲能事，終乃精神僵固於此文物書籍之中。內既失宋明儒對於道德主體之覺悟，外亦不能正德以利用厚生，遂產生中國文化精神之更大閉塞。但由明末清初儒者之重水利，農田、醫學、律曆、天文，經顏元戴東原，以直至清末之富強運動，此中仍一貫有欲由對自然之知識，以達於正德兼利用厚生之要求貫注於其中。而其根本之缺點所在，則只在此中間之西方理論科學之精神之媒介，爲中國文化所缺，而不能達其目標。中國人欲具備此西方理論科學精神，則卻又須中國人之能暫收斂其實用的活動，與道德的目標，而此點則終未爲明末以來之思想家所認清。而欲認清此點，則中國人不僅當只求自覺成爲一道德的主體，以直下貫注於利用厚生，而爲實用活動之主體，更當兼求自覺成爲純粹認識之主體。當其自覺求成爲認識之主體時，須能暫忘其爲道德的主體，及實用活動之主體。而此事則對在中國之傳統文化下之中國人，成爲最難者。但是中國人如不能兼使其自身，自覺爲一認識的主體，則亦不能完成其爲道德的主體與實用活動之主體。由是而中國人眞要建立其自身之成爲一道德的主體，卽必當要求建立其自身之兼爲認識的主體。而此道德的主體之要求建立其自身兼爲一認識的主體時，此道德主體須暫忘其爲道德的主體，卽此道德之主體須暫退歸於此認識之主體之後，成爲認識主體的支持者，直俟此認識的主體完成其認識之任務後，然後再施其價値判斷，從事道德之實踐，並引發其實用之活動。此時人之道德主體，遂升進爲能主宰其自身之進退，並主宰認識的主體自身之進退，因而更能完成其爲自作主宰之道德的主體者。然而我們可以說，人之道德的主體，必須成爲能主宰其自身之進退與認識的主體之進退者，乃爲最高的道德的主體，此卽所謂人之最大之仁，乃兼涵仁與智者。而當其用智時，可只任此智之客觀的冷靜的了解對象，而放此智以彌六合，仁乃似退隱於其後。當其不用智時，則一切智皆卷之以退藏於密，而滿腔子是惻隱之心，處處是價値判斷，而唯以如何用其智，以成己成物爲念。依此精神以言中國文化之發展，則中國文化中必當建立一純理論的科學知識之世界，或獨立之科學的文化領域，在中國傳統之道德性的道德觀念之外，兼須建立一學統，卽科學知識之傳承不斷之統，而此事，正爲中國文化中之道德精神，求其自身之完成與升進所應有之事。亦卽中國文化中道統之繼續所理當要求者。至由理論科學之應用以發展實用技術，以使中國工業化，則本與中國數千年文化中重利用厚生之精神一貫者，其爲中國人所理當要求，自更無庸論。

## 九、中國文化之發展與民主建國

至關於民主建國之問題，我們上已說過，中國文化歷史中缺乏西方近代之民主制度之建立，中國過去歷史中除早期之貴族封建政治外，自秦以後即爲君主制度。在此君主制度下，政治上最高之權源，是在君而不在民的。由此而使中國政治本身發生許多不能解決之問題。如君主之承繼問題，改朝易姓之際之問題，宰相之地位如何確定之問題，在中國歷史上皆不能有好的解決，中國過去在改朝易姓之際，只能出許多打天下的英雄，以其生命精神之力互相搏鬥，而最後歸於一人爲君以開一朝代。但在君以開一朝代。但在君主世襲之制下，遇君主既賢且能時，固可以有政治上之安定。如君主能而不賢，則可與宰相相衝突，亦可對人民暴斂橫征。如君主不能不賢，則外戚、宦官、權臣皆覬覦君位，以至天下大亂。然賢能之君不可必，則一朝代終必就衰亡。以致中國之政治歷史，遂長顯爲一治一亂的循環之局。欲突破此循環之唯一道路，則只有係於民主政治制度之建立。故四十六年前，亦終有中華民國之成立。而現在之問題，則唯在中國民族迄今尚未能眞正完成其民主建國之事業。

但是中國今雖尚未能完成其民主建國之事業，然我們卻不能說中國政治發展之內在要求，不傾向於民主制度之建立，更不能說中國文化中無民主思想之種子。首先我們應當知道，中國過去政治雖是君主制度，但此與一般西方之君主制度，自來即不完全相同。此種不同，自中國最早的政治思想上說，即以民意代表天命。故奉天承命的人君，必表現爲對民意之尊重，且須受民意之考驗。所以古來在政治制度上：「使公卿至於列士獻詩……百工諫，庶人傳話，近臣盡規，親戚補察，瞽史敎誨」，使政治成爲通上下之情的機構。同時史官的秉筆直書，人臣對於人君死後所共同評定的謚法，都是使人君的行爲有多少顧忌。這些都是對君主所施之精神上之限制。由中國政治發展到後來，則有代表社會知識分子在政府中之力量之宰相制度，諫諍君主之御史制度，及提拔中國知識分子從政之徵辟制度，選舉制度，科舉制度等。這些制度，都可使君主在政府內部之權力受一些道德上的限制，並使中央政府與社會間，經常有溝通之橋梁。而這些制度之成立，都表示中國社會之知識分子所代表之中國文化之力量。只是這些制度之本身，是否爲君主所尊重，仍只繫於君主個人之道德。如其不加尊重，並無一爲君主與人民所共認之根本大法——憲法——以限制之，於是中國知識分子仍可被君主及其左右加以利用，或壓迫放逐屠殺，而在此情形下，中國知識分子則只能表現爲氣節之士。至此氣節之士之精神中，卽包涵對於君主及其左右之權力與意志之反抗。由此反抗之仍無救於政治上之昏亂，國家之敗亡，卽反照出中國政治制度中，將僅由政府內部之宰相御史等對君主權力所施之限制，必須轉出而成爲：政府外部之人民之權力，對於政府權力作有效的政治上的限制。僅由君主加以採擇與最後決定而後施行之政治制度，必須化爲由全體人民所建立之政治制度，卽憲法下之政治制度。將僅由篡竊戰爭始能移轉之政權，必須化爲可由政黨間作和平移轉之政權。此卽謂由中國君主制度本身之發展及中國文化對於君主制度下政治之反抗與要求，中國政治必須取消君主制度而傾向於民主制度之建立。

至於我們不能說中國文化中無民主思想之種子者，則以儒道二家之政治思想，皆認爲君主不當濫用權力，而望君主之無爲而治，爲政以德。此卽對君權加以限制抑制之政治思想。此固只是一對君主之道德上的期望。但儒家復推尊堯舜之禪讓及湯武之革命，則是確定的指明「天下非一人之天下，而是天下人之天下」及「君位之可更迭」，並認爲政治之理想乃在於實現人民之好惡。此乃從孔孟到黃梨洲一貫相仍之思想。過去儒家思想之缺點，是未知如何以法制成就此君位之更迭，及實現人民之好惡。禪讓如憑君主個人之好惡，此仍是私而非公，而儒家禪讓之說，後遂化為篡奪之假借。而永遠之革命，亦不能立萬世之太平。儒家所言之革命，遂化為後來之羣雄並起以打天下之局。但是從儒家之肯定天下非一人之天下，並一貫相信在道德上，人皆可以為堯舜為賢聖，及民之所好好之，民之所惡惡之等來看，此中之天下為公人格平等之思想，卽為民主政治思想根源之所在，至少亦為民主政治思想之種子所在。

我們所以說中國過去儒家之「天下為公」「人格平等」之思想之必須發展為今日之民主建國之思想與事業者，則以此思想之發展，必與君主制度相矛盾。因君主之家天下，畢竟仍是天下為私。同時人民在政治上之地位，不能與君主平等，所謂「臣罪當誅，天王聖明」，則在道德人格上亦不能與君主平等。反之，如君主與人民在道德人格上眞正平等，則人民在政治上應亦可言「人民聖明，君罪當誅」。若欲使此事成為可能，則君主制度必然化為民主制度。故道德上之天下為公人格平等之思想，必然當發展至民主制度之肯定。

此種政治上之民主制度之建立，所以對中國歷史文化之發展成為必須，尙有其更深的理由。在過去中國之君主制度下，君主固可以德治天下，而人民亦可沐浴於其德化之下，使天下清平。然人民如只沐浴於君主德化之下，則人民仍只是被動的接受德化，人民之道德主體仍未能樹立。而只可說僅君主自樹立其道德主體。然而如僅君主自樹立其道德主體，而不能使人民樹立其道德的主體，則此君主縱為聖君，而一人之獨聖，此卽私「聖」為我有，卽非眞能成其為聖，亦非眞能樹立其道德的主體。所以人若眞成樹立其道德的主體，則彼縱能以德化萬民，亦將以此德化萬民之事之本身，公諸天下，成為萬民之互相德化。同時亦必將其所居之政治上之位，先公諸天下，爲人人所可居之公位。然而肯定政治上之位，皆爲人人所可居之公位，同時卽肯定人人有平等之政治權利，肯定人人皆平等的爲一政治的主體。既肯定人人平等的爲一政治的主體，則依人人之公意而製定憲法，以作爲共同行使政治權利之運行軌道，卽使政治成爲民主憲政之政治，乃自然之事。由是而我們可說，從中國歷史文化之重道德主體之樹立，卽必當發展爲政治上之民主制度，乃能使人眞樹立其道德的主體。民主之政治制度，乃使居政治上之公位之人，皆可進可退。而在君主制度下，此君主縱爲聖君，然其一居君位，卽能進而不能退。縱有聖人在下，永無爲君之一日，則又能退而不能進。然本於人之道德主體對其自身之主宰性，則必要求使其自身之活動之表現於政治之上者，其進其退，皆同爲可能。此中卽有中國文化中之道德精神與君主制度之根本矛盾。而此矛盾，只有由肯定人人皆平等爲政治的主體之民主憲政加以解決，而民主憲政亦卽成爲中國文化中之道德精神自身發展之所要求。今日中國之民主建國，乃中國歷史文化發展至今之一大事業，而必當求其成功者，其最深理由，亦卽在此。

## 十、我們對中國現代政治之認識

我們以上論中國歷史文化精神之發展至今，必然要求民主建國，使我們觸及中國之現代史。所以我們須一略述我們對中國現代史之一些基本認識。

在懷疑中國能否民主建國的人，常由中華民國史以舉證。中華民國之歷史，從民國初年之一度袁世凱稱帝，一度張勳復辟，及十餘年之軍閥割據，到民國十五年國民革命成功，卽開始國民黨二十年之訓政，訓政剛結束，表面行憲選舉完成，卽有共產黨之取國民政府而代之，今已實行專政九年。這都似可證明中國政治永不能眞正走上民主憲政之路，以至使人可根本懷疑中國人民之是否眞要求民主政治。

首我們之看法，關于中國人民之要求民主政治，根本是不成問題的。因袁世凱稱帝，亦要先僞造民意，而洪憲之命運，亦只有數月。張勳復辟之命運更短。而國民黨之訓政，在中山先生之思想中，亦自始只以之作爲憲政之準備工作。只有共產黨所宗之馬列主義，在理論上是反對西方民主的，然其必以「人民民主」之名置于專政之上，並首先以新民主主義爲號召，則仍證明其未能眞正否定民主，足見中國人民之要求政治民主是不成問題的。

現在的問題是何以中國人民要求民主，而民主憲政終不能在此數十年之中國歷史中實現？則此中有現實社會的理由，亦有學術思想上之理由。就民國初年一段時期說，則辛亥革命之成功，本來主要係依于清末變法圖強運動之失敗，而漢民族之民族主義意識之興起，遂將滿清推倒。變法圖強運動，雖亦要求立憲，然當時立憲之目標，只重在用新人才以求富強。而漢民族之民族主義意識之興起，則是要雪所受于滿清的三百年之恥辱。當時的思想中，雖亦有民權民主之觀念，但這些觀念之涵義，中國人民並不清楚，或視民國之成立只爲中國歷史上改朝換代之類。而中國社會又自來缺乏各種宗教經濟學術文化之團體與地方自治之組織及各階級之對峙。於是民國初年之議員，多只是一種純粹之知識分子，無社會之客觀力量以爲其基礎，亦不能眞正代表社會某一組織某一階層之利益。我們看西方民主政治之起源，分明由於社會之各組織各階層之利益互相限制，互相爭取而成立。而西方之議員，亦恆有社會之客觀力量，以爲其言論所以有效之基礎。中國則一向唯以知識分子之作爲社會之中心，而此知識分子，又素未與工商界結合，亦無敎會之組織，則民國初年之議會，必只成爲社會浮游無根之知識分子結合，而終於不能制裁袁世凱之稱帝，亦不能抵制曹錕之賄選，亦無足怪。至於從民主之思想方面說，則由中山先生之民權主義思想，民國初年之代議政治之理論，以至陳獨秀辨新青年之標出科學與民主之口條，固皆是民主思想。但是陳獨秀等一方標科學與民主之口號，一方面亦要反對中國之舊文化，而要打倒孔家店。這樣，則民主純成爲英美之舶來品，因而在中國文化中是無根的。以民主與科學之口號，去與數千年之中國歷史文化鬪爭，中國文化固然被摧毀，而民主亦生不了根，亦不能爲中國人共信，以成爲制度。於是陳獨秀終於轉向社會經濟方面，而注意到西方帝國主義與資本主義對中國之侵略，由是而改談馬克思主義。不再談所謂資產階級之民主。以陳獨秀這種特別標榜民主口號的人，而終於一度拋棄了民主口號，這卽是民國初年之民主思想之最明顯的自我否定。於是民國十二三年後的中國思想，便一步步的走入馬克思之旗幟下去。這不僅共產主義者爲然，卽當時之三民主義者如胡漢民，廖仲凱等，亦同樣是唯物史觀之信徒。十三年國民黨改組，歸於聯俄容共，亦重在共建立一革命組織，以爲北伐之準備，而不在直接實現民主制度。中山先生與陳獨秀之不同，只在他始終有一由軍政訓政以達民主政憲之思想。然在國民革命的實際行動中，此民主憲政之觀念，並不能凸顯爲人所注意。而在國民黨訓政的廿年中，此觀念亦幾爲黨治觀念所代替。

至於國民黨之訓政何以延至廿年之久，此固可說是由於國民黨人在主觀上之不願輕易放棄其政權，但在客觀上的原因，則自一九三〇年日本侵佔東三省後，又特別喚起了中國人之民族思想。民族思想，常不免要求集中力量意志以便對外，因而一時有各種彷效希特勒、莫索里尼等思想之興起。及中日戰爭起，政體自更不易輕於改變。然人欲由此推論中國人民願長爲訓政下之人民，則並無是處。故在民主政治以外之任何努力，對予解決中國問題，終皆一切歸於無效。

至於今日共黨在大陸之專政，似最易證明中國人民之不要求民主。再連我們上面所說的陳獨秀之講民主而改信馬列主義，及國民黨人士在思想及作法上，曾受共黨及法西斯之影響等，似更證明中華民國以來之思想界，並不重視民主之思想。對於這個問題，我們的答覆是此共產主義思想之來源，根本不是中國的。其所以能在中國蔓延，乃由於自十九世紀末以來，中國確曾受西方資本主義的侵略與帝國主義的壓迫。此共產主義之思想，乃由住在租界中的亭子間的知識分子，因深感此侵略壓迫之存在，而後介紹至中國的。這種思想之介紹至中國，並非由中國民族文化思想中所直接發展而出，而只是由於中國民族與其文化，因受侵略壓迫，不能一直發展，然後才由外輸入的。這種思想之本身，並非眞爲中國人民本其客觀的精神生命之要求而在正面加以接受。中國共產黨之所以能取得政權，我們亦不能忽視二重大的事實。第一、卽共黨之坐大，初由於以共同抗日爲號召，這是憑藉中華民族之民族意識。第二、共黨之能取國民政府之政權而代之，其初只是與其他民主黨派聯合，以要求國民黨還政於民，於是使國民黨之黨治，先在精神上解體。這是憑藉中國人民之民主要求，造成國民黨精神之崩潰，而收其果實。由此二者，卽可證明中共今雖然在思想上要一面倒於蘇俄，並實行無產階級專政，然其所以有此表面的成功，仍正由於它憑藉了中國人民之民族意識及民主要求，而不是由於人民先正面的接受了馬列主義專政思想。因此馬列主義之專政思想，是決不能長久成爲中國文化與政治之最高指導原則的。

馬列主義之專政思想所以不能長久成爲中國文化政治之最高指導原則，其根本理由：

一、在馬列主義想否認普遍的人性，而只承認階級的人性，因而想打倒一切建基於普遍的人性基礎上之宗教、哲學、文學、藝術、道德，而徹底以階級的觀點，加以劃分，此處是違悖了世界一切高級文化之共同原則。尤與中國數千年之文化思想中之植根於對此心此性以建立道德的主體者相違，而想截斷中國歷史文化之統緒。二、在由其階級的人性觀所產生的無產階級的組織，想否認每一人的個性與自由人權，這是與一切人之各爲一個人，因而必有其個性，亦當有其自由人權相違的。三、在中國文化之歷史的發展，是必然要使中國人除成爲一道德的主體外，兼成爲一政治的主體及認識的主體、實用技術的主體。人要成爲一認識的主體，則其思想理性決不能爲教條所束縛，而思想之自由，學術之自由，必當無條件的被肯定。四、在中國人民要成爲政治的主體，則既不能容許君主一人在上，人民成爲被治者，亦不能容許一黨專政，使黨外皆只成爲被治者。五、在中國傳統政治中問題之一在對於改朝易姓，君主繼承等問題，無妥善的解決。但以前之君主繼承，尙有習慣相傳儒家所力加維護以求天下之安定之傳長子制度，而在共黨之極權政治中，則最高政治領袖之繼承問題，連類似傳子之制亦無法建立，則只有歸於如蘇聯列寗死後斯大林死後之互相砍殺。此砍殺之必然產生，乃在於共黨體制之內，視不同之意見爲必不能並存的敵人。有我無敵，有敵無我，此乃共黨體制所造成之心理狀態。於是共黨內權力之爭，同時卽爲參與者的生命的生死之爭。故此砍殺，乃由一黨專政之本性所注定者。欲避此砍殺，只能由全民依共同遵守之憲法，以行自由之選擧。使政權能在和平中移轉。由此種種理由，則我們雖亦可承認在中共之集體組織之專政下，若干集體的實用技術性之事業，可暫表現若干成績；然對整個中國文化之發展言，對人之個性自由人權言，對人之普遍的人性與依於此普遍的人性而建立之一切人類文化言，此專政乃不當長久，事實上亦必不能長久者。

其所以在事實上必不能長久之理由，卽在吾人前面所言，此馬列主義之思想，在中國民族之客觀精神生命之要求上，本無正面之基礎。中國人之接受此思想，唯因此思想乃直接以反帝國主義反資本主義之侵略爲目的。在此點之上，此種思想亦實較任何其他中國思想西方思想，其旗幟較爲鮮明，而富於激動力。故自民國十二三年以來，卽流行於國內。然而中國民族之所以反帝國主義資本主義，則唯由其自身要求獨立存在，並繼續發展其文化於當今之世界。而此則有中華民族之精神生命正面要求的存在。此正面要求是「正」，此正面要求之受百年來之帝國主義資本主義之侵略壓迫是「反」，而馬列主義則至多只是被中國人一時所信，而用以反此反者。則馬列主義在根本上只是此正面要求之暫時工具。因而決不可能倒轉來代替原初之正面要求，或妨礙到此正面要求。如妨礙之，則此正面要求既能因受外來之侵略壓迫，而尋求此工具，則他亦能因對其自身之矛盾，而捨棄此工具。所以無論中國今後政治發展之曲折情形，我們縱不能一一預料，然馬列主義思想本身，總是歸於被否定，而中國文化之客觀的精神生命必然是向民主建國之方向前進，則是我們可以斷言的。

## 十一、我們對於西方文化之期望及西方所應學習於東方之智慧者

西方文化是支配現代世界的文化，這是我們不能否認的事實。自十九世紀以來，世界各民族的文化都受到西方文化的影響，都在努力學習西方之宗敎、科學、哲學、文藝、法律、

實用技術，亦是不能否認的事實。但是畢竟西方文化之本身，是否卽足够領導人類之文化？除東方人向西方文化學習以外，西方人是否亦有須向東方文化學習之處？或我們期望西方人應向東方文化學習者是什麼？由此東西文化之互相學習，我們所期待於世界學術思想之前途又是什麼？這是一個大問題。我們於此亦願一述我們之意見。

照我們對於西方文化的看法，我們承認西方文化精神之最高表現，主要在其秉承受了希臘的科學哲學精神，與希伯來之宗教精神。希伯來之宗教精神，使西方之人心靈直接通接於上帝。希臘的科學哲學精神，使西方人能對宇宙間之數理秩序，對各種事物存在之普遍範疇與特殊法則，對人類思考運行所遵守之邏輯規律，都以清明之心，加以觀照涵攝，而人乃得以其認識的主體，居臨於自然世界之上，而生活於普遍的理性之世界。近代之西方人最初是北方蠻族，而此蠻族又以其原始樸質之靈魂，接受此二文化精神之陶冶，而內在化之，於是此近代西方人之心靈，乃一面通接於唯一之上帝之無限的神聖，一面亦是能依普遍的理性以認識自然世界。由此而轉至近代文藝復興時代，人對其自身有一自覺時，此二者卽結合爲個人人格尊嚴之自覺，與一種求精神上的自由之要求。由此而求改革宗教，逐漸建立民族國家，進而求自由運用理性，形成啟蒙運動；求多方面的了解自然與人類社會歷史，並求本對自然之知識以改造自然；本對人類社會政治文化之理想，以改造人間。於是政治上之自由與民主、經濟上之自由與公平，社會上之博愛等理想，遂相緣而生。而美國革命，法國革命、產業革命、解放黑奴運動、殖民地獨立運動，社會主義運動，亦都相繼而起。由科學進步之應用於自然之改造及對社會政治經濟制度之改造，二者相互爲用，相得益彰。於是一二百年之西方文化，遂突飛猛進，使世界一切古老之文化，皆望塵莫及。凡此等等，蓋皆有其普遍永恆之價値，而爲一切其他民族所當共同推尊讚嘆學習仿求，以求其民族文化之平流競進者也。

然此近代之西方文化，在其突飛猛進之途程中，亦明顯的表現有種種之衝突與種種之問題。如由宗教改革而有宗教之戰爭；由民族國家之分別建立而有民族國家之戰爭；由產業革命而有資本主義社會中勞資之對立；爲向外爭取資源，開發殖民地，而有壓迫弱小民族之帝國主義行動；及爲爭取殖民地而生之帝國主義間之戰爭；爲實現經濟平等之共產主義之理想，而導致蘇俄之極權政治，遂有今日之極權世界與西方民主國家之對立；而二十世紀以來，亞洲非洲之民族主義興起，既與西方國家之既得利益相衝突，又因其對歐美之富強而言，整個之亞洲非洲，無異於一大無產階級，於是亞非民族，既受西方政治上經濟上之壓迫侵略於前，故共產主義之思潮最易乘虛透入。亞洲非洲之民族主義與共產主義相結合，以反抗西方國家，又適足以遂蘇俄一國之野心。在今日科學已發展至核子武器，足以毀滅人類之時期，人類之前途乃惶惶不可終日。此皆近代西方文化之突飛猛進所帶來之後果。則我們今日對西方文化，畢竟應如何重新估價？並對之應抱有何種希望？應爲吾人所認眞思考之問題。

從一方面看，由近代西方文化進步所帶來之問題，亦多由西方人自身所逐漸解決，如由宗教自由原則之確立，宗教戰爭已可不再起。對勞資之衝突，西方文明國家，亦有各種政治上經濟上社會上之措施。對狹隘的民族國家觀念亦先後有國際聯盟聯合國之成立，希望由此加以破除。而自美國由殖民地成爲獨立國家以來，世界人類的良心，在廿世紀，亦皆同趨向於謀一切殖民地之獨立。人類當前的問題，唯在共產之極權世界與西方民主國家間之對立，而亞非之民族主義，又可能與共產主義相結合。然此亦正爲西方人士所竭心盡智以求解決者。但是照我們的看法，這許多問題雖多已解決，但其問題之根原於西方文化本身之缺點者，則今日依然存在。不過今只表現爲蘇俄之極權世界與西方民主國家之對立局勢而已。

在今日蘇俄之極權世界與西方民主國家之對立中，居於舉足重輕之地位者，分明係亞非之民族之何去何從。本來亞洲之中國文化，印度文化，及橫貫亞非之回教文化，在先天上皆非唯物主義，在理論上正應與西方之自由民主文化相結合，然其今日何以尚未如此，實值得西方人士作深刻的反省。

西方人士初步之反省，是歸其原因於十九世紀以來西方對亞洲非洲之侵略，以致今日尚有歷史遺下之殖民地存在於亞洲及非洲。此種反省之進一步，是如羅素斯賓格勒之說：西方人在其膨脹其文化力量於世界時，同時有一強烈的權力意志、征服意志，於是引起被征服者之反感。但是照我們之意見，此權力意志還是表面的。眞正的西方人之精神之缺點，乃在其膨脹擴張其文化勢力於世界的途程中，他只是運用一往的理性，而想把其理想中之觀念，直下普遍化於世界，而忽略其他民族文化的特殊性，因而對之不免缺乏敬意與同情的了解，亦常不能從其他民族文化自身之發展的要求中，去看西方文化對其他民族文化之價值。此義在我們研究中國文化的態度時已提到而未加說明。本來這種運用一往的理性而想把理想中之觀念直下普遍化出去，原是一切人之同有的原始的理性活動之形態。但因西方文化本源於希伯來與希臘之文化傳統，而近代西方人又重實用技術之精神，於是近代西方人遂特富於此心習。因爲依希臘文化之傳統，人之理性的思維，須自覺的把握一切普遍者，而呈現之於人心之前。又依希伯來之宗教文化傳統，則人信上帝是有預定之計劃，乃由上至下以實現其計劃於世界者。而本近代之實用技術之精神，則人對自然社會之改造，都是把由我們之理性所形成之普遍理想，依一定之方法而實現之於現實者。由是而上信上帝，又有依理性而形成之普遍理想，而兼習於實用技術精神之西方人，遂有一種自覺或不自覺的心習，即如承上帝之意旨，以把其依理性所形成之理想，一直貫注下去之心習。這個心習，在一個人身上表現，後果還不嚴重，但在一羣人身上表現以形成一宗教社會政治經濟之改革運動時，則依此心習所積成之一羣人之活動，遂只能一往直前，由是而其力量擴張至某一程度，即與另一羣抱不同理想之人，互相衝突。此乃近代之宗教戰爭，民族國家之衝突，經濟上階級之衝突，各種政治上主義信仰者間之鬪爭，恆歸於非常劇烈，無從避免之原因。亦是各西方國家之政治經濟文化之力量，必須轉而向亞非各洲膨脹，以暫緩和其內部之衝突，遂再轉而爲對弱小民族之侵略壓迫，並造成爭殖民地之戰爭之原因；同時亦即是西方人今日之良心，雖已認殖民地爲不當有，在亦願與亞洲非洲民族結合，但仍不能對亞洲民族文化之特殊性加以尊重與同情的了解，而仍貌合神離之原因。

又據我們東方亞洲人之所感覺，西方之個人，在本其此種心習來與東方人辦理外交政治事務，以及傳教或辦教育文化之事務，而同時又在對東方作研究工作時，更有一種氣味，爲我們時時會接觸，覺其不好受，而又不易表諸文字者。此即在其研究的態度中，把其承繼希臘精神而來之科學的理智的冷靜分析態度，特爲凸出；而在此態度之後，則爲其所存之於心的理想計劃，預備在研究之後，去實施或進行者。於此情形下，東方人一方自覺成爲西方人之冷靜的研究對象，一方又覺其正預備以其理想計劃，自上貫注下來，到我們身上。東方人在覺其自身只爲一冷靜的研究對象時，即覺爲被西方人所推遠而感到深細的冷酷。而在其覺西方正以其預定之理想貫注下來時，則感一精神上的壓迫。而此種感覺，則更使東方人與西方人之直接的交接關係，亦歸於貌合神離。而在西方人方面，如自信其理想是公的好的，亦是爲東方人本身的，則恆以此種東方人之貌合神離，乃由東方人之不知其好意，或東方人對西方人有距離感自卑感，以及仇恨心，或爲東方人之狹隘的民族國家意識文化意識，從中爲梗。這些東西我們亦不能完全否認東方人之莫有，而且亦可能有得很多。但是西方人本身之態度，亦正有極大的關係。而此種態度，在根本上，正由西方所承受之希臘文化精神希伯來精神及近代之實用技術精神，三者之一種方式的結合之產物，此乃與西方文化之好處、西方人之長處難於分別者。當我們東方人了解到此點時，亦應當對西方人之此種態度，加以諒解。然而西方人如眞欲其對人之態度，與其自身之精神，再進一步，或眞欲與東方人亞洲人及非洲人接觸以調整人類關係，謀取世界和平，以保西方文化本身之永遠存在於人間世界，則我們認爲西方人之精神理想，尙可再上升進一步，除由承繼希臘精神希伯來精神而加以發展出之近代西方之精神以外，尙可有學習於東方之人生智慧，以完成其自身精神理想之升進者。此有五點可說。

西方人應向東方文化學習之第一點，我們認爲是「當下即是」之精神，與「一切放下」之襟抱。西方文化精神之長處，在其能向前作無限之追求，作無窮之開闢。但在此向前追求，開闢之精神狀態中，人雖能以宗教上之上帝爲托命之所，而在眞實生活中，其當下一念，實是空虛而無可在地上立足。由此念念相續，亦皆實空虛而無可在地上立足。於是西方之個人與國家，必以向前之追求開闢，塡補其當下之空虛。當其追求開闢之力量，隨自然之生命之限制，或外來之阻限而不能不停頓時，其個人之生命，國家之生命亦可能同時倒下。

故西方之老人，多爲淒涼寂寞之老人；而西方歷史上之強國，當爲一仆不起，或絕滅不世之強國。中國文化以心性爲一切價値之根源，故人對此心性有一念之自覺，則人生價値，宇宙價値，皆全部呈顯，圓滿具足。人之生命，卽當下安頓於此一念之中，此卽所謂「無待他求，當下卽是」之人生境界。中國以知進而不知退爲人生之危機，而此正西方文化之特點。其所以不知退，則因在其當下精神中實無可立足之地。則由當下卽是之生活智慧可與西方人以隨時可有立足之地，此卽可增加西方文化自身之安全感與堅韌性。

其次，西方以承希臘精神之重智而來之文化活動，必表現爲概念之構成。此爲成就知識之必需條件。但西方人士之沉浸於概念知識之積累者，無形中恆以概念積累之多少，定人生內容之豐富與否。此固有其一面之意義。但概念之本身，對具體之人生而言，本有一距離，且有其限局而造成阻隔。人之精神中如時時都背負一種概念的東西，而胸襟不能廣大空濶。此缺點首表現爲西方人之不易與東方人有眞實的 Authentic 接觸。因我們與他人之眞實接觸，首先要我們心中全莫有東西，而成爲生命之直接相照射，一有此概念的東西，則此東西，雖亦可爲媒介，以使我們得同其他與此概念發生關係的人接觸。但是此種概念的東西，卻同時可成爲人與人的眞實接觸之阻隔。此種概念的東西，包括我們預定的計劃目標，用以聯繫人之抽象理想，用以衡量人之抽象標準成見習見等，這些東西在我們求與人有眞實接觸時，都應一切放下，唯由此放下，而後我與人才有彼此生命之直相照射，直相肯定，而有眞實的了解。此事似易而實難，必須極深的修養。此中有各層級之工夫可用。而皆須在平時用，然後我在接觸人時，才有眞實的接觸與眞實的了解。此平時之工夫，是在我平日生活中，隨時在自覺有東西時，隨時超越之而放下之。此放下之智慧，印度思想中名之爲空之智慧，解脫之智慧。在中國道家稱之爲虛之智慧，無之智慧。中國儒家稱之爲「空空如也」「毋意、毋必、毋固、毋我」「廓然大公」之智慧。由此種智慧之運用去看生活中之一切經驗事物，理想事物，都要使之成爲透明無礙。於是人雖可照常的有概念的知識、理想，但他可以無執着，無執着則雖有而能超越此有，若無若有。這種智慧要使百萬富翁，覺其身無長物，使大政治家覺「堯舜事業何異浮雲過太虛」；使一切大科學家大哲學家之口，如「掛在壁上」；使一切大傳教師自覺「無一法與人」；使一切外交家，自覺只是臨時的賓客。這種放下的智慧之表現於印度之哲學宗教中；中國之儒道禪宗之人物之思想與風度中，及中國之文學與藝術中者，實値得西方人之先放下其文化傳統中之觀念，去體會、欣賞、涵泳，然後知其意味之無窮。而其根源仍在於當下即是，一切平等之人生境界。此是西方人應向東方文化學習之第一點。

西方人應向東方文化學習之第二點，是一種圓而神的智慧。上所謂一切放下之智慧，是消極的。圓而神的智慧，則是積極的。所謂「圓而神」，是中國易經裏的名詞，與「方以智」對照的。我們可說，西方之科學哲學中，一切用理智的理性所把握之普遍的概念原理，都是直的。其一個接一個，即成爲方的。這些普遍的概念原理，因其是抽象的，故其應用至具體事物上，必對於具體事物之有些方面，有所忽，有所抹殺。便不能曲盡事物之特殊性與個性。要能曲盡，必須我們之智慧成爲隨具體事物之特殊單獨的變化，而與之宛轉俱流之智慧。這種智慧之運用，最初是不執普遍者，把普遍者融化入特殊以觀特殊，使普遍者受一特殊之規定。但此受某一種特殊之規定之普遍者，被人自覺後又成一普遍者。又須不執再融化入特殊中，而空之。於是人之心靈，可再進一步以使其對普遍者之執，可才起即化。而只有一與物宛轉之活潑周遍之智慧之流行。因此中之對普遍者之執才起卽化，卽如一直線之才向一方伸展，隨卽運轉而成圓，以繞具體事物之中心旋轉。此卽爲一圓而神之智慧。或中國莊子思想所謂「神解」「神遇」，孟子所謂「所過者化，所存者神，上下與天地同流」。此神非上帝之神，精神之神。神者，伸也，人只以普遍之抽象概念原理觀物，必有所合，亦有所不合。有不合處，便有滯礙。有滯礙則心之精神有所不伸。必人能於其普遍抽象之概念原理，能才執卽化，而有與物宛轉俱流之圓的智慧，而後心之精神之運，無所不伸。故謂之圓而神之智慧。此種智慧不只是一辯證法的智慧，而略近於柏格森之所謂直覺。辯證法之智慧是以一普遍者規定一具體實在後，再卽觀其限制，而更湧現一較具體化之普遍者以觀物。此中之普遍者仍是一一凸出於意識之前的。而此種圓而神之智慧，則可對一切普遍者之執，才起而不待其凸出，卽已在心靈之內部超化。於是在人之意識之前者，唯是一與物宛轉之活潑周運之圓而神的智慧之流行。故略近於柏格森之所謂直覺，但柏格森之直覺，只是其個人之哲學觀念。而中國人則隨處以此圓而神之智慧體會自然生命，觀天地化幾，欣賞讚美活的人格之風度，以至以此智慧觀時代之風會氣運之變，並本此智慧以與人論學，而應答無方，隨機指點，如天籟之流行。而我們在中國之文學藝術，與論語、孟子、世說新語，禪宗語錄，宋明語錄，及中國先儒之論學書信中，皆可隨處發現此種智慧之流行。是皆待於人之能沉潛涵泳於中國文化之中，然後能深切了解的。西方人亦必須有此圓而神之智慧，乃能眞與世界之不同民族，不同文化相接觸，而能無所阻隔，並能以同情與敬意之相遇，以了解其生活與精神之情調與心境，亦才能於其傳統文化中所已認識之理型世界、知識世界、上帝世界、技術工業世界，分門別類的歷史人文世界之外，再認識眞正具體生命世界，與人格世界與歷史人文世界中一切的感通。而西方之學者，亦才能於各自著書立說，自成壁壘之外，有眞正的交談，而彼此隨時能相悅以解。

西方人應向東方文化學習之第三點，是一種溫潤而惻怛或悲憫之情。西方人之忠於理想及社會服務之精神與對人之熱情與愛，都恆爲東方人所不及，這是至可寶貴的。但是人對人之最高感情，不只是熱情與愛。人之權力意志與佔有之念，都可透入於人對人之熱情與愛之中。要使此權力意志與佔有之念不透入，在西方主要賴其宗敎信仰中所陶冶之謙卑，及視自己之一切功德皆所以光榮上帝，服務於上帝，亦由上帝之恩典而來之種種心情。但是人之權力意志，亦可借上帝作後盾，自信自己之所行，已爲上帝所嘉許，而更向前施展。人亦可以私心想佔有上帝，如在戰事中與人衝突時，祈禱上帝幫助自己。此處上帝之道與人心之魔又可俱生並長。於是基督敎又有對敵人及一切罪人之寬赦 Forgiveness，以求去此病。但是對人之絕對的寬赦，亦可化爲對世間一切之「放棄」Renunciation，而只求自己個人之道福。如要去此「放棄」之病，則仍須再重視愛與熱情。此成了一圓圈，而愛與熱情中仍可有權力意志與佔有之念。問題仍無究竟之解決。要使此問題有究竟之解決，只有人在開始對人之熱情與愛中，便絕去其權力意志與佔有之念之根。要去此根，則愛必須眞正與敬同行。愛與敬眞正同行，其涵義之一，是如我覺我對人之愛是原於上帝，其泉源是無盡的上帝之愛，則我們對他人之敬，亦同樣是無盡之敬。而此中對人之敬，亦可是敬人如敬上帝。中國所謂仁人之「事親如事天」「使民如承大祭」即此之謂。此處不容許一個回頭自念，自己是信上帝的，知道上帝之愛的，而對方都不是。如此一想，則覺對方比我低一級，而我對人之敬則必有所不足。對人若須有眞實之敬，則必須對人有直接的絕對的無條件的眞視「人之自身爲一目的」的敬，能有此敬，則人對人之愛，皆通過禮而表現之，於是愛中之熱情皆向內收斂，而成溫恭溫潤之德。而人對人最深的愛，則化為一仁者惻怛之情。此可通於佛家之悲憫。惻怛悲憫與一般之愛之不同，在一般之愛，只是自己之生命精神之感情，視人如己的向人流注。此處之視人如己，卽可夾雜「對人加以佔有之念」之泥沙並下。而惻怛悲憫，則只是自己之眞實存在之生命精神，與他人之生命精神間之一種忐忑的共感，或共同的內在振動，此中，人對人自然有眞正的同情，亦有情流向人流注。但是這些情流，乃一面向外流，一面亦都為自己所吞咽，而回到自己，以感動自己，遂能將此情流中之夾雜的泥沙，加以清洗。這中間有非常微妙的道理。而更哲學的說，則西方人所重之愛，要眞化為惻怛與悲憫，必須此愛之宗敎的根原之上帝，不只是一超越於一切人精神之上，而為其貫通者，統一者，為人之祈禱之對象者，而須視同於本人之本心深心，而透過我們之肉軀，以表現於一切眞實存在之生命精神之間之直接的感通關係中者，然後可。但詳細討論此中問題，則非今之所及。

西方之應向東方學習之第四點，是如何使文化悠久的智慧。我們以前已說，中國文化是世界上唯一歷史久而又自覺其久，並原於中國人之自覺的求其久，而復久的文化。現代西方近代文化，固然極精彩燦爛，但如何能免於如希臘羅馬文化之衰亡，已有不少的人憂慮及此。照我們的意思，文化是各民族精神生命之表現。依自然的道理，一切表現，都是力量的耗竭。耗竭既多，則無一自然的存在力量能不衰。人之自然的精神生命之力，亦然。欲其不衰，人必須一方面有一上通千古，下通萬世之由歷史意識所成之心量，並由此心量以接觸到人心深處與天地萬物深處之宇宙生生之原。此宇宙生生之原在西方人稱為上帝。由西方之宗敎生活，人亦可多少接觸此宇宙之生生之原。但是一般宗敎生活，只賴祈禱與信仰來接觸上帝，上帝之對於人，終不免超越而外在，而人只想上帝之永恆，亦尚未必卽能直下有上通千古下通萬世之歷史意識所成之心量。且由祈禱信仰，以與此宇宙生生之原之上帝接觸，乃是只以人之超越向上的心靈或精神與之接觸，此尙非直下以吾人生命存在之自身與之接觸。要使生命之存在自身與之接觸，吾人還須有一段大工夫。此一段大工夫之開始點，乃在使吾人生活中之一切向外表現之事，不只順着自然的路道走，而須隨時有逆反自然之事，以歸至此宇宙生生之原，而再來成就此自然，這正是我們以前所說之中國歷史文化所以能長久所根之智慧，這個智慧不只是一中國哲學的理論，而是透到中國之文學藝術禮儀之各方面的。依這種智慧，中國人在一切文化生活上，皆求處處有餘不盡，此卽所以積蓄人之生命力量，使之不致耗竭過度，而逆反人之自然的求儘量表現一切之道路，以通接於宇宙生生之原者。而以此眼光看西方近代文化之只求效率之快速，這中間正有一大問題存在。在當前的世界，以中國人以前之尙寬閒從容之態度來應付，固然很多不適宜之處。但是近代西方世界，帶着整個人類奔馳。人縱皆能乘火箭到星球世界，而一人飛上一個星球，還是終沈入太空之虛無，此並未得人類文化以及西方文化自身眞正長久存在之道。西方人亦終當有一日會感對只有上帝之永恆而無歷史文化之悠久，人並不能安居樂業於此世界，則星球中亦不可容居。這時西方人當會發展出一上通千古下通萬世之心量，並本此心量以接觸宇宙生生之原，而生活上處處有餘不盡之價值，並會本此心量而眞重視到父母祖宗之孝，並爲存宗祀而生子孫，爲承繼祖宗遺志而求文化之保存與延續，以實際的實現文化歷史之悠久。但這些問題亦不是我們在此文中，所能一一詳細討論的。

西方人應向東方人學習之第五點是天下一家之情懷。我們承認人類現在雖然有許多國家，而凡未能民主建國之國家，皆須一一先走上民主建國之道路。但是人類最後必然歸於天下一家。所以現代人，在其作爲一國家之公民之外，必須同時兼備一天下人之情懷，而後世界眞有天下一家之一日。在這點上說，東方人實更富於天下一家之情懷。中國人自來喜言天下與天下國家。爲養成此情懷，儒家，道家，墨家，佛家之思想皆有所貢獻。墨家要人兼愛，道家要人與人相忘，佛家要人以慈悲心愛一切有情，儒家要人本其仁心之普遍涵蓋之量，而以「天下爲一家，中國爲一人」，本仁心以相信「人皆可以爲堯舜」，本仁心以相信「東西南北海，千百世之上，千百世之下之聖人心同理同」。儒家之講仁，與基督教講愛，有相通處，因基督教之愛，亦是遍及于一切人的。

但是基督教要先說人有原罪，其教徒是本上帝之意旨，而由上至下，以救人。儒家則多信人之性善，人自身可成聖，而與天合德。此是一衝突。但教義之不同處，亦可並行不悖，而各有其對人類與其文化之價值。但在養成人之天下一家之情懷上，則我們以爲與其只賴基督教思想，不如更兼賴儒家思想。此乃由以基督教爲一制度的宗教，有許多宗派之組織，不易融通。基督教有天堂觀念，亦有地獄觀念，異端與不信者，是可入地獄的。則各宗派間，永不能立于平等之地位，而在自己之教會者與不在者，即分爲二類。而一可上天堂，一可入地獄。如此，則基督教對人之愛雖以一無條件，仍可以有一條件，即信我的教。此處實有一極大之問題。照儒家的意思，則只要是人，同有能成聖而與天合德之性。儒家並無教會之組織，亦不必要人皆崇拜孔子，因人本皆可成聖而同于孔子，此即使儒家之教，不與一切人之宗教成爲敵對。儒家有天地之觀念，而無地獄之觀念，亦無地獄以容異端。「萬物並育而不相害，道並行而不相悖」，乃儒家之信仰。則人類眞要有一「天下一家」情懷，儒家之精神實値得天下人之學習，以爲未來世界之天下一家之準備。此外，東方之印度之佛教婆羅教，同有一切人可成佛，而與梵天合一之思想，而可足養成人之天下一家之情懷者。此各種東方之思想，亦同連繫于東方之文學藝術禮儀，而同値得西方人加以研究而學習者。

我們以上所說西方人應向東方學習者，並不能完備。儘可由人再加以補充。我們以上說的是西方文化如要完成其今日欲領導世界的目標，或完成其自身之更向上的發展，求其文化之繼續存在亦有須要向東方學習者。而這些亦不是在西方文化中莫有種子的。不過我們希望西方文化中這些種子，更能由對東方之學習，而開花結果而已。

## 十二、我們對於世界學術思想之期望

我們如承認西方文化，亦有向東方學習的地方，則我們對于中國與世界之學術方向，還有幾點主張可以提出。

（一）由于現在地球上的人類，已經由西方文化之向外膨脹，而拉在一起，並在碰面時彼此頭破血流。我們想現代人類學術的主要方向，應當是我們上面所謂由各民族對于其文化缺點之自己反省，把人類前途之問題，共同當作一整個的問題來處理。除本于西方文化傳統之多元，而產生的分門別類的科學哲學之專門研究之外，人類還須發展出一大情感，以共同思索人類整個的問題。這大情感中，應當包括對不同民族不同文化之本身之敬重與同情，及對于人類之苦難，有一眞正的悲憫與惻怛之仁。由此大情感，我們可以想到人類之一切民族文化，都是人之精神生命之表現，其中有人之血與淚，因而人類皆應以孔子作春秋的存亡繼絕的精神，來求各民族文化之價値方面保存與發展，由此以爲各種文化互相並存，互相欣賞，而互相融合的天下一家之世界之準備。

（二）人類要培植出此大的情感，則只是用人之理智的理性，去對各種自然社會人類歷史作客觀的冷靜的研究，便只當為人類學問之一方面。人類應當還有一種學問，這不是只把自然與人類自己所有之一切客觀化為對象，而加以冷靜的研究之學問，而是把人類自身當作一主體的存在看，而求此主體之存在狀態，逐漸超凡入聖，使其胸襟日益廣大，智慧日益清明，以進達于圓而神之境地，情感日益深厚，以使滿腔子存有惻怛之仁與悲憫之心的學問。這種學問不是神學，亦不只是外表的倫理規範之學，或心理衞生之學，而是一種由知貫注到行，以超化人之存在自己，以升進于神明之學。此即中國儒者所謂心性之學，或義理之學，或聖學。此種學問，在西方宗教之靈修中，印度之所謂瑜珈行中亦有之。而西方由杞克葛（Kierkegaard）所開之存在哲學之注重人如何成為基督教徒，而不注重人之入教會祈禱上帝之外表的宗教行為，亦是向人生存在自己之如何超化，而向上升進上用心的。但因西方之傳統文化，是來原於理智之理性認識客觀世界之條理之希臘精神，承受上帝之誡命而信托上帝之啟示之希伯來精神，注重社會國家之法制組織之羅馬精神，所以這一種學問，並未成西方之學術之核心。而人不能超化其存在之本身，以向上升進于神明，則人之存在本身不能承載上帝，而宗教信仰亦隨時可以動搖。同時人亦承載不起其自身所造成之知識世界，與科學技術所造成之文明世界，故原子彈似隨時要從人手中滑出去，以毀滅人類自己。人亦承載不起由其自身所定之政治社會之法制組織，對個人自由所反施之壓迫。此即為現代之極權國家對個人自由所反施之壓迫，而今之產業社會之組織對個人自由，亦同有此壓迫。人類之承載不起人類自身之所信仰及所造的東西，此根本毛病，正在人類之只求客觀的了解世界，以形成智識，本知識以造理想，而再將此理想不斷客觀化于自然與社會。于是如人生存在以外之文化物財不斷積累加重，而自成一機械的外在桎梏，似非人力之所能主宰。而此處旋乾轉坤的學問，則在人之主體的存在之眞正自作主宰性之樹立，而此主宰性之樹立，則係于人生存在自身之超化升進。人有此一種學問，而後人乃有眞正之自作主宰性之樹立，亦卽中國之所謂立人極之學問。人極立而後人才能承載人之所信仰，並運用人之所創造之一切，而主宰之。這是這個時代的人應當認識的一種大學問。

（三）從立人極之學所成之人生存在，他是一道德的主體，但同時亦是超化自己以升進于神明的，所以他亦是眞能承載上帝而與天合德的。故此，人生存在，兼成爲「道德性與宗教性之存在」。而由其爲道德的主體，在政治上卽爲一民主國家中之一眞正的公民，而成「政治的主體」。到人類天下一家時，他卽成爲天下的公民。卽孟子所謂天民。而仍爲天下中之政治的主體。在知識世界，則他成爲「認識的主體」，而超臨涵蓋于一切客觀對象之世界之上，而不沉沒于客觀對象之中，同時對其知識觀念，隨時提起，亦能隨時放下，故其理智的知識，不礙與物宛轉的圓而神的智慧之流行，而在整個的人類歷史文化世界，則人爲一「繼往開來，生活于悠久無疆之歷史文化世界之主體」。而同時于此歷史文化世界之悠久無疆中，看見永恆的道，亦卽西方所謂上帝之直接顯示。這些我們以爲皆應由一個新的學術思想之方向而開出。卽爲立人極之學所嚮往的究極目標，亦卽是我們前文論中國文化及西方人所當學習于東方智慧者時，所望于中國文化之發展與世界文化之發展之目標之所在。而此目標之達到，卽希臘文化中之重理智，理性之精神，由希臘之自由觀念至羅馬法中之平等觀念發展出之近代西方文化中民主政治的精神，希伯來之宗教精神，與東方文化中之天人合德之宗教道德智慧，成聖成賢心性之學義理之學，與圓而神之智慧悠久無疆之歷史意識，天下一家之情懷之眞正的會通。此理想要何時實現，我們不知道。但是要有此理想，則我們當下卽可有。當下有此理想而回到我們各人自己現實上之存在地位來作努力，則依我們中國人之存在地位，仍是如何使中國能承其自身文化發展的要求，而完成其數十年來之民主建國的事業，及中國之科學化工業化，以使中國之人生存在兼爲一政治的主體與認識的主體。而西方人則應自反省其文化之缺點，而求有以學習于東方，同時以其今日之領導世界的地位，更應以興滅國繼絕世之精神，來護持各民族文化之發展，並完成一切民族之民主建國之要求，使其今日先成爲眞正之公民，而在未來天下一家之世界，成爲天民。而其研究中國等東方民族之學術文化歷史之態度，亦當如我們前面所說應加以改變。

我們記得在十八世紀前的西方曾特別推崇過中國，而十九世紀前半的中國亦曾自居上國，以西方爲蠻夷。十九世紀的後半以至今日，則西方人視東方之中國等爲落後之民族，而中國人亦自視一切皆不如人。此見天道轉圜，絲毫不爽。但是到了現在，東方與西方到了應當眞正以眼光平等互視對方的時候了。中國文化，現在雖表面混亂一團，過去亦曾光芒萬丈。西方文化現在雖精彩奪目，未來又畢竟如何，亦可是一問題。這個時候，人類同應一通古今之變，相信人性之心同理同的精神，來共同擔負人類的艱難，苦病，缺點，同過失，然後才能開出人類的新路。

# 第六編　西洋哲學之評介

# 一、人生觀

諸君平日所學，皆科學也。科學之中，有一定之原理原則，而此原理原則，皆有證據。譬如二加二等於四；三角形中三角之度數之和，等於兩直角：此數學上之原理原則也。速度等於以時間除距離，故其公式爲$S=\frac{d}{t}$；水之元素爲$H_2O$：此物理化學上之原則也。諸君久讀教科書，必以爲天下事皆有公例，皆爲因果律所支配。實則使諸君閉目一思，則知大多數之問題，必不若是之明確。而此類問題，並非哲學上高尙之學理，而即在於人生日用之中。甲一說，乙一說，漫無是非眞僞之標準。此何物歟？曰，是爲人生。同爲人生，因彼此觀察點不同，而意見各異，故天下古今之最不統一者，莫若人生觀。

人生觀之中心點，是曰我。與我對待者，則非我也。而此非我之中，有種種區別。就其生育我者言之，則爲父母；就其與我爲配偶者言之，則爲夫婦；就我所屬之團體言之，則爲社會爲國家；就財產支配之方法言之，則有私有財產制公有財產制；就重物質或輕物質言之，則有精神文明與物質文明。凡此問題，東西古今，意見極不一致，決不如數學或物理化學問題之有一定公式。使表而列之如下：

（一）就我與我之親族之關係……｛大家族主義。小家族主義。

（二）就我與我之異性之關係……｛｛男尊女卑。男女平等。｝｛自由婚姻。專制婚姻。｝｝

（三）就我與我之財產之關係……｛私有財產制。公有財產制。

（四）就我對於社會制度之激漸態度……｛守舊主義。維新主義。

（五）就我在內之心靈與在外之物質之關係……｛物質文明。精神文明。

（六）就我與我所屬之全體之關係……｛個人主義。社會主義。（一名互助主義）

（七）就我與他我總體之關係……{爲我主義。利他主義。

（八）就我對於世界之希望……{悲觀主義。樂觀主義。

（九）就我對於世界背後有無造物主義之信仰……
- 有神論。
- 無神論。
- 一神論。
- 多神論。
- 個神論。
- 汎神論。

凡此九項，皆以我爲中心，或關於我以外之物，或關於我以外之人，東西萬國，上下古今，無一定之解決者，則以此類問題，皆關於人生，而人生爲活的，故不如死物質之易以一例相繩也。試以人生觀與科學作一比較，則人生觀之特點，更易見矣。

第一，科學爲客觀的，人生觀爲主觀的。科學之最大標準，即在其客觀的效力。甲如此說，乙如此說，推之丙丁戊己無不如此說。換言之，一種公例，推諸四海而準焉。譬諸英國發明之物理學，同時適用於全世界。德國發明之相對論，同時適用於全世界。故世界只有一種數學，而無所謂中國之數學，英國之數學也；世界只有一種物理學化學，而無所謂英法美中國日本之物理化學也。然科學之中，亦分二項：曰精神科學，曰物質科學。物質科學，如物理化學等；精神科學，如政治學生計學心理學哲學之類。物質科學之客觀效力，最為圓滿；至於精神科學次之。譬如生計學中之大問題，英國派以自由貿易為利，德國派以保護貿易為利，則雙方之是非不易解決矣；心理學上之大問題，甲曰智識起於感覺，乙曰智識以範疇為基礎，則雙方之是非不易解決矣。然即以精神科學論，就一般現象而求其平均數，則亦未嘗無公例可求，故不失為客觀的也。若夫人生觀則反是：孔子之行健與老子之無為，其所見異焉；孟子之性善與荀子之性惡，其所見異焉；楊朱之為我與墨子之兼愛，其所見異焉；康德之義務觀念與邊沁之功利主義，其所見異焉；達爾文之生存競爭論與哥羅巴金之互助主義，其所見異焉。凡此諸家之言，是非各執，絕不能施以一種試驗，以證甲之是與乙之非。何也？以其為人生觀故也，以其為主觀的故也。

第二，科學為論理的方法所支配，而人生觀則起於直覺。科學之方法有二：一曰演繹的，一曰歸納的。歸納的者，先聚若干種事例而求其公例也。如物理化學生物學所採者皆此方法也。至於幾何學，則以自明之公理為基礎，而後一切原則推演而出，所謂演繹的也。科學家之著書，先持一定義，繼之以若干基本概念，而後其書乃成為有系統之著作。譬諸以政治學言之，先立國家之定義，繼之以主權，權利，義務之基本概念，又繼之以政府內閣之執掌。若夫既採君主大權說於先，則不能再採國民主權說於後；既主張社會主義於先，不能主張個人主義於後。何也？為方法所限也，為系統所限也。若夫人生觀，或為叔本華哈德門的悲觀主義，或為蘭勃尼孳黑智爾之樂觀主義，或為孔子之修身齊家主義，或為釋迦之出世主義，或爲孔孟之親疏遠近等級分明，或爲墨子耶穌之汎愛。若此者，初無論理學之公例以限制之，無所謂定義，無所謂方法，皆其自身良心之所命起而主張之，以爲天下後世表率，故曰直覺的也。

第三，科學可以以分析方法下手，而人生觀則爲綜合的。科學關鍵，厥在分析。以物質言之，昔有七十餘種元素之說，今則分析尤爲精微，乃知此物質世界不出乎三種元素：曰陰電，曰陽電，曰以太。以心理言之，視神經如何，聽神經如何，乃至記憶如何，思想如何，雖各學家說不一，然於此複雜現象中以求其最簡單之元素，其方法則一。譬如羅素氏以爲心理元素有二：曰感覺，曰意象。至於杜里舒氏，則以爲有六類，其說甚長，茲不贅述。要之皆分析精神之表現也。至於人生觀，則爲綜合的，包括一切的，若強爲分析，則必失其眞義。譬諸釋迦之人生觀，曰普渡眾生。苟求其動機所在，曰，此印度人好冥想之性質爲之也；曰，此印度之氣候爲之也。如此分析，未嘗無一種理由，然即此所分析之動機，而斷定佛敎之內容不過爾爾，則誤矣。何也？動機爲一事，人生觀又爲一事。人生觀者，全體也，不容於分割中求之也。又如叔本華之人生觀，尊男而賤女，並主張一夫多妻之制。有求其動機者，曰，叔本華失戀之結果，乃爲此激論也。如此分析，亦未嘗無一種理由。然理由爲一事，人生觀又爲一事。人生觀之是非，不因其所包含之動機而定。何也？人生觀者，全體也，不容於分割中求之也。

第四，科學爲因果律所支配，而人生觀則爲自由意志的。物質現象之第一公例，曰有因必有果。譬諸潮汐與月之關係，則因果爲之也。豐歉與水旱之關係，則因果爲之也。乃至衣食足則盜賊少，亦因果爲之也。關於物質全部，無往而非因果之支配。即就身心關係，學者所稱爲心理的生理學者，如見光而目閉，將墜而身能自保其平衡，亦因果爲之也。若夫純粹之心理現象則反是，而尤以人生觀爲甚。孔席何以不暇暖，墨突何以不得黔，耶穌何以死於十字架，釋迦何以苦身修行：凡此者，皆出於良心之自動，而決非有使之然者也。乃至就一人言之，所謂悔也，改過自新也，責任心也，亦非因果律所能解釋，而爲之主體者，則在其自身而已。大之如孔墨佛耶，小之如一人之身，皆若是而已。

第五，科學起於對象之相同現象，而人生觀起於人格之單一性。科學中有一最大之原則，曰自然界變化現象之統一性(Uniformity of the course of nature)。植物之中，有類可言也。動物之中，有類可言也。乃至死物界中，亦有類可言也。既有類，而其變化現象，前後一貫，故科學中乃有公例可求。若夫人類社會中，智愚之分有焉，賢不肖之分有焉，乃至身體健全不健全之分有焉。因此之故，近來心理學家，有所謂智慧測驗(Mental Test)；社會學家，有所謂犯罪統計。智慧測驗者，就學童之智識，而測定其高下之標準也。高者則速其卒業之期，下者則設法以促進之，智愚之別，由此見也。犯罪統計之中所發見之現象，曰冬季則盜賊多，以失業者眾也；春夏秋則盜賊少，以農事忙而失業者少也。如是，則國民道德之高下，可窺見也。竊以爲此類測驗與統計，施之一般羣眾，固無不可。若夫特別之人物，亦謂由統計或測驗而得，則斷斷不然。哥德(Goethe)之佛烏斯脫(Faust)，但丁(Dante)之神曲(Divine Comedy)沙士比爾(Shakespeare)之劇本，華格那(Wagner)之音樂，雖主張精神分析，或智慧測驗者，恐亦無法以解釋其由來矣。蓋人生觀者，特殊的也，個性的也，有一而無二者也。見於甲者，不得而求之於乙；見於乙者，不得而求之於丙。故自然界現象之特徵，則在其互同：而人類界之特徵，則在其各異。惟其各異，吾國舊名詞曰先覺，曰豪傑；西方之名曰創造，曰天才，無非表示此人格之特性而已。

就以上所言觀之，則人生觀之特點所在，曰主觀的，曰直覺的，曰綜合的，曰自由意志的，曰單一性的。惟其有此五點，故科學無論如何發達，而人生觀問題之解決，決非科學所能爲力，惟賴諸人類之自身而已。而所謂古今大思想家，卽對於此人生觀問題，有所貢獻者也。譬諸楊朱爲我，墨子兼愛，而孔孟則折衷之者也。自孔孟以至宋元明之理學家，側重內心生活之修養，其結果爲精神文明。三百年來之歐洲，側重以人力支配自然界，故其結果爲物質文明。亞丹斯密，個人主義者也；馬克斯，社會主義者也；叔本華哈德門，悲觀主義者也；柏剌圖，黑智爾，樂觀主義者也。彼此各執一詞，而決無絕對之是與非。然一部長夜漫漫之歷史中其秉燭以導吾人之先路者，獨此數人而已。

思潮之變遷，卽人生觀之變遷也。中國今日，正其時矣。嘗有人來詢曰，何者爲正當之人生觀。諸君聞我以上所講五點，則知此問題，乃亦不能答覆之問題焉。蓋人生觀，旣無客觀標準，故惟有返求之於己，而決不能以他人之現成之人生觀，作爲我之人生觀者也。人生觀雖非製成之品，然有關人生觀之問題，可爲諸君告者，有以下各項：曰精神與物質，曰男女之愛，曰個人與社會，曰國家與世界。

所謂精神與物質者：科學之爲用，專注於向外，其結果則試驗室與工廠遍國中也。朝作夕輟，人生如機械然，精神上之慰安所在，則不可得而知也。我國科學未發達，工業尤落人後，故國中有以開紗廠設鐵廠創航業公司自任，如張季直聶雲臺之流，則國人相率而崇拜之。抑知一國偏重工商，是否爲正當之人生觀，是否爲正當之文化，在歐洲人觀之，已成大疑問矣。歐戰終後，有結算二三百年之總帳者，對於物質文明，不勝務外逐物之感。厭惡之論，已屢見不一見矣。此精神與物質之輕重，不可不注意者一也。

所謂男女之愛者：方今國內，人人爭言男女平等，戀愛自由，此對於舊家庭制度之反抗，無可免者也。且既言解放，則男女社交，當然在解放之列。然我以爲一人與其自身以外相接觸，不論其所接觸者爲物爲人，要之不免於佔有衝動存乎其間，此之謂私，既已言私，則其非爲高尚神聖可知。故孟子以男女與飲食並列，誠得其當也。而今之西洋文學，十書中無一書能出男女戀愛之外者，與我國戲劇中，十有七八不以男女戀愛爲內容者，正相反對者也。男女戀愛，應否作爲人生第一大事，抑更有大於男女戀愛者，此不可不注意者二也。

所謂個人與社會者：重社會則輕個人之發展，重個人則害社會之公益，此古今最不易解決之問題也。世間本無離社會之個人，亦無離個人之社會。故個人社會云者，不過爲學問研究之便利計，而乃設此對待名詞耳。此問題之所以發生者，在法制與財產之關係上尤重。譬諸教育過於一律，政治取決於多數，則往往特殊人才爲羣眾所壓倒矣。生計組織過於集中，則小工業爲大工業所壓倒，而社會之富集中於少數人，是重個人而輕社會也。總之，智識發展，應重個人；財產分配，應均諸社會；雖其大原則如是，而內容甚繁，此亦不可不注意者三也。

至於國家主義與世界主義之爭：我國向重平和，向愛大同，自無走入偏狹愛國主義之危險，然國中有所謂國貨說，有所謂收回權利說，此則二說之是非尚在未決之中，故亦諸君所應注意者也。

方今國中競言新文化，而文化轉移之樞紐，不外乎人生觀。吾有吾之文化，西洋有西洋之文化。西洋之有益者如何採之，有害者如何革除之；凡此取舍之間，皆決之於觀點。觀點定，而後精神上之思潮，物質上之制度，乃可按圖而索。此則人生觀之關係於文化者所以若是其大也。諸君學於中國，不久卽至美洲，將來溝通文化之責卽在諸君之雙肩上。所以敢望諸君對此問題時時放在心頭，不可於一場演說後便爾了事也。（十二、二、十四）

——原載北京清華週刊二七二期——

# 二、再論人生觀與科學並答丁在君

二月十四日我之清華學校演講中，所舉人生觀與科學之異點五：

一曰，科學爲客觀的，人生觀爲主觀的

二曰，科學爲論理的方法所支配，而人生觀則起於直覺。

三曰，科學可以以分析方法下手，而人生觀則爲綜合的。

四曰，科學爲因果律所支配，而人生觀則爲自由意志的。

五曰，科學起於對象之相同現象，而人生觀起於人格之單一性。

吾友丁在君，地質學家也，夙以擁護科學爲職志者也，讀我文後，勃然大怒，曰，誠如君言，科學而不能支配人生，則科學復有何用？吾兩人口舌往復，歷二時許，繼則以批評之文萬餘字發表於努力週報。科學能支配人生乎？抑不能支配人生乎？此一問題，自十九世紀之末，歐美人始有懷疑之者，今尚爲一種新說，故在君聞我說而駭然，本無足怪。蓋二三十年來，吾國學界之中心思想，則曰科學萬能。敎科書之所傳授者，科學也。耳目之所接觸——

電燈，電話，自來水，——科學也。乃至遇有學術之名，以ics或logy結尾者，無不以科學名之。一言及於科學，若臨以雷霆萬鈞之力，唯唯稱是，莫敢有異言。國人之著書，先之以定義，繼之以沿革，又繼以分類，分章，分節，眉目瞭然，則曰是乃科學的也。在此空氣之中，我乃以科學能力有一定界限之說告我青年同學，其為逆耳之言，復何足異。以吾友在君之聰明，乃竟以我言為異端邪說，一則曰無賴鬼，再則曰鬼上身，三則曰義和團，四則曰張獻忠之妖孽。此等口調，與中世紀羅馬教士之鞫訊蓋律雷（G. Galileo）（丁稿譯嘉列劉）後之宣告有何以異？自己中了迷信科學之毒，乃責人為鬼怪，為荒唐，此真所謂自己見鬼而已。

在君之文所反對者，則在人生觀無論理，無科學公例一語，誠能舉出一二事，示我以人生觀之公例，則我之清華講演，拉雜摧燒可也，治以妖言惑眾之罪可也。顧其縷縷萬言中，乃並一事而不能反證，而字裏行間，惟見謾罵之詞。嗚呼！號為求證之科學家，其立言乃若是乎？

吾於反駁之始，先與讀者諸君相約，國人質難文字，隨在而有，然彼此相詆之語，多於辨析義理之文，我認為此種論調，非學者所宜出，故在君之開口便罵，惟有置之不理。抑有一語當聲明者，則超於官覺以上，在君既謂不可知；故存而不論，自號曰存疑的惟心論。既已存疑，則研究形上界之玄學，不應有醜詆之詞。不知自謂存疑，而實已先入為主，此則在君先已自陷於矛盾而不自知。

我所欲與在君討論者，則有以下各問題．

第一，物質科學中何以有公例？

第二，精神科學公例何以不如物質科學公例之明確？
第三，人生觀何以不爲論理方法與因果律所支配？
（以上爲上篇）
第四，所謂科學的知識論是否正確？
第五，科學家根據推論公例所得之『眞』以外，是否尙有他項事物可認爲眞的？
第六，玄學在歐洲是否『沒有地方混飯吃？』（用丁語）
（以上爲中篇）
第七，我之對於科學與玄學之態度。
第八，我之對於物質文明之態度。
第九，我對於心性之學與考據之學之態度。
第十，私人批評之答覆。
（以上爲下篇）

## （上篇）

### 第一 物質科學精神科學之分類

國人迷信科學，以科學爲無所不能，無所不知，此數十年來耳目之習染使之然也。雖然，試詢以何謂科學，則能爲明確之答覆者甚鮮。乃至同爲科學，有爲物質科學，有爲精神科學，二者異同之故安在，則其能爲明確之答覆尤鮮矣。數學名 Mathematics，物理學名 Physics，生計學名 Economics，統計學名 Statistics，四者同以 ics 結尾，則以爲四種科學所得之結論與其效力必相等也。生物學名Biology，心理學名 Psychology，社會學名Sociology，三者同以logy 結尾，則以爲三種科學所得之結論與其效力必相等也。國人之思想混沌若此，乃欲語以科學原理，語以科學與人生觀之異同，宜其扞格而不相入。即以在君言之，於我所舉九者之外，爲之增加兩項如下：

（十）就我對於天象之觀念……｛星占學／天文學｝

（十一）就我對於物種之由來……｛上帝造種／天演論｝

我所舉之九項，其標準安在，在君全不知曉，妄爲人點竄，以自鳴得意；而不知適以證其自昧於科學原理，自昧於物質科學精神科學之區別而已。蓋我所舉九者，皆屬於精神方面，皆可以主觀作用消息其間。若夫天體之運行，則有力學天文學之原理以範圍之。物種由來雖至今尚無定論（詳後），然生物學中一部分之現象，則亦有公例可求。故關於天象，關於物種，當然在科學範圍以內，而不屬於人生觀。此種限界至爲明晰，而在君僞不知，乃欲以『陰陽五行』之徽號加人，以爲藉此四字可以亂人觀聽。不知舊醫學及新醫學之異同，與人生觀及科學之異同，有不可以相提並論者。

雖然，在君則云『有甚麼精神物質科學的分別。以吾淺學之所見及，世界科學家，哲學家，無不承認科學之可以分類。斯賓塞有斯賓塞之分類法，孔德有孔德之分類法，英國生物學家托摩生（J. A. Thomson）有托摩生之分類法，乃至德哲學家翁特（Wundt）有翁特之分類法，英槐特亨（Whetham）則有槐特亨之分類法。若夫我之分類曰物質科學與精神科學之分，取材於翁特氏論理學中之二分法，曰確實科學（Exakte Wissenschaft），曰精神科學（Geiste Wissenchaft）。吾所以不取確實科學之名者，以物質二字與精神相對待，爲明曉計，故取而代之。然各科學之所隸屬，則吾與翁特所見，絕無二致。翁特氏之分類法如下：

- 科學
  - 確實科學
    - 數學
    - 物理學
    - 化學
    - 生物學
  - 精神科學
    - 心理學
    - 文字學
    - 歷史學
    - 文字歷史的學
    - 社會學
    - 法律學
    - 生計學

由確實不確實之標準觀之，可知二者已有差別。吾之清華講演，側重人生觀，故不能節外生枝，來講科學分類與科學公例之強弱。然精神科學，依嚴格之科學定義，已不能認爲科

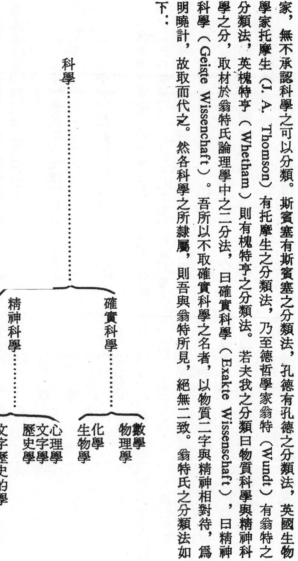

學，則即此標準，已足以證之。其理由當俟後詳。而在君乃以心理內容與科學本身混爲一譚，故有不認二者差別之怪論。誠如在君言，科學材料同爲心理內容，則尙何物理學，生物學，心理學（槐德亨之三分法）之可言？在君立言之目的，豈不曰吾推諳認識之源，則物質精神本無區別。然不知死物自死物（物理學），活物自活物（生物學），活物之中，又有心理現象（心理學）；故物理學，生物學，心理學之區別，乃科學之鴻溝，而不容抹殺者也。夫何謂物，何謂心，誠有爭執之可言，然因爭執之故，乃並物質科學精神科學之分類而否認之，此世界之所未聞，有之自在君始。

## 第二　科學發達之歷史及自然公例之性質

科學家之最大目的，曰擯除人意之作用，而一切現象，化之爲客觀的，因而可以推算，可以窮其因果之相生。故在君最得意之證據，則爲蓋律雷之地動說，爲達爾文之物種由來。其意若曰，昔人以天文現象屬之神意，自有蓋律雷，克魄雷（Kepler）與奈端，而後神意之說無所可用，而天文現象乃爲科學的。自有達爾文輩，而後神意之說無所可用，而生物現象乃爲科學的；由既往以推將來，安知人生觀不亦等於天文與生物，脫離人意而爲科學的？欲知此事之能否實現，第一當求之科學之歷史，第二當明物質科學與精神科學之異同。

近世科學之發生，始自十六世紀以降。昔人以爲物之重者下降遲，物之輕者下降速，及蓋律雷（G. Galileo 1564-1642）試驗於碧薩塔上，而後知物之重輕無擇，其下降爲同時；繼乃求下墜體之遲速，於是得一公例曰遲速與下墜時刻爲正比例，第一秒爲一尺，第二秒爲四尺，第三秒爲九尺。奈端（I. Newton 1642-1727）繼之，於是有力學三大公例，且得各種公式如：

$$Mv=Constant$$

$$力=m\left(\frac{v_2-v_1}{t_2-t_1}\right)-ma$$

$$力=G\frac{mm}{r}力單位$$

此後大家繼起，而其研究方法則先後如出一轍，曰觀察，曰比較，曰假設；及其驗諸各事而準，而後所謂自然公例（Natural Law）者乃以成立。自然公例之特徵則有二：一曰兩現象之因果關係，有甲象起，則乙象隨之而至，如物之運動，必起於外力之加，故運動與外力則有因果關係者也；二曰已成公例者，可以推及於一切新事實，如克魄雷之公例，可適用於無論何種天體，是其例也。近年以來，則有愛因斯坦之說，雖其公例之適用範圍有不同，然奈端公例之至今猶能適用，一切物理學家所公認者也。由此觀之，可知物理學之公例，其不易動搖爲何如。

十八世紀以降，有欲以物理學之方法施之生物現象者，於是有李爾（Lyell 1797-1872）之地質學，有拉馬克（Larmarck 1744-1829）之動物學。至達爾文之物種由來一書既成，而後各國翕然宗之。以在君之語言之，則以爲生物學之進化論皆已解決矣。雖然，果解決耶，果未解決耶，試證之杜里舒之言。杜里舒之玄學，爲在君所不樂聞，若夫杜氏之實驗胎生學，嘗埋頭於那泊爾海濱生物試驗所十二年，當爲在君所不能否認者矣。試錄其武昌講演之一段如下：

吾人得達氏學說之要義，競爭生存（Struggle for Existence）一也；自然選擇（Natural Selection）二也；微變之積累三也；其微變之宜者，由甲代傳諸乙代四也。

（一）自然選擇　達氏之意，以爲物競之要義，在抵抗環境，其抵抗而勝者，卽爲自然之所選擇。然今日之所謂適者，明日又在競爭生存之中，故爭存無盡期，而自然之選擇亦無盡期。雖然，以吾人觀之，大地之上種種物種，其因爭存而敗者，謂爲自然選擇之力所淘汰以去可矣。若其所以因爭存而勝者，非自然選擇四字所能說明焉。何也？物種爭存，因而有生者有滅者，而其器官因以微異。若其滅者，概以歸因於自然選擇，固無不可；若其生者，而其器官因以微異者，固別有創造之動因（Der Schaffendefaktor），而不得以自然選擇四字了之。蓋物種之所以滅，有滅之之理由在；其所以生，有生之之理由在。滅者，其不存在者也；生者，其存在者也。若指所以不存在之理由，而卽視爲所存在之理由，是以消極與積極混爲一談也。三十年前南德孟勳大學植物學教授奈格里（Nageli）嘗譬以評達氏自然選擇之理曰，設有問者，此街上之樹何以有葉？答之者曰，因花匠未曾將樹葉剪去。夫樹葉本繁盛，今已不如前次之多，其所以然者，則花匠爲之，故減少之部分，當然歸因於剪裁者。若夫剪裁後之所存留者，則自有其所以存在之理，非花匠未剪裁云云所能說明也。故以自然選擇爲新種發生之理由者，何異以花匠未剪去爲樹葉尚存之理由乎？

吾人雖反對以自然選擇解釋新種之由來，然非否認自然選擇之效果。蓋物種因與環境爭鬥，因而有生有滅，此生滅之狀態，以自然選擇之名概括之可也；至新種之由來，則又別有原因在。譬之北冰洋之熊因在冰天雪地中，故盡由灰色變爲白色。狼與兎同生一地，兎之能疾走者，則尤能保其生命。若此者，皆自然選擇之效力之顯著焉。雖然，宜種之生，不宜種之滅，固盡由達爾文之所謂天然選擇乎？曰否。瑞士動物學家華爾孚氏（G. Wolff）嘗有言曰，物種之生滅，有時不因於生理之健康與否，而因於位置。火車相衝時，其幸而存者，非必骨格堅強身體健全之人，乃去衝突點較遠者也。疾疫之生，其幸而存者，亦非骨格堅強身體健全之人，乃其所居去疫地較遠者也。由此二例觀之，則達氏自然選擇之中所謂宜不宜，非生滅之惟一標準明矣。

（二）微變遺傳說　達氏謂生物器官之變化，由於微變之積累所致。然一九〇九年丹麥之約翰生（Johansen）著正確遺傳原論一書（Elemente der Erblichkeitslehre），不啻對於達爾文之微變說，宣告死刑。蓋近世之動植物學者，關於物種變遷，若其葉之多寡，色之黑白，皆有一定統計，且根據哥司氏曲線以得其平均數。而約翰生氏之植物試驗方法，謂當求變化之統計時（Variationsstatistik）不應用雜種，而應用純種。所謂雜種者，聚一羣之植物，而其原種之遺傳性，本不平等，故名為同種植物。而實包含無數種，此無數種之中，每種各有其平均數，故混合以求之，必不能得正確之統計。反之，若以純種求之，則遺傳不遺傳之數，乃可得而推求。譬之如中國之菊花，德國之地草菓花（Kamille）或牛乳油花（Butterblumen）皆所謂複雜之種，以其葉數顏色至不一定者也。然約翰生氏取各種花而試之，譬有某花，其葉數少者十，中者二十五，多者四十。其少者十葉之種，至下一代時，葉數由十而躍至二十五，是極端之種，其不能維持原有之平均數明矣。不能維持平均數云者，卽達氏之所謂流動變化（Fluctuating Variation）之本可確定者。驗之純種，適得其反，故吾人可下一斷語，純種之流動變化，決非遺傳的也。或者曰，達氏亦嘗有變化非繼續的之說，故與約翰生之言，未嘗不合。然自命爲正宗的達氏派者，堅持繼續之說，故約翰生之言，至少已足以倒正宗派之壁壘矣。

卽令吾人所引之華爾孚氏約翰生之駁論均不存在，而達氏之學說仍不能成立。何也？持極端之達氏主義者，謂生物之變化，無目的，無方向。然器官者，與動物之生存死亡有極大關係者也。假令器官之構成，純出於偶値，則器官何以能完整而適於用？此達氏學說所不能解釋者一也。耳與聽神經相關，目與視神經相關，種種器官皆以複雜之分子組織而成，而彼此又有相關之處，其自成一系統，而非偶然明矣。此達氏學說所不能解釋者二也。乃至人之耳目手足皆成雙數，亦有某某動物其目之多至二十三十，何得委爲偶然？此達氏學說所不能解釋者三也。

雖然，以上三者，尚非吾人駁難達氏之最後語也。動物中有復生能力(Regeneration)如火蛇(Salamander)之類，去其前脚，則前脚復生，去其後脚，則後脚復生；乃至蚯蚓，去其頭，則其頭又生，去其尾，則其尾又生。此種復生能力，如達氏言，必出於父母之所遺傳者也。誠爲父母所遺傳，必其父母無一不遭去頭尾去脚之禍而後可。且不僅去一脚已也，必四脚盡去而後可，以火蛇之四脚無一無復生能力也。換詞言之，凡火蛇或蚯蚓之生存者，皆嘗喪失頭尾或脚者也。此持達氏說者所必至之奇論一。火蛇之類，其喪失兩脚而尚能爲適者而生存者，必以其傷痕易於醫治，卽傷痕之細維，較多於其他火蛇者也。此種推定，非不在事理之中。然謂每經一次自然選擇，獨其傷痕上細維多者，乃能中選，則細維雖多，而尚未成脚，何能爲爭存之用？此持達氏說者必至之奇論二。且以胚胎學之試驗，凡海膽之細胞，無論其爲二分期四分期八分期，任取二分之

一、四分之一、八分之一而畜之，均能成一全胎。依達氏主義者之言，凡屬海膽，其前身必盡遭宰割之刑而後可。否則，此長成全胎之能力，海膽之卵，必無從取得也。此又爲奇中之奇。而號爲達氏之徒者，惟有瞠目咋舌，不知所對而已。

我所以引此段，並非證生物學之不能成科學。以我所確認者，凡關於物質者，必有公例可求，有公例，則自可以成爲科學。故生物學當然不能與人生觀並論。而吾所以舉杜氏言者，凡以明生物學上之進化論，除在君之武斷的科學家外，鮮有認爲既已解決者。若在君以杜里舒頭腦糊塗（此爲在君之言，亦適之之言），則請證之英國現代生物學大家托摩生氏。托氏曰：

『試於生物進化之學說史中求其一例，科學的進化論者，每欲求種種可證的動因，且語人曰，吾人所習見之奇偉結果，卽由此動因相合而成。然此種工夫，不能謂爲已告成功，（注意）無俟多言，以其果常遠逾於所已知之因也。所最難者，卽在生物進化中之大變遷，如脊椎動物如鳥如哺乳動物之由來，其動因所在，實難於確言。此問題吾人不能不自安於昧昧，科學家於神造之說，則深惡而拒之，然其不能謂爲既已解決，則顯然無疑。或者永非人力所能及亦未可知』（科學引論二一三頁）

托氏之言如此，則達爾文進化論之價值如何，可以想見。而生物學之爲科學之價值，其視物理學如何，又可見矣。

實驗方法，旣由物理而生物，於是十九世紀以降，則有所謂實驗的心理學。漢姆霍爾茲（Helmholtz）試之於生理之解剖，米勒（G. E. Muller）試之於記憶，范希納（Fechner）試之於感覺。范氏之所以成名者，則有范希納威伯公例（Fechner Weber Law），曰感覺與刺激之對數爲比例。范氏獲此公例，欣然色喜，以爲心理學從此可成正確的科學，與數學等。然後來學者，攻擊者蠭起，范氏公例今已不復成立矣。近來所謂實驗心理者，大抵所試驗者，以五官及腦神經系爲限，若此者，謂爲生理的心理學則可，謂爲純正心理學則不可。何也？純正心理學以思想爲主題。若不問思想（胡爾孳堡學派除外），而但於官感方面有所發明，是所實驗者，乃生理而非心理也。生理方面，如范希納之公例存立與否暫不論。然就比較上言之，以其對象屬於物質方面，故尚非無公例可言。我故曰精神科學，就其一般現象而求其平均數，亦未嘗無公例可求，卽就此範圍內言之也。范氏而後，實驗的心理學風行一時，而尤以德之翁特，美之詹姆士爲宗匠，構造派可也，機械派可也，行爲派可也，苟其鄰於官覺者，尙非無一種之說明，然已不易爲各派所同認。若夫關於純粹之思想，除英國經驗派之聯想公例（Law of Association）及德國之先天範疇說，向爲哲學上爭執之問題外，此外則漫無定說。雖各派各持門戶之見，自以其所得爲眞心理學，然自他人視之，鮮有不反對之者。故以我觀之，心理學豈特不能比確實科學，亦視生物學又下一等矣。十九世紀之末年（一八八九），柏格森氏時間與自由意志一書出版，闡明人生之本爲自覺性。此自覺性頃刻萬變，過而不留，故甲秒之我，至乙秒則已非故我。惟心理狀態變遷之速，故絕對無可量度，無因果可求。以可量度可求因果者，必其狀態固定。以前狀態爲因後狀態爲果，於是因果可見焉。若夫頃刻萬變之心理，則可無狀態之可言，任意畫定某態爲態，移時而後，卽已成過去。惟其然也，故心理變爲自由行爲，而人生之自由亦在其中。自其說出，而詹姆士氏五體投地以崇拜之，其稱道柏氏，雖康德之於休謨，不是過焉。即此觀之，純粹心理無公例可求之說，非柏氏一人之私言，以詹姆士之尊重實驗，亦傾倒若此，其不得以玄學目之明矣。

物理學，生物學，心理學三者，根本科學也。物理學本爲我所承認之確實科學，無待在君之正告外，若夫生物學之進化論是否已爲科學所搶去（搶字用丁語），心理學是否爲科學所搶去，就以上所言觀之，已屬甚明。故我即讓一步，承認在君所謂知識界與非知識界之分（其詳見後），試問知識界如生物學心理學中，科學萬能四字（丁語），其已實現耶，其未實現耶，請在君有以語我。

## 第三　物質科學與精神科學之異同

雖然，科學家不甘自認其力之薄弱，則有一種藏身之妙計。語之曰人生觀無因果無公例，故不能統一。彼則答曰，今天不能，安知將來亦永久不能？在君口調正與此類，故其言曰：『人生觀現在沒有統一是一件事，永久不能統一又是一件事。』竊以爲事之比較，當以今日爲限，不得諉諸將來；若諉諸將來，則無一事之能決。譬諸甲曰世界爲進化的，歷舉種種發明與夫政治情形爲之證。乙則反之曰，今之世界，未必勝於古代，並舉歐戰情形與白人之凌虐異族爲證。甲駁之曰，如君所舉病徵，我固無異言，然今日如此，安知他日亦必如此？於是乙之抱悲觀主義者，從而答之曰，吾人但論現在，不問將來。甲聞乙言，乃瞠目咋舌不知所對。故吾以爲科學家推諉於將來之說，不啻明認其自己之失敗，與反對派之勝利矣。即讓一步，並代科學家爲之辨護曰，生物學心理學皆後起之學，當然不能與物理學相提並論，安知待了一二百年後，生物學心理學之爲嚴正科學，不與今日之物理學等？吾以爲此種立言，非無一面之理由。研究尤精，則發見尤多，然不知生物學心理學與物理學有根本上之不同，雖俟千百年後，決不能並此根本上之不同而鋤去之，故二者之能否成爲嚴正科學已爲絕大疑問。何也？物理學之所研究，限於死物質；生物學之所研究，則爲有生之物；心理學之所研究，則爲有生而又有心理現象者。惟其有生，故內部先有活動，而拉馬克乃有自覺的努力之說，與達爾文之環境說相反對。此反對所表示者無他，曰進化論之根本概念之不易確定耳。惟其有生而又有心，甲派則就其可以固定（Solidfied ）者，而分爲某狀態，某狀態，繼乃就其狀態而求其因果；乙派則曰，人之心理頃刻萬變，故無所謂狀態，因無所謂因果。此反對所表示者無他，曰心理學上根本概念之不易確定耳。夫物理學之所以爲嚴正科學，不僅因果關係也，即其因果之分量亦可從而量度者也。吾人姑不以因果之度量求之生物與心理，即但就生命界與心理界而求其因果關係之明確，亦已不易矣。不見杜里舒氏發見細胞之協和平等可能系乎？欲求其因果於物理界而不可得，乃歸其因於『隱德來希』。『隱德來希』者非他，生命構成不可知之代名詞耳。豈唯杜氏，即英國第一流之生物學家如托摩生，其不帶杜氏之玄學氣味，當爲海內科學家所公認。顧杜氏何以躊躇四顧，而卒有進化論恐終非人力所及之語乎？豈唯生物，柏氏心理萬變與眞時間之說，苟其不能否認，則眞心理之必無因果，可以斷言。嗚呼！讀者諸君，勿以吾言爲孟漫，此問題盤旋腦際者，既已數年，世界哲人或者懷抱於心，不敢昌言，吾則坦白率直而昌言之。然而非吾一人之私言也，托摩生之言與柏格森之心理學，皆可爲我左證者也。

科學家對於生物學心理學之無定說，常藉口於年代之幼稚，以爲假以歲月，必可與物理學等。然吾人不必求諸遠，即以一九〇五年以降言之，一九〇五年愛因斯坦相對各論發表，一九〇八年明可夫斯基（Minkovski）有四度幾何之說，一九一五年愛氏相對通論成立，十年之間，物理學之根本學說之發見者至如是之多，豈生物學心理學所得而望其肩背？嗚呼！原因安在乎？蓋不得以年代先後爲發達不發達之惟一原因也。竊嘗求之，蓋有四故：

第一，凡在空間之物質易於試驗，而生物學之爲生活力（Vital force）所支配者，不易試驗，至於心理學則更難。

第二，凡在空間之物質，前後現象易於確指，故其求因果也易；生物界前後現象雖分明，而細胞之所以成爲全體，其原因已不易知；若夫心理學則頃刻萬變，更無固定狀態可求。

第三，三坐標或四坐標，驗諸一質點之徵而準者，可推及於日月星辰，此尤爲生理學心理學所不能適用之原則。

第四，物理上之概念，曰阿頓，曰原子，曰質量，曰能力：此數者得之抽象（Abstraction）而絕不爲物體之具體的實在（Concrete Reality）（此名之義見詹姆士書中）所擾。至於生物學，有所謂種別，有所謂個性；而心理學爲尤甚。因而生物心理兩界日爲個性之差異所擾，而不易得其純一現象（Uniformity）。

當英天文學者愛丁敦氏（Eddington）赴南美測驗日蝕之日，德物理學者鮑恩（M. Born）

詢愛斯坦曰：苟測而不驗奈何？愛氏答曰，誠如君言，吾惟有駭怪。（Da wurde ich mich sehr wundern）此言也，所以表示其自信力之強，言其不能不驗也。夫愛氏何以能自信如是？曰，以有吾所謂上述之四大原則故也。

物理現象惟有此四大原則，故日趨於正確；生物心理現象惟無此四原則，故不能日就於正確。卽此不正確之故，而精神科學之價値乃可得而推求。

精神科學之種類，前表已詳，不復再論。吾所欲問者，則精神科學中有何種公例牢固不拔如物理學之公例者乎？有何種公例可以推算未來之變化，如天文學之於天象，力學之於物體者乎？吾敢斷言曰：必無而已。天文學，世界統一者也，未聞有所謂英國天文學法國天文學也。數學，世界統一者也，未聞有所謂美國數學德國數學也。一言及於精神科學如政治與生計之類，每曰甲國之政制，不必適於乙國；甲國之政策，不必適於乙國。乃至同在一國之內，忽而君主，忽而共和，果有一定之公例乎？忽而資本主義，忽而社會主義，果有一定之公例乎？無他，精神科學無牢固不拔之原則，且決不能以已成之例推算未來也。或者以爲各國生計之進化，大抵由漁牧而農業，由農業而工商，是安得謂爲無公例？貨幣之原則，曰良貨驅逐惡貨，是安得不謂爲公例？聲音之推遷，則有格李姆法（Grimm Gesetz）是安得不謂爲公例？誠有公例，安在人生觀之盡出於主觀？吾敢答曰，人生旣爲血肉之軀，寒思衣，饑思食，其不能無待於外，奚俟辨而後明？故以上所云公例，大抵鄰於物質者也。惟其鄰於物質，故狀態固定，而易有公例可求。雖然，卽有公例，然與物理學上之公例大異。何也？精神科學之公例，惟限於已過之事，而於未來之事，則不能推算一也。由漁牧而農業，而工商，雖若有一定階級，然所以變者，則又視人意如何，而不盡因於物質二也。蓋社會日進不已者也，其進步既已過去，似有公例可求。當其進也，決非人所能預測，此則精神科學所以與物理學迥不相侔者也。

穆勒約翰，經驗哲學家者也，實證主義者也，嘗論生計學之性質曰：

『余之生計原理一書之目的與前人等，曰在所假定之狀態下，求種種原因之作用之科學的瞭解。雖然，與前人異者，則不以此種狀態爲一成不變的。蓋生計學中概括之論，不生於自然界之必至，而起於社會之制度，故爲暫時的。因社會之進步而變遷者也。』

當日學者頗有持社會科學公例一成不變之說者，穆氏起而反對之，謂社會現象有人意轉移其間（Human Will, Human Effort）（自傳二四六頁），故非一成而不變，然穆氏受當日科學空氣之包圍，故於精神科學所以日變之故，未盡發明焉。

豈惟生計，政治亦然，近年以來，狄驥(Duguit)拉司幾氏（Laski)柯爾氏（Cole)反對國家主權說，乃欲以社會職司（Function; Service）之說代之。自其說出，於是治者被治者之關係爲之一變焉。議會之選舉，曰不以地域爲標準，而以職業爲標準，又爲之一變焉。既無主權，而一切人同居於服務之地位，則權利義務之說，必從而剷除，又可知焉。讀者試一思之，號爲科學者，而其根本觀念可以一朝推翻若是其易，是尙得謂爲科學乎？諸君或者起而駁曰，奈端之說何嘗不爲愛斯坦所推翻？可知此爲學術發達之結果，何獨於精神科學而疑之？雖然，奈端之說，正確程度或不如愛斯坦，故於光折之實驗，奈氏說已不能適用。若夫地球上之物體運行，至今猶爲奈端公式所支配，故愛氏學說不能推翻舊物理學，與狄驥輩之盡改政治學之面目者，不可同日而語。無他也，物質科學與精神科學之異同本如是也。

穆勒約翰氏雖嘗想及社會公例之不能久持，而猶不知其所以然之故。近年以來，研究社會科學者始有發明，而其人以倫敦社會學校主任王家學校生計學教授歐立克氏（Urwick）爲首屈一指。歐氏書名社會進步之哲學（Philosophy of Social Progress），字字珠璣，吾百讀而不厭者也。錄歐氏言數段如下：

『有良好之溝洫，可以減少疾病，可以使人口健康，此吾人所知者也。若夫人口健康以後，其德性如何，其毅力如何，是否有貧血症，是否有瘋癱症，是否繁滋，則不可知也。

『工作久，工價賤，則工人之效率必低，此吾人所知者也。然而優其工資，減其工時，其工人是否滿意，是否益趨於革命的或趨於宗教的，則不可知也。

『有健康之父母，必生健康之子女，此吾人所知者也。然而優生狀態之子女，智愚如何，柔暴如何，不可知也。

『以上所舉，乃社會智識或科學之數例。此類智識於吾人之行動亦有用處，故吾人尤多得則尤有益。雖然，吾人之行爲非彼能決定者也（Yet it does not determine our actions）。』

歐氏更進而定社會科學之力之所能屆曰：

『科學之所能爲力者，不過排除某種行爲之方法，不過確定所以達某部目的之條件。至於全社會大目的之決定，吾人所應選擇之方向之決定，則非科學範圍內事。此決定何從而來乎？曰，視社會中各力所構成之活的衝動之複體。所謂社會各力有五：曰物理的，曰生物的，曰心理的，曰社會的，曰精神的。而精神力一端，決非科學所能研究。其潛伏於改良衝動或決定之後，且爲達某種理想之意力之最要成分者遠強於其他科學所研究之自然力也。

『全社會之大目的，吾人名之曰社會幸福，無定的也，無限的也。人類生存之第一條件，即在將其所謂大目的，時時加以畫定，以達於更美之境。而此畫定之行歷，謂爲一部分起於生活變化之衝動的可也，謂爲一部分起於有目的之半理性的可也，謂爲一部分起於理想化的亦可也。要而言之，則非科學的。』

歐立克氏全書所闡發者，曰全社會變化，決不能預測，故決非科學的。凡上所舉，不過寥寥數段。全書精義，尙不能盡其十一。然社會現象，決非科學之所能盡究，則已顯然。且歐氏亦知世界社會科學家亦有頑固不化如在君者，又從而聲明之曰：

『吾之立脚點，至今無人承認，且恐不易得人承認，以科學之誘力之強，不亞於百年前之孔德時代。彼等常繼續要求曰，即令今日不能，安知來日亦復不能？然以已往數年之事觀之，已大可助我張目。社會之發展翻倒而來，或善或惡，暫不必問，要之，非理性衝動之結果，故無人能預測也。』

夫事之可以預測者，必爲因果律所支配者也，今既不能預測，則因果律安在？而科學之技安從而施？故社會科學之爲學，雖學者至今以科學視之，實則斷不能與物理學生物學同類而並觀。常人不察，惑於政治科學（Political Science）社會科學（Social Science）之名，相率視爲玉律金科，蓋皆不知精神科學之眞性質者，而在君亦其一人也。

## 第四　人生觀

或者讀吾關於精神科學（或社會科學）之言論，必反詰曰，依君言觀之，似不絕對否認精神科學中之公例，果何以於人生觀？則曰，決不爲科學所支配。讀者當注意者：清華講演爲人生觀與科學之對照，非精神科學與物質科學之對照，故不能以我對於社會科學之態度，反駁吾人生觀絕對自由之說也。社會科學固與人生觀相表裏，然社會科學，其一部對象爲物質部分（如生計學中之土地資本等）。物質固定而凝滯，故有公例可求。除此而外，歐立克所謂不可測度之部分，卽我之所謂人生觀也。

人之生於世也，內曰精神，外曰物質。內之精神變動而不居，外之物質凝滯而不進。所謂物質者，凡我以外者皆屬之。如大地山河，如衣服田宅，則我以外之物也；如父母妻子，如國家社會，則我以外之人也。我對於我以外之物與人，常求所以變革之，以達於至善至美之境。雖謂古今以來之大問題，不出此精神物質之衝突可也。我對於我以外之物與人，常有所觀察也，主張也，希望也，要求也，是之謂人生觀。甲時之所以爲善者，至乙時則又以爲不善而求所以革之；乙時之所以爲善者，至丙時又以爲不善而求所以革之。人生一日不滅，則人生目的之改進亦永無已時。故曰人生者，變也，活動也，自由也，創造也。惟如是，忽君主，忽民主，試問論理學上之三公例（曰同一，曰矛盾，曰排中，），何者能證其合不合乎？論理學上之兩大方法（曰內納，曰外繹），何者能推定其前後之相生乎？忽而資本主義，忽而社會主義，試問論理學之三大公例，何者能證其合不合乎？論理學上之兩大方法，何者能推定其前後之相生乎？乃至我於清華講演中所舉九項，試問論理學上之三大公例，何者能證其合不合乎？論理學上之兩大方法，何者能推定其前後之相生乎。

我嘗求其故而不得，則命之曰良心之所命。以康德之名名之，則曰斷言命令（Categorical Imperative），以倭伊鏗之名名之，則曰精神生活。而英人之中，發揮此義最透闢者，莫如歐立克氏。歐氏於其社會進步之哲學第二版序論中，既言社會科學不能與自然科學相提並論，又繼之以辭曰（歐氏文僅譯其大意）：

『吾之持論之一部分，即在否認以理智爲人事之指導者。社會事實，以成見夾雜其間，故不易得公平之剖解。然此事實之變化非他，即個人與團體之衝動爲之耳。此衝動之自來，不在自覺性中，非理智之所支配，情感爲之，意志爲之。此等衝動，乃個人之生活動機（Life-motive），亦團體之生活動機。生活緊要關頭之行動自此而決。若其力之大小，方向之所至，不能測度，不能預言。或者以爲吾言類於柏格森之惟用主義之部分，然吾以爲此生活衝動之背後另有物在，是名精神元素（Spiritual Element），個人之品性與人格，即自此而來。故個人之行爲與團體之行爲之決定，有三元素之結合：第一曰生活衝動，是爲半自覺的，以求適應於新需要；第二曰自覺的目的，是爲理智，所以解決問題之方法於此存焉；第三曰精神元素之作用，此爲一種深遠能力，非常人所能察知。此三者中，除第二項外，皆非人之所知也。』

歐氏三元素之說，其術語與吾稍異，要其爲直覺，爲自由意志，則與吾所見如出一轍。總之，以人生觀爲可以理智剖解，可以論理方法支配，數十年前或有如在君之所深信者，今則已無一人矣。在君引適之經驗的暗示之說，以明科學家未嘗排斥直覺，不知此乃柏格森舉出種種證據，迫令經驗主義者不能不承認之結果也。既已認其實，復不願居其名，則以暗示之語代之，適足以證經驗主義者之無聊而已。

抑在君聞歐氏之言，必又曰此與柏格森張君勱一鼻孔出氣者，是玄學也，必不可信。則吾舉韋爾斯 (H. G. Wells) 之言。韋氏者，科學的文學家也，去神秘主義者甚遠者也。其所著『最初物與最終物』一書中，嘗有論理學爲靜的，生活爲動的 (Logic Static and Life Kinetic) 之警語。繼之以伸論曰：

『普通之三段論式的論理學，每以爲凡爲甲者，或爲乙，或爲非乙。其實世間之物，何嘗有若是固定者？其爲甲者，或變而去乙近，或變而去乙遠。然人類之心理，於所謂變而尤近，或變而尤遠云云，每以爲難於說明。於是好爲斷定之語，名甲爲乙，或名曰非乙，以其固定，則思攷易也。其於變動不居之流嘗求所以阻止之，彼約修 (Joshua) 之阻止太陽之進行。蓋川流不息之體，難於思攷，於是對於外界之事物，好暫時攝取小影，以求得一固定之形。換詞言之，去其變動不居者，而後從而研究之，與自然科學家之死一蝴蝶，以達研究生活之目的者等也。』

韋氏此段文章，於世界實在本爲活的動的，而論理學家必分之爲甲爲乙，使之歸於固定，以便思考，可爲描畫盡旨矣。如是，豈惟本活者超於論理學以上，即所謂本死者，亦難爲論理學之所範圍矣。

韋氏既論世界活的實在，不如論理學家所分畫之明確，於是謂世界有一種反動之趨勢，承認個體之單一性，而否認數學家之計算方法。其言曰：

『算也，量也，數學之全部構造也，皆出於人之主觀，而與事實之世界相背。個體之單一性，乃客觀的眞理也。』（三十五頁）

此所云云，韋氏敍世界之傾向如是，而其關於人事之終結語曰：

『科學的嚴確之否認，推諸一切人事而準。至於關於個人之動機，如自克如虔敬之類則尤甚。』（三十八頁）

韋氏之言，可謂推闡盡矣，不容我更贊一詞。然在君必曰，此文學家也，常好爲驚世駭俗之言，故不可信。然詹姆士，則在君所認爲科學家也，其言宜爲在君所樂聞，錄之如下：

『論理學之關於人身有不可磨滅之用處；然其爲用，不能使人親自領略實在之眞性

實在也，生活也，經驗也，具體性也，直接性也，超於論理學以上者也，包圍之而淹沒之者也。』（多元宇宙二一二頁）

嗚呼！誠人生而超於論理學以上也，尚何定義可言？尚何方法可言？尚何科學可言？科學家雖好因果，雖好公例，其何能顚倒此事實乎？

吾之所以答在君關於科學與人生觀之論辨，至此可以止矣。茲舉在君之質問，簡單答覆，並舉其要點如左：

（問）在君曰，物質科學與精神科學的分別不能成立。

（答）物質科學與精神科學內容不同，絕對可以分別；即以科學分類，久爲學者所公認一端，可以證之。

（問）在君曰，試問活的單是人嗎？動植物難道是死的？何以又有動植物學？

（答）人與動植物同是活的，然動植物學之研究之對象爲動植物，精神科學之所研究者爲人類心理與心理所生之結果，故不得相提並論。

（問）在君曰，如何可以說純粹心理上的現象不受科學方法的支配？

（答）凡爲科學方法所支配者，必其爲固定之狀態，純粹心理，頃刻萬變，故非科學方法所能支配。

（問）人生觀能否同科學分家？

（答）人生觀超於科學以上，不能對抗，故分家之語，不能成立。

抑在君所慮者，人生觀既日變而不窮，人人標舉一義以為天下倡，致有張獻忠之類奈何？曰，人生者，介於精神與物質之間者也；其所謂善者，皆精神之表現，如法制，宗教，道德，美術學問之類也；其所謂惡者，皆物質之接觸，如奸淫擄掠之類也。古往今來之大思想家，每於物質精神之不調和，不勝其悲憫，於是靜思默索，求得一說焉，以佈於眾。故以吾國言之，自孔孟以下逮於陸王，以歐洲言之，自柏拉圖以下逮於所謂馬克斯，雖立言各有不同，然何一非舍己為人，以圖人類之解放者？人類目的，屢變不已；雖變也，不趨於惡而必趨於善；其所以然之故，至為玄妙，不可測度。然據既往以測將來，其有持改革之說者，大抵圖所以益世而非所以害世，此可以深信而不疑者也。詹姆士有言，惟心主義者，好以全體解釋部分。以詹氏言，驗諸惟心主義者之道德論，可謂其小我之中，以已具有大我性為前提，故其立言自能貫徹，在君如能棄其惟物主義或惟覺主義（如皮耳生是也）從我而學為惟心主義者，則人生觀雖出於自由意志而不至於不可以一朝居者，其義自可豁然貫通。若抱其惟物主義惟覺主義而不變，雖我百端辨說，恐亦無法以回在君之觀聽也。

## （中篇）

### 第一 君子之襲取

在君之言曰：『今之君子……以其襲而取之易也。』此言也，在君之所以責當世者。乃讀其所謂科學的知識論，無一語非英人皮耳生（K. Pearson）之言，故君子之襲取，正在君之所以自證也。

（一）在君曰，玄學是無賴鬼。又有詛咒玄學家死完之語。

皮耳生曰，玄學家爲社會中最危險之分子。（皮氏著科學規範十七頁）

（二）在君引冒根氏動物生活與聰明一書中『思構』之語。

皮耳生亦引冒氏動物生活與聰明一書中『思構』之語。（皮氏書四十一頁）

（三）在君云，推論之眞僞，應參考耶方思（丁譯戒文士）科學原理。

皮耳生曰，關於推論之科學的效力，應參考耶方思科學原理第四章至第七章，第十章至第十二章。（皮氏書五十五頁）

（四）在君曰，此種不可思議東西，伯克萊（Berkeley）叫他爲上帝，康德叔本華叫他爲意向，布虛那叫他爲物質，克列福叫他爲心理質，張君勱叫他爲我。

皮耳生曰，官覺背後之物，唯物主義者名之曰物質，伯克萊名之曰上帝，康德叔本華名之曰意志，克列福名之曰心質。（皮氏書六十八頁）

（五）在君所用譬喻，曰書櫃，長方的，中間空的，黃漆漆的，木頭做的，很堅很重。

皮耳生所用譬喻，曰黑板，亦曰長方的，黃色的，很堅很重。（皮書三十九頁）

（六）在君說明覺神經腦經動神經之關係，以刀削左手指頭，乃去找刀創藥爲喻。

皮耳生說明覺神經腦經動神經之關係，以脚膝爲書桌之角所撞破，乃以手壓住，乃

去求美爲喻。（皮氏書四十二頁）

（七）在君以電話接線生比腦經。

皮耳生以腦爲中央電話交換所。（皮氏書四十四，四十五頁）

在君之襲取之定義如何，我不得而知之。上所列舉者，亦應視爲襲取否耶？我實告在君，今國中號爲學問家者，何一人能眞有所發明，大家皆抄襲外人之言耳。各人讀書，各取其性之所近者，從而主張之。然同爲抄襲，而有不抄襲者在，以各人可以自由選擇也。適之何嘗不抄襲杜威？公產黨何嘗不抄襲馬克思？以吾觀之，卽令抄襲，不足爲病。惟在君旣已標榜不襲取主義，而其文字不顧他人之版權至於如是，則我不能不爲在君惜耳。雖然此閒話也。苟皮耳生之言誠能於眞理之發明有所補益，我並不以其出於在君之抄襲而蔑視之。故吾人且進而研究所謂科學的知識論。

## 第二　所謂科學的知識論

我所最不解者，則『科學的知識論』之名詞是也。若以『科學的』三字作爲已有定論解耶？則知識論應早已爲一種科學，與物理學生物學等，何待於今日哲學家紛紛聚訟。蓋古今所以有惟心主義，惟實主義，經驗主義，理性主義之別者，卽以知識論之漫無定說實使之然也。旣已無定說，而必冠以『科學的』三字，斯之謂不通。若在君所引之知識論，以其爲科學家之言論，乃冠以『科學的』三字耶？則古今科學家中有關於知識論之主張者，不止赫氏，達氏，詹氏，杜氏，馬氏數人。德醫學家布虛那（Buchner）有心爲物質之說。生理學家馬勒蓄氏（Moleschott 1822-1893）有無燐質則無思想（No Phosphorus no Thought）之說。以在君之尊重科學家，何獨於布虛那氏，馬勒蓄氏而薄之。在君知之乎？知識論者，哲學範圍內事也，與科學無涉者也。科學家之知識論，不必優於哲學家之知識論；哲學家之知識論，不必劣於科學家之知識論。自陸克康德以下，迄於今日英美之新惟實主義，同爲惟心主義，而其中有大同小異；同爲惟物主義，而其中亦有大同小異；千差萬別，幾於不可爬梳。惟其然也，欲執一二家之言，名之曰科學的知識論，此必不可得者也。

科學的知識論之名詞，既已不能成立，則在君所倚爲根據之知識論，已有一二百年之哲學史代吾人作辨護士。而皮耳生之言，已無取一一細究。然吾姑讓一步，以皮耳生爲訴訟之一造而與之對質。皮氏立言，以我所見，其重要之點有三：

（一）思想內容之所以組成，則在官覺之感觸。

（二）因知覺或經歷之往復不已，因而科學上有因果概念。

（三）科學之所有事者，即將此官覺之感觸，分類而排列之，以求其先後之序。

在君善讀皮氏書，然經歷之往復不已一條，乃忘卻列舉，不知是何用意？英國學派好以經驗或感覺爲出發點，然反詰以感覺之中並無無形之因果概念在，則彼必答曰，是由其事之屢屢出現，成爲一種往復不已之態，此因果概念之所由來也。惟如是，有因必有果者，非必然（Necessity）之眞理也，乃心理上之信仰或習慣爲之也。此說也，出自休謨（Hume），今已成爲傳統的學說。即北美行爲派之好以言語習慣（Language-Habit）解釋思想作用者，亦由此來也。

雖然，吾人試將皮氏之所謂感覺所謂知覺之往復不已，與夫因果律之本於知覺之往復不已三義，分析而論之。

皮氏有言曰：

『就科學就吾人言之，此在外的世界之實在，卽形，色，觸三者之結合。換言之，卽官覺的印象而已。人類所得之印象，猶之電話接線生之所得之叫號。彼之所知者，但有叫號者之音；至叫號者之爲何如人，非彼之所知。故腦神經他一端之本體如何，亦非吾人之所知也。吾人拘束於感覺之世界內，猶之接線生拘束於叫號之世界內，而不能越雷池一步。』（科學規範六十三頁）

皮氏以爲分析世界之事物，其最終而不可分之元素，必歸於官覺之印象。除官覺之印象外，無他物焉。然以我觀之，苟人類之始生，若其所得於外界者，只有感覺，則並感覺而亦不可能。何也？名此爲甲感覺，名此爲乙感覺，此甲乙之分，已有一種論理之意義。此意義也，甲乙感覺所由以構成之分子也。吾人居此世界中，若所謂感覺僅有色之紅白，觸之剛柔，味之辛酸，形之大小，則所謂辨別性者安從而起？惟其不僅有色形觸三者，而尙有與覺俱來之物。譬之紅色，一至簡之感覺也；然與紅俱來者尙有二事：一曰紅色如此，二曰此眞是紅；此二者，卽我之所謂論理的意義也（以上皆採德國思想心理學之言）。惟其有此二者，而後有彼此之分，而後有眞僞之辨，此則推理之所由以本也。一切感覺不能脫離意義，則皮氏純官覺主義何自成立耶？

蓋人類之於世界，既已以辨眞僞求秩序爲惟一要義，則與生俱來者，必有一種辨眞僞求秩序之標準。此標準爲何，即論理的意義也。前既言之，假令但有感覺，則即欲求感覺而亦終於不可能，惟其不僅有感覺，而又有意義，故能分別感覺之彼此。然更進一步言之，眞僞之意義既含於感覺之中，至於推理亦有一定之標準否？曰：有，是爲康德之先天綜合判斷說。譬云『金屬因熱而膨漲』，金屬，主辭也；因熱而膨漲，謂詞也：是之謂判斷。此判斷中因果相生之觀念，必具於先天，而後此因熱而膨漲之命題乃能成立。休謨輩之言曰，安知此非積平日之經驗，覩其往復不已之狀而後有此判斷乎？康德曰，不然，平日經驗之所得，是爲官覺之所接觸，然伏於官覺接觸之後者，必有理性之作用，因果相生者，乃理性上之概念也。因此概念，而後金屬因熱而膨漲之判斷乃以成立，此所謂理性之概念，與前所謂論理的意義，名詞雖二，而精神則一。如是，感覺之往復不已，必非推理之惟一標準矣。

由以上二段觀之，可知科學家推本人類知識於感覺之說，無自而成立。然此類言論屢見而不一見者，皆自忘其立言之本也。譬之在君師法皮耳生之言曰，事物之實在，皆感覺而已。不知此一語中已含有非感覺的成分。何也？贊成感覺而排斥其他各物，則已有一種是非之標準。是非之標準，非感覺也。又如美之行爲派常曰，人類心理之研究，只有見於行爲者爲可依據。不知此一語中亦已含有非行爲的成分。何也？贊成行爲，而排斥自覺性已別有一種是非之標準。是非之標準，非行爲也。持惟物主義與持惟覺主義者，往往自忘其出發點，以爲以覺爲始基，則天下事物皆覺矣；以爲以行爲爲始基，則心理現象除行爲外，無他物矣。不知其出發處既誤，雖滔滔數萬言，自謂足以自圓其說者，而實則棋輸一著，全局皆空。

科學之所重者，厥在因果律之必然性。自馬哈（Mach）以來：以因果律必然性之說，不便於說明物理學一切現象，乃爲因果律重下一種定義，曰：因果律者，無所謂必然性也，不過記現象之先後，且以至簡之公式表示之，以圖思想上之省事(Economy of Thought)。如數學上甲爲乙之函數，則乙亦甲之函數。故因果之相依，亦猶甲乙之相依此外無他意焉。皮耳生之書，其論因果，一本馬哈之說。故其言曰：

『科學之公例，乃以心理的縮寫法，記述知覺之先後之序。』

『科學不能證明現象之先後中有內在的必然性。』

然以吾人觀之，力學上之現象，如一物件上左右各加一力，則其所行之路，爲平行方形之對角線。夫物件線路之方向，且能爲之算定，則必然性之強可以想見。馬氏皮氏輩爲維持其惟覺主義故，乃擅改定因果律之定義。實則惟覺主義本無成立之根據，而因果律之本意，猶之天經地義，初不以一二人之點竄而動搖也。

自以上三點觀之，皮氏知識論之脆薄爲如何。皮氏亦自知僅恃惟覺主義之不能自存，乃有所謂推理之說，而其標準則有三：

（一）概念之不能自相矛盾。

（二）以非反常的人之知覺爲標準。

（三）各觀察者所得推論之一致。

曰概念之不應矛盾也，曰所得推論之一致也，此本爲各學者公認之說，非皮氏之所特創。然惟覺主義者之皮氏，則不能資之以爲論據。何也？矛盾也，推論之一致也，惟理性中乃能有之，非官覺中之所表現也。皮氏之承認此三標準，不啻自棄其感覺一元論，而走入惟心派之先天範疇說矣。然而皮氏亦有說曰，吾舉三標準中，厥以非反常的人之知覺一條爲中心？換詞言之，以各人官覺組織之同一，生理組織之同一，乃能得推論之同一，故與感覺主義無背焉。雖然，以人事言之，明明有官覺的印象相同，而其所得結論則大異。器官之微異，達爾文曰，是環境使然；拉馬克曰，是用不用使然。果達氏拉氏官覺組織之不同耶？果如在君所謂誰爲瘋子，誰爲非瘋子耶？關於時空問題，奈端曰，時空絕對；愛因斯坦曰，時空相對。果兩氏官覺組織之不同耶？果如在君所謂誰爲瘋子，誰爲非瘋子耶？休謨陸克曰，知識起於感覺；康德曰，知識之成立，除覺攝外，依賴理性爲根據。果三家官覺組織之不同耶？果如在君所謂誰爲瘋子，誰爲非瘋子耶？馬哈不認有所謂我，而詹姆士承認之。果兩氏官覺組織之不同耶？果如在君所謂誰爲瘋子，誰爲非瘋子耶？此數人者，所以各持一說之故，理由甚多，姑置勿論。要之，以感覺爲知識材料之最後根源（Sensation as the ultimate source of the materials of knowledge），以常人官覺組織之相同爲推理相同之惟一根據，則斷斷乎其不可通。

皮耳生之知識論之駁難，大略盡於此矣。然中央電話交換所爲皮氏最愛用之譬喻，故不可不一論之。皮氏之意，人心如電話局之接線生然，接線生但知兩家之報號，至報號者之爲何如人，非接線生之所知。人心亦然，但能接受感覺，至感覺之背後爲何物，則非人之所能知。然依以上所言，人類之辨別眞僞，乃思想之本質。故所謂心之爲用，決非如接線生之接線而已。此意本與惟覺主義相反。若惟覺主義既破，則接線生之喻亦無自而成立。故美人羅傑司（Rogers）嘗評皮氏曰：

『苟接線生之全世界僅以叫號者之聲音爲限，則所謂電話交換所，將如空氣之騰於虛空中，不移時而化爲烏有。』

羅氏之意，接線生不僅與聲音接觸，且嘗與世界實在相接觸，故交換作用之依據不僅限於聲音。誠如是，人類之所接觸者，決不限於感覺。而感覺之後，必另有他物在，雖其爲物之本體如何爲哲學爭論之焦點，然吾人之知識世界決不僅以感覺充斥，則可以斷言。人心之辨是非也，別眞僞也，卽爲實在之一點，而豈感覺之所能盡哉？

抑吾尙有廝指之言告在君與適之：公等讀吾駁皮氏之言，必以我純守德菲希德以後惟心主義者之規矩矣，而實非也。世界哲學之潮流二：曰英，曰德。英人好以外釋內，故爲後天主義惟覺主義。德人好以內釋外，故爲先天主義，惟心主義。惟英人以外釋內也，故在哲學上有陸克休謨之感覺說，或經驗說，倫理學上有邊沁之功利主義，進化論則有達爾文之生存競爭微變積疊說，心理學上則有行爲主義，敎育哲學則有環境適應說。惟德人以內釋外也，故哲學上有康德之純理性說，倫理學上有康德之義務說，生物學上則有杜里舒之生機主義，心理學上則有思想心理學（胡爾孳學派），敎育哲學上注重精神之自發。雖主內者不能並外而盡去之，主外者不能並內而盡去之，然其大經緯如是，固不易混而同之。吾國當此新學說輸入之際，取德乎？取英美乎？吾則以爲皆非也。曰，取二者而折衷之耳。蓋惟心，惟物，惟理，惟覺，本爲一種無聊之爭執。吾國學者若取歐美人門戶以樹之國中，行見其徒費口舌，而於學理一無裨益。然我默察國人心理所趨，倚旁門戶之見解，深入人心，故英德內外之爭，先天後天之爭，經驗理性之爭，環境與精神之爭，恐亦不免在吾學術界上重演一過。何也？學於英美者，師法英美人；學於德者，師法德人；其能融會而貫通，以期超於英德之上而自成一家言者，其人本不易得焉。

古往今來之哲學家，自成一系統，包舉一切現象，而其說足饜人心者，無如康德。康德哲學之系統如左：

康德哲學……{人生（實行理性）……自由意志
　　　　　　{學問（純粹理性）……{覺攝
　　　　　　　　　　　　　　　　　{概念}因果

人類好於一切現象求其因果之相生，於是有知識，有科學。然欲以因果律概括一切，則於人生現象中，如懺悔，如愛，如責任心，如犧牲精神之屬於道德方面者，無法以解釋之。於是康德氏分之爲二：曰關於倫理者，是自由意志之範圍也；關於知識者，是因果律之所範圍也。自由與因果二義乃不相衝突，而後人事與知識方面各有正當之說明。此康德之所長一也。至於知識爲物，是否起於感覺，抑起於理性，康德則有一種調和之說，曰有覺攝而無概念，是爲盲目；有概念而無覺攝，是爲空洞。此言也，即所以調和兩派也。此康德之所長二也。康氏之哲學，本取英休謨，與德華爾孚而折衷之，惜焉後人不能發揮光大，致陷哲學界於分裂。繼今以後，誠能本康氏之說，以施之於英德之哲學，英德之倫理學，英德之生物學，英德之心理學，英德之教育學，必能有所發明，而於學術界有一種新貢獻。此責也，以誰任之爲宜？曰，吾以爲莫如吾國人。何也？少國界之拘牽，不爲陳言所束縛，非英德人之所能也。合二者而一之，斯上策也。否則兩利而俱存之，猶不失爲中策。若執一方之言以誇耀於國人，則無聊之甚，莫過是矣。此段文字，吾自知其爲題外之文，然所以不能不言者，一則辨明感覺與概念同爲知識構成之分子，不能並感覺而排斥之，惟如皮耳生氏以此爲惟一元素，則爲吾所不贊成；二則希望國中研究哲學者如適之者，不可徒執一先生之說，以分門別戶，若能以調和英德之說爲己任，則於學術界必能自闢途徑，而此業正爲吾國人所應努力。愚意如此，不敢執國人而強同之也。

## 第三　科學以外之知識（一名科學之限界）

世間事物之『眞』者皮氏曰惟有感覺。我以爲苟無辨別眞僞之思想，則並感覺之彼此而亦不辨。故所謂『眞』者，除感覺外必認思想，或曰論理的意義，此乃學術上之天經地義，不容動搖者也。

然而在君既以皮氏感覺之說爲出發點，於是除科學方法所得之『眞』外，概不認爲『眞』。故其言曰：

第一，凡概念推論若是自相矛盾，科學概不承認他是眞的。

第二，凡概念不能從不反常的人的知覺推斷出來的，科學不能承認他是眞的。

第三、凡推論不能使尋常有論理訓練的人，依了所根據的概念，也能得同樣的推論，科學不承認他是眞的。

此三條文之性質如何，前文已嘗及之。其所以立此標準者無他，曰定知識非知識之限界。皮氏亦曰：

『苟有說者，謂某某區域內，如玄學（或形上學）之類，科學旣遺擯除；其方法又不適用云云，是無異謂方法的觀察之原則論理的思想之公例，皆不適用於此區域內之事實耳。』

『苟誠有此類區域，吾人惟有答曰，此區域必在知識一名之正當的界說以外。』

皮氏毅然決然畫一條界線，凡爲科學方法之所適用者，名之爲知識，反是者不名之曰知識。

吾人可簡單答曰：皮氏此類界說絕對不能成立者也。何也？誠如皮氏言，則人事之大部分，皆不得以知識名之。曾子曰：「吾日三省吾身，爲人謀而不忠乎？與朋友交而不信乎？傳不習乎？」忠不忠信不信之辨，惟己知之最深，而與在君所舉之三標準無涉焉。吾人其能以其不合於三標準，並此類之知而不認爲眞乎？此關於道德之知一。子語魯太師樂曰：「樂其可知也。」樂之美不美，亦惟一己能知之，而與在君所舉之三標準無涉焉。吾人其能以其不合於三標準，並此類之知而不認爲眞乎？此關於美術之知二。子曰：「未知生，焉知死？」又曰：「知之爲知之，不知爲不知，是知也。」此生死之知不知，可知與不可知之界限已爲一種科學知識與非科學知識之界線，亦與在君所舉之三標準無涉焉。吾人其能以其不合於三標準，並此類之知而不認爲眞乎？此關於形上界之知三。凡此三者，苟以其非科學之技所能施，乃並其爲知識之性質而亦否認之，適足以證科學家自知其力之有限，乃於其力之所不及者，閉目而不欲見，充耳而不欲聞耳。

幸焉科學家中，非必人人狹小如皮耳生。有直認科學之力之所不及，而以哲學美術宗教三者爲輔佐，則英生物學家托摩生其人是也。托氏於所謂科學方法所適用之知識外，同時承認三項，曰哲學，曰美術，曰宗教。

托氏所以承認哲學者有二故。各科學以一定之達坦（Data）爲出發點，至達坦之是否正確，不暇細究。物理學以物質以愛納涅爲宇宙之本，一若有此二者，則宇宙可以立就。抑知所謂物質所謂愛納涅（Energy），其在大宇宙中，應作何解，不可不加研究。種變也，遺傳也，進化也，在生物學上視之爲定論；然此數者之意義，是否正確，亦不可不經一番研究。此爲一科學思想之澈底計（Consistent Thinking）不可不有批評之者，此哲學之所有事者一。自物理學視之，此宇宙一機械的宇宙也；自生物學家視之，此宇宙一有目的之宇宙也。究竟此兩種宇宙觀如何使之合一，以成一澈始澈終之宇宙觀，此哲學之所有事者二。

托氏之論美術曰：

『人類之大目的，其於自然界，不僅知之，——此科學之事——又在能享受之。人者有情感者也。其與自然界語也，不發之於理智，而發之於心。有詩人焉，寄其所感於詩歌，否則默默不言之中，亦有悠然自得者。語夫情感之變，忽焉喜，忽焉懼，忽焉憂感，忽焉驚疑。天空星羅之偉觀也，山脈起伏之秘奧也，海潮之川流不息，鷙鷹之自由飛翔，花果之隨時開落，無時無地不使人勃然興起，曰：此天地之偉觀也。』

托氏又論科學與美術之關係曰：

『吾人深信科學之價值，在求得敍述的公式，使人之理解與實行上便於把捉自然界。以云科學之結論，謂能令人滿意，則吾人殊不之覺，人之於宇宙必欲解釋其由來。有人語吾輩曰，此種希冀，殊不正當。然吾人初不爲所動。吾信崇拜自然之詩歌與宗教之情感，可以與科學相輔而行。此二者，直覺的衝動的也，非理智的也。二者皆求所以超於科學之上者，而吾人深信此二者之有成而無敗也。』

托氏解釋宗教曰

『宗教者，無定義可下者也。對於獨立之精神的實在，與以實行上情感上理智上之承認，斯卽宗教之義。』

托氏又論科學與宗教之關係曰：

『人也，自然界也，二者之歷史也，科學對於此諸問題求所以解答之。然世界甚大，科學甚稚，故其答案必不圓滿。卽令關於全宇宙之答案已達圓滿之境，與今日對於各部分之答案同，則必有他問題生，而爲人所不能答覆者。卽令答覆矣，其不滿人意自若焉。欲求補充的答覆，惟有詩歌與宗教之感情。故視科學方法爲達於眞理之惟一途徑，此吾人所不信者也。』（科學引論二一八頁）

吾人徵引托氏之說者，所以證在君與皮耳生之所謂知識所謂眞乃一偏之見，不足措信。科學方法非達於眞理之惟一途徑，明明出諸科學家托摩生之口，在君亦視爲玄學而抹殺之耶？

托氏所以認哲學美術宗敎爲『眞』者，凡以見科學之力有所不及。故托氏之所明白昌言者，則曰科學之限界。物理家以物質爲基本概念，然物質之本質爲何，非物理家所能解釋也。生物學家以細胞爲基本概念，然細胞之本質爲何，非生物學家所能解釋也。推之生物之來源，心理與身體之關係科學家之無法解釋正與此同。是托氏從而斷之曰，小秘密去大秘密又來，宇宙之神奇，決非科學所能盡滅，或者因研究之深淺暫時遷移之耳。（科學引論一九一頁），托氏又引蘭克司德（R. Lankester）之語曰，……（上略）此等事物，非今日科學所能解釋，且永非他日之科學所能解釋。嗚呼！吾讀此數家之言，何自謙抑若是。以之較在君科學萬能之語，雖不能不佩其螳臂當車之勇，然吾惟有嘆蟪蛄之不知春秋而已。

## 第四　玄學在歐洲是否『沒有地方混飯吃』

在君所念念不忘者，爲吃飯問題。一曰玄學……（略）到近來漸漸沒有地方混飯吃。再則曰玄學家吃飯的傢伙。……（下略）玄學之在歐美，生耶死耶，請與讀者一研究之。在君之文，題曰玄學與科學，以其明知今之青年聞玄學之名而惡之，故取此名以投合時好。惟玄學一名含義之混，故於研究之始，不可不先定範圍。

玄學之名，本作爲超物理界超官覺解釋。惟其有此解釋，於是凡屬覺官以上者，概以歸之玄學。譬之因蓋律雷罪狀之宣告，而想及羅馬教，曰此玄學之過。然而玄學不任受也。因蓋律雷之發明力學，而上溯之中世紀，則有以星學占吉凶者，有以巫蠱易牛乳之色者，（皮氏科學規範二十二頁），曰此玄學之過。然而玄學不任受也。乃至十七八世紀之交，有德人華爾孚氏（Christian Wolff 1679–1754）之玄學，以爲獨恃純粹理性可以解決上帝問題宇宙問題者，亦早爲康德所駁斥矣。雖然，自十九世紀末年以來，代表現代思潮之各大哲學，無不有玄學之著作。其所以然之故，姑俟後詳。先將其書名及出版年月列表如下：

一八七四，法國蒲脫羅氏（Boutroux）『自然律之偶然性』
一八八八，德國倭伊鏗氏『精神生活之統一』
一八九七，美國詹姆士氏『信仰之意志』
一九〇一，倭氏『宗教之眞諦』
一九〇二，詹氏『宗教的經驗之各樣』
一九〇三，法國柏格森氏『形上學序論』
一九〇七，柏氏『創造的進化論』
一九〇七，倭氏『宗教哲學根本問題』
一九〇八，蒲氏『科學與宗教』

一九一六，杜里舒之形上學『實在論』

一九二二，杜氏『實在論』再版

此外以形上學之復活名其書者，尤屢見不一見。然則在君所謂『玄學在歐洲鬼混了二千多年，到近來漸漸沒有地方混飯吃』，又曰『不怕玄學終久不投降』，豈不是白日說夢話？國人所以聞玄學之名而惡之者，蓋惑於孔德氏人智進化三時期之說也。孔氏曰，神學時代重冥想；玄學時代推究萬物而歸之於一源，如化學力或生活力之類；至實證時代則以觀察爲重，棄絕對原因說，而但求現象之公例。然以我觀之，卽爲神話或宗教最占優勢之時代，而少不了舟車之製作，耕耘之勤動。則實證之功，又豈絕無？卽今日號爲科學時代，而於物質之究爲何物，生命之究自何來，何謂宇宙觀，何謂人生觀，未嘗無論及之者。則神學形上學之討論，豈得謂無？故孔德三時代之說，初不合於進化之事實，而時代與玄學有無之界線，乃不能畫定者也。

竊嘗推之，十九世紀末年以來，玄學運動之所以勃興者，蓋有數故。科學家以官覺達坦（Sense-data）爲張本，苟其解釋，能滿足人心之要求，斯亦已矣。無如其所謂解釋者，不外乎前後現象之相關，而宇宙之神秘初不之及。此其反動之因一也。科學家以理智（卽論理公例）解釋一切，而活社會之事實，非論理或定義所能限定。此其反動之因二也。科學家好以因果律爲根據，然驗之人事其出於因果外者，往往而有。心靈之頃刻萬變，更非因果所能範圍，於是哲學家起而大昌自由意志之說。此其反動之因三也。旣不以形下爲滿意，乃求所以達乎形上；而形上之中，其所慰安人心者，則曰宗教；於是有提倡耶教改革者如倭伊鏗，亦有自實用主義以明宗教之爲用者，則曰詹姆士。此反動之因四也。要之，此二三十年之歐洲思潮，名曰反機械主義可也，名曰反主智主義可也，名曰反定命主義可也，名曰反非宗教論亦可也。若吾人略仿孔德時代三分之法，而求現時代之特徵之一，吾必名之曰新玄學時代。此新玄學之特點，曰人生之自由自在，不受機械律之支配，曰自由意志說之闡發，曰人類行爲可以參加宇宙實在。蓋振拔人羣於機械主義之苦海中，而鼓其努力前進之氣，莫逾於此。雖然，同爲主張玄學，而立脚點各異。有以玄學作爲哲學解釋以達科學思想一貫之目的者，如韋爾斯氏托摩生氏是也。有以玄學求變求實在者，柏格森是也，有以玄學作爲達於精神生活之境者，倭伊鏗是也。有以玄學與宗教分論之者，詹姆士是也。

韋爾斯曰：

『流俗之見，每以玄學爲無益爲煩難，且事屬玄妙，無關實用。然就事實言之，爲圖思想之明確計，則玄學的研究乃必要之條件也。』

『現代心理，須對於玄學重行研究，今正其時矣。』

托摩生曰：

『各科學供給此大宇宙之部分的影片，以其影片之立脚點各異故也。此種種影片，非僅依次排列已也，將合之以成一立體鏡中之景色，此玄學之事也。玄學建設之業，在求一首尾貫澈之宇宙觀，而其所以達此目的者，不採先天的方法，而以科學爲根據。』

此二氏者，爲圖各科學之會通計，所以承認玄學之必要也。

柏格森曰：

『理智之所得者，只有外表，而不反於事物之內部。』

『所以認識者，非爲認識而認識也，所以圖有所得也，』

柏氏斷言理智之爲用，不適於求實在。然而人心之隱微處，活動也，自發也，是之謂實在，是之謂生活。既非理智之範疇所能把捉，故惟有一法，曰直覺而已。是柏氏玄學之內容也。

倭伊鏗之哲學之大本曰精神生活。人生者介於物質與精神之間者也。物質常爲吾人之障礙，故超脫物質，以靖獻於大我生活之中，是倭氏立言之要旨也。

若夫詹姆士，其以玄學爲學也，則立論與韋氏托氏同。以爲各科學各有其立脚點，故不能得思想之會通；欲求所以一之，惟賴玄學（小心理學四二六頁）。若其關於宗教之論，雖亦自實用主義出發，然以爲信仰之爲物，初不在證驗（Verification）之有無。亦有因意志堅強，而導人以達於成功，則謂信仰能構成證驗（Faith create its verification）亦無不可，是詹姆士深於形上之信仰爲何如。

吾於各家之說，縷縷言之不已者，似已出乎答辨範圍之外。雖然，因此諸家之言，可知在君所云，苟非盲人瞎馬，則必爲有意朦混矣。近三百年之歐洲，以信理智信物質之過度，極於歐戰，乃成今日之大反動。吾國自海通以來，物質上以砲利船堅爲政策，精神上以科學萬能為信仰，以時考之，亦可謂物極將返矣。故新玄學之為學，其所以異於舊玄學者何如，其與各科學之關係如何，其與人心風俗之關係如何，本我之所引為己責，而欲介紹於吾學界，因在君之醜詆，令我有感於中，而更不能不長言之矣。

# (下篇)

## 第一 我對於科學教育與玄學教育之態度

自以上兩篇觀之，吾人之立脚點，可以簡括言之：

（一）官覺界以上，尚有精神界。學問上之是非眞僞，即此精神之綜合作用之表示。

（二）官覺與概念相合，知識乃以成立；然除學問上之知識外，尚有宗教美術亦為求眞之途徑。

（三）學問上知識之成立，就固定狀態施以理智之作用；若夫人生所以變遷之故，則出於純粹心理，故為自由的。仲言之，歷史之新陳代謝，皆人類之自由行為故無因果可言。

惟其如是，科學決不能支配人生，乃不能不舍科學而別求一種解釋於哲學或玄學中（或曰形上學）。此語也，吾人對於科學與玄學之理論的評價也。雖然，人類之於學問也，每好以學問為手段，以輔助其人生之目的。而輔助之法，莫如教育，於是有科學玄學之實用的價值問題。換詞言之，即其在教育上之位置如何，斯爲本節之所欲研究。

教育之方法，無論或隱或顯，常以若干人生之理想爲標準，標準定而後有科目之分配。我之視人生觀爲自由意志的，故教育方法爲一種。皮耳生與在君以人生觀爲可以統一的，故其方法又爲一種。在君之言曰：一個人的腦經思想的強弱，就是一個人的環境與遺傳。此在君之意，以環境與遺傳爲原因，而一人思想則其結果也。皮氏亦然，嘗論社會之變遷曰：

『吾人見社會上有大活動之時代，有外表靜止之時代，此社會制度之大變。吾人所以歸其因於少數個人，而名之曰維新與革命，卽以吾人對於社會進化之確實途徑，尚有所未知。』

是皮氏之意，亦以爲社會之變遷，必爲因果律所支配；特以今日知識尙未到家，乃歸其功於少數提倡者。皮氏與在君本此類觀察，於是其教育方針，則爲注重科學。皮氏書中有論科學與公民一節，其大意曰，事實之分類也，求其先後之序也，乃科學之所有事也。此袪除成見，以事實爲本之精神，不獨科學家應有之，卽一般國民亦無不當有之。在君所言，與皮氏同一精神，惟不如皮氏之簡單明瞭。其言曰：

『科學……是教育同修養最好的工具，因爲天天求眞理，時時想破除成見，不但使學科學的人有求眞理的能力，而且有愛眞理的誠心。』

而其所深惡痛絕者，一則爲英國教育上自然科學之不完備，二則爲科學知識不適用於政治。夫人類之政治能否爲科學所支配，前已論之矣。若夫科學與求眞之關係何如耶？科學與愛眞之誠心關係何如耶？教育上注重科學之利害關係何如耶？不可不分析論之。

求眞云云，一切人所公認決無反對之者也。雖然，所謂眞者，作何解釋耶？依在君之意，所謂眞者，官覺的印象，而經推論工夫之鍊鑄者也。其所謂眞，獨限科學之智識，則與吾人之立脚點既異趣；卽令認其所謂眞者爲眞，則人類之求瞭解此宇宙，自昔日而已然。或曰宇宙之原質爲水，或曰火，或曰阿頓，或曰電子。依吾觀之，最終之眞者爲何，終非人所能解決。不見托摩生之說乎？小秘密去，大秘密又來。故秘密之轉移則有之，解決則未也。法國當十九世紀之初期，其大科學家有醫學家之伯司德(Pasteur)，倍爾那(Claude Bernard 1813–1878)，有化學家之倍德魯(Berthelot 1827–1907)，皆信科學之進步的力量；同時則有文學家之藍農(Renan)鼓吹其說。自哥諾氏(Cournot 1807–1877)魯諾微(Renouvier 1818–1903)先後輩出，攻擊科學之無上主權，於是學者對於科學之觀念爲之大變。十九世紀之末，樸因卡勒氏(Poincaré)至有『科學公式者，方便也，非眞理』之語。夫誠爲方便，則除我所謂向外，更又有何說？在君不認爲向外，乃曰修養的最好工具，豈事物之觀察實驗，可作爲向內之修養工具耶？豈在君之二大推論原則，可作爲向內之修養工具耶？雖然，吾知之矣。在君理想中之科學家之模範，則爲赫胥黎氏(Huxley 1825–1895)。赫氏於十九世紀之後半，以科學智識普及於勞動者，同時則反抗宗教家而贊成達爾文之進化論。惟其惡陳言而好實證，故嘗以理智的誠實(Intellectual Honesty)，爲人類最高之道德。又曰，卽令妻子死亡，名譽掃地，然以謊語之人期我，我不爲焉。赫氏之事事必徵驗，吾豈不佩！然吾以爲此一人之人格爲之，何與於科學？蘇格臘底氏之生，距近世科學文明之發端千八百餘年矣，堅持所信，傳授教義，卒以遇毒而死，視赫氏又何多讓？此一人之內生活使然，與科學教育無涉焉。夫智識慾者，人類之天性也，因文字意見之不同，觸犯時忌，竟以身殉者，古今無代無之，安得以此獨歸功於科學耶？

以上所云，但就求眞與愛眞兩點言之，尚未及於科學與教育之關係。夫科學之有益於實用，孰得而否認之？然其流弊所屆，亦不可不研究。試略舉之，則有五端：

（一）自十九世紀後，英德各國列自然科學於學校科目之中，然物理也，生理也，博物也，同屬自然現象，故同以官覺爲基礎。官覺發達之過度，其非耳之所能聞，目之所能見，則以爲不足憑信。

（二）科學以對待（Relative）以因果爲本義。有力而後生動（奈端第一律），物理上之因果也；思想與腦神經相表裏，生理上心理上之因果也；生命之基礎在細胞，生物上之因果也；社會進化，視其國之地理氣候如何，歷史上之因果也。若此云云，豈無一面之眞理？然學生腦中裝滿了此種學說，視己身爲因果網所纏繞，幾忘人生在宇宙間獨往獨來之價值。

（三）科學智識之充滿，以爲人生世上之意義，惟官覺所及者足以了之，於是求物質之快樂，求一時之虛榮，而權利義務之對照表，尤時時懸在心目之間，皆平日之對待觀念有以養成之。

（四）科學以分科研究爲下手方法，故其答案常限於本範圍內。然人類所發之問，往往牽及數種學科，故科學之所答者，非即吾人之所需，惟有令人常以此另一事四字了之。且分之尤細，則入之尤精。然時時在顯微鏡中過生活，致人之心思才力流於細節而不識宇宙之大。

（五）教育家爲應付社會中之生計制度計，常以現時生計制度爲標準，而養育人才。於是學一藝而終身於一藝，爲無產者謀生之不二法門。若夫變更社會之貧富階級，使凡爲人類，各得爲全人格之活動，皆得享全人格之發展，則爲適應環境之科學的教育家所不敢道。

十九世紀之初，科學的信仰，如日中天，故赫胥黎輩毅然與宗教家抗，要求以自然科學加入學校科目中。今其行之也，暫者數十年，久者已及百年，利害得失，皎然大明。謂將自然現象詳細分類，且推求其秩序，謂將望遠鏡仰察天空的虛漠，用顯微鏡俯視生物的幽微，（以上皆丁語），已足以盡教育之能事乎？不獨前此所不適用，（教育上不能無倫理，即教育非自然科學所能範圍之明證），以云今後，更無論矣。吾以爲教育方針之應改良者：

（一）學科中應加超官覺超自然（Supernatural）之條目，使學生知宇宙之大，庶幾減少其物質慾望，算賬心思，而發達其舍己爲人，爲全體努力之精神。

（二）學科中應增加藝術上之訓練。就享受言之，使有悠悠自得之樂；就創作言之，使人類精神生活益趨於豐富。

（三）學科中應發揚人類自由意志之大義，以鼓其社會改造之勇氣。

此三點也，苟在君而以爲玄學教育也，則我亦直認不辭曰，是玄學教育也。三點之中，或者教育家雖心然其說，而以爲不易實現，則吾正告之曰，形上界云云，在歐洲常以之與羅馬教耶穌教相混，故嚴正之形上學極不易得，然就切於人事者以發達其大我性，則可取資者遍地皆是焉。以云藝術，今獨委之專門之藝術家，若一國之先覺者大聲疾呼，告以人生之意義，初不盡於工廠，初不盡於銀行公司，則所以轉移此風氣者，又豈無法？以云自由意志之教義，世界之社會革命黨已行之而大奏功，德俄兩帝國之推翻，皆此種教育爲之也。

十九世紀以降，所謂科學的教育家，詔其學生曰，一切現象皆有因果，人類進化爲自然律所支配，故只能求所以適應於其環境。所謂學校中蹈常習故之教育則如是。然考之他方，其社會革命家告其同志曰，人事變遷，無所謂因果，視吾人之意志何如：意志力強，則環境可以衝破；反是者，人類爲環境之奴隸。彼輩又以爲理智之爲用，長於思辨，短於實行，故與自由意志說相輔而行者，一則曰行動，再則曰直接行動。——此爲法國索勒爾（Sorel）之說。——德之社會民主黨本此種方法宣傳於國人，而革命之業已告成功矣。俄之鮑爾雪維黨亦然。究竟人事進化，有何種公例耶？有何種因果耶？吾以爲德俄之革命，不啻對於科學的教育爲明著之反證也。

以社會革命黨之貧弱，獨本其熱心毅力，而轉移一國之風氣者至於如是。德國革命既成，俄鮑爾雪維黨用其法，在西歐組織公產黨，尤注重青年教育，每星期日召集公產主義之青年，灌輸其改造之智識，授以意志堅定之方法，告以爲人類犧牲之勇氣；在俄法有公產主義青年運動，有馬克斯學校，在英有勞動學校；皆本此精神而設者也。故今日歐洲之國民教育兩派對立，其一曰欽定教育，教人以因果說，教人以適應環境，教人爲現狀之奴隸；其二曰社會改造派之教育，教人以無因果說，教人以自由創造說，教人以衝破環境。其所以使之然者，皆偏於因果偏於理智之科學的教育之反動也。

讀者聞吾言，愼勿謂我視社會改造派之教育爲獨一無二之良教育也。吾以爲教育有五方面：曰形上，曰藝術，曰意志，曰理智，曰體質。科學教育偏於理智與體質，而忽略其他三者。社會改造派之教育，偏於意志與犧牲精神，而其所欲達之目的，在工價在勞動狀態之改良，在財產制度之變更。此數者，自工黨立脚點言之，當然爲正當之要求，然自人生之意義言之，則與科學家同犯一病，偏於官覺偏於惟物主義而已。要之，自歐洲社會革命與其青年運動觀之，理智以外之人類潛伏的心能，隱而未發者，正未可限量。誠能迎機道之，則物質制度與精神自由之間，保持現狀與打破現狀之間，自有一條平和中正之道。若固守科學的教育而不變，其最好之結果，則發明耳，工商致富耳；再進也，則爲階級戰爭，爲社會革命。此皆歐洲已往之覆轍，吾何苦循之而不變乎！國中之教育家乎！勿以學校中加了若干種自然科學之科目爲已了事也。歐洲之明效大驗既已如是，公等而誠有懲前毖後之思，必知所以改絃易轍矣。

## 第二　我對於物質文明之態度

在君引吾批評物質文明之語，繫之以說明曰：『試驗室是求眞理所在，工廠是發財的機關。』文曰，『使人類能利用自然界生財的是科學家，建築工廠……的，何嘗是科學家？』此中限界，吾之原文本極明白，無待在君之辨別。吾所深喜者，則在君文中絕無一語爲物質文明辨護是也。惟其於我之根本精神全未明瞭，故不可不論之。

（一）物質文明與精神文明二名詞之說明　一人之身，內爲精神，外爲物質，固盡人以爲能解之語也。然問何者爲物質，何者爲精神，則能答者寡矣。衣冠，物質也；皮肉筋骨，物質也；更進而求之，則爲腦神經亦物質也。總之，手之所觸目之所見者，謂爲物質。若夫心思之運用，則非手之所能觸，目之所能見，故不謂爲物質，而謂爲精神。雖然，同爲精神，又有先後輕重之別。告子有仁內義外之說，宋學家有尊德性道問學之爭，故同爲無形之中，而其中又有所謂內外。此種心性之學之論爭姑俟後詳，若就東西文明之比較言之，則此二名詞亦自有成立之理由。

同爲人類，誰能不衣，不食，不舟，不車，不耕，不織？謂西洋之輪船電車爲物質文明，則中國之帆船，小車，安在其非物質文明耶？謂西洋之高樓大廈爲物質文明，則中國之茅屋蓬戶，亦安在其非物質文明耶？謂西洋之紡織廠與機器耕種爲物質文明，則中國之耒耜與紡車亦安在其非物質文明耶？世界既無不衣不食不住之民族，則其文化中孰能免於物質的成分？反而言之，誰無宗教，誰無美術，誰無學問？故號爲文化，亦決不能缺少精神的成分者也。雖然，就其成分之多寡，則有依輕依重之分。吾人所以名西洋三百年來之文明爲物質文明者，其故有四：

（1）就思想上言之，因蓋律雷之力學之發明，乃欲以機械主義推及於生物學上心理學上之一切現象，甚至以此種主義解釋人生。

（2）學術上多有形之製作，有所謂發明，則國家竭全力以保護之。

（3）蒸汽機發明後，國中以設工廠砌烟突爲無上政策，貨既製成，則奪而致之國外，全國之心思才力盡集於工商。

（4）國家以拓地致富爲惟一政策，其有投資於國外者，國家則以外交軍事之力爲後盾。

本此四故，一若人生爲物質爲金錢而存在，非物質金錢爲人生而存在。其所以稱爲物質文明者在此。

中國文化，其內容甚繁複矣。國中無定於一尊之宗教，故驅學人以入於自然界之研究，不如西方之力；以農立國，故計較錙銖之市儈，與運錘轉機之工人，無所施其技；又以鎖國爲政策，故無從吸收他國之脂膏；若其人生觀，則涵育於中庸之說，既無所謂機械觀，目的觀，亦無所謂個人主義與社會主義。如是，東西相形，若其中亦自有可以安心立命者，於是世人相率以精神文明名之。中國之精神文明當如何改進乎。一事也。西方之物質文明是否可效法乎？又一事也。前一問非今日所能詳，姑就後一事論之。

(二)　物質文明之利害　物質文明之內容定矣，吾乃發問曰，苟今後吾國以西方文明之四大特色爲標準，從而步趨之，則其利害當如何？以言乎思想上之惟心惟物與夫目的機械之爭，今日歐美之迷信科學者，已不如十九世紀初年之甚。故欲以機械主義支配吾國之思想界，此必不可得者矣。若夫深信富國強兵之政策者，則國中尚不乏人，而國家前途最大之危險亦卽在此。去年爲滬上國是會議草憲法案，繼作理由書名國憲議，其中對於歐洲富強政策之批評一段，可與本問題相發明，錄之如下：

『歐美百年來文化之方針，所謂個人主義，或曰自由主義：凡個人才力在自由競爭之下，儘量發揮，於是見於政策者，則爲工商立國；凡可以發達富力者則獎勵之，以國際貿易吸收他國脂膏，藉國外投資爲滅人家國之具。而國與國之間，計勢力之均衡，則相率於軍備擴張。以工商之富維持軍備，更以軍備之力推廣工商。於是終日計較強弱等差，和戰遲速，乃有亟思乘時逞志若德意志者，遂首先發難，而演成歐洲之大戰。今勝敗雖分，榮辱各異，然其爲人類之慘劇則一而已。於是追念往事者，悟昔日之非，謂此乃工商立國之結果也，此乃武裝平和之結果也，一言以蔽之，則富國強兵之結果也。夫人生天壤間，各有應得之智識，應爲之勞作，應享之福利，而相互之間，無甚富，無赤貧，熙來攘往於一國之內與世界之上，此立國和平中正之政策也。乃不此之圖，以富爲目標，除富以外，則無第二義；以強爲目標，除強以外，則無第二義。國家之聲勢赫赫，而於人類本身之價值如何，初不計焉。德意志雄視中歐，所恃爲出奇制勝之參謀部，而今安在哉？俄相威德氏奪我東清鐵道，令我北鄙無甯日，而今安在哉？國而富也，不過國內多若干工廠，海外多若干銀行代表；國而強也，不過海上多幾隻兵艦，海外多占若干土地。謂此乃人類所當競爭所應祈嚮，在十九世紀之末年，或有以此爲長策者，今則大夢已醒矣。』

繼則述富強政策不足爲吾國將來之政策，其理由曰：

『我國立國之方策，在靜不在動；在精神之自足，不在物質之逸樂，在自給之農業，不在謀利之工商；在德化之大同，不在種族之分立。數千年閉關自守，文化停滯，生計蕭條，智識之權操之少數，其大多數則老死鄉里，文字不識。一言以蔽之，以農立國，旣乏工藝之智識，又無物質之需求，故立國雖久，尚可勉達寡而均，貧而安之一境而已。今而後則何如乎？數萬噸之大艦往來於揚子江口矣；數萬匹馬力之發動機日夜運轉於津滬粵漢之市場矣；工廠氣笛高鳴，聞其聲而聚散者千百人，終歲勤劬，餬口或猶不足；公司輪奐日新，操其奇以積贏者千百萬，祇權子母，袖手亦獲有餘。此其強弱優劣至爲明顯，故多而不均，富而不安，殆爲今後必至之勢矣。然歐洲之全盛也，大興工業，拓地海外，以貿遷之利潤澤其勞動者，而資本家得保其地盤。及其旣衰，海軍之擔負，不啻工商之所獲，軍人之生事，轉爲和平之障礙，海外銀行尤多，則國際之勾結尤深，雖資本家或有一二蒙其利者，以全體言之，則利不敵害也。此等法術今尚能復用乎？此等機會尚可再逢乎？故歐洲之致富政策，以殖民政策與之相輔，尚可保數十年之安榮。若夫吾國，則並此而不可得，所吸收者，不外本國之資財，所剝削者，不外本國之小民。卽以工商立國，其支持之年月，能有歐洲之久長乎？必不然矣。』

雖然，試有問者曰，工商主義之爲害，旣明甚矣，然其利益，豈得抹殺？夫苟無國富，則土匪失職者安得而減少，國民敎育安得而普及，學術安得而發展，政治安從而改良？則吾有兩種答案：其一則贊成發展工商之策，而反對富之集中，故主張社會主義之實行，而其理由如下：

『吾以直捷了當之語告國人：一國之生計組織，以公道爲根本，此大原則也。若有問我苟背此原則，因而不能圖工業之發達則奈何？吾應之曰，世界一切活動，以人類之幸福爲前提，十九世紀以來，以圖富強之故，而犧牲人類，今思反之，寧可犧牲富強，不願以人類作工廠之奴隸牛馬焉。此義也，吾國人之所當奉行，而十九世紀以來急切之功利論，則敝屣之可矣。』

其第二答案曰，或者慮一國生計本於公道之故，而教育學術之發達或受其影響，則吾以爲在寡均貧安狀態下，當必另有他法可想。語不云乎，必要者，創造之母也。謂以人類之智力而不能別尋途徑，吾不信焉。是在國人之努力，是在國人之創造。

## 第三　我對心性之學與考據之學之態度

現代歐洲文明之特徵三：曰國家主義，曰工商政策，曰自然界之智識。此三者，與吾上文所舉『我國立國之方策，在靜不在動；在精神之自足，不在物質之逸樂；在自給之農業，不在謀利之工商；在德化之大同，不在種族之分立』云云，正相反對者也。循歐洲之道而不變，必蹈歐洲敗亡之覆轍；不循歐洲之道，而採所謂寡均貧安政策，恐不特大勢所不許，抑亦目眩於歐美物質文明之成功者所不甘。則吾以爲苟明人生之意義，此種急功之念自可剷除。

以一人之身言之，衣履外在，皮肉亦外也，腦神經亦外也。其足乎己而無待於外者，果何物乎？吾蓋不得而名之矣。舉先聖之言，以明內外之界之解釋。孟子曰：

『求則得之，舍則失之，是求有益於得也，求在我者也。求之有道，得之有命，是求無益於得也，求在外者也。』

孔子曰：

『君子素其位而行，不願乎其外。……正己而不求於人則無怨。』

孟子之所謂『求在我』，孔子之所謂『正己』，卽我之所謂內也。本此義以言修身，則功利之念在所必擯，而惟行己心之所安可矣。以言治國，則富國強兵之念在所必擯，而惟求一國之均而安可矣。吾惟抱此宗旨，故於今日之科學的敎育與工商政策，皆所不滿意，而必求更張之。然以今日之人類，在此三重網羅（以上三特徵）之中，豈輕輕提倡『內生活』三字所得而轉移之者？故在鎖國與農國時代，欲以『求在我』之說釐正一國之風俗與政治，已不易矣；在今日之開國與工國時代，則此類學說，更不入耳。然吾確認三重網羅實爲人類前途莫大之危險，而尤覺內生活修養之說不可不竭力提倡，於是漢學宋學之得失問題以起。

漢學宋學兩家：苟各認定範圍，曰甲之所研究在考據，在訓詁名物；乙之所研究在義理，在心性；則各行其是而不至有壤地相接之爭可也。惟其不然，甲曰衞道，乙亦曰衞道；甲曰吾之學爲聖學，乙亦曰吾之學爲聖學；甲曰經學卽理學，乙曰天下無心外之理，亦無心外之物。兩家各認其研究之對象爲堯舜禹湯文武周公孔子之道，而其方法不同。甲曰窮理卽在讀書中，乙曰讀書不過窮理之輔佐，其甚者則曰六經皆吾註脚。因是之故，甲尊漢儒，乙宗宋明理學，同爲理學之中，而又有朱子陸王之分。竊嘗考之學術史上之公案，其與此相類者，莫若歐洲哲學史上經驗派理性派，或曰惟心派惟物派之爭。

吾久思將漢宋兩派之立脚點與歐洲之經驗理性兩派之立脚點作一比較，然惕乎梁任公先生所云摭古書以傅會今義之流弊（清代學術概論一四五頁），故動念而輒止者屢矣。雖然，以今制牽合古制，以今人之學傅會古人之學，則弊誠有如任公先生所言者。若夫漢宋之爭，與惟心惟物之爭，則人類思想上兩大潮流之表現，吾確信此兩潮流之對抗，出於心同理同之原則，而不得以牽合傅會目之也。茲列可比較之點如下

第一表

**歐洲惟物派之言：**

(1)倍根云，事實之搜集。

(2)陸克云，一切意象由經驗而入。

(3)惟用主義者云，意象之有益於人生者爲眞。

(4)邊沁云，宇宙之兩主宰：曰苦，曰樂，樂爲善，苦爲惡。

(5)英美學者，好用沿革的方法。

(6)休謨氏云，經驗之往覆不已，於是有習慣上之信仰。

**漢學家之言：**

(1)王引之云，徧爲搜討。

(2)顧亭林云，多學而識。

阮元云，學者……實事求是，不當空言窮理。

(3)顧亭林云，文之不關於……當世之務者，一切不爲。

(4)戴東原云，仁義禮智，不求於所謂欲之外，不離乎血氣心知。

(5)章學誠云，六經皆史。

(6)阮元云，理必出於禮，又云，理必附於禮以行。

第二表

**歐洲惟心派之言：**

（1）康德分人之理性爲二：其在知識方面，曰純粹理性，能爲先天綜合判斷；其在人生，曰實行理性，能爲自發的行動。

（2）康德云，關於意志之公例，若有使之不得不然者，是爲斷言命令。

（3）康德云，倫理上之特色，爲自主性，爲義務概念。

（4）惟心派好言心之實在。

（5）柏格森云，創造可能之處，則有自覺性之表現。

（6）柏格森云，本體卽在變中。

（7）倭伊鏗云，人生介於物質精神之間，貴乎以精神克物質。

（8）最近新惟心派提倡自覺的努力之說。

**孔孟下逮宋明理學家之言：**

（1）孟子曰，人之所不學而能者，其良能也；所不慮而知者，其良知也。又曰，仁義禮智，非由外鑠我也，我固有之也。

（2）孟子曰，舜之居深山之中，……聞一善言，見一善行，若決江河，沛然莫之能禦也。

（3）孔子曰，爲人由己，而由人乎哉？又曰，古之學者爲己，今之學者爲人。又曰，君子喻於義，小人喻於利。

（4）理學史上有危微精一之大爭論。

（5）子曰，惟天下至誠……能盡物之性，則可以贊天地之化育。

（6）子曰，易不可見，乾坤或幾乎息矣！

（7）子曰，克己復禮爲仁。

（8）子曰，君子終日乾乾，夕惕若，厲無咎。

據上表觀之，則兩派之短長得失，可以見矣。惟心惟物兩派之立脚點之是非暫不問，若就其應用言之，關於自然界之研究與文字之考證，當然以漢學家或歐洲惟物派之言爲長。（以上惟心惟物字樣，不過舉兩思潮之代表，非嚴格義也。）其關於人生之解釋與內心之修養，當然以惟心派之言爲長。吾之爲此言，自謂極平允，無偏袒。而國中學者如梁任公如胡適之受清學之影響，大抵揚漢而抑宋。任公雖嘗著德育鑑，又節抄明儒學案，然治學方法，自謂與清之正統派因緣較深（清代學術概論十一頁），故於宋明理學家之嚴格生活，非其性之所近。適之推崇清代經學大師尤至，稱爲合於西方科學方法。而在君雷同附和之，亦引漢學家言以排宋學。其言曰：

『許多中國人，不知道科學方法和近三百年經學大師治學方法是一樣的。』

其痛詆宋學之言尤關緊要，錄之如下：

『提倡內功的理學家，宋朝不止一個，最顯明的是陸象山一派。不過當時的學者還主張讀書，還不是完全空疏。然而我們看南渡士大夫的沒有能力，沒有常識，已經令人駭怪。其結果叫我們受野蠻蒙古人統治了一百年，江南的人被他們屠割了數百萬，漢族的文化幾乎絕了種。明朝陸象山的嫡派是王陽明陳白沙。到了明末，陸王學派，風行天下。他們比南宋的人更要退化，讀書是玩物喪志，治事是有傷風雅。所以顧亭林說他們：「聚賓客門人之學者數十百人，……與之言心言性，舍多學而識以求一貫之方，置四海之困窮不言，而終日講危微精一之說。」士大夫不知古又不知今，「養成嬌弱，一無所用」，有起事來，如癡子一般，毫無辦法。陝西的兩個流賊居然做了滿清人的前驅。單是張獻忠在四川殺死的人，比這一次歐戰死的人已經多了一倍以上，不要說起滿洲人在南幾省作的孽了！我們平心想想，這種「精神文明」有什麼價值？配不配拿來做招牌攻擊科學？以後此種無信仰的宗教，無方法的哲學，被前清的科學經師費了九牛二虎之力，還不曾完全打倒。不幸到了今日，歐洲玄學的餘毒傳染到中國來，宋元明言心言性的餘燼又有死灰復燃的樣子了。懶惰的人，不細心研究歷史的實際，不肯睜開眼睛看看所謂「精神文明」究竟在什麼地方，不肯想想世上可有單靠內心修養造成的「精神文明」。他們不肯承認所謂「經濟史觀」也還罷了，難道他們也忘記了那「衣食足而後知禮節，倉廩實而後知榮辱」的老話嗎？』

吾以為漢宋學之爭，即西方哲學界上心為白紙非白紙之爭也。惟以為白紙也，故尊經驗；惟以為非白紙也，故覺攝與概念相合，而後知識乃以成立。漢宋兩家之言亦然，一以心為危微精一允執厥中，故貴乎人之勤加拂拭；一以心為非危微精一允執厥中，故必求之訓詁名物之中。雖然，試一思之，苟無此精微之心，則訓詁名物安從而講求？方東樹云：『不審義理之實，而第執左證，棄心任目，此漢學膏肓錮疾。將已之父兄偶至他族，亦不當認乎？』

方氏此種駁法，與惟心派之常以心爲最後武器以難惟物論者，正復相同。子曰，惟天下之至誠爲能盡其性。又曰，克己復禮。孟子曰，求放心。曰，操則存，舍則亡。曰盡，曰克，曰求，曰操，其實皆同一義耳。曰以心爲實在 (Mind as Reality)，誠此點不能否認也，雖漢學家百方詆毀無傷焉。以我之淺學觀之，河洛太極之說，儒釋之辨，朱陸之異同，要皆學說之附帶而來者，宜廓而清之。若夫心爲實在之說，則賴宋明理學家而其說大昌，眞可謂其功不在禹下者焉。

抑自理論實際兩方觀之，宋明理學有昌明之必要二。惟以心爲實在也，故勤加拂拭，則努力精進之勇必異乎常人。柏格森云：

『人類中人類之至精粹者中，生機的衝動貫澈而無所阻；此生機的衝動所造成之人身中，則有道德的生活之創造流以驅使之。故無論何時，憑藉其既往之全體，使生影響於將來，此人生之大成功也。道德的人者，至高度之創造者也；此人也，其行動沉雄，能使他人之行動因之而沉雄，其性慈祥，能焚燒他人慈祥之爐火；故道德的人……形上的眞理之啓示者也。』（心能論二十五頁）

此言也，與我先聖盡性以贊化育之義相脗合，乃知所謂明明德，吾日三省，克己復禮之修省功夫：皆有至理存乎其中，不得以空譚目之。所謂理論上之必要者此也。

在君知之乎！當此人欲橫流之際，號爲服國民之公職者，不復知有主義，不復知有廉恥，不復知有出處進退之準則。其以事務爲生者，相率於放棄責任；其以政治爲生者，朝秦暮楚，苟圖飽煖，甚且為一己之私，犧牲國家之命脈而不惜。若此人心風俗，又豈碎義逃難之漢學家所得而矯正之乎？誠欲求發聾振聵之藥，惟在新宋學之復活，所謂實際上之必要者此也。

凡此所言，在君必云，是正中我所謂東西合璧之玄學之評矣。吾實告在君，昔之儒家有學禪之實，而不欲居禪之名。吾則以為柏氏倭氏言有與理學足資發明者，此正東西人心之冥合，不必以地理之隔絕而擯棄之。雖然，在君亦有說曰，生計充裕，則人誰不樂於為善？故引管子『衣食足而後知禮節，倉廩實而後知榮辱』之言為證。雖然，試以美國煤油大王之資財，畀之今之軍閥與政府，則財政能整理乎？盡人而知其不能矣。何也？今之當局者，不知禮節，不知榮辱故也。又試傾英倫法蘭西日本三國家銀行之資財以畀之今之軍閥與政府，政治其清明乎？亦盡人而知其不能矣。何也？今之當局者，不知禮節，不知榮辱故也。故管仲所言，乃就多數人言之也。若夫國事鼎沸綱紀凌夷之日，則治亂之眞理，應將管子之言而顚倒之，曰：

> 知禮節而後衣食足，
> 知榮辱而後倉廩實。

吾之所以欲提倡宋學者，其微意在此。

## 第四　私人批評之答覆

在君有關於私人批評一段，此良友之忠告也，敢不拜賜。雖然，吾之治學態度，或尚有爲在君所未及知者，用略言之。吾之治學與我之奔走政治同，有一貫之原則，曰：用之則行，舍之則藏而已。吾之所不願知所不願爲者，不以時俗之好而爲之；吾之所願知所願爲者，不以時俗之不好而不爲。若其視時俗之好惡，以爲可速以成名，不獨學問不成，即名亦不得而盜；政治然、學問然。在君乎！君當記一九一九年寓巴黎之日，任公，百里、振飛激於國內思潮之變，乃訪柏格森，乃研究文藝復興史，而吾處之漠然。何也？吾內心無此衝動也。及訪倭伊鏗，一見傾心，於是將吾國際政治學書束之高閣。何也？胸中有所觸，不發舒不快矣。自是以來，方潛心於西方學術之源流，惟日嘆學海之汪洋，吾力之不逮，又豈敢竊一先生之言以眩於國人？且在君所舉杜里舒柏格森二人，皆深於科學者也。杜氏研究實驗胚胎學幾二十年，乃創所謂生機主義。柏氏盡讀巴黎大病院之心理診斷書及五年之久，而後物質與記憶一書成。兩君用功之深邃如此。惟其不甘於經驗界而已足，乃由經驗而入於形上界。此人類思想上當然之階段，豈得以其爲空譚而擯之哉？玆更舉吾之立脚點：

（一）知識以覺攝與概念相合而成。

（二）經驗界之知識爲因果的，人生之進化爲自由的。

（三）超於科學之上，應以形上學統其成。

（四）心性之發展，爲形上的眞理之啓示，故當提倡新宋學。

若夫在君痛責當世之言，意在勸我多實學，少空譚，我惟有拳拳服膺而已，惟有拳拳服膚而已。

（附識）再在君駁我『中國戲劇中十有七八不以男女戀愛爲內容』之語，以爲泥沙上之建築，經不起風吹雨打。然卽就在君所舉之元曲選，百種之中，有三十九種以戀愛爲內容，反言之，是有六十一種不以戀愛爲內容，是正可作爲吾言之左證，而豈在君所能引爲護身符者？吾心中所注意者，尤在皮黃戲常演者約四百齣，其中以愛情爲內容者，衡諸吾所舉十之二三之比例，猶爲過甚言之。試查市上之戲考，（已出三十三期，爲舊劇最大之叢書）前三十册，共劇三百二十五種，其中與男女愛情有關者，僅六十一種，故曰尙不逮十之二三。科學家雖惡玄學，其能幷此證據而抹殺之！

——原載北京晨報副刊——

# 三、科學之評價

……今天講題是近來我和人家開戰的中心問題。觀戰的人，或許不知道我們戰爭目的是什麼，所以我今天將戰場消息略爲報告諸君。

有人說科學能支配人生；然卽就人類對於科學，研究其成績得失一端，可以證科學是爲人所用，而非人爲科學所用。因爲我們對於自己所手造的事物，甲時覺得好，至乙時又覺得壞；科學旣是人造的，故亦不能逃人類好惡範圍以外。卽此一端，科學能否解決人生，已可想見。數學上面，二加二等於四；化學上面，輕二養成爲水；……這都是科學公例，使我們以後做事情計算便捷。但是科學自產生到現在，其於人生的利害究竟如何呢？在吾國人或不覺得此是問題，因爲認科學一定有益的；在歐洲則成爲問題，已有數十年之久了。

自從文藝復興後，以爲用科學就可以發見宇宙眞理，昔日議論紛如之事件，甲以爲是，乙以爲非，就是一二人的意見是了。自有實驗的科學，而後有眞正明確的條件，——公例——這就是科學（Science）的成績。譬如天體之運行，化學之元素，力學上之運動公例，生物學上說的人類進化的淵源，乃至於社會學上社會之原始，都要找出一定的公例來。科學的目的也就在此。

但是，自十九世紀下半期後，對於科學，漸由信仰而趨於懷疑，尤其是法國人懷疑最烈。蓋世界各國中感覺最銳之民族，莫如法國；在他國所未覺到者，而法人則已覺到。譬如主權不可分之說，創自十六世紀之布旦（Bodin）；布氏所以創此說者，意在壓倒藩侯，尊崇王室。及帝王神權之說過盛，流於專制，於是盧騷創國民主權論。近年以來，厭惡國家之思潮大盛，於是又有法人狄驥氏欲去國民主權而代以社會互助說。此三人者，皆能見及幾先，發前人所未發，故法國人之先知先覺，眞令人五體投地。

十九世紀之初期，崇拜科學最烈者，有法之孔德氏。孔氏之推尊科學，可見之於其思潮時代分類法。孔氏分人類思潮爲三時期：

第一，神學時期。一切現象都以神話解釋。

第二，形上學時期。欲求最後之原因解釋一切。

第三，實證主義時期。舍去最後原因說，只研究現象相互之關係，而成一種公例。

與孔氏同時者，有藍能（Renan）戴恩（Taine）皆崇拜科學的著名文學家。然十九世紀中葉以降，懷疑的人很多。隨便舉幾個例，則有哥爾諾(Cournot)李諾維（Renouvier)蒲脫羅（Boutroux）柏格森（Bergson)諸人。此類人之立說雖各不同，要不外科學之能力是有一定之限界之一義。這就是我今天所要說的評價。

第一，科學目的，在求一定之因果關係，將這些關係化爲分量的。譬如物體下墜，第一秒多少，第二秒多少，第三秒多少，皆有一定比例。一球之上，左右各加一力，則所行線路爲平方形之對角線，如是因有多少，則果有多少。故科學方法最成功之地，無過於物理界。

雖然，我們生活於世界上，是否一切事都可以分量計算？照科學說，馬力多少，則蒸氣機之運轉力有多大；發電機多少強，則電燈可點若干盞；雖然，此種方法，能否用在生物學與心理學上。生物學心理學上僅言因果，已屬不易，又如何說得到分量的因果。譬如細胞之分裂，由一而二，而四，而八，而十六，而三十二，以至於千；於是而有腸胃有筋骨。其所以成爲生機體者，學者求其原因於細胞，而細胞之中，無因可求，故杜里舒氏創爲生機主義以解釋之。至於心理學，近來有智慧測驗之法，對於孩童授以若干題目，限時解答，最敏捷者認爲最聰明，稍遲者次之，又遲者又次之。其意所在，無非要使心理學上的因果關係，一如物理學。這是我決不能相信的。何以故呢？人類爲血肉之軀，五官之感覺，如何由耳目而傳遞於腦神經，當然有因果可求；且飢思食，寒思衣，倦思睡，皆爲生理所支配，是無可免的。社會之中，有種種習慣以支配之，見客則問姓名，由聲音笑貌可以推定人之喜怒，一事之開始前與終了後，可以測定人之行爲如何，凡以此故，心理學上有若干種公例。然謂一人之心理，若其意志力強弱之由來，與其因意志力之強弱而定其成功與失敗。此外如文學之創作，思想之途徑，乃至個人之意志與社會進化之關係，謂其可以一一測定，這是科學家的夢語了。

第二，科學家但說因果，但論官覺之所及，至於官覺之所不及則科學家所不管。物理學者以物性及物性之變化爲出發點，植物學者以草木爲出發點，生物學者以有生之物爲出發點，此皆有形的，而爲人耳目所及。然各種科學最高原則，如論理上之公例，如因果律，已不是耳目之力所能及。倫理學上善惡是非之標準，以及人類之美德如忠信篤敬之類，那一事是有形的？進化論之學者欲以內界之精神化爲有形的，乃採所謂沿革的方法(Genetic method)，謂人類之道德可見之於社會制度，亦是進化而來。如此做法，無非要使一切無形者悉求之於有形之中。吾以爲沿革的方法之是非，係另爲一事。若謂論理的推理由於習慣而來（經驗派哲學之言），道德爲環境所支配，這是科學欲以有形解釋無形之故，乃將人類精神之獨立一筆抹殺了。

第三，科學家對於各問題，不能爲澈底的問答。譬如物理學家以物質爲出發點，物質何自來，則爲科學家所不問，此就自然科學方面言之也。政治學家以國家爲出發點，至國家主義與國際主義之利害比較，則非科學家所問。生計學以財物之產生爲出發點，至物質文明之利害問題，則非科學家所問。此就社會生活之變遷言之也。夫物質之本性爲何，生命何自來，此等問題，誠哉其爲紛爭不決。然既爲人類，即對此諸事不能不生疑問；解決不解決，另爲一事；而其不能不問，則人類之天性也。譬之達爾文之書雖以實證爲方法，然於生命之原始，則嘆爲不可知。其所以嘆者，則心中有此疑問爲之也。乃至國家主義之利害，物質文明之利害，雖科學家以分科研究之故，勢不能旁及題外之文。然人類前進方向與其行動大有關係，故於其所達之境之利害得失，常不勝其低徊往復。然科學家於事物之本體與夫人類向上之塗徑，既不能與人以滿足之解決，而猶傲然以萬能自居，此則引起人類對科學惡感之最大原因。

第四，我所欲言者，非科學本身問題，乃科學的結果。西歐之物質文明，是科學上最大的成績。人生原不能離開物質，然一國之文明，致令人以物質文明目之，則是有極大原因在。而其原因之可數者，利用科學之智識，專爲營利之計，國家大政策，以拓地致富爲目的，故人謂之為物質文明。

歐洲各國以工商立國之故，派領事，派銀行團代表，投資外國滅人家國。國家既以此為方針，故其教育人民，亦不外教以智識，授以技能，以達國際間兵戰商戰之目的而已。要知道專求向外發展，不求內部的安適，這種文明是絕對不能持久的。甲以工商主義侵乙，則乙必起而獎勵工商，以求等於甲或凌駕而上之；甲乙之工商既相等，爭投資於未開發之地，則甲乙必各爭海陸軍之強弱；而其參謀部又持先發制人之計，於是事端朝起，宣戰之書夕至，此則一九一四年大戰之由來，彰彰明甚者也。吾以為國際間之所求，專在有限之物質，則物質有限，而人欲無窮，謂如此而可為國家久安計為人類幸福計，吾不信焉。

諸君聽我的話，或不明白我意思所在。我的意思，就是要諸君認清今後發展之塗徑，不可蹈前人覆轍。什麼國家主義，軍閥主義，工商主義，都成過去；乃至思想方面，若專持有益於實用之科學知識，而忘卻形上方面，忘卻精神方面，忘卻藝術方面，是決非國家前途之福。方今歐美先知先覺，在精神方面提倡內生活，在政治方面提倡國際聯盟，這種人已經不在少數；只看我國人如何響應他，必可以達到一種新境界。而亞美兩洲之中國美國，尤為地大物博，非若歐洲地小國多，故適於提倡大同主義，觀之威爾遜之熱心國際聯盟，與吾國大同思想之發達，是其明證。敢告諸君，我所說的並非夢話，歐美知識界之新學者，都已趨向我所說的新路上來了。

假令以上評價之標準不謬，則教育之方針，可得而言：人生在世，計有五方面：曰形上，曰審美，曰意志，曰理智，曰身體。

（一）形上　人類在世，若但計官覺界所及之得失，而不計內界之心安理得；以言乎個人，則好爲功名富貴之爭，而忘君子爲己之學；以言乎國家，則好爲開疆拓土之謀，而忘民胞物與之義。欲矯此習，惟有將天地博厚高明悠久之理教學生，是之謂形上。

（二）美術　人類終日勞動，走至郊外空氣新鮮地方，就覺得胸中非常愉快；及入油畫館，又覺得人巧可奪化工，可知美術與人生幸福有莫大關係。

（三）意志　往往有理智的判斷上，以爲極不可能的事，而靠着意志的力量，竟可以實現。李廣之矢可以貫石，及知爲石，則屢試不中，可知知識與意力是兩事。而任何難事，意志力強者往往可以通過。以近年德俄革命之成功言之，皆其政治家意志教育之結果。一九一八年少數德國社會黨竟能推翻數百年愛戴之皇室。一九一七年俄之革命之成功亦出人意料之外。可知政治潮流，苟有意志堅強之人，自有轉移之法。若認爲事事受環境之支配，則惟有一步不能行而後已。獨惜今之教育家外交家之流毒，專以遷就社會爲長策，故其惟一立脚點，則在『維持現狀』(Status Quo)。在此種主義之下，人類之心能，潛伏而不見者，正不知其幾何。總之，意志教育可以改造社會。惜焉教育家不加注意，而徒委之社會革命黨之手，是一件大不幸事。

至於理智身體方面，現代教育自有相當之成績，不可以抹殺的。

我的講演，現在差不多要完了，但是我更要爲諸君總結幾句。若以歐洲已往之思潮爲官覺主義，而以吾人之思潮作爲一種超官覺主義，則其利害得失當如下表：

第一，官覺主義之結果：實驗科學發達，側重理智，工商立國，國家主義。

第二，超官覺主義之結果之預測：重精神（或內生活）之修養，側重情意，物質生活外發達藝術，國際主義。

今後吾國將何去何從，是文化發端之始的極大問題。望諸君再三注意。

張君勱先生在中國大學講，童過西筆記

——原載時事新報學燈——

# 四、人生觀之論戰序

泰東圖書局主人既集關於科學與人生觀論戰之文為一書，屬予為之序。予戰團之一造也，所以折衷羣言以求一是之歸，非所知也；既已不獲已而有言，惟有進而伸予說。

## 第一

千八百四十三年，穆勒約翰氏論理學出版之年也。穆氏書中，嘗以人生問題未達科學之境為病。自今上溯，已達八十年之久，而此問題紛爭不決，猶如昔日。究竟有成科學之日耶？抑無此日耶？試先舉穆氏當日希望，繼驗以最近哲人之言，以見兩時代學術界之所以進人生問題於科學者為何如。穆氏言曰：

『科學的研究，與其他人工之制作同，先由智識超越之士，於簡易之事，發見其可達目的之法，繼本總括之方，推及於複雜之例。（下略）』

『智識之始焉簡者，繼焉複者，所以漸進而爲科學者，罔不由斯道；其他問題尚在俗論紛呶之中，而未達此境者，必遵同一之軌道以行，而爲前段所言之新證明。各種科學中頗有於最近之期間自拔於議論紛紜之境，獨有關於人之本身，則故態依然，鮮有進步，蓋人者學問思辨中最複而最難之問題也。』

『人有兩方，一曰物理，（中略）一曰心理；關於物理者，（指生物方面）已有若干條眞理爲專家所同認；（中略）若夫心理公例與社會公例，遠不如物理方面，求其得人之部分的承認而不可得，故其能否成爲科學（嚴格之意義），亦尚相持未決焉！』（論理學第六卷五〇二六三頁）

穆氏既知人生問題之不成科學，謂苟得適當之方法，或可從而促進之，故論理學第六卷，專爲此而設。然方法雖良，而公例之不立如故，則有方法等於無方法。故其言曰：欲說倫理學與政治學之成爲科學，惟改造此二者使成爲科學而已。然此事之不可能，穆氏已自知之，故其所致力者，則以研究方法，指示後人。而吾儕讀其文，得其結論，則穆氏自謂人性學或心理學，決不能達於科學之理想的完全，如天文學然，所可得者則其近似之數而已。至所舉心理公例，除聯想說外，無他新例矣。其論社會科學曰：社會之研究，較個人心理爲尤難，以其複雜程度遠在個人上也。然穆氏根據個人心理章中之公例，謂社會亦遵一定公例以行；而以吾人所見，穆氏所舉個人心理公例，既不滿人意，則其所謂社會公例之價值，亦可以推見。要之，社會現象卽有公例，而人類變遷之不能預料，則穆氏亦既言之矣。

試考八十年間物質精神兩種科學之成就：若物理學也，數學也，生物學也，公例既立，則無問種之黃白地之東西，其爲人所公認一也；以言精神科學，雖學者輩出，而其漫無定說不殊穆氏當年情況：心理學由哲理的進爲實驗的，不可謂非絕大進步矣；然若者爲內省派，若者爲外觀派，若者合內省外觀而一之，或更以他種方法爲分類標準，則有構造派，機能派，行爲派，精神分析派，每派之中，又分某爲某派，某爲某派，名目繁多，幾於不可爬梳，而其根本問題，如覺之測量，思之何自而成，自覺性與腦神筋之關係，其異說紛起，百年前與百年後如出一轍焉！吾友在君之文，極推崇詹姆士，以詹氏之心理學爲科學，在在君自謂能知詹氏，盍讀詹氏自白之語乎？

『所謂以心理學爲自然科學云云，非謂心理學已立於牢固不拔之基焉，此言所指，正得其反，即所以表示其脆薄耳，今日心理學譬之漏舟，形上學的批評譬之流水，則此漏舟之膠漆處，無在不可爲流水所浸灌。伸言之，就心理學自身範圍言之，若可以自成一說者，而實則種種假定種種違坦，尚不能自具首尾，而更當於廣大範圍中，求立說之根據，更當以他種學術名詞爲之翻譯一過。故以心理學爲自然科學者，乃不能自信之語，非敢以此驕人焉。近來學者儌然稱道新心理學之名，或有著心理學史者，於所謂心理學一名，所包含之元素，絕未有眞知灼見：蓋今所謂心理學者，粗疏的事實之貫串耳，各人意見之爭執耳，說明的性質之分類與總括耳，畫分吾心爲種種情態之成見耳，自信腦神系爲心理作用之條件之成見耳，除此而外，他無所有，若求有如物理學之公例，依因果原則而窮其所屆者，實無一事而已，何也，物理學上之公例，有所謂端焉，(下墜體之遲速，與時間爲正比例，下墜體之遲速端也，時間亦端也)端旣定，而後公例乃立；今端之不知，則公例何自而成乎？

故曰心理學非科學也，乃成科學之希望耳！』（小心理學四六八頁）

詹氏之言：一則曰脆薄，再則曰不敢自信，終則斷言其非科學；而在君之意，一若非科學家三字不足以奪詹氏者，抑知在君之讚嘆，適與詹氏所自期許者相刺謬乎！詹氏小心理學，成於一八九二年，在今日已爲陳舊，然詹氏所指之大缺陷，至今何嘗有能補救之者？故心理現象不爲科學支配之語，非我一人之私言，乃有識所同認焉。夫人生關鍵，不外心理，舍心理則無所謂人生，今心理既不爲科學所支配，則人生問題，尙何公例，尙何科學可言乎？

若夫集合個人之社會生活何如乎？穆氏處十九世紀之中葉（一八〇六——一八七三），生年視法之孔德稍後，然及生與孔氏往還日久，故甚佩孔氏以實證方法施之社會學。然謂由孔氏之法，能推定社會未來之變化乎？則穆氏答曰否否，其言曰：

『社會之現象，卽人性之現象，由外界情狀影響於人類而生者也。假令人之思，覺，與行爲之現象，（注意假令二字，謂有無公例，不致斷也。）受一定公例之支配，則社會現象亦自受一定公例之支配。何也，社會現象果也，個人心理因也。然卽令吾人關於社會之智識之確實，一如天文學，（注意卽令二字）而謂蓮其公例，可以推算千百年後之歷史，一如吾人之於天體然，是必無之望也。』

與穆氏孔氏同時，而其致力方面與兩氏異者，社會黨領袖之馬克斯是也。馬氏著書，與兩氏同不脫十九世紀中葉之彩色，卽謂社會進化有一定公例，而爲科學方法所能適用是也。

馬氏自名其主義曰科學的社會主義，以別於翁文輩之烏託邦的理想，且推定生計上之進化，遵正反合之惟物史觀之原則，故資本主義之崩壞爲不可逃之數。然自今日觀之，以歐洲而言，資本主義之成熟，英遠在俄上，顧勞農革命，何以不起於英而起於俄乎？以俄與德較，則德資本主義之成熟又在俄上，何以德之革命成績，反居俄後乎？且卽以俄論，私有財產之廢不及二年，而已許私人買賣私人土地所有權，且大招致外國銀行與外國資本家，不知此等翻雲覆雨之局，又遵科學的社會主義全書中何種公例乎？假如其言，社會進化爲生計條件所支配，而無假於人力之推助，則馬克斯之宣傳與顚沛流離，豈不等於庸人自擾？諺不云乎，思想者，事實之母也，此區區一語中，而歷史之眞理已描寫盡淨，乃生當今日，而猶守馬氏之言若聖經賢傳如陳獨秀者，豈爲求眞哉？亦曰政治之手段耳！墨司哥之訓令耳！德之生計學家海克納氏曰：

『馬克斯與恩格爾之社會主義，所以與以上各派不同者，卽在其生計的定命主義。其意謂社會主義的秩序，不以人類之理智與善意爲基礎，乃由進化的趨向所生之必然之結果也。（中略）故吾人之職責，不在發見進行之應如何，而在但指示其變遷之何若，依其所言，似爲一種聽其自然之態度，顧馬氏輩殫精勞神於勞動黨之組織者何耶？』（勞動問題第二卷二七五頁。）

究竟生計條件爲主耶？人類之心思才力爲主耶？以俄之藍寧式之革命言之，則生計狀態，與革命無必然之關係，；既已大明；而人力之左右，反遠駕而上之！夫考歷史之變遷者，寧有不憑歷史事實，而反以一二人意見爲可據者耶？我之清華講演中所舉九項，謂非科學所能解決，而斷其起於人類之自由意志，梁任公亦以此爲病而駁之，獨秀復臚舉社會學家言以相難，謂此九端之因果盡爲科學家所能解釋，而歸結於物質爲社會變動之大因。夫大家族也，小家族也，自由婚姻也，專制婚姻也，守舊也，維新也，在一事既已過去，科學家彙集各種事實，推求其由來，而爲之說明，此其事之可能，何待贅言？顧我所以舉此者，非曰社會學家之說明是否可能也，乃問人類對於此九項之態度之變遷之動因，何自而來也。甲以爲然，乙以爲否，甲日以爲是者，乙日又以爲非，其變遷之速如此，而推求所以致此者，則曰人類之自由意志爲之，非科學公例所能一律相繩也。夫不究九端之動因，而但言科學的解釋，則社會學家之關於九端之說明之文。連篇累牘，我雖淺學，豈並此而不知？夫科學之大本，曰因果公例，有同因則生同果之謂也，吾人據此公例，得以推定物理上天文上種種現象，雖歷久而不爽毫釐；若夫人事，但能關於已過去者，於事後爲之解釋，此種過去之解釋，能視爲與物理公例，有同等價值乎？殆不然矣！故獨秀雖能舉盡社會家言以難吾九端之列舉，然吾之根本主張，仍是一絲一毫不能動搖也！何也？小家族後之家庭制度如何，誰知之乎？公有財產後之制度如何，誰知之乎？一九一七年前有何公例可據而知俄之革命乎？一九一八年前有何公例可據而知德之革命乎？一九二三年十二月英之總選舉，又誰知工黨之勝利乎？又誰料馬克頓納氏之是否組閣乎？人事之異於物理現象，而無公例可據以推算如此，乃欲以科學名之，是直可謂不知科學爲何物而已！難我者豈不知人事上永無此種公例可求，於是降低科學之嚴格定義，曰科學的萬能，不在他的材料，在他的方法（在君語），則我還以前言答之曰，苟有方法而公例之不立如故，則有方法等於無方法而已！夫日日周旋於方法之中，而不問其公例之有無，以此揚科學，適所以抑之耳！故八十年間之社會學，我亦可以詹氏語答之，粗疎的事實之貫串耳！意見之爭持耳！說明的性質之分類與總括耳！以云眞正公例，則絕無一條而已。歐立克氏所以斷言社會變化爲非科學的者，良以此也！

個人心理與社會生活之超於科學外也若此，故我從而斷之曰：人生觀：主觀的也，直覺的也，綜合的也，自由意志的也，起於人格之單一性者也。此五特點者，言其變動之由來也，非謂事後加以科學的說明之是否可能也。事實如此，學者之言如彼，十九世紀以來，欲進人事於科學之迷夢，今可以覺醒矣？

## 第二

人生觀之名，在此二十萬言之討論文中，已濫用達於極點，故不可不重言聲明之。我之清華講演，所以以人生觀與科學對舉者，謂科學有一定之公例者也，人生觀則可以人類意志左右其間，而日在創造之中者也。天體之運行，物體下墜之遲速，雖惟心主義之哲學家，亦不敢謂吾心之上下，能有所升降其間，故曰物質科學，眞正科學也；若夫心理學與社會學，雖其原名亦以 logy 結尾，然不得以科學稱之，穆勒詹姆士已自言之，故我列此方面於人生觀之中。此二者之性質，既已不同，故合二者爲一名，如胡適之所謂科學的人生觀者，直可謂之不詞而已。而適之於科學與人生觀之論集序中，反列舉十大條，每條之中，皆曰根據某某科學，叫人知道某某事，意在以科學之力，造成一種新人生觀，故自名其十條大方針，曰科學的人生觀。雖然，敢問適之，科學家之所教人者，其爲不變之公例乎。其爲個人對世界萬物之態度乎？（適之引唐擘黃語）如曰僅爲態度，則奈端之三公例，能分英德法美之界而言人人殊乎？惟其不然，乃得謂之爲科學，而自別於人生觀。若科學所敎人者，僅得一人生觀，則第一條根據天文學與物理學叫人知道者，非天文學物理學之公例，而爲天文學物理學的人生觀矣，是可通乎！第二條根據地質學與古生物學叫人知道者，非地質學古生物學之公例，而爲地質學與古生物學人生觀矣，是可通乎！歌白尼奈端輩地下有靈，當亦自悔其生前之多事而已！適之謂論戰文章，只做了一個『破題』，還不曾做到『起講』，吾意此新臨戰陣之武士，必別有一番崇論宏議，而豈料其所以加惠吾人者，僅此一張敎授科目表哉！

且適之煌煌十大條中，曰根據某某科學叫人知道某某事，夫人事問題之無科學可據，已如前述，故編製科目表之先，尙有一先決問題，卽拿出人生問題之科學來，而不然者，不許其隨便以科學二字來壓倒一切也！

抑科學所以不能解決人生者，適之亦知其故乎？科學之大原則，曰有因必有果，旣已以求因果爲歸束，故視此世界爲一切具在，而於此一切具在中求其因果之相生。換詞言之，以各物爲閉鎖的統系（Closed system）是也。此法也，施之物質，以其本爲空間之體，故天文物理化學之公例，因以發見焉，反是者，人生之總動力，爲生之衝動，就心理言之，則爲頃刻萬變之自覺性，就時間言之，則爲不斷之綿延。惟如是，欲改造之爲閉鎖的統系，決不可得者也。質直言之，非直將心理之進行，時間之進行，有以防堵而阻塞之，則科學之技，終不可得施！此義既明，乃可進論適之所謂『至科學適用到人生觀上去，應該產生什麼樣的人生觀』之語矣。此『生之衝動』，人各得其一部，故一人則有一人之個性，因個性之異，而各人之人生觀，因之而異。如適之議，卽去其他敎材，而代以科學，其爲理智一也，其爲學問一也，學問與理智之材料雖變，而各人之個性，終不能等而齊之，則雖歷千萬年，而其不統一如故也。最高乎？最低乎？吾不而知之，吾但知其爲不統一而已！西洋之科學教育，非不發達也，而蕭伯訥與訖司塔頓（G. K. Chesteron）之人生觀能統一乎？毛根(Morgan)(美銀行家)與龔柏（Gompers）之人生觀能統一乎？勃蘭揚（Bryan）(美前國務總理)與達爾文主義者之人生觀能統一乎？此統一與不統一之論，生於個性，個性既不能否認，雖代以種種科學，有何用乎？且適之實驗主義者也，以努力爲旗號者也，假令人生之爲體，如物質之已在閉鎖的統系中，而其因果可以互推者，則又安用吾人之努力爲？雖然，吾知之矣，自由創造，適之所欲也，科學亦適之所欲也，二者不可兼，適之其將奈之何？竊敢以獨秀之語贈之曰，經過這回辨論之後，適之必能百尺竿頭更進一步也！

此二十萬言之爭論，科學非科學也，形上非形上也，人生爲科學所能解決與不能解決也，有因與無因也，物質與精神也，若去其外殼，而窮其精核，可以一言蔽之，曰自由意志問題是矣！人事之所以進而不已，皆起於意志，意志而自由也，則人事之變遷，自爲非因果的非科學的，意志而不自由也，則人事之變遷，自爲因果的科學的。然而自由與不自由之義，何道而能解決乎？曰純粹心理現象，不能畫分爲定態，既非定態，故不能據因果公例，由甲態以推乙態一也；心理現象包含一切之過去，一秒前與一秒後已不相同，故同因同果之說，不得而適用，二也。惟生物界有此自覺性之作用，而以人類爲登峯造極，此生物所以進化，而歷史所以演進也。杜里舒之敍柏格森之立言大意曰：

『就物種之變遷言之，有達爾文之環境改造器官說，有拉馬克之因生活條件之需要不需要而定器官之構造說。此兩家之言，皆以爲器官之發生，由於適應環境。此種學說，其非滿足之解決，（詳見達爾文學說之批評中。）已爲一般所公認，自柏格森創爲生命衝動之說(Elan vitale)，謂世界之生物中，有一以貫之之現象，是名生活流，此生活流日進而不已，變而不已，故無所謂預定之目的。因此之故，康氏所謂固有性，所謂固定條件(Beharrliche Bedingung)，柏氏所不認者也，柏氏之意，此日變之中，卽爲固有性，卽爲本體，故曰卽變卽本體，惟其無本體，故無決定之因，既無定因，故爲絕對之自由。』（杜里舒講演第八期）

杜氏又自述其關於歷史之意義曰：

『前段中所述內省上心理上道德上種種研究，其所得結論，則以爲人類之意志，苟無心理上舊日之經歷爲之決定，則以各人之固有性從而決定之，是定命也，非自由也；依吾觀之，苟一部歷史，皆心理學之公例所能解釋，則歷史者，不過應用的心理學耳！然往往見有歷史上之現象，確能超出於重規疊矩之外，無以名之，名之曰進化的非積疊的！』（同上）

誠此生物與歷史之演進之事實而不能否認也，雖有千百羅素以駁難柏氏，（詳唐鉞心理現象與因果律文中）又安用乎？吾人卽讓一步，謂心理現象誠有因果律，又當問心理學家之言，是否爲最終之決定。蓋科學者，畫一區域爲範圍，且就此範圍內而窮其因果者也。心理學既號爲科學，自當求所以完成心理現象之因果，而不然者，則心理學無自而成立也。故杜里舒氏有言曰：

『心理學之大目的，在求心理現象來去之公例，先以心能之說，如記憶聯想之類，繼以心靈上變遷之由來，而以非自覺性終焉。惟其如是，心理學以因果爲最重要之概念，或推本於前日之變遷，或推本於心靈中之固有性，總之，不離乎因果之念而已！心理學爲經驗科學爲論理之一部，苟其不欲自放棄其成爲科學之資格，則惟有抱定因果說。換詞言之，與自由論與自由意志兩不相容而已！』（同上）

雖然分科之研究，不得已也，分科之學之是非，當衡諸超於諸學上之最高原理，而融會貫通之，是之爲形上學。形上學者，諸學之最終裁判官也。詹姆士之爲科學家，雖在君不能否認，然依然以心理學爲未足，謂必進而入於形上學，故詹氏曰：

『前章中曾謂自由意志問題，應歸入形上學中研究之，以在心理範圍內決定此問題，不免鹵莽也。心理學爲達其科學上之目的，承認定命主義，是乃無可訾議者，然心理學以定命主義爲善，而倫理學又從而反對之，則將奈何？曰是可知心理學上之要求，本爲比較的目的，而非最終之定論，今倫理上既已提出非定命論，依著者觀之，則倫理學之立腳點，自較心理學爲強，故寧願認自由意志論，而心理學上之定命的假定，則暫時的耳！方法的耳！此兩方之衝突，可以證分科之學，爲便利計，各畫定其範圍，離其他眞理而獨立；而自實際言之，各科學之假定，與所得之結果，當自其相需之關係上而另加以修正者。此各提出要求，加以討論之所安在乎？曰是爲形上學，形上學者，求思想之明瞭與澈底之頑強的手段也。各科學之達坦，多矛盾與晦塞之點，自其特定範圍內觀之，若可置而不問，故人常以形上學之討論爲煩瑣。譬之地質學家不知所謂時間可也，機械工人不知所謂動與反動之何以可能可也，心理學家於其自身之材料已日不暇給，何必問人類之何以認識外界乎？在甲立腳點以爲不重要者，至乙立腳點則又以爲重要。故平日以形上學爲譚空說有者，及其求宇宙全體之最大限度之瞭解，則最緊切者，無過是矣！」（小心理學四六一頁）

讀此言者：可知科學家所以反對形上學者，由於其習於分科，故不求宇宙之綜合的觀察，甚者以玄學爲鬼怪爲荒唐。皆此心理爲之也。然宇宙之眞理，不能以分科的研究了事，則證之詹氏之言而大明。於是吾人之結論曰：

第一　科學上之因果律，限於物質，而不及於精神。

第二　各分科之學之上，應以形上學統其成。

第三　人類活動之根源之自由意志問題，非在形上學中，不能瞭解。

現世界之代表的思想家，若柏氏倭氏，本此義以發揮精神生活，以闡明人類之責任。推至其極而言之，則一人之意志與行爲，可以影響於宇宙實在之變化，此正時代之新精神，而吾儕青年所當服膺者也！莊子曰：『水之積也不厚，則其負大舟也無力。』柏氏倭氏輩推求宇宙實在，爲歸束於形上學者，非有他焉，其必然之結論然也！嗚呼，使即此之故，令我受千萬人之謗譏，所不辭焉！（十二、十二、十八）

# 五、人生觀論戰之回顧（二十三年）

民國十三年到民國十四年間，因爲我在清華大學的一篇講演——「人生觀」，引起了國內學術界之大爭論，參加者二三十人，各人所做的文章，合計起來有二十多萬字，並且有兩種集合的出版物，一爲「科學與人生觀」，胡適之先生集，在上海亞東書局出版，一種叫「人生觀之論戰」，是我自己所集，上海泰東書局出版。這件事到現在正是十年，確可以替他做個紀念，假定政治上國家的開國是值得紀念，那末，思想上的爭論，我自己是參與的人，也應該回顧一下，其理由有三：

第一、考察自己所說的話，十年前與十年後有無變更或錯誤，此點在下文名爲「自己的回思」。

第二、考察同我辯論的人給我一種什麼印象，從他們的言論，看到他們在現代思潮中派別是怎樣，此點下文名爲「對於國內同時代人思潮之感想」。

第三、對於思想界以後所應開展之路徑怎樣，此點在下文名爲「學術界開展之途徑」。

## 一　自己的回想

當時我的題目叫「人生觀」，實在自己要說的話，就是人生（Human Life）與自然界不同之點何在？我說了好幾點：（一）科學客觀的，人生觀主觀的；（二）科學爲論理方法所支配，而人生觀則起於直覺；（三）科學可以用分析的方法下手，而人生觀則爲綜合的；（四）科學爲因果律所支配，而人生觀則爲自由意志的；（五）科學起於對象之相同現象，而人生觀起於人格的單一性。我當時腦子內所有的「科學」二字，實在是指自然科學，不是指全部科學，因爲自然界纔能同人生對立來說。假定有人來問我對此問題，現在意見如何，我可以明白答覆，「人生觀」（Lebensanschauung）之名，本於倭伊鏗所著之「大思想家之人生觀」，是指哲學史中各家對於人生與宇宙問題之答案，其爲主觀的，毫無疑義，我的老師重視大思想家之創造力，我是的確受他這方面的影響。然以人生觀與科學對比，倭氏本無此說，我當時自己所想出來的。我現在想想，人生觀是思想家對於人生之答案，科學是科學家關於宇宙現象研究之結果，這兩樣雖可拿來對比，而對象上之不同不甚明顯，故這樣的題目，現在我自己也不贊成了。盧梭對於他的獲獎之文——美術與科學能否促進道德——曾說過：「充滿了熱與力，但是全無論理與次序。」我回頭看看，這篇文章雖不至如盧梭所說的無論理與秩序，然對於「人生自由」之擁護，不免過於充滿了熱與力。話雖如此說，在大根本上人事界與自然界兩方之不同，我現在仍絲毫沒有變更。現在不用拿自己的話，來說明人事界與自然界之不同，我姑且借用美國學者柯亨（Morris Cohen）的一篇文章，——社會科學與自然科學——內面他說明社會科學與自然科學之異點如下：

第一、社會科學所研究的是意志的行爲與價值判斷，自然科學所研究的如因果關係。

第二、社會科學所研究的爲具體的歷史的事件，自然科學所研究的爲自然界的事件中之抽象或重複的情形。

第三、社會科學所研究的爲文化或曰社會的傳統習慣，自然科學則與文化，與社會傳統毫無關係。

柯亨氏又發出一個問題——社會科學公例之有無？他曾經說過，社會現象中卽使有許多相同處（Similarities），但不能承認相同者卽是公例（Laws）。他並且說：『社會現象，儘管是受因果關係的支配，但在有限時間中之有限心靈方面說，不能說他呈現什麼公例。』

他又說：『假定有人以爲社會科學與物理學一樣，能發見許多確定公例，那麼我請他替我們編成一本社會科學公例表，拿這社會科學公例表與自然科學公例表，互相比較一下，看看他們數目的多少，公例的確定性如何，公例之普遍的表徵性如何。』這句話的意思，無非說社會科學內的公例，萬萬趕不上自然科學內的公例。

柯氏這篇文章說社會科學中無公例，也猶之乎同我所說的人生觀不受科學支配是一樣的，但並沒有聽見美國思想界罵他看輕科學，罵他玄學鬼，這是什麼原故呢？這是因爲中國和美國兩方學術界空氣不同的緣故。中國和外國接觸後，我們最驚奇的就是西洋的科學，他心目中的所謂科學，乃是飛機，大砲，輪船，乃是電話，無線電等等實用的東西，高一層就是知道所謂科學方法，或者說拿出證據來，在這種空氣之下，有人來說人生問題不受科學支配，人家就疑心他（一）是反對科學，（二）是提倡玄學，（三）是反對西洋文化，這是一種思想的幼稚病，本不足怪。

我當時所以提出這問題的理由，可以分三點來說：（一）中國接受西洋思想，西洋科學年代，也不爲不久，遠點說，推到曾文正，左文襄，李文忠在上海設製造局，在福州設船政局起，近一點說，從戊戌後，各省設立大學中學起。我們接受科學，至少也有好幾十年，我們應該拿一種思索（Reflective thinking）的精神，和批評的精神來想一想科學本身是什麼。科學的本身，就是知識，知識的對象有兩種：（a）自然界，（b）人生，這兩界之中，屬於自然界有天文，地理，物理，化學，生物諸學，其屬於人生界有社會學，政治學，經濟學，歷史學，最後還有一種完全屬於人的心靈的叫心理學。這種種科學中，何以天文學，物理學的公例最可靠，生物界公例比較可靠，而人事界的公例之可靠性最差；假定我們的思想家肯從這方面研究，然後能認識科學之眞性質，公例之眞性質。這種問題，西洋人也有人提起，但是我感覺他們還沒有系統的說明。（二）科學這件事，是關於自然界及人類社會的知識，雖然他們是同樣的知識，但這裏面有個大問題：一面是自然界，這內面公例爲必然性所支配，一面是人事界，人類是有意志的，是有自由的，既有意志有自由，所以他們內容很複雜，不容易查出公例。我現在不是說人事界內面自由是如何，物理界內面因果是如何，而是說惟其有自由，所以科學不能發展，惟其是因果，所以科學的工夫能做。要知道康德是提出這個問題的人，其他與康德抱大同小異的意見的，也不少，我那時提出這問題，不過是拿人家的老話，重新說了一遍，實在也不是我的創見。（三）科學既是知識，說到科學，就不能不說到科學之前提：（甲）人類何以有知識？知識是外界事物本身以內之公例呢，還是人類精神的產物呢？（乙）科學所以稱爲科學，因爲他能發見公例，公例發見，又以因果關係爲前提，何以自然界中因果關係能支配一切，而人事界中不能？這種問題，在西方科學發達的國家中討論已久，我們萬不可不聞不問，而終於落人之後。

以上三點，是我提出人生觀問題的時候同時聯想的三件事，想從這三方面起，可以使我們的思想界有一種目標，大家可以向前進行，或者我們的思想史上，可以開一個新局面，換句話說，我們不單接受西洋科學中之現成結果，同時，我們須能夠對於科學本身，或者說對於科學的前提，加以思考加以批評。這一點願望，可以說在已往十年中，很少實現，並且很少有人向這方面做工夫。

在我的自己回思內，有一句話要聲明，就是我對於科學的態度。科學這東西是十六世紀以來歐洲的產物，也是人類的大發見，關於天文，關於地理，關於物理化學，關於生物學，在其中發見許多的大秘密，爲人類二千多年來所不能想像的事，世界人類既因科學進步而大受益處，尤其是中國幾千年來不知求眞，不知求自然界之知識的國民，可以拿來當做血清劑來刺激我們的腦筋，來趕到世界文化隊內去。中國唯有在這種方針之下，纔能復興中國的學術，纔能針砭思想懶惰的病痛。我說這種看重科學的話，並不是要我們國民單接受西洋兵艦，飛機，無線電就算了事，是要我們國內科學家能夠做牛頓，能夠做愛因斯坦，能夠做達爾文，換一句話說，是自主的科學思想，不是受動的科學思想。康德批導哲學中之問題，是數學何以可能？自然科學何以可能？形上學是否可能？我們受過康德的洗禮，是不會看輕科學或反對科學的。我近來很想在歐洲各國調查其科學發展之成績，以爲我國借鏡之資，在我的「學術界之方向與學者之責任」一文中，說得很詳細，無庸再在這裏細述。

## 二　對於國內同時代人思潮之感想

回顧當時參加者的論文，各人主張不一，有調停派如梁任公，范壽康輩，其中最能代表中國這個時代的思想，可以說有三篇文章：第一篇吳稚暉的「一個新信仰的宇宙觀及人生觀」，第二篇是胡適之在「科學與人生觀」論文集的序文，第三篇是陳獨秀對於論文集的序文，其宗旨是提倡馬克斯唯物史觀。在這三篇文章內表現他們的思想，吳稚暉是一個樸素的自然主義者，他自己說，世界的開展是一個黑漆一團的宇宙，他說世界上不外兩種東西，一種叫質，一種叫力，這種話與十九世紀之中德國的布希納（Büchner），赫克爾（Haeckel）一鼻孔出氣，在這種承認世界上只有質與力的人，看此宇宙是很簡單，不過質與力的變化，何以從質與力而能達到生命，何以從生命又達到心思，這種複雜的問題，在他們看來，都可以拿質與力來解釋，人家所承認爲最困難的問題，在他們看來，簡直沒有問題。布希納的書在德國銷行廿餘版，現在這本書很少有人提起了，自然吳先生黑漆一團的宇宙，在我們現在思想幼稚的時代，當然應該有的一篇文章罷了。

胡適之先生在他的序文內提出好幾條新新人生觀：

（一）根據於天文學和物理學的知識，叫人知道空間的無窮之大。

（二）根據於地質學及古生物學的知識，叫人知道時間的無窮之長。

（三）根據於一切科學，叫人知道宇宙及其中萬物的運行變遷，皆是自然的——自己如此的——正用不着什麼超自然的主宰或造物者。

（四）根據於生物的科學的知識，叫人知道生物界的生存競爭的浪費與慘酷——因此，叫人更可以明白那「有好生之德」的主宰的假設，是不能成立的。

（五）根據於生物學，生理學，人種學，社會學的知識，叫人知道人不過是動物的一種，他和別的動物只有程度的差異，並無種類的區別。

（六）根據於生物的科學及人類學，人種學，社會學的知識，叫人知道生物及人類社會演進的歷史和演進的原因。

（七）根據於生物的及心理的科學，叫人知道一切心理的現象都是有因的。

（八）根據於生物學及社會學的知識，叫人知道道德禮教是變遷的，而變遷的原因，都是可以用科學方法尋求出來的。

（九）根據於新的物理化學的知識，叫人知道物質不是死的，是活的；不是靜的，是動的。

（十）根據於生物學及社會學的知識，叫人知道個人——「小我」——是要死滅的，而人類——「大我」——是不死的，不朽的；叫人知道「為全種萬世而生活」就是宗教，就是最高的宗教；而那些替個人謀死後的「天堂」「淨土」的宗教，乃是自私自利的宗教。

在這篇文章內看起來，他不是一個杜威的學生了，乃是十六十七世紀時之自然主義者，十六十七世紀的科學家，哲學家都以爲「自然」這名辭，可以解決一切問題，有所謂自然公例，自然狀態，自然宗教，自然權利諸說。在當時天文，物理學發達，在此純粹的自然界中，既經有如此的成績，當然有人拿這方法推廣到人事宗教方面去。所以當時宗教方面，不相信舊來的神學，而相信自然的宗教（Natural Religion），在政治方面，推及到國家成立以先之狀態，名之曰自然狀態，而有所謂社會契約論，自然權利等說。這種思想推倒傳統宗教，推倒傳統政治，當然是種好處，但是拿時代來說，我們現在生在二十世紀，我們是不是應該拿歐洲十七世紀的思路，再重複一下，又從十六十七世紀向前到二十世紀呢，還是我們拿自然主義限之於純粹自然界，至於社會人生方面，另外求一種解釋去解釋呢？換句話說，自然主義或者說自然界所適用的機械主義，近年在物理界內因新物理學發生，已經搖動，人事界更不用說了。所以我看胡適之先生的思想，是在採取自然主義以排除迷信，排除舊習，與伏爾泰一般人的宗旨完全相同，胡先生的滑稽文，更與伏爾泰相似，至於這主義能不能解釋宇宙一切現象，胡先生把他忘了。

陳獨秀序文的意思，是借科學與玄學的討論來提倡唯物史觀。他認爲所謂自由意志，所謂個性，所謂道德，都是小資產階級的意識形態，原來馬克斯的所謂唯物史觀，就是說歷史變遷的原因在生產關係，而不在內心的思想。生產關係是下層構造，道德，學術，政治是上層構造，上層構造不過是下層構造之反射。用這種方法來說，自然是思想不足貴，道德不足貴。他們的最後一句話，是階級鬪爭，認爲全部歷史不過是階級鬪爭的發展。老實說，這種學說之動機，不在成立一種學說，而在促進社會革命，所謂思想，所謂道德，在世界上本來是種很根本的現象，在他們看來，變爲生產關係之附庸。所以獨秀說：『你們提倡道德，不知南洋野蠻民族，有因爲父母年老，拿父母抛在野地，讓野獸去吃，在我們因爲人類有道德，所以愛護他，發展他，他們看來，道德不過是強有力的階級壓迫弱小階級的工具。』如此說來，階級性成爲資產階級與無產階級學說不同的張本，其結果不過是互相謾罵一番，那裏是談學理？大家知道馬克斯是最善於罵人，他罵英國的邊沁爲十九世紀普通資產階級理智的預言人，罵陸克爲新資產階級之代言人，其他類乎此而更狠毒的話，不勝枚舉。假定同他們辯，他們還我們一句話說：「你們是資產階級。」所以也不必同他們辯了。

從以上三個人的言論看來，和世界上他們思想史比一比，第一，可以比希臘宇宙思索（Cosmological speculation）的時代，還不是蘇格臘底「知道你自己」的時代，就是他的目的還只有外界的宇宙。第二，可以比初期自然科學發達時代，自然界機械主義支配一切的時代。在這種科學剛開始之日，當然唯物主義也就跟着來，譬如十七世紀英國有霍布斯，十八世紀法國有特拉曼脫里（De Lamettrie）。霍布斯拿機械主義解釋政治，特拉曼脫里氏拿人類當爲機械人，至於德國唯物主義的發生，較英，法爲遲，因爲最初有蘭勃尼茲（Leibniz）開創德國哲學，其後又有康德，黑格爾，非希德諸人繼起，所以，唯物學說，一直到一八四八年後纔流行，我可以簡單說，自然主義，唯物主義是各國思想界中必有的階段，在這階段中，一定相信物質是眞的，思想心靈是假的。但是，我們看來英國最普遍的思想，還是經驗主義，而不是霍布斯的唯物主義，德國在十九世紀中葉唯物主義盛行後，接着就是回到新康德學派的運動，於是新康德主義便發生了。在我們今日之中國，正是崇拜西洋科學，又是大家想望社會革命的時候，所以唯物主義的學說，在中國能如此的流行，是不足爲奇的。但是，恐怕不到幾年後，這種思想，也就要過去了。何以故呢？因爲唯物主義，表面上所爭的是物質是最後實在（Ultimate Reality）問題，實則所爭的並不是物質是否最後實在問題，他們的意思是要拿這種主義，排斥傳統的宗教，排斥傳統的政治，排斥傳統的學說，換句話說，要在唯物主義中求新的生活標準，但是學術，宗教，政治問題，決不是物質二字所能解決，這是很明顯的事。所以，過些時後，在唯物主義者的自身，假定他的革命成功後，他就不再堅持這種學說，就是革命不成功，拿唯物二字解決一切學術，宗教，政治問題，是人類精神上不能滿足的。所以，過了一個時期，這種思想，便成過去了。

## 三　思想家今後開展之途徑

說到以後思想開展之途徑，自然各人有各人立場，吳稚暉有吳稚暉的思路，胡適之有胡適之的思路，陳獨秀有陳獨秀的思路，各人的立場既然不同，他指出來的途徑，自然也不同，所以在我指出途徑以前，先說明我個人的立場。要知道一個人對於社會提出一種思想，是對於青年，對於學術有重大影響，換句話說，提出一種思想方向是有重大的責任，所以提出思想方針以前，自己對於提出思想的幾個前提，不能不想一想：

（甲）在橫的方面來說，應該問他的思想是否能包括宇宙中各種現象，譬如說世界上只有物質，這個立場就不包括生命和心靈，再進一層來說，譬如知道求眞的重要，拿「眞」做學術界之最高標準，那是不是對於「善」忽略過去？換句話說，就是忽略道德。所以提出思想以前，第一，要問對於知識是否偏重一方面，而忽略其他方面？第二，是否只知道有知識而忽略道德？

（乙）在豎的方面來說，假定一種學說但能適用於革命，而不適用於普通狀態，這種學說也是偏重於一方面的，譬如提出階級鬪爭說，對政治方面固然能促進革命。並且拿歷史來證明，各國自然有階級之爭，但除了鬪爭以外，歷史上很有各階級能和平相處的時期，這一方面也是思想家不應該不顧到的。再換一方面來說，學說固然應該提出新穎的學說，但是我們祖宗傳下來的遺產，也應該有相當安頓的方法，因爲思想是離不了各國的民族性的，我們無論如何要想發揮新思潮，終久總要回想到歷史上的舊思想是怎樣並且應該怎樣。所以，在豎的方面說，我們要提倡一種學說，是對於非常時期與普通時期同時要注重。對於外來思想之輸入與其舊思想如何消化，如何整理，也應該同時並重。

在我的腦筋內，時常把以上兩個標準反覆思索，所以我的思想不如國內其他思想家的辛辣和尖銳，這是我自己知道的，但我很清楚的認為思想界應負很重的責任，所以不能不鄭重點。

現在再回到本題上來說思想界開展之途徑，那末，有三點應該注意：

第一點，思想力之培養。

第二點，科學成績之追及與凌駕他人。

第三點，哲學之不可忽視。

（第一）思想這件事，在唯物派看來，他是物質之附隨現象，是不重要的，但是我們平心靜氣想一想，自有人類以來，如古代之鑽木取火，耕田而食，難道不是人類思想的發明嗎？近代的科學，工藝與技術之發明，又何嘗不是思想的產物？歐洲從十六世紀以降，直到現在，第一期的發明在天文物理，化學，第二期的在生物，心理，最近可以說又回到天文，物理方面來了，這裏面有多少思想家，科學家經過多少困難，且備多少精力，纔能有今日之結果，假定但依唯物派所言，拿殖民地的發見，工商業的發展來說明這種科學成績之由來，換句話說，但依物質條件來解釋思想家之工作，實在忽略思想本身之威權，最明顯的，就是近年科學家之注目點在天文和物理，究竟是由於何種生產條件之變更呢？歐洲十五世紀文藝復興以來，有克魄雷（Kepler），格律雷（Galileo），牛頓（Newton）之科學，英倫有霍布斯，陸克等之學說，大陸上有笛卡兒（Descartes），蘭勃尼茲（Leibnitz）之學說，這都是他們思想的活躍，然後有此結果，假令我們今後不在思想上求活躍之方法，在科學，哲學方面，便一定沒有進步。思想力這件事，時而注意一方面，時而注意那方面，是不可思議的，我們應該培養他，訓練他，使他認識問題，然後進一步能發現公例。歌白尼因舊天文學之基礎，而發現地動之說，克魄雷又以歌白尼學說為基礎，而發見行星軌道橢圓說，乃至於康德折衷英國經驗派與大陸派理性主義之學說，而有所謂批導哲學，可以說這都是思想家特出的與創作的產物。假定我們不知道培養這種思想，而但喊「發達科學」，恐怕科學終是不能發展的。最近國際聯盟知識合作社，派科學家，大學教授等組織專家委員會來中國考察教育，他們回去以後，編成一本報告書，有一段很重要的話，我把他譯出來：

『中國教育家之持論，每謂歐洲之所以有今日者，皆近代科學發達之產物，中國惟有採取各國中科學與技術的設備，而後中國之文化，乃能與歐美各國並駕齊驅。對於中國教育家之言，吾輩一致之答覆曰：中國之持論誤矣，今日之歐美，非近代科學與技術所產生，反而言之，惟有歐美人之心思，乃以產生近代科學與技術，且抬高此二者以達於今日之程度在近代科學與技術發達之先，尚有若干時代如文藝復興，如理性主義與唯心主義時代，此各時代中歐洲人對於自身發展之可能，有所醒覺，且甘受一種理智的訓練，而後屆及創造與發明之時期中，彼等能把捉自然科學與技術之祕密，且應用之於最有益處。』

我們對於哲學有興趣的人，十年來拿歐洲哲學界過去與現在的學說輸進中國，老實說，並不單是為哲學，實在是想培植國民的思想力，先知道問題(Problem)所在，繼而求問題之解決，先認識問題，而後求問題之解決，不但哲學如此，就是科學，也是一樣的。國聯調查團說：惟有歐美人之心思，乃能產生近代科學與技術。我們也說，惟有中國人今後心思之活躍，乃能產生科學與新文化之活躍。

（第二）就科學成績來說，我們在今日之中國是落人後的，我們乃倡為凌駕他人之說，或者國內不免有人譏為唱高調。我現在分兩方面來說：（甲）科學思想的發展，可以藥中國思想界之「囫圇吞」和「差不多」之毛病，換句話說，科學家搜集許多事實與證據以後，然後標出一種學說或公例來，這一種對於研究工作之忍耐力(Patience)與慎重力(Cautiousness)，與理智的忠實（Intellectual honest），實在是科學家的美德，胡適之關於這方面提倡力量最多，我們不應該抹殺他，乃至於設科學研究所，設科學講座，都是發展科學的方法，也是不容忽略的；（乙）但是我以為要發達科學，不僅是科學家在試驗室或研究室的工作，應該找出科學發達的關鍵來，譬如法國的居維愛（Cuvier）曾經對於他當時的自然科學，加以歷史的考查，並且指出已達到為何事，未達到者為何事。所以我的意思，我們的中央研究所應該拿一切科學如數學，自然科學，社會科學等所已解決的和未解決的問題，列為詳表，掛在各科學家的座右，使人家知道今後研究方向何在。科學精神，在法國十九世紀之初，便完全確立，後來德國將此種研究方法移到德國去，不及數十年，不但能如法國一樣，而且更能勝過法國，這內面的內幕，我們應該調查，換句話說，我們應注意科學發展的總關鍵，而不應該單注意分門的研究。

（第三）至於哲學的不可忽視，在上面所述，可以說隨時有提到的地方，我現在再說幾句：科學的研究無論如何精深，總是一種分門的研究，一種專門化的研究，研究天文的人，不能再顧到物理，化學；研究物理，化學的人不能顧到生物學；研究生物學的人不能顧到社會科學，因爲他的工作是分門別類的。在研究物理的人，可以僅僅知道機械主義，而不必知道目的論，在研究生物學的人，可以但知道目的論，而不必想到自由意志之說，至於研究社會科學與倫理學，那就不能不知道自由意志的學說了。這三種學說——機械主義，目的論與自由意志，都是哲學家的問題，而不是科學家的問題，換句話說，科學家只能給我們以部分的宇宙觀，哲學家纔能給我們以綜合的宇宙觀。哲學家的議論，好像是無中生有，好像發生種種無味的爭執，實在他是求宇宙裏種種不同現象，指出他們背後不同的原則，告訴我們他們內部的衝突，而同時要我們對於這種衝突的學說，設法來調和，來安排。我們如其願意對宇宙的一切現象，不管他，拿他擱起來，那就罷了，如其我們不安於這種部分的宇宙觀，那我們非從事於哲學之研究不可。胡適之先生曾經說過：自從物理學，生物學與夫各科學發達以後，哲學家的領域，爲科學家所侵占，他的意思說，哲學家的飯碗已經打破，不能再存在了。他這句話可以說完全不懂哲學的使命在那裏，以後的中國思想家不但應該接受歌白尼，牛頓之遺產，同時也應該接受柏拉圖，康德之遺產。

最後，還有一句話，就是知識與道德的關係。科學家或注重科學方法之哲學家如英國羅素之類，他們注意於求眞，而拋棄善的問題，他們惟認爲科學是眞，是有價值，至於善的問題，他們不願意談，羅素曾經有一段話：

『人類是種種原因的產物，此種種原因，不知其所欲達之目的爲何，人類的起源，長成，他的希望與恐懼，他的情愛與信仰，不過是原子偶爾聚合之結果而已。無論何種熱烈的心火，無論何種英雄主義，無論思想與感情如何深密，不能保持個人生活於其死後。千百年之工作，各人之虔敬，各人之感動力，各人之天才，在太陽系全體死亡之日，終於滅亡而後已。總之，人類種種成績之大廟，其最後結果，總是埋沒於宇宙灰燼之下。以上各點，是無可疑義的，是已經確定的，反對這幾點的哲學，是不能希望成立的。』

假定所謂科學的哲學家告訴我們的，是人生毫無意義，如羅素所言，那不但社會組織的根據，完全喪失，而且人類生在世界上幹什麼？人類生在世界上，到底有無意義，我也不敢有確定的話答覆大家，但是我們活着一天，總得從「人生是有意義的」這句話出發，然後學術，道德，政治纔有寄託之處。羅素他們太重視求眞，而拿善忽略了，所以有這樣的議論。或者現代自然科學發見各恆星內面熱力的散失，因而說熱力散盡的時候，就是世界死亡之日，羅素聽見這樣科學家的言論，所以他心上不免發生這種悲觀，這就是求眞的結果，拿人生的重心放到自然界內面去，所以有人類成績終歸於毀滅之說。假定我們反過來拿眞與善並重，拿知識與道德並重，那麼我們有生命一天，就應該努力一天，應該向前求進步一天，自然不致流於頹廢，流於悲觀。這也是今後思想界的一個大關鍵，千萬請大家不要忽略，換句話說，以後的新思潮，新文化，新政治是建築在「眞」「善」並重的基礎上，惟其覺得人生有意義，然後纔有振興文化，復興民族之必要。（二十三年四月十九日在嶺南大學講。）

東方雜誌卅一卷十三號

# 六、胡適思想界路線評論

## （又名吾國思想界應超越歐洲文藝復興而過之）

目錄

# 自序

梁任公嘗言一種思潮之流轉，常分四期：曰啟蒙期，當佛家所謂生。曰全盛期，當佛家所謂住。曰蛻分期，當佛家所謂異。曰衰落期，當佛家所謂滅。西方學說之入中國，遠者可推之百年之久，近者亦三四十年，而尤以胡氏之文學革命，疑古及其打倒孔家店之說，爲能風靡一世。同時，梁任公亦爲之先後附疏。有任公唱於前，而適之和於後者，如以眞理是非討論孔子問題是也（詳本文）。有適之唱於前，而任公和之者，如白話文學是也。適之思想以歐洲文藝復興爲出發點，尤富於歐洲啓智時期（Enlightment）理性主義之彩色。其論孔教倫理教論疑古，一切皆以歐洲前人爲藍本。此文索之歐洲思想史中，爲之疏通證明，以明其淵源所自。然吾以爲吾國思想界之在今日，非僅僅重知識非懷疑非批評非論眞僞或高唱打倒所能濟事也。今日之所急需者，爲建立爲決定爲意志。有此出發點，則對於各派科學家之學說，對宗教道德對歷史對傳統之態度，將大異乎適之所云云矣。此後時代將爲何種時代乎？曰西方思想輸入後，吾國學術建立時期獨立自主時期，亦卽任公所謂第二時期也。其所有事，在吞下西方學說而消化之，重復吐出，如蠶之吐絲，蜂之釀蜜。則對於西方科學學說之各異者，不應如適之挾啟智時期之觀點而多所排斥，以妨礙自己之取精用宏（詳見本文）。尤不應忘卻自己傳統，以自陷於蔑視數千年之歷史根據，而自毀其特色自忘其根本。必如是，而後吾國學術之建立，乃有基礎矣。昔飛烈大王在位之日，號爲普魯士之啟智時期，飛烈大王折節與伏爾泰（Valtaire）交，並爲文以表彰拉曼脫里（La Mettris）之「人類機器論」，是懷疑與啟智時期之象徵也。及康德黑格爾出，而德之思想界之空氣爲之大變。英自斯突林（Stirling），格里恩（Green），蒲拉特拉（Bradley）起，竟取根深蒂固之感覺主義經驗主義而推翻之。可知思想界之變遷，是在人之努力。苟自信以爲眞理，不避毀譽之見，而大聲疾呼以出之，則「柳暗花明又一村」之境，自湧現矣。此文以批評胡適爲主。然胡氏思想以歐洲文藝復興以來之思想爲背景，故同時不能不敍述歐洲思想界之變遷。其在歐洲，淺薄的理性主義之流弊，經康德後而大明。則此類同樣淺薄的理性主義，決難維持我國今後不待言矣。我何敢自比於康德與格里恩之轉移風氣？然抗戰以來，時聞中國學術思想獨立之聲，則適之在思想史上所留之痕跡之矯正，應爲今後思想界前進之出發點，必如是，而後思想界乃有轉向之可言。此則本文所爲作也。海內識者，對於本文或同或異，幸賜教焉。

民國二十九年八月張君勱序於雲南大理民族文化書院

## 引論

中國今日所處者，環球交通時代也，科學時代也，民族爭存時代也。反而言之，非一國閉關時代，非埋頭古書時代，非一國獨自爲主時代。處此環境之中，吾人治學方法，不能不顧到世界各國之學術。吾人之政治方案，不能不顧到現代各國之政情。然吾人非以人爲盡是，己爲獨非，甘心崇拜外人，而自處於爲奴爲隸。凡以求中西之通，以達到吾國學術自主之地位而已。

### （一）胡氏心目中歐洲文藝復興以來之三步驟與其眞相

近百年來之中國，因中西交通而受西方政治學術上之影響者，世人分爲若干時期：（第一）曾李之船堅砲利時期，是受西洋技術方面之刺激。（第二）爲戊戌政變，庚子後預備立憲，及中山先生之革命運動；是受西方政治方面之刺激。（第三）爲胡適之文學革命，及其打倒孔家店運動；是爲受西方學術思想之刺激。胡適之所努力者，簡單言之：追隨西方文藝復興以來之各步驟，而欲推行之於中國而已。胡氏提倡中國白話文學，常以之與西方各國之國語文學之產生相提並論。如但丁之創意大利國語，馬丁路德之造德意志國語。吾人試一思之，吾國現時之白話，遠則已行之於宋代，近則行之於元明以來之小說。胡氏用之以著哲學史，殆亦等於韓昌黎推倒南北朝之排偶，而另創一種文格。是乃文調之變更，不得與但丁路德之新造國語相提並論者也。然胡氏心目中所欲轉移中國思想界者尙不止此；直欲以歐洲文藝復興以來思想改造之三種步驟移用於吾國。

歐洲文藝復興運動中之第一事，曰古籍發現。歐洲中古盛行經院哲學，除治亞歷斯大德之論理學一書外，亞氏其他著述，無人道及。柏拉圖之書，更不知去向。卽羅馬各大家如西西羅（Cicero）達西都（Tacitus）之拉丁文原本，亦沈埋地下。及文藝復興之日，或求遺書，或取久不讀之書而讀之，或取希臘文重譯爲拉丁文。因是中古局於神道之思想，一變而爲新智大啟之時期。梁任公嘗以歐洲此段史實與清代之治經相提並論。其言曰：「清代思潮」是何物耶？簡單言之：則對於宋明理學之一大反動，而以『復古』爲其職志者也；其動機及其內容，皆與歐洲之『文藝復興』絕對相類……」。

適之對於清代經學家之考據方法，亦不勝其高山仰止之感，與任公同。

文藝復興運動後之第二大事，曰宗教革命。馬丁路德見羅馬教皇之驕奢無度，發贖罪狀令人出錢購買，謂可自贖罪過。路氏起而鳴其非，乃以樹立耶穌新教。其後更有懷疑派之哲學家，不僅如路德之攻教皇，更並耶穌教與宗教而反對之，目之爲迷信。胡氏採用其法，乃有打倒孔家店，及吃人的禮教之諸口號。其目的，與歐洲之無神論同。以爲世間萬事，可以取決於理性，而不承認更有束縛人心之宗教。

文藝復興後之最大成績，是爲新科學之產生。如哥白尼之天文學，格力雷，牛頓之物理學，及後起之生物學等。胡氏效之，乃大提倡科學，更提倡科學的人生觀。緣是引起人生觀之論戰，並集論戰之文爲一書，而自爲一長序。其心目中之所謂人生觀，即歐洲理性主義哲學家與科學家之所謂人生觀。茲將歐洲文藝復興前後之三大事，按當時事實而敍述之，以觀其是否能爲中國對症之藥石。

第一、歐洲所謂古籍發現者：乃思想內容思想方向之變更，與淸儒之注重古經眞僞與文字訓詁者，絕不相類。歐洲中世紀所謂學術，即對於耶教之啟示（Revelation），予以哲學的論據。斯時也，希臘羅馬之哲學既已衰亡，所討論者不外三位一體與共相等問題，其注意點爲宗教。將古代之哲學與科學問題，一切擱置。故在思想史上名之曰經院主義。此時經院中，人手一編者爲亞氏論理學一書。所反復推求者，爲亞氏之範疇論。此時之歐洲，與吾國之只知四書古經者，非無相似之處。及十三世紀君士但丁堡陷，十字軍東征，於是歐亞交通大盛，人智大啟。昔日之專以宗教爲討論中心者，至是而一變。先是歐里几幾何原本，早於十一世紀自阿剌伯文譯爲拉丁文。印度之代數與算數，於十二世紀經阿剌伯人之手輸入於意大利。蓋歐洲學術之復興，得力於阿剌伯者如是其多。及十三四世紀，則有柏拉圖原本，亞氏論理學以外之各著作之發見，濮加齊氏（Boccaccio）及伯脫拉希氏（Petrarch），求得西西羅（Cicero）達西都（Tacitus）之遺書。此種種者不外使人舍中世之宗教討論，而移其心思於人生，於美術，於自然界。故曰文藝復興之特點在人之發見，即舍上帝而言人事之謂也。文藝復興時代之代表人物爲但丁（Dante），爲伯脫拉希，爲利翁那特文栖（Leonardo da Vinci）。但丁氏爲神曲之作者。伯氏爲詩人，爲人文主義之創始者。利氏爲畫家，爲工程家，爲科學家，爲哲學家。歐洲所謂學術復興，始於古籍復見時代之情形如是。以云清代漢學家，其所憑藉者猶爲漢代以來儒家之典籍。其所不同者，惟有文字考訂之方法而已。與歐洲之一則捨宗教而轉向人事，二則由古籍而產生新思想，三則其所發見之書有關於數學，有關於哲學，方面既多，故新學術思想由以產生者，安可同日而語？梁氏取其一二點之偶同，而自清代經學家之所爲，謂等於歐洲文藝復興中之古籍發見者，實未能將歐洲所謂古籍發見之內容而深考之也。

**第二、馬丁路德之反對舊教與理性主義時代哲學之懷疑宗教**：乃出於反抗啟示與神跡，以視孔子之設教，與耶穌與一般宗教本不相同者，不得混爲一譚。馬丁路德之新教運動，乃對於教會之出售贖罪狀而起，路德氏因此張九十五條理由於故鄉教堂之門，以鳴其非。由贖罪，而牽連以及於教皇地位，教士是否立於政權之外，教士之解釋聖經錯誤諸問題。德國及北歐諸國之君王，均爲路氏奥援。於是新教，卒脫羅馬教皇而獨立。今則英美及德人之大部，皆奉新教矣。其後哲學上理性主義盛行，科學昌明，學者對於世間各事，俱以無徵不信四字衡之。而反對宗教之論，因之以起。譬如霍布士之持論曰：『人類對自然現象與此等現象中之偶見而特出者，尤有畏懼之心。如夜夢與怪鬼，人視以爲不可解，乃有鬼神之說。其視自然力之運行，若有人焉以發動之，猶之人身上之行動，必有人焉以主之者。更以祈禱之理求之，憑占卜之術以與之商榷。世間各種宗敎之弱點，在其敎義中，已含有自相矛盾之論，與執行敎權之敎士之僞善而自私，乃至宗敎之所謂神奇之蹟所恃以表顯敎條之神效者，實則因有自然界之原因在焉。』陸克之持論亦曰：『知識必求其正確，其他種種巧言，或以先聖先賢爲根據，或利人之無可答辯而爲之者，皆非眞智識也。吾人試以此標準衡之所謂信仰與啟示的眞理，則知所謂啟示的眞理，無正確性之可言。以正確性，不離乎經驗。不以經驗爲根據者，安有正確性，安有眞理可言？故反乎吾人所親歷之智識者，吾對於此種啟示不必從而認之。以吾人苟不以親歷之智識爲根據，則智識之眞僞，可信與不可信，將失其辨別之標準矣。』以上霍氏與陸氏之言，即爲歐洲無神論者與自由思想者（即不信上帝者）之所由出。胡氏讀其說以爲歐人所以反對宗敎之論，可移而至於東方，以反對孔敎。然孔敎非宗敎也，非啟示的眞理也。孔子之所言，不外乎人事，不外乎人倫。雖其名敎之權威，如所謂君臣之分，如婦女之節操，可以置人於死地，然其所致病者，或成於專制帝王之利用孔子，或出於愚夫愚婦之信孔子與其繼起者之言而過乎其度也。西方學者如華爾孚氏（詳下），根據孔子以反對其宗敎，且以東方人之寬大不致演成宗敎之爭爲可欣可羡。奈何胡氏反盲從西方而必以推翻孔子爲能事乎？

第三、**胡氏所謂科學運動**：亦無的放矢之言也。自曾李以至今日，對於西方文化中政治法制或社會風氣頗多是非可否之論，獨對於科學利器科學本身之採取，則自來無異辭。何也？電報、鐵路、兵船、大炮、與飛機，皆生活上與軍事上之利器，苟不採用，不獨日用不如人之捷速，將何以自衞其國家乎？更進而求之聲光化電、動物、植物、天文、地質、與夫政治、經濟諸學，必平日之研究精明，持論正確，而後學術上之優勝，亦即其所以立國之優勝也。雖然，於科學利器與科學理論之外，更問世間各種現象之推求，是否一一能如物理學之正確乎？生物現象可以等於物理現象乎？心理現象可以等於生物現象乎？人事變遷如物理現象之立於機械律之下乎？人生之意志自由乎？抑受因果律之支配乎？物理界之現象因可以視同物質而加以研究，其除物理現象之外，是否尚有形而上之一界乎？凡此云云均非科學問題，而哲學問題也。胡氏不加辨別，併人生觀及自由意志於科學之中，而以爲一切有自然律可求。無他，彼但知文藝復興後，哲學家科學家但知憑藉人知，以爲可以解決一切，即人之思想行爲咸欲遵物理方法以求其究竟。伸言之，機械主義與自然主義，實支配胡氏之心理。旁人有不與之同調者，則目之爲仇視科學，視之與西方教會同科，而大聲疾呼以反對之矣。

## （二）數百年來歐洲宗教學術政治方面學說之變遷

自以上三點觀之，胡氏徒知模擬西方文藝復興後之三種步驟，而欲以之行諸中國。抑知西方自十三四世紀後迄於今日，已有六百餘年之久。有昔之所行，而今猶有效者。有昔之所行，旋認爲錯誤而改之者。亦有盡棄舊日之成見，而惟新是從者。吾人奈何於六百年之經過，不加研究，而惟受文藝復興時代之所行者爲當，一一遵行而不變乎？

吾人於以上三段中，但從歷史上敍述三件大事之經過，對於梁氏胡氏依樣葫蘆之論，既加以辨正，然此三件大事自有其眞價值，自有對歐西文化不可磨滅之影響而不可忽視者。此三件大事之總精神，曰人智之大發動，曰人類理性之大發動。此時之學者與思想家認爲凡關於宗教、道德、政治與學術，無一不可求諸人知，求諸理性，而得其解決。故就此三大事之根本上言之，名之曰廣義的理性主義運動可矣。因有此運動，而新科學新哲學以興。又因此運動，而民族國家民主政治因以成立。亦因有此運動，而舊教重復振作，同時社會上達到信仰上之自由。此運動之功績之偉大，既若是矣。然自十三十四世紀迄於今日已六百餘年，歐人對於宗教，對於政治，對於科學哲學思想既經種種新研究，而舊說屢有修改，吾人若但循文藝復興之舊轍，而追逐於其後，豈非人已進步而我反安於其初期之所為乎？試就（一）宗教道德，（二）科學哲學，（三）政治法制，三方面而論之。

第一、宗教：馬丁路德之創新教，本為一種精神的革命，不忍羅馬教會之腐敗，而思有以改造之，而卒底於成者也。及乎理性主義之哲學既興，如笛卡兒（Descartes）蘭勃尼孳（Leibnitz）等，皆根據理性一名，以說明上帝之存在。笛氏之哲學目的，在求確實之智識，以為一切事物皆可疑，惟「我思」為不可疑。我思既不可疑，則我之「存在」亦不可疑。故曰「我思故我在」，為一切正確智識之出發點，亦卽笛氏哲學之出發點也。笛氏推此出發點以及於全宇宙，且謀所以證實宇宙之存在，以及創造宇宙者上帝之存在。其論辨法有四：第一曰凡有的（Ontological）論辨法。所以形容上帝者，為全知全能。上帝既稱為完全，豈有不能存在之理？換言之，全之一字中，已包含存在於其中。第二曰論理學的論辨法。世界事物必有一充足理由以為之先。人類自身既為不完不全之物，自不足為完全概念與是非標準之充足理由，此充足理由，惟有求之於上帝。第三宇宙論的論辨法。此世界與其中之人類事物，必有造成之者。吾人既不能自造自存，則所以造之者舍上帝其誰？第四曰道德的論辨法。人類為能思想與有道德之體，而此能思想與有道德之體，必有一至上之智慧的道德的體以創造之者，是為上帝。其次繼笛氏而起者有斯賓挪沙，有蘭勃尼孳。斯氏哲學系統中至高之概念曰本體。卽自因、自在、自決，永恆不易之體。此本體卽為上帝與否，學者中尚多爭執。至蘭氏所謂至高之單子，卽爲上帝。蓋蘭氏亦爲信仰上帝存在之人也。

其次，有華爾孚氏（Wolff）。華氏爲蘭氏之學生，確信理性主義，認爲理性中有立論不能自相矛盾之一種公例，便爲人類去非存是之標準。彼以相信理性主義之故，乃有「中國人之行爲哲學」一文，大意謂吾人持有理性，便可建立一國之宗教與道德，而不須有所謂神之啟示。華氏此論一出，宗教界大爲反對，乃免職而去。蓋歐人自馬可波羅仕元（世祖）之後，頗傾心於中國文化。及明末清初之耶穌會人參與中國欽天監事務，窺見中國文化，尤服中國對於宗教之寬大，而免於歐洲教會排除異教之狹隘。其尤激動歐人者，則歐人所信者獨爲聖經。聖經一書所記，謂大洪水之日惟拿亞及其家族獨生。孰知中國歷史中所載各事，皆在聖經所記洪水以前之日蝕，經近來天文家考訂，認爲確實。由此可見聖經所言之不足憑。以聖經之言苟可信，則中國不應有關於人類與日蝕之記載矣。因此中國歷史成爲歐人攻擊聖經之具，更成爲啟示的宗教不可信之證據，而大助長歐洲啟智時代專理性爲出發點之精神。華爾孚演講之所以成立者，其背景若此。可知歐人當日因孔教但論人倫，免於迷信，而大尊之。乃吾國近十餘年反目孔子爲不足道，而欲推翻之，不亦異乎？

康德繼華爾孚而起，合大陸上之理性派與英倫之經驗派於一爐而冶之；其所以安排科學與宗教問題者，亦能獨出心裁。康氏於純粹理性中所窮者，爲科學智識之所以成立。然而書中後半超驗辯證論一章中，論人類智識不以分科現象爲滿足，更進而求所以合一之者，於是有三問題：（第一）對於能覺能思之人，進而問其死後如何，於是有靈魂問題。（第二）對於紛然之現象，更問其背後統一之總體，於是有宇宙問題。（第三）對於一切被思之物，能思之人之上，是否有初因在，是爲上帝問題。康氏認此三者爲人類理性中，所必起之問題。

然在知識界中，對於此三問題不能解決。何也？知識界不離經驗，不離因果律，而此三者非經驗以內之事，非因果所得而支配者也。康氏以爲於知識中求解決此三問題，是爲幻覺是爲錯誤。然康氏其爲反對宗敎反對上帝之人乎？是又不然。康氏以爲科學知識是人類本性中之一方面，然在另一方面雖與知識之公例不合，而心理上自有其要求，如人類希望中有死後靈魂不滅，或極樂世界之說，此卽宗教之所由發生。康氏將靈魂，宇宙，上帝三問題，歸人行爲理性之中。於是對於科學知識所不討論之問題，不反對，亦不放棄，乃爲應另籌安置之法於行爲理性中。於以見康氏雖受理性主義之影響，且爲用心於自然科學之人，而於宗敎及上帝問題，則不加排斥。惟一方認笛氏等以爲理性可以證明上帝存在者爲不然，他方又以爲陸克等以無徵不信之態度適用於上帝者爲非是。乃於此兩派之外，另立一說。而其爲說，於科學於宗敎，各予以相當之位置，而不爲一偏之論。此殆康氏深識宗教問題屬於超自然，超現象之一界，非科學的理智所得而窮究者也。

自康氏而後，黑格爾更自理智方面，以窮究形上界與上帝問題。或者因此謂黑氏哲學視康氏爲退步，或謂此爲討論宇宙全體時必引起之問題。其是非得失，暫置不論。吾人可以明言者，則歐洲近百年來之哲學界中，初未嘗忽視宗敎問題與上帝問題。卽如實驗主義之詹姆斯，亦有宗敎經驗之種類一書之著作。其思想系統中認爲尋常人智中所認爲不可能者（如上帝），萬一信之而有益於人事，則信之者不獨無妨，而且有益。故吾人應支持上帝存在之信仰。其他如霍金氏（Hocking）之人類經驗中上帝之意義，威伯（Welb）氏之上帝與人之關係中之問題，更無論矣。吾非耶敎徒，更非信仰上帝之人，然以爲如文藝復興時代之哲學家，科學家，以爲宗教問題，可以一脚推翻，或更因耶敎而連累以及於孔敎，則宗敎問題決非若是易於解決也。試問世間無宗教，而何有佛、回、耶？苟無佛教，何來此三藏？何來此求法之高僧？與其謂科學能解決宇宙秘奧，不如謂宗教之神秘性之吸引力之更大也。一國之內既不能無宗教，則不能不求其根據於學理。而不能不求其根據於學理，而自知識上言之，科學與宗教不免兩相衝突。康德思之又思之，乃以一屬諸知識，以一屬諸行爲理性，是爲兩全其美之一法。視文藝復興與理性主義時代之但憑淺薄的理智論以反對宗教者遠過之矣。

**第二、學術：**胡氏以提倡科學爲己任，然其所謂科學只爲哥白尼加里雷與牛頓時代之科學，非能合最近六百年之科學進步，而觀其會通也。牛頓以前不知有力學以外之各種電熱諸學，不知有理化學之新發明，不知生物學之演化論，不知有心理學，不知有相對論。胡氏局促於文藝復興前後之思想，以爲牛頓之機械主義，可以支配一切。稍進焉則達爾文之進化論，爲胡氏所樂道。然達氏之外又有拉馬克氏，以目的爲物種變化之主因。更有毛根氏之突化論（Emergent Evolution）。胡氏將視之爲科學抑否乎？由生物學更推廣而爲心理學，則有詹姆斯之心理學，明明推崇自由意志之說。胡氏其視之爲科學否乎？惟胡氏只認牛頓氏機械主義與定命主義之科學，其他與之相反者，則一切排斥爲非科學，或目之爲玄學。此我所謂胡氏思想爲理性主義的啟智時期之機械主義自然主義所束縛也。

近數百年之科學，除天文學外，應以加里雷牛頓之物理學或力學之發見爲最早。一時學者以爲惟有走上力學之方式，將物質與力二者解釋一切，庶幾其所研究者爲合於科學。譬之霍布士，認爲宇宙之基本觀念有三：曰空間，曰物體，曰動力。至於精神則爲無意義之名詞。除幾何學與物理學外，霍氏更承認有倫理學與政治學。然其稱倫理學曰心的運動（Mental Motions）之學，其稱政治學曰社會因果之物理學。蓋一切以物質，以力，以運動爲說明之法而已。因此之故，十七世紀中惟物主義盛行，專以物理學公例解釋一切生物現象。譬之笛卡兒氏稱植物曰機器，動物亦爲機器，人體爲自動器。以此時代中只知有物理學，不知有生物學，而心理學更無論矣。霍布士氏所以解釋人體感覺者，曰感覺非他物，乃物質的質點（Corporeal particles）之運動，由外物運動有以使之然者。其不認感覺屬於心理至顯然也。拉曼脫里氏（Lamettrie）著「人類機器」（L'homme Machine）一書，尤爲以物以力解釋人生之代表。其言曰：人之本身是一副機器，能自轉發條，此卽所謂永遠運動之代表品。下至十九世紀中葉，德國惟物主義全盛時代，亦以爲所謂思想，所謂精神，不過力之運動而已。由上所云，可以見一種科學之盛行，其影響於其他各界之現象解釋者如何。如以霍布士氏、拉曼脫里氏之言爲合於科學乎？則與後來生理學心理學家之言，固大異也。如以爲不合於科學乎？則此二氏之言，固合於當時所祈嚮之機械主義的學說者也。可知甲時代之科學或合於科學之言論，未必卽爲乙時代之所謂科學或合於科學之言論。乙時代之所謂科學或合於科學之言論，未必卽爲丙時代之所謂科學或合於科學之言論。胡氏誠能多研究歐洲之科學與哲學，庶幾不至拘束於物理時代之機械主義，或理性時代之自然主義，而無以自拔矣。

及乎生物學心理學發達，乃知生命又自爲一種現象，心理又自爲一種現象。如生物之能生長，能復生，皆物理現象之所無者也。十九世界爲生物學成立之時代，所謂生物學(Biology)之名，始於一八〇二——一八〇五年，德國學者脫立浮拉拏（Treviranus）所著生物界之哲學一書中。然十九世紀最驚人之學說，無過於達爾文之「物種由來」（Origin of Species）一書。生物自下等動物以至人類，所以漸變之故，因達氏之說而大明。其所推翻者爲上帝造物之說（Theory of Special Creation），卽一切生物皆由上帝造成，其定形亦一成而不變之說。自有物種漸變之跡象排列於人之眼前，其間有存者，有已死亡者，然固可排爲一線，以明其微變之經過。則天造之說，自不攻而自破。然達氏學說之大體，固足垂萬世。以云細節，則後來補充之者，有孟特爾（Mendel）之突變說，有杜里舒之生機主義，有毛根之突化論。依胡氏之言，以達氏爲合於科學，則必以其他二氏爲非科學的，以其他二氏之言不合於達氏也。然所貴乎科學者，貴其合乎事實。然學說有先後，則節目之硏究，後自勝利。然必心無成見，則各家之言，自能兼收並蓄，而不至有入主出奴之見。若必奉一先生或一派之言爲已足，必至演爲物理界之外不應有生物界，生物界之外不應更有心理界之結論。換言之，牛頓之外不應有達爾文。卽承認達氏矣，則達氏之外不應再有拉曼克，孟特爾，與毛根。此爲合於科學乎？夫亦曰反科學而已。若更進而求諸心理學，則一人之身，其生理現象固可以物理化學來解釋。如反應，如刺激，如呼吸，固爲一切動物之所同。然其心理上之高層，如所謂思想，所謂記憶，所謂道德觀念，豈物理學之機械律，生物學上生存競爭之說所能盡解？然胡氏深信牛頓氏與達爾文之說，必以爲此等心理現象，最好能以物理來解釋；如英之羅素，美之行爲主義者華生氏，俄之包夫羅夫氏，均屬此一派。其爲物理原則不能解釋之心理，則以動物界生存競爭之說，解釋道德觀念之由來。所以使人類不成高貴之動物，而降爲一種求生之動物而已。此其結果，則爲不承認有自由意志，有精神自由。而詹姆斯氏、倭伊鏗氏、柏格森氏，主張自由意志者，在排斥之列矣。由此言之，胡氏所崇拜者非科學也，非科學全體也，獨有合於胡氏機械主義自然主義之科學而已。此得謂爲合於科學之客觀精神乎？

第三、政法：關於社會、政治、法律方面，胡氏以拘於啟智時期之所謂自然律（Natural

Law）」，但知有霍布士氏，陸克氏，盧騷氏之學說，如所謂民約自由平等等項。其所提倡之社會解放，自由戀愛，與打倒禮敎皆與十八世紀之學說，一鼻孔出氣。以云社會現象，自有其歷史根據，則非胡氏所能窺見。理性主義時代之學說，惟知以幾何學力學爲藍本。斯賓挪沙之著倫理學，有所謂定義(Definition)，有所謂自明理(Axiom)，有所謂命題(Proposition)，有所謂證（Proof），有所謂系論（Corollary），皆仿歐里幾氏幾何原本一書之格式也。當時風氣以爲欲求正確知識，舍此別無他法。然在數學力學之所以可行者，以其現象本單純也。若以此法施之人事，則惟有於人世中擇其至明顯者爲必然之現象，且以之爲定義，爲出發點，更依因果律，以求得關於社會現象上各種推論。譬之霍布士盧騷等論國家起源也，則以自然狀態（State of Nature）爲出發點。在此狀態之中，大家相爭不已，於是爲求保護之故，不得不互相同意以成政府。是卽所謂社會契約論，或曰民約論也。惟國家之源既出於各人同意，則其爲各人者自然生而平等，自然各有其天賦權利。如法國革命時之人權宣言，卽由此學說而起。此所謂天賦人權說也。各個人既各自平等，各有其權利，則國家之所以立法者，不外准許各個人各行其是而不至互相侵擾。此卽所謂政治上之放任主義(Laisser-Faire)也。

同時在哲學觀點上視爲與大陸理性主義派相對立，而在其以理智解釋（Intellectual Interpretation of Feels of Mind and Society)心理現象社會現象之觀點上，則與理性主義者同條共貫，是爲英國之經驗主義派。此派之觀察人類社會，亦擇其至簡易之一點以爲起點，由此而演繹各種推論，則與理性主義者如出一轍。如邊沁氏之倫理學，則以避苦就樂爲其最高原則。亞當斯密李嘉圖之經濟學，則以經濟人（Economic man）爲出發點。此派之心理學，則以觀念聯合主義（Associationism）爲出發點。其簡易明顯之度，在形式上或不如斯氏倫理學，然其精神一也。此種立言之方，如盧騷氏學說於法國革命，邊沁學說於英國法律之改良，固未嘗不震動一時。然十八世紀末十九世紀初，則輕知識而重道德、輕批評，而重傳統，反動派以起，是名曰建立時期（Aufbauzeit）。該將兩時期中思潮之比較列表如下：

| | 理性主義時期 | 建立時期 |
|---|---|---|
| 經濟學 | 亞當斯密等之經濟學以經濟人爲出發點 | 經濟學另開李斯德許摩勒之歷史學派 |
| 政治學 | 霍布士陸克盧騷之政治學 | 政治法律學之歷史派在德有薩維尼（Sairgny）在英有拔克（Barke）梅因（Maine） |
| 倫理學 | 邊沁氏苦樂說之倫理學 | 康德之倫理學注重良心與人類之一般法（Universal Law） |
| 心理學 | 此時理性主義者雖重視理性然經驗主義但知有感覺與觀念聯合 | 自康德氏始承認有統覺與自我之統一作用可稱爲胡爾孳堡學派與現代完形心理學之先河 |
| 歷史學 | 此時社會現象之研究以冥想以理性主義之演繹爲主因而忽視歷史 | 黑格爾之歷史哲學其他學者之語言學民謠學與西臘史羅馬史之研究因而大盛 |

吾人將此兩時代之學說，比較其異同，而舉要言之，前一時代以爲人類社會之現象，可求其解決於理性中，故其國家起源說，類於所謂烏托邦。反而言之，在歷史學派則以爲人類

現象，應求之數千年歷史中，人類制度，決不能離開歷史，一也。理性主義者如盧騷，如邊沁，皆以個人爲出發點；而其由個人以成之團體，則本於個人之同意而成。至於歷史學派語言學民謠學中，發見人羣之集團思想（Collective），與生以俱來，非個人之所得而脫離，二也。理性主義者既以個人爲出發點，自不離乎避苦就樂之觀點。然自人羣所以相安之道言之，豈能事事出於苦樂之計算，而無一共同之良心以維繫其間，三也。無以上三項異同之故，更證之以十九世紀中所生之社會政治現象，則此派學說自有其堅強不拔之根據。如德意兩國之統一，非人民之爭自由平等，而本國之民族觀念實爲之也。德國民法法典之編成，由於反對拿破倫法典而起。先以調查本國習慣，將本國通行之習慣編入其中。而此習慣之所以成，由於民族內部之法律是非觀念以爲之也。德人認爲經濟政策當根據本國環境，乃棄當日盛行之自由貿易說，而主張保護關稅，則亦其本國經濟之歷史背景爲之也。凡此十九世紀中，關於國家之統一，與政策之決定如是；則其蔑視歷史，拋棄傳統，而以爲社會上之理想世界，可以一朝期其出現者，其爲必無之事，不待辯而自明矣。迄於最近繼歷史派而起者，有進化論派社會學派之法律學政治學。若夫狄驥氏之棄權利說而主張服務（Service）或職務說（Function）之政法學，則與理性主義之所謂天賦人權所謂自然法，相去更遠矣。

## （三）胡適思想之要點及其對於中國文化之評價

數百年來歐洲學說之發展既已如上述，而吾人對於胡適思想之要點可得而言矣。（第一）胡適之所謂科學，只知格里雷牛頓之物理學，即進而上之，亦但知有達爾文之進化論。（第二）胡適之所謂倫理學，不外邊沁氏之苦樂說。（第三）胡適之所謂宗教，不外休謨氏之「

自然的宗教」(Natural Religion)。而其最要之動機，則爲反對權威（Authority），反對傳統（Tradition），蓋以爲一經承認先聖先賢之教義，便縛於古昔之舊貫，而無以達於推翻與改造之目的矣。吾人以爲胡氏欲改造舊日之學術，舊日之政治，舊日之社會，吾人不特與同情，且當引爲同調。然其所憑藉之學說，所指示之途徑，實有未盡。此則吾人當爲胡氏之諍友而力矯之者也。吾人以爲胡氏心中但知有理性主義的啟智時代（Rationalistic Enlightenment）之哲學與科學。故凡與之相反之學說，則爲胡氏所排斥。（一）胡氏相信達爾文，故對於杜里舒之生機主義則反對之。（二）胡氏但知有機械主義或聯合主義的心理學，故對於自由意志說則反對之。（三）胡氏最崇拜樂利主義，對於嚴格主義之道德論，如陸王之理學，康德之倫理學，則反對之。（四）胡氏視宗教爲迷信，不外休謨氏之自然宗教，與夫無神論者對於宗教之態度，其於宗教之根本精神，不特不瞭解，且亦不求瞭解。惟胡氏之心理如此。（一）胡氏名爲提倡科學，而對某部份之科學新說則借非科學之名以排斥之。將何以大開門戶以招來世界上之各種新說乎？（二）建立一國之文化，不能但恃理智，同時須包含希望在內。如靈魂不滅，極樂世界，即爲希望一種，試問今後新文化之建立，但知有理智的科學，而忽視宗教，安在其可？（三）學術宗教與政治之改造，不能不顧到歷史背景。但知舊習慣之可惡，而不知由歷史背景迎機以導之，恐其所建設者，不移時而旋毀。試取法國革命之成績，與英國憲政而比較之，所以一能持久，而一不能者，亦歷史爲之也。

吾人之所望於今後吾國學術者；（第一）拋棄啟智時期對哲學對科學之淺薄的理性主義。此時但求知識進步，科學發達，自然以理性或理智爲最重要。然行爲意志二者皆忽視之。而吾國今後於理智之外，同時須顧到意志主義（Voluntarism）。惟承認各個人與團體之意志，則對於國家建設與道德宗教問題，自然有一中心方向。（第二）對於各種哲學科學不執成見，則可大開心胸，以招來各派學說。（第三）一國文化之建立，不離道德宗教與政治。（A）若所謂道德者，但知避苦就樂，此商人國家之所謂道德也。在國難當前之日，生死且不計，豈有斤斤較量於苦樂之間之理？（B）人羣不滿於現世界，而另求一安心立命之所，故宗教爲心理上自然之要求，不可以迷信二字了之。（C）以云政治，苟其制度不合於一國國情，缺少歷史根據，則不終朝而毀滅。由此言之，如歐洲歷史學派之學說，非今後所應大昌明者乎？惟歷史，乃知有傳統，而所謂傳統，在經過精確研究後，加以選擇，自無一切推翻之說，而去留之際益精當矣。

上文所言，乃就胡氏對於歐洲哲學與科學之態度上之偏頗言之。然其觀點之病不獨限於歐洲文化主奴之見，尤其胡氏對於中國舊文化之估價，因其偏於知識，偏於機械主義，自然主義，樂利主義之故，而抑揚高下之差，更有爲吾人所不及料者矣。

（A）**孔子爲中國文化之柱石**：所謂不廢江河萬古流者也。其言內諸夏而外夷狄，樹立各國民族主義之基礎。其所謂正名定分，確立吾國社會上之秩序觀念。其一身之學不厭，足見其愛智之切。其所謂祭神如神在，表示其對於神道不確言其有無，然亦不忘愼終追遠之義。其刪詩書，定禮樂，修春秋，將中國文化典章，大加整理，以垂諸今日而不廢。即在西方哲學家如華爾乎氏，亦以孔子之道德論自人類理性出發，故近於人情，而免於西方宗教上上帝爲萬物主宰之說，與夫因此引起對於異教徒之排斥，與宗教戰爭之殘酷，而大稱揚之。孔子之功在中國如此。乃胡氏倡爲打倒孔家店之口號，是可謂爲對於中國文化，對於孔子有正確認識者乎？即曰孔子君臣之大義，爲後世專制君主之憑藉。然世界何一國而無專制君主之一級？即孔子有尊君之說，亦猶今日服從政府之說，安見學說之有害於國民？至如因宋儒餓死事小失節事大之言，致有多少不再嫁之節婦，在愚夫愚婦或有行之而過乎其度者，又何能以此歸罪孔子與其所倡之禮敎乎？由孔子之學說，而中國立國已達兩千年以上。乃謂如此足垂久遠之敎意，反不如歐洲之自然宗敎與樂利主義乎？胡氏之中國哲學史上卷，是一篇知識論，或名學思想之發展史，絕不能道出孔孟之注意人倫，注重行爲之眞精神。誠以西方之長在知識，在名學，所短在人倫，與心性之修養。中國之長在人倫，在行爲，而所短在知識，在名學。挾彼所長之觀點，來衡孔孟以來之知識論，則吾國思想家之精神與吾國文化之精神，何由而表現乎？此胡氏之抑揚高下之未當者，一也。

（B）**國之所以立，不能無若干條之義理**：如邏輯，如方法學，此今日歐洲學術上之義理也。如自由平等，與立法監督，司法獨立，此今日歐洲政治上法律上之義理也。一國學術上政治上而無義理，猶之行舟而無指南針也。吾國思想界經魏晉南北朝而消沈已極。宋儒受佛敎影響之餘，轉而求思想之獨立。乃發爲無極太極之宇宙論，進而爲天理心性情欲之分析，更進而以德性學問立一己修養之方。其於君臣、父子、夫婦、兄弟、朋友之倫，一本孔孟之成規，自宋而元而明，絕無出入。然宋元明清四朝代嬗遞之際，其忠臣義士於生死患難之際，每能大節凜然，不爲民族之玷者，誠宋明儒義理之學有以養成之也。宋明儒於中國文化之功罪，在平心靜氣之人觀之，自有公評。若以宋之亡歸罪於程朱，明之亡歸罪於陽明，乃顏習齋激於國破家亡之痛，而爲此言。習齋何嘗能自處於三德六行之外？惟宋儒之言德行偏於靜，習齋之言德行偏於動。出之於動者豈必盡是，出之於靜者不必盡非。此所謂見仁見智之各殊而已。若以亡國之罪歸之，自不免輕於責秦韓與明之宦寺，而重於責程朱陽明矣。

胡氏習聞清代學者之遺風，亦以反對空譚心性號於中國，追隨清儒之後，稱其治學方法爲能實事求是。清儒之學在西方觀之，謂之爲語言文字考據之學，自爲一國考古學者之不可缺。然與理學之注重義理者，自爲兩事。以推尊考據學之故，而遽謂義理之學可以打倒；是直以知識上辨眞僞之考據，代道德善惡之標準，安在其可乎？此胡氏抑揚高下之未當者，二也。

（C）**由胡氏對於宋明理學與清代漢學家之態度言之，似乎胡氏尊考據而抑理學矣；實**則胡氏心目中另有一種理學，是爲戴東原之理學，即爲順情的快樂主義哲學。戴氏反對宋儒言理之言曰：

『程朱以「理爲如有物焉」，得於天而具於心；啟示下後世人人憑在己之意見而執之曰「理」，以禍斯民；更淆以「無欲」之說，於得理益遠，於執其意見益堅，而禍斯民益烈；豈理禍斯民哉？不自知爲意見也。』

戴氏之推崇情欲之言曰：

『君子之治天下也，使人各得其情，各遂其欲，勿悖於道義。君子之自治也，情與欲使一於道義。夫遏欲之害，甚於防川，絕情去智，充塞仁義。』

『古聖賢所謂仁義理智，不求於所謂欲之外，不離乎血氣心知；而後儒以爲如有別物焉，湊泊附著以爲性。由雜乎老釋，終昧於孔孟之言故也。』

夫理學家之言理，所以求諸理而不求諸欲者，非不知欲之當順，特以求道德之標準於欲中而不可得耳。惟其求諸欲中而不得，乃不得不求諸理；亦猶康德舍邊沁之苦樂說，而以先天之良心爲標準也。然任公與適之均推崇戴氏之書。梁氏關於評疏證一書之言曰：

『疏證一書，字字精粹，右所錄者未盡其什一也。綜其內容，不外欲以「感情哲學」代

「理性哲學」；就此點論之，乃與歐洲文藝復興時代之思潮之本質絕相類。蓋當時人心，爲基督教絕對禁欲主義所束縛，痛苦無，既反乎人理而又不敢違，乃相與作僞，而道德反掃地以盡。文藝復興之運動，乃採久閟室之「希臘的感情主義」以藥之；一旦解放，文化轉一新方向；其哲學之立脚點，眞可稱二千年一大翻案。』

梁氏稱戴氏書謂爲一大翻案。然以吾人觀之，戴氏以理比諸紋理。如其果爲文理，宜其有跡象之可求，而奚待乎爭辯？惟其不在外，而在內，所以有賴乎去人欲存天理以求其自然不可易者。若謂標準卽在情中，卽在喜怒哀樂中，則何必更求所謂未發之中乎？此胡氏抑揚高下之未當者，三也。

（D）**傳統與理智**：雖然胡氏以上各種立論，皆由於過信理性主義，以爲孔子傳統可以推翻，猶之歐洲懷疑主義者之對於宗教也；以爲道德標準可以求諸欲中，猶之邊沁氏苦樂說也；以爲義理不必要，猶之歐人過信知識而忽視道德。此種種立論之根源，由於其以爲傳統可任意推翻，而社會上一切現象可以憑知識標準或曰眞理標準以得其解決。至於社會傳統不在知識範圍或眞理標準下之所能討論，則非適之所能想像者也。譬以宗教論，社會傳統之一也。世間應否有宗教，雖在討論範圍之列，然既有宗教，雖加以討論而無法以廓淸之，以其已成社會的制度，雖討論而無用也。其次專制制度，亦社會傳統之一也。當其既成制度，自有其成爲制度之理由；雖不表現於君主專制之中，而今又表現於貧民專政或法西斯專政之中。此又雖討論而無法以廓淸之一例也。以云私有財產，或者依公道原則言之，不如共產主義。然社會上襲用私產制已久，雖在蘇俄國中，亦不得不准許私人小工廠之存在。其集合農場中，仍以私人田畝多寡爲分配利益之一種標準。何也？私產制亦久已成爲社會傳統之一故也。由上所言，可知社會上，自有種種問題，不在理智討論內，或即討論亦無用者。然在理性主義的啟智時代，往往用理智過乎其度，將一切傳統加以討論，且從而是非得失之。胡適之打倒孔家店，爲其尤顯之一例，卽起於但憑理智，以定是非之心理中所由出也。此種心理實亦不始於胡適，而任公固已開其端矣。試觀任公之言曰：

『今之言保敎者，取近世新學新理而緣附之，曰：某某，孔子所已知也，某某孔子之所曾言也；……然則非以此新學新理釐然有當於吾心而從之也，不過以其暗合於我孔子而從之耳。是所愛者，仍在孔子，非在眞理也。萬一徧索諸四書六經，而終無可比附者，則將明知爲眞理而亦不敢從矣。萬一吾所比附者，有人剔之曰，孔子不如是，斯亦不敢不棄之矣；若是乎眞理之終不能餉遺我國民也。故吾所惡乎舞文賤儒，動以西學緣附中學者，以其名爲開新，實則保守，煽思想界之奴性而滋益之也。」

康有爲保敎是非問題，非今所欲論。我欲請讀者注意者，在此段中「是所愛者，仍在孔子，非在眞理也」之一語。依任公之意，似謂孔子傳統，在理之眞僞之範圍內，如其爲眞理，雖反對孔子而無不可也。然吾以爲孔子之一言一語，或後代因孔子言而釀成之舊習，原在非不可討論之列。然謂歷史上孔子所以爲孔子之傳統，在上文比之宗敎制度專制制度乃至私產制度，實亦可謂爲擬不於倫。誠以孔子之仰之彌高，鑽之彌堅人格，雖欲毁之而終不可得者也。任公之爲此論，猶適之過信科學的眞理，以爲但憑理智可將過去傳統，一切從新估價，亦惟在自由討論之中，乃有新智，乃有進步。終見任公與適之同爲理性主義的啟智時代之一人，或謂自由主義之代表之一人可焉。以云黑格爾與薩維尼之尊歷史，崇傳統，以任公所處之時代，西方思想初輸入，人人以改造以革新爲事，自非其所能顧到者矣。然經三四十年之久，解放改造之聲，洋洋盈耳，而國本日見摧毀。新知識雖增，而日見紊亂。此則吾人於推翻傳統之論，不能不請全國思想界之鄭重考慮者矣。吾人之爲此言，非謂一切傳統應當保存。甚或有反駁之者，曰：如君之論，則滿洲皇室亦爲傳統之一，又何必推翻？吾答之曰，滿洲皇室乃主權之在何人手掌之問題，故其推翻之也易。以云國必有主權者之原則而推翻之，則其國必入於無政府狀態中矣。以我所見，推翻孔子不等於推翻滿洲，而等於推翻國必有主之原則。以孔子人格與中國文化本身，已成爲一體，而不可分者矣。質直言之，傳統與知識，或曰保守與進步，應如車之兩輪，鳥之兩翼。若如過信理智者之言，一切可以憑理智解決，則近十餘年，社會上橫決而不可收拾之局，其亦可以引爲鑒戒者矣。

（E）**中國文化之優點**：抑知適之等，苟不以歐洲文藝復興，不以科學知識爲出發點，豈惟打倒孔家店之說，不必發生，卽關於中國文化之全部，亦不至但見其短而不見其長。試以吾人所見言之：（第一）政治與社會：（A）譚嗣同以來，痛恨吾國之君主專制，爲其束縛人民心思才力，使不得發揮，然使苟無秦始皇漢武帝唐太宗，則中國民族能否統一如今日，大是問題，卽證之抗日戰爭，所以能退至西南諸省，而絕無阻礙者，何莫非二千年來語言風俗早已一統之效乎？（B）科舉制度，專以八股詩賦取士，亦爲帝皇牢籠讀書人之一法。然科舉以四書五經取士，自縣而省而全國，驅全國人以必讀孔孟之書，必寫通行之文字，而全國語言文字卽由玆給一矣。（C）適之倡言打倒禮教以來，青年人心中尙注目於改造大家庭爲小家庭，抑知大家庭在吾國社會有至深厚之根據。同族之有力者，往往患難相恤，疾病相救。故大家庭之中，實已爲國家分擔一部份保護人民之責。「一二八」之變，閘北及各鄉之難民入租界者百五十萬人，外人加以考察，乃知此百五十萬人皆租界中人之同族者，分家養活，故上海工部局得以安然無事。如此家庭制潛勢力之大，不知迎機改造，而徒知以西方一夫一婦之小洋房爲吾國家之範模，吾未見其可。（D）更有納妾制度，亦『五四』以來所欲打倒者也。納妾之害固人盡知之，然中國人口之繁殖，實由無嗣則可納妾之所致。即以粵人論，納妾尤多。其動機或爲男女之慾，其結果即所以增加人口擴大同族以自衞於鄉里。其間接之效，更以所增人口移殖於海外。近年以來所行之表裏不一致之一夫一妻制，吾未見其能維持於久遠也。（第二）宗敎：（A）吾國孔子之敎，重人性重人倫，不言上帝有無。吾國人尤得力於孔子有敎無類之義，故對外來之宗敎，不特不排斥，反從而迎之。魏晉間之於佛敎，徐光啓之於耶敎，實爲我國對異敎寬大之顯例。（B）吾國雖陶冶於人倫學說之中，然對於宗敎之發心，異常眞摯。三藏玄奘法師之去印度途中之言曰：「若不至天竺，終不東歸一步，今何故來，寧可就西而死，豈歸東而生。」惟其決心堅強若此，所以能爲佛敎闢一新天地也。（C）徐光啓之與利瑪竇與其歸依耶敎，實包含有理智成分，因是引起天算學之輸入。法國老虎總理對於玄奘去印度，求經典譯文有無錯誤之動機大加嘆賞，謂其於宗敎信仰之外，兼有求知之熱誠。（立國之道三〇五頁）。殆與徐氏之因信敎而譯天算書者，有相似之處。（第三）學術：吾國二三千年之學術，以之與近代西方科學相比，自望塵莫及。然謂中國人於學術上全無長處，則亦斷斷乎其不然。（a）吾國之二十四史，美人洛弗爾(Laufer)稱之曰：「西方古代印度歡欣鼓舞於神話，而忘其歷史記載之日，中國人對於一切事物不論其屬於內政與外族交通，皆本極正確極細緻極公平之心，從而記載之。中國人之傳說，記載於二十四史中，可謂世界諸大奇蹟之一。此艱辛工作，即中國所自造之最永久之紀念碑。」（b）吾國古史中關於西域之記載，據西方近年考古家之考查，謂爲大旨正確。彼輩對玄奘之西域記，曾經實地調查，亦謂所記一切情形之無誤。卽史漢中所謂大秦，雖不易得其今地，然細心求之亦與西方古史所記不異。因而對於吾國古代見聞之正確，深爲佩服。（C）吾國對於宇宙事物科學的記載，不如西方，然硯有硯史，茶有茶譜，銅器金石，草木鳥獸，無一物而無記載。其求知之勤，見聞之博，於此可見。吾人於以上三端十事，但舉其至顯者言之，其在他方面，吾國文化上之特色正多，容俟異日論之。以上十事中有純而無疵者，有純中參疵而應改良者，自可於精密調查後，存其應存，去其應去。若如適之動以打倒之說出之，吾未見其估價之能正確，更不知其所以發揚光大吾國文化之道將何出矣。適之誠舍歐洲文藝之標準，而求吾國制度於吾國歷史之中，則自得其眞正意義，而不致輕重倒置矣。

## 結論

梁任公嘗稱譚嗣同爲思想界之慧星，我嘗謂適之爲思想界之暴風雨；其所貢獻於社會者，在其勇於懷疑，勇於打倒傳統，猶華爾孚氏休謨氏之懷疑宗敎，與盧騷之懷疑舊日君主專制政治也。以云康德、黑格爾、薩維尼氏之建設工作，本非適之之會嘗想及，自亦不應以此責之適之。惟有期待今後全國同此見解者之努力矣。關於新思想之輸入與舊文化之陶鍊者，不避與前段重複之嫌，重加伸述如下：（一）拋棄理性主義的啓智時代之過信理智與其機械主義自然主義。（二）誠如上所言，則生理學心理學上之各派皆可兼收並蓄，而不至有入主出奴之見。（三）其於道德，自然不致走入情欲主義；其於宗敎，自不至目之爲迷信；哲學上之各派，亦得平流共進。（四）本此公平態度，對於科學各派，哲學各派，對於道德以及宗敎問題，其欲各樹一說者，自當本諸思想自由原則而許之。若於此中更加以選擇而有所決定，自亦爲建立制度上所應有事。（五）過信知識之日以爲萬事皆可以觀察，可以實驗。然制度之建立不能缺少選擇，不能缺少意志之決定。故除理性外，同時不可不昌明意志主義。

若將以上原則，推及於固有文化，則關於孔子傳統，宋明理學與清儒考據，戴氏哲學與程朱哲學之高下，自能有另一種立場之觀察。

豈惟另一種觀察，二者對於傳統之孰去孰留，更將有公平與正確之探討，而惟中國文化特長處發揮之是務矣。

要而言之，建立一國之文化，不能缺少三種態度：（一）宇宙各種現象囊括無遺；（二）各異之學說應公平論斷；（三）不忘本國歷史與其所遺留之制度之眞意義。有科學，同時不能無道德無宗教；不可因科學而排道德與宗教；亦不可因道德宗教而排科學。更進而言之，主革新者，不可抹殺傳統，同時亦不可因傳統而阻礙進步。其在分科學術上言之，誠不能如此面面俱到。然在建立文化大業之觀點上言之，其何能標新立異以鳴高，而不爲統籌全局計乎？此則今後學術自主自立之大方針也。

——二十九年再生重慶版第五十一期

# 七、人生觀論戰之回顧

## ——四十年來西方哲學界之思想家（五十二年）

民國十二年二月十四日因吳君文藻之約爲清華大學同學演講，題曰「人生觀」。時我自歐洲返國，偕德哲杜里舒氏在東南大學、北京大學、南開大學講歐洲哲學史與杜氏生機哲學。我所以講「人生觀」之故，由於我在歐時讀柏格生、倭伊鏗、黎卡德（Rickert）諸氏書之影響，深信人類意志之自由，非科學公例所能規定。其立言之要點在此。不料演講發表，友人中如胡適之、丁在君羣起而非之，乃有所謂人生觀之論戰，參加者數十人，歷時一年以上。屈指計之，歲月相隔已歷四十年，友人之墓木已高拱矣。今日回憶此項論戰，非欲重燃地下之死灰，乃欲與國人商榷吾國學術思想而奠定其博大精微，高明中庸之基礎而已。

### 甲　緒論

哲學之所有事，就其綱領言之，不外乎二：一曰貫通信守，二曰明辨愼思。若易之以現代名辭，前者可名曰綜合派，後者可名曰分析派。如孔孟之論學思論人性論人倫，希臘柏拉圖論愛智與其相信四德（智、勇、公道、自克）爲宇宙不易之實在而名之曰意典，乃至歐西近代哲人笛卡德以我思、我存爲致知窮理之起點，康德著三種批判，以立智識道德情感三者之標準。此東西哲人皆對於宇宙間之實體實理，確有所信，乃指而出之，示人以窮理盡性與處世爲人之道。此其所以成爲綜合派也。其與此相對立者，如培根氏之打倒偶像，如陸克之人性白紙說，與其人智出於官覺說，休謨氏之自我爲一堆感覺說，乃至當代新惟實派有專以分析語義爲事者，有名曰邏輯實證派專以證驗爲學問成立之惟一特質者。此自培根以來之學者，厭惡實在本體等等空名，返而求之於實事之可證者。此其所以成爲分析派也。哲學中既有此兩派，自不免波瀾起伏與往復爭辨，其在吾國，孟子之後有荀子與之辨難，象山則有同時之朱子與之爭執，王學之流爲狂禪，則東林學起而矯之。其在西方，柏拉圖之後，亞里斯多德氏受業門下者，不滿於其師之意典論，而創爲型質不離說，中世紀經院學者分唯實唯名唯概念三派。及西歐近代哲學興，始爲理性主義經驗主義之對立，繼有康德爲兩派調和折衷。然其繼起之黑格爾氏不滿於康氏學說之謹嚴與界畫分明，乃創爲絕對唯心主義。黑氏學派旋分爲左右兩派，右派袒護宗教，左派走向唯物主義。其時爲十九世紀之中，各科學自哲學中分出，如物理、化學、生物、心理、社會科學先後宣告獨立。學者羣起而非薄哲學，目之爲黑屋中之摸索，議論紛亂，莫衷一是。然十九世紀中葉康德與黑格爾學說傳至蘇格蘭與英倫，形成英之新黑格爾學派。德於十九世紀末期，重讀康德氏之書，覺其三部大著，既能解釋自然科學原理，同時足以發揚道德與精神科學。乃有所謂新康德主義各派分佈於德國。及希特拉執政時代，康德學會被解散，於是虎塞爾氏與實存主義代之以興矣。由以上西方哲學史之簡略敘述，可知哲學爲人類思想之產物，所以指示人生之方向，所以解釋宇宙之實體，所以說明物理人情，所以批判學術中之概念，雖因時代，環境與智識進步之各異，而哲學家立說亦因之而亦異，有時注重實體（或曰本體），有時注重分析現象，有時追求宇宙之原始，有時考究各種現象之所以分殊，有時以重共相而尊概念，有時視概念為空名而從事於分析智識之所以構成，或語言之歧義。此則哲學史中所以有一綜一合一分一解一寬一嚴一張一弛之波濤起伏也。

適之先生「人生觀與科學」一書中，列舉「科學的人生觀」十項。其第三項曰「正用不着什麼超自然的主宰者或造物者」。此爲宗教界與懷疑論者之大爭執，豈輕輕一言所能解決。其第四項曰「好生之德的主宰的假設是不能成立的」。此上天好生之德與人類同情心之由來，爲柏拉圖「餐後聚譚會」以至達爾文「物種由來」之大問題，亦非輕輕一言所能解決。其第五項曰「人不過是動物的一種，他和別種動物只有程度的差異，並無種類的區別」。我可以贊同人由動物演化而來，然人有理性有語言能造器物能知歷史記載之重要，卽令種類無區別，然其程度的差異，至於不能等量齊觀，此又豈輕輕一言所能解決。其第六項曰「根據生物學、人類學、人種學、社會學的知識，叫人知道生物及人類演進的歷史與原因」。生物與人類皆由演進而來，此爲現代通行學說，然其所以演進之故，由於機械主義乎？由於生機主義乎？或曰由人自造之乎？此爲進化論中爭論之點，豈輕輕一言所能解決。其第七項曰「人類心理現象是有因的」。其意若曰心理現象亦爲因果律所支配。然西方研究人類心理者分三派：曰因果派，曰自由意志派，曰二者兼而有之，則心理之因果，亦非輕輕一言所能解決。第八項曰「道德禮教是變遷的，而變遷原因可以用科學方法尋求出來的」。道德禮教之外形之變遷，是由演化歷史可以證明，然道德之中，是否有不變之部分，如仁愛信義如人格尊重，此亦爲複雜與可以論辨之點，非輕輕一言所能解決。第九項曰「物質不是死的，是活的，不是靜的，是動的」。此爲適之自己新說，暫不置論。其第十項曰「個人——小我——是要死滅的，而人類——大我——是不死的，不朽的，叫人知道爲全種萬世而生活，就是宗教，……那些替個人謀死後的『天堂』淨土的宗教，乃是自私自利的宗教」。所以成全小我，所以培植大我，此爲教育政治哲理上大問題，「天堂」「淨土」等等是否爲自私自利的宗教，更屬宗教方面之大問題，斷非輕輕一言所能解決。我所以列舉此十項者，所以指出其中無一項非哲學或形上學中之問題，雖已經歷二千年之討論，而至今不得解決之道。可以知此類問題，只有聽哲學家自由思索，自由解答。而適之心中存一種力追科學以求有一定公例之觀點，此所以有民國十二年科學與人生觀之論戰也。

我以爲人生觀是人生觀，哲學是哲學，形上學是形上學，此三者不可與科學混而爲一，合而一之爲兩傷，分而離之爲兩美。倘存一以科學吞併哲學或否認道德學與形上學之心，以可觀察可實驗可測算可證實者爲科學之特點，而其不可觀察不可實驗不可測算不可證實者，概目之爲玄學鬼之議論，則不獨哲學或形上學之生命將受摧殘，究其害之所及，將無哲學形上學之自由討論可言矣。徹底言之，人生觀，哲學，形上學，與科學卽有互相牽涉之處，則一爲分科之學，一爲綜合之學，一以宇宙人生之全體爲立場，一以靜思默索爲方法，一以畫定區域之實驗，一則有形而可見，一則無形而不可見。二者性質之不同如是。科學的人生觀，將待之百年之後，恐終爲可望不可及之境界而已。

然適之之冠「科學的」形容辭於人生觀之上，由於其相信科學與科學方法之成績，乃期望以哲學或形上學歸入科學領域之中。此與十九世紀後半期中歐洲學者之心理同出一轍。德教授鮑爾遜氏於一八九五年著哲學引論一書。其開宗明義之言曰：

「有一個時期，離開吾人初不甚遠，此時期中通行之見解曰：哲學之效用既已喪失，實證科學已代之而起矣。哲學所以存在之理由，在其能成爲科學智識以前之預備階段，其在今日此種靜思概論中所得關於世界與事物之智識已不復能存在矣。假令有甘於孤寂之思想家不願從事於科學工作者，欲以哲學爲消遣之資以渡歲月，自聽之可也。其有志於受科學訓練者，自不必再以哲學思索爲事矣。」

鮑氏於下段中更論各國中之輕視科學者，以德國爲首，此由於德國哲學家平日高視闊步，自以爲駕人而上之。屆科學成績卓著之日，乃自食其爲人所輕之果報。幸黑格爾氏年六十而逝世，倘壽如康德，則黑格爾之受人冷落將與非希納氏（Fechner）與勞裕氏（Lotze）等矣。自鮑氏之言觀之，則在君之罵人爲玄學鬼，自爲哲學與科學互爭雄長中各國通有之現象，不足深責者矣。然自二十世紀以來西方學術界論之，科學與哲學同樣突飛猛進。科學方面有愛因斯坦之特殊相對論與一般相對論，泊蘭克之量子論，有白羅格里之光浪論，更以原子能應用於戰術，乃有原子彈氫氣彈與飛箭之發明。其在哲學方面波濤之洶湧澎湃，亦正與之相等，如懷悌黑氏之「行歷與實體」，亞歷山大氏「時空與上帝」此受新物理學影響而作之新形上學，如哈德門氏之倫理學與凡有學（Ontology），此爲反新康德學派而生之唯實主義之著作，如實存主義運動初爲反黑格爾氏系統說而起，走向主觀之心理態度，於是恐懼，惶惑，死亡，虛無，成爲思想之主要題目，將笛卡德，陸克以來之認識論束之高閣。更有新唯實主義之分析派，始則反對黑格爾派之關係內在論，而確認外物之存在，繼之以概念與語義之解析以打倒唯心論者之溥遍觀念爲事，其中鉅子如羅素氏，素擁護科學同情分析學派，雖已年屆九十高齡，乃躬率羣眾千人遊街示威，且坐在唐寧街十號（英首相官邸）階前不去，爲要求停止原子彈之使用。其意若曰由於上天好生之德，不應有此殘酷武器。吾但見羅氏所信爲人生觀之支配科學，曷嘗有科學之支配人生觀哉。以云科學智識能影響於人之觀點，其所造成之機器，能有益於人生日用，此爲科學之利用厚生之功效不容抹殺，然何能與原子彈之用不用以決定人類之死亡生存之人生觀相提並論哉。

我自青年讀書，對中外政治學術與各國間之政治學術好爲比較研究，常躊躇審顧不敢立決，尤好權衡其短長得失，不信一偏之見以自標新異。及已抉擇以後，則擇善而守，不輕放棄。當留學日本之日，嘗注意英美政治學說，及第一次大戰後從倭伊鏗氏問學，讀倭氏書，同時在巴黎研究柏格生學說，時身居歐陸，然英倫經驗主義我未嘗忽視。因是西方政治及各派學說，其對於吾國之利害得失如何，先內斷於心，然後定其取舍而有所主張，此乃我之習性使然也。人生觀演講之日科學功績之煊赫，我豈不有所覺察，然所以舍科學之必然性而提倡意志自由者，亦曰人生之自由人格之獨立，爲現代人所當爭取，乃吾治倭氏柏氏學說有得於心而不敢或忘者也。當時倭氏柏氏極力反對人生受科學支配之說，而昌明人生自由之大義，世人因其反理智傾向形上學而輕之，然自今日思之，倭氏柏氏之高瞻遠矚爲何如哉。

## 乙　四十年來西方哲學界之思想家

我今回溯自論戰迄今四十年間西方哲學界之思潮，分爲三類述之：（第一）以個人爲本位者：曰英國懷悌黑氏、曰德國哈德猛氏、曰德國耶司丕氏。（第二）以學派爲本位者，曰英國新唯實主義與邏輯實證主義、曰現象學派、曰實存主義。此六項中，除邏輯實證論派主張以科學方法統一一切學術並排斥倫理學與形上學外，其他各人各派無一不走上形上學之途徑。可謂自康德氏以來，形上學之發揮光大，無有如今日之盛者。希臘柏拉圖之傳統，至今猶繼續繩之未中斷。

## 一 懷悌黑氏

當代哲學中能令我低徊留之不忍去者，懷悌黑氏其首屈一指矣。懷氏早年專攻數學，繼與羅素氏合著「數學原理」一書，爲數理邏輯開一新天地。又因相對論與量子論之發見，感覺一種新哲學之必要，乃作「自然界之概念」等書，所以批評牛頓時代之科學概念，而代之以「事件」「流變」等等之新說。晚年潛心於形上學，乃成「實體與行歷」，「宗教在形成中」「觀念之冒險」等書，所以昭示世人以一種綜合的宇宙觀。

懷氏於一八六一年生於英倫肯特州，一八八○入劍橋大學三一學院，一九一一年至一九一四年爲三一學院學侶，一九一四至二四年任倫敦大學應用數學與機械力學教師，一九一四至一九二四任倫敦科學與技術學院應用數學教授。及年屆六十三（時爲一九二四年），受美國哈佛大學之聘，任哲學教授。一九四七年逝世。

懷氏一生著作可分爲三時期：（一）數學時期：（甲）一八九八年普遍代數論，（乙）一九○六年投射幾何之自明理，（丙）一九○七年說明幾何之自明理，（丁）一九○八年數學緒論，（戊）一九一○至一九一三年與羅素合著數學原理三冊；（二）自然界哲學時期：（甲）自然界智識之考究，（乙）一九二○年自然之概念，（丙）一九二二年，相對論原理，（丁）一九二六年科學與近世；（三）形上學時期：（甲）一九二六年宗教在構成中，

（乙）一九二八年象徵主義，（丙）一九二九年行歷與實體——一篇宇宙論，（丁）一九二九年理性之職司，（戊）一九二九年教育目的與其他論文，（己）一九三三年概念之冒險，（庚）自然界與生活。

以上三時期中，第一時期之數學原理對於數理邏輯有極大貢獻。其第二時期之自然界之哲學，可以謂為由數學至形上學之準備時期，茲合第二第三兩時期之見解而併論之。

懷氏自為數學家物理學家，因愛因斯坦氏與泊蘭克氏量子論之影響，深感物理世界已居原子時代，舊日所謂物質或位置或時空論已與時代不相適合，乃從事於一種自然界之新說明。懷氏以為舊日物理世界，以物質有定時定所，此物質所構成者為硬塊宇宙（Block Universe），懷氏批評此種物質觀，名之曰單純位置（Simple Location）。謂一塊物質之在空間佔有一定絕無可疑之位置，其在空間既有一定地位，其在時間上亦在一定久暫以內固定而不變。依此，單純位置，一個物質體對時空合體之關係可以簡單確定其所在，而不必問其對於空之他地時之他時之關係如何。質言之，此塊物質孤立於時空合體中之一定位置，而無須有對於時空體系中之異地異時之關照。懷氏以為將吾人所經驗之自然因素，視若如此簡單，此為抽象之見解而與具體事體不相符合。懷氏特指而出之，名之曰虛構具體性之錯誤（The Fallacy of misplaced Concreteness）。懷氏進而批評休謨氏之單純印象論，其意以為當時在物理學方面有此單純位置論，於是在心理方面有休謨之單純感覺說，以為每一感覺可以孤獨存在，而與其他感覺，既無空間關聯或其他關聯，即令與所經歷之其他因素有相牽聯處，如所謂觀念聯合者，此為外在的偶然的，而非必然的。懷氏曰此亦抽象的見解，而異乎眞正的經驗者也。懷氏所以糾正休謨氏者，更可憑其自然界之二分說（The theory of the bifucation of Nature）以明之。近代哲學成立以來，分宇宙爲二，曰本體曰現象，曰能知曰所知，曰物體曰質性，曰主觀曰客觀，曰能思之心曰空間之物，無處不以二分說爲立論之一貫原則，其尤著曰第一性，指物質之恒常質性言之，如物之堅性，廣大，形體，動靜屬之。曰第二性，指人之因物而引起之感性言之，如色，聲，味，臭屬之，因其由人之知覺而起，隨人而異者也。由此二分說，則思想感覺屬於主體方面，其恒久而不變者屬於客體方面，由此能知與所知之兩面，於是有顯現之現象，亦曰現象，有不顯現之本體，其顯現者爲心之所覺所察，其不顯現者係超出心官知覺之外，乃有所謂本體。懷氏認爲此項二分論，產生所謂第一性第二性乃至現象與本體之隔斷。於是起而矯之，乃創生機主義說，以爲世界之最後實在只有一種，名曰「感」（Feeling）然此西文之感字，視之爲最後實在，不應視同感情之感，而應譯爲感應子（如蘭勃尼子之單子）此感應子之名，由我讀程伊川書：「天地之間，只有一個感與應而已，更有甚事」，伊川語氣中「只有」與「更有甚事」云，豈不與懷氏最終實在云云有相冥合之處乎。

懷氏之思想體系分爲二部，一曰自然界哲學，二曰形上學。一論現實（actuality），一說明實體（Reality）。自然界哲學因懷氏放棄硬塊宇宙說，故不復再提物質或事物之名，而名宇宙間所發生者曰事（Events）。所以名之曰事者，指一切遭逢（Happening）言之，猶之物質中原子以降之電子中子初子，其存在於宇宙者，以時計之，不過剎那，然亦不能不謂世間之有此一事，有此遭逢。宇宙間有此千萬事千萬次之遭逢，而此千萬之事彼此相覆相掩蓋。譬之車行道路之上，此車之路程，卽爲道路之生命之一部份，是爲道路之生命與車之路程互相掩蓋，乃至車輪之每一轉動，卽爲事之一部分之所以構成車之路程者。如是懷氏所謂事，非如昔日所謂物之佔領空間者。懷氏名之曰事，一若昔日物體之在時間以內之延廣者，譬如一屋之繼續存在，延廣於此屋之一瓦一磚之上，而此屋一年之存在，延廣於一日之上，一日之存在又延廣於一秒之上。懷氏謂事之質性（Nature）由其延廣之質地（Quality）而決定。而事與事之間之關係又各有其延廣之能，向兩端發展，以至於無窮。懷氏名之曰延廣之不間斷的關係——原則。惟延廣之不間斷關係，可以如此擴張，舉一切而包括於其中，乃成事與事之關聯，而自然界之一體性與連續性由此而來。因此所謂延廣更視時與空爲原始的，因時空之爲時空，不離乎延廣也。由此可知懷氏之自然界哲學之基本觀念曰事曰延廣，而時空二者成爲繼續延廣之事之關係，換言之，時空非爲事之要素，而爲事之陪隨者。懷氏更明白言之曰，不可謂自然界在時空以內，而應曰時空在自然界以內。懷氏又指出事之特點爲動而不留爲無一息之停滯，事之本身鮮有所變，而事與事間之關係則時在變動之中，因此懷氏名之曰流變力（Passage）。如是甲事可以入於乙事之中，或化爲烏有。惟事之不常而在流動之中，懷氏又名之曰創進（Creative advance），所以說明宇宙無重複之象，而常有新可能性生於宇宙之腹中。此說本於柏格生之創造進化論，惟柏氏之說但用於生命，不及於空間之自然界，柏氏以爲此乃生命之衝力，而懷氏以爲此可以理智瞭解而得之。此二氏立說之所以同，而有其不同者在也。懷氏此種說法正與「硬塊宇宙」之機械主義相反，乃新物理學發見以後之新宇宙觀。

懷氏更本此說，以寫成形上學各書，曰「實體與行歷」（Process and Reality）、曰「宗教在構成中」、曰「理念之冒險」。此三書中尤以「實體與行歷」爲重要，然其中多含哲學上之專門問題，不易以普通文字表而出之，當俟異日作專論，述懷氏之形上學。然懷氏治學，在其潛心科學時代，早知形上學之不可缺少，茲舉其「教育之目的」一書中第九章「科學概念之解剖」一文，此係一九一七年之演講，先於「行歷與實體」出版者十又二年，是時懷氏心中已伏有形上學爲哲學中之構成部分矣。懷氏之言曰：

「本講開始之初，將準值判斷與存有判斷(Ontological Judgements)擱置於一邊，然今當結束之際，不能不一論此兩種判斷，常人以爲準值判斷不在物理科學經緯之內，不知準值判斷實物理科學產生之動機，由於人之所以從事於科學營構，正以其有準值之故，換言之，多種之準值，卽其動機所在也。科學之何者爲有用而研究之，必經人心中之意識的選擇，此意識的選擇，卽爲準值判斷，所謂準值判斷，或屬於美學，或屬於道德，或屬於實用。倘其動機中無準值判斷，將倂科學而無之。

「次之，存有判斷，向爲人所不感興趣，然存有爲人生之行爲，情感，自克及有所營構之前提，卽道德判斷，亦以存有爲前提。然此項問題解決之難點卽在乎常識中之所謂有無與存有判斷不易協調故也。科學不能減少形上學之需要。上文謂現實優於可能之中云云，所謂現實與可能之關係，卽形上學所研究之題目，本演講原不爲形上學而起，然略附贅數語，可以明瞭吾人所欲明辨者爲何事。

「所謂主體與客體之分爲粗疏人所忽視，不知其實指兩種關係言之。其一曰能察覺之心與其所覺知中之一部，如眼前之紅色。其二曰能覺察之心，與其不能構成爲所覺知中之一部分者，如身在美洲，而討論遠東或南美情形。此項討論，乃爲一種推理的關係(Inferred Relation)，此種推理關係，乃據覺知之心中之類似者而推之者也。

「此項推理之基礎，必其能覺知之心中之元素，超越乎官覺中所呈現者之上，此卽普遍邏輯的眞理，道德眞理，美術的眞理與假定命題中所伏藏之眞理，此種種覺知之客體，與主體中之單純情感迴然不同。情感中所現者爲個人自身之所感而已。其他如邏輯眞理，皆推理的存在也。」

由此演講觀之，可以知懷氏雖自稱爲唯實主義者，然與一般唯實主義之但知官覺之爲實有者大異，此由於懷氏承認邏輯眞理，道德眞理美術眞理爲推理之基礎，可以知其雖以經驗爲出發點，然靜默思索之理性，同爲學術思考之基礎。此其所以毅然反乎英國經驗主義之傳統，而有形上學之大著也。

## 二　哈德猛

當我第二次赴德治哲學之日，忽聞耶納大學師生口中喧傳新康德學派破裂之說。此卽哈德猛氏「認識之形上學」出版（一九二一年）後所引起之話題也。哈氏原爲馬堡學派中人，受業於海門可亨氏（Herman Cohen），可氏爲十九世紀末葉復興新康德主義之要角，哈氏追隨師門唱和者二十餘年。可氏推崇康德氏之「純粹理性批導」，以邏輯爲智識之基本，且守康氏「心爲立法者」之說，以爲客體皆出於心造，而不認有外物之存在，其所以造成之者由於心之範疇。此派以促進科學爲旗幟，然以爲智識本於思想之範疇而因以構成，故對於形上學或曰凡有學（Ontology）則視爲六合之外存而不論之事也。哈德猛毅然起而與之宣戰曰：智識之爲智識，一方有能知之主體，他方有所知之客體，此能知之主體，在乎智識之外而存在者也，此所知之客體，亦在乎智識之外而存在者也。能知者與所知者皆在智識之外而存在，則存在問題爲哲學中之基本問題而不可忽者也。自「認識之形上學」轟動一時之後，哈氏之著作，皆以存在問題爲主腦，如一九二六年之倫理學，一九三三年之精神的存在問題，一九三五年之「凡有學綱領」(Zur Grundlegung der Ontologie)，一九三八年之「可能與實在」(Möglichkeit und Wirklichkeit)，一九四〇年之「現實世界之構造」，同年之「凡有學新途徑」(Neue Wege der Ontologie)皆所以討論存在問題，而謀凡有學之復興者也。哈氏鑒於近代以來智識論之發展，認識論方法之研究之尤加精銳，則於哲學於科學問題之解決大有裨益。然認識方法，猶之刀也，認識中之問題，猶之肉也物也。今但見論刀之如何犀利，而求一割之用則終不可得。於是哲學家乃舍棄方法論，而注意於存在問題，或曰形上學與凡有學之復活。哈氏所謂存在，與經驗主義者之但知有官覺，與唯物主義者之但知有物質者異，並一切物質，生命，心理，精神與客觀精神而承認其爲存在，因此德國哲學界稱之爲批判的唯實主義者(Critical Realism)。「當代歐洲哲學」之著者濮興斯幾氏(Bocheński)稱之曰：哈氏爲當代哲學界最有意義的人物之一，此爲無可疑者，且與懷悌黑氏、馬里棠氏(天主教派)爲形上學之先鋒。哈氏於造成哲學體系之興趣，較遜於懷氏馬氏。哈氏所長爲精確的分析，爲以明晰方法表達其意見，此在德人中最爲難得，而在所涵蓄意思中多深入的洞見。哈氏之著作，可稱爲「坦白的正確性與科學的廣博性之典型」。而我之所以嚮往於哈氏者，尤在其立場之平正切實，對於問題之提出與答案之製定，時有石破天驚之手段，非尋章摘句謹守繩墨者所能望其項背也。

哈氏在唯實主義立場上，舍棄古代與中代之以先驗或以演繹爲方法之形上學，乃坦白承認實際世界（die reale Welt）之構造，而創爲存在層構（Seinsschichtung）說，分實際世界爲四層，甲曰事物層，乙曰生命層，丙曰心理層，丁曰精神層，此四層各有其本身之範疇，而不可越界以適用之。唯物主義以事物之物質範疇移用於生命、心理與精神，此爲馬克思之錯誤。反之，以精神層之範疇適用於物質，視自然界爲精神之外化（alienation），此爲黑格爾之錯誤。哈氏爲懲前毖後計，乃爲存在層構說，列舉五項原則，其一曰實在世界，其層次累積而上，低層之範疇在高層重復出現，但高層之範疇不復現於低層（如生命不出現於物理層），可知範疇之相越，只能由下而上，不能由上而下。其二曰範疇之重現，有限度以限之。其重現者非低層之一切範疇，更不能越級而盡現於高層。可知範疇之重現，至特定之高度爲止。其三曰重現之範疇，因高層之質性而重行改造。其四曰低等範疇之重現，不足以盡高層固有之特性，因高層中另有新範疇之增益或出現。其五曰存在形式由下而上之系列，不成爲連續不變體，因系列之某段上有新範疇之增益，因此甲層與乙層間自赴於分歧。此五原則可以說明物理層之機械主義何以不適用於生物，生物層則有目的原則以支配之，心理層之因果關係，學者尚未能盡行發見。至於精神層中以有是非善惡爲標準，然其所以然之故，亦有爲人所不能盡知者在。哈氏說明此世界本此四層構造而成，乃明白反對昔日之唯心論與唯物論，良以此四層互相依伏。唯心論以最上層通徹下層，唯物論以最下層強通於最高層。此皆爲一偏之見，而不識宇宙之層次構成者也。

宇宙所以構成之四層，第一第二層，前文已論及之；第三層心理、好惡愛憎與知覺之感，爲人與動物共之者，茲姑略去，其最重要者爲精神。精神之所以爲精神，在乎其自覺自動自決，且表現於行爲之中，可分爲三種：（第一）個人精神，精神以個人爲主體，因其起於個人之自動自發，人之所以爲人者，即在乎是。對人之忠信，所以守自己之言責，臨難之不苟，所以表示自己不甘受外界之支配而屈伏於其下，此爲獨立人格之所由來。（第二）客觀精神，個人之精神，初發之於一人身，繼則傳之第二人第三人乃至千人萬人，於是成爲一國之風尚，乃成爲風俗，語言，學術信仰，且一時代有一時代之風氣之異乎他時代者，乃有希臘精神，文藝復興時代之精神與夫啓蒙時代之精神。客觀精神不能求之於個人之身，而應求之於社會風氣之中。（第三）客化精神（objektivierter Geist）其始也同爲精神所發動，然既成之後，則去精神距離較遠，如藝術雕刻在木石之中，法典在條文與紙墨之上，其精神非活而死矣。

哈氏之精神的存在說，尤詳於其倫理學大著三册之中。此書爲哈氏在第一次大戰濠溝中思索之所得。其主旨在反對康德氏求德性於原則中或曰形式倫理中，乃溯之於亞里斯多德氏，而求各種德性於實際存在之中。此時之哈氏，受虎塞爾之現象學之影響甚深，尤傾倒於虎氏之同道夏雷氏（Scheler）之力反康德氏之形式的倫理而求之於有內容之倫理學。仲言之，康氏倫理學之基本原則曰「人類行爲應本於一條理則，即一己之所爲可以成爲萬人共守之公例」。此種方法，夏氏名之曰形式的，因其不以準値爲內容故也。哈氏之倫理學，先列舉各種準値各種德性，以明德性之存在於宇宙間，可以屈指數之者。最後乃論意志自由問題。哈氏以爲意志自由之存在，猶之知識對象之存在，此乃確有事實可以爲證據，譬之改過也自責也悔悟也，苟其心中無是非之準則，何從而知其所當爲與不當爲，且有所謂一失足成千古恨之悔悟者，此皆由於良心之自動，知自己之過失，而後矯正之，非意志自由之明證乎。惟哈氏所謂意志自由，與定命主義不相衝突，且不應解爲與非定命主義爲同義。其意以為宇宙既由四層構成，乃有某層受因果關係之定命的支配，另有高層不受定命主義的支配者，此即理性之自主有以致之，即所謂意志自由。如是有意志自由之後，非將定命主義完全取消，乃於受定命主義所支配者之外，另有一更高之決定，則由自由以決之者也。哈氏雖反對康氏之形式的倫理，然其層次說中之意志自由說與康氏之以認識論屬之於純粹理性界，以道德問題屬之於實行理性者，一受因果律之支配，一屬於自由者，二氏正相脗合。此可見哈氏哲學立場雖與康氏殊途，然道德之出於自由意志，則兩家終歸於合轍矣。

哈氏學說內容極富，尚有範疇分析論，均為哲學根本問題之討論，然非本文所能詳矣。我所欲指出之者，哈氏中年以降好用「凡有學」，而反對「形上學」之名稱，然此二者之界限不易劃清。依哈氏之意，凡有學指存在之結構言之，形上學所討論者為一元多元問題。然自亞里斯多德以來，形上學之內容，為存在之所以存在，為討論存在之最高原則之學，不易與凡有學嚴格分別。此殆濮氏所以稱哈氏為形上學先鋒之原因所在歟。

## 三　耶斯丕氏

耶思丕氏在我留德之日，已知有其「宇宙觀之心理學」一書出版，時為一九一九年，嗣因我在國內牽於校事及政治，絕未注意耶氏他種著作。及二次大戰後來美，耶氏已轉由醫學而成為哲學家，且為存在派之鉅子。我繼讀其書，頗覺其與存在派不盡相類，反覺其主張與康德氏有相同處。一九六二年五月我赴德國富蘭堡大學演講，此地與瑞士之拔塞爾（耶氏居所）僅一二小時之遙，乃託富大漢文教授蕭師毅博士先以電話相約，往瑞士與之晤譚，雖譚時不及一小時，因耶氏提出東方哲學問題，故我欲詢問耶氏自身學說為時間所不許，但我詢以「君是否為康德派中人」，耶氏毫不躊躇，以肯定語答之曰然。我因是知耶氏雖為存在派之提倡者，然其思想輪廓則以康氏超越辯證法中所謂世界（或曰宇宙）、所謂靈魂、所謂上帝三項為其背境。耶氏學說中，誠不少存在派之要素如所謂生存、所謂物之自性非思想所能窮盡，所謂自由，皆屬之。然其思想之自成體系與富於形上學之性質，蓋不出乎康氏所謂意典（此字之義應考康德氏原書）範圍之外矣。濮與斯幾氏稱之曰：耶氏學說，成一個嚴密體系，此體系與形上學相近。又曰耶氏極關心形上學，且成一種自然派神學，所以使之與同派（存在派）之人顯然各別。又曰耶氏之意，以為哲學即形上學，以研究存在問題。世人每以存在即目前之所見所聞者，此乃大誤。倘以為存在為盡人所能知，此乃狂妄之見。……惟耶氏以為世間之實體（Reality）非人所能知，故採康氏之三意典說。且以吾人之所知均限於某種視野之內，每一種視野之外，則有一包舉之者（The encompasser, die Umgreifende），宇宙其一也，靈魂其二也，上帝其三也。此三者既為人所不能知，則人之所知有限，人生之微弱，人生之不離乎憂患，不免於失敗死亡均為意料中事。因三種意典之不可窮，延及於人類生活艱難，乃將康德氏與契爾契伽氏合而為一矣。耶氏之自出心撰之處如是，惟其氣象濶大，胸境開拓，所以能自成一大體系，而與海特格氏等之苦思力索措辭繚繞者迥不相同。耶氏嘗有言曰：「哲人之至者，無如康德」。可以見耶氏雖採用契爾契伽之生存說，然其心所嚮往者厥為康德氏。此我所以列耶氏於三大形上學家中而繼之於懷氏與哈氏之後也。

耶氏之哲學體系，非本文所能詳，但就以下四項論之。一曰所以處宇宙間之方向，二曰生存照明，三曰超越者，四曰包舉者。

（一曰）所以處宇宙之方向。耶氏深知人類所處之宇宙，非本體（Reality）之大全，而人之生存之實現者，爲時間爲情況所限，僅屬於枝節片段。就所謂存在（Being）（有時譯之爲「有」）言之，可分爲四類，曰物質、曰生命、曰靈魂、曰精神。此四類中，甲項原則如物理界之機械主義，無法適用於生物界，生物界之有機主義，難以適用於靈魂與精神，此可以見宇宙之中，初無一般中效（Validity）或曰澈始澈終之一貫原則，乃至一國一羣之中，有所謂宗教、道德、教育、行政與政治，但能有分類分事之處置，而無一隨地隨時可以通行之法則。所以處理宗教問題者曰信仰自由，所以處理道德問題者曰是非利害，所以處理行政與政治曰法律、曰刑罰，乃至就各種學問言之，曰自然科學、曰社會科學、曰哲學，此三項中所適用之方法與所發見之原則，祇能爲有限的適用，而不能普遍適用，如上所言物理界之機械主義，不合於生物界，生物界之有機主義，不合於物質，乃至分科實驗之方法，不合於哲學，此皆至顯之例，可以明宇宙間之不和諧、不統一、不一致，非盡科學方法能求其少知而解決之者。耶氏更以同一態度說明存在，曰存在有三種，一曰尋常存在，即事物之在官覺中者，二曰物之所以爲物之自己存在（für sich selbst sein, Being for itself），三曰本體之存在（Das Ansichseiende）。姑舉所謂我（Ich）之三種存在爲例以說明之，以我爲客體，則我乃動物之一，可爲生物學之對象。以我爲主體，則我爲能思索且能與人通達意思，是爲我之自己存在。然此兩者不能盡我之所以爲我，而另有其本體之我，此必待人之見危授命，或對越上帝之際方能見之。此第三種本體之存在，非科學中之求自然公例與一般性者所能見及，而有待於自我之體驗省察，是爲個性的，一度的。是屬於生存照明（Existenz-erhellung），非科學中之概念與公例所能爲力者也。

（二曰）生存照明。耶氏身爲醫學家且爲病態心理學者，其深知科學之功用自無待言。

然耶氏以爲科學爲分門研究，以事物爲對象，而求現象彼此間之必然關係。惟其集中注意者，爲事物之客體，爲其爲必然關係爲其共相（universal），至於宇宙全體，本體之存在，與夫人之生存，爲科學之所不問，此則存在主義之所由以起也。此派之出發點爲本體之存在如何，以人生之所以爲人生者爲中心，因人生之爲人生，能自覺知、能自反省、能自選擇、能自決定，處臨難之日，能有赴湯蹈火之決心。因而此人生之爲人生，出於個人，不受一般公例之支配；出於自由，不受必然律之支配。生存雖不離其所處之情況，因而有艱難磨折奮鬪掙扎，或悔罪、改過，或視死如歸，此生存之有歷史性也。耶氏視生存之爲生存，一切出於自己，出於自發，非科學之以物爲客體者所能觀察量度而規定之者。耶氏以爲生存之義高深幽遠，決非定義所能把捉，惟有以燈光照之，使人略知其特性之何似。耶氏所以說明「生存」之義曰：「生存者，不能成爲客體者也，生存之源，起於自己之思與行以內，雖能加之以議論，然非如物之可以認識者也。生存者，但能就自己以論自己（自省自反自證），或面對超越者（上帝）而知其所以爲生之道也。」如此云云，不可謂之爲主觀性，亦不可謂之爲客觀性，因生存之爲生存，超乎主觀或客觀之上者也。

耶氏所謂生存照明之義如是。生存或曰存在之名，雖自契爾契伽氏而昌明，然其本質與康德氏之倫理生活或柏格生氏倭伊鏗氏之別生命於物質之外者，自有淵源關係。因此耶氏所謂生存中，尙有其他含義，玆一併述之：（甲）情意通達，（乙）處境與歷史性。人不能離羣索居，而有彼此間生活關係。不獨有言語以達彼此之意，彼此間更能相愛以死，或相爭以死。然不論其爲愛爲爭爲生爲死，而情意通達則一日不可或缺。以朋友之交言之，曰爲人之忠、曰守約之信、曰與人爲善之量、曰對人對事負責之心情。以朋友講習言之，曰以文會友、曰以友輔仁。乃至就研究哲學言之，前有古人，同時有師有友。以政府與人民之關係言之，曰正己正人、曰守法奉公、曰愛民、曰勵精圖治。凡此均為人在社會間所以相處之道，一言以蔽之，曰情意通達。人處于社會中，有衣食之需，有男女之相悅，有就業謀生以求自立，此為物質世界自然情況之不可避免者。或有因父母死亡而急求自立，或因家道貧困而奮發，或為鄉里所不齒而求利求名于異方，此可以見因環境逼迫而自己志氣知所以應之。更有所謂邊界境況（Grenzsituation），即人生遭艱難危險，或活不下去之境遇，惟有大改造自己以求再生，乃有悔過認罪以求自新，或出于舍生取義，遇見危授命之行。此可見人生之為人生，雖為環境所限，然能以自己精神超乎環境之上而另造出一個新境界。是人生雖受現實環境之拘束，而仍能以自力超越而過之。此人之為人，所以雖處于必然律之下，而自有超越之自由，以合時間性與超時間性（Timelessness）（即悠久無疆性 Eternity）於一人之生存也。此之謂由情況以上達於歷史性。

（三）曰超越者。宇宙之大全與人之生存，均非知識之所能把捉，此乃知識之限界有以致之，亦即大全之非知識之所能窮究也。大全既屬于不可知，因而有康德氏所謂兩面相反（如宇宙之有盡與無盡）之超于純理之外之說。既已如此，惟有承認人類經驗之外，有超越者在，此即上帝是矣。然上帝之存在，但能于象徵中求之，于符號中求之，決不能成為知識之對象。此殆中庸所謂德輶如毛毛猶有倫，上天之載無聲無臭之意歟。

以上三項之上，耶氏更有所謂「包舉者」（Das Umgreifende, The Encompassing）以括之。人之觀察世界，每先有視野或曰眼界。所謂物質、所謂生命、所謂心理、所謂精神，皆為一種觀點之下之觀察，因視野之故，而所見者限于局部，然退出于甲視野之外，乙視野又隨之而來，如超物理之外，而生物之視野隨之而來，此可以知事物或爲對象，必有視野以限之。此所以貴乎由特種之存在，而進而達乎其包舉一切者，此則哲學思想之所以重要也。哲學之功用，在乎超越此限界此視野。由官覺存在之世界，進而達于一般自覺，卽達于生存，由人之生存，更進一步以達乎上帝，於是舉下自塊然之物上至神明無不概括於此包舉之中。耶氏哲學雖有學步康德之處，然其所處爲歐洲第二大戰之世，其文中時露憂傷憔悴之情，此其所以樹起康德之架子，而實之以契爾契伽之礎石也。

以上三人爲二十世紀哲學界之三傑，懷氏以數學家物理學家而轉入形上學，哈氏由新康德派之唯心主義，轉向於唯實派之形上學，耶氏以爲科學之工限於局部，非超出科學，不足以見宇宙之大全。如是思想路線不受科學之支配，不爲科學所範圍，而宇宙觀而人生觀之超於科學之上之彰明較著，無有過於此者矣。

然二十世紀之哲學家中，自有以科學爲模型，而求有以科學方法統一之者。是爲維也納之邏輯的實證主義。此派之立場，與英國之新唯實主義或解析派頗有相通相聯繫之處。茲將兩派同尙實同尙證驗者合併論之。

## 四 英國新唯實主義與邏輯的實證主義

十九世紀之後期，英國思想界忽離其平日傳統之經驗主義，而趨於德國康德與黑格爾之惟心主義。斯透林氏(Stirling)格利恩氏(Green)爲之先驅，至白拉特立氏(Bradley)與卜山圭氏(Bosanquet)而大昌，在哲學史中稱之爲英國黑格爾主義，或曰絕對惟心主義。白氏之重要著作曰倫理研究(一八七六年出版)、曰邏輯原理(一八八三年出書)、曰現象與本體（一八九三年出版）。白氏分吾人之宇宙觀爲三層，曰官覺層，曰思想層，此二層中將一切分之爲聲色味觸，乃名之曰物，更進焉則求彼此間之關係，由此二者上達於最後一層，是爲本體層或曰絕對層。至卜山圭氏推演白氏學說，而廣泛應用之於倫理、心理、宗教政治與美學。此派學說盛行二三十年之後，至一九零三年忽有不治哲學而專攻古典文字之摩爾氏（G. E. Moore）著「惟心主義之駁論」（The Refutation of Idealism）一文，爲反攻黑格爾主義者之第一聲。其他人如懷悌黑氏羅素氏亞歷山大氏馬根氏（Lloyd Morgan）等等羣起和之。穿插於英國學者與維也納學派之間者爲維鐵根斯坦氏（L. Wittgenstein），始爲羅素氏學生，繼執教於劍橋大學，維氏著邏輯哲學論（Tractatus Logico-Philosophicus）一書，時我居北京，聞徐志摩言羅素推重此書，乃急往北京飯店法人書舖中購之，及展卷讀之，乃知其所研究者爲邏輯技術中之另一境界，與尋常所謂哲學渺不相涉。及希忒拉柄政，合奧於德，此維也納學派中人紛紛逃至英美等國，然此派自一九三九年在捷克京城開國際會議後，隔一年或二年舉行一次國際會議，及一九三九年美國支加哥會議決定發行統一科學雜誌（Journal of United Science）則此派之大本營已自歐洲而移至新大陸矣。茲就摩爾氏羅素與邏輯實證主義學說，略舉其要點述之。

（一）摩爾氏　摩爾氏爲劍橋三一學院學生，畢業後派爲講師，繼任爲哲學教授，其一生著作有三書，一曰倫理學原理（一九〇三出版），二曰倫理學（一九一二年出版），三曰哲學論文集（一九二二年出版）內載摩氏駁唯心主義與「爲常識辯護」二文。摩氏著作稀少，較羅素氏之多至數十種者不可以道里計。然摩氏立言有斟酌有分量，每就常人所忽略之處，指點其錯誤，而摩氏提出論點之後，他人咸認爲確切有據而不易動搖。此乃摩氏之所以成爲英國唯實主義之重心也。摩氏既不治科學與邏輯如懷氏如羅氏，但就哲學家言論之瑕隙，指而出之。譬之唯心派曰所謂事物皆由心造。摩氏就習見之物如人之有手，而質之曰手爲人所共覺共知，何待心造而後有手乎。更有黑格爾主義者墨克泰格（McTaggart）曰「時間非實有。」（Time is not Real），摩氏駁之曰，我知朝食在午飯之先，何得謂時間非實有。摩氏所以駁人者，皆以常識爲根據，非有哲學或科學方面之深微奧妙之論。其「唯心主義之駁論」一文，即類乎此。摩氏先舉勃克蘭氏存在起於覺知之言，以明唯心論者之立場。摩氏乃用極簡單之實例爲說明之資。其例曰「此爲紅色或藍色」。唯心主義者以爲外界之紅色或藍色，必先爲眼爲心所覺知，然後知此紅色或藍色之存在。摩氏駁之曰，外界之紅藍色爲外界之物，吾眼吾心所覺知者，爲紅藍色之感覺，外界之紅藍色另爲一物，此物之存在，不因我之覺知而有。可知紅藍色之覺知與外界成爲客體（Object）之紅藍色爲兩事，不可混而爲一，唯心主義者爲存在即覺知之言所誤，乃合之爲一矣。此類哲學上爭執不已之問題，經摩氏輕輕指出，而英國學者翕然歸心，而新唯實主義學派因之確立。摩氏之長處，在於分析語言，彼以爲語言之正確意義如何，爲讀書者所應明辨。此爲紅藍色，其義有二，一爲官覺中之紅藍色，一爲外界存在之紅藍色，此兩種意義之界劃不清，實爲唯心主義者所以致誤之因。摩氏更以同樣方法，適用於「善」（Good）字。彼經苦思之後，知善之爲善，與尋常所謂「有用」（Utility）爲兩事。摩氏悉心體驗善之爲善，由於愛人利人之善意而來，其中不夾雜以「有用」之觀念，乃斷言善之無可分析，惟有名之曰善，而不可代之以他義。於是摩氏以爲善爲人生中之爲最終爲本然之性，與美字相等。摩氏所以釋「善」者，正合於唯心倫理學者之意，康德氏所謂良心所謂斷言命令與夫種種道德即由此而來。然摩氏雖以善為最終實在，然不因此而引起天地萬物為一體與博施濟眾之仁心。此由於摩氏以分析方法求善之意義，至于本赴湯蹈火拯救斯民之心，摩氏視之為熱情，不應與求善之冷靜頭腦，混而為一。此乃摩氏之論善，其起點雖同於唯心論，而歸束則異矣。

（二）羅素氏　羅氏為國際間之名人，世所共知。五四期間梁任公所主持之共學社請之赴京講學，由現在加州大學教授趙元任為譯人。羅氏著書之多，所涉方面之廣，古今哲人罕能與之並駕。然其數十種著作之中，眞可謂對於哲學自出心撰者，不過數種，第一為數學原理三册，此為與懷悌黑氏合作之書，第二為「物之分析」（The analysis of matter）與心之分析（The analysis of mind）。其他如「哲學問題」如「外界之知」為羅氏觀點下之認識論，至如「相對論啟蒙」為愛因斯坦學說通俗化之書。其他方面論婚姻、論政治、論工業文化、論科學對人之影響、論鮑雪維基主義之理論與實行、如西方哲學史，均有其極銳敏觀察為人所難能。羅氏生長於英國保守性之社會，對於傳統中之教會制，婚姻法與戰爭觀念，出全力以攻擊之，雖為眾議所不容，亦所不惜，第一次大戰中羅氏以反對戰爭之故，身陷囹圄。在美講學，為美人所不容而撤職。至今年又因反對原子武器而隨眾遊行示威，且坐唐寧街十號（英總理官邸）階前不去，為警吏所捕，卒處以罰金而釋之。以上各事可以見羅氏自信心之堅強，不惜與世俗之權威鬭爭。羅氏遊吾國後，著「中國問題」一書，其中極推崇莊子。殆由於其天資之高，好為詼奇譎怪之論，正與莊子同耳。

羅素氏一生著作繁富，令讀其書者目迷五色，然其哲學學說實甚簡單。初期為之數學原理，為其深思之作，說明數學之基本在於邏輯，謂邏輯在先，數學在後，是為數學之邏輯化。此時期中羅素以為哲學同於純粹數學，可以若干抽象的普通的概念為本，本演繹方法推演而出之。其視哲學爲先天的學（a strictly a priori science），只屬於可能界而不屬現實界，只知其爲有（Being）而不涉於存在界。此時之羅素氏，哲學史家稱之爲柏拉圖主義者。自一九一二年「哲學問題」已於一九二七年「物之分析」二書之著成，羅素氏自己宣言其哲學態度之變更。（此言見於哲學問題序文中）。由先天界而進於現實界，其學說回到英國經驗主義之傳統，而尤依戀不去者，爲休謨氏。心物分析二書，雖以二十世紀物理學心理學爲依據，然其哲學立場不離乎十八世紀之休謨氏，此由於羅素氏衷心所嚮往者爲歐洲之啟蒙時代故也。羅素氏心中所謂心物二者，卽爲覺知中之世界何由構成。平常所謂世界，其中有山川草木等之事物，羅氏不由事物下手，而但就一方爲人之官覺，他方爲物理世界之最終構成分子（Ultimate Constituents of the Physical World）論之。彼以爲知覺所以構造，一方爲官覺張本（Sense data），卽知覺中所知者如聲色味觸等是，他方爲可覺知者（Sensibilia）。此二者所由以異，僅在於其一在覺知中，其一不在覺知中。羅素氏認爲官覺張本，卽爲物理世界之構成元素，其本身爲物理的，覺知與不覺知之別，卽爲一留印像於心中，而一則否，然不因其留於心中，而可謂爲心理的也。案，羅素所以解釋心物二者之法如是，其不能視之爲一種答顯然明甚。其後又自變其說，名最終元素曰事（Event），是乃採自懷悌黑氏以爲己說，既名之曰事，則原子電子等，皆集合多種之事以成者，不能不憑彼此關係而推論之（Infer），於是羅氏將自己學說之初名邏輯的原子論者，改稱之曰中立一元論，其意謂世界之最終元素，既不爲心，亦不爲物，乃有超心物以上之唯一者在。此中由邏輯的原子論變爲中立的一元論之演變，牽涉方面太多，只好略去。卽此可以見羅氏學說之善變與前後不一貫，謂其爲多智者樂水之流動性，而少仁者樂山之凝定性可也。

（三）邏輯實證主義　實證主義爲哲學派之名，由來已久。法之孔德，英之穆勒爲第一次，物理學家馬哈氏與阿伐那里烏氏爲第二次，今維也納集團用此名稱，則爲第三次。維也納學派與前次之孔德氏等之共同點，爲注重官覺與科學，其相異處，則以語言之邏輯的分析爲基本工作是矣。此項語言之邏輯的分析，含義極廣，應分項述之。（甲）孔德等時代所討論爲生理心理與社會問題，而人類官覺中所覺知之元素即在其中。昔休謨氏早有「宗教書哲學書中向無數目與大小」字樣之言，指其不以經驗爲重。孔德氏分人類智識爲三期，第一爲宗教，第二爲形上，第三爲實證，亦以爲可實驗者乃爲眞知識。維也納學派之興，斷然主張對於語言應下邏輯的分析工夫，分文字中之語句（Statement, Satz）爲二類，一曰有意義，二曰無意義。（乙）官覺中所能覺知之所與者（The Given）即自然科學中之可以觀察者，方認爲語句之有意義者。反是者語句中不含有可覺知之所與者，或不能傳譯爲不覺知之所與者，則認之爲無意義而罷之廢之。（丙）文句既以可覺察者爲內容，方謂有意義，則形上學或哲學之討論上帝，宇宙源始或道德問題者，應視爲無意義而撤銷之。昔日學者亦以爲形上學所討論，乃無法解決，或曰非人類知識之所及之事，今則以邏輯學爲根據，認爲形上中之文，無一句可以官覺觀察之者，逕名之曰無意義。（丁）此派以今後哲學之職掌，既不在於討論形上學與倫理方面，其所有事者，應限於科學智識之分析，與思想之明辨，而不在於第一原理之追求。以上四點，可謂爲此派之基本態度，其用意在求智識之正確有據，原無可非議之處。然其以己（自然科學）爲獨是，以人（哲學形上學倫理學）爲盡非，則西方之柏拉圖印度之印度教與佛教，與中國之孔孟學說皆應在撤銷之列。不知有意義與無意義之分，在乎立言之是否合乎理性與讀者能達乎心安理得。倘但以可覺察可實驗爲衡量之標準，則宗教哲學與倫理皆應束之高閣，或拉雜推毀之列。此派學者爲科學鬪爭之勇氣，雖可令人嘆賞，然科學爲人生而存在乎，抑人生爲科學而存在乎。倘此問題不先解決，而斤斤於有證驗與無證驗之是非，不先於本末倒置矣。

抑本文中將實證主義與英國新唯實主義併爲一項。爲二者之間自大不同，不可不分別言之。英國哲學家多尚實尚經驗尚語言分析，然尚未悍然不顧主張形上學哲學與倫理學之撤銷者，宗教中之上帝，形上學中之一本萬殊，倫理學中之是非善惡，何一事不與人之生活，息息相關。倘令此三學中之詞句可以作爲無意義而置之，此「無意義」三字，能使世界上千千萬萬之人，于此等事不發問不要求說明乎。此「無意義」三字，既不能停止人之不問不論，而隨時思辨之爲得乎。羅素氏雖同情於邏輯實證主義，然仍不惜精力而寫成一本近一千頁之西方哲學史，其他英倫理學家紛紛討論功利主義與直覺主義之是非，至於形上學之發展，在英絕未因此中止。可以知實證主義雖號稱盛極一時，而英國哲學家對於此派既引起駁論或提出疑問者，大有人在。則實證思潮之趨於末落，可以想見矣。

## 五　現象學派胡賽爾氏

第一次世界大戰之前現象學派，在德國已旗幟高懸，與康德派對立。其所以敵對之故，以簡單言辭爲之說明，一則爲認識批判，一則爲本質直觀，一以爲物由心造，一本純邏輯的研究，以爲眞理可以直觀而得之者也。康德派就一切科學，而求智識之正確性之何在，於是乎將官覺經驗與知識範疇一一研究而分配之，使之各得其所。胡氏則採單刀直入之法，謂知識之本，在純邏輯，尤在邏輯中之理型的本質（Eidetic essence），此在乎人之能去其主觀元素與經驗元素，則此理型的本質，可在直觀中得之。此乃兩派之根本不同處也。

胡氏於一八五九年生於奧國摩拉維也省，年十歲小學畢業，入維也納京城中學，一八七六年入德國蘭泊齊希大學，攻物理，數學，天文與哲學，一八七八年，轉入柏林大學，從威意亞司脫拉司氏（Weierstrass）治數學。一八八一年入維也納大學，作畢業論文，題目爲變數理論。此時期中受維也納大學教授二人影響最深，一爲勃倫泰諾（Brentano），敎之以英國休謨氏穆勒氏哲學與心理學，一爲鮑爾柴諾氏（Bolzano）。鮑氏所主張之命題本身，理念本身與眞理本身云云，尤爲胡氏所終身服膺，而後來胡氏之純邏輯與現象學卽本於此。一八八六年入德國哈勒大學，爲心理學敎授司董夫（Stumpf）之助手，此時期中胡氏之著作第一種爲「算學之哲學」一書出版。一九〇〇年德國哥丁根大學聘胡氏爲敎授，十六年後，富蘭堡大學之黎卡德氏逝世，乃請胡氏爲黎氏之繼任者。一九三〇年年老退休。胡氏之哲學大著出版年月，「邏輯研究」一八九一年出版，一九一二年有「純邏輯與純邏輯的哲學」，一九一二年「視哲學爲嚴格科學」，一九二八年「形式的邏輯與超越的邏輯」，一九三二年「笛卡德默想」，一九三六年「歐洲科學危機與超越的現象學」。胡氏遺稿現歸比國羅文大學保管，已出「胡氏文集五册」。胡氏哲學綱要，分以下各項述之。

(一) 眞理之絕對性，胡氏哲學之出發點爲反對心理主義。此乃胡氏所聞於勃倫泰諾氏者。英國傳統學派，每以爲心理現象如觀念聯合如經驗重複不已，皆所以解釋智識之性質，到此爲止，無所謂絕對的眞或絕對的假。穆氏嘗於其哈密爾敦氏哲學研究一文中有言曰：

我所認爲眞者，邏輯非以思爲思之理論，乃有效的思之理論，非一般的思之理論，乃正確的思之理論。邏輯非異乎心理學之科學，乃與心理聯繫之科學。假以邏輯爲科學，則邏輯爲心理學之一部分一分枝。其所以與心理學異者，如一部分之異於全部，或藝術之異於學。邏輯之基本理論，皆自心理學假借而來，或如術之有賴於學。

惟英人所以視邏輯者如此，此乃英國學者所以認爲知識由官覺而起，且由印象之重複不已，乃構成其大概如是之知，且因而引起智識之相對性。胡氏一反其說，舉邏輯中之三公例曰同一曰排中曰矛盾，此爲純邏輯，此爲知之理型，吾人於直覺中所能一見而知之者。此種邏輯公例，爲規範爲本質，而與事實現象之先後起伏之心理學毫不相涉者也。換詞言之，胡氏以邏輯爲規範科學，宣告其爲獨立之學，且藉此以駁斥當時流行之心理主義。惟其以純邏輯爲立場，則理論之所以爲理論，自有其眞僞之標準，而眞僞之非因人之感覺而異與非因主觀感想而異者可以昭然明白矣。

（二）共相，胡氏所謂眞理之絕對性云云，與歐洲中古以來所嘗論之共相問題相關聯，因眞理之有無，繫乎共相之有無故也。中古以來研究共相者分三派（甲）共相唯實主義，主張共相之客觀存在，但其中亦分二派，一曰共相在實物之先，即實物之上先有理型存在，主此說者爲柏拉圖氏，二曰共相在實物之中，謂理型存在不離實物而獨立，而在實物之中，主此說者爲亞歷斯大德氏。（乙）唯名主義，謂世間無共相，只有各個實物，而實物之相同者，可以同一名號名之，如云一切樹皆可以植物名之，此植物二字爲一個名稱而已。英國學者如勃克蘭氏穆勒氏皆屬之。（丙）概念主義或曰唯意主義，謂共相存於人之思想之中，非在實物世界中眞有與之相對相符者，如曰人，乃張姓李姓各人與千萬人以上之共名，此共名因各個人有其相同性而起，然只存於人意之中而已。如三角如樹之爲共相，亦與以之爲共相同。如曰四橘四石，則此四與橘與石之實物不相離，倘曰四爲雙數，此四自爲思想中之一個概念。乃至推而廣之，曰人曰動物曰生物曰無生物，無一而非同類者之總名，倘此理型界之概念或曰共相不能成立，則學問之基礎何由而建立乎。胡賽爾氏經苦心思索，一方脫出柏氏所論共相在實物之先或實物之內之爭執，他方駁斥英國經驗主義者之唯名主義，乃自己挺身而出，主張概念主義，良以唯有承認理型之共相，而後眞理而後學問乃得確立也。

(三) 意義（Bedeutung），人處此現實世界，所見所聞，不外乎自然界之實物，一草一木一山一水一飲一食，皆實物也。所以表達此實物者，則有語言有名稱，此語言此名稱，皆指萬殊之實物言之。然在每一種科學每一種學問言之，則不能離乎概念，判斷，與知識。概念，判斷與知識有其意指之所向，是曰意指性（Intentionality），乃情感與意志，亦同有其意指之所向，可以知人之知情意三者無一不有其意指之所向，乃人類精神鵠的之所在也。所謂意義胡氏嘗自下定義曰：

純邏輯所有事者爲概念，判斷與結論。此三者卽爲理型單位（Ideal unities），亦可名曰意義。假令吾人將意義本質（Essence of meanings），與心理的或文法的特點劃清，或將本質所本之客觀性所不具足之先天關係（The a Priori Relationship）解釋明白，則吾人已入於純邏輯之範圍矣。

舉例言之，如云三角形之三邊在一點上相交切。此一語句爲一判斷，自有其心理上之經過，然此一語句之意義始終如一，不問其說之者爲誰，或其說出之情況因人而異，然其意義之理型性不因人而稍有不同。或其語句之意義之所指者爲一時之個人，如云「拿破侖爲華鐵露之戰敗者」，此一語句不論爲何人所說爲何時所說，其所含之意義，決不有所變更，以意義乃超於時地之理型也。凡一種學問中之語句，或爲概念或爲判斷或爲結論，必含有理型性之意義，而此意義爲人之意指性所付與（Die Bedeutung verleihung），此乃人之自覺性能自選擇其對象，能加以辨別，以求致其知，以求寄其生此意義與其意指性之所由來也。

（四）損抑法，或曰加上括弧（Reduction, Einklammerung），胡氏自名其學派曰現象學，此現象二字既與康德不同，亦與黑格爾有別，所以名其能表現於自覺性者，胡氏所謂本質（Wesen）是也。吾人居於此經驗世界或曰事物世界中，所見所聞如山川草木，禽獸，均爲一事一物之在官覺中者，人既生於此事物世界，欲捨棄一切而去之，殆不可得而致之者。胡氏在其「論理學研究」中特提議一種方法曰損抑法（Reduction），將人觀察中之物理方面心理方面或物心合一體（如人身）暫時擱置不問，或謂之曰加上括弧（Bracketing）或曰損抑法（老子爲道日損之意），將具體的分殊的現實除去，於是溥遍的（universal）必然的固有的本質自現於純自覺中矣。譬若自然科學也心理學也社會科學也歷史學也，無一學而無千萬種之事實在乎其中，然此千萬種之事實，僅爲官覺材料（Sense-data），倘將此千萬種中之物也，動物也，人也之在時空之中者，置之括弧中，而擱置一邊，於是其呈現於自覺性中者獨有意義與本質。此爲現象學之所欲窮究者也。

（五）現象學之階段，胡氏之現象學，雖只有一名，然按其發展言之，可分爲三，第一期爲描寫現象學（Die deskriptive Phänomenologie）第二期爲本質現象學（Die eidetische Phänomenologie），即在現象分析中依據損抑法以求其意義之本質，第三期爲超越現象學（Die transzendentale Phänomenologie），此期中但認有純自覺性或自我之絕對存在，即爲世界之最終實在，此第三期將世界置於括弧中，而此自覺性此自我之存在自若焉。此乃胡氏之起程點，與康德氏心爲立法者，非希德氏因自我建非自我者之唯心主義，始也出於殊途，而其結宿歸於一轍矣。

胡氏學說以數學以邏輯爲根源。在第一次大戰之前，已盛極一時，然追隨胡氏如夏雷氏（Max Scheffer）如哈德猛氏者對於胡氏純自我之說，已不同意，至如海特格（Heidegger）氏著作「存在與時間」（Sein und Zeit）與胡氏之以嚴格科學爲立場者，相去更萬里矣。然胡氏學說中分析入微之議論，不可磨沒，尚有待於後起者爲之發掘。此殆羅文大學所以保存胡氏遺稿之用意之所在歟。

## 六　存在主義派

歐洲近代哲學，自笛卡德氏陸克氏以來，分爲理性與經驗兩派，其主張雖不同，其目的不出乎知識論之探討，且不外乎求知識之客觀性。二次大戰前後，忽有存在主義風行西歐。（存在主義，西文爲 Existentialism，以個人生存之反省爲哲學之出發點。我曾提議譯爲生覺主義，不爲社會所採用，茲隨衆譯之爲存在主義，友人告以實存爲日本譯名，然書架上久不藏日本譯書書籍，不知其果眞如是否也。）此爲西方思想界之大變動，因此有人名之曰危機哲學，或曰憂患哲學。舉吾國相似之例言之，平日習見孔孟整襟危位以論道德仁義者，忽聞老子絕聖棄智，與莊子逍遙自得之說。不免如安處室中者忽遭地震，心理上自然想像房屋倒塌之感覺矣。此西歐思想之大變動，昔日理性經驗兩派，其下手處或以官覺爲主或以理性爲主之不同，然要必以普遍性客觀性爲眞理之所在，因此智識之本質，可以一張概念（或曰範疇）表列舉而出之，如黑格爾之邏輯體系，其尤著也。黑氏書中但知有理性，但有概念，以有無二者爲始，終於「絕對」，要不外乎概念之辯證而已。當黑氏講學柏林之際，其隨班聽講者，有無政府主義之拔哥寧氏，有唯物主義之馬克思氏，更有因其立論之過於抽象而另樹一種旗幟，專自人生價值之觀點以反黑氏者，是爲丹麥人契爾契伽氏（Kierkegaard 1813——1855）。契氏於一八五一年自柏林聽講而返丹，廢然嘆曰何德國哲學家好爲溥遍化概念化而竟忘世間之有個人與此個人之生存、之人格、之自覺性、之一時性、主觀性與其選擇自由乎。契氏以爲一切事物之溥遍化概念化中，絕不認有個性，個人之自覺，與個人之自由，此其所以力排黑氏概念正反合之系統哲學，而專以反求諸個人之生存爲出發點，是所謂存在主義也。然契氏著書立說，埋沒至七八十年之久。一九〇九年，方有德譯本，一九一〇年有意文本，一九二九年有法文本，英文譯本成於一九三九年爲最晚。然此三十年中當代歐洲極主要之思潮實以存在主義爲首。此派反普遍化而重個人，反客觀而重主體性，因而其寫作爲個人之日記爲個人感想錄，與吾國宋明以來之語錄與反省錄相似，若其語涉人生之憂懼，令人趨於悲觀，則與老莊之虛無而流爲厭世者有相似之處矣。茲略舉契氏、海特格氏、馬塞爾氏、薩泰爾氏四人學說概略如左，至耶斯丕氏在初期爲提倡存在哲學之一人，既已自己聲明近於康德氏系統，故已別之爲另一類矣。

（一）契爾契伽氏　契氏以反黑格爾爲出發點，其思想重心不在哲學而在宗教。其所以反黑氏者，以黑氏體系中但有抽象思想，有共相而不知有個人之生存，乃併人生中之勇氣、決心，與昨死今生之覺悟而忽視之，契氏創爲眞知識必出於生存，出於內部反省。倘僅爲客觀的知識，則此個人此自我此主體性將飄蕩而無着落。其所謂知，徒成爲一張概念表而與內心無涉。契氏日記中自記一段曰：

何謂眞理？除依一理念（Idea）而生存外，更有何物乎？人生存於世，所祈求者爲一種眞理，此眞理，卽其人本身之眞理也。

凡人之行動，必先有知識，此所謂知識，卽我之所以立於人世者究爲何事，天之所以命我者爲何事，此爲我之眞理之發見，此卽我何以生何以死之理念也。

契氏於一八三九年五月十二日又有日記一段曰：

生存之所以爲生存問題，下自一蠅之微，上至人之投生，令我起戰慄之感，生存之全部旣不可解，我一人之生存，尤不可解。……我一生之挫折困頓，廣矣大矣。除天上上帝外，誰復能知之者。上帝奈何不賦與我以慈悲。青年乎！汝當行路之始，如已入迷途，應覺悟而返於上帝，賴上帝之領導，乃成人之所以爲人。

由此二段，可以知契氏所謂知識，極類孟子所謂盡性知天之知，而與黑格爾氏所謂學術中之概念或共相云云，乃如南北極之各處一方兩不相涉。黑氏體系中之大漏洞，爲忽視實際忽視個人之殊性，此乃馬克思氏與契爾契伽氏所由以揭竿而起也。然依我之所見，人類之所以有思想有學術，不外乎同中求異異中求同，於是有定義有概念有共相。倘舍此而去之，則思想無構成之因素，學術失其所依據。於是知黑氏之一張概念表，雖不免過於抽象過於格式化，然舍概念共相而以個性以生存代之，藉此以攻黑氏，固無不可。然我見契氏之但能破而不知所以立，其所自以爲能立者，未見其能取概念與共相而代之也。

歐洲思想家有稱現時代爲煩憂時代（The age of anxiety）者，此亦由於契氏一生以苦思爲事，其心中尤多抑鬱愁慮，故其著作中曰「恐懼之概念」（The Concept of dread）曰「戰慄」（Trembling and Fear）曰「多愁多病至於死亡」（The Sickness unto death）皆記其內心之苦悶與人生之無意義。海氏繼沿其說，有煩憂（Sorge）與惶恐（Angst）之說，薩太氏發揮此義尤多。契氏「現時代」一文批評現時之大眾文化。其言曰：

> 鏟平運動（The levelling Process），非一二人所能爲力，乃一無形之力使之然也，此運動有其定律，猶斜對角形之可以四邊平方形之力之計算而得之。個人之鏟平自己，由於追隨大眾，而喪失其所以爲己，集體的狂熱令人人興奮，然此興奮不由於個人，而由於眾人之喚呼跳躍而來，其中若有一魔鬼以驅使之，非一二人之力之所致。此一二人雖有頃刻之滿足，然不啻自己簽字於死亡證書，良以狂熱終於衰敗，猶鏟平動作之毀滅其自己也。

契氏以爲此鏟平動作，乃無可幸免之事，誠欲挽救之，惟有賴於個人之甘於寂寞者，本於對上帝之宗教信仰，以鼓起其不屈不撓之獨立精神而已。

契氏學說，以宗教信仰爲歸宿之所，一反哲學上客觀的眞理說，而回到各人體驗之主體性，既以主體性爲出發點，自然各自立說，而無所以範圍之者，此存在主義派所以在同一名稱（實存主義）之下，或爲有神論或爲無神論，或由於人生之空虛而流爲悲觀，或由人生之空虛而趨向於上帝或曰超越。此乃此學派所以對於人生問題，有種種揣測擬議，而絕不受方法學之繩墨者也。

（二）海特格氏　海氏始受業於新康德主義西南學派之溫特朋氏與黎卡德氏門下，後轉而歸依於胡塞爾氏，爲現象學年報之主編者。海氏始爲馬堡大學教授，自胡氏辭富蘭堡大學講席，乃爲其後繼者。海氏之名著「存在與時間」（Sein und Zeit）一九二五年出版。時爲我三次留德之日，海氏書正洛陽紙貴。我購而讀之，幾於不解所謂，因腦中先入爲主者爲黎卡德氏、倭伊鏗氏、康德氏之思想與海氏書中之題材與術語，捍格而不相入。近來略識存在主義內容，重閱海氏書，知其所論，皆人生問題中習見習聞之事，惟其好以故作驚人之筆出之，乃不易爲人所瞭解耳。海氏在希忒拉時代曾任富蘭堡大學校長之職，德人中頗有非議之者。然其人能深思有創見，自爲德國現時哲學界特出之人物。一九六二年赴富蘭堡講學之際，曾往訪之，曾告我以法國薩泰氏學說絕不與之相同之語。又聞其「存在與時間」一書之下卷，曾已寫成，自取而燬之。海氏近年論康德一文，解釋康氏學說以存在之形上學爲基本，所以爲其一己張目而已，茲略述「時間與存在」之大意。

海氏之書，名曰「存在與時間」，對於人之存在，加以「凡有學的分析」（The ontological analysis of human existence）。海氏下手之始，列舉「我存在」，「一狗存在」，「一石存在」，「一樹存在」等句，詢此四語中，不同之點何在。狗也石也樹也，其「存在」與我同，然狗、木、石三者不明其所以存在之意義，人則不然，一人獨處之際，未嘗不想念其自身與其上下四旁之所當爲者，換詞言之，所以滲透其存在之秘密也。人之存在、非如木石之閟於一已，乃矻然特出之存在，對此無邊際之存在，深求其所以然之故，因而得人與物之存在之意義。人與器物同時存在於世，然器物如床桌刀鋸，皆置之左右，備人之用而已。人之存在有三特點，一曰自有所在（Befindlichkeit），卽自知其所以處於世界與其生命如何，二曰知識，卽人之處於世界，非徒被動而已，自有主動之知能，知其所以應付外界，三曰言語，人能以己之所知，發爲語言，形諸文字，以傳達於他人。此三者乃人之所以動作所以生活，而外在世界爲人類生存實現中之構成的元素。

海氏又分人之生存爲二，一曰眞正生存，二曰非眞正生存。人之生也，由於無端墜地（Gewordenheit）而來，初不自知其所以然之故，既生以後，乃有飲食男女之慾，他人所爲者，我亦如此爲之，此爲日常生活，此爲隨俗浮沉之生活。此非個性之我之意識有意爲之，乃出於毫無特色之公我（Public ego）之所爲，此非有名姓之我，乃爲甲乙丙丁之我，僅其大羣衆中之一人而已。甲之所信所思所行爲者，無異於乙丙丁，此乃由大衆之齊一鏟平而來，一切以約定成俗者爲標準，而不敢稍有違異之處，此乃人之喪其所以爲我，而成爲物化或曰我之外物化（Selbstentbremdung）。至於眞正生存，賴乎人之離俗化而歸於內心，由內心生活，乃有決心有良心有悔罪三者之發生，所以喚醒各人脫去其隨班逐隊之生活，而知所以選擇自已之途徑。其說源於契爾契伽氏之皈依宗教而來，惟海氏文中不如契氏之好舉宗教史之實例，僅以哲學名詞表而出之。

海氏以爲人處於世界，與其所遭値之人與物，不能相離，且常有出於意料之外者，於其心理上如臨深淵之不可測之境是爲惶恐（angst）之念，對於其自身之何自來何處去何所終，不知其稅駕何所，此爲惶恐之大因。況每人每日各有衣食所需職業所在與夫金錢積蓄，或爲自謀或爲人謀，無一時無一刻不在有所願望、有所希圖、有所考慮、有所計劃、有所經營之中，海氏名此種種而概括之曰煩憂（Sorge），煩憂之所表現，每以一事爲對象，與惶恐之悵悵無所歸者不同，然其根源一也。質言之人生之爲人生，煩憂而已，惶恐而已。

人自既生而後，死隨之而來。然人對於死之意義如何，實不易明瞭。人但知年歲愈長則去死愈近，以今年視昨年，則今年更近於死，以今日視昨日，則今日更近於死，死爲人生之終，爲盡人所共見，然父母之死或子女之死求盡其飾終之禮而已，朋友之死見於訃告者，但嘆曰，此乃人生當然之歸宿而已，更有邏輯書中之語曰「人無不死」，讀之者但覺其一種普遍命題之言，與人之苦樂無涉。惟有自己臨到緊要關頭，本其良心之所詔示知所以抉擇，而以一死了之者，乃可名之曰知死之意義，此由於其自己能超脫塵世，還其己之所以爲己，而後出此毅然決然之動作。以吾國孔孟之術語表之，即殺生成仁或曰舍生取義之謂也。

海氏更論人生之時間性與歷史性，彼以爲人之一生自墜地以至於老死，表面視之，若自成一個段落，然因其自知其有必死之日，知死期之將屆，於是知有未來，且常自念其無端入世之故，而知有過去，又因其良心之責備，知其當前處境之應如何，於是知有現在。此未來、過去、現在爲時間上之三度性，皆由於人之能收拾自己以近於眞我之覺悟來也。吾國之諺曰從前種種譬如昨日死，此後種種譬如今日生，以昨死回顧過去，以今生開始現在與未來，殆東西心同理同之見解歟。既已知惟有眞我能影響於未來、過去、現在之三時，歷史家所應負之責任，即將人事之有關於過去現在未來之三時者表而出之，記載其過去，示人以對於現在與未來發展之可能，此乃歷史性之所在也。海氏舉尼采氏所著「歷史之有用與濫用」

一文，以明歷史應合三種工作而一之，一曰考古，二曰紀功，三曰批評。

以上爲「存在與時間」之大意，人自無端墜地，徘徊於生死兩極，躑躅於無可如何之境遇，終日因爲人爲己而煩惱，惟賴其良心之覺悟，乃發見其我之所以爲我。此在東方人視之，本爲尋常習見之議論，然在西方習聞柏拉圖氏、康德氏之理念或認識論者，則目海氏之舍知識而論人生之存在，爲非常異議之怪論。尤以海氏注重「空無」（Nothingness），更以「煩憂」代替理性，大背乎柏氏、康氏之論。乃大遭人非議矣。

（三）薩泰爾氏　法國文學家也，始爲巴黎師範學校學生，繼遊學德國，受業於胡塞爾氏與海特格氏門下。畢業返法，任中學校長。一九三九年二次大戰起，薩氏入軍服役，爲德軍俘虜。既被釋放，參加於法國抵抗運動。號召法人抗德之文出於薩氏之手。一九四三年薩氏名著「存在與虛無」一書出版，風行一時，實存主義始爲少數學者互相討論之事，自薩氏書既出，乃成爲法國社會之風尙。薩氏善寫劇本，以寓哲理於戲劇之中。法國戰後思想界之三大派，一曰馬克思主義以共產黨爲代表，二曰有神論之天主教，馬塞爾氏（Marcel）代表之，三曰無神論，則薩泰爾氏代表之。於是可知薩氏哲學之左右人心者爲如何。

薩氏之思想體系，以無字爲出發點。其所謂無，本海特格氏「無」不由否定(Negation)而來，否定由「無」而來之主張來也，薩氏所以以「無」爲思想之本，出於其參加抵抗運動之經驗。薩氏於戰事中著「沉默之共和國」（The Republic of Silence）一文，略引一二段如下：

> 法國人之自由，無如德國佔領時代。吾人喪失一切自由，說話自由卽在其中。吾人

當面受盡侮辱，惟有以沉默對之。任何口實之下，或爲猶太人，或爲工人，或爲政治犯，便可將千百人驅逐而去之。廣告、新聞與影劇中，其爲法人所厭惡之境，無不由壓迫者表演於吾人眼前。正惟因此之故，吾人乃獲自由，何也？雖納粹威權隨處皆是，然吾人自己每時每頃之正確思想，卽爲針對敵人之戰勝。……從事於地下工作者鬥爭情況造出一種新經驗。吾人不能如軍人在公開戰場作戰，惟有一人單獨作戰，其被德軍追逐之際，一人而已，其被捕之際亦一人而已。卽被捕而受酷刑，甚至裸體凌傷，亦一人而已。世界雖大，誰能爲之呼寃。然此一人單獨之心中，存一保護其他地下之同志。全體的單獨之中，出之以爲全體負責之心，自由之定義豈不如是耶。此黑暗中此血肉中有一共和國，有一至強之共和國隨之而確定。此其共和國中之每一公民知其所恃者惟有其個人自身。此每一人在單獨之中，然能履行其對歷史所負之責任，此每一人本其自由不屈之精神，以獨力抵抗壓迫，其一身所選擇者爲自由，其爲大衆所選擇者亦爲自由。此共和國中不見有一切制度或軍隊或警察，然每時每刻每一法人自知所以戰勝納粹之道，而無一人怠於職守。此乃吾人所以將踏上另一共和國之門前矣。顧此共和成立於白日之中，而勿失其深夜沉默之美德也。

此戰時地下活動之中，每一法人咬定牙根，對於壓迫者大家說出一否字。由此否字中求個人之自由求法國之自由。因此引起薩氏由「無」可以達「有」之思想，而「無」字乃成爲薩氏哲學之關鍵矣。薩氏此項文字有歷史上之價值，類於孔明之出師表與文文山之正氣歌。然法國土地爲地下活動之所，是有而非無也，其爲活動之人民，是有而非無也。其反抗侵略以求復國之理念，是有而非無也。惟法人鮮所憑藉，艱難困苦，拚萬死以力爭之。薩氏概括之以一名曰無，其意曰因目前之所無，以求將來之有。此無字之意義是否正確，大有斟酌餘地。此由於海特格與薩氏兩人同只承認人生之存在爲存在，其他如倫理的準值與精神生活之實在，均爲二氏所否定故也。

薩氏以爲人生由偶然而來，同於海氏無端墜地之說，其所以出生之故，任何人無法說明。乃有創爲上帝生人之說者。然此上帝生人之說，謂其能解釋人所以存在之故，未必然也。薩氏因此分世間之存在爲二類，一曰自展之存在（Being-for-itself），二曰自封之存在（Being-in-itself），所謂自封之存在，卽其物只能如是，且如是而止。其爲物也，停滯於塊然、固定、與靜止之狀態中，且與他物不生關係。然自封之存在，亦不能無變化，卽如草木之成長，早已有決定之原因以支配之，故只可謂之爲固定的變化。故自封之存在，乃一呆然不動之宇宙而已。所謂自展之存在，惟有人生而已。自展之存在，一方爲存在，他方爲非存在，惟其有此兩方面，乃能有者無之，無者有之。薩氏同於海氏，以「無」爲人生之根本，惟其知有「無」，乃能使之爲有，一切器物本無所有，皆有人造，而後由無而有。試問人之發出問題，豈不因其對於目前現況，有所不滿，乃要求由無而有乎。人之自身或不能目之爲無，然「無」之元素存於人身，固已顯然矣。薩氏之注意於「無」之在人生之中如此，由於海氏否定出於無，無不出於否定之理論而來，薩氏更推廣其義，名之曰「無之實在」（Des negatites, the negative Realities）。可謂「無」已成爲形上學的實體矣。

薩氏本於其戰時工作之經驗，最稱道自由，一若人之所以爲人，惟在其知自由之可貴。人之所要求所爭取者，卽在乎變其所無以達乎有，乃有志願，乃有計劃，變更現在，以實現將來，倘人生受定命主義支配，一切皆由前定，何從而能選擇，何從而能否定其過去，故自由與自展之存在，名雖異而實爲同一體。薩氏既抬高自由爲人生之惟一準値，其他善、美、眞之準値，槪否定之，故人生是非以善惡爲準則，獨有自由而已。

薩氏哲學，以人生爲出發點，然現代人生，在薩氏視之，聊無意義，惟在其能說一否字中，乃知有自由。薩氏爲人之譎怪，可於其與友人三泉先生（Troisfontaines）譚話見之。三泉氏詢之曰：「君自早至晚生活於咖啡館中，論人生者，不應以咖啡館中所見者爲人類之常。」薩氏答之曰：「君言誤矣。我在咖啡館中確有所事，較之家庭生活更爲重要。在家中則倚床而臥，以圖舒展筋骨。我在咖啡館中確有工作，所有著作皆在咖啡館中成之。」三泉君又詢之曰：「何以咖啡館能吸引君至於如是？」薩氏答之曰：「彼此各不相干之空氣，有以致之，我不管他人，他人亦不來管我。反之家庭生活之負擔，令我不能忍耐。」薩氏輕視家庭，且視尋常人生爲無意義（absurdity），乃有忠告人類之一語，曰欲求一人生之新觀點惟有放棄「眞摯之精神」（L'esprit de Sérieux, the Spirit of Seriousness）。吾人斷不可謂薩氏人生觀中無眞摯之精神，否則薩氏何苦爲自由爲沉默之共和國奮鬬。然讀薩氏文者，不能不令人回想及於莊子盜跖胠篋諸篇與晉代阮籍之大人先生傳，皆憤世絕俗之言也。

（四）馬塞爾氏　馬塞爾氏與薩泰爾氏同爲哲學家兼文學家，其父嘗爲法政府內閣閣員，又任駐瑞典大使。其父雖受天主教教會教育，然多讀戴恩氏（Taine）蘭囊氏（Renan）之書，乃成懷疑論者。馬氏兒時，母早去世，乃受其姨母撫育。姨母爲猶太人，而信奉新教，律己極嚴，時以道德敎訓約束馬氏。此馬氏形上界信仰所由以養成也。馬氏年稍長，隨父遊歷各國，因識各國學者，所著哲學之文，每以英美哲人爲議論題目。第一次大戰時服役於紅十字會，以搜集死傷兵士爲務，乃知各家父母妻子離散之苦，且以求得屍首歸葬爲心中安慰。馬氏因此有感於人與人相思相念之厚意，而自己體驗及之。一九二八年馬氏被舉爲法國哲學會會員，會中適有無神論與有神論之爭。哲學教授拔倫司維格（Brunschwieg）主張無神論，馬氏起而駁之。天主教作家莫利亞克氏致函馬氏，告以君非吾等之同道乎？馬氏然其說，翌年受天主教洗禮。

馬塞爾氏形上學日記之作，尚在其未讀契爾契伽氏著書之前，其立論與之暗合，可知馬氏之存在主義，乃出自心撰，非追逐人後者也。馬氏之出發點，曰「人之存在於世界」，此存在於世，爲一種具體境遇，非可於抽象理論中求之，換詞言之，人之一生，受此時此地之限制，有其自處之地位，自己之約束，與其具體的實在不能相離。此所以唯心論者之主張實在在概念之中者，馬氏鳴鼓而攻之，與契氏如出一轍也。

馬氏以爲眞理之探討，自具體的個人出發，在個人希望、相愛、奮鬪與苦難之中，不應如笛卡德氏所云之我思故我存爲起點者也。馬氏與薩氏同以人之存在爲體驗主體，然海氏薩氏視人生爲煩憂爲苦惱，馬氏以爲人生惟有忍受此痛苦，乃能超越其環境而接近上帝。此乃天與人交接之處也。

馬氏以爲人由投胎成形墜地而有身體，此身體能自覺知其外在世界，此卽爲人之參與於宇宙（此說與中庸參天地之化育極相似）之間，不獨因其官覺而知有外物，同時更覺知有他人，於是有「我你」之關係，更進焉，覺其自體與天地萬物爲一體，或如西方之祈禱，自身爲我，上帝爲你，亦成爲「我你」之相親。可知人之身體，爲人與外界接觸所憑藉，不能視之爲器具或外物而已。此身體爲人與外界同情之媒介，因我與外界之同情，由身體爲之傳達也。然我之為我，不能與身體等同一視，此身體既非客體，因其不能視之為外物也，亦非主體，因其一部自為外物也。然則此身體究為何物乎。曰身體者介於所有（Having）與存在（Being）（此為馬氏學說要點之一）之間者也，換言之，介於內我與外物之間，以參加於宇宙之間者也。惟如此，有此身體，乃有存在的直覺（Existential intuition），因此之故，所謂生存得參預宇宙秘密之謂也。而人之生存所以能達於「存在」之門，或曰上帝之前，由於三種德性，一曰信仰，二曰願望，三曰慈愛。所謂信仰，超越於眼前實在以上，憑自己身體之感覺而知身體以外更有其誠實不二者在，此由於心證而自得之。猶以自己信心投資於將來，而料其定能有收穫者也。所謂願望，對於未卜先知之事物之神秘的靠攏之謂也。所謂慈愛，一即對於外物不以佔有為心，而加以愛護成全之謂也。此三德者，苟非人生自投胎以至於成形，具有感覺與同情，何能臻此境乎。

馬氏以為人之一生，參預於宇宙與時間與歷史互相聯繫。倘人但以一時一刻之官覺刺激為事，縱情於逸樂，則失其我之所以為我，良以片刻之樂為事者，等於自殺以了其一生而已。反之其能超越此目前之一時一刻，而對於過去現在未來之三時，與之約束，且詔告自己曰，我之所以成為今日之我，由昨日之作為而來，是為過去之意義。今日之我，既由過去而來，而今日之我，又影響於未來，今日之所為中，未來之可能性之發展已潛伏矣。如此三時，寄託於信仰與願望，且以負責之心處之，自能超越於一時片刻以上，且戰勝時間而與攸久不息（Eternity）為友矣。可知與時俱逝者，由於自己不知所以立不知所以選擇，乃造成隨波逐流之境有以致之。

馬氏又有兩種思考之說，第一、為科學的思考，以目見而確有所指者為對象。此類感官見聞之知中，但有客觀化，但有所思，而生存主體歸於消失。第二、哲學的思考，不離乎見聞，然透過見聞，而達於現在，達於宇宙之秘奧。

試以馬氏所言，與契氏、耶氏、海氏、薩氏相與比較，可以發見同爲存在主義者，而主張不同，猶黑白之不同色，薰蕕之不同器矣。各家之不同，可舉之如下。

（一）馬氏爲有神論者，薩氏爲無神論者。

（二）馬氏承認人生之準值，海氏與薩氏則否。

（三）馬氏與耶氏同認物質，人生與上帝三者，薩氏與海氏但認人在世間之存在。

（四）馬氏等同以自由爲人生之至寶，然薩氏除自由外，不知其他有所謂準值。

澈底言之，契氏、馬氏由人生之體驗而進於信仰，故返而求之於宗教，薩氏專以知解解釋人生之存在，自然不知有所謂超越之另一世界。吾人可以推定認識論時代之理性主義與經驗主義兩派，雖立場不同，然同不出乎知識論之範圍，至於存在主義，關於準值之有無，神之有無，無往而不各走極端。此我所以於存在主義之人生體驗，不無可以同情之處，然於此派哲學之將來，何者可以保存，何者歸出消滅，以爲唯有待時間考驗，而靜待其水落石出之日耳。

## 丙　結論

抑我之爲此文，縷縷言之不能自已者，誠有其不得已之故也。吾人處此世界大通之日，彼此影響之捷速未有甚於今日者，既不能不知人之長，以補己之缺，又不能失其自信，以出人袴下。此所以權衡得失利害，自爲絕大工作。我之治哲學與其治政制同，先比較其得失，然後定吾之所擇取，從不敢孟浪一擲，拾人牙慧，以圖一時之快意。政制方面之民主獨裁也，共產主義資本主義也，雖國際間顯分兩大壁壘，然我不輕易左袒右袒，而以民主法治爲下手之法。其於思想方面之科學也哲學也形上學也，雖科技二者有長足之進步，爲立國所不可缺，然形下之外，自有倫理學的準値與夫宗教信仰爲人羣精神生活之基礎。尤其人是否有自由意志抑或受科學自然定律之支配，此爲西方學術史上之大爭執，我以爲人生自由與科學發展初不必互相排斥。此爲當年論戰時之態度。不料玆事過去歷四十年，而歐洲思想界之發展相與暗合，如懷悌黑氏之形上學，哈德猛氏之自由與因果律之並行不背，存在主義以自由爲人生之至寶，此爲西方經過如是。我因此益信思想方面之知彼知己，爲東西交流時代不可或缺之工作，而其尤關重要之點：第一、從事西方思想史者不可但求之於一時代一學派一個人，即以之代表西方，而應將古代中代近代與當代，一切融會而貫通之。第二、學派之對立者，如古代之柏拉圖與亞歷斯大德，近代之理性主義與經驗主義，乃至唯實主義，其所以此一是非彼一是非之故何在，應考求其所以然之故。第三、西方對壘之各派如一以心爲主，一以外物爲主，是否可以另求方案爲折衷之計，舉例言之：（甲）哈德猛氏合事物、生命、心靈與精神四層而同稱之爲實在。此非淸除唯心唯實二者間障碍之善法乎。豈非折衷方案之一種乎。（乙）懷黑悌氏以科學家出身，乃著書以批評數百年來科學家思想之錯誤，可見科學工作之外應有一裁判官，以評定其得失，是爲哲學與形上學之所應有事，豈非折衷方案之又一種乎，西方科學家，以客觀性爲眞理之唯一標準，以爲一切主觀應當掃除，而存在主義哲學奇峯特起，力主主體性之重要，以爲入眞理之堂奧者，唯有以主體之體驗爲下手方法。倘吾人另行提出一說曰義理之可驗可證與人心之同然者，是應以客觀性爲準，義理之由一人體驗而得者，是有賴乎主體性，二者分途而可以並進。豈非折衷方案之又一種乎，中西交通以來，每以科學公例爲至寶，至於宋明以來理學家之語錄或反省錄，視爲不足道，而今存在主義起，如契爾契伽氏有日記，馬塞爾氏有形上學日記，可知眞理之所得，視其體驗之是否眞切，而不必以實驗爲唯一繩準。豈非折衷方案之又一種乎，我此項建議，起於敍述西方哲學界四十年之經過，西方旣大起變遷，雖欲追隨人後依門傍戶而有不可得者矣。何如因他人思想變動透露問題之中，吾儕生爲中華民國人民，承受孔、孟、周、程、張、朱、陸、王以來之遺產者，毅然宣告思想獨立之爲得乎。

民國五十二年八月四日金山

# 八、愛國的哲學家——菲希德

我們知道現在的中國，是在很嚴重的時期：國內四分五裂，軍閥橫行。國外受的壓迫，和不平等條約的牽制。在這時候，稍有良心的人都想替國家闢一條新路，同時也想自己以後應採什麼方針，怎樣做人。我現在講一個人，也是生在國家危急時代的一個人，他的學說，和做人方法可做現在我們的參考和榜樣，所以我特來說說。

這人是誰呢？是德國哲學家菲希德（Fichte）。他生在十九世紀初年，正是德國敗於拿破崙，幾不成國的時候。那時德國的情形，國內的衰弱，國外的受壓迫，不啻現在的緬甸高麗，不用說比我們現在恐怕還要差幾十倍罷！那時他們國裏盛倡愛國主義，菲希德便是其中最有力的一個人。這樣讚許不是我個人的私言，可引英人研究德國史的評論為證："Among a large section of the community patriotism became for the first time a consuming passion, and it was stimulated by the counsels of several mainly teachers, among whom the first place belongs to the philosopher Fichte." 現在先說他一生的事略：

一七六二年（一歲）生於勞墨諾（Rammenau）。

一七八〇年（十八歲）入也納（Jena）大學。

一七八八年（二十六歲）在瑞士任家庭教師。

一七九一年（二十九歲）與康德見面。

一七九三年（三十一歲）結婚。

一七九四年（三十四歲）任也納大學教授。

一七九九年（三十七歲）辭也納教授職移居柏林。

一八〇六年（四十四歲）因法兵入柏林避難至丹麥。

一八〇七年（四十五歲）始宣講「對於德國國民之演講」。

一八〇八年（四十六歲）任柏林大學教授。

一八一一年（四十九歲）任柏林大學校長。

一八一二年（五十歲）辭柏林大學校長職。

一八一四年（五十二歲）死。

他五十二年的生命，全在十九世紀初年，是世界歷史上變遷最劇烈的時期，同我們眼見的世界大戰，和俄國革命，德國革命種種變遷是一樣重要的時期。他獨具那深刻的信仰，和偉大的熱力，所以能應付這樣重大的時期。也可以說因爲這樣重大的時期，更能促進他那深刻的信仰，和偉大的熱力，要知那時期的情形，可以略舉幾條重要的史實來證明：

第一、一七八九年法國革命爆發。

第二、一八〇四年拿破崙登王位。

第三、一八〇六年奧國敗於拿破崙後，拿翁迫奧皇除去皇帝稱號，神聖羅馬帝國解散。
第四、同年普法開戰，普大敗於也納，割地賠款，而和議成。
第五、一八〇七年十月拿破崙軍隊入柏林。

由上五項看來，那時德國的情形如何，已可想見。這種情形表示一種意味，就是德國人自覺德國民族已不能獨立成一個國家：就領土而言，萊因河左岸完全歸法國所有，愛爾勃河（Elbe）以西變成法國的屬國，普魯士的大半領土分裂而去，因波蘭瓜分所得的土地也另成小國，歸拿破崙保護了。至於軍隊，被拿破崙限制不得超過二萬四千人。大家可以想這種情形不啻我們歷史上，天津條約，南京條約，直至甲午敗於日本定馬關條約時候的情形。這時正是全國人應當臥薪嘗膽，應當有人覺醒國民，來講一致對外方針的時候。菲希德便在這時候出來，擔當這個責任了。他從一八〇七年多到一八〇八年，差不多一年的時間，宣講他「對於德國國民之演講」。這個演講，是他生平著名的一件事。不但所講的內容和德意志未來的統一事業有關係，並且當他講演的時候不避生命的危險，是最足感人的。因爲那時柏林爲法國所占領，有法國兵官軍隊駐扎着，當時有某書舖發行某種小册，立刻被拿破崙槍斃了。在這樣敵兵監視之下，所以他講演時，屢有謠言說他被法兵捉去。可是他總毫無忌憚的，勇往直前。有許多朋友阻止他，以爲不值得因此而致殺身之禍，他曾答說：

『現在緊要的事情，是使國民感動奮發，至於我個人的危險，有何足計，不但不足計，並且有益處。若因此之故，使我的家庭，我的兒子有一個殉國的好父親，可以激動德國國民的同情，那便是我最好的運命。那裏再有機會拿我的生命這樣應用呢』？

這段話可見他自己的決心。事實上當他講演時，法國人也不敢來干涉。因爲所講的純粹出於他的愛國心，並沒有什麼對敵國的陰謀搗亂。現在先講他一八〇八年以後七八年中所做的事情，至於講演的內容，當留作我今天講演的結論。非希德相信兵力既經失敗之後，除了提高國民精神，沒有別的方法可以救國，所以他最重視教育。一八〇七年，提出建立現在柏林大學的計劃書，很受當時普魯士皇帝的稱許。到了一八一〇年，實現了他的計劃。柏林大學成立之後，教授會議選舉他做第一任的校長。不久因爲學校風紀問題與教育部當局意見不合，便於一八一二年辭職。當時的人不知他辭職的眞因，以爲單是學校本身問題，後經查究，才知因他對於國民的講演引起了法人的惡感，法政府說他有仇視法國之意，所以結果非要求使他去職不可。

一八一三年，他辭校長職後一年，拿破崙大敗於莫斯科，歐洲各國羣起而攻，俄奧普聯盟打敗拿破崙於蘭泊齊希；德人一雪一八〇六年之恥，德歷史稱這次的戰爭做自由戰爭。這時德國學生，紛紛投筆從戎。他也自請於德皇，願到前軍效力，因年老不准所請，便又鼓吹輿論，舉行「眞正戰爭的概念」的講演。按他的年齡，在那時是屬於預備役，所以他還時時到操場上加入軍隊操練，在他上課教授的時候常穿軍衣。戰地許多傷兵回到柏林，需要看護，他的夫人身任此役，在醫院五個月，積勞生熱病。他因爲看護他的夫人，也染熱病。夫人病好，他竟死了！臨死那一天，正是德國白利勳（Blücher）將軍乘勝渡萊因河的一天，是一八一四年正月二十七日。

以下講他的「對於德國國民之演講」的內容。全講分兩部：

第一部新時代與德國民族；分三點(一)時代，(二)德國民族的地位，(三)祖國之愛。

第二部德國國民教育，分兩點：(一)教育的改良，(二)改良計劃的實施。

詳細內容不能多述，祇能舉他的要點大概說說：

（一）自責：菲氏推論一八〇六年德國敗亡的原因，在人民的自私自利，才受外人的壓迫，而不能自由獨立。這種敗亡的結果，不是我們所願，但實在是應得的結果。我們既因自己的過失以至於敗亡，則欲自救，非由自力不可。先將敗亡之道查明，則救亡方法也在其中。

（二）道德的再造：他說我們研究敗亡的原因，在於道德的墮落，所以救亡方法就在道德的革新。這種病症，決不是外力可以治療，必從我們內心澈底的激動才可。總之，非一新民族精神，創造新自我，是無法可以救亡的。他的道德，尤注重互相敬愛，說人類能自敬自愛，而後能敬人愛人，才能成立一道德的公共團體。

（三）愛國的原理：他說我們所以要愛國，不僅爲個人身體的安全，和財產的保護。如其立國的需要僅爲此兩點，那麼就做外人的奴隸，也可以得到這兩點。可是實際上，決不是我們所願意的，必定要拿我們自己的力量，發揮我們的國民性，才覺滿足。由此可見國民所以愛國，不是爲個人的利益，是爲一國的文化，和國民性的永久保存起見。這種愛國之念，發於求國家的天長地久而來，實含有宗敎的神秘性，決不是股東合組公司，祇爲謀利的，所可同日而語。故當國家有急難，應不顧身家，犧牲生命財產去救國，那才是眞正的愛國。

最後他所說的，要求德國國民一致對外，說能一致對外，而後國家可以獨立。要國家的統一，先要國民精神的統一。這種言論激動人心，可以說一八七〇俾士麥統一德國的成功，就在這時立下基礎。

諸君試將以上所述——自責，道德的改造，愛國的原理各項，同現在我們國內學界上所謂救國方略作一比較：

第一、自責之義，非氏說能自知所以致亡之理，則救亡之道，自在其中。現在我們學界日倡打倒帝國主義，試問現在所以不能立國，是否帝國主義做惟一的原因？我以爲最可痛心的，全國之大，人人各逞意氣，各圖私利，不肯些微下克己工夫，祇知責人，祇知責外國，怎有自強之望呢？

第二、非氏以爲國家再造應以道德的再造爲先，道德的再造更在國人的相敬相愛。這話確切不移。現在我國人但知強力的有用，不知道德的可貴。就外交方針說，天天倡打倒英國帝國主義，實際上可知道英國人的國民性嗎？就拿上海工部局說，五十年來的預算册清清楚楚，一册不少。就他本國的內政說，三四百年的預算册清清楚楚，一册不少。試問不是他的國民操守廉潔，做道德的基礎，怎能有今日的強盛呢？再說現在國內以改造政治自居的人，也是一樣目光，但知強力的有用，不知道德的可貴。或挾持軍隊，或割據地盤，自以爲是打倒軍閥的惟一方法。或號召黨徒，遊行示威，自以爲是新式的革命方法。不知內部結合不是眞能降心相從，眞能無所爲而爲，那麼成功未見，而倒戈反革命之聲已不絕而來了！

第三、非氏說愛國之義不是徒爲個人身體的安全，和財產的保護。換句話說，就是愛國的人，不是爲一己的利益，是爲大羣的永久生存。我敢告愛國諸君子，千萬不要說救國以後可以增加工資，救國以後可以減少工作時間，和救國以後可以人人有飯吃。吃飯是人生不可少的，若使愛國的目的，僅爲一己的吃飯問題，那麼愛國的誠意已是有限。我們考遍世界的歷史，不先犧牲個人的生命財產，而國家能自強的，是絕無的事！總之，拿唯物史觀的精神來講愛國，是決無望能救國的。

我們於菲氏言論中，所得結論如是，看菲氏在思想上建築德意志統一的基礎，直到六十年後，俾氏統一德意志的事業才成功。那麼我們今後應遵行的途徑如何，菲氏不是一個極好的指導者嗎？所以我希望諸君對於菲氏的言行加以深思！

原載民國十五年五月廿五日東方雜誌第廿三卷十號

# 九、倭伊鏗精神生活哲學大概

巴黎諸同學相約爲雙週講譚，以予方自耶納歸，強予爲倭氏哲學之講演，此稿卽十一月二十一日第一次之講譚也，同學諸君子以倭氏哲學足以振作人心，屬予記而布之，此篇其總綱耳，若其分論俟諸異日。

十年十一月自巴黎寄

## （一）世界兩大哲學潮流與倭伊鏗

哲學派別之分類法種種，有分之爲唯心唯物者，有分之爲主智主意者，以吾觀之，就最近時之哲學潮流論，莫若生活哲學思想，哲學之區分爲最明顯，生活哲學以生活（Leben, life）爲哲學之出發點者也；思想哲學以思想（Denken, thinking）爲哲學之出發點者也。昔笛卡兒有言：吾思故吾存，其意謂天下萬物皆可疑，而獨有一不可疑者，則思是已。然而近時哲學家又有言：天下外物皆可疑，然有一不可疑者，是爲自身生活。換言之，實在者，生活也。此卽生活哲學與思想哲學兩大派之立脚點也。

所謂思想哲學，自笛卡兒，康德，黑格兒，以及近時守康德衣鉢之哲學家，與夫其他唯心派皆屬之。所謂生活哲學，尼采發其端，尼氏有言：『生活支配學問耶？抑認識支配生活耶？』("Soll nun das Leben über die Wissenschaft herrschen oder das Erkennen über das Leben?")。嘗以思與生兩相比較，卒歸宿於思想由生活狀態而定之一原則，自是以來，生物學心理學之研究，日益發達，本生理心理原素之分析，而有智識皆由生活起之說，如美之實用主義之詹姆士，法之直覺派哲學之柏格森皆是也。

以思爲出發點者，以思爲唯一根據，故重理性（reason）、重概念（idea）。以論理學上之思想規則，與夫認識論爲其獨一無二之研究方法。蓋此派以爲欲求眞理，舍思想末由焉。以生活爲出發點者，以爲思想不過生活之一部，欲求眞理，舍自去生活（Erleben）而外無他法，故重本能（instinct）、重直覺（Intuition）、重衝動（Impulse）、重行爲（action）。換言之，眞理不在區區正名定義，而在實生活之中是矣。

思想哲學，以物理學，數學之觀念，爲基礎觀念者也。生活哲學，以心理學生物學之觀念爲基礎觀念者也。物理學數學之觀念，則概念也、原則也，由此概念與原則而分析而綜合是也。若夫生物學上動物遞變之跡，與夫心理學上之自覺，殆所謂逝者如斯，不舍晝夜，有非以概念原則所得而分析畫定之者，此詹姆士所以有思流（stream of thought）、生活流（flux of life），而柏格森所以有恒變之說也。

若夫倭伊鏗乎！世界學者目之爲唯心派之哲學家也，彼亦自認爲唯心派之哲學家也，其守康德、非希德、黑格爾之成規，以思想爲出發點乎？抑受二十世紀潮流之鼓盪，而以生活爲出發點乎？欲求倭氏立脚點，請證之倭氏書。

倭氏著書之中，無在而無「生活」二字，如生活觀（Lebensanschauung）、生活過程（Lebensprozess）、生活秩序（Lebensordnung）、生活系統（Lebenssystem），爲其書中習見之字，其各書尤好以生活爲名，如大思想家之生活觀（Die Lebensanschauungen der grossen Denker），如生活之價值及意義（Sinn und Wert des Lebens），認識與生活（Erkennen und Leben），精神生活內容之奮鬪(Der Kampf um einen geistigen Lebensinhalt)皆是也。

倭氏於其『認識與生活』一書中有語云：「世人弊精勞神於概念之搜求（Begriffsarbeit），反將生活拋荒。」又云：「非求生活之根據於思想中，乃求思想之根據於生活中（nicht das Leben auf das Denken, sondern das Denken auf das Leben zugründen）。」

其當代精神潮流一書中有語曰：

> 欲知認識與生活之關係，莫若驗之論理。論理者，世人以爲思想規則之所存，一定而不可易者也。然要知人類思想，非僅適用此一般規則已也；乃自有其思想之所爲思想者，此思想之所以爲思想，何自而來？曰生活是已。（原文五十三頁）

要之，吾讀倭氏書，常與吾一種印象，若倭氏立言，不脫康德以來窠臼，然細細讀之，則其出發點與詹姆士柏格森初無二致，居耶納之日，關於此問題，嘗詢倭氏曰：「君以生活爲出發點，視生活爲一種事實，從而認之，而不問生何自來？」倭氏答云：「生何自來？此爲不可解之一點，故只能自有生起，自此點而論，謂吾爲實證主義者無不可。」如是以倭氏列之生活哲學家中，非獨予一人之言，亦倭氏所自認者也。然倭氏與詹氏柏氏確有不同之點，則詹氏哲學，以心理學爲其基礎，柏氏哲學以生物學心理學二者爲其基礎，故詹氏柏氏哲學多帶心理學上之彩色；而倭氏哲學，則爲倫理的、宗教的，此其不同處也。

## （二）倭氏小傳及其著作

倭伊鏗氏（Rudolf Eucken）以一八四六年生於德之西北奧里墟（Aurich），普戰勝法國之年（一八七一），瑞士巴塞爾大學聘爲哲學教授，居三年，轉爲耶納大學哲學教授，耶納大學德國文化運動之中心也。思想轉捩之機，常先發於此。昔德之大文學家葛德、雪雷氏，大哲學家非希德、黑格爾氏，咸嘗執教鞭。倭氏既來此邦，於今三十有五年，他校爭羅致之，而倭氏託詞辭謝，除一九一三年赴美講演外，未嘗一日離耶納，以此地與德國文化史有極大關係，故樂此不去焉。自一九一九年辭教職，專心著述，後列各書，久已行世。其新出版者，有社會主義之生活觀。其在著作中者，有少年印象記，有宗教哲學，有倫理學。錄倭氏重要著述如下，其一八八五年以前出版者，大抵爲亞立斯大德之研究，與其哲學系統無關，姑略之。

一八八五　精神生活統一緒論。（Prolegomena zu Forschungen über die Einheit des Geistlebens）

一八八八　精神生活統一論。（Die Einheit des Geistlebens in Bewusstsein und Tat der Menschheit）

一八九〇　大思想家之生活觀。(Die Lebensanschauungen der Grossen Denker)
一八九六　精神生活內容之奮鬪。(Der Kampf um einen geistigen Lebensinhalt)
一九〇一　宗敎本性。(Das Wesen der Religion) 宗敎眞諦。(Der Wahrheitsgehalt der Religion)
一九〇四　當代精神生活潮流。（第三版）（Geitstige Strömungen der Gegenwart)
一九〇七　新生活觀根本義。(Grundlinien einer neuen Lebensanschauungen)
一九〇七　當代宗敎哲學大問題，（Hauptprobleme der Religionsphilosophie der Gegenwart) 歷史哲學。(Philosophie der Geschichte)
一九〇八　生活之意義及價値。(Sinn und Wert des Lebens)
　　　　　精神生活哲學引論。（Einführung in eine Philosophie des Geistlebens)
一九一二　認識及生活。(Erkennen und Leben)
一九一三　紐約大學講演錄。(The Deem Lectures delivered at New York University)
一九一五　德國唯心主義哲學家小史。(Die Träger des Deutschen Idealismus)
一九一九　社會主義之生活觀。(Der Sozialismus und seine Lebensgestaltung)

倭氏書。各國均有譯本，其稱爲大著作者，則大思想家之生活觀一也，當代精神潮流二也，宗敎眞諦三也，而其哲學精神所寄，尤在精神生活統一論一書，自此書出，而倭氏之系統立矣。

語曰：知人論世，言乎一人之思想行爲，不能不以其時代爲背景也。常人習而安焉，惟智者乃能見微而知著，倭氏生十九世紀之後半，此時期中最顯著之現象，則主智主義也，自然主義也，學者本思想之原則，以求一名詞之定義，一事物之公例，爲人生莫大天職，自孔德實證哲學行世，達爾文進化論風行，一若世界眞理，卽在自然世界現象之中，而以此二主義之影響，於是爲科學發達，爲物質文明。始焉以爲藉科學宰制自然，終焉人生反爲物質之奴隸，是始之所以制物者，而終爲物所制矣。於斯時也，倭氏起而大聲疾呼曰：「人生目的，非徒正名定義也，非徒機器工廠也。」蓋與十九世紀之文明，毅然表示不兩立之態度者，莫倭伊鏗若，而倭氏所以爲先知先覺者在此矣。

聞之愛古董者之言，凡金石書畫板本，一經名人題跋者，則其價更加十倍，吾居法京，某日忽有來告者，曰倭伊鏗之書，經柏格森作序，君見之乎？余頓足起曰：「是雙絕也！」是名書畫而經名人題跋也，不可以不購而藏之，以吾之愛倭柏二氏之文，海內諒必有與予同情者，故錄柏氏對於倭伊鏗『生活意義及價值』一書之序文，則倭氏哲學價值，與夫兩人互相推重之情，咸具此一篇中矣。柏氏文曰。

生活之意義安在乎？生活之價值安在乎？欲答此問題，則有應先決之一事，卽實在之上是否更有一理想？如曰有理想也，然後以人類現在行爲與此尺度相比較，而現實狀況與夫應該達到之境之距離，可得而見；如曰無理想也，則安於所習見，不復有高下等次可言。申言之，眼前事實卽其當然之境也。

哲學歷史中嘗有兩說，一說以爲天下萬物，皆出於自然力之支配，故其結果爲必然的。一說以爲現時事實之上，另有一理想，另有一標準，此理想此標準，可以人力求而實現。此二者立言雖不同，而其結論則一，第一說，機械派是也，第二說，目的派是也，機械派自謂但根據事實，不以人意夾雜其間，而要其所以解釋實在者，不外智識；至目的派則以為理想者空洞無邊者也，欲使此理想由空而實，則不能離實在，然實在無定式者也，其為之範型者，不外智識而已。此兩派者皆視實在為現成之物，而實在卽在智識(Intelligence)之中。蓋以智識不徒察物，并能以智識返省自身，故能無所不包，而為世界實在之至廣大者也。如是不論其為機械派也、目的派也、事實派、理想派，而要之同歸於智識，而以主智主義為宇宙觀而已。機械派也、目的派也，二者同以為生活者，早有一規定之程式在(une conception formulable de la vie)，生活之所以有意義，卽在遵此智識所畫定之程式而進行耳。

雖然，倭伊鏗之思想反是，倭氏此書中，從未規定一種程式，且語人曰生活之意義卽在此中，不僅無程式，並未嘗標出一種一定之理想而語人曰：君等行為當以此為準則，其全書中諄諄告人者，曰努力向上而已。本此努力向上之精神，以求超脫乎現在之我，以求創造其他高尚之活動形式。質言之，人類行動上固未嘗無一種理想，然理想不過表示方向，今日所以為滿意者，明日則又吐棄之，故此理想為暫時的而非永久的，日在變動不居中，而非一成不易者也。

誠如是，此活動卽精神本體也。雖然，精神者，又與物質對待者也。倭氏深知精神為物質所制限之義，然以為精神之力，能強物質以就其範圍，故通觀全書，要義不外一端，卽以精神與物質相遇，實為創造能力之大源，此與物質相遇之精神，並能憑藉其本身之力，使一切事物與夫精神自身日趨於高尚之境也。

本書內容，無待吾為之提要鈎元，著者心思所在，在讀者求之而自得。讀倭氏書者，常令人自覺精神力與夫生活力爲之倍增。此精神力生活力一經增進，智識上所生困難，自然迎刃而解，生活上晦塞之處，亦自豁然矣。夫古今思想家，孰不欲求人生意義所在？然常以爲人生意義高懸於一種境界中，在以智識之力求而得之，若夫語人以人生意義之秘鍵，卽在吾人自身者，有何人耶？若倭氏者，其殆近之，此吾所以不僅敬之，又從而愛之。德國者，產生思想家之民族也，而倭氏卽其一人也。

讀柏氏此文，其於倭氏，可謂傾倒極矣。此無他，其學說相同耳。所謂生活意義不在智識之中也，活動卽精神本體也，物質由精神驅遣也。凡此者，皆近來生活哲學之大根據，而柏氏倭氏共通之立脚點也，誠如是，則倭氏地位，固非一尋常之唯心主義之學者，而其爲生活哲學家，愈顯然矣。

## (三) 倭氏之精神生活說

凡哲學家之立言，必有貫串其全學說之一點，如康德之所謂純粹理性、黑格爾之所謂思想過程(Denkprozess)，近時哲學家柏格森之所謂生機(Élan vital)是也。倭氏哲學中，其原始要終之點，曰精神生活(Geistesleben)。精神生活者，就人言之，則人之所以爲人；就世界之大言之，則爲彌綸宇宙之眞理，其義至廣大而精微矣，茲爲便於說明，就其跡象之顯者言之。

人之所以爲人，飢而食，寒而衣，長子孫而嗣統焉。其不免於自然界之支配固已，然人類僅爲自然界之產物乎？抑尚有超於自然界產物以上者乎？動物之飢食寒衣，亦猶人焉。然食之而不知其所以食，衣之而不知其所以衣；惟人反是，食之而知其所以食，衣之而知其所以衣，此知與不知，即人與動物所由判，此即精神生活之表現一也。

自然界之現象，橫竪顛倒，紛如焉。人以有知之故，常思超脫於零星現象以上，整齊之畫一之，以歸於統一，是爲知識統系，是爲學問，此即精神生活之表現二也。

飽食暖衣者，人類之所以衞其一身也。然人以自衞其一身爲未足，常進而求人類生活之所當然，有眼前之境，有當然之境，而進步生焉。如自然主義者之言，人類以適應環境求保一生爲能事，則求人類生活當然之動機，何自而來？而所謂宗教道德法律以及種種改革運動，直是全無意義而已，此即精神生活之表現三也。

或者曰：人類之精神生活，既聞命矣。然吾見夫古往今來之歷史，無非人類之混戰，紛紛擾擾，有何足道者？使君等持精神生活說者，不能將精神生活在歷史中所演進之意義，解釋明白，則此說雖精微，恐猶未足以折服人心焉。應之曰：生何自而來？何時而止？殆非人類所能知也。若夫就人類言人類，則亞歐兩洲數千年歷史中，豈無聖賢豪傑之士，本其精心果力，爲世界開創一前此未有之境界？而人類之進化，因以向上，所謂歷史之意義即在其中矣！倭氏之哲學，精神生活哲學也，而其所謂精神生活之所寄，尤在古今大思想家，故其序大思想家之生活觀曰：

「此大思想家之所造於人類活動者，果何事最重要而最有價值？非吾今所欲言，吾今所欲言者，則此大思想家實爲人類行爲之靈魂而已。創造行爲也，精神界之建設也，非小信小善之士所能爲；乃先知先覺出其大者遠者，與社會中之小者近者，奮鬭之結果也。精神的行爲，就其形下者言之，不免於人慾元素之混雜，故識小者不復能脫其藩籬，以產生一種超流俗之人生觀；若夫少數賢哲之士，具有偉大之心思與建設之能力，本其澈底之覺悟，獨行所信，若是者，乃能自奮於創造行爲之塗徑，經千回百折，再接再厲，而後人類生活之黑暗者進爲光明，紛擾者歸於純一，此大思想之所以爲有造於人類也。雖然，吾爲此言，非謂創造的天才，無待於歷史社會之環境而自生，夫物之至大者，尚不能無所待而後興，況人才乎？時代之狀況，人心之趨向，必與之後先疏附，而後此一二人乃能有所建樹。如是此創造的天才，謂爲應時而起，謂爲代表一時之人心無不可，雖然，人類生活之所由以向上，謂爲非彼之力，不可得焉。（中略）使人類創造的天才，誠爲精神生活之燒點，歷史上不滅之光明，由彼等之身而燭照於無窮，則所研究者雖屬於大思想家，而創造行爲之眞源，自在其中矣。」

由上所言，精神生活者，察之現在之人心，考之既往之歷史而無不合。故其爲實在（Reality），而非學者設想之詞明矣。雖然精神生活說，不限於人類，倭氏曰：

「精神生活者，自我生活也，亦卽世界生活也。擴充自我，以及於世界，於是此世界得了一個自我，此二者之所以相須也。」

自我生活，人也。世界生活，神也。就其顯於人人者，是曰自我，就此宇宙之大本大源處言之，是曰神。大抵西方哲學家不僅以解釋人類行爲爲滿足，必進求宇宙之眞源，於是其終焉必歸於神，如黑格爾以思想爲出發點，而其所謂絕對知（Wissen）者卽神也。柏格森之出發點，變也、生機也，而此所謂變所謂生機，亦卽柏氏宗敎論中之神也。惟倭氏亦然，人也，宇宙之眞源也，二者同屬於精神生活者也。

## 精神生活與自然主義、主智主義

倭氏所以以精神生活爲哲學系統之中心者，因反抗主智主義、自然主義而起者也。因此二主義皆不足以盡世界一切實在而起者也。主智主義至黑格爾而極盛，故倭氏於黑格爾之哲學，攻擊最力。其言曰（大思想家生活觀四七八頁）：

「黑格爾之哲學系統，以嚴格衡之，其所以敎人者，思之思耳。世界全體爲思之力思之形式所照耀耳。一切實在，盡變爲一套論理的關係耳。以思爲惟一塗徑之故，直接生活與夫靈魂內容，必歸於毀滅，蓋靈魂之深處，是爲情感，是與思與論理的關係不相容者也。若實生活也，若行爲也，皆應在擯斥之列矣，惟此尊思之結果，非變人類爲主智的文化之機械不可得。」

倭氏既推闡尊思之弊，更從而證明世界之實在，不盡在思，除思以外，尙有其他實在。其言曰（當代精神潮流五十七頁）：

「欲知思想本由精神生活原動力而來，莫若證之宗敎運動，大抵變革之起，每起於當時制度與人人心中之要求不相容，因有此種感覺，於是起而推翻之。此感覺也、不相容也、推翻也，試問與論理學之原則，有何絲毫關係？宗敎改革，起於外界敎會制度與靈魂上向內的要求之衝突，當時大學問家艾勒司摩（Erasmus），其窺見敎會之弊，正與路德等，然奏改革之功者，不在艾勒司摩而在路德者，非曰路德爲大論理學者也；非曰路德之冷觀潛思，勝於艾勒司摩也，夫亦以路德良心之痛苦，有動於中，乃以宗敎問題，視爲一身分內事而奮起耳。（中略）若是者，是爲有根據之生活過程（die begrunden-den Lebensprozesse），而非智識的攷量（Intellektuelle Erwägungen），而要知精神之奮鬪中，其決勝負者，必在有根據之生活，不在智識的攷量。」

讀此言者，倭氏所謂精神生活作何解釋？其精神生活之模範人物爲何等人物？其所以反對僅居生活一部之主智主義之故，俱顯然矣。

自然主義，盛於科學昌明之日。就其研究方法言之，則有實證主義；就其人生觀言之，則以解釋物質動物之法；解釋人生，以爲世界萬物，無不可以因果律從而說明之，所謂道德、所謂宗敎，皆人智未開時代之迷信，卽有承認之者，亦曰道德法律者。人類爲利己起見，不得已而設之行爲規則耳。質言之，自然主義者，但認物質，不知有所謂人生；但認自覺中各部狀態，而不知有所謂靈魂。此主義也，盛於十九世紀之後半，至其末年，而攻之者蠭起，如英大物理學家勞治氏（O. Lodge）、德生機主義（Vitalism）哲學者德里許（Driesch），以及柏格森、倭伊鏗，皆大聲疾呼以反對之者也。錄倭氏評自然主義之言如下（詳新人生觀根本義第十五頁以下）：

「此自然主義之解釋自然界，與古代之僅僅仰觀俯察者不同；一切現象，分析之至於至微極細，在此至簡單之元素上，乃建設一世界，此以自然界必經此分析，而後人力與技術乃可施，而後聯絡關係乃可得而推求，此分析爲推求焉，而人類之操作，惟日孳孳，故古代之人生爲靜觀的，而自然科學發達後之人生爲活動的爲前進的。」

「（前略）自然主義，至人種由來論而登峯造極，以人爲自然界產物，凡人之所特具者，咸視爲自然力之結果。而此自然界此機械論之自然界，不僅居世界之一部，而爲彌綸一切之宇宙矣。此機械論則由形下而形上矣，人也，精神界也，本與自然界相對立者，至此則自居於自然界之附屬，消納於此廣義之自然界而已。」

倭氏既說明自然主義之勢力，更進而證其誤點曰：

「自然主義之誤，在但知物，不知心靈作用，不知生活過程；殊不知苟無心靈苟無生活，雖欲知物察物而不可得矣。故一旦以心靈以生活爲出發點，則此宇宙觀必爲之大變，而一切實在自不容自然主義公例之桎梏矣。」

「（前略）自然主義自以爲能不夾雜人生之主觀，不知在其下手之先，已先假定一察物之主體，蓋人之察物，一方爲心，他方爲物，合此二者，乃有所謂觀察經驗比較。則此觀察經驗比較，非精神作用而何？惟常人於其所觀察所經驗之中，不自覺其爲心物兩面耳。自然主義誤解心物關係，以爲自然界不待心而自存，不知心物二者，常相隨而不可分，誠去精神作用，則自然主義之本身無由成立；否則其所謂宇宙觀者，必非純粹自然主義之宇宙觀，而先已乞靈於精神界。如是不承認心靈也，則自然主義無由成立；其認之也，則已超出於自然主義以外，此所謂兩窮也。」

自然主義，但知所謂物，不知所謂心，且其末流之弊，降爲物質文明，故其不能滿人生之要求明矣。如主智主義者，雖知所謂心，然其所謂心，又但限於思想一部，而不能概生活全體，於是欲求一立脚點焉。不偏於唯物，又不偏於舊唯心主義之思想者，是爲倭氏之精神生活哲學。精神生活哲學者，兼心物二者，推及於人生全部，而以人類生活之日進不息，爲目標者也。物質者，小之爲日用飲食，大之爲利用厚生，其不能棄之而不顧之甚明。誠棄之矣，是自遁於空疏寂滅，況自然科學之研究，探幽索隱，人類增進無窮智識者乎。若夫主智主義，本思想之原則，以求事物之公例，知識之系統在是，學問之基礎亦在是，此外有藝術，以創作天才，發揮人間特種實在；有宗教，則出於直接生活而心靈之所流露；凡此各種生活方面，皆倭氏哲學所欲涵概之以成一總體，外則無所不包，內則彙歸於一，於是使人生發達，歸於大中至正之途，此則倭氏之精神哲學所由以立也，雖然此精神生活中果有何法以調和心物，以超乎主客觀之上，則於次段論之。

## 精神生活之奮鬪

倭氏嘗有言，人類歷史，自其內而觀之，則去自然界之人日遠，而向精神界之人日近是已(Innerlich angeschen, ist die Geschichte der Menschkeit vernehmlich eine immer weitere Ablosung des Lebens von der Gebundenheit an die engmenschliche art, ein Aufsteigen eines Mehr-ab-menschlichen)。所以去自然界之人而向精神界之人者，進化論者之言曰：此天然現象爲之也。而倭氏曰：此人類之奮鬪爲之也。質言之，倭氏以爲人類之進化，在人而不在自然界。非曰人能外自然界而獨存也，乃以爲人居在自然界中，而同時能超出自然界外也（Das Hinanwechsch des Mensch über die Natur）。

倭氏以爲世間凡有三界，一曰精神界，一曰自然界，而介於其間者，則爲人。精神界爲整的，自然界爲碎的；精神界爲全的，自然界爲分的；精神界爲內的，自然界爲外的；精神界爲無限的，自然界爲有限的。其所以能使之由碎而整，由分而全，由外而內，由有限而無限者，是存乎人，何也？人也，以一身而兼具精神自然兩界者也，自其血肉之軀言之，則飲食男女，是自然現象所同具者也。自其無形者言之，則學問也、美術也、道德也、宗教也，必有超於自然現象以上之生活，以立其基，是爲精神生活。

此精神生活之有無，非可以舉實物以證也，在察乎人心之微，倭氏歷舉人心上天理人欲之交鬨，而確指其萌芽在是，其言曰：

「人類之精神生活，決非一種泡影，如常人所見者然。蓋精神而誠爲泡影，則物質界之狀況與其所以鉗束精神者，人將視爲當然，而絕不加以辯詰，乃人於其所習見所習聞者，常若不勝其悲痛者，此何爲而然耶？黑格爾常有言：人之覺束縛之苦，即其人超於此束縛以上也。今人咸覺道德之凌夷，而求所謂眞道德，試問非其良心上別有一種標準而能是乎？人類自覺其知識之狹，求所以闡明此實在者，惟日不給，試問非其靈明中別有詔示之者而能是乎？日往月來，如浮雲之浮眼，使人類生存，而長在駒光隙影之中，則所謂求眞且久者之心，何自而來乎？」

倭氏既證明人類心中有此是非，善惡，公私，眞僞，兩方之衝突，於是乃進而研究此精神生活所自來。

此精神生活，有所受而來乎？抑無所受而來乎？倭氏曰是由精神世界(Welt des Geistes)而來。故其言曰。

人類自身之能力，決不能產生此種向精神之運動，必爲有一精神世界指示之而引進之。(Der Mensch kann nicht aus eignem Vermögen eine Bewegung zur Geistigkeit erzeugen, sondern eine Welt des Geistes muss sich ihm mitteilen und ihn an sich ziehen.)」

誠如此言之，若此精神世界高懸在上，但有人誠心歸順上帝，精神生活可以立卽湧現，如此則爲舊宗教家之言，而與倭氏努力向上之精神反對矣。倭氏從而申明之曰：精神界誠有所在，然所以求得之者，則在人而非由外鑠者也。故其言曰：

「此類生活秩序，活實在也，非早已製成，由人搜索而得者也。此物也，原爲人之天性中所固有，但必以人力發而出之，而人類努力前進之方向，亦卽在是。Sie Muss eine lebendige Wirklichkeit sein, die wir freilich nicht hoffen dürfen fertiggestaltet vorzufinden, die aber doch mit bestimmten Zügen in uns angelegt sein muss, so dass wir sie herausarbeiten und damit für unser Streten eine sichere Richtung gewinnen können.」

精神生活爲一種活實在，乃倭氏哲學之根本大義也。由此根本大義，乃進而告人曰：眞理卽在生活中也，眞理不能外生活而他求者也。雖然，人受自然界之拘束，飲食男女好惡得失之私，中於人心，雖欲勉強奮發於眞善美之境，其奈此形骸之拘束何，於是有倭氏之精神生活奮鬬說。

倭氏奮鬬說之根據，以人類心中確有此精神物質之衝突，既如前述，而其所使此衝突之中，善者公者發達，惡者私者消滅，則有奮鬬之三階級，倭氏曰：

「人類於精神生活，非能頃刻立至，必焉由眼前之生存從而移入之，夫此眼前生存中，非無精神元素，然此元素不能成爲全體，又不具獨立之形，故必猛下工夫，然後能脫離現在之境，而另達一新境界。所謂猛下工夫者，卽總合此心之大者遠者善者眞者而躬行實踐之（Tatwelt）是已。（下略）是爲第一級。

既登此躬行實踐之界矣，而此精神生活，原非一種秩序井然之物，可隨人拾級而登，必焉本之一身之勞作與夫歷史之經驗，由人求而得之，卽求之矣，又非能一蹴而幾，其間又有種種之衝突，使之不得達所祈嚮，於是若爾人者徬徨歧路，忽又疑世界果有所謂精神其物者，是爲第二級。

（以上生活觀根本義一五一頁）」

如是徬徨歧路，人類生活非卽此而止焉，或物質或精神，必有所歸宿而已。以學者之研究言之，則懷疑可焉觀望可焉，而以生活之解決言之，非此卽彼，必無兩可之理，然則歸宿點安在乎？曰在宗教。倭氏之所謂宗教，非猶夫教會之所謂宗教焉。以爲在日變之中而有所謂不變，有限之中，而有所謂無限，相對之中而有所謂絕對。欲達此境，是在宗教上所謂精神的直接，此境之中，全體也（ganze），眞理也，而超乎一切衝突以上者也。故其第三級爲宗教，或者曰：以今日科學之昌明，而人生之解決，獨歸於宗教，是倭氏必守舊之徒也。吾爲辨之曰：夫人生之解決，非求眞善美乎？眞善美者，總言之，實在是已，實在爲物，有謂屬於可知，有謂屬於不可知，其以爲可知者，在最近哲學家中則有二人，其一柏格森，以爲求實在之法，在乎直覺，義取美術家之於其作物，默識而心通之，合主客觀而成一體。其一則倭伊鏗，以爲求實在之法，在乎精神的直接（Unmittelkeit des Geisteslebens），義取宗教家精神之感召，超於相對待之境，而另爲直接溥遍自由自在之境界也。所謂直覺所謂精神的直接，二者方法雖異，而其求實在則一。今乃於直覺說，則視爲最新之說，於精神的直接，則視爲守舊。吾無以名之，惟有嘆名詞誤人而已。

如是倭氏之所謂奮鬪者，則有三級，第一，確認精神生活之存在，而體驗之於身心，是爲立定脚跟之境（Grundlegend Stufe）；第二因體驗而入於懷疑，是爲交爭之境（Kampfende Stufe），因懷疑而精神上起一超越一切之要求，是爲克勝之境(überwindende Stufe)，夫至於克勝之境，則精神生活之境界其盡矣乎，倭氏曰：不然，人生無止境。故眞理無止境，故奮鬪亦無止境。所謂三階級者，不過言其用力之法當如是耳，卽如宗教一境，宗教非先精神生活而存，乃宗教由精神生活而生，故精神生活而進，則宗教亦隨之而進。如是，可知隨時隨地隨事而有此三種階級，並無所謂最終一境焉。倭氏謂人生無一日不在奮鬪中；而柏氏評倭氏語活動即精神本體，證之吾古聖天行健君子以自彊不息之義，何其心同而理同耶。

倭氏之精神生活奮鬬說，絕非宗教家言，乃針對人生日用而發者，其立論雖若人間以上，另有一精神世界，而其所側重者，實在人身，故其言曰：

「精神生活可以由人自由占領之證據，在乎精神生活之發達，係乎吾人之勞作，人類勞作之大本，必置之於超人羣以上之精神生活中，然其形體如何？則由人之奮鬬而定。以重心置之於人類生活中，即所以使宇宙之構造，必賴乎人之協力。苟無人之參與與決心，則此大地之活動，至於人身一級上而不復能前進。（以上摘生活價值及意義中語）」

夫宇宙之構造，必賴乎人之協力，此何等語乎？蓋不以人類爲自然界之一物，而以爲世界實在，可由人力左右之。質言之，進化者，一種創造的勞作也（Schaftende Arbeit），而人類則共同勞作（Mit-arbeiter）者也。倭氏曰創造的勞作，柏氏曰創作的進化，此又兩家相同之一點也。

倭氏精神生活奮鬬說之非宗教家言，更可證之於其所謂精神生活界奮鬬之模範人物。倭氏以爲凡文學，宗教，美術，學問上之人物，大抵其精神上經生活的奮鬬（Lebenskampf），然後能養成一種活力，由有限而趨於無限，由部分而歸於全體，如宗教界之路德；文學界之葛德，雪雷；哲學界之康德；音學界之華格納其人也。此精神生活又不僅見於個人，並見於民族，是爲歷史之大潮流，是亦倭氏以爲人間精神生活所寄者也，其言曰：

「人類生活中向內心之活動，莫若證之歷史上之大潮流，往往有某種思潮或某種生活運動發起以後，占有無上之勢力，限人類行動於一定方向以內，遷流所屆，必達於最後結果而止。一二人一階級之利害與夫計較得失之念，度外置之，若宗教改革，若開明時代（或譯啓蒙）運動，若今日之社會運動皆是也。凡此者，果何自而來？曰人類爲求精神上之自保計，不得不然之要求也。其必由內發而非外鑠也可知；蓋歷史上之運動，大抵以內心所信與外界情形之衝突爲條件，而人類之所以進步，亦卽由此衝突來也。（中略）

由此類運動，可以顯人類生活之特別印象，方其初起也，禍福得失，在所不計，必窮之於所在而後止。試問當德之宗教改革時代，其政治上民族上生計上之損失爲何如乎？總之凡理想上之運動，以及今日之社會運動，自物質上幸福言之，則徒見其騷擾而已，若自精神上言之，則人類生活不徒在物質界，又不徒在其環境上之妥協，則此種變動，爲生活上自然而生之問題，而所以使人類造成日新又新之象者，卽在此焉。（生活觀根本義六十，六十一頁）」

至此而倭氏之所謂精神生活之奮鬬，昭昭然矣。其基礎則超然人類以上之精神界也，其所顯現則古今作者之創造行爲也，歷史上思想與生活之變革也；而其所以由人界以通於神界者，則在人類之奮鬬。故神也眞理也生活也奮鬬也，四者一以貫之者也。雖然吾聞之批評柏格森者之言，謂柏氏好言變動，好言行爲（action）。故其說大助社會革命黨張目，而倭氏亦好言奮鬪與行爲（Tat, Tatwelt），並推尊思潮變動與生活變動，然則時代之促成學說耶？抑學說之代表時代耶？抑學說與時代之互爲因果耶？吾蓋不得而知之矣，吾所知者，二十世紀者，行爲時代也，奮鬪時代也，創造時代也，一言以蔽之，革命時代也。（上篇）

（編案：張先生本文下篇一直沒有寫成發表）

# 十 致林宰平學長函告倭氏晤談及德國哲學思想要略

宰平學長兄左右 捧讀四月三十日 手敎，欣幸無似，此弟之一年來所夢想而不得者，今而後乃知 公之不我遐棄也。渡歐以還，將自己生世細細一想，覺十年來爲經世一念所誤，躑躅政治，至今不得一當。其鍥而不舍乎；其棄之而別圖安心立命之所乎；此兩念往來胸中，不能自決。近月以來痛下工夫，斷念吾第二生命之政治已略決定，此在 公之知吾生平者必聞而深駭。然要知此兩者不決，吾精神上受一種支解之刑，非惟一生終於無成已焉。此念既定，胸境頓然開朗，去了一政治國，又來了一學問國；每日爲此學問國之建設作種種打算。凡此類者所欲待商於 公者，姑留待日後，今先爲 公道吾來耶納後之生活。耶納者，中德意志之大學市也，四面環山，城市宛在中央，山非甚高，可供仰瞰。自京西之八里崖而望八大處彷彿似之。山間茂林，蒼翠觸目。東南西北四方各一高聳之山巔，四巓上四古堡，置身其境者，若在西湖上雷峯寶素兩塔，遙遙相望間。山脚下泉水盤旋，清澈可鑑，與玉泉山前之流泉相類，而流之長則遠過之。此弟所最愛，旁晚散步，則沿流而上下焉。此地不獨以山水著，人文之盛，冠德全國。德之文學宗匠二人葛德氏(Goethe)嘗爲此邦總理，雪雷氏(Schiller)嘗寓於此；二氏鴻爪，尚留人間。昨與奧伊鏗氏周遊全市，指謂予曰，此葛德與雪雷並坐談天之石馬，此雪雷著Wallenstein(德國名劇，百里最賞之)之地焉。其他若菲希德(Fichte)，若黑格爾(Hegel)，咸執教此間大學，教室間一一勒石記其年月。拿破崙戰時，德學生投筆從戎，以耶納大學爲始。今市中石像塑一青年學生，左手執旗，右手執劍，即當日學生會爲國效死之紀念。總之十九世紀初，德國文化運動國民運動之中心，實耶納也。弟之來，不爲山水，不爲人文，蓋百年來全世界唯物主義之說，風行一世，而此山谷間白髮垂垂之老哲學家，預言物質文明之破產，提倡新唯心主義，以與世界奮鬪，其人爲誰，奧伊鏗氏是也。去冬來遊，立談之頃，大爲所感，乃定計就而學焉。來此後館於奧氏之徒之家，距奧氏居不過五步，彼年已七十餘，已辭大學教職，弟日造其居，質疑問難，眞摯誠懇，誠有道之士也。德唯心派之哲學自黑格爾氏後而中衰，時則法孔德之實證主義，英達爾文之進化論出色當行，而奧氏反對之，曰：『似此學說，人爲自然界所驅遣，喪其內部所固有，非惟不合於求眞，且必爲世道人心之憂。』時人目爲迂闊，自今視之，不啻預言矣，其學說大概：第一，世間實相(非絕對不認物界)不外心物二者，貫澈此二者厥在精神生活；第二，昔日哲學(德黑格爾以來之學說)家以「思」爲眞理之源，奧氏曰「思」不過精神生活之一部，徒思不足以盡眞理，盡眞理厥在精神生活上之體驗；第三，人心易爲外物所束縛，故當以精神生活克制之，(然後人生乃能精瑩透澈)，精神生活與爲外物所束縛之心相爭競，故應有一種奮鬪工夫，一言以蔽之，以人生爲中心。故與紙上空譚之哲理，迥不相同，識以孔子之言『惟天下至誠爲能盡其性；能盡其性，則能盡人之性，能盡人之性，則能盡物之性，能盡物之性，則可以贊天地之化育。』孔子之所謂誠，即奧氏所謂精神生活也；孔子之所謂以誠盡人性物性者，即奧氏所謂以精神生活貫澈心物二者也。奧氏之所謂克制奮鬪，則又孔子克己復禮之說也。其言與吾國先哲極相類，所不同者，在吾爲抽象之論，在彼則有科學根據耳。歐洲經大戰之後，鑒於物力之有盡而人欲之無窮，唯物主義已在衰落，吾東方學子，方迷信物質萬能。此弟之所以來此，且欲以奧氏之言藥吾國人也。有志於此，不過半載，誠不欲以淺嘗貽譏大雅，而公乃屬以著譯之業，惟有惶恐不知所云。目前所讀諸書中，其一爲奧氏之當代思潮論，——奧氏不朽之作之一也。凡十九世紀之唯心唯物，一元多元，進化論，有機論，社會主義，個人主義，道德論，美術論，宗教論，咸具於此一書，不獨現代思潮之大觀，而奧氏主張亦一一附見焉。俟返法後當着手翻譯以報　公命。惟卒業或在一年以上，不敢知也。千萬望　公勿登報聲明，免日後徒有廣告而無書之誚。更有請代告任公者其學會叢書中有奧伊鏗傳一目，弟願擔任，擬分四章爲之。第一，德國唯心派，哲學小史。第二，十九世紀後半唯物主義。第三，奧氏之學說及小傳。第四，奧氏著作內容舉要。交卷亦在來年。近方研究，不暇執筆爲文。總之吾之學問國之建設，正在發端，千乞　公等勿期其收速效而已。抑尙有一言請　公轉達國中同志者，數年來以政治爲飲食水火之君勱，已斷念政治矣。吾同志誠有出死入生之舉，以急國家之難，則弟之赴湯蹈火，決不人後。若夫現實之政譚，則敬謝不敏。吾且暫別加富洱、卑士麥、格蘭斯頓，而與康德、黑格爾爲儔侶矣。萬里相思，惟　公有以策勵而進之耳！匆匆不盡十一，敬頌著安。

弟嘉森拜手　六月二十七日　耶納旅舍

奧氏每見面必及任公，爲任公道念之言不止十次，望將此意達任公爲禱

# 十一、致講學社書謂倭氏不克東來講學



講學社諸公公鑒：自十月二十日奉梁任公先生來電報告

貴社成立，私心欣幸，以爲吾國新文化之基於是乎！在來電中並屬爲代請倭伊鏗柏格生赴京講演，除柏氏由此間駐法使館及法教育總長翁那氏代爲敦請外，倭氏卻聘情形曾有電致任公先生，已簡單報告，茲更將此間所聞與往復交涉情形，爲

公等述之。當一九一九年多，任公先生返國時曾見柏氏，語以赴東方講演；彼答以一九二〇年與蘇格蘭格拉斯哥大學有約在先，一九二一年已任荷蘭大學講演；故一九二二年以前，決難抽身赴東，以僕在法所聞，彼方埋頭著述，欲將其直覺哲學方法施諸宗教倫理政治社會等等，貫通各科學而成一大系統。故柏氏極早成行，必在一九二三年也。倭伊鏗氏白髮老翁，年七十又五矣。每日執筆著書不殊少壯，然畏海行，以病海也。伉儷甚篤，其夫人聞吾有請赴東方之書，先來書拒絕，謂是將奪其所天，一往不返焉。以吾察其隱衷，倭氏雖性汎愛，然自德挫敗以來，常懷家國之痛，德之青年有以國事爲不可問，

掉頭去故鄉，謀生海外者。倭氏曰：「此國家困苦顚連之日也，國不自立，端賴人爲，彼青年如此，使老成如予者，亦不復與今日國民同其甘苦，貪外國厚利而趨之，則德其何以自立耶？」自德革命後，學者推求致敗之因，咸以爲五十年來物質發達太驟，國民精神不固結，故有此分崩離析之日，補救之法，舍提倡唯心哲學精神哲學以外無他法。蓋一八一三年普之敗拿翁也，其物質之設備，遠不如今日，而能轉敗爲勝者，則精神團結故也，唯心之說盛行故也。時之代表唯心哲學者。曰非希德氏，拿翁占普，梟巡邏之卒分布全城，而非氏執教鞭大學中，侃侃而譚，鼓勵其青年。卒有一八一三年之勝，德人常艷稱之謂驅逐拿翁者乃非氏學說也。倭氏倡新唯心主義於十九世紀之末，聲名揚溢乎英美日本，而國中附和之者甚鮮。自戰敗以來，始有與之作桴鼓應者。於是有所謂倭伊鏗氏同盟會發起於耶納，今支部已遍國中；一年之間，倭氏巡廻演講，以注重精神生活，再造國家之說提倡於國中，是儼然以非希德自待，而德人心目中，亦日夜祝此新非希德之誕生，以挽此敗亡之局也。此倭氏一腔愛國之心，不忍輕去其國以應吾聘之實情也。倭氏來書(見後)，有俟西伯利鐵道恢復後再行赴東之說，俄國問題不知何年何月解決，吾恐此說終成畫餅矣。其來書提及爲中國著倫理學一節，此係吾去書中曾提赴東講演題目有倫理一項，彼覆書稱今既不能成行，但願稍分心力，參酌東西洋文化，爲中國對症發藥，著倫理學一書。此乃倭氏好意，似不應拒絕，已覆書允之。惟應否補助經費若干，以此項著作卽作爲共學社出版物，此層並請

裁酌示覆，以便覆倭氏爲幸，再旅歐以來，默察思潮變遷之大勢，常以學術界之大革命，已如晨曦之將達地平線上矣。百餘年來歐洲所謂學問之基礎者，其在科學則奈端之物理學

也，其在哲學則康德之批判主義也，今奈端之說則愛因斯登（Einstein）起而顛覆之矣，康德之哲學系統，則柏格生從而推翻之矣，此學問之二大基礎已大變，而謂一切學術不受其影響者，未之有焉。此吾所以謂學術界大革命之將起也，方今吾國新文化運動正在發端，應如何應此大勢而急起直追，則吾以為凡哲學，社會科學、自然科學，應訪求其主持新說之鉅子，而羅致之於東方，則一切陳言可以摧陷廓清，而學問之進步，將遠在各國上矣。此則所望於

貴社諸公力圖之也。

## 附倭伊鏗氏覆張君勱書：

張先生　接來書後，今日始能詳細作覆且有所提議，承中國招予演講，此大光榮也、大喜悅也，對於梁先生之厚意，尤為感謝，請為吾代達謝意。

東方之行，吾與家人共同商議，咸以海行為太辛苦，雖途中多方注意（指攜醫生同行），未始不可成行，然予一人難獨往，而家人不易分身，然最困難者尚不在此。

吾德之有需於吾，莫今日若矣，德之困苦艱難，君之所知，非將國民之精神力提高，決難渡此難關，頻年以來，予之所以為國民精神向上計者，無所不至，乃始以戰事，繼以革命，人心惶惑，莫知所歸，今日苟有一分力量者，當以一分力量貢獻於國家。故以此時去吾祖國，歷久乃返，予所認為不正當者也。且以目前論，大亂可以旦夕發生，所望

化險爲夷，化亂爲治，終有此日，則予可以作中國之遊，而盡其所能，爲中國效力，尤望西伯利鐵道早日恢復，則旅程更便捷矣。

如是，東方之行暫時從緩，但予不願終棄此行也，以予觀之，此時要務，在爲中國作倫理學一書，書不必甚大，而內容貴乎豐富。學理不須侈談，而是非利害之辨貴乎謹嚴，但下筆之先，須確實預備，而尤須知中國最近思潮變遷，故如有中國人所著之書，論中國近狀以英文出版者，請君卽日寄我，至於中國舊時典籍如老子、孔子、孟子等，予之講義中嘗論及之，在此間可搜求而得，雖然考之近人著作，與孔子老子等書，是不過前提而已，最要一義，在合中國文明與西洋近世思想而會其通。夫近世思想可稱道者衆矣，然其間自不能無弊端，自不能無限界，若予者，對於近世文明之弊害與單方面，固嘗苦口勸告矣，予認爲近世文明力之文明也（Kultur der Kraft）。惟力是尊，至於無所不用其極者也。惟其尙力，故於身心少受用，歷時既久，難饜人心。爲中國計，應知西方文明之前因後果，而後合二者而折中之，此亦非易事也，使予之躬行主義（Aktivismus）而有裨於中國之大民族於萬一，予之榮幸何如哉！

中國之行，當時時在吾心目中，此時以其他關係不遂所願，而倫理一書之作，則予以爲重要無逾此者矣。西方文明之弊害，與中國之所當採，予當直定無隱以告戒吾東方人，所望君年內來耶納一行，共同商榷，尤爲欣幸。

中國政治家對於予之信用若此，最爲感激，予圖所以報答此信用者，以行期既不能定，故願分心力以作此倫理學一書，此書應否着手，望君明白告我，至成書以後譯成漢文，則尤無待言矣。

平生印象，一書數星期內即可出版，大思想家生活觀已重第十六版；苟予有暇，當將此生活觀一書縮爲一簡本，於中國之讀者必極有益，但此事應待之倫理一書告成之後。吾妻對於君來信懇切之意極爲感謝，吾女附筆祝君安好！

一九二十年十一月十二日耶納

原載民國九年二月十五日改造三卷二號

# 十二、德國哲學家杜里舒氏東來之報告及其學說大略

## 第一（Prof. Hans Driesch）招聘之經過

方倭伊鏗之既卻北京講學社之聘也，於是求德國學者可以代表倭氏者。以我當日考之德國哲學界，其潮流三，而其爲之領袖者三。

1 H. Rickert（黎嘉德）

2 P. Natorp（那托伯）

3 E. Husserl（虎塞爾）

黎嘉德氏與那托伯氏同屬於所謂新康德派（Neu-Kantianismus），然彼此各有區別。黎氏之立脚點，有歷史科學或曰文化科學。那氏之立脚點，在數學與自然科學。黎氏以爲宇宙之本身，離思而獨立。故爲非理性的。那氏以爲凡不在思中者，既不能爲人所認識，既在思中而又能認識，故爲理性的。黎氏曰：「不隨時間流轉者，是爲效（Geltung）。效云者發於心物之對待，其義甚長，茲不細論。）那氏以爲不隨時間流轉者，只有超越世界（

Transzendentale Welt)，或曰存在（Sein)。自廣義言之。茲二派同爲新康德派，然兩家立說往往背道而馳。故爲之細別者，名那托伯氏爲馬堡格派（Marburg-Schule）。名黎氏爲西南學派。然推源康德主義之復活，則哥亨(Cohen)氏及那氏之力爲多。故一言新康德派，必先思起哥亨及那托伯，而黎氏輩自另屬之他一類矣。若夫虎塞爾，自名爲現象學派(Phänomenologie)（此現象二字與康德書中所謂現象不同），虎氏說明概念（Begriffe）與覺（Anschauung）之關係曰：在及於覺中者是名現象，離覺中之細目而德其純處(Wesen)，於是以構成概念。故概念雖不直接於覺，然不能離覺。由五官之覺，進而爲純覺（Wesensschau），則概念之所由以成也。蓋哲學家中有以爲認識之中心在覺，即五官之所觸接者也，如麥哈（Mach）是。有以爲認識之中心在思，是爲概念（Der unanschauliche Begriff）而超於官覺外者也，如馬堡格派是。兩家之說，是非莫定，虎氏起，乃倡爲調和之論，以爲概念不能離覺，然超覺以上另有純覺在。此虎氏學說之出發點也。

以上三家各有其特到處，如黎氏則於自然科學外，創文化科學說，故切於人生；那氏則以思爲宇宙中心，故於康德之認識論，闡發最爲透闢，且爲德國大學最盛之一派，故足以代表德國思潮；至於虎塞爾異軍特起，雖爲惟心主義，而所言與英美之新惟實主義合，於黎氏那氏外自張一幟。方一九二一年四五月正我細細衡量，欲求一最適於中國者而莫知所決，適蔡孑民與林宰平兩先生同時蒞耶納，乃於會見倭伊鏗之頃，商之倭氏，倭氏曰黎氏年逾七十，昔年來耶納遷地療養，精神已露異態，渡海遠行，恐非能勝，且黎氏之認識論，偏於形式論（Formalismus），恐於中國今日考求西方文明實際之利害者不適；若夫那托伯雖以新康德派自居，然其學問爲多方面的，於教育學造詣尤深，此人若去，必合中國之意，同時更提一人，曰那氏行年亦已老，去否不可必，若彼不去，不可不求第二人以代之，以余所見德國壯年哲學家，年不過五十左右者，當以杜里舒爲第一人，其人自生物學出身，轉而至哲學；故其哲學有科學上之根據，或者於中國今日好求證於科學之趨向相合，於是蔡林兩先生及森均以倭氏言爲然，先詢那氏，如那氏不願東行，則以杜氏代之。議既定，尚未致書那杜兩氏。森以此段談話內容，於選定人物極有關係，而主人之講學社不可不令其知之。乃有去年四月三十日致講學社述德國哲學名人七人之書，遲之又久，竟不得內地覆書。森以道遠不敢擅斷，乃待之數月，至八月間在法，忽得梁任公先生來電，云聘一英生計學者赴東講演，如不得生計學者，則於迭金生（Dikinson）杜里舒兩人中擇一人，關於生計學者，以開恩斯氏（Keynes）既辭謝於前，乃與自由主義之霍白生（Hobson）交涉，霍氏以病辭，而迭氏雖善文辭，不以特別之學術稱於世，於是我乃以倭氏爲介，向杜氏提出東遊交涉，杜氏曰諾，於是年餘懸而不決之哲學家人選問題以定。

杜氏已定東來矣，就道約在今年九月，抵滬之日約在十月，逗留年月與羅素同，約爲一年，其講演題目今已與杜氏商定者凡四類。

a 哲學（System der Philosophie）。

b 生機哲學（Philosophie des Organischen）附體魂論（Leib und Seele）

c 近世哲學史（自笛卡爾起至黑格爾止）

d 歐美最近哲學潮流(Die gegenwärtigen philosophischen Strömmungen in Europa und Amerika)

e 此外臨時酌定。

以上爲公開講演。此外杜氏意以爲如大學學生有志於哲學研究者，擬仿歐美研究院之制，選定哲學名家之著作，與之共同研究，彼語森曰今代哲學，不脫康德範圍，故莫如以康德書爲藍本，而康德氏未來形上學序論一書（Prolegomena zu einer jeden künftigen Metaphysik），尤爲康德著作之善本云。

杜威來而去矣，羅素來而去矣，杜里舒之來亦不遠矣，一美人也，一英人也，今又繼之以德人，吾思想界之周諮博訪，殆鮮有如今日之盛者也。

## 第二　杜里舒氏略傳及其著作目錄

去年德國出一書名『自白中之德國現代哲學』（Die deutsche Philosophie der Gegenwart in Selbstdarstellungen），由某書舖請德國大哲學家各爲文一篇。自述其所學與系統之成立。蓋由各人親口說出其學問上之經歷，而德國哲學一般思潮因以表顯，此則其書名之所由來也。此書中杜里舒之文與焉。今取杜氏所自述者，表而列之如左。

一八七七——一八八六　學於漢堡之文科中學。

一八八七——一八八九　入南德各大學，卒業於耶納大學。其卒業論文爲生物學家赫克爾（Haeckel）所審定。

一八九〇　在熱帶上搜集動物。

一八九一　在意海岸脫里愛司脫（Trieste）旅行研究。

一八九一——一九〇〇　在意之那泊爾之德國所設地中海生物研究所中從事實驗。

一九〇七——一九〇八　蘇格蘭之愛白地大學聘爲吉福特教授（Gifford Lecturer）。

一九〇九　入哈一特堡（Heidelberg）爲講師。

一九一一　任爲哈大學二等教授。

一九一七　轉千恩大學（Köln）爲一等教授。

一九二一　轉撒孫京城蘭泊齊希大學（Leipzig）教授。

考德國之例。教授之在各大學皆可以轉來轉去，甲大學教授有去職者，則由其教授會議選定本大學或他大學之二等或一等教授一人以補其缺，當甲大學提起交涉時，乙大學之教授對於甲大學除法定薪俸外，以某地生活程度，可另提津貼條件等，有時乙大學中欲留此教授者，則優給其俸以抗之，而小市之大學，往往不敵大市大學財力之雄厚，故人才常舍小而赴大，當蘭泊齊希之招致杜氏也，杜氏以蘭城爲中德大城，轉徙較不易，且以德近來各市人滿爲患，難於覓居，故對於蘭大學嘗提出某種條件，蘭大學始而拒之，繼以蘭城大學居德諸大學中第三位，不可無獨立之思想家主持哲學講座以抗北之柏林，南之孟勳，於是又有第二招聘之書致杜氏，且特購屋一所以居杜氏，比爲德國各大學招致教授時向例所罕見者，徒以優禮杜氏，故有此舉。即此一端，可以見杜氏在德之聲價爲何如，故我於其惠然東來，不能不向我學界鄭重介紹者也。

杜氏始爲純粹之生物學家，繼轉而爲哲學家，而當其爲生物學家時，初持機械主義（Machinen Theorie）。旋悟其非，乃標生機主義（Vitalismus）。故舊時著作，無取列舉，茲但舉其與近時學說關係之書，並其出版年月如下。

一、一九〇五年。生機主義之理論及歷史。

Der Vitalismus als Geschichte und als Lehre英文譯本 The History and

Theory of Vitalism, translated by C. K. Ogden

二、一九〇八年。機體之科學與哲學。

Philosophie des Organischen

英文譯本 The Science and Philosophy of the Organism

三、一九一二年。秩序論。

Ordnungslehre

四、一九一三年個性問題。（倫敦大學講演）

The Problem of Individuality（只有英文本。）

五、一九一三年，論理學爲解決不盡之問題。

Die Logik als Aufgabe

六、一九一六年。體魂論。

Leib und Seele

七、一九一七年。實在論。

Wirklichkeitslehre

八、一九一九年。知與思。

Wissen und Denken

九、一九一九年。進化論之論理的研究。

Logische Studien über Entwicklung

我之所以列此目錄者，蓋我對於我學界，希冀其在杜氏未蒞吾土時，先將以上各書自行研究，庶於聽講時，不至茫無頭緒。尤希望吾學界將杜氏各書，一一譯成漢文刊佈行世。使不通英德文者，可以窺見杜氏學說。我深知杜氏學說。雖不至如數理哲學之羅素之難解，然亦決不如實用主義之杜威之可以家喻戶曉，此時能先盡下一分工夫。則於杜氏來時，必能多得一分實益，此則全國生物學家以及哲學家之責也。至於以上各書之內容，如「秩序論」。即普通所謂論理學或認識論之部分（然與尋常所謂認識論絕對不同）。如「實在論」則爲杜氏之形上學，此二書中，杜氏之全體哲學系統存焉，「機體之科學與哲學」以及「生機主義之理論與歷史」。則杜氏之生物哲學焉，以上四書爲杜氏自成一家言之書，故不可不急譯者，若森而有日力，所欲着手者，則爲「個性問題」，書名個性，實在杜氏之生物哲學與理論的哲學咸在其中。故擬易以「杜里舒學說概略」之名，以之出版行世，此則區區微薄之貢獻，姑作爲杜氏來之吶喊可也。

## 第三　杜里舒氏學說之大略

杜氏嘗自述其學問經歷曰：「我爲動物學家二十年，故我之哲學之出發點，即以思想方法，支配生物學問題者也。」我爲之換一語以說明之，杜氏之學問之發端在生物學，繼也以生物現象，建立其所謂論理學，其終也更本生物界以推定形上界。故謂杜氏之宇宙觀。建築於生物界可焉。如是欲知杜氏之學說者，當自生物學以及於哲學。故分二類以說明之，第一生物理論。第二哲學。

### 第一類　生物理論

當十九世紀之後半　生物學受物理化學之影響，以爲機體之構成，如化合物之以元素合成，甚或視之若機器，以爲由若干機體配合而成，是說也，名爲機械主義，其要點有三：第一、機體之構成，由若干分子所結合；第二、此分子之結合，若有人爲之發縱指示；第三、若分子稍變，則所產生之物亦隨之而變。一八八○年之交，德之生物學者羅和氏（Roux）創生物進化上之機械論（Entwicklungsmechanik），即研求生物形態變遷之由來，若胎生，各種復原，遺傳，生物體系咸屬焉。羅和氏雖自命爲進化論者，而當時之所謂進化論者。實一機械主義者也，其解釋生物構成之由來曰：「卵與卵中之核，乃一極複雜之機器也。此機器由細胞之開剖（Cell Cleavage），而自行分裂（Disintegration），於是爲胎之發展。」羅和氏爲證明其說。取蛙卵之第一次開剖之二細胞，其一殺之，其二育之，此所育之細胞，長成一胎，且爲常胎之一半，於是羅氏從而推論之曰：「細胞二之一，則成半胎，可知分子半，則產生之物亦半，此則機械論之鐵證也。」當時持此說者，不獨羅氏，即有名之生物學家威士門（Weissmann）之持論，大略相同，杜里舒氏之始爲生物學家也，嘗隨諸大家之後，附和其說；及一八九一年，將羅和氏之方法，驗之海蛸之卵，取第一次開剖之卵而試之（二分之一）。又取第二次開剖之卵而試之（四分之一）。所養成者，乃一全胎而非半胎，惟其形居常胎之半或常胎四分之一。於是杜氏之試驗，大證羅氏立言之非，至一八九五年，所搜材料尤多，尤覺機械說之不可通，於是著「行態過程之位置論」一書，而有居於生機主義者（Vitalism）。是杜氏學說獨立之始，至今未之或變者也。

杜氏所謂生機主義者，生活之自主之謂也（Autonomy of life），意謂生活自身，自生變化，其所以然者，必另有原因，初非可以化學物理作用，所得而解釋焉。而杜氏所以證明其說，則有左證三。

第一證 杜氏之第一證，卽本於前文一八九一年之試驗也，杜氏推此方法於他種動物之卵，若魚卵，若蠑螈之卵，結果無一不同，乃至羅和氏之蛙卵，其二細胞之一，長育以後，亦爲一全胎，惟形較小，更推之細胞開剖之第五期之細胞圈，其中細胞以千計者，取此細胞圈而任意剪斷之，所長成者，終能成一幼蟲，惟形較小。於是杜氏爲之推定曰：胎生的細胞。有可窺見的價値（Prospective value），有可窺見的可能（Prospective Potency）。羅氏以爲兩細胞中僅取其一，故胎只能爲半個，此所謂以細胞之可窺見的價値等於可窺見的可能者也。杜氏反之，曰細胞之可能性，遠在羅氏所觀察之上，故可窺見的可能性遠大於可窺見的價値者也；細胞圈之片斷，無論如何剪斷，所成之胎，均成一完形，若是者必細胞圈中之千細胞，其可窺見的可能性，無一不同而後可，猶之開剖之第一第二期之細胞，所以能成完胎者，必其可窺見的可能性亦無一不同而後可也。各細胞之可能性均屬相同。故杜氏名此現象，曰平等可能生系（equipotential ontogenetic system）。此平等可能生系中又分二類，第一，如卵巢。則任何一卵，能長成一複雜之機體，故名之曰複雜的平等可能系（Complex equipotential system）。至如細胞圈，則不能以一細胞長成一機體，但各細胞能各盡一種職分，與他細胞相輔而成一機體，此之謂協和的平等可能系（Harmonious equipotential system）。杜氏嘗畫一圖，以說明之，如下方。

（圖中大直方，表示普通狀態下之協和的平等可能系。此外附屬之各小直方，均能平等的產生小而完具之機體，依機械主義者之言，大直方爲一機器，今但割裂此機器之某部，而謂此部分中之機器，一一等於大機器，此說如何可通？）

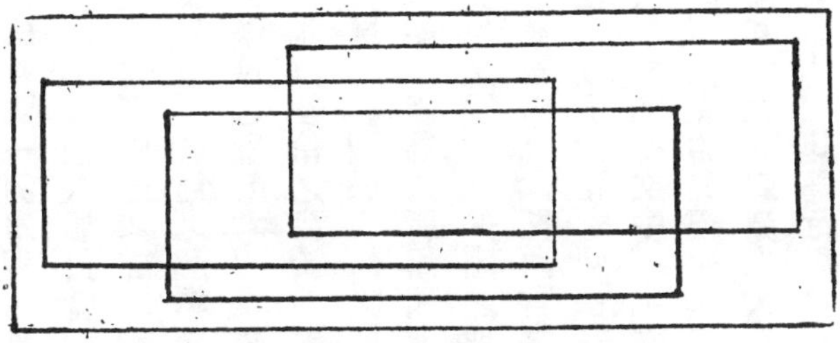

協和的平等可能系 (H. E. S.)

昔之持機械主義者之恆言，以爲機器者，乃特定的物理化學分子之特定的結合，而生生之理，即由各分子之相互影響而來，誠如論者之言，卵核如機器，此卵核內各分子發生作用，於是成胎，則細胞之分裂者，僅取其半，應不能成全胎，今焉僅取分裂之細胞之半，而其爲全胎自若，則胎生之必非以機器說所得而解釋明矣。

第二證　前段所云複雜的平等可能系之卵巢，由於單一細胞名基礎細胞（Anlage）者而來。此基礎細胞經數千次之開剖，於是成卵，而爲胎之發展，誠卵在普通常態之下，惟不經分裂者乃能成胎，則機械說非不可通，蓋卵中或者有一部縮小機器在內；以開剖之結果，乃發展而成胎，今也知卵之所以成，由於以前數千次之開剖而來，然已開剖，何以尚能成一機器，所最不可解者，經無數次之開剖，而其爲一機器也自若，由一卵而終至於成機體，此種機器，其奇妙不可思議爲何如，非不可思議也，乃機械說之不可通也。

第三證　以上所言，皆就形態之生生（Morphogenesis）言之也。然生物學中尚有他一部，是爲行動生理學（Physiology of movements）、行動生理學所當研究者，有本能（Instinct），有行爲（action）。然關於本能一端，今尚無確定學說，至於行爲之關於人類者，證據確然；玆姑去其心理方面，而但就其自然現象方面言之。論行爲者計有二說：一曰以生理構造下一切解釋；二曰行爲不能以生理構造解釋。杜氏則主第二說者也。杜氏嘗舉一例曰：「育於英之孩童，則其舉動如英人；育於德之孩童，則其舉動如德人。然使以英孩而久居於德，則其舉動當類德人，而與久居於英之英孩異。可知人類行動上有一種反映之歷史的基礎（Historical basis of reaction）。」即其平日所積蓄者，至臨事則發見於外也，有爲之解釋者曰：「此何足奇？亦猶留聲器之受音於先，一觸動則音發於外矣，或如優伶之誦劇本，及登場則一一高聲朗誦之耳。」此說也驟視之若甚有理而不知其非也，留音器與優伶之發於外者，常以所受者爲限，若夫常人之行爲則不然，平日所薰染，於其臨時行爲固有關係，然除所薰染外，必有獨出心裁之處。蓋歷史的基礎，可能性之貯藏處也，此可能性僅爲人所用而非能用人者也，此行爲之特徵一，人之行爲上，有外界之刺激，則內界發生感應，此一定之理也。然刺激與感應之關係，非總和的而個性的，譬之有能說英法德諸國語言者，此諸語言之物理的動作絕不相同，然自善三國語者觀之，則瞭解之效一而已，何也？以個性化之關係在背後故也。又如物理的動作本不甚相遠，然自受之者言之，其感應大異，譬如德文中：「你的」曰(Dein)、「我的」曰（Mein），二者之差，不過一字母，然曰：「你的父親死（Dein Vater ist tot）」，或「我的父親死（Mein Vater ist tot）」。則其受之者刺激大大不同，何也？以個性化之關係在背後故也。如是刺激與感召之關係爲個性的，此爲行爲之特徵二。自此兩大特徵言之，人類行動雖爲平日歷史所牽制，而自有不盡聽命於歷史者在，其所謂刺激與感應之間，初無一定因果，常視其受刺生感之個人而異，則其不可與機器同日而語。彰彰明甚矣。

凡此三證，所以排機械主義，亦即所以確立生機主義。生機主義云者，謂形態之變初不起於物理化學的原素。而必有發自內部之動因而已，如是云云，謂爲一種消極說明可，謂爲積極說明不可，何也？生機主義之內部動因安在？尚未之及焉，曰是在隱德來希(Entelechy)。隱德來希者，與機械的云者相反對，有所祈嚮之謂也。生物現象，以隱德來希爲主因，此物爲何物歟？物質歟？非物質歟？愛納涅歟？非愛納涅歟？。衆說紛紜，莫衷一是，而就其作用言之，則有至明且顯者在，前文所云協和的平等可能系中，以同一系而細胞之數無窮，無數之細胞，其可能性又各無限，此可能性所以各有所裁制者，則隱德來希之力也。在甲細胞其裁制力爲一種，在乙細胞又爲一種，在丙細胞則又爲第三種，以此種種不同之制裁力，於是乃能合無數細胞而構成一種生機，此其作用之妙，殆非人力所能想象者，苟有問者，隱德來希何自來乎？杜氏曰：「此非人之所知也。」蓋生何自來，非人之所知，故隱德來希之不可知亦猶是耳。

杜氏持生機主義，而歸本於隱德來希。其消極方面之駁機械論者之言，證據確鑿，不可復搖；以云積極方面，雖有所謂隱德來希之說，然其爲物，渺渺難明，故有駁之者，謂杜氏雖有說明，而等於無說明，然吾以爲隱德來希之性質暫不問，若生命現象，非物質之所得而解釋，則杜氏已明白道破之矣。且其所謂非總和而個性也，要皆以生物爲巍然獨立之一體，初非以元素積疊而成，自此點言之，雖與柏格森之生命奮進，倭伊鏗之精神生活，原不相同，然三家之不以物理因果律適於生活則一焉。

## 第二類　哲學（非形上學之部）

生物上最顯著之現象，曰求達於全體性（Ganzheit, Wholeness）。如細胞之成胎一證也；生理上毀損以後，常能自恢復（Regeneration），二證也；生理上某官能發生變化，則其他官能中亦另起變化以應之（adaptation），三證也。可知機體為一全體，而求所以保此全體者，則機體之大目的也，抑此全體性，不獨限於機體，宇宙之大，一全體也，人生其間，求所以整理此全體，使之有條不紊，於是有所謂秩序(oder)，此宇宙而達於有秩序的全體(one odered totality)也，則學問之能事畢矣。杜氏曰：「全體性之論理，乃論理之始，亦即論理之終(The Logic of wholeness is the beginning and the end of all Logic)。」蓋謂此焉，全體也，秩序也，論理學之本，亦即人類智識之本也，杜氏乃本此二觀念，以建立其哲學。

今就「自述」文中之分類，為表其哲學系統如下：

Philosophische System 哲學系統
- 1. Lehre vom Ausgang 發端論
- 2. Ordnungslehre 秩序論
  - 1. Allgemeine Ordnungslehre 一般秩序論
  - 2. Naturordnungslehre 自然界秩序論
  - 3. Seelenordnungsleher 靈魂秩序論
- 3. Wirklichkeitlehre 實在論

我讀杜氏書，最使我瞠目失色者，即杜氏不蹈習新康德派之陳套語，處處皆自出心裁是也。故讀慣德國他一派之哲學書者，開卷時於杜氏之書，幾於一語不解，而書中奇怪字樣，不見經傳者，杜氏屢用而不一用，如 Gewusstem, ich-ordnungsendgültige, gehalt, jetzthier, Se-Verknüpfungen 等等者，幾於滿卷皆是，此果何爲而然耶？曰德之哲學界，不滿於新康德派之所謂超越哲學（Transzendentale）者，醞釀已久，杜氏者，卽欲衝破此藩離之一人也。

甲發端論　欲論杜氏與新康德派之異同，驗之於其哲學之發端論而可見焉。新康德派之哲學，以思爲出發點，以爲思也者，聯合概念而下斷定之謂，爲（Tun），活動（Aktivität）也，自發（Spontaneität）。杜氏曰：「哲學之出發點在「有」（Haben）「知」（Weiss），所謂「有」者，「知」者，「有」某物（Etwas）「知」某物而已，其間無所謂「思」（Denken），亦無所謂「欲」（Wollen）。蓋杜氏根據最近思想心理學（Denkpsychologie）之研究。以「爲」以「活動」屬之靈魂（Seele）。而哲學出發點之「我思」，只有一種「有」之狀態，而無活動在其中，申言之，此我乃受的靜的，非活的動的也。故杜氏哲學之根本語曰：

Ich habe bewusst etwas（我自覺的有某物）。

此語中分三，我，一也。自覺的有，二也。某物三也。我者，知之主體也，既無思與欲，故以「有」字表現我與某物之關係，某物者，對象也。此三者之聯絡關係，杜氏名之曰三位一體，或曰原始關係（Urbeziehung），意謂此三者不容分離，自無始以來而已然也。

我之於某物，初無所謂活動或爲，故將康德之發端處，所謂理性所謂官能一概掃而空之，而杜氏之意以「我」之所有事者。只在於「觀」（Schauen）。觀者，在此三位一體之關係下，發現某物之秩序的符號（Ordnungszeichen）而已。「觀」之所以能發現秩序的符號，而不參以活動者，則以杜氏以爲秩序符號之最終體（Letztheiten），不出若干項，如「

此」「彼」「關係」之類（詳後）。此秩序符號之最終體，皆由直觀而得，故不必動作焉。此直觀而得者，杜氏名之曰直接對象（Unmittelbarer Gegenstand）；至若所謂「變」（Werden）「久」（Beharren），則以直接對象而作爲間接對象時始能了解之，此則一般秩序論之所有事，而與發端處無涉，茲爲行文之便，故略述之，其詳則俟後章耳。

而杜氏所再三聲明者，則曰他哲學家往往以極深之哲學名詞，必待研究結果而後明白者，竟列之哲學開宗明義之中，如所謂「一般效力」（Allgemeingültigkeit）「一般自覺」（Bewusstsein überhaupt）「認識對象」（Gegenstand der Erkenntnis）是也。此類未經研究之名詞，竟一一假定在先，此哲學之所以不澈底也，杜氏一反此積習，曰究竟人類有無理性，理性是否人人一樣，暫置不問，而吾人之出發點，則以我所知者爲限，而他人之知不知則不問焉。故杜氏自名其方法曰我知主義（Solipsismus）。夫哲學之研究而僅以我知爲限，而不能以例他人，則哲學爲無價值矣，杜氏曰我非僅以我知爲限，而不問他人如何，但出發之始，可以「我知」作爲一種方法，一若所求秩序，由我一人欲之，且限於我的某物中（Ich will meine Ordnung in meinem Etwas），故自名其方法，曰方法的我知主義（Der methodische Solipsismus），意謂暫時用此方法，至進一步處，原不以我知爲限焉。

乙秩序論　杜氏之秩序論，分爲三部，曰一般秩序論，曰自然界之秩序，曰靈魂之秩序。杜氏哲學之發端，謂人之對於事物，好求秩序，乃至宇宙之大之全秩序，苟可以一覽而得之者，尤爲人心所希冀，宇宙雖複雜，而我之觀之者，若有條不紊，成一首尾完具之全體，此則人類之理想也，杜氏名之曰秩序一元主義（Ordnungsmonismus）。或曰秩序一元主義的理想（Ordnungsmonistisches Ideal）。茲舉杜氏「知與思」一書中之原語如下：

(Ich wünsche das Etwas, welches habe, so zu scharen, dass es trotz seiner vielleicht bestehenden Mannigfaltigkeit ein Ganzes ist, und zwar in jeder Beziehung.)

此理想不可能，彰彰明甚者也，於是求所以代之者，則有一般秩序論，此△△△此紛亂的而變爲秩序的則奈何，杜氏曰：「人之於其對象也，有「當時」之念(Der Damals-Ton)。當時者，比較前後之謂，是爲一度之行列(eine eindimensionale Reihe)，此一度之行列，以分段之點成之，今也欲使此分段者成爲永續，於是生「時間」之觀念。由此時間觀念，乃有所謂變與恒（Werden und Dauer），某物之對於永續之時間而永續者謂之恒，某物之對於永續之時間而不永續者謂之變。此變與恒之觀念，對於直接對象不得適用，何也？直接對象，瞬息萬變者也，故變之與恒，不得而比較，於是此所謂「我」，以直觀之法，使此直接對象中之某某物，等之於間接對象，意謂以直接作爲間接後，此間接者若獨自存在，初不以我之覺不覺而異也，此若獨自存在之間接對象之全體，名曰自然界（Die Gesamtheit der so gemeiten mittelbaren Gegenstände heisst die Natur）故自然界云者，一秩序的概念（Ordnungsbegriff）也。

此自然界中其不能達到秩序一元的理想，猶之一般秩序也，於是有代此一元的理想者，則有三，第一曰類（Klassen），第二類曰系（Systematik），第三曰因果（Kausalität）。

同類之事，可以滙歸爲一者名曰類。如有脊動物，類也。兩木相擦則生熱，亦類也。求同者名曰類，求異者名曰系。就其相異之處而考其理由，此系之所有事也；若夫因果論則與造成自然界之秩序，其關係爲尤大。以前之一變爲因，後之一變爲果。於是自然界乃有因果之合理的說明(with regard to nature rational theory of causality is possible)。若夫因果關係之種類則有四，第一，單獨因果(Einzelheitskausalität)，以前一事爲因，後一事爲果。此見於物理化學者也，前一狀態，只有數字排列，至後一狀態則變爲一全體。(an arrangement that is a mere sum is transformed into an arrangement of the character of totality of some kind)，是爲全體性之因果 (Ganzheitkausalität)，此見於生物界者也。此外尚有二種，一曰物之創造 (thing-creating)，以造物主爲因，而造物爲果是也。一曰動之創造 (motion-creating)，如隱德來希能造愛納涅之說是也，此後二種之因果，不發現於現世界，故事實上不生問題，若夫前二種之因果，單獨因果之顯於物理化學，無復疑義，至全體性因果，除生物外，尚在他處表顯乎？近世學者對於種族沿革論與歷史學，持進化之論者不乏其人，以爲種類與歷史皆若抱一目的，向全體性發展。杜氏曰：「種類沿革論中有無全體性，至今絕無證據。」以云人類，若倫理觀念中，非無全體性之符號；至於政治史，我但見其只有積疊，而無所謂進化。以云知識史，似乎在積疊之中不無進化之跡可尋。然杜氏亦不敢斷言焉。所謂自然界之秩序論，大略如是。

若夫靈魂之秩底云云，玆但就杜氏所謂靈魂之義，釋之如下。「我」者，能靜而不能動者也；「我」之與外物，只有斷斷續續之點的關係 (Punkthaft)，若夫所謂「自己」，本於記憶，已有前後關係 (die Beziehung früher)△△△一般秩序論所研究者，即前所謂秩序之最終體 (Ordnungsletztheiten)，或曰不可分析之秩序意義 (unzerlegbare Ordnungsbedeutungen)，且以此不可分析之秩序符號，應用於各科學，證明各科學之基礎，皆由此最終性之秩序符號來也。杜氏書中所常舉之秩序符號，則「此」(Dieses)「非此」(nicht dieses)，「如此」(solches)，「關係」(bezogen)，「不同」(verschieden)，「數」(Zahl)，

「相並」（neben），「度」（die Grade），「平行」（die Parallele），「綠」（grün），「酸」（Sauer），「音符」（Eis），「樂」（Lust）是也。此若干字中，自表面言之，有爲五官之所覺者，如「酸、綠」是也。有不爲五官之所覺者，如「關係」是也。然不問爲覺不覺。要其爲最終性之秩序符號一也，如論理學則彼此包括之關係之關係學說也（Logik im engeren Sinne ist Beziehungslehre im Rahmen der Beziehung Inhaltseinschuluss oder Mitsetzen），故生於關係之符號，數學則多少之關係之關係學說也(Mathematik ist Beziehungslehre im Rahmen der Beziehung mehr)，故生於數多少之符號；幾何學建築於「相並」（neben）觀念上。故「相並」之符號爲幾何學之基礎。杜氏所謂符號，適用於論理學數學，其事易；至於自然科學精神科學則不可。故於一般秩序之外，別有所謂自然界之秩序論及靈魂秩序論。

抑吾於此處，當說明者一事，卽杜氏分秩序論爲三，而平常哲學之所謂「我」。杜氏亦分之爲三，其在原始關係中而不爲時間所限者，是爲我（Ich＝I）；其在記憶中之我，屬於過去，且有斷斷續續之象者，是爲自己（Meine Selbst），其由秩序而生之全體系統，爲永續體，但有時自覺有時不自覺者，是爲我之靈魂（Meine Seele）。杜氏所以爲此區別者，以哲學發端處之「我」，與對象相對待，本不在時空以內，且據近日思想心理之研究，謂此「我」乃靜的而非動的，此第一之「我」所由來也。若夫人之能回憶已往事情，則於靜的我之外，別有一主體，是爲自己，自己者，在永續之時間內而不定能永續（Unstetig in der stetigen Zeit）者，是記憶錯誤之病所由來也。超於「我」與「自己」以上，別有前後一貫之主體，自近來下意識之說漸漸發明，乃知潛伏於表面之下者，自有一系統一貫之體在，而所謂種種活動，皆由此體來，是爲我之靈魂。杜氏以爲哲學家不能將三種之「我」區別淸楚，致有以哲學與心理學混爲一談，故鄭重爲之分別，第一「我」，屬於一般秩序論範圍以內者也。第二「我」，屬於自然界秩序論以內者也。第三「我」，屬於靈魂秩序論以內者也。（「知與思」四十五頁）

丙自然界秩序及靈魂界秩序　前文言之，最終性之符號，則爲「此」、「非此」等等。蓋物之在我之自覺內者，無論何物，不能逃「此」與「非此」之符號，具負此符號之某物。名之曰直接對象（Unmittelbare Gegenstand），即直接在我自覺之內者也。然此直接對象之彼此關係，初無一定秩序，故杜氏有言：Objectivity in its immadiateness remains chaotic（個性問題四十四頁），直接性之對象爲紛亂的，即謂此也，今欲使 Später，然此關係對於永續之時間，猶爲不永續的，何也？當人睡時，此記憶或生活實驗之流（Erlebenstrom）中斷故也。故此流不得謂之眞流，但能比之電流之光燄可也（知與思四十四頁）；於是爲求恒變之不斷關係起見，必須另求他秩序觀念，此則「我之靈魂」所以代「我自己」而起也。換言詞之，記憶之主體爲「自己」，而記憶之外，更加以下意識，此全部之主體，則「靈魂」是也。自有此又恒又變之主體（Meine stetig dauernde werdende Seele），於是心理界之種種現象，乃得而推求矣。前既言之，以直接對象，作爲若自獨立之間接對象，於是自然界之概念以立，今也以直接對象，作爲在靈魂上若有獨立之間接對象，此靈魂概念所由以立也，近世心理學所論各端，如自覺之底裏（Bewusstseinseinlage）、如制止（Hemmungen）、如決定趣向（determinierende Tendenzen），皆以靈魂現象，而認之爲若自獨立之體也，不僅此也，有靈魂之說，而後康德之所謂官覺理性，乃得而解釋，乃至所謂思也欲也爲也綜合也比較也，皆必恃「靈魂」之說，而後乃有歸束，此則杜氏所以靈魂爲心理學之基本也。

## 第三類　形上學

自康德以來，形上學不能成立之說，若久成定論，孔德輩之實證主義者，尤鄙棄形上論，乃近數十年來，潮流大變，昔之所擯斥者，今且有復活之勢，如柏格森則有形上學序論之作，倭伊鏗書中「轉向形上界」（Wendung zur Metaphysik）之語，尤屢見不一見，嗚呼！此非科學與形上學本身之得失問題，乃人心之轉移爲之也。杜里舒之學說，既不自直覺出發，又不知所謂精神生活，宜與其形上論相背而馳，乃我讀杜氏之「實在論」，而知杜氏形上學的主張之堅強，有出柏氏倭氏上者，以科學家而爲此論，斯亦奇矣。

杜氏哲學，以「我知」爲發端。我知者，我所知如此而已，事物本身如何？非我所問也。然杜氏以爲秩序論中之以「我知」爲出發點，此爲一種方法，若僅以「我知」觀察宇宙，則宇宙之眞理，決不能盡，故當代以事物本身之認識（Erkennen eines An-Sich），換言之，取銷「秩序論」而代以「實在論」也。

宇宙之認識，不能離人，所謂事物本身之認識，果何從而認識乎？杜氏曰：「自事物本身以立言，非我之所敢知也，至經驗界內容（Erfahrungsinhalt）在我知範圍以內，則人所共認也。」今以我知之內容爲果。則依因果之理，當必有因在，因者杜氏之所謂實在也。換詞言之，以經驗界之現象爲果，而以實在爲因是矣，然由果推因，則可謂因者是否正確，不可必者也。故杜氏以爲形上學終不免於假定的性者也；由果推因之正確，誠不可必，然有一可必之原則在，則所索之因之複雜程度（Grad der Manigfaltigkeit），必不減於所已得之果之複雜程度，徒以恃此原則，故由現象論以達於形上論，不能謂全無確實根據，此則杜氏之立脚點也。

杜氏之實在論凡分二部。第一曰，一般實在論（Die Lehre vom Wirklichen überhaupt）。第二曰，各種實在之形式論（Die Lehre von den Wirklichkeitsformen）。而此兩部之間，以死之研究爲之過渡。

一般實在中所研究者，有以下各題：

1. Die Ausdeutung der Räumlichkeit（空間之解釋）
2. Die Ausdeutung der Werden（變之解釋）
3. Die Ausdeutung der Kausalität（因果之解釋）
4. Das Besondere und das Allgemeine（特別與普遍）
5. Die Frage nach dem Einen Ganzen（全體問題或秩序一元主義）

杜氏於以上各章中，列舉種種問題，以證事物之無窮，而人之所知之有盡，故秩序論中之所謂知者，在實在論中則又不是爲知，譬之常人以爲空間者，相並（Neben）之謂也。意謂凡自然界無不佔領空間，故無不相並者也，然就吾人之觀察者言之，謂爲相並可也，若就事物本身言之，其果僅爲相並乎？抑爲表現種種形狀乎（Gebilde）？不可不研究也。康德氏曰：「空間者主觀的觀察形式也。」故相並之本身如何？康氏初不作答，然以經驗界之空間的事物空間的現象（Raumesdinge und Raumesgeschehnisse）觀之，可知實在界中必另有一特種關係形態（ein besonderes Beziehungsgefüge），惟有此實在界之關係形態，而後有此現象界顯於空間之形態，故圓也、立方也、橢圓也，皆事物本身上同一關係形態中之種種不同者也，至問此特種關係形態爲何？則非人之所能答也，斯賓諾沙有言：「實在無不佔領空間」，然以吾人觀之，所謂單獨因果者，即物理化學上之現象，誠無不相並無不佔領空間者，至若生物界之現象，就其果而言之，亦無不相並無不佔領空間，然就其因（隱德來希）而言之，何嘗相並何嘗佔領空間？可知生物界之實在，必有隱而不現者在，今僅賴此零星片段，今人窺見宇宙之不可測，則知所謂實在而並不以現象現者，又何可勝數乎？

乃至因果問題，其不易解答，猶之空間問題也，物理界之變化，以前一變爲因，後一變爲果，此之謂因果聯鎖（Ursach-Wirkung-Verknüpfung）；若夫超個人的變化（überpersonliches Werden），如種族沿革，如歷史，則爲一度的，爲可一不可再的，其爲有因果乎？其爲無因果乎？吾人習於因果之說，則強爲之解釋曰：「隱德來希因也。此沿革此歷史果也。」然安知所謂隱德來希者，非即表示吾人智識之限界乎？故近來有放棄因果之說者，謂超個人的變中只有自由（Freedom in Becoming），並無因果者，即柏格森是也。究竟吾人將認論理上之假定之因果論乎？抑認柏氏進化界之 Dieu se fait 乎？此惟有視各人之信仰如何？非理論之所得而斷定也。

以上所云，實在論之第一步也，皆以現象爲果，以實在爲因之立脚點上立論者也，今後舍此由果推因之方法，而突然進入他一界，其進入他一界之方法，則以死之研究爲過渡。

死之情況如何？以不屬於經歷之境界，故非人之所得而說明者也。然死之爲經驗界之實在，則無論何人，不能否認者也。常人曰生始也、死終也，此生始死終之說。果有正確之意義乎？夫亦以時間現象爲標準，故有此說耳；反是者，不以時間現象爲標準，安知非所謂終者之未必終。終焉者，不過由甲形式而入於乙形式耳。由「時間的」境界而入於「非時間的」

境界耳。明乎此義，安知所謂死者，非去「時」而入於「非時」乎？此去「時」而入「非時」之非讖言，於何證之？曰依生物學之研究，機體者既由「非空間」(Nichtraumlichkeit)來。安知其不同時由「非時間」來，其來也，由於「非時間」，其死也，亦曰歸於「非時間」而已。

由「時間」之一界而入於「非時間」之一界，而其中以死為之過渡，由此可以推知所謂實在者，其境界（Zuständlichkeit）有種種，若此世界之表現於時空者，不過境界之一種，除表現於時空之境界外，其他境界，蓋為吾人所不及知耳。

形上學之最終一境，是為上帝。上帝云者，宇宙間種種境界與無「非時間」的變遷之公例之基礎也，蓋以為求到上帝，則一切現象，皆可由之而推演。故上帝之概念，可名曰未發展的可發展的概念，即此大全體中，並各部分而同時並存焉。關於上帝之說，只有可能而無決定，所謂可能則有四：其一，上帝本無本體，即在變遷之中，上帝既在變中，故謂之為全體者，非謂現時已完全焉，乃謂其向完全處進行耳，然全者，兼過去，現在，未來而言，未來既已未來，故上帝為不完全的。且謂為永不完全的可，何也？以將來無盡期也。是為柏格森之說，可名之眞汎神論。其二，同源的一神論，謂上帝與此世，本屬同源，故此世者不過上帝之寫照耳。其三，創造的一神論（Kreatorischer Theismus），謂上帝有本體，然其本體之外，另創造此世界。此說也，教會中人宗之。其四，則為雪林氏之說，現世界之事實上之特別處，由上帝本體而來，事實如此，則定命的焉，而其所以如此，則上帝之自由焉，杜氏於此四說，一一為之說明，而其最終之論，則曰不能下斷語，以此問題之性質，與自由問題等焉。

# 結論

杜氏之說，澈始澈終，本生物現象，以適用於哲學。且轉而以哲學證明其生機主義。若森之淺學，於哲學方問津焉耳，生物學絕未窺門徑，乃敢以介紹杜氏之說自任者，非自謂能知杜氏焉，徒以與杜氏有一面之交，得先聞其學說於百一耳。杜氏嘗引予入蘭伯齊大學動物學研究所，出示其所謂細胞開剖之標本，且介於其門人威爾格氏，爲講其哲學大概，特此一隙之明，故率爾操觚而作此文，若責以評論或比較，則眞所謂魚目唐突璵璠矣。故釋杜氏自述其學說特點之語，以作我此文之結束，文曰：

我哲學之發端，其惟心的程度，尚在康德派或新康德派之上，開宗明義處，但說「我知」，絕不提及「一般效力」之語。至第二部分中，則超出現象論與方法論之外。而認形上學爲學問，雖我之形上學尚不免假定的性質耳。上卷秩序論下卷實在論，二者分離，故絕少不澈底之病。

至於我學說中我所自創者，則有以下各點。

一、以原始的知之秩序概念爲中心。

二、以「複雜程度」之概念屢次應用。

三、未開展之可開展的概念。

四、時、變、自己，靈魂，四者之說明方法。

五、稱自然界對象爲間接的若自獨立的對象。

六、自然界變化之四種形式。

七、以倫理歸入論理中。

八、以積疊與進化兩概念加入歷史哲學中。

九、形上學之發端方法。

十、死之在哲學上所占地位。

十一、我之哲學之出發點之生機主義。

十二、我之排斥心物并行論之方法。

我之超個人問題之說明，卽以生機主義爲本，故生機主義，乃我學說之縮本也。

我哲學之出發語「我自覺的有某物」。導自笛卡兒之我思故我存一語。「我有」二字，得之勒姆克氏（Rehmke）（亦德重要哲學家之一），然我揭出此二字之先，已有哈德門氏（Hartmann），浮爾格氏（Volkelt）（蘭伯齊大學哲學教授，杜氏之前任也）處認定自覺的我之不活動，自覺我之不活動，得思想心理學之助，而將我之固有思想，切實證明，「觀」（Schauen）及「精粹」（essentiae）二字，自虎塞爾氏得來；「對象」（Gegentand）之義與麥以農氏（Meinong）（奥哲學家）同。

至於我之生機主義，絕不受亞歷斯大德氏或哈德門氏之影響。以我之持此主義，尚在讀亞氏哈氏書之先也，且我之生機論，本於科學之研究而出者也。

我之哲學精神，所得於康德及其門人者甚多，此事實也；若對於非希德，黑智爾，雪林之關係則甚淺薄。或者以爲我之學說與非希德有相似處，然我之得力非氏黑氏，雪林氏者甚少，此三氏之影響於吾思想者，尚不如亞歷斯大德，蘭勃尼孳，叔本華，佛里斯（Fries）哈拔脫（Herbart）勞子（Lotze）之多。以非氏等號爲德惟心主義之代表，然智識上之自克工夫太少，故立言有溢出範圍外。

總之，我之學說，自我原來之宗旨言之，則理性主義也，所謂理性者，非總和的機械的之謂也，然秩序一元論旣不能盡情實現，於是我書中有傾向二元論之說。此非我之咎也，而宇宙當前境界（Gegeben）之咎也。我爲康心所驅遣，故不能不明白承認，旣已認此當前之境，故我書中說明處，不能免非理性的元素矣。

以上所云云。有爲前文所已見者。亦有至今尚未提出者，質疑問難，請俟之杜氏東來。嗚呼！學始乎細胞，可謂微矣精矣。擴而至於全宇宙，可謂廣矣大矣。本至微至精之工夫，以建立其至廣至大之宇宙觀，此西方之科學方法，所以異乎東方之考據與夫心性之談，吾深望以實驗科學而兼哲學之杜里舒氏爲我學術界闢一天地也。

原載民國十一年二月十五日改造四卷六號

# 十三、關於杜里舒與羅素兩家心理學之感想

## 一　哲學界之德英兩潮流

善夫，詹姆士之言曰：『經驗主義與理性主義之最顯著之異點，甲則習於以部分解釋全體，乙則習於以全體解釋部分。』惟其甲重部分而乙重全體也：故以哲學言，則有惟心惟實先天後天之爭；以論理學言，則有演繹歸納之爭；以倫理學言，則有義務與功利之爭：方面雖各不同，而其所以爭，則出於一源者也。

尼采有言：『蛇不能自解其皮則殭，而人心則以不越其民族思想——輪廓——爲常。』世界哲學之大潮流二：曰德，曰英。德偏於惟心或理性主義者也；英偏於惟實或經驗主義者也。二三百年來，世界政治變矣，學術變矣，社會情形變矣，英德之哲學家所用之哲學名詞變矣，其所憑藉之科學亦變矣；然試問詹姆士之所謂實用主義（Pragmatism），雪雷之所謂人本主義（Humanism），其出發點與陸克休謨穆勒約翰有何異同乎？夫亦曰名詞之形式與

範圍之所指有不同，而義則一也。反觀之德國，所謂黎卡特（Rickert）之準直哲學（Wert-Philosophie），所謂那托伯（Natorp）之超越哲學（Transzendentale Philosophie），歐根之所謂精神生活，乃至杜里舒之所謂方法的我知主義，其出發點與康德之研究理性本身者有何異同乎？夫亦曰名詞之形式與範圍之所指有不同，而義則一也。即有學者，自形跡觀之，有相異之處，而大本所在，不能越其先哲相傳之衣鉢。馮德（Wundt）之爲世界實驗心理學大家，世所共知也；然一方採英之聯想主義（Associationism），而他方則猶堅持統覺之說，無他，爲康德之傳統所拘束耳。羅素之解釋心物兩世界也，謂爲論理學的結構（Logical Constructions），夫誠一切出於論理，一切出於思想，則應與那托伯之論理主義殊途同歸；顧乃不然，其釋關係也，認爲在外而不在內（Externality of Relations），於是與那氏等異趣矣，無他，爲陸氏之傳統所拘束耳。學者之自脫於一國之風氣，其難如是，故欲知杜氏羅氏兩家之心理學說，不可不知兩家哲學學說之大概。

## 二　杜羅兩家之哲學學說

杜里舒者，自其生物學言，世稱爲生機主義（Vitalism）者也；自其哲學言，則自稱曰方法的我知主義（Methodischer Solipsismus）。至羅素氏則英美新惟實主義（Neo-realism）之健將也。即此我知主義與惟實主義之名而求兩家學說之異同可乎？曰，是決不能。蓋某某主義，某某主義者，一種名稱耳：有名稱雖同而內容則千差萬別；有名稱雖異而內容則百慮一致。美共和國也，中國亦共和國也，蘇維埃之俄亦共和國也；然美之政況，視吾國何如？吾之政況，視俄何如？故曰政治之異同，不應求之名目間；豈惟政治，哲學亦然。杜氏所根據之科學曰生物學，羅素氏所根據之科學曰數學，曰論理。杜氏雖以實驗爲基礎，然不反對先天綜合判斷之說；羅氏以爲一切智識皆起於覺，故反對先天之論。兩家立言之異點，可以條擧之者，尙難更僕數；然吾仔細求之，則知兩家之學說有共同者在，曰注重論理學的元素。

杜氏學說之出發處曰生物學。發見生物之形成，非以物理的元素相拼相合，而另有一向於全體之動因，是名隱德來希（Entlechie），而各物之所以成爲個體者，即由乎此；繼焉，由生物而推之心理，則判斷之成立，意義之瞭解，亦有所謂全體性焉；更推而廣之，至於宇宙，則宇宙之全體，雖不能一覽而無餘，而有所謂論理學，自然科學之公例，則去全體之義雖遠，然不謂爲向於全體性之發展不可得焉。故全體性云者，乃杜氏之根本觀念，而其所謂秩序，所謂意義，皆此全體內之分子所以爲彼此瞭解計而設者也。故杜氏哲學之要點如下：

（一）哲學之發生，在以所知爲我之所知而返省之，故哲學除內省而外無他法。（譬如研究物理者，以物理現象爲止境，哲學更進而問物理公例之由來，故曰以所知爲我之所知而返省之。）

（二）哲學家以內省方法瞭解此宇宙，於是就直接在思想中者，（以杜氏語名之曰自覺的有），而求其所以瞭解之由，則曰思想中之所對上有原始秩序符號（ Ur-ordnungszeichen）。如物之分彼此，地之分上下，時之分先後，數之有多少，皆所謂秩序符號也。

（三）杜氏之所謂秩序符號，與羅氏之所謂關係（ Relation），所謂阿頓的事實（Atomic facts）頗相類；然杜氏不若羅氏之以關係爲止，更進而求所謂『物』之概念何自而來。於是杜氏獨創一說曰：自然界之物，其直接在我自覺中者，只有秩序符號；吾人本此符號，而卽此不在自覺內者，亦由我視之爲若自獨立存在者，而名之爲間接所對(mittelbarer Gegenstand)。故天體之運行不在直接自覺中焉；然吾人無時無刻不認爲存在者，卽由我視之爲若自獨立存在爲之焉；飲食衣服之具，不在直接自覺中焉，然吾人無時無刻不認爲存在者，卽由我視爲若自獨立存在爲之焉；惟其由我視爲若自獨立存在，於是自然界之全體乃有相互之關係，乃有分類，乃有因果可言。

（四）就吾心之體驗，以求其先後起伏之序，於是有心理學。其部分的秩序：曰聯想，曰自覺性位態，曰定向，就其總概念言之，是曰非自覺之靈魂(Seele)。

（五）就以上四者言之，則物心兩界秩序已具；然杜氏以爲未足；曰秩序論中求物界心界之秩序，皆以我知爲出發點，然此大宇宙，非我一人之宇宙也；於是更發問曰：我之知如此，乙之知亦然，推之丙丁戊己而無不如此，可知知之自身，卽爲一種實在；且更進而求前文所謂原始秩序符號之總意義，於是有物自體問題，是爲實在論（Wirklichkeitslehre），是爲形上學。

杜氏以我之直觀爲出發，因以求秩序之符號；及其入於形上學，則取銷我之所得之符號，而求一般之總意義。康德曰純理性，杜氏曰我知；康德曰概念，杜氏曰直觀；康德曰範疇，杜氏曰秩序符號；康德曰理性爲自然界之立法者，杜氏曰我知中之秩序符號；此二氏者，其立言雖不同，要皆由內以及外，由心以及物，一也。

羅素氏則異是；英國之傳統哲學，好以心理解釋認識之由來，陸克氏所謂素紙（Tabula

rasa ）之說，其開山之祖也。休謨氏嘗分認識爲二類：曰認識之起於觀念之相互的關係（Mutual relations ）者，如論理學數學是也；曰認識之超於目前印象之外者，是以因果律爲根據，則自然科學所由以成也。羅素氏既以論理的結構解釋此外的宇宙（External World），宜其與陸克氏休謨氏不同；顧其結果與陸氏休氏如出一轍者，則陸氏之所謂外物者，羅氏代以外象（Appearance）觀線（Perspective）或特子(Particulars)之名耳。羅氏爲數學大家，又爲關係論（Theory of relation）最有貢獻之一人，欲以數學的論理學移植於哲學，於是其出發點曰：外的世界所以構成者，非原來之事物也，乃原來之事物（Thing）上，有各種之外象或曰方面（Aspect）。此外象或方面因觀者之觀點而異，合此外象，乃成一系統（System 數學上之所謂系統），故曰物者，即外象之全類（The entire class of its appearances）也。宇宙之所以構成，即觀者對於事物觀察上所生之種種關係，惟此關係爲實在，而他物皆爲虛僞。而此種種關係，離我之思而獨立，是曰關係之外在性。

由是可知羅素氏之方法，雖爲數學的論理學的，然其不可分析之元素，曰關係。此關係又在外而不在內，故迂迴曲折，而卒達於陸克休謨之境：即一切智識皆來自感覺而已。茲將羅素之說，條而舉之：

（一）羅素氏以數學的論理學爲出發點，認爲宇宙之間惟關係(Relation)爲實在。

（二）數學之中，有謂無限（Infinite）繼續（Continuity），無限小（Infinitesimal）之概念；蓋部分的分析中，即爲大全之所表現，故以此法施之物心兩界，而以心物之分析爲求真不二法門。

（三）羅素氏於其一九一四年所著之外的世界之認識一書中，以爲世界之實在，惟在感官的達坦（Data of Sense）與時空以及物質之關係，此感官的達坦，可化之爲質點，點及時刻（Particles, Points, Instants）（外界認識論，一二二頁）而受數學原則之支配。除此而外，不知心界中復有獨立之現象，一九二一年心之分析出版後，又認念舊爲心界所獨有，於是認心界亦有其公例在。

（四）心物二者雖爲二物，然決非絕然不同之二物，二者皆以中立質料（Neutral Stuff）構成。而其所以爲心爲物，皆爲論理的結構，此結構之所由合成者，名曰特子。而特子之相與，有種種之關係，其間有屬於物理者，有屬於心理者。

（五）羅氏認爲欲使哲學成爲科學，惟有求此特子間之關係，以此關係爲歷刦不磨，故爲客觀的，科學的（Objective, Scientific）而與歷來哲學之人各一說者異趣。

（六）羅氏以爲眞理在特子之關係間；此種結果，惟分析乃能得來，故欲以此方法，施之人事，以破宗教上倫理上種種傳統之說。

羅氏哲學，雖有所謂無限，繼續之新說，然此不過衣服異耳，皮肉異耳，若去衣服與皮肉，而求其骨骼與心靈，皆以外解內耳。以物理解釋感官的達坦也，則所謂外者在物理上之關係；以心理解釋感官的達坦也，則所謂外者在行爲（Behavior），故曰與陸克氏休謨氏如出一轍也。

杜羅兩氏之異同，卽英德哲學之異同也。一言全體而一言特子；一言秩序在我自覺中，一言關係之在外；一言心物兩界絕然二物，一言心物無絕對之異同，同爲中立質料；此兩家之所以異也。然則亦有同者在乎？曰，兩家皆注重論理的元素，一求之於直觀，一求之於關係中；兩家皆欲使哲學進於科學的，一則以無可疑之我知爲出發處，一則以在外之關係爲根據；兩家皆爲主智主義者，故於哲學中擯除準直問題，以求理智之純潔，而免於人事之以意高下；此兩家之所以同也。若就兩人性情論之，一倡非戰而身陷囹圄，一拒絕學界之聯名抗議（對協商國）而見譏於國人，此又兩大學者守正不阿之態度，而可爲學者模範者也。

## 三　杜羅兩氏心理學之內容

第一事當聲明者，則吾人之標題，似爲兩人心理學之比較，而實不然。蓋二人之心理學而果爲尋常教科書之心理學也，則腦神經系如何組織，視官如何，聽官如何，若此者，皆千篇一律，而無待於比較者也。而羅氏之著作，名心之分析，就心的現象，一一爲之分析，而求其元素。杜氏亦無專門心理學，獨其大原則見於秩序論中者若干章。故欲求兩家心理學之異同，實無材料可資以比較也。抑專書雖無，而關於心界之哲學上之立脚點，則二氏著作中已極明瞭，此則吾人所欲研究者也。茲條舉其內容：

（一）心物兩界之關係。
（二）心理元素之多寡。
（三）內省外觀之得失。
（四）思想心理學之實否。
（五）關於非自覺之言論。

## 四　心物兩界之性質

心物二者，屬於兩界，此哲學界之定案，自雅里士多德而已然矣。近代哲學家如笛卡爾氏，斯賓挪沙氏繼之，益闡其說；故羅素之言曰：

『通俗哲學中，認爲久已確定之問題，無出心物判然二物說之上者。卽非專門之家外學者，常曰：「心爲何物，吾不知也，物爲何物，吾不知也，」然認心物二者間，有不可逾越之鴻溝，且認二者實際存在於此世界，則堅信而不疑。於是哲學分二派焉：甲曰心爲實在，物爲心之所想像所虛擬；乙曰物爲實在，心不過某種物之屬性。其以心爲實在而物爲惡夢者，是爲惟心主義者；其以物爲實在，而心不過爲原生質之某種屬性者，是爲惟物主義者。惟心可也，惟物可也，通常人物可也，要皆以爲心物二名之義，已能詳細瞭解，足爲討論之資。然此三種人所一致同意者，而吾人則以爲此三種人皆誤矣』（心之分析十頁）

羅氏此段言論，實爲哲學界一種翻案，而極有討論之價值者。其所下結論，則曰：『心物二者，無絕對之區別。合某物質之種種外象，而成一系統者，是爲物理學之所研究。但就某物質之外象自身言之，而系統與否置不問者，是爲心理學之所研究。（Physics treats as a unit the whole system of appearances of a piece of matter, whereas psychology is interested in certain of these appearance themselves 心之分析一〇四頁）。譬之以桌明之：各坐室之一隅，而見有所謂桌，以視線公例與夫光之反折（原文九十九頁），乃生種種之關係，是名特子；而合此種種之特子之全體，乃成一系統，是名曰桌。故以實際言之，無所謂桌也，本此種種關係，乃生種種外象或方面，因以推定之，若必以桌爲存在物（Assumed existent），是假定一不必要之形上界之物自體（A mere unnecessary metaphysical thing in itself 原文一〇二頁）耳。反之，心理學者不問此特子所成之全體，而但問物理的客體之外象（Appearances of the objects），此外象由感官（Sense-organ）而入，且借徑於中間之媒介機關（Intervening Medium）如眼，如視神經，如腦神經之類。故外象也，感官也，媒介機關也，則爲心理學之所研究（原文一〇四頁）。惟心物二者皆由特子而成，而關係之種類稍不同。故心物非絕然不同，乃另有超於其上而爲雙方之所共同者，是則羅氏之所謂中立的質料也。』

若夫杜里舒則於心物二者之爲判然二物，絕不起疑問，實亦無疑問可言。何也？誠以分析爲入手方法，則物質可分析也，分而至於至微，是曰特子；心亦可分析也，分而至於至微，亦名曰特子。反是者，問物理學運行之公例爲何，曰牛頓公式，曰麥克威爾公式（Maxwell），曰愛因斯坦公式；此類公式，問有可以適用於心界者乎？曰無有也。即此答案，而心物二者之判然二物，即已論定。杜氏以此方法，解決身心關係，解決心物平行主義之爭，故其於心物之中有何公同元素可言，乃絕口不提者也。且吾進而深求之，則羅氏私心所冀者，在以物理公例解釋一切現象，而於今日之時尚未至，則一唱三嘆，是羅氏之隱衷，以爲世界一切皆物質耳，獨以不得已之故，暫時不能不認有所謂心。此則羅氏杜氏根本上之異同，而惟心家之心理學與惟實家之心理學，自不可同日語矣。

## 五　心界元素之多寡

羅氏認心物二者上有共同之質料；杜氏曰心物二者絕非同物。試更綴一問以求兩家之答案曰：『心界自成爲獨立之一區域否？』杜氏曰『然』，而羅氏答曰『否』。其然之者，以爲心界有自身之生活在也；其否之者，則以爲心界無自身之生活者也。羅氏書中一再言之者，曰心界之生活，皆由感覺（Sensation）而來，其他之心靈現象，無不可化之爲感覺。所以以感覺爲根源者，所以證其一切皆由外鑠耳。繼焉稍加返省，則知吾心之中，不止目前之感覺印象，而別有關於往事之印象，於是於感覺之外，勉強承認意象（Image）。繼又考意象之由來，又分二類：其出於習慣者，則習慣記憶（Habit memory）也；其不由習慣來者，則柏格生之所謂純記憶（Souvenir pur）也。夫有純記憶，則所謂心者，在此範圍內爲獨立，故雖竭全力以排斥心之獨立說者，至是亦不能不稍變其說矣。顧說雖變，而心尚不能甘，於是有言曰：念舊的因果或者起於神經纖維之物理的原因。（原文三〇七頁）。一言以蔽之，必求所以排心，而定一尊於物耳。

杜氏反是：既以我之自覺爲出發點，故當然認心界之獨立。而其所認爲心理上至簡而不可分之元素（Elementarlehre），則有六類：

甲，純性（reine Qualität），如色之紅白，味之甘苦，音之高下。

乙，時間空間之符號（Damals-Zeichen, Neben Zeichen）。

丙，愉快與不愉快之感（Lust u. Unlust）。

丁，原始意義（Ur-bedeutung）如彼此異同之類。

戊，眞僞之符號（Wahrheits-tönnung）。

己，存在界之符號（Seinskreiszeichen）。

此六者，至簡而不可分，一有感覺，則六者中必有與之俱來者。而心理學所以爲意義之實驗科學（Empirische Werdewissenschaft des Sinnes, der Bedeutung）者，即在此也。杜氏舉此六者與物界元素三項，——曰陰電子，曰陽電子，曰以太相對立。且聲言之曰，心界有六大類，而每類中又可分若干小類；若夫物界，則依近來物理家之所言，認其元素爲三類。以此之故，足徵心物二者各自獨立，絕非相依爲用者。如是，杜氏曰心界獨立，且有與物界各異之元素；羅氏曰，心界以覺爲前提，覺由特子而成，而無所謂元素。此又兩人關於心理構成之大異點幾於無法相提並論者也。

## 六　內省外觀之得失

杜氏以爲哲學之出發點，在以所知爲知而返省之；而心理既爲吾心體驗之內容，故其所用方法，當然爲內省（Selbst-besinnung）而已。吾人讀羅氏心之分析第六講，全文多贊成內省之言，似乎關於方法問題，杜羅二氏出於一致。顧實則反是，自杜氏言之，哲學既爲一種返省的科學，故心理學之應用內省，無復疑義。羅氏之論內省也，蓋以爲心理現象有爲吾所獨知而不爲人知者，則惟有求之內省之中；若夫求心理現象之公例，內省優乎，外觀優乎？則讀羅氏書者，必毫不遲疑，代羅氏答曰，外觀優於內省。

羅氏嘗舉三問題如下：

（甲）一人之心理，亦有爲他人所不知而已所獨知者乎？

（乙）凡人所觀察者，是否悉遵物理公例，亦有出於物理學之外者乎？

（丙）所觀察之事物，其固有之本質上，悉同於物理界之組成分子乎，抑有異乎物理界之組成分子者乎？（原文一一七頁。）

關於甲問題，羅氏舉種種現象，謂關於視聽者，則爲衆人之所共，關於觸與味者，則公開之度稍次矣。此外更有爲吾所獨知而他人所不及察者。故就此點論，羅氏以內省爲必要者也。關於乙問題，人心之中，明明有意象在，而此意象，由念舊因果而來，故依現時科學情形，無法以物理學支配，此亦羅氏所認爲舍依賴內省外，無他法可以釋解者也。至於心物之組成分子，二者同由特子而成，故無絕對之異同。故第三問當然以同字答之。

羅氏於前二問，雖加以認可，而對於內省方法，則絕對懷疑，其言曰：

茲論內省方法之可恃與否，哲學家中頗有謂人之自知其心的行歷，較之知外界爲確實。此說也，始自休謨繼傳於康德與其徒；依余觀之，此說斷難贊同。何也？凡一時勃發與未加思索之信仰，不論其關於外界或內界，要皆起自倉卒，易陷於誤謬，以信仰或慾望言之，往往有早已存在，而初不自知者。故慾望一端，內省之不正確，心靈分解術已證之矣。其關於智識亦復如是。夫人之自知，宜莫審於自傳，顧後人搜集前後文字，參觀互證之，則罣誤之處，不一而足。卽同一人之身，其所書信札，平日回憶之中，自謂尚可勉強過去，及自細讀，則所見之淺，訝然失笑。即此可知一人心理行動，但憑內省，而絕無他種糾正之法，其爲用甚微。故以吾人觀之，心理學當如物理學，先立爲假設之詞（Hypothese），繼從而驗之於事實。故吾人雖認內省爲知識之一源；然謂其人之自知，勝於人之知外物，則吾不信焉。（原文一二二頁）

羅氏之言，似非絕對否認內省者；然其書立言，依據行爲主義故言乎思想，則以言語爲憑藉，言乎言語之應用，則曰習慣爲之。凡以此故，羅氏以內之所有，皆自外鑠；雖無極端否認之詞，然其不信內省之心，則字裏行間，所在皆是也。

內省既不可用，外觀法如何？杜氏嘗論之曰：『行爲派守外觀法之規矩，但認行爲，以行爲可加以外觀也。若夫在內之心，是否爲知識之源，置之不論。不知對於外人之行爲，而下類推的解釋，即以己心所知者爲標準，若不認有心，更何自而類推。不僅此也，依行爲派之意，但以行爲爲對象，而思想之內容不問。抑知其實行處雖以行爲爲根據，而出發處仍不外乎吾心，苟無吾心，則內省法劣外觀法優之前提，何自而成立乎？』凡以此故，杜氏謂棄內省法而不用者，與解剖家之因掩蓋事實而排斥顯微鏡者如出一轍也。

然則杜氏之方法安在乎？杜氏嘗言曰：『近代之心理學之研究，計有二法：如康德以來，哲學家之言心理，皆用內省法者也；至馮德氏反之，始創實驗法，然所謂實驗者，限於生理的心理，而不及於純粹之思想。自胡爾茲堡學派（Wurzburg-school 寇爾白氏）起，始合二者而一之。』（原文見杜氏講演錄第四期。）此派學者之試驗，先有施術者，對於被試驗者出一題目，令其答覆，繼問其心理上經過。故自其人言之，則內省的也；以有施術者之監察，且記錄其談話，則又為外觀的也。杜氏以為此種方法合內外而一之，故他日高等心理行為之發明，必賴乎此；即以羅素論，固反對寇爾白氏者也，然其為一種革命的方法，則羅氏亦已明言之矣。（原文二二六頁）

## 七　思想心理學之贊否

竊嘗與菊農聽杜氏近代心理學七講既畢，相與拍案叫絕曰：『此不獨中土所未前聞，抑亦世界之創獲也。』夫心理學之派別多矣，有構造派，有機能派，有行為派，有心靈分解派，要不過心理學之一種，何獨於杜氏嘆賞若是？曰：此所謂各派者，其立說雖異，要其影響所及，不出心理學範圍以外；若夫杜氏之心理學，非徒改造心理學也，即哲學界與人生觀為之大變面目可也。

當十九世紀之末，馮德氏之心理學大盛於德，其徒寇爾白氏（Külpe）以為今所謂試驗者，限於視，聽，觸，味，與夫腦神經系之解剖，是生理的心理學，非眞心理學也。眞心理學，應自思想之實驗下手，於是根據前段所言之方法，或以概念之對偶者，——如上下左右等名，先以一字為題，而令被試驗者舉第二字以答；或以二語為前提，而令被試驗者下一斷案。合此種種試驗之記載，而所謂結果者，全不如試驗者之所期。所期奈何？曰思想之要義，是名思索（Nachdenken），或曰一種思之行動（Denken als Vorgang），而此類試驗中，全無所謂思索與思之行動之痕跡，於是為此試驗者之馬邊氏（Marbe）乃大失望。繼焉乃忽於此無結果之中，而得一結果：即思想之中，本無所謂思索或思之行動，本無此物而求之，是求者之過，而非思想之過也。然因此無結果，而忽得一反面之結論，即所謂思想者即所思之突然湧現，而無所謂一種思索或思之行動也。換詞言之，所謂思者，卽有所思（Gedanke-haben）而已，自覺的有（Haben）而已，而思之行動無所表見，故曰思爲靜的，有而非爲（Tun）者也。此卽最新心理學所發明之第一結果，而杜氏以之爲哲學之出發點者也。

所思之突現於我前也，尋常心理學家名之曰感覺，意謂是爲一種達坦（Data），而無所謂論理的元素存乎其間也。顧此輩所試驗，曰任何一念，出現於自覺之中，則必有三種成分：一曰『此』，二曰『如此』，三曰『此眞爲某物』。譬如所見者桌，則心中必曰：『桌者，此也，非他也。』繼則曰：「桌者如此，與其他桌，其他物之如彼者異。』繼則又曰：『此是桌也。』惟一感覺之中，而成分如此其多，故可斷言曰：一感覺之微，已不離思想的元素，眞以杜氏之語言之：則『一切體驗，不能離思，因而無純粹之微，或純粹之感攝，或純粹之表相。』（Kein Erlebnis ist gedankenfrei; es gibt gar nicht die Sogenannte reine Empfindung oder Wahrnehmung oder Vorstellung）此則最新心理學所發明之結果二也。

體驗之中，既不能離思，於是求與覺俱來之思的成分究有若干種？以杜氏所列舉之心界元素六類中，其所謂原始意義者，如彼也，此也，彼此之關係也，異同也，是爲第一類。其次聞怪異之語，則人必曰僞，聞事實相符之語，則人必曰眞。譬如忽告人曰：『中國在美洲』，則聞言者鮮有不指爲僞；曰：『三角之內角度數相合，等於兩直角』，則聞言者鮮有不指爲眞，是爲第二類。惟有此二類，而分別是非之具，於是乎在。此最新心理學發明之結果三也。

世間既無所謂純覺，而必有思的成分隨之，則又有問題生焉：究竟無形之思，是否必以有形之象爲基礎？（Ob es nun unanschauliche Erlebtheiten gibt, welche gar nicht von

“Anschaulichem” getragen sind. 論理學爲解決不盡之問題二十頁）換詞言之，一念之起，眼前不想及一有形物，能乎不能？更進而言之，若思而不賴有形物，則思之與覺，益形獨立，而純無彼此相依關係，則行爲派所謂思想必以語言爲工具之說，亦不攻而自破。寇爾白之徒名蒲雷（Bühler）氏者，謂世固有無覺之思（Die Möglichkeit ungetragener Gedanken），然其同派之大多數，則謂有形之象之大小多寡可不論，然思之發動時，必有微細之有形者相隨而至，譬如說到康德或口中念康德之名，或目中若有純粹理性批導一書在前，皆是也。此問題方今英美學者正在討論之中，而發動之者，則自胡爾茲堡始。此則最新心理學發明之結果四也。

胡爾茲堡派之成績如此，惟其重思，故得名之曰思想心理學（Denkpsychologie）。除創其始人寇爾白氏外，和之者有華特（Watt）阿哈（Ach）穆稅（Messer）蒲雷（Bühler）哥夫加（Koffka）等若干人，已儼爲德國心理學界重鎭矣。而杜氏則亦此派中之一人，其所著論理學爲解決不盡之問題一書，專發揮此派學說，不獨附和已焉，蓋時以己意糾正之者也。

吾所以謂其他心理學爲心理學內部之爭，而此派學說可以影響於哲學者，蓋有故焉。自來哲學之爭，不外經驗理性與夫先天後天之爭；主後天與經驗者，必曰人心如素紙，其所以有判斷，有是非，皆以經驗之故，養成一種信仰（Belief）。反之，主先天與理性者，曰思想之範疇，與夫人之好爲綜合（Synthese），皆起於先天，苟其不然，雖積無量數之感覺，亦無是非判斷之可言。此兩派相持不下，以至今日，乃有胡爾茲堡以實驗方法施之思想，發見思想之中本有非覺的元素在。所謂此也，如此（Solche）也，卽以一覺之微，且不能免，是所謂純感者，本非純感，而先天之說，證諸科學而益信矣。自杜氏言之，其生機哲學中，有所謂全體的動因，以與達爾文之微異之積疊說相反對。若其心理學苟無關於全體性者爲左證，而徒恃感覺與聯想爲說明，是全體云云，雖驗諸物而信者，未必其能適於心也。胡爾茲堡派在心理學上創此新說，隱然與生機主義之所謂全體所謂目的者，不謀而合，於是杜氏熱心採用之，以大成其哲學之系統。抑不僅杜氏一人已焉，苟思想心理學而日新月異，驗諸一切而準；則哲學上惟心惟物之爭，宇宙觀中機械與目的之辨，或者可因此解決。此吾所以謂此派學說，關於哲學與人生者若是其大焉。

語曰：『曲高和寡』，豈惟音節，學說猶是。寇爾白氏之始創此說焉，馮德以其背叛師說，抨擊之不遺餘力（事略見白蘭脫 Brett 心理學史第三卷二八二頁）且詆之爲經院派的哲學（Scholastic Philosophy）。茲略錄馮氏之言，以見此種學說雙方之是非。

『或者以爲思想行歷（The processes of thought）之研究，應用他種方法，——即以亞里士多德以來論理學上之公例，爲思想行歷之心理的分析之基礎；抑知以心理之經過，化爲論理的判斷，此經院派之哲學家所苦心爲之而極工巧者。聯想也，感覺也，情也，一一爲之下一論理的解釋，於是人生之行動，若盡以論理公例爲規範；抑知思想之由來歷時甚久，而論理公例之發明，不過一、二千年，此種規則，只能適用於思想之一部，而不足以概其全。故根據此種規則，以解釋心理學上之所謂思想，是以眞正之事實與論理的返省混爲一談而已。』（詳見馮德氏心理引論英譯本一四八頁）

馮氏之言，謂胡爾茲堡對於思想之義解釋太狹也，謂其將心理與論理混爲一談也，固非絕無理由。然胡爾茲堡派之立脚點，曰『世間無純覺，有覺則此也，如此也之元素與之俱來。』誠此說而無法推翻也，則經院哲學之譏評，必不足以服人心也。

若夫羅氏，則習於以外釋內，其不甘屈服於此派學說之前，尤爲事理之所必然。茲取羅氏之言譯之，以其評論頗與吾人所稱道相針對也。

『近年以來，有所謂以實驗方法施之思想心理學者，其成績以一九〇九年爲止，詳鐵靑納氏所著思想行歷之實驗心理學講義 (Lectures on the Experimental Psychology of the Thought Processes)；全心理學雜誌 (Archiv für die gesamte Psychologie) 所載華特氏，穆稅氏，蒲雷氏論文三篇，亦可見鐵氏所稱爲實驗派之學者之所搜材料。』

『以予觀之，此派學者所爲，殊不重要，以其方法不合於吾所謂科學的實驗之條件也。其方法：先出若干題目，令人答覆，其答案與夫根據內省所得之思想行歷之經過，一一爲之記錄。如是，以此等人之內省而認爲可恃，不免於輕信。予固非全然否認內省如華生教授 (Prof. Watson)，然竊以爲內省之法，常不正確；而心中先有一種學說之成見，則其不正確爲尤甚。譬之某甲目光近視，而心中深信某乙之來，於是指道上行人問之曰：「此人爲誰？」則甲必曰：「是某乙也。」假令一市之中，人人近視，則積疑成信，往往而是。然爲繩愆糾謬計，當以所見相反者之言爲旁證。然此派學者之試驗，曾否圖所以糾正其內省者，正未敢必也。使以華生教授爲被試驗者之一人，則華氏之答案，必與蒲雷氏之記錄完全相反，此吾所信而不疑者也。鐵氏引馮德氏之評論，以予觀之，乃極有根據之言。馮氏曰：「此等試驗，非眞正科學方法之試驗也，徒以其試驗行之心理實驗室中，且以施術者一人，被試驗者一人，互相合作，故名曰實驗，實則虛僞之實驗也。且其實驗之中，絕不守嚴格之方法（Unmethodical）。故內省有二：有平日生活中之內省，有實驗心理上之內省，關於此項畫分之特色，在此等試驗中殊不表現」云云。鐵氏書中自謂與馮氏之所見異，然竊以爲鐵氏之所以反對馮氏者，其理由不充分也。蒲雷氏所用之被試驗者，多爲心理學專家，則尤令吾懷疑，以專家雖習於內省，然專家之言論，每取於己有用之學說，故尤不可恃也。試引蒲雷氏所著思想（Über Gedanken）一書中之言以證之。蒲氏曰：思想之中。吾人所體驗者爲何，此爲吾人所常自問之問題，然對於思字，吾人暫不下定義，但取各人所述之所謂思想行歷者從而分析之，而吾人所得之結果，則思想中之要件，卽自覺的有某物（Bewusstheitdass, awareness of that）是也』。（羅氏書二二三，二二四，二二五各頁）

羅氏既就內省與實驗兩點，反對胡爾茲堡派之學說，同時更提起蒲氏所發問題，曰思想是否以有形物爲憑藉？更就羅氏書譯之如下：

『蒲氏云：「思想無待於言語或覺攝的表相。」又云：「吾可以明言者，卽一切客體無不可入於思中，而無需乎覺攝之助（Anschauungshilfe）。房中圖畫上各色深淺，苟其除感覺外而可以表現於吾心，則一無覺攝，而思想中明白認識之可也。」總之，蒲氏之意，所謂思者，不能分化爲其他心理元素，而思中有若干定則在，謂思無取乎以文字表現云云，乃爲蒲氏立言之要鍵；以苟所謂思者，不離文字，則行爲派言語習慣之說，必占優勝矣。無字而有思之說，亦由被試驗者之內省而來，以予觀之，此無字（或云無象）之思（Imageless thinking），乃一種革命的見解，吾不能信其確有根據；以所謂無字者，非眞無字也。或其人潛心學問，長於思索，故思中可避去種種中間之詞（Intermediate Terms），或過去甚速，而不及覺察。猶之遠望者常用千里鏡，此千里鏡，卽爲過渡之具，今以見遠之故，而忘其由此達彼之經過，可知習慣已成，能省文字耳，非眞無待於文字也。』（原文二二六頁）

羅氏與胡爾茲堡派之爭點？亦卽羅氏與杜氏之戰線也，故詳述兩家之言如是。以吾所聞於杜氏者云：近來思想心理學之材料甚多，惜羅氏皆未之見，乃徒憑華生氏傳述之言，妄肆譏評，故深爲羅氏惜之。且卽曰實驗之可恃否，不可知也，內省法之可恃否，不可知也，而吾人所知者，則思想之中，必有彼此之分，必有是非之分，此數者杜氏名曰原始意義，或曰論理的元素。苟思想中而本無此等元素，則人心猶照相鏡耳，攝印雖多，而何來判斷之可言。此則胡爾茲堡派之根據，不易動搖者也。夫人生不外乎內外，就內言之，曰判斷，曰思；就外言之，曰印象，曰言語。思與判斷，皆賴印象與言語以養成之，此英國學派之言也；思與判斷不賴印象與言語而自存，此德國學派之言也。然思與言語之不可一日離，猶心與物之不能一日離；心物之爭既不決，則思言之勝負亦無自而分；然吾終信無離思之覺，爲學術界大發明，其有功於排除機械觀之心理學者，非淺鮮焉。

## 八　非自覺之言論

自覺性之是否爲整體（Entity），英德學者之所爭執者也。是否爲整體暫勿論，而心理現象中有自覺性在，此英德學者異口同聲者也。譬諸牙痛而自知其痛，腹餓而自知其餓，此所謂自覺性也。自康德以來，德國哲學界好用一般自覺性之說（Bewusstsein überhaupt），若離我而自爲一體，無所附麗而自存，一若鬼神之忽出忽沒，在若有若無之鄉。於是詹姆士起而發自覺性有無之問，而羅素從而和之。以杜氏言之，書中好言『我自覺的有』，至於超於我上之一般自覺性，亦彼所排斥者也。雖然，既認體驗，則自覺性爲不易之前提，至所體驗者，以何因而至前？則吾人不得而知，故於自覺之外，應有非自覺之觀念一也。甲念之動，而乙念隨之，此乙念者，必在記憶之中明也。然平日在我記憶中，而不爲我知，獨因甲念之至而至，則乙念必在非自覺中，此於自覺之外，應有非自覺之觀念者二也。以夢時醒時言之，夢時所現者，往往爲醒時所不知或不記，則自覺之外，應有非自覺之觀念者三也。推之催眠術，機械的動作與夫自覺性之分裂中，一我之外，常有己所不知之他我在，此於自覺之外，應有非自覺之觀念者四也。（詳見杜氏非自覺文中）更進而言之，『有』在自覺之中，若其起伏變化之由來，皆非人之所自知，故必有非自覺之心靈爲大本，是名靈魂，此尤一切心靈現象之總綱也。杜氏認爲心界現象之說明，非有非自覺之概念不可，故於其書中明白承認之。若夫羅氏則反是，凡不經分析之概念而加以承認，則令人疑神疑鬼，於科學進步，反生妨礙。且彼書中所着眼者，惟有分析，凡可以分者，必求分之而後已。故一切心靈現象背後，是否必需非自覺之觀念，而後乃能說明，則羅氏初不注意焉。關於福魯德非自覺的願望（Unconscious

Wishes）之說，羅氏極爲贊同，特嫌其一切歸之性慾（Sex），不免失之太狹。以爲爭名爭位之念之爲害，不亞於性慾。且福氏於非自覺之觀念，未曾解釋明白，故羅氏評之曰：

『福氏與其徒，關於非自覺欲望如何限定吾人之行爲與信仰，雖已證明，無復疑義；然此欲望究爲何物，則絕未說出。且其學說蒙以神秘怪異之空氣，故流俗趨之若鶩。其立言之際，若欲望之願居於自覺的，其恒態也，所以爲非自覺者，又別有原因。因此之故，所謂非自覺者，若地下之獄囚，身在禁錮中，然移時而後，則吐其嘻吁之氣，肆其咒咀之技，以出現於光天化日之下，而一度旣至，旋復隱匿，而來去雖若有定期，然不可捉摸。流俗之讀福氏書者，常視此獄囚爲第二自覺性，時欲奮聲而呼，以出現於吾人之前，徒爲福氏之所謂監察人（Censor）所阻，不得高呼。然有時放聲而來，則爲衆所共聞見，大肆擾攘。聞福氏言者，有謂人類率性而行，將無復有法紀可言，反之，習於謹愼者，則欲曰：幸有此非自覺之監察人，不然，人欲橫流，不知伊於胡底。』

『雖然，事實眞相，果如此神奇乎？未可知也，依予觀之，非自覺的慾望，行爲中之因果的定律耳。人心有所不滿，則躍躍欲有所動，及其目的旣達，一身中一時之平衡，又復恢復。故知其所欲達之目的，則所謂欲望者，乃自覺的也；不知其所欲達之目的，則所謂欲望者，乃不自覺的也。如是，非自覺云者，非實有之物，不過欲爲某種行爲之趨向而已，與力學之所謂力，無二致也。』

『如是，非自覺的欲望，原非神秘；其自然之原形，本來如此。自身之觀察，流俗之見解，從而左右之，因而演爲他種慾望。』

『如福氏之意，非自覺的慾望，皆經自覺的一級，因吾心之不許，於是壓抑（Repression）之而爲非自覺。依吾人觀之，壓抑云者，本有其事，然非卽慾望之非自覺性之理由也。蓋慾望本非自覺的，及經人注意，然後變爲自覺的；而平日之所以不注意者，則以常人性懶，好服從時論，時論命之曰慾望爲何種，則其心理上亦曰慾望爲何種。昔日曰人之慾望合於正規，則心理上之信仰隨之，自聞福氏之說，曰人之慾望，醜惡萬狀，則心理上之慾望亦隨之。要之，忽以慾望爲善，忽以慾望爲惡，皆學說之移人，而非眞得力於自省者也。何也？人性好逸而惡勞；隨俗轉移，逸也；克己返省，勞也。』（原文三七、三八頁）

自此所言觀之，則羅氏之意與杜氏異，凡意之所不滿，有躍躍欲試之狀，卽謂之爲非自覺，與杜氏視爲心靈界特別之我，逈不同也。既爲不滿意之結果，故不論爲自覺時，非自覺時，均有此種情況，則事極尋常，絕不足驚奇怪異。雖然，吾人目覩催眠之象，且讀摩頓普靈司（Morton Prince）之書，謂非自覺乃一若是之普通現術，吾竊疑之。雖然，羅素氏好爲分析者也，以爲稍涉含渾，卽流爲玄體（Mataphysical entity），而有生心害政之憂，其所以力排非自覺之說者，意在此歟？

## 九 結論

杜氏之初入京也，其聽杜氏講演者，每相與發問曰：『他家心理學，必講視官如何，聽官如何，而杜氏則否；他家心理學必講腦神經系之組織，而杜氏則否；他家心理學必講感覺如何入於吾心，然後轉成觀念，而杜氏則否。然則杜氏所講者，果心理學否耶？

於是有問題生焉：何者爲心理學之正當職司（Function, Aufgabe）？心理學之職司定，而後杜氏所講者是否爲心理學之疑問，乃得而決。

近世科學的心理學之發生也。大抵自解剖學生理學入手，故其始之所研究者，則爲生理組織，其次及於視覺聽覺之如何運用，最後則及於心理病態，要之，皆就生理以求心理而已。故一切教科書開宗明義，必論視官聽官腦神經，固其所也。雖然，此等材料，謂爲感官行歷之分析之學（Analysis of the process of the sense 美哈佛教授維納 Wiener 之言）可也，謂爲心理學不可也。何也？心理學以心爲主題，故心中有何種現象，其現象如何聯絡，有無一定公例，此則心理學之正當職司，而其他皆其附庸耳。

吾今持此標準，以評杜羅兩家之心理學，則知羅氏縷縷數萬言，其所論大抵在生理方面，在感覺方面；而其心物無絕對異同說，心理現象槪由覺來說，皆由此一點來也。

惟羅氏以爲世界之實在，不外關係不外外象（Appearance）。合種種之外象以成一系統者，此物理學之所有事，但問某種外象自身而不問系統者，此心理學之所有事（原文一〇四頁）。惟羅氏以吾之觀物方法爲心理學，而心理學之正當之職司不問焉，此其心理學所以與杜氏異者一也。

惟羅氏以爲心理現象皆由覺來，故幾欲擯絕他種知識之來源；繼以意象之起，確自內發，而意象則由念舊的因果關係而來，於是勉強承認意象，內省，與心理上之特種公例。然認心靈之獨立，則與羅氏統一物心兩界之宗旨不符，於是又聲明曰：此種心理現象，或者起於神經纖維之物理的原因，此其心理學所以與杜氏異者二也。

誠令人智皆由覺入也，則所謂心者，猶之攝影機，而何來記憶思想與推理之作用？於是羅氏釋之曰：『是習慣（Habit）爲之。』故其書中屢引華氏習慣養成於盲動（Random Movement）之說，並贊成桑達克氏效果（Law of Effect）與練習（Law of Exercise）兩例。此杜氏之所未論，而羅氏所特詳者三也。

以心理爲獨立存在，以思爲內發者，每曰思爲自主的動作，與外物無涉焉。羅氏既認人智由覺而來，而又有習慣以輔之，故其關於推理之解釋，雖與行爲派所云言語之習慣（Language-Habit）不盡相符，然大旨不越其範圍。問甲小孩曰：二乘二之得數爲何？甲曰五，乙曰四，平常每評曰乙之思想對，甲之思想不對，實則無所謂思想也，不過乙之用語對，甲之用語不對耳。（羅氏原文一九九頁論字意了解四種）故羅氏言曰：『了解言語，等於了解打球，皆習慣爲之，有諸己者，並以之推諸人（原文一九七頁）』且曰：『思想之實用之精髓，在於對於符號有感覺性（The whole essence of the practical efficiency of thought consists in sensitiveness to signs）』如聞人云汽車，則想及傷身之險，因走道旁以避之。此一點也，爲英德思想絕不相同之點，而羅氏與杜氏所以異者四也。

羅氏書第十一章論概念（General ideas）之由來，第十三章論眞僞之標準，皆與杜氏有可比較處；然已屬諸認識論範圍，姑置不道。茲更就兩家之異點，簡單列舉如下：

| 杜里舒 | 羅素 |
| --- | --- |
| 一，以吾心之體驗爲出發點。 | 一，以感覺爲出發點。 |
| 二，心物爲兩界故反對心物平行主義。 | 二，心物二者同以中立質料組合而成。 |
| 三，思想由內發。 | 三，思想由習慣而成。 |

| | |
|---|---|
| 四，心理學之方法在內省。 | 四，心理學之方法除由念舊關係而來之意象外，可以外觀得之。 |
| 五，思想運行之公例，除聯想而外，有限制動因，有定向。 | 五，思想運行，曰習慣，曰聯想，二者由念舊而來，然可推本於物理的原因。 |
| 六，以靈魂及非自覺爲最後之根據。 | 六，羅氏反對之。 |
| 七，全書之論調爲綜合的。 | 七，全書之論調爲分析的。 |

總之，杜氏之書，其所研究者曰思想之元素，曰思想如何運行，故其所求者則思想之公例。羅氏反之，以分析爲目的，且欲以行爲說明心理，故屢引饑餓與臭爲例，誠使餓與臭而果爲心理也，則舍行爲主義外，尙有何種解釋方法？若其以思爲主，則心物之併爲一譚，與夫外觀之方法，皆不攻而自破矣。

雖然，更有一言奉告讀者，吾所以舉杜羅兩氏而論之者，以其爲代表英德思想之種類（Type）也，以其立於心理學上內省外觀之兩極端也。諸君苟問我此兩派孰是孰非？則吾敢以中國人好調和不澈底之態度答曰：兩派之言皆是也。人之於世，不外內外，不外心物；主惟心主義者曰，一切皆由心造，一切必爲心所知，而後能有所謂物，故曰惟心主義是也；惟物主義者曰，苟無外界之覺，則知識何自而來？惟與外物接，乃能有經驗，故曰惟物主義是也。推此心物之爭於心理學之研究，則兩方之各有理由，正與此同，何也？人卽有推理之力，然一日之間，口必有言語，手足必有動作，故以言語與習慣解釋在內之心，自然有相當之證據；反之，既有感覺，吾心從而綜合之，於是有概念，有是非之可辨，判斷之可下。更有天才絕特者，文藝學術上，有出人意表之發明，則言語習慣，不足以盡之，惟有求之於在內之心，故曰兩派之言皆是也。吾力而逮焉，當求所以調和英德學派以貢獻於吾學界，若夫抱一先生之言，以黨同而伐異，非所望於新文化之運動者焉。

三月二十八日草於松坡圖書館京寓

# 十四、杜著愛因斯坦氏相對論及其批評譯序

——此書之譯爲我慈母六旬紀念——嘉森

## 一

我於物理學爲門外漢，微愛因斯坦之名之催眠，雖至今足不涉物理學之藩籬可焉。一九一九，一九二〇年之交，適居歐陸，報紙之所載相對論焉，學者之聚訟相對論焉，乃至政譚之會，社交之地，三五人縱譚，必及相對論。我爲好奇心所驅遣，乃從事研究。時友人夏君浮筠，同寓柏林，每見則持相對論一書相質證。繼復就柏林大學助教烏君往還講習者數月。惟我乏高深數理之素養，故所得殊淺薄。杜里舒之東來也，講題本以生物學及哲學爲限，惟其新板秩序論中有評相對論文字一段，抨擊愛氏至猛，若不兩立者。竊以學理不貴一尊，有反方之文，則正方之理，或因而尤顯。嘗以此意商諸尙志學會林宰平先生，宰平先生然其說。乃慫杜氏發表其反對之意見，此則杜氏作此文之由來也。

相對論之發明，爲物理學史上之大事，抑不僅物理學，哲學界受其影響尤大。一九二一

年，國際哲學會開會於英之牛津大學，討論哲學家對於此問題之態度。以我所見，英之哈爾頓著「相對性之世界」(Haldane: Reign of Relativity)，法之柏格森著「綿延與同時」(Durée et Simultanéité)，德之喀西倉(Cassirer)之「關於相對論之認識論的觀察」(Zur Einsteinschen Relativitätstheorie)與雪黎恩(Ewald Sellien)之「相對論之認識論的意義」，皆因此而起者也。故研究之題目同，而其方面異。物理學家所重者在物理方面，哲學家所重者在哲學方面。以吾與物理學渺不相涉之身，於此問題者若須臾不能去懷者，其動機在是。英之哈爾頓爵士(Lord Haldane)有言曰：

『今之科學家以踏實之步調，進於向所不進之領域中。然此領域非科學家之領域也。此問題爲雙方之交界處，爲科學家與玄學家相逢處。科學家之需要玄學家，與玄學家之需要科學家，正復相同。以此原則非科學家所得而獨占者也。』(相對性之世界三十四頁)

哈氏自謂留心此問題已逾四十年，而其著作之成，復求諒讀者寬其越境發言之罪。(詳言原書三十五頁)，則以我之爲一時興會所鼓動者，其敢搖筆弄舌，論列此事之是非得失乎？顧數年來遍求國中一二文字評相對論在哲學上——是非者，而不可得。不得已乃假手杜氏，以之爲發難之人。而譯述之責，我又從而自任之。孟子曰：予豈好辯哉。予不得已焉。此書之譯，與譯後而爲之序，其感想亦若是耳。

二

相對論者何？以通俗之語釋之，所衡量之時空之單位，因觀察者之地位與觀察者之引系而定。時空單位既因觀察者而定，則時空者非足乎己（Self-contained Entity）者也；乃因所對待而定者也。故謂爲相對論。近世物理學之創建者曰奈端。其下時空之定義曰：

(一)絕對的眞的數學的時間，自己流轉，一成不易，而無待於外界之物。

(二)絕對的空間，自己存在，一成不易，恆定不動，無待於外界之物。

奈氏此書向爲物理學家所遵守，無敢有非之者。自一九〇五年愛氏發表其特殊相對論，謂電光現象中，非變更奈氏時空之觀念，則時空單位末由正確測算。自其說出，昔日物理學上之力學與電光學方程式不能互通爲一者，今則迎刃以解。舉世從風而靡，號之曰時空相對性。雖然，其爲時空之相對耶？其爲時空測算上之相對耶？此關於特殊相對論之哲學方面之疑問所應剖析者也。

康德之言曰，覺攝之中有成分二：覺攝之質料，一也；覺攝之所由以秩然有序者，是爲覺攝之形式名曰時空，二也。覺攝不能離時空而獨存，故有時空而無物者有之；有物而無時空者決無有焉。其論時空之性，曰不自經驗來；曰先天之表相；曰時空爲無窮大。（康德之所謂時空，與奈端之定義不同，不可不辨）讀此言者，必曰康氏以時空爲先天的。而愛氏曰，時空必待量而後定。是兩相反對。若愛氏是，必康氏非矣。若康氏是，必愛氏非矣。雖然，不知兩家之名詞同，而其內容各異。康氏之所謂時空，哲學上之時空也。愛氏之所謂時空，物理學上之時空也。何也，哲學上之時空，爲吾人認識外界時所不能外；其以光速爲標準抑不以光速為標準，暫置不問。而要之既言時空之衡量，則胸中必先有時空之一觀念；而後奈端之所量與愛氏之所量，乃可得而比較。故言物理學上之時空，實已以哲學上之時空之存在為前提矣。讀者欲知愛氏之時空與康氏之時空之異時，請證之愛氏言：

『「同時」之概念，在物理學家言之，必先有一種可能，就具體的例中，證明此概念之中與不中，然後能認此概念之存在。因是需要「同時」之一種定義，此定義中包含一種方法，能將前段所云兩處雷響，以實驗之法，驗其是否同時。假令此條件不能實現，則我為物理學家，（或非物理學家，亦當如是），不能以己欺己，不能對於同時之概念信其有一種意義。』（相對論淺釋德文本十四頁）

愛氏乃進而證明其引雷響之例。在車站上見為同時者，在車中不見其為同時。乃斷言之曰，引系各有其特別之時間。故舉某時刻而不聲明其引系為何者，則其所舉之時刻為無意義。而其所力排者則古力學之兩種假定：

（甲）兩事件之時間距離，離引系之動態而獨立；

（乙）一剛體兩點間之空間距離，離引系之動態而獨立。（相對論淺釋二十頁）

此二者以時空為一成不變，正與愛氏之時空之相對說相反者也。觀以上愛氏之言，謂苟不先之以實驗，則不應信此「同時」之概念。其為純粹科學家之態度，毫無疑義。然不知所欲證實者即為「同時」之性質，即為時間之性質。使愛氏胸中先無時間之概念，則所實驗者自身且不知其為何物矣！惟其先存時間之念，因而施以實驗，乃得一結論，謂時空之距離，因引系之動靜而定。然各引系之動靜卽令不同，各引系上所觀之時空卽令不同，而要必別有一理想上之時空以爲之標準。然後兩引系之時空，乃得而比較。然後愛氏今日之新標準，與奈端當年之舊標準，乃得而比較。故曰驗物理學上之時空者，已先以哲學上之時空爲前提。康德所以謂時空不由經驗而來，乃一切覺攝之背後之先天的必然的表相，正以此也。

讀者既明康氏與愛氏之言之異同，於是杜氏本文中所爲再三往復者，一曰實有言表，或曰思想之所能確指，一曰測定方法，或曰實際上所能證明，云云，乃可得而解矣。蓋杜氏意若愛氏自認其學說之適用，以所能測定之時空單位爲限，則未嘗不可承認。若謂既已解決哲學上之時空問題，則並同時觀念而根本不能存在，本爲爲同時者，忽又變爲不同時，本爲不同時者，忽又變爲同時，豈不並論理學上之矛盾律而推翻之乎。杜氏推至其極，遂謂愛氏學說在論理學上不能成立。然以我觀之，苟畫清康氏與愛氏所謂時空之定義，則兩說不妨兩利俱存。雖謂並無衝突無不可焉。何也？物有可以實測者，有不可以實測者。可以實測者，所量之時空單位也，不可以實測者，覺攝背後之先天的時空也。謂甲爲相對，謂乙爲絕對，有何不可通之有！惟科學家中每好以證明爲惟一標準。凡不能證明者，卽不認其有此物。卽愛氏所言「非物理學家亦當如是」云云，亦已含有此種意味。而循此態度以往，非至推翻論理學上之大原則不可矣。此杜氏之所以毅然反對，誓與之不兩立；若謂並愛氏之測驗方法而抹殺之，則非杜氏意焉。於是關於特殊相對論上時空問題，吾人可得表示其態度，曰：愛氏之所謂時空相對性，固不能推倒舊日哲學上之先天表相之時空，然吾人並不能執先天的時空說並物理上時空相對說而否認之。此非調和派不澈底之言也，亦非吾一人之私言也，其根據康德學說以評愛氏者，皆如此言之矣。

## 三

關於普通相對論，杜氏之所以批評愛氏者三點：曰歐氏幾何學上之空間爲三度的，愛氏之所謂空間既非三度的，故反歐氏幾何學不得以幾何學名之，而名曰關係論，此其一，愛氏學說謂爲數學之大成功則可，謂爲已有物理上之達坦以充實之則不可，此其二；一九一九年日食之測驗，杜氏根據論理學之原則謂爲結論之承認，非即理由之承認，故此測驗雖重要，要不得謂其學說既已證實，此其三。關於此三點，意見之異同，可以一言括之：則空間之歐氏性或反歐氏性是矣。今敍愛氏普通相對論之內容大概，然後就此三點而述我之所見。

特殊相對論，以直線等速運動爲限，尚未及於加速運動焉。自一九〇五至一九一五年之交，愛氏殫精極慮，求所以統一物理學上根本方程式，於是有普通相對論之成立。

普通相對論之前提曰「等值原則」（Principle of equivalence）謂惰性質量與重力質量常相平等也。譬之有某物理家在關閉之箱內，箱中陳列各物，不受外力之加，自以一定之加速率下墜。則此物理家所以釋此現象者將有二說：其一曰，此箱靜止於一天體上，而物之下墜，則天體所發生之攝力區爲之也；其二曰，此箱之動，以與下墜之物體方向相反，其動也由於加速率，而物體既不受外力，則以受惰性之影響故從而下墜也。同一現象而所以解釋之者，甲曰重力；乙曰惰性。是必二者之質量相等而後可。換詞言之，重力或攝力與夫所謂惰性者，名雖異而實則一。因而根據攝力而爲動力學（Dynamics）之記載，與根據加速運動而爲純運動（Kinematics）之記載，二者可以互通爲一。

夫運動之變化，甲曰起於攝力；乙曰起於加速率。其所以生此異同者，皆觀察者引系之地位爲之，或地位之相對的變遷（Relative change of position）爲之。且愛氏以爲所謂攝力者非力也，乃空間之性質也，隨引系坐標之轉換而轉換。

既以攝力爲空間之性質。於是求物質點之運動之原則曰，第一物質點之世界線，乃時空連體中之最短距離線也。或曰兩事件之世界線，乃最少限度也。（Die Weltlinie eines materiellen Punktes ist eine geodätische Linie im Raum-Zeit Kontinuum, d. h. die Weltlinie zwischen zwei Ereignissen ist ein Minimum）此說也，與奈端所謂質點之行，不遇外力爲直線等速者正相反也。

欲表示此世界線的元素，舊日笛卡兒之坐標軸既不適用，乃代以高斯氏（Gauss）利門氏（Riemann）之幾何學。以舊日幾何學不認空間爲曲的，而高氏利氏則爲曲率而設者也。質言之，爲實行普通相對論計，關於時空連體內之事件，不適用歐氏幾何學，而以反歐氏幾何學代之。

愛氏以爲此四度世界之曲率，隨物質在空間時間上之分配而異。簡言之，曲率即由物質分配而來。

所謂時空連體云者，時間空間不能離而爲二，二者屬於同一種類，且可以互換。

本上所言，吾人乃進而評杜氏之所評。杜氏以爲愛氏之說，僅爲關係論之一章，而不認爲在物理學上既已成立。此言也，竊不謂然。蓋空間之曲率也，曲率由於物質分配來也。因其所適用之幾何學爲反歐氏幾何學也。此種種者皆普通相對論之根本原則也。此種根本原則，在一九一九年日食測驗中光之曲折尚未證實前，則吾人抱定奈端物理學歐氏幾何學而不變可也。自有此測驗，則無攝力之地光以直線行，有攝力之地光以曲線行之原理既已大明矣。夫宇宙之大，推廣言之，何在非攝力所瀰漫。故以純理言，應無在而非曲率。特於短小之距離，有攝力而爲人所不覺，於極大之距離，有攝力而於物之動靜自生影響。此則曲率之理所以必驗之日食而後明也。既已證實曲率之一例，則愛氏學說所以成立之種種根本原則。吾人安得而不連帶承認之乎。然而杜氏又有說曰：

『然不知以日食之測驗爲證據，是違反論理學中關於前提與結論之部分之大原則者也？論理學中之大原則二：其一曰承認理由者，同時非承認結論不可；其二曰否認結論者同時非否認理由不可，此外若加一第三原則，謂承認結論，同時卽承認理由，此斷斷乎其不可通也。蓋知某事之眞相爲一事，知其眞相而後，而其原因如何，則又爲一事。譬之既知路之濕矣，然所以濕者由於天雨乎，由於水車經過乎，其原因如何，則又爲未知數也。』

杜氏謂結論之承認非卽理由之承認。此說也，施之演繹論理學則可，施之歸納論理學則不可。蓋自然科學之中，彙集若干事實，求其共通之現象，而勒之爲公例。其公例之是否有效，則視其事實之多寡而決。今既有光折以證之矣，其他若水星近日點之計算較前爲正確，若景線的移動則有葛蘭伯（Grebe）之計算。謂爲事實尙少，不足盡證實之能事則可，謂爲根本上不能成立，此斷不可也。其次爲空間之三度四度問題，同時卽爲歐氏幾何學與反歐氏幾何學之是非問題。杜氏抱定康德之空間爲覺攝形式之語，故必以三度爲限。其近於三度上者謂爲非覺攝之所及，不得以幾何學稱之，然以予觀之，依康氏原則，而反歐氏幾何學，初非與之相反。試舉康氏關於空間五特點之第二第三而論之。

(二)空間者，先天的必然之表相也；爲外界的覺攝之基礎。欲求一表相所在而空間不與之俱來者，不可得也，欲求一有空間而無物之地，此可得者也。空間者，現象之可能之條件也，謂爲依現象而定者不可也。因此謂爲先天的表相，爲外界現象之基礎。

(三)根據以上之先天必然性，於是幾何學之斷然的確實性與幾何圖形先天的構設之可能性，乃以成立。假令空間之表相，爲後天所得之概念。則此概念乃自外界經驗而來，而教學上之根本原則等於外界之感覺矣。苟爲感覺，則不免於一時之偶然性，而無必然性之可言。卽如兩點之間，只有一直線云云，將爲不確之論，可隨經驗而異矣。(下略)

以康氏之言分解之，則空間爲必然之表相。故幾何學有斷然的確實性。反之，若其非先天的表相，而由於經驗而來，則因經驗而異，而無必然性矣。此問題爲歷來英德惟心惟物兩派之大爭點。德之惟心派皆以幾何學爲先天綜合判斷。英之穆勒約翰謂幾何學亦積經驗而後成。而此次相對論，與經驗派以藉口，謂苟非愛氏輩之實驗。則空間之性質安從而確知。新幾何學又安從而成立？然依予觀之，四度空間之證實，雖至愛氏手而實現，若高斯幾何學成於一八二七年，利門幾何學成於一八五四年，是遠者先於愛氏百年，近者亦先於愛氏八十年。當是時也，並無物理學之實驗，而其曲率空間之說竟能成立者，可知康氏先天表相之說，施之新幾何學而無不可。初不以愛氏後起之實驗而破壞焉。豈惟不破壞，蓋對於康氏之言之效力，加一重保障耳。(明可夫斯几四度宇宙說之發明，在愛氏相對論後，然第四度既為時間，故為一種特例，不得先天說之存在）故幾何學為先天綜合判斷，不待經驗而後成。此吾與康氏杜氏意見一致者也。若夫以此為立脚點，因而斷定新幾何學為非幾何學，則我與杜氏所見異矣。何也？歐氏幾何學之宇宙中，為吾人覺攝之所及，故為三度的。若夫去地球數萬里之諸星中，非輔之以光力，則為吾人覺攝之所不及，故為四度的。然其為空間之學則一而已。法國拿特曼（Nordman）之言曰：

『以實用上言之，所謂直線者，卽依規所畫之線也。然規之準不準，何由知之？曰以規置眼前，其兩端與兩端間之各點與吾之眼光合為一而已。此乃木匠告人所錄之板之平不平，卽由此法。簡言之，所謂直線者，卽放鎗瞄準之一線也。』

以上所云，無異謂直線者，卽光線所行之方向也。（下略）（拿氏著愛因斯坦與宇宙第一五六頁英文本）

如是，平常之所謂直線者，以光路為標準。今焉推諸諸星之遠，又以光路為標準。則向所謂直線者，忽變為曲線。於是吾人斷言曰，此宇宙，非歐氏的也。其適用之幾何學，則反歐氏幾何學也。而此反歐氏的宇宙中，則時空合體，且為四度的。夫同屬空間，徒以近於諸星，故成曲率。因此而不列諸空間之學，我不能不謂杜氏之徒尚論理之謹嚴而忽視自然界之事實矣。

至是杜氏之評語，吾人可以答覆之曰：普通相對論包含二部，就其為幾何學言之，空間之學也，非關係論之一章也；就其為物理學言之，則日食測驗已足為其明證，不得徒以數學之成功視之，前者則先天之學也，後者則後天之學也。若夫愛氏之徒之言，但以反歐氏幾何學爲合於宇宙之眞相，固爲吾人所不能贊同。然如杜氏言，必謂歐氏幾何學爲合於宇宙眞相，亦爲吾人所不能贊同。蓋有攝力區或曰近諸星之地，則適用歐氏幾何學可也。若無攝力或遠於諸星之地，則適用反歐氏幾何學。何也？二者之解決，亦莫妙於兩利俱存。然杜氏獨不採此態度者，則何以故？杜氏哲學以直觀爲出發點，故重視論理。若夫康德雖以幾何學爲先天綜合判斷，然以爲認識之源，概念與覺攝並重。故兩存之說與康氏哲學不相衝突。此其所以然之故，於下文詳之。



## 四

杜氏文中有語云，此學說在現象學上不能成立。或曰論理學三字與現象學爲同義。究竟其所謂現象學者作何解釋乎。曰此乃哲學家學派之異同也。今略舉各派哲學關於相對論之言論，以與杜氏之所謂現象學相比較。則異同之故，可以瞭然矣。

甲、實證主義。所謂實證主義者，非法孔德(Comte)之實證主義也，乃德馬哈 (Mach)之實證主義也。馬氏好以官覺的生理（Sinnesphysiologie）釋認識之由來。因而時空觀念之由來，與其他科學之概念同。官覺爲之也；生理爲之也。馬氏言曰：空間之感覺與腦神經相應，換詞言之，在生理上已有此種結構，而後空間云云。乃成一有級次之官骸的感覺之總系統。(Ein System von abgestufen Organempfindungen)。惟如是，空間之通稱，乃得之經驗界。以云幾何學上之原則，亦復如是。其釋時間之法亦與此同。謂時間觀念與自覺性之官骸的實現相表裏，亦生理之由來也。時空之義既與生理相表裏，故因人而異，謂爲相對的。是較愛氏相對論爲尤廣。一則物理學之相對，一則生理學之相對。二者不可同日語矣。我所以舉而出之，以馬氏為新物理學之重鎮，又為愛氏私淑之人。今日與之作桴鼓應者，在德物理學界尚不乏人，如潘燕爾特（Petzold）其人是也。

羅司托克大學教授許立克氏（M. Schlick）之立言與實證主義近。分時空為二：曰直覺的或心理的時空；曰非直覺的時空。直覺的或心理的時空，由於各官覺所積之經驗而來。繼而離感官之覺乃成概念。乃為物理學上之時空，於是為非直覺的時空，而相對論之時空，即此類也。許氏雖認此兩類時空之存在，然側重經驗論。故與實證主義者之言無大異同。

乙、新康德派。新康德派或曰馬堡派哲學家，其發表關於此問題之意見者，我得三人焉：曰喀西倉（Cassirer）曰雪李恩（E. Sellien）曰薛奈特（Schneider）。三家之言，皆根據康德學說，謂時空二者，乃經驗可能之前提，故決非先有經驗而後有時空也。惟如是，時空觀念必待實驗而後知者，為康氏所不能承認；亦即為喀氏等所不能承認。故其結論曰，相對論中之時空問題，乃時空之實測問題，非覺攝形式之時空也。康氏所謂覺攝形式之時空，不以愛氏相對論之發明而破壞。若夫經驗界之時空，必待量而後知者，亦本非康氏之所反對。蓋康氏嘗言曰：

『現象之千變萬化，不能求之於純覺攝之時空中，故必輔之以特別經驗。』

『時間者，一切變化之形式上之條件，在客觀上先已存在，惟就一人之主觀或自覺性言之，則時間之表相與其他表相同，亦由感官之發動而後生。』

由此言之，經驗之先，已有時空在。各種感官之感觸後，又別有其所謂時空。此感觸後之時空，不因先天時空之故，遽可置之不議也。康德又曰：

『每一對象，在時間內必有其特別之位置，否則，不能入於吾人感覺中而爲其對象也。但此特別位置之確定，不應求之現象與絕對時間之關係中，反而言之，各現象應就對待之關係，以確定其在時間內之位置。』

夫曰各現象就其對待之關係以確定其在時間內之位置，則與相對論中所謂因觀察者之地位而各異其時空者，何以異乎？故新康德派所往復再三者，凡以證相對論與康氏哲學不相衝突。而以我觀之，則康氏哲學確有此容納之量，非馬堡派學者阿好之言也。

丙、英國之新惟實派。最近哲學界異軍特起者，除柏格森外，要推英美之新惟實派。蓋此派獨能推倒陳說而自闢蹊徑也。舊哲學各據惟心惟物之一壘，而相持不下，新惟實派起而斷之曰，此兩家之言皆誤也。世界之實在，既不在心，又不在物。而在二者之交，是曰關係。惟其排斥心物爲自足體，而以關係爲出發點，因而其哲學絕不依旁前人門戶，而自成一首尾完具之統系也。茲以懷特海（Whitehead）爲代表而略論之。然吾文之論點重在時空問題，故敍懷氏之言亦以有關此方面者爲限。

懷氏之說，自予觀之，與柏格森氏最爲相類。其所異者，一自生界心界出發；一自物界出發耳。柏氏名宇宙之實在曰『變』，懷氏名此進而不已之自然界曰『流』（Passage）或曰『創造的前進』（Creative advance）。柏氏對於此實在之變，謂所以把捉之者則有二：曰直覺，所以求變者也；曰理智，取此變者而固定之者也。而懷氏亦分此創進中之現象爲二；

曰『事』（Event），則聲色動靜之起伏者皆是也；舍其起伏者而求其固定者是之謂『物』（Object）。事之流者，在自然界中固為重要，然苟無此固定之物則求同一（Recognition of sameness）之重認而不可得。故求自然界之智識者可一不可再之事，與夫一再重現之物，二者同不可缺者也。而事與物之關係何如乎？懷氏以為物在事中占有位置，而事之性質，又因物之位置而定。惟有此固定之物，而其在事中之位置，得由人為之分畫，此則自然分例之所由以成也。

時空二者，懷氏其以為事乎，其以為物乎？懷氏曰此乃物也。以其由日變之流中抽象而得之者也。姑以時言之，懷氏釋為非住的（住字從張東蓀先生譯名），時刻之前後相繼（Ordered succession of durationless instant）也。前後相繼，其一度的秩序（One dimensional order）也。時刻者，在時之系列中之關係者（Relata）也。合此關係者與其一度之序之關係，而名之曰時間。其視為自己潛在物（Self-subsistent），則絕對時間之說所由成也。然此類赤裸的時，世間本無此物，而所謂時者，由於人之感覺事之流，在反省中求得之者也。故事之流，根本的事實也。時空二者，則本此流而人所思構之觀念也。故謂之為物。

懷氏嘗以關係論為出發點，謂關係不同，則時空因而不同，因而贊成愛氏之相對論。其言曰：事之相互的關係，一方為空間的，一方為時間的，二者不能離而為二。若但重空，則忽視時矣；若但重時，則忽視空矣。且時空二者，又隨情況而異。甲情況之所謂空者，非必乙情況下之所謂空。甲情況下之時，非即乙情況下之時。（中略）近來物理界發生種種之難題，如以太下之地動問題，如水星近日點，如星在日旁之位置問題，於是相對論因之以起，而向之不通者今豁然通矣。（懷氏著自然界之概念一三五頁）

吾人以康德哲學之標準衡之，則懷氏學說，乃繼舊日經驗派而起，以其所謂時空由於外界之經驗來也。蓋舊日之惟心惟物之爭點，在先天綜合判斷問題。而先天綜合判斷之基礎之一（此外尚有範疇），又在時空爲覺攝形式之說。今懷氏雖以事流與關係爲出發點，然自認自然界之智識常離心（Closed to mind）而獨立。故自將心之作用與覺攝形式之說，一概擯除。因是與英國傳統的學說如出一轍。其方法之是非得失，姑俟後論，而就時空問題言之，則懷氏與康氏相反對，無疑義也。

丁、杜里舒氏與現象學。杜氏哲學之出發點，曰我自覺的有某物；我也、有也、某物也，三位而一體者也。我之所能爲力者，在此三位一體之關係下，以直觀之方法，發見種種秩序符號。此也，彼也，關係也，相並也，平行也，綠也，酸也。杜氏此種立脚點之由來，則受虎塞爾（Husserl）學說之影響。虎氏者以反抗心理主義著稱。彼以爲是非之準，不在此頃刻萬變之心理，而在不易之本性。譬之說夕陽西下四字。甲日之夕陽與乙日之夕陽固不同也；甲時之夕陽與乙時之夕陽亦不同也；自觀者言之，甲時之心理與乙時之心理又不同也；此種種不同之中，而說到夕陽西下，無不瞭解之者，則普通的意義爲之也，則不易之本性爲之也。此普遍義或曰本性之求得之法，則在直觀（Schau）而已。虎氏自名其學爲現象學（Phänomenologie）。杜氏用其法施諸認識之原始秩序符號。此原始秩序符號，杜氏所認爲各科學之本，其是非眞僞，當由此以判者也。換詞言之，其合於直觀中之原始符號者，杜氏所以爲是者也；反是者杜氏所以爲非者也。

各科之學之本，既在此原始秩序符號中，而「相並」則關於空間之幾何學之本也。此「相並」之空間中，有其如是性，一曰此處，即所謂點也；二曰由此處向彼處，即所謂方向也；三曰此處與彼處相連，卽直線之謂也；四曰平面，五曰深淺。既以直觀爲出發點，故其所謂空間，以三度爲限。

杜氏以直觀爲出發點，其不在直觀之內，或不與直觀中之符號相貫通者，皆杜氏所不認者也。因此乃與康德哲學相反，何也？康德認覺攝與概念二者同爲認識之源。故實驗方法當然爲覺攝之一種，初不爲康氏所反對。反之判是非於直觀中者，則在直觀之內者，如先天綜合判斷，爲杜氏所認者一也；其次則自然界論理學（卽歸納）與直觀之標準無背者，爲杜氏所認者二也。今也相對論之所提出者爲時空問題。其特殊相對論中之時空，與杜氏之原始秩序之「相並」與「當時」相反。相對通論之幾何學問題，與其根據「相並」符號所成立之歐氏幾何學相反。其承認之耶？豈徒與杜氏自身哲學不相容，實使其不能存在而已。若以康德言之，本以先天的時空爲覺攝之基，而同時又承認所謂經驗；其於相對之發明也，則視爲由經驗方法所生之一種新智識，於其先天之說，固無碍也。此則根據康氏哲學者，所以於愛氏之說多方容納；而杜氏必出全力以反對之也。

## 五

以上五家之言與愛氏反對者，現象學派也；絕對贊成者，實證派惟實派也。其介於二者間者則爲新康德派。反對者，謂如愛氏言，則自然界之認識將無絕對之標準矣。絕對贊成者，以經驗爲惟一標準，不認經驗外別有所謂絕對標準也。誠如贊成者之經驗主義，謂所測量之時空外，不認有其他之所謂時空。今測量中之時空既屬相對，則尙何絕對標準可言。雖然，以我讀愛氏懷氏書，彼輩固不認時空之絕對，然未嘗無所謂絕對者以爲之準，依懷氏言，點事（Point-event）是也；依愛氏言，事間（Interval）是也。兩家之言如此。可以見人類之認識，必有其共同者在；必有其絕對者在。若無此共同者或絕對者，則認識且不能，尙何學術之可言？故有愛氏之相對論，而不至陷於無標準者，其原因在此。嗚呼！古今學術上分析之精粗雖不同，而其必有標準在，則事理之必然者也。此則我將別爲文論之。

十三年二月君勱於自治學院

# 十五、近代心理學中之非自覺及下自覺問題

哲學博士法學博士　杜里舒著　張君勱譯

昔雅里斯多德云：『理智非能動物者也』(The understanding moves nothing)。此言乎凡在人類自覺之中者，其爲用有限，而隱乎自覺之後，其旋乾轉坤之力爲至不可測也。此義之發明，在二千餘年前之希臘，而眞能於自覺之外，求所謂非自覺者，則來勃尼茲(Leibnitz)發其端，至哈德門氏(E. von Hartmann 1842-1906)而大昌厥說。哈氏嘗言，非自覺有三類：有屬於生理者，有屬於心理者，其第三類則曰絕對的非自覺(The absolute unconscious)。哈氏書之初行世也，有認爲怪奇者，有認爲以非自覺爲遁詞者。總之，束縛於笛卡兒氏之所謂明晰觀念之說(clear and distinct ideas)，以爲人類之貴，何至有行而不知其所以行者。苟哈氏說而信也，是不啻自認人類智識之破產也。近年來生物學上本能與衝動之說益復發明，以人類論，其動作大抵起於不自覺，而自覺的理由(Conscious Reasons)，皆由人以己意解釋者也。十九世紀之末葉，有法國之皮納氏(Binet)著「人格之輪換」(Alterations of Personality)一書，耶納

氏（P. Janet）著「心理的機械動作」（L'automatisme Psychologique 1889）一書，自精神病中研求種種心理變態。而威廉詹姆士（W. James）於一八八四年發起美國心靈研究會，一八八六年以降，大聲疾呼以告美人，稱非自覺爲心理學界第一大發明，以人類性情之特點，可由此窺見。歐戰以還，福魯德（Freud）心靈分解說（Psychoanalysis）大盛於英，向之以自覺性爲心理學第一概念者，而今反之；以非自覺占心理學之全部，而自覺不過其附庸矣。余以非自覺問題關係之重要，適東方雜誌社將有杜里舒專號之發行，乃請杜氏爲作此文，並記其由來如是。　君勱識。

## 緒論

心理學至近代始成爲嚴格之科學。學術開山之祖之雅里斯多德氏，固大心理學家也，雅氏既沒，歷極久之年月，不特不繼雅氏而進步，且反退步焉。至十七世紀，心理學又顯新發展之象，一方有來勃尼孳之學說，他方有英國學者之促進，如是以至十九世紀，心理學始進而爲獨立之科學。

十七世紀前後之哲學家，雖其著書中常用心理學上之概念，皆所以達哲學上之目的，而非所以爲心理學本身計。且各家書中心理學之概念，皆依通俗之意，而絕無嚴格之定義。即康德且不能免此病矣。譬若思也，意也，覺也，認識也，皆康氏書習見之名詞，故心理學之不可一日離，即此可以證明。當時之哲學家，關於心理學上亦有重大之發明，是爲笛氏之以思爲自覺的心靈之統一體。此發明自身本爲極重大之問題，惟笛氏立言，亦爲其哲學系統計，而於心理學則間接者也。

如上所述，十七世紀後心理學上之貢獻，曰來勃尼孳之學說，曰英國學者之學說。此二者亦哲學之附庸，非心理學之所固有者也。今根本兩家之言，以爲非自覺及下自覺之研究之發端。

來勃尼孳分心理爲二：曰統覺（Apperception），曰微覺（Perception）（此字向譯爲知覺，惟按來氏前後文義，應譯爲微覺）。統覺者，某物之自覺的體驗也。微覺者，非自覺的體驗也。以吾人之義言之，凡屬體驗，皆自覺的，故曰非自覺的體驗，乃自相矛盾之名詞也。然名詞之當否暫勿問，要之來氏之所欲表示者，即心靈界中有不自覺者在。

英國學者之言心理，好用聯想（Association）之名。聯想云者，所以表示心靈現象之公例；其表相（Vorstellung）之呈現於自覺性之前也，或依時空的接觸，或同異之接觸爲根據。

## 甲篇　常態體驗之心理學之非自覺(Das Unbewusstsein der Psychologie des normalen Erlebens.)

### 聯想爲非自覺的行歷（Association als Unbewusster Vorgang）

讀者當注意者，此近代心理學發端之始，尚在至粗至簡之境，而非自覺之概念，已伏於其中。聯想學派固如是，即來勃尼孳雖造名不免於矛盾，然亦首先見及之矣。

凡所體驗者，即某某內容之全體，而在時間內先後起伏者也。譬云甲乙……至於壬癸，此十者乃體驗之先後迭起者也。若解釋之曰：此十者爲聯想的，則此十者之聯絡，明明爲一種假定；即有一力，能使甲生乙乙生丙，此力名曰黏力。然甲在體驗之中，乙亦在體驗之中，故所體驗者即甲乙之內容，而此黏力不與焉。如是，體驗所及者，甲其出發點，乙其結果焉。若夫聯想的黏力，雖屬心靈的，然非自覺的焉。非自然的心靈云云，在此處爲第一次應用，然義有所確指，非復來勃尼孳之渾含矣。

關於此類體驗，應有以下二問：第一，表相之在現時爲非自覺的，而依聯想派之言，移時變爲自覺的，其物安在？其二，此表相爲何物。吾人可答之曰，此表相乃在一心靈的而非自覺的水池中。（此在字爲譬喻之詞，以其非空間的，故無『在』之可言。）然其在此水池中之狀態，亦心靈的而非自覺的。

如是聯想派之言，應有附益之義三：內容之可以自覺者，在現時爲不自覺，一也。須有一處爲此種可以自覺而不自覺之內容之保管處，二也。由不自覺之狀態而達於自覺之狀態，須有力以導之，三也。

此聯想論本爲粗淺之心理學，然已不能不超乎自覺的之上。『超乎自覺的之上』云者，即不能以『在體驗中者爲止境，不能以直接所發見者爲止境』，亦猶物理學不能以直接所發見者爲止境，不能以官覺中之達坦爲止境。何也？說到力或愛納涅，已非盡官覺上達坦之義所能說明矣。

吾人述聯想派之說而窮其所至如是。此所至之境，雖非初創此說者之所道過，然無礙於吾人之言之正確。蓋學問之中，一學說既成，其結論如何，爲原發明者之所不及料者，往往而有。

## 繫屬說（Konstellation）

最新心理學所證明者，則聯想派之說，不能謂爲錯誤，而實有不完全之處，以心靈生活之某部分，決非聯想概念所能說明也。

聯想云云，決非明確不移之定例，昔人亦已言之。譬之表相X與其他表相彼此有聯想的黏力，假定X之後，繼之以丙表相，則吾人所當問者，何以其他表相皆不至，而至者獨丙而已。

於是創爲繫屬說者，謂各種表相結成系屬，甲表相與乙表相合，丙表相與丁表相合，因有繫屬，故準備力（Bereitschaft）有強弱之分。其出此繫屬中者，準備力強，則至焉。其不在此繫屬中者，準備力弱，故不至焉。

繫屬云云，心理學上非自覺界之新因子焉。蓋向之持一度說者（Eindimensional），今輔以繫屬，則由一度進而爲多度，一度多度者，關於空間之語也。姑假此爲說明之詞。

**指引的非自覺的心力（Die Lenkenden Unbewusst-seelischen Kraft）**

謂各表相在其非自覺的存在中，有一種狀態，名曰繫屬，此尙不足以盡心理界之變遷也。何也？蓋心理界之變遷，非僅受動的（Passive）已也，非僅可委諸偶然者也。昔人所未及知，而近時始發見者，有特證二：自覺的體驗之中，即其聯想之可能者種種，然表現於自覺性者，常限於一定範圍，一也。心理之變遷，有一定之方向，此方向之所指，則在某問題之解決，或曰在某職之履行（Erfüllung einer Aufgabe）二也。

人之求智識也，及至某境時，曰我得之矣。此我得之矣之感想，名曰正當，曰終効（Endgültigkeit），或曰眞理（Wahrheit）。凡人所欲知者，常先有一般的方式（Schema）在自覺之中。而此方式之中，有無數處空白，待人塡滿。換詞言之，其關係如何，固已知之；而關係中兩邊之分支（Glied）尙未之知。於是重體驗以體驗，以求此分支之充實，及其旣得，則曰吾得之矣。

譬之校中以二次方程式之數學題目爲考題，於是一方以一公式爲標準，此公式卽吾所謂解決之方式也；他方則對於此考題求下手之方。假令其所謂一般的公式爲

$$X = -\frac{a}{2} \pm \sqrt{\left(\frac{a}{2}\right)^2 - b}$$

於是方程式中位置變換之方法，先後迭起於思想中，一一演出之；及其首尾完具，則曰我解決之矣。

或者所考題目爲歷史上之人名，則其全篇故事爲一種方式，而所缺者，則人名之分支也。忽而此人名出現於自覺中，於是曰吾得之矣。

凡此考題之中，所體驗者，預測之方式（Antizipierte Schemata）是也。其所以達於此預測之方式者，則在非自覺的心靈變遷中有一指引之者以達於此一定之目的，此目的，卽問題之答案也。

問題解決中之思慮皆在非自覺之中。至於自覺之我，乃『有』而非『爲』；故靜的而非動的；故與其謂爲我思，不如曰思入於我（Es denkt mir）。此義也，德之學者李希頓堡（Lichtenberg）氏已嘗言之矣。

由上所言，則知除聯想或繫屬之外，應有新概念以表示之者：其一，非自覺中別有某種因子，以限制聯想之範圍。其二，有因子焉，以指示其聯想之經過，使達於某種答案。前者

曰自覺性位態（Bewusstseinslage），後曰定向（Determinierende Tendenz）或曰潛伏的安排（Latente Einstellung）。

自覺性位態之說，始於馬邊（Marbe）氏。馬氏之語與我同，而義則異。我之所謂位態者，非自覺之心靈中之一種情態，就所能復現之內容中，某焉排斥之，某焉容納之之謂焉。此種位態，以在非自覺中者爲多。然自覺者亦非無之。譬云我對某事有興味，於是意念之起者，皆有關於我之興味者，而其他則擯不與焉。

然自覺性位態，以限制其範圍爲止，非所語夫聯想之方向之指示。於是有所謂定向或潛伏的安排定向者，指所向之目的已在自覺中言焉。潛伏的安排，雖有所指示，而目的則不在自覺中焉。

於是可知問題之解決，有因子二：自覺性之位態，限制可能之聯想之範圍者也。定向或安排者，在一切聯想中先選定一種目的者也。即是以觀，心理界之現象與生機體之變化相似；蓋必有發蹤指示之者，隱乎其後，而與物理界之僅僅積累而上者異焉。

**創造的思想爲非自覺的行歷**

部分的問題，其解決也，賴乎自覺性位態與定向。蓋以預測的方式之存在爲前提，而所有事者，不過其空白處之塡滿而已。雖然，體驗之中，固有所謂創獲，是爲科學上美術上技術上之發明或創作。其中無所謂方式與一定之內容，若數學家之解決方程式或化學家之依成法求未知之元素者然。何也？本無所謂方法，而方法正待人而發明也。此類現象，吾人名之曰創造的思想。當其思之進行也，屬於非自覺，及其結果之成熟，則屬於自覺的。

雖然，吾人所舉之新心理學之概念，其足以解釋此類之思乎，抑不能乎？吾人答曰能。蓋創造的思想，其爲問題同也，其有定向之指示同也。所不同者，此非部分的問題，乃問題之有無由於自發者也。人類好自發問題，因而推其解決之法，於是有所謂認識，有所謂眞理。一言以蔽之，是爲秩序之把捉。就所體驗者，一一整齊之使之有序，此則人類最高之願望，最高之問題也。

秩序之直觀，問題之最高者也，定向之至高者也。一切問題之上有一最高之預測的方式，是名秩序。其何自而來，出於天生，非人所能解釋者也。故部分問題，以已成之方式爲方式；本非問題而由我發見之者，則以秩序爲其總方式。如是，此新概念之足以解釋創造的思想之由來明矣。

## 靈魂

以秩序爲總問題，則其他特別問題，皆包括於其下矣。以關於求秩序之方向爲定向，則其他關於特別問題之定向，皆包括於其下矣。此類特種之定向，非自覺之部分因子也，部分動因也，部分之力也。換言之，心靈動力（Psychische Dynamik）之特殊方面也。若夫關於問題之至高者，定向之至高者，其爲心靈界一切動力之總根源者安在乎。

心靈現象之後，有獨一無二之非自覺的動因，是名靈魂（Seele）。靈魂者，全體的也（Ganze）；其動作，就其關於秩序言之，則全體化成的（Ganzmachende）也。（全體的言其本身組織，全體化成的就心理動作言之。）此全體的全體化成的靈魂，謂爲心理學之根本概念可也，謂爲心理學之惟一概念可也。若夫此靈魂之性質，則非自覺的也。蓋動作屬於靈魂，『有』屬於我；動作爲非自覺的，有爲自覺的。我既無動作，故其自覺之中，忽此忽彼，忽焉某事所含秩序多，忽焉某事所含秩序少，如是而已。

凡上所論，皆關於恆態之理論的心理學者也。而其中各問題之說明，已不能不賴非自覺之概念，以心理上之因果，不盡在自覺的體驗中故也。吾人所更欲聲明者，以聯想派之粗漏，世人所認爲不滿意者，已不能離非自覺之概念，矧其他乎？

### 靈魂之組織（Die Organisation der Seele）

茲就恆態心理學可能之範圍內，更研究非自覺之精深處，姑名曰靈魂之組織。

組織云者，假借之詞也。靈魂不屬於空間，故本不應以空間之變化相比。然心理學所欲表示者，往往無適當之名詞。以言語本爲生活而設，原不因心理學而起。表相之曰 Vorstellung，內容之曰 Inhalt，所對之曰 Gegenstand，就字之結構言之，皆起於空間；而所欲表示者，則與空間無涉。可知以空間之名，表示心靈，不獨靈魂組織已也。組織云者，自覺的體驗之非自覺的基礎也。其爲物也，非簡單元素，乃各成分複合而成；其合也，非乳石之堆積，非森林之雜出，乃有序之全體也。譬之植物，則如花；譬之動物，則牛羊狗馬之生機體也。

## 乙篇　夢

靈魂以兩種狀態表現：其一則自覺我之醒時；其二則夢時也。由醒而至於夢，其爲靈魂之全部，另採取一種狀態耶？抑醒夢之所由分，不過醒時則靈魂之甲部作用，至夢時則代以靈魂之乙部耶？若此者，非所能決，吾人所知者，則醒夢二者在定時之內，互相迭代，非醒卽睡，二者必居其一。

然則以同一我時而醒時而睡耶？曰然也。所以云同一我者，其證據二：由於自我直接之確認一也。證之於一人記憶之內容，醒時能知夢中情形，睡時能夢及醒時所經歷，二也。故曰醒我夢我者，迭代的自覺性（Wechselbewusstseine）也。同一靈魂之兩方面也。

夢之理論，本篇中不克詳敍，但記其重要者如下：

（一）醒我與夢我關於雙方之記憶內容，互有關係，已如上述。然醒我之想及夢我，與夢我之夢及醒我，二者絕不相同：醒我之想及夢中體驗，爲時甚少，其把捉此項體驗也，一如其當時之所以湊合者。夢我之夢及醒我，關於山河大地與夫實物之類，一如原形然其所以結合之者，則與醒時相反。故曰醒我之憶及夢中體驗，其特定之記憶(Specificiertes Gedachtnis）也。夢我之夢及醒時體驗，但取材於平日所經歷而以意增損顚倒之者也。

（二）或曰：醒時之體驗，有意義有方向，夢時之體驗，則無意義無方向，故名夢曰純粹的聯想而已。以予觀之，夢境亦未嘗無意義無前後關係，不過按之實際，往往相反，或爲事之不可能者。惟在夢我，則初不自知。

（三）甲夜之夢，有憶及乙夜之夢者。更有甲夜之夢，除醒時中斷外，至乙夜則又繼續者。更有同一夢而數夜中連續不斷者。若此者雖罕見，而實有其事者也。

（四）更有奇特者，名曰夢中演劇（Dramatisierung im Traume）——睡時其所謂我者，忽詢人以謀事，而其人則從而答之。所謂其人者，非他人也，亦卽我而已，此一種解釋也；或者以爲靈魂雖一，而我則不止一我，故其人云者，乃同一靈魂之他我，此又一種解釋也。

以予觀之，同一靈魂之中，而有多數之我，非事之不可能者，當俟後詳之，此時無須假定此說。姑爲解釋曰：睡我能知我之某種狀態，然其知之也，若另有一人從而告之，而我得諸其人之口；故雖爲我之自知，而自外形言之，若得諸他人者(Wissen um Fremdes Wissen)。

（五）夢我取材於醒我平日之記憶材料，更從而製作之，雖其先後間非無一定條理，然常與經驗界相反，且常爲不可能者。於是當問者：則夢之內容，果遵何種原則湊合而成乎？換言之，何以此時獨現此夢而不及其他乎？

以今所知：夢中材料，大抵以屬於覺攝的（Anschaulich）爲多，所取材者常爲最近經過事情；惟最近經過關於悲戚或喪事者，則極少出現於夢境。有事過去甚久，卽醒時少憶及者，而夢中獨出現，如年少時入學情形是也。亦有感官之刺激，正在將醒之際，偏入夢中，然顚倒錯亂，迥異常情。如以輕響作爲鎗聲，以手觸作爲受傷。

雖然，卽此所言，對於此時何以出現此夢之理由，尙未解釋焉。福魯德創爲一種假說，分夢之內容爲二：其一曰潛伏的；其二曰明顯的。潛伏者，夢之意義也。明顯者，夢中有形之物之表現也。福氏之言，其潛伏的內容或名曰固有意義，大抵爲自我之所冀而不遂之願望(Einen unerfüllten Wunsch des Ich)也。雖然，福氏與其徒每以不遂之願望，概歸之於性慾，則不免過甚其辭。且其以夢中某種象徵，認爲代表願望中某種成分，皆以意爲之解釋。雖然，多數夢境中，其象徵的表現，皆爲未遂之願望，則無可疑也。

注：夢之象徵的表現，何以今日爲甲種象徵，明日爲乙種象徵，則尙爲未解決之問題。意者自覺性之位態，作用其間乎？

雖然，所謂願望者何物乎？

願望云者，向爲醒我之所不克明辨：其本身本不能履行者有之；以倫理關係上不應履行者有之。倫理關係不應履行云者，其願望一旦出現，則醒我引以爲羞，故常逐之以去也。

夢我之夢，有誰使之來乎？曰，有關非自覺者之指使而已。非自覺者，靈魂之全部乎？曰，非也，靈魂之一部分，即願望之非自覺的擔負者（Der besondere unbewusste Träger jener Wunsche）是也。即此一端，可以窺見靈魂之特別部分，在夢我之體驗中，發生影響，此物焉，曰下自覺性（Unterbewusstsein）。下自覺性之名，後文中屢屢引用，任何一我之自覺的體驗，而靈魂組織中之特種成分隱然中驅遣之者，即下自覺性也。所謂下自覺性，非眞有上下也。蓋心理現象與空間無涉，惟其名詞強半取譬空間，故亦勉強用之。然其意之所在，則依上文所言，可以瞭然。

## 丙篇 催眠

迭代的自覺性之關係，不僅在醒我與夢我之間，此外尚有一種之我，可與醒我相代以與者，是爲催眠我。然催眠有種種：有發動於他人之命令者，有發動於己者，有暗示之起於物象者。其種類如何，可置勿論，以其與本文無涉也。

催眠，非睡也；催眠中之體驗，非夢也。催眠與睡之不同：則催眠狀態中身體動作，並非停止，一也。被催眠者之感官，仍與外界相接觸，惟其官覺之用，已不正確，二也。

催眠狀態與非自覺下自覺問題極有關係。但吾人之研究催眠，以有關此問題者爲限，故先論催眠之一般特徵。

催眠通論

（一）被催眠者，其刺激之感受力，異常增進，是名 Hyperaesthesie。譬如甲讀書，而被催眠者之乙，能由甲之眼角上所反射之文字從而認識其書。反之其刺激之感受力，有時下降；如受暗示後，雖針刺而不知痛，是名 Anaesthesie。更有伸手空中，雖歷時甚久而不覺其倦。更有筋骨堅硬如僵石；譬如以身置兩椅間，一方爲頭，他方爲脚，橫陳如板木然。

（二）更有趣者，爲催眠時之行動。告被催眠者曰：『汝爲小兒』，則其行動如小孩。又告之曰：『汝爲拿破侖』，則其行動如拿破侖。又告之曰：『汝爲教士』，則其行動如教士。此時催眠狀態，與夢相似：卽抽記憶材料之一部，而任意綜合之，其情景與現實相反。然非盡無意義。至於醒我，則被催眠者完全忘卻，可知其作用者祇靈魂之某部分，離醒我而另爲一人爲的我。

（三）關於醒我夢我與記憶之關係，前已論之：夢我能處分醒我之一切記憶材料；至於醒我但能處分夢我之部分的材料；若夫催眠之中，此催眠我能記憶醒時之體驗與前度催眠時之經過。至問醒我對於催眠我有所知否，則不知也。且醒我之體驗，早已忘卻者，催眠我能招之而來，是催眠我之記憶內容之豐富，遠在醒我上也。催眠我與醒我，吾人亦可名曰迭代的自覺性；而就其關係言之，不啻全之與分，催眠我全也，醒我則分也。然醒我雖爲分，而就其自由創造力（Frei Schöpferische Kraft）言之，則爲催眠我之所無。故醒我雖爲分，然合創造力言之，足以敵催眠我而有餘也。

（四）積極的幻覺（Positive Hallucination），對於被催眠者，可施以積極的幻覺。告之曰：『此處有鳥』，則彼見鳥。『此處爲彼之友人』，則彼答曰然也；伸手與之行禮，且與其友人一問一答。實則當時無所謂鳥，亦無所謂友人，故對答之者非他人焉，卽催眠我之他一部之靈魂也。問答雖出於同一口，實則問者答者屬於靈魂之各部，非同一部也。

靈魂之各部自相問答，已見前段論夢中演劇，卽同一靈魂之名之曰同等自覺性（Nebenbewusstsein）。

## 消極的幻覺（Negative Hallucination）

與積極的幻覺相反對者，爲消極的幻覺，其現象尤爲奇特。譬之有物在，而告被催眠者以不在，有人在有數在，而告以不在，則有物若不見焉，有聲若不聞焉。雖此被催眠者環繞室中，行近此物此人，而其不見不聞不觸自若。雖然，不見不聞不觸者，獨此有形之被催眠者耳；此被催眠者之外，固別有物焉，能見能聞能觸者矣。

譬之又告被催眠者曰：『此書中文字，一切皆全，而獨少a字。』令彼讀之，則其發音一如平日，而遇a字處，則必先去之。可知被催眠者之外，別有物焉。告之曰：『汝不應見此a字，汝不應見此物此人，』而後此催眠我乃不見不聞焉，此物焉，是爲靈魂之一部，而於被催眠之我爲下自覺性（Unterbewusstsein）。

雖然，尤有奇者，於被催眠者受過消極的幻覺暗示之後，更以輕聲告之曰：『所謂不見之a眞不在否？』於是其人亦轉聲答曰，『a固在焉。』或授以鉛筆，則彼又援筆書曰：『a固在焉，第三字第八字第十二字中。固有a在。』

此一例中，可以告我人者，則同一身軀或同一靈魂中，而同時有二我在，此二我在同一身軀上各不相涉，而各有其行動。若此者，吾人亦名曰同等自覺性。然與夢中演劇之同等自覺性，其義固各異焉。

所謂同等自覺性，下自覺性，上自覺性，皆比較之名耳。同一物焉，在甲處爲下自覺性，在乙處爲同等自覺性者有之。前文被催眠之我，口誦文字，而不見a者，則以有下自覺性管束此催眠我故也。及輕聲問之，則答曰『a固在焉。』此答覆者卽前此之管束者。是在前此爲下自覺者，而今則爲同等自覺性矣。

此部分的自覺性之管束此催眠我者，既爲下自覺性，可否更名之曰下我（Unter-Ich）？依予觀之，此管束者是否爲下我，甚難解決；且此名之有無，不關大體。容讀下文各章，將見固有所謂眞正之下我在。

消極的幻覺中，其潛伏於催眠我之下而發生作用者，或者卽爲福魯德之所謂複雜體（Komplex）。福氏所謂複雜體者，非自覺的潛在的內容之集團也，蓋爲靈魂之一部，而自動的表現於我者也。據福氏所發見，則一人之強烈的表相，被抑而不伸者，則爲潛伏於我下之複雜體。而人生大多數之精神病，卽由此而來。其在常態心理中，此類複雜體，在睡時爲夢，在醒時所謂興會與趣味也。

### 催眠後的暗示（或曰定期暗示）（Posthypnotische Suggestion; Terminsuggestion）

當催眠之中，施術者告被催眠者曰：『醒後若干時內應爲某種行爲』，此所謂催眠後的暗示，或曰定期暗示也。在被催眠者爲此行爲也，以爲吾心之自由，而不知其出於施術者之命令也。昔年維也納醫生大會時，醫生某對於女子某先期施以催眠，及是日午時，則某女子衣盛服入會場，立會長前歌一曲而去，卽其例也。如歌唱等事，則可試驗者也；其有不應試驗者，是為暗殺之類。

此例之中，吾人所發見者，有下自覺性焉：卽我之外，必別有一物以告我曰，『汝有何事應為』。當其為發蹤指示者，卽下自覺性焉。然同時可易而為同等自覺性，譬之在其催眠之覺醒與命令執行之間，使有人輕聲問之，汝有何事應為？則彼舉將去會場歌唱之事以答。或授以鉛筆令其書寫，則彼立以所應為者書之於紙。故名之曰同等自覺性。

定期催眠與消極的幻覺固相似焉。所不同者：消極的幻覺，其上自覺性為催眠我，其下自覺性則另一潛伏之我。至於定期催眠，其上自覺性為醒我，下自覺性屬諸催眠我，此以命令之執行，起於催眠之後故也。

## 機械的動作

機械的動作，與催眠相似而不盡同。以機械的動作不僅表現於催眠中，有時在醒時亦復出現——如在譚話中或在讀書中。而其表現之法，則為細語為寫字。

機械的動作所依附之人，姑名之曰媒介者。媒介者之名，研究精靈學者所創者也，但吾人所用，純係中立性質，不過以之作為一種術語而已。試舉例明之：

設想一媒介者醒時，手執鉛筆，伏紙上作欲寫狀，口中言語或目有所視，忽而手動，振筆直書，其媒介者初不自知其書也。考其所書，則為青年之回憶錄，或外國文之詩句。所書內容，為此媒介者在醒我狀態中所不記憶。而就其所書觀之，先後條理貫串，非夢時所見者比。有英小孩曾居印度，少時撫育之者，有印度乳母，曾學得印度語者，此所學之語，本已忘卻，而當其爲媒介者時，竟復形諸紙墨矣。

此例之中，等於消極幻覺與定期催眠所表現，同一身軀同一靈魂上而有兩種行爲。而此二者所表現者，統爲兩種意境與兩種之我，所謂平等自覺性之例，無有顯於此者矣。

前段論定期催眠與消極幻覺時，曾論與醒我或催眠我相並者之下自覺，是否爲一眞我，抑不過福魯德所云之複雜體。就純粹之機械的動作言之，另有一相並之我在，是無可疑者。證之所書於紙上之思想，可以明焉。

如是，除醒我外，另有下自覺性，可名曰眞我。此眞我對於其醒我，可名曰第二我。此同一身體同一靈魂上之二我，其二者之相與，等於二異體異魂之一我與他我也。其詳俟下文，此二異我表現最明顯之現象中論之。

## 丁篇 自覺性之分裂

自覺性分裂之語，有作爲自我觀念之下降（Herabsetzung des Ich-gefühls）解釋者。譬之一受術者云：『我竟不自覺其爲我。』若此者，謂爲我之自覺性之薄弱可焉。然吾人所謂自覺性分裂云者，其義如下：

某人受極強烈之刺激後。忽忘其自童時以來之生活，若爲另一新人者：其名忘矣；性情變矣——昔爲豁達者，今易爲幽鬱；其記憶材料中所僅存者，則爲語言及社會風俗，至於父母兄弟朋友，一概不復認識，卽所學外國語亦復如是。其最甚者，並本國語言而亦忘之，須費若干時日，重行學習；然其學成甚速，則無待言。美國變態心理之研究者華爾達普靈司氏

(Walter Prince) 名此等人曰心理的嬰兒 (Psychological Baby)。

吾人名此受驚前之恆態曰甲態，受驚後之變態曰乙態。此變態經數日數月或數年後。忽復歸於恆態之甲，於是甲態中之記憶忽至，而乙態中之體驗則又遺忘。此甲態，譬之經長期無夢之睡後，忽復醒矣。

經若干時後，此乙之變態忽復歸來，於是甲態中所經過者一概忽卻，而此次之乙態復與前次之乙態之記憶相連結。於是乙態來，甲態去，繼則甲態復來，而乙態又去，二者常相循環，故以簡字表之如下：

乙——甲——乙——甲——乙

前後之甲，自其性情記憶考之，自成一體。前後之乙，自其性情記憶考之，亦自成一體。然問甲知乙否？曰不知也。問乙知甲否？曰不知也。

以上所舉甲乙兩態，爲自覺性分裂最簡單之實例。

更有他例焉：乙變態之我，能知甲態之記憶內容，惟視甲態若外人然。此卽前文所謂一人之身有甲乙二相，而彼之於此，若爲另一人，故乙之所知於甲者，不啻爲外人之智識也。若夫甲態，鮮有知乙態之經過，故並二者間以乙態爲外人，能知其所知之關係而亦無之也。

如上所言，甲乙兩態迭代以興；有時變態之乙出現於恆態之甲之行爲中。譬之甲作一信，信中忽有文句爲甲所不願寫，或竟不知其何義者，此文句蓋自乙態來也。若乙態弄甲更甚，則甲態因而大怒者有之。雖然，移時以後，甲態去而乙態來，則乙態自知其所以弄甲者何如，且引以自喜焉。

此例中之乙態，非僅如前文消極的幻覺或定期催眠中之所謂下自覺性，吾人敢直名之曰眞我。何也？當乙態出現時，其所爲前後一貫，自成一種意義，故不謂爲眞我不可得焉。卽令其尙未出現時，而自其故意玩弄甲態之行爲觀之，自有一我在。或者當甲態出現時，此乙態在睡夢中，偶爾醒時，則自身出現於甲態之行爲中。當乙之弄甲時，以嚴格之義言之，應名曰同等自覺性。卽令乙態睡時，而甲態之經過，乙必知之。證之乙復醒時，其於甲之體驗，卽以知外人之所知之形式而知之者也。雖然，乙在何種形式中，知甲之所爲，實不易決定。其爲夢可也。其爲催眠狀態可也。

前文所引美人變態心理研究者華爾達普靈司之弟兄名摩頓普靈司者（Morton Prince），嘗著一書，名曰「人格之斷續」（The Dissociation of A Personality），敍自覺分裂之態，極爲詳盡。據摩頓普靈司所研究，爲濮香姑娘（Miss Beauchamp）一人之身，同時兼有五我，今不能盡述，除前所已論之甲乙二態外，茲更述其所謂第三我。

摩頓普靈司云：此甲乙二態，受催眠之後，實爲同一類之人格。但此催眠我，同時卽表現其與甲與乙相異之處，且能知甲乙二者之經過。催眠我常露半睡相，故閉眼；於是普靈司使之醒，且令其張目。此催眠我如所命者行之，於是入於醒時之自覺性，而爲濮香姑娘之正式之第三我，普靈司氏名之曰薩戀氏（Sally）。自是以後，此薩戀氏與甲乙二態迭代而現。薩戀氏性浮動，喜惡作劇，與甲態之豁達乙態之幽鬱者大異焉。薩戀氏卽在最初之催眠狀況中，已知甲乙兩態之經過。其知之也，當然等於前文所謂知另一人之所知耳。然甲乙兩態中所學習之法語，則薩戀氏初無此智識。

薩戀氏對於其同調之甲乙二態，絕無好意，常設計以玩弄之。譬之當乙態爲上自覺性時，忽作一書，而書中有輕浮文句，與乙態素性逈異者，乙初不知其爲己書，於是作驚訝狀。及薩戀氏出現而活動時，則自慶作弄之成功，且以乙之憤怨為喜。

自此例言之，薩戀氏為乙態之下自覺性明也。

雖然，前例中名為下自覺性，似已妥洽。而實則此類情形，變化無端，非文字之所能指定。當輕浮文句之作成時，其主動之者，非乙態而薩戀氏，是薩戀氏不應名曰下自覺性，而實同等自覺性也。然當乙態出現之期中，乙態有乙態之生活，故於薩戀氏，名之曰下自覺性無不可也。且乙之所經歷者，薩戀氏於事後無不知者，究竟以何道而能知之乎？則又為疑問：其為夢乎？其為催眠乎？非所知矣。要之薩戀氏以甲乙二態之知為外人之知而知之耳。

此薩戀氏亦為眞正之我，非僅福魯德之所謂複雜體也。或者此薩戀氏亦有睡醒二態如常人然，譬之其玩弄乙態時，或者即由睡而醒也。假其無所謂睡態，而但有醒我催眠我相迭代，則無覺醒之可言矣。

## 戊篇　生理現象

由前所言，凡有關下自覺性與同等自覺性者，盡於此矣；而下自覺性之作何解釋，亦可以瞭然矣。茲更就生理現象言之，尤見非自覺之心靈之關係之重大。

先就催眠術言之，若消化，若月經，若心血之流行，均可以催眠之暗示轉移之。更有因催眠而可使肌肉一部分發炎或流血者。譬之對於某甲受催眠後，授以一尋常熱度之銅錢片，置之於肌膚上，且告之曰：『是取之鐵爐中，其熱異常。』於是銅錢片所置處，顯紅色或有火傷痕。

由是可知心靈之所以影響生理者為何如。因有問題生焉：凡生理現象，其眞正關於生機方面（Vitale Vorgänge）而不盡依賴物質（如脚之行，手之勤，此爲依賴物質）者，是否可盡推本於非自覺之心靈生活？果如是，則生機的生物學，乃非自覺之理論之一部耳。生機現象中，其出於本能者，如蜂之釀蜜，蜘蛛之結網，鳥之構巢，若此者，皆非自覺性之左右之也。就人言，如形態學上生理學上之所謂適應（Anpassung），——所謂復生（Regeneration），（詳見杜氏生機哲學講義）所謂胎生進化，亦非自覺性之左右之也。總之動物之本能作用，與人類之適應，復生等，除其表現於自覺性之心靈狀態外，必有非自覺者伏乎其後；此非自覺之心靈，卽爲一切生機的行歷之基礎。而所成就，往往在其表現於自覺性之心靈之上也。何也？非自覺性之心靈，着手之始，卽爲一切具足（Von Anfang an in Vollendung），無待於學，無待於試驗，無待經驗之積貯，蓋非自覺性之知爲原始的也。若夫表現於自覺性之心靈則反是：須學焉，試驗焉，經驗之積貯焉。吾人試將康德之認識論下一種心理的解釋，則此自覺性之心靈之不學而能者，實只有一事：卽宇宙之一般形式的構成，（Die allgemeine formale Struktur der Welt），康氏之所謂範疇是也。譬之何謂物，何謂因果，亦爲表現於自覺的心靈，自元始以來所具之知而無待於經驗者也。過此以往，其有關節目者，則不得而知矣。如是，人類之知，除範疇外，殆無元始具足之知（Primares vollendetes Wissen）；卽以範疇論，亦限於大體，而不及於節目。若夫本能，復生，胎生，或其他生理上催眠上之知，且由大體而及於節目。若此者，皆以其出於非自覺之心靈故也。

前段文字中，吾人屢言表現於自覺性之心靈云云（Das zum Bewusstsein Kommde Seelische），而不直名曰自覺的心靈者（Das bewusst-Seelische），以自覺性之爲性，只能『有』（Haben），只能體驗（Erleben），而無所謂動作，此則篇首所已明言者也。自覺性之表現，皆以非自覺爲之主動；即所謂下自覺性同等自覺性，苟有行動，皆出於非自覺性。以心理上所謂行歷，皆不屬於自覺。醒的自覺如此，他種自覺亦然。如是，非自覺的心靈，以兩種形式表現：第一曰元始具足之知，就我言之，則爲不自覺的。第二曰特種之知，由學問由經驗得來，則於一我或多我爲自覺的。

## 己篇　非自覺性下自覺性之總論

結論宇宙之大，就生活或有關生活者言之，則其左右之者，即此非自覺之心靈也。此非自覺之心靈爲何物乎？非吾人所知也。此非自覺之心靈，如何行動？則吾人之所知也。其活動之方，曰所謂秩序，所謂全體，所謂個性，所謂意義，皆非自覺之心靈所構造者也。

非自覺性之心靈，既表現於自覺性中，故謂自覺性中，即爲非自覺之肖像無不可。但非自覺性之鑑己也，不在其進行中，而在其進行後之結果。就其結果一部言之，即所謂我之覺攝，我之感情，與我之思想及其他體驗內容是也。若夫非自覺之他種活動，即其結果，亦爲非自覺的矣。故以吾人觀之，非自覺之活動，在其結果變爲自覺者，大抵爲生機體對於環境問題。其爲本能可也，其爲人類之行爲亦可也。

所謂非自覺者，其本性如何，爲吾人所不克知。故究其眞爲非自覺否，非所知也。或者所謂非自覺者，以某種形式變爲自覺，而其形式爲吾人所不克想像。誠如是，非自覺之名，不如易爲上自覺，以其變化之多，遠出『我』上，其爲『我』所不知者，而此上自覺，則不待學而知之也。

非自覺之名，哈德門氏（E. Hartmann）始用之。然哈氏之用此名也，作爲形上學解，而不作爲心理學解。至於吾人之用此名也，所以指吾之自覺外，尙有非自覺者在；而不僅以消極之名，託於人類之所不知，而卽此了事也。

下自覺之名，卽爲特種組織之非自覺之靈魂之局部表現。卽此名觀之，可知爲自覺性之一部，特非我之自覺耳。且據前例觀之，所謂下自覺者，於原有人格外，爲另一種人格，以其時而出現於醒我之自覺中，而一變爲上自覺。然卽此上自覺仍不免爲下自覺者，以其不在我之自覺中故也。

部分的自覺性，上自覺可也，下自覺可也，同等自覺可也；要之，皆爲非自覺之心靈，皆以靈魂爲基礎而已。

## 心靈現象通論（Die Gesamtheit alles Seelischen）

關於非自覺者，尙有應討論之問題二，

所謂非自覺者，究爲多數乎？抑僅爲單一體而以多數個體之形式表現之者乎？試先以胎生學之試驗證之：

胎生之初步，一卵剖爲二細胞，將此二者離二而後育之，於是每細胞各成一生機體。反之，取二細胞而合之，則二者中僅長成一生機體。本合而分者，則本爲一生機體而竟爲二矣，本分而合者，則本爲二生機體而竟爲一矣。

雖然，此類生機體之心靈方面何如乎？一生機體之所在者，本爲一我；多數生機體之所在者，爲多數之我。今者本一而爲多，是果心靈之分裂歟？本多而爲一，是果心靈之融合歟？謂心靈有分有合，此殆理之決不然者。以吾人觀之，心靈者一而已，因物質條件之關係，於是表現而爲多數；所謂個體或個人者，即多數中之一我也。驗諸胎生學，若干身軀，即爲若干之我。然以變態心理學之下自覺或同等自覺觀之，即同一身軀中而有多數之我可也。

尙有一事可告讀者：最近數年以來，幻怪現象，離神鬼之說而獨立，由學者施以科學之研究，學者定此學之名，曰怪異心理學(Para-psychologie)，或曰超心靈學(Metapsychique)，英人則曰心靈的研究（Psychical Research）。學者搜集同類之現象，而認爲已有確實之證據者，則遠感術（Telepathie），千里眼（Hellsehen），讀心術（Gedankenlesen），遠移術（Maleriatisation）者，皆事實也。而此等現象，皆非思想或意志之自覺者所能解釋，別有非自覺者隱乎其後也。

此怪異心理學之成立，爲非自覺性添一重證據；吾就遠感術或讀心術言之，則所謂下自覺者，非徒限於個人，雖謂其互爲一體可焉。

## 庚篇　辨難（Polemisches）

關於非自覺與非自覺之種類，其積極的研究，盡於是矣。雖然，世不乏與吾人異其所見者，姑與一論之。

行爲主義（Behaviorism）　美有所謂行爲主義派，否認心理學爲獨立科學之可能，是爲最極端之反對者，故先論之。

凡非我之心靈之研究，只能用間接方法爲之，換詞言之，就他人之行爲或動物之行爲，而加以類推的解釋。此義也，其爲世人所熟知久矣。以動物論，卽下解釋，應極謹愼，以其心理不應由人代爲推測，故所可確實推定而記載之者，獨行爲而已。

此種立言，確有見地；然行爲派過甚其詞，於是本有見地者，忽誤入歧途。何也？行爲派之意，以爲可確實研究者，只有行爲，故直接下手之心理學爲不可能，蓋直接下手之心理學，以本身之心靈生活爲出發點，且除本身之心靈而外，實無他物可爲出發點者。然要知卽所研究者爲他人之行爲，實亦以所知於己者爲之下一類推的解釋也。所謂直接下手之心理學之研究法，卽內省而已，卽就對於自己所體驗者，更從而體驗之。

行爲派反對內省法，以爲卽就自身論，亦應以己之行爲出發。於是推至極端處，謂己所體驗者，不外屬視（Optischer）、屬聽、屬動作（Motorisch）之感覺而已；此屬視、屬聽、屬動作之感覺中，乃吾之行爲（Behavior）所以表現於自覺者也。行爲派既以體驗與感覺混爲一談，更問自覺的體驗中之記憶影象（Erinnerungsbilder），則彼輩亦從而否認之，以爲己身動靜之感攝中或曰行爲之中，卽此記憶影象所在也。

如此否認記憶印象之存在，其爲謬說，無待深辨。使執途人而問之曰：『汝心中有某種覺攝記憶印象否？有某種覺攝的想像印象否？』則彼必答曰『有』，無疑義也。

如上所舉，皆行爲派無可反駁之點。於是彼等所堅持者獨有一語曰：『內省之法，不如行爲之觀察（Beobachtung von Behavior）爲確實。』吾人卽令承認其爲不確實，然內省法所能得之對象，初不能因此一筆抹殺。何也？直接體驗之中，則有記憶，有情感，有思想，有意志；此種種者，徒以所用方法不如自然科學之確實，乃視若無物可乎？夫以方法之不適，乃斷爲世間初無此物，非學問家之所宜出也。譬之有解剖學者，妄欲以己意變更其所研究之目的物，於是反對顯微鏡謂爲不適於解剖學，且謂除肉眼所見者外，可斷世間別無他物。行爲派之反對內省法，毋乃類是乎！

如是，行爲派之立脚點，專就己身或他人之身之行爲而下觀察，已爲我人所駁詰，無復存在餘地矣。且行爲派之所言，體驗之中，只有吾身之動靜。假令世間但有吾身之動靜，則內省法爲虛僞云云，何自得來？夫眞僞者，判斷也。行爲派既斷定內省法爲僞，可知體驗之中，不盡爲行爲，而有他物在。他物爲何？吾人所謂意義是也。（羅素氏心之分析一書，受美國行爲派之影響甚深。羅氏以爲心理元素有二：曰感覺，曰意象。意象者，記憶影象也。除此二者外，自覺的體驗中已無他物。然羅氏書論意義（Meaning）之處甚多，既言意義，可知感覺及意象之有形體驗外，尚有他物在。）

無靈魂之心理學　此外學者承認以內省爲基礎之心理學之可能，然對於靈魂存在之說則反對之。是說也，名之曰無靈魂之心理學（Psychologie ohne Seele），彼等以爲只有自覺的心理，無所謂非自覺的心理。換詞言之，自覺的我，彼等所認者也；非自覺的靈魂，彼等所反對者也。

無靈魂之心理學有二：甲曰心理學之職掌，所以對於自覺的我爲之說明。乙曰心物平行主義，以爲心理現象常與物理相並而行者也。

甲派以爲心理學之職掌，對於自覺的體驗，分析說明之，並求其前後起伏之象，如是而已。若夫因果概念，公例概念，彼輩以爲不適用者也。誠如是，心理學者，純粹之說明記載（Reine Beschreibung）而已，非科學也。

以吾人觀之，心靈現象中之因果也，公例也，皆爲正當之概念，無可反對者。就其部分的因果言之，曰聯想，曰自覺性位態，曰定向是也。　至超於其上者，更有一最高之因果概念，是曰全體的全體化成的靈魂。

靈魂之義，形上學者用之，則爲形上學上之概念矣；吾人之所以用此名者，則爲論理學上之概念，所以使雜然並陳之心理現象，有可整齊而畫一之者。換詞言之，爲秩序計耳。凡以此故，各種心力之部分的名義與其總名之靈魂，其爲學術上正當之概念，猶之自然科學上之所謂可能（Potential），與可能的愛納涅（Potentielle Energie），其屬經驗界同也。所不同者，一屬外界一屬內界已耳。反是者，棄因果與公例，是直不求心理學之瞭解而已。

乙派雖反對非自覺的心靈之概念，然不以純粹之說明與記載爲滿意，而必求其因果關係所在。然彼輩以爲心理學之所以不可瞭解者，然不在心理而在物理。換詞言之，在生理之間耳。彼輩以爲心理與生理有不可離之關係；心理現象之不可知者，不當求之於心理，應轉而求之於生理，質言之，在腦神經與神經系之間。而其所以解釋神經系者，以理化學爲根據，以機械主義爲根據。如是一轉移間，所謂非自覺者，由心理界移而至於物理界矣。

關於感攝（Wahrnehmung）或其他自覺的心靈現象，由外界以入於內界者，腦神經系固有莫大關係。卽就內生活言之，體驗之有具體的表相(Leibhaftige Vorstellungsbider)者，腦神經系亦有莫大關係。德國馬堡大學敎授顏許氏（Jaensch）之試驗云：孩童十五歲前想像力發達，十五歲後理智力發達。卽美術家中，其構造具體的表相之能力，亦較常人爲勝。然所謂內生活者，皆有意義可求；有所謂思想，有所謂願望，有所謂意志。惟如是，必欲對於腦神經系下一種機械的解釋，此不可得者也。余著「身與心」一書，論此事甚詳，玆不復詞費矣。

要以物理學或腦神經中之機械論代心理學，因以求非自覺的心靈之概念之廢止，斷斷乎其不可通者也。

下自覺之概念之反對者　亦有雖認非自覺之說，而下自覺或同等自覺之概念，本所以表示靈魂之部分的組織者，彼等則視爲疊牀架屋。此等學者持之有故，言之有成，遠在行爲派或非自覺概念反對論者之上，故辨難更應鄭重。

彼等之言曰：催眠可也，機械的行動可也，自覺性的分裂可也，一靈魂之下，只有一我，而無所謂多我。既無多我，則無所謂下自覺與上自覺之關係，或同等自覺與同等自覺之關係。且只有一我，而一我之所體驗者，甲時爲某種內容，乙時爲某種內容，體驗之種類有不同，乃強謂之曰我之分裂說，而實非也。

此派學者之持極端論者，更以被催眠者或人格斷續者之言論爲誑語，惟所謂誑語者，或者出於無意。蓋人格斷續云云，世間本無此事；甲人格與乙人格若判然二物者，不過甲乙二者各將所體驗者隱沒一部，不爲人知。譬之前所謂甲態不知乙態，或乙態不知甲態，乃至醒我不知催眠我，催眠我不知醒我云云；皆人意僞造者也。

如此云云，以吾人視之，直顛倒事實。何也？關於人格分裂之記載，有出於法人耶納者，有出於美人詹姆士及普靈司者，試取而讀之，則其分裂我之甲乙兩態之不相知，乃確然事實，毫無疑義。吾人姑讓一步，認爲甲乙二態彼此相知，然就醒我與催眠我之關係言之，醒我之於催眠我之體驗，全不記憶，則又爲彰彰明甚，無待詞費。何也？醒我之於催眠我，非絕無記憶可言。然所記憶者，即催眠中之行動，而又爲施術者之命令。譬之催眠之中，令其學爲小孩，其言行一如小孩，及喚醒之際，與以記憶之暗示，則彼念及往事而啞然失笑。乃至喚醒之際，同時亦可命令以某種催眠的體驗，則歷時稍久後，而此種命令猶在記憶中。

然此所言，可知記憶而必出於命令，正足以證實吾人不記憶之說耳。

詼語云云，無辨論之價值。姑就其一我之說，從而論之，彼輩以為一靈魂之下，只有一我，所謂下自覺與同等自覺，皆為不根之譚；而一我之體驗，其為自覺的者，只有一部，其大部分則雖入於體驗而不自覺不明晰者也。

雖然，不自覺的體驗，作何解釋乎？竊以為此圓枘方鑿不相容之語也。體驗云者，自覺的『有』之謂也，『有』自覺的也，非『有』非自覺的也，若曰非自覺的有，是以『有』與非『有』混為一譚也。或有不用非自覺的體驗之名，而名之曰不注意之體驗（Unbemerkt erleben）。體驗為注意的，既曰不注意，直是無所謂體驗而已。或者又曰非自覺的表相（Unbewusste Vorstellung），表相為自覺的，既曰非自覺的，直無所謂表相而已。凡此諸名，皆自陷於矛盾而不自知者也。

非自覺或不注意之表相云云，於義為矛盾，已如上述。以所謂表相者，乃體驗而已，故與非自覺或不注意不應連續為一。抑不僅名義之不當也，既曰不注意不自覺，可知自有非自覺之心靈在。如是，以實際言之，彼等所見，與吾人合轍，不過名詞異耳。

不注意云云，不應與健忘（Rasch vergessen sein）相混。舉例明之：入市購物，行道上正在思索中或方與友人閒談，忽而自覺曰，『余所欲往之店，適已過去』，且記憶甚晰，曾見此店招牌在百步之先。次之鐘鳴六下，前五聲以注意他事，忘屈指數之，及第六聲，忽自覺曰，『此已六時矣』。就此二例觀之，所以解釋之者，只有二法：其一曰，此招牌與鐘聲皆曾入吾之注意中，惟瞬倏遺忘。其二曰，此二者我皆未注意，以世間決無注意而不自覺者也；或者吾目吾耳吾腦神經對於招牌與鐘聲，在生理上曾有一種感觸，惟此種感觸，獨此非自覺之心靈或非自覺之我受之，而自覺的我不與焉。誠如第二說，有物焉，雖非我之所體驗，而猶為我之所能體驗。此意也，摩頓普靈司「非自覺」（The Unconscious）一書（五十頁至六十頁）已歷歷言之矣。

不注意而猶能記憶之說，在上文兩種假定中，無不適用。蓋不注意之體驗，既無此物，故鐘聲也，招牌也，必曾注意之而倏忽遺忘，此甲說也。或者鐘聲與招牌雖未嘗入於體驗中，然有可以體驗之機而不及體驗者，又未嘗不可入於記憶之中，與已曾體驗者等，此乙說也。故曰二者皆通也。

吾人所以批評不注意之體驗者，想已明白。若夫以不明晰之體驗(Sehr unklares Erleben)解釋下自覺或同等自覺之現象者，將何以答之乎？

自覺的體驗者，有物如是之謂，此外別無他義。假令體驗之中，渾然若有某物，——如自遠處望見山脈，雖知其為山，而不知其山頭何若，若是者，亦卽所謂體驗也。甲態之於乙態，醒我之於催眠我，其情境正復相同：就甲態而言乙態，曰若有物在，而不知其為何物也；就醒我而言催眠我，曰若有物在，而不知其為何物也。

此有物在而不知其為何物之情境，正所以使吾人在心理學上輸入上自覺下自覺同等自覺之專名，而絕非駢枝贅旒也。

甲態有甲態之體驗與記憶，除此而外，則有『不知其為何物』之一複雜體在。乙態有乙態之體驗與記憶，除此而外，亦有『不知其為何物』之一複雜體在。卽此二者，甲乙之為二我明矣，而其性情行動之不同，皆足為二我存在之證驗。

如是，則欲假不明晰之體驗之語以代上自覺下自覺或同等自覺者，其無立足之餘地，明矣。

非自覺，上下自覺，同等自覺，在心理界爲確有其物，猶之物理界之可能，愛納涅與夫胎生的可能（Embryonale Potenz）也。

此非自覺與其他等等，乃瞭解心靈之基礎，瞭解宇宙結構之基礎也。此宇宙之中，凡非物質的，其宰制之者，獨心靈而已。

此惟一之靈魂，大全體(Gross-Ganzes)也。大全體之中，爲若干部分體(Teil-Ganze)。部分體者，即一我而具有一靈魂者也。能知此義，則生生之總體而所以散而爲萬有不同之個體者，於是乎在。

## 參考書：

擧下列各書，以備欲深究此問題者參考之資。其他參考書，亦可於下列各書中求之：

（甲）關於思想心理學：

Messer-Psychologie

Driesch-Die Logik als Aufgabe

Driesch-Ordnungslehre, II Auflage. Abschnitt D.

（乙）關於夢者：

Freud-The Interpretation of Dreams （Brill 譯本）

（丙）關於催眠及自覺性之分裂者：

Moll-Der Hypnotismus

Janet-L'automatisme Psychologique.

Morton Prince-The Dissociation of a Personality

Morton Prince-The Unconscious.

讀者當注意者，關於非自覺（Unbewusst, unconscious）及下自覺(Unterbewusst, Subconscious)之名，此文中之義，與普靈司氏各異，故聲明於此。余之所謂非自覺者，指運用之靈魂之全體言也；下自覺或平等自覺者，指全體之特別方面言也。而普靈司氏則以下自覺(Subconscious)爲總概念，而以非自覺(Unconscious)同等自覺(Co-conscious)二者爲其分支。普氏對於非自覺又下一種生理的解釋，此亦我所認爲不合者也。

# 十六、現在學派虎塞爾氏（殘篇）

——虎氏百年生日紀念作——

（丙）純現在學。距離邏輯研究第二册出版十二年後，虎氏將其大著「關於純現在學與純現在學的哲學之思考」印行，其苦心思索歷十餘年之久矣。此書爲虎氏學說成熟之作品，名之曰基本之學，且期在其有嚴格性可以與數學並駕齊驅者也。邏輯研究第二册之內容，一半爲心理學，一半爲純邏輯，至於此書，則純以現在學爲中心問題。所以名之曰現在學者，虎氏不承認康德之本體論，不同意於康氏所云所可知者僅有現象而不及於本體之理論。其所謂「現在」取希臘原文顯現而出之義，由人之直觀中所得之顯現而出者也。其所以題此名，亦與黑格爾氏「精神之現象學」一書無涉。黑氏以「絕對」爲本體，以精神爲上帝之返於自身，人類爲自覺之體，乃有法律道德政治制度等爲精神之表現。亦與虎氏直覺中之本質之顯現，渺不相關者也。我所以譯之爲現在學者，所以符合於其取名之原義，且以別於康氏黑氏書中現象二字之義也。虎氏所謂「本質」云者，即凡所聞之語，其中有一定之意義，所得之判斷，有判斷中之意義，乃至音樂之C調，數目之數，此皆不含有感覺的成份而自爲聞者解者所認爲一定不可疑者。即虎氏直觀中之自顯自觀而具有先天性與必然性者也。虎氏以爲所以達到本質，有剝落之法，猶之剝筍者將外皮逐層脫去，至於最後，但剩其中之內心，則無可再剝者矣。剝落之法有二，一曰心理學的剝落，二曰本質的剝落。茲先說明事實與本質二字之意，再解釋兩種剝落之法。吾人所處之世界，其中有物質、生物、人類等，此即時空世界，萬物在於其中。或人或感覺或想像或思想，或有慾望，所謂觸景生情者是也。其所接觸爲色爲形爲方向種種。譬曰街上右角，牆綠色，窗簾下垂之一棟屋子，右角，綠色，窗簾下垂，即感覺中之事實也。凡爲事實，大抵起於經驗與感覺之中，空間爲某所，時間爲某時，且爲殊特之一，而可以不必如是，如屋忽倒，或色改變，此即具有今日如此，明日如彼之偶然性也。反是者如但云屋，指屋之所爲屋之概念，一猶幾何學中之三角，數學中之一二三，或論理學中之彼此同異。此之爲本質。具有同一性，溥遍性，必然性，不能今日如此明日又復如彼者也。此經驗中具體特定之屋與屋之所以爲屋之理型，二者絕然各異。吾人可以知除感覺中之所接觸者外，自另有一理型爲其底子。每一經驗中之事物，合時，空，質色之各種本質而後成立，即其特殊之物，一旦忽然不見，而理型中各種本質之存在自若也。既明事實與本質之區別，乃可以說明虎氏現在學之剝落法。世界之物，可分爲二類，一曰自然界之物，一曰本質。本質之在經驗中，離不了自然界之物，然自然界之物所以爲人所知，亦不離乎本質。舍本質而求知識求眞理，不可得也。虎氏以爲吾人對於自然界之事物，可以不必如笛卡兒之法，而疑其爲「有」（Being）加上括弧，而擱置之，即由感覺經驗而進入本質之一法也。加上括弧（Eingeklammert, Bracketed）云者，即將吾心或自覺性集中注意於一方面，將其他方面暫時擱置而不問之意也。虎氏以爲惟有如此將人之爲心物的機體，或爲感覺主體者，擱置一邊，而但令其純自覺性發生作用。其在事物方面之形，色與方向，亦暫時擱置，只餘其中之共相，自同性與其永久不易者，此之謂本質。如是惟自覺性能見到本質，本質爲客，自覺性爲主，二者常對待者也。虎氏經千錘百鍊後，一反十九世紀哲學家所信之感覺主義與實證主義，以求達於本質者，良以惟在其中，乃有意義，溥遍性與必然性而論理學之三條原則，三段論式與夫其他推理方式，乃在其中矣。而此種種者，又爲各科學之所本，其範圍論證與確實性，皆植基於此本然之旨，換詞言之，有直觀中之本質，而後科學之理論乃以成立，倘無此本質，卽科學亦不得而成立也。

以上心理學的剝落，僅去外皮，而尙未達於核心也。虎氏以爲所謂本質，有種種區別：（A）就邏輯言，曰同曰異，曰全曰分，曰質曰性；（B）就自然界言，曰物理曰生物，（C）就數學言，曰數目曰單一曰複合。虎氏就本質範圍之內，以爲應分之爲二類，一曰超然的，二曰內在的。此二類之中，將其屬於超越的本質，卽（A）（B）（C）三項之本質，再加上括弧以擱置之。所餘者只有純自我與其與自覺性對待之「經驗之流」（Stream of experience）。申言之，人之爲人之核心曰自覺與其與自覺性之對待而已。如是，所謂純現在學之所研究者爲共相爲意義爲本質。再推而上之，則爲自我與自我之經驗。（此經驗二字，指純思之對待者言之，不可與經驗派之所謂經驗混而爲一。）虎氏所謂自我，卽近代哲學之創始人笛卡兒氏所謂我思故我存句中之自我。虎氏於去其外在之可疑而存在內在之不可疑之純我，比之笛氏，更有其循序漸進之方法，此乃三百餘年中，科學理論與邏輯理論之發達有以致之。而虎氏之目的，在於重振笛氏之墜緒，以圖與十九世紀中流行之自然主義實驗主義相抗，其抱負之所在也。

虎氏純現在學中，特別提出指向（Intention, Intentionality）之概念，意謂一念之發動中，有其所指向之處。同爲一念，而其念中兼具有其所疑所思所好所惡者，此所疑所思所好所惡者爲指向。此點與陽明哲學中之所謂「意」極相似。如云「意之所在便是物。如意在於事親，則事親便是一物。……意在於仁民愛物，卽仁民愛物便是一物，意在於視聽言動，則視聽言動便是一物。」此言心之發動，必有所在，卽虎氏所謂指向。若心之發動，已先有一指向，於是思與指向之關係或思後起而指向在先，或二者同時並起。此問題可以推廣而至於叔本華氏所謂意與佛家所謂七情，只好暫時從略矣。

（丁）形式論理與超越論理　此書出版於一九二九年。虎氏所以證實邏輯的概念之效力（卽可靠性）之作也。邏輯中之判斷，除其形式的正確外，更須研究其內容，與其所以約束此項內容之規則。內容之正確與否，賴乎證據與客觀性，推至其極言之，卽在事之是否爲人所見是矣。一對象呈現於自覺性中也，有種種不同程度之明晰，其至高者爲必然性，是爲眞實之保證者。大體言之，一對象之呈現，卽爲證明，其不能呈現者，卽爲不能證明。呈現之程度，種種不同，卽證明之程度種種不同。虎氏之所努力者，在乎說明此項呈現決之於「有」（Being）與自覺性或曰理性二者之關係。依柏拉圖氏理念或曰意典，存在於超官覺界中之不變不易者，由於心靈之回憶，乃模效之而形之於概念構成之中。此爲古代之說，非現代人所能滿意。及康德氏復有一切認識以官覺爲材料，更由於心之統覺依邏輯範疇而規定大格式之說，虎氏乃欲併合柏氏之不變不易說與康氏主觀先天說於一爐，將直覺所見之「有」，由各人之自覺性自構成之。虎氏嘗舉譬喻以明之，數學之三角，由三邊構成，三角之存在由於三邊構成，數學家未嘗一刻懷疑此三角之存在，虎氏由此可以推至事物之「有」之存在，以爲物之有，即由於自覺性中，認之爲「有」之存在。此其爲說，在常人自以爲不免太近於主觀，然關於「有」在理性中之構成的功能，虎氏在此書中與在「笛卡兒氏式默想」中，詳盡言之不已者也。

（戊）笛卡兒氏默想　德國哲學家，由法國聘請前往講學者，據我所知，以虎氏爲第一人。以云兩國學說之相互影響，如啟蒙時代伏爾泰氏受普魯士飛烈大王之招待居德數載。其在法國有追隨康德氏黑格爾氏以自名其學派者亦頗有之。至於生覺主義，由德國傳播至法，爲世所共見。德國哲學家當其在世之日，由法人之招去巴黎演講者，虎氏實爲第一人矣。虎氏在巴黎之講題，初名「超越現在學引論」，繼改稱曰「笛卡兒式默想」，所以推崇法國哲學界第一人之笛氏，亦笛氏「我思故我在」之片言，自有影響虎氏者在也。虎氏之先後著作，世之評價不一，有推崇其「邏輯研究」者，有以爲「純現在學之思考」爲最重要者，然各書之中，能將現在學爲主旨，源源本本說明之，各篇中不雜有其他事項，一貫說明純我或純思之旨者，實以笛氏式默想爲最富於條理性與系統性。茲就五講內容述之。

第一講：純我之思考　第一講中，虎氏以超越的自我之思考爲事。先有自我，而後有思，有思有其正確性，而後乃有宇宙之全，乃有科學之所以爲科學。此中關鍵，即爲存在，即爲自覺中有存在，有現在者在。惟有此存在而後有無可疑。此無可疑猶我思之存在之無可疑也。無可疑，非由我思中來，乃存於我思之中也。以我思爲主，去其在括弧中之感覺與特殊者，而我思中之一切客觀性自若焉。所謂我思，不僅自覺性中一件又一件之動作，乃一切自覺的動作之全體系統，即主觀性之本身，而客觀性可由此中求而得之者也。依上文加上括弧之後，將有關於感覺者，一切除之而去，其實一無所去，眞正之「有」依然在焉。所餘之實在，爲我思，即爲純自覺性爲主觀性，然此主觀性中，「我在」之客觀性在焉。「我在」二字乃吾人論事論理與夫論全宇宙之客觀性之所本，可知主觀性中，自有客觀性在，顯然矣。

第二講：超越界之經驗（The transcendental realm of experince）如上所言，我思之自覺性中已具有絕對正確性。在旁人觀之，或以爲此乃空言，無裨於事，更進而問究竟此項正確性之標準何在？虎氏答之曰：自覺性之經驗之流中，時間上有先後之次第，此先後之次第，即爲其客觀性之構成因素。此經驗之流中，其先後之一致者名之曰同，在先後之不一致者，名之曰異。其同其異，得之於各種各樣之經驗中者，又成爲客觀性之構成因素矣。此由於內部經驗之時間先後，成爲所經驗之客體上之時間先後，況更有同異爲觀察一切事一切理之標準，則客觀性自在於其中矣。

第三講：理性之職掌（The role of reason）以上已論主觀中具有正確性與客觀性。然正確與否，決之有無錯誤。倘以爲但加上括弧，即可保證正確，此不免言之太易。何也？「有」之所以爲眞「有」之保證安在乎。有之爲眞「有」視自覺性中之公例，或曰先天結構如何，此結構與先天公例相合者，便有客觀性。虎氏以爲有之爲眞有，視其判斷之是否出於理性。而現在學之所以能貢獻者，非關於「有」之不錯誤的判斷，但關於不錯誤判斷之所以存在之公例如何，此爲現在學之所能確定者也。

第四講：具體中之溥遍先天（The universal a priori in the concrete）上文但論主觀性之結構如何，即令如虎氏所言其中已具有正確性，然所謂知識者非僅主觀上如何知之，必需涉及於外界之事物，此則虎氏名之曰具體中之溥遍先天。虎氏所注重者非感覺界中一件一件之事實，乃外界事物之溥遍性與先天性之所不可缺者，譬如事物也、空間也、時間也，此數者卽就主觀性言之，而已可推定其溥遍性之如何，事物之占有空間且有形體大小也，空間有上下與東南西北四向也，時間有先後長短之可言也，此三者卽爲溥遍先天性。此溥遍性非徒存於主觀，而存於客觀，此其所以具體的溥遍性也。

第五講：他心他人之忖度　所謂思所謂知，非限於自我一人之謂也。限於自我一人，是爲獨知主義（solipsism）而已。人羣之中，除我一人以外，是爲他人，卽我一人爲主體外，尙有其他主體在焉。如是上文所云自我(卽一人)之自覺性結構如何，實有未足，必須確定其他主體之同有此結構，否則各人彼此間無彼此瞭解無思想交通之可言矣。惟其然也，虎氏晚年專努力於共通主觀之結構說（Inter-subjective constitution）。於是將他人分爲二項言之：（甲）認定他人之身體如我自身之身體，既有其物質之體，又有其知覺行爲；（乙）認定他人之心靈中之知情意三者。虎氏名此他人等曰四周環境或曰文化界（Kulturwelt）。此與黑格爾氏所謂客觀精神相同者也。

以上三期五書之中，可以窺見虎氏之成就。其初期所着重與其後來一貫之主張，爲直視中之本質，本質既外在而可見，是近於唯實主義之實在外在說矣。及其進而入於純現在的哲學，以純我純思爲出發點，於是以理性與我思爲立場，於是一變而近於唯心主義矣。虎氏果爲唯實乎唯心乎？此乃無益之爭，可以置之不論。其分析之精，見解之銳，與理知之深入，他人所忽略之處，加以極透澈之研究，乃其特點所在也。虎氏又一反於常人所注意於感覺事實，特殊諸項，而還之於溥遍，本質，意義，純思，以造成其爲科學之哲學。此其合於時代潮流，而同時反於時代潮流者矣。

## 第四　結論——虎氏與唯實主義與康德主義

世之讀虎氏書者，聞其本質直觀之說，以爲此乃反於康德氏主觀主義之心之綜合說矣。本質直觀云者，謂本質之自在，自能呈現，故無所謂心之活動。此誠虎氏之異於康氏者矣。解虎氏學說者認此爲宇宙之非心化視本質爲外在之物，此乃誤解之至大者也。何也？唯實主義者視心爲自然界之一物，與物理現象與生物現象同。且心之所以視察現象，不能離經驗，官覺與此時此地之特殊者，而虎氏見解與之相反，先除去此三種觀點，以求達乎溥遍性與先天性。此虎氏之本質與唯實主義者之所求，正相反。唯實主義又解心爲僅有反應之能者，與虎氏之視心爲純我純思且具有指向，亦背道而馳者也。如是以虎氏與新唯實主義相提並論，可謂去題萬里矣。然虎氏學說得力於數學邏輯，數學之二加二等於四，邏輯之甲與乙同，乙與丙同，則甲與丙同，均可在一見之下爲人盡首肯。此數學之理與邏輯之理名曰本質亦曰自存體，其物永久自在，不論其人所知與否。惟此本質之自在，且一觀之下便可立得，故無待於心之結構者也。此種本質此種自存體，在數學如此，在邏輯如此，卽在倫理學亦復相同。尼哥拉哈德孟氏著倫理學之日，受虎氏與虎氏志同道合之夏雷氏之影響甚大，竭力發揮道德觀念爲本質爲自存體之說。自表面視之，易與唯實主義者實在外在之說混而同之者矣。舉哈氏之言如下：

邏輯與數學爲客觀科學。此見解亦可適用於現在學新開展之本質研究。數理，邏輯與現在學之對象爲眞體，亦猶科學中對象之爲眞體，其間彼此之相異，卽科學對象爲實有體（Real object），而數理邏輯對象爲理型體（Ideal object）耳。

此中基本理論，即知識中之理型對象與實有對象，其離知之主體而獨立，一也。即理型對象與實有對象同爲自存體也。（倫理學第一册英文二二三頁）

理型體與實有體同，不論人之知之與否，要爲自存之物而已。自存體之存在，無關於知與不知，最與康德主義相反，而與唯實主義相近者也。倘因此之故，便謂虎氏夏氏哈氏近於唯實主義而反唯心主義，斷斷乎不可者矣。康氏所謂知識，以感覺爲材料，感覺中但有材料，而無必然性。其必然性由於範疇所供給，此則心之活動有以致之。其中最主要者爲因果範疇，即先天格式由心加之於經驗之上者也。吾人所知者只有現象，其背後爲「物自體」，非吾人之所能知。其在虎氏去此材料之由感覺而來者，更不承認心之活動所加上之範疇與康德所謂「物自體」。人之所見者爲本質，具有先天性與必然性，得之於直觀中者也。兩家之立言如是，一主直觀，一主心之活動，惟其一主直觀，理型之本質得之於一見之下，康氏主心之活動，加上範疇，既爲活動，自非一見中之可能呈顯。在虎氏所謂本質之背後更無所謂物自體。或者換詞以言之，理型即最後之眞實體。以上爲虎氏與康氏相異之處。然虎氏最後階段中又以純思自覺性爲大本，此純自覺性中具有時空、彼此同異之構成因素，更須用此構成因素於具體界（即前段第四講所言），然後所得者爲正確智識。如此云云，與康氏主張以心之活動爲基本者，可謂由異而歸於同矣。虎氏雖奉笛卡兒氏爲典型，若置康德氏於不屑措意者，此則各人嗜好之不同，非吾人所應加以是非可否之評價。然其與康德氏始異而終同，自可將五講與「純理」「實理批評」兩書一一爲之分段證明。良以雙方純理純思爲出發點，雖欲不同，而亦不可得矣。

七月二十五日　金山

# 十七、法國哲學家柏格森談話記

嗚呼！康德以來之哲學家，其推倒衆說，獨闢徑蹊者，柏格森殆一人而已。昔之哲學家之根本義，曰常、曰不變。而柏氏之根本義則曰變曰動。昔之哲學家曰：「先有物而後有變有動。」而柏氏則曰：「先有變有動而後有物。」惟先物而後變動焉，故以物爲元始的，而變動爲後起的。惟先變動而後物焉，故以動爲元始的，而物爲後起的。昔之學者曰：「時間者。年月日時分秒而已。」柏氏曰：「此年月日時分秒，乃數學的時間也，空間化之時間也。吾之所謂眞時間(La Durée)，則過去現在未來三者相繼續，屬之自覺性(Consciousness)與實生活中，故非數字所得而表現」。昔之哲學家但知有物，而不知物之原起。柏氏曰：「天下無所謂物，但有行爲而已。物者即一時的行爲也（There are no things, but only actions; things are only our eventual actions）」，由人類行爲施其力於空間，而此行爲之線路，反映於吾人眼中，則爲物之面之邊。昔之哲學家曰：「求眞理之具曰官覺、曰概念、曰判斷。」柏氏曰：「世界之元始的實在曰變動。故官覺概念判斷三者，不過此變動之片段的照相。是由知識之選擇而來，其本體不若是焉。」此所舉者，僅其寥寥數點。其他燦爛繽紛，使吾忽而驚疑，忽而神往者，尙不可以數計。嗚呼！康德以來一人而已！宰平之來歐，其見面第一語曰：「此來大事，則見柏格森、倭伊鏗兩人而已。當其初抵巴黎，吾爲之投書柏氏，久不得覆，宰平悵悵若失，若甚恐不遂所願者；及得覆，吾適離法，而宰平亦去遊比荷德奧英各國，方其至德，又過於耶納，爲介於倭氏，長譚四五次，臨去之日，再三要約，曰五月終且由歐而美，望君屆時在法相候，求見柏氏一面，余以宰平之意誠而心切，特於其行前返法。向柏氏重申前請，柏氏慨然承諾。以五月二十六日訪之於其宅中，譚約一小時之久。凡所問答，皆吾與宰平平日讀柏氏書而心中所懷疑不敢決者。乃爲之一一筆記，且述其緣起，以公諸海內愛柏氏哲學者。使讀此文者，以爲一代大師口頭指點之語，有足與原書相發明者。則吾與宰平之登門請益爲不虛矣。

初見時森先提北京講學社希望前往之意甚切，問何時可定行期。

柏氏答戰事之中，對於國家應效力之事頗繁，哲學研究，久已間斷；又近來自覺精力不如昔時，從前短時能了之事，現時輒須較多之時間，以此每日益見其寡暇。刻正開始重理舊業，前應蘇格蘭愛丁堡大學講演，曾講一年，因戰事中止，八、九年前與瑞典大學亦有講演之約，此時尙未履行。東方之行，吾已承諾，自甚願往，但總須俟蘇瑞兩地講演終了之後，此時實難預定行期。

柏氏問中國約往講演，係何種辦法。森答以講題可以臨時酌定，但希望有新著作尙未發表者在中國發表之。並問應否對於學生論文加以評定。森答以恐不見有此事。柏氏謂假令前往，恐在中國逗留不過數月之久耳。

柏氏並問杜威羅素行踪，並及羅氏所講題目。謂羅氏非吾哲學之友。彼實未能瞭解吾哲學意思。

彼此寒喧既畢，乃有學術上問答之語如下：

（林）創造進化論用直覺一名詞之處種種，有哲學上之直覺、有空間的直覺（Intuition Spatiale）、有感覺的直覺（Intuition sensible），究竟此三種直覺，有無相關之處？其異同若何？

（柏）余之哲學以直覺爲根本方法，故有哲學的直覺之名（Intuition philosophique）。哲學的直覺者，直接知識也（Direct knowledge）、同情也（Sympathy）、深入物體之內部也（One place oneself within an object）。至若空間的直覺，如見幾何學上之圖形，而推知其公例，此所謂直覺。字雖同而義則異，以無他字可代，故用之耳。余之直覺，適用於生命及自覺性（Consciousness），故與物質無關。感覺的直覺云者，乃駁康德哲學中之語。康氏所謂直覺，屬之智以內（Infra-Intellectuelle）；即智之前一步，與超智的直覺（Supra-intellectuelle）雖相聯屬；而究爲二物。此超智的直覺，乃吾所謂哲學的直覺也。

（林）直覺既不在物質上適用，又非普通所謂感覺，此直覺本身究爲何物？

（柏）直覺方法，詩人畫家亦常用之。惟余以爲在哲學上亦應用此方法。就其相類者言之，在動物爲本能（Instinct），在人爲直覺。余非謂直覺即本能，然就深入物體內部一點言之，則相類焉。蓋常人之性，好爲分析比較，將一切成說（ready-made ideas）視爲一成不變。余以爲誠如此，則所得者，僅屬照相；而決非實在本身。且直覺爲創造的，此語非謂直覺即創造，而要之凡所創造，則無非直覺的也。

（張）直覺方法，是人天性所固有（Inborn）？抑待修養而後成？

（柏）以云天生，蓋就已有萌芽者而言。必已有萌芽，然後能使之發達；若本無此物，則哲學家不能自無而有。然人類之天性，好行爲好求成功好實用（Praetical）；故一切智識之中，挾有一種功利之意（Utilité）在其間。今欲避去此功利之心，故將天性翻過來，專做其反面文章。故謂直覺爲天性之反面（The reverse side of the nature）無不可，蓋去功利之心，然後能達眞理達絕對。

（張）直覺應否有一種精神上潛修工夫（Meditation）？

（柏）君所謂 Meditation 蓋有種種意義。若云印度哲學上之Meditation專求超脫於知識分別以上。則非吾之所謂 Meditation，若以 Meditation 作爲心力之集中（Concentration of the Mind）解釋。則歐洲無論何種哲學，均不能少此工夫。蓋吾之所謂直覺，爲補足知識之手段，在知識之分別比較外，下一種深入物體內部之工夫，如是則於求眞之道得之矣。

（林）先生書中說直覺常用於生活上，至於色聲香味之類，能否適用直覺。

（柏）君所謂色聲，不知就色聲本身言之，抑就色聲之知識言乎？林答係問就於色聲之本身而言。柏云就色聲之知識，則非直覺範圍以內事；若云色聲本身，則音樂家之於聲，畫家之於色，固嘗適用直覺。至於香味，則非直覺所適用。

（林）昔之哲學家，以思爲出發點，思有思之公例。然則君之直覺亦有公例乎？又直覺時是否有分別比較，抑能將思擯除乎？

（柏）直覺者，智識的默會爲一之謂也（Intellectual Sympathy），故不能如思想之有所謂公例。然用直覺工夫時，少不了思，若比較分析之功，皆不能少。以予所知之佛教，其所謂瑜珈（yoga），專務去智。若歐洲之哲學與其哲學上之所謂直覺，則少不了思，少不了分析，蓋既得了實在後，不能不以語言文字翻譯之，則不能不依賴智識，故直覺所以輔助智識，並非排除智識，此與佛教不同處也。

（林）精神力一書中所謂力，與物理上之所謂力，其異同如何？

（柏）物理學上所謂力，大抵指動（Motion）等等而言。可以數學之格式算出之；若精神力，則絕非數學所得而計算；物理學上之力，求宰制自然，宰制物質；若精神力，則求宰制自己，改良自己，使精神爲之提高，爲之向上。故物理力，機械的定命的也。精神力，則自由也創造也。

（林）蔡元培先生本擬同來，因先一日赴美，不及來訪，臨行時屬爲代問君之所論直覺，其實行方法如何，可得聞乎？

（柏）所謂直覺無一定條件可言，就消極言之，則非分析也（analysis），非顯微鏡之辨析毫釐也（Hairsplitting），非論理上之對抗原則也（Dialectic）；就積極言之，則自察也（Self-observation）內省也（Instropection）。

（柏）余略有問題問林君可乎？君用靜坐工夫乎？靜坐時眼前另見一種境界乎？

（林）余每日略有靜坐時間，但未用作觀方法。

（柏）靜坐時是否覺一切人生大問題都已解決？

（林）坐時亦未計及解決與否？

（張）如是佛教之所謂靜坐與君哲學中所謂直覺，絕不相同。

（柏）以余所見，不同之中有同者在。即萬殊歸於一本，複雜趨於易簡是已。

（張）君將有新著作出版乎？

現時正在著作中者有二書。一爲哲學方法（Methode philosophique），一爲道德及宗敎問題（On morality and Religion）。

# 十八、機體哲學家懷悌黑氏

當代哲學家，其能本上自古代柏拉圖，下逮於廿世紀愛因斯坦相對論與洎朗克氏量子論之原理，合之於一個系統，而自成其一家言者，其懷悌黑氏乎。懷氏本爲數學家邏輯學家，年六十三始轉而從事哲學，指出心物二分論與單純位置之錯誤，另樹立其事點說，或曰實事體說，且擴而充之，以成爲機體哲學。於唯實之中，不離乎心；於感攝之中，不離乎實；於事實之中，不離乎價值；眞可謂匠心獨運者矣。懷氏融合各家言於自己體系中，其受柏格森生也變也流也之說影響甚大，而仍不離乎常不離乎恒與夫理知之靜定；其受蘭勃尼孳氏單子學說之影響亦甚大，而矯之以感攝之相互關係說；其念念不忘英國之經驗主義，而輔之邏輯的一貫性會通性，其在哲學方面之融會眾流，固已爲人所不易及。況乎懷氏更以哲學家立場，解釋三百餘年來科學家之兩大錯誤，曰單純位置；曰具體性之錯認；乃爲科學指出一種新方向，而另開一新境界，此尤爲羅素輩之一味奉承科學家言，而不敢有異辭者所望塵莫及。當代哲人中之集合大成，視景豐富，而心撰獨出者，懷氏可謂第一人矣。

懷氏一生經歷，與其著作之重要者，依年次列之如下：

一八六一年，懷悌黑氏生

一八七五年入中學讀拉丁及希臘文

一八八〇年入劍橋三位一體學院

一八八五年大學畢業，留院中爲學員並教幾何學力學

一九一一年受任倫敦大學學院講師

一九一〇年至一九一三年與羅素氏合著「數學原理」

一九一四至一九二四年任倫敦帝國學院應用數學教授

一九二〇年「自然概念」出版

一九二二年「相對原理」出版

一九二四至一九三七年任美國哈佛大學哲學教授

一九二五年「科學與現代世界」出版

一九二六年「宗教在構成中」出版

一九二七年「象徵主義」出版

一九二九年「行歷與實在」、「理性職掌」、「教育目的」三書出版

一九三三年「理念冒險」出版

一九三八年「思想方式」出版

一九四六年我訪之於哈佛寓所，懷氏老態龍鍾，仰臥榻上，其夫人坐榻旁爲之按摩兩脚。爲我略言吾國人理智發達與其以常識解決問題之態度。

一九四七年病歿

瑞士哲學教授卜欣司幾氏論之曰：「懷氏爲多方面之才人，既爲第一等數學家，又爲數理邏輯之創造人，又爲機體哲學之著作者。雖由自然科學家出身，而對於歷史具有極大興趣與見識。其體系以物理學爲本，而腦中富於生物學觀念，且集中心思於宗教哲學。懷氏爲邏輯學者，而其措辭中，藏有神秘主義之語調。學問工夫精到，而對於精神方面，美術方面，又有深切同情。不獨其立言確定，分析工夫精細，而綜合力又超乎常人之上。若懷氏者可以爲哲學之模範矣。」卜氏爲方今歐洲哲學界能手，推崇懷氏如此。如懷氏者惟有列之於千百年來如柏拉圖，亞里斯多德、笛卡兒、斯賓諾沙、蘭勃尼孳、康德與黑格爾等之哲學大宗匠之中耳。

## （甲）懷氏所謂哲學

茲先引懷氏「理念冒險」一書中語（第一二五頁）再進而剖析之：

「哲學不僅爲一堆崇高情緒。此崇高情緒之泛濫，不獨無益，反而有害。哲學須同時爲一般性的，具體的，批判的，且欣賞直覺。哲學不是而且不應爲怒目相視之教授間之兇惡爭辯。哲學乃各種可能性之測驗，且爲可能性與實事（actualities）之比較。哲學中應將各方面；如事實（fact），理論，甲乙互代，與理型，一切斟酌而衡量之。其所賜與者爲洞見、先見、生活準值感；質言之，一切是非得失感，使人在文化努力中所嘗興奮者。人類在生活早期中以野蠻式之思想上電光一閃爲滿意。及文化達於高度，苟無各方照顧之人生哲學，普及於社會之各階層，其結果將終於墮落、厭煩，而各人上進精神爲之鬆懈廢弛而已。」

依懷氏言，宗教家以簡單言辭說愛，說和平，說公道者，不成爲哲學，以其但有情緒，而事實之臚舉理論之說明不足以副之也。如共產主義者有所謂辯證唯物主義，然標唯物爲教條，他人與之相反者，則斥之爲反動派爲觀念論者，鮮能舉事實與理論作平心靜氣中之論辨，此可謂爲以力服人而已，去哲學之思辨遠矣。

懷氏於「行歷與實在」（第四頁）中，論哲學所負之任務：

「思辨哲學所以構建一個合諸多普遍概念之條貫的邏輯的必要系統，使吾人經驗之任何元素可以得其解釋。所謂解釋云者，任何事物，不論其出於自覺、享受、覺知、意欲或思想中者，一切在此大規模中，有其應佔之特殊地位。此項哲學計劃應爲條貫的，邏輯的，而就其解釋言之，應爲應用的與必要的。」

具體言之，哲學家不可但顧到自然科學，而漏去人文科學與夫道德美術宗教，而忽視自然界。所謂經驗中之任何元素，應一併解釋者，即一切包舉之意也。懷氏在其「科學與現代世界」一書中，舉詩人彌兒敦氏雪雷氏田尼生氏之歌詞，以明自然界之不離乎美不離乎生，不離乎道德，即所以實現其合二者於一個系統中之主張。儒家所通天地人三者爲一之義，懷氏殆近之矣。

懷氏對於現時流行之所謂「科學的哲學」，曾發爲嚴正批評之語（「行歷」十五頁）曰：

「哲學更有一目的，卽對於將一半眞理以爲可以構成科學第一原理者，向之挑戰。知識之體系化，不能依此疆彼界之分科方法行之。一切一般性眞理互相依伏，此等眞理適用之界限，無法脫離其一般性之原則而畫定之。此等原則應有一種評定之法，要不外乎將各分科科學之根本觀念，在其相互關係中，求得其正當意義。此相互關係中正當意義之確定，惟有賴超於各科以上之更大普遍性而已。」

如此言之，懷氏之意，不能但依自然科學之原則或實驗方法爲眞理之最高標準，而有待於融會貫通一切事象之大普遍性之原理明矣。

懷氏所云哲學體系應具之要件三：第一曰條貫性的，卽各根本主義，互相關聯互相依伏，不可視爲但用於甲區而不適於乙區，其所持之機體說，不特在生物學與心理學上如是觀，卽推之於物理界，亦復可通。此卽條貫性之意也。第二曰邏輯的，卽論理學上定義、概念與夫免於矛盾諸原則，無一不應不實現於此哲學計劃之中。第三曰必要的，卽經驗所及之處，應表現其爲同一機構，其普遍性不可有缺陷之處。合以上三項，懷氏以爲前二項合於理性主義，後一項合於經驗主義。如是哲學家中昔時爭執之兩面同時兼顧矣。

懷氏哲學乃一極偉大計劃，未嘗自言其爲建立體系之人，然就其各著書全體言之，其心中固有一體系在焉。其「自然概念」與「科學與現代世界」二書，可謂爲「自然界之哲學」，亦卽其認識論之所在。其「行歷與實在」與「象徵主義」二書卽懷氏形上學之所在。「宗教在構成中」，懷氏上帝論與宗教論盡在其中，其他關於論心，論道德，論美術，論教育，固無一項不爲懷氏所關心。如是雖不以以造成體系爲心，然體系固巍然聳然在人心目之中，舍柏拉圖、康德與黑格爾外，誰能與之並轡齊行者乎。

## （乙）懷氏之認識論

懷氏爲人，天才極高，感覺靈敏，而科學數學與邏輯之造詣又極深。生當愛因斯坦氏相對論與泊朗克氏量子論發明之日，知昔日大地山河牆磚桌椅之固定事物說不足以應人世見解之需要，乃起而代以事點（events）在形上學中爲實事體或曰實事際遇（actual entity or actual occasion），與客格（objects）及永恒客體（eternal objects）說。此言乎自然界之核心既爲原子電子矣，吾人平日所見固定事物，非分之爲極微極細不可，又非將此極微極細者爲之聯繫不可，此事點與客格之說所由來也。懷氏視固定事物說爲陳舊，代之以新說，乃對於昔日科學家之哲學工作下一番批評。吾人先明其所以批評之意，乃進而研究其事點說與客格說。第一爲單純位置說；第二爲誤認之具體性；第三爲自然界二分說。所謂單純位置說，指某物曰此物在特定時間在某處空間以內，至於與其他時空體系之關係如何，置之不問。此乃絕對空間流行時代之見解。自相對論發明之日，知事物之輕重大小，因時空體系而定，事物之性質無法脫離時空，乃有質量由時速而定之公式。此項相對論以前哲學見解，懷氏特別爲之制定一名以名之，曰單純位置之錯誤。所謂誤認之具體性，將十七世紀中物質（substance）與性狀分而爲二，曰某物爲某質，其中有何種性狀（quality）。如石爲硬性，石爲質，硬其性狀也。陸克氏將形狀、軟硬、動靜等歸之於物質，名之曰一等性狀，將聲色香味等歸之於覺，名之曰二等性狀。時之物理學者對於光對於聲，或名之曰浪之振動，或名之曰質點之動，但知聲光為外在之物，可以目見，至於二者為何種物質性狀，無法予以解釋。然陸克氏豈不知非先有人之五官，則聲光色味末由存在乎。此等物質與性狀之分與夫一等及二等性狀之分，懷氏名之曰具體性之誤認。意謂物質與性狀之分，一等性狀二等性狀等之分，由於抽象而來，對於此抽象的所得者，誤以為實有此事。懷氏所以名曰具體性之誤認。自然界之二分云云，就其淺者言之，有心物之二分，一為能知之心，二為所知之物，由此二分之說法，於是成為心物之對立。更由此演為現象與本體之二分，與夫唯心與唯物之對立。懷氏以為不先去此二分說，則哲學上之新境界將末由開展。此尤為其特別注重之一點。以上三點批評，所以掃蕩舊說，將由此而進而建立新說。懷氏學說之輪廓，受新物理學之影響最為深刻。其遍於全宇宙者，為能力，非具某種性狀之物質，既無單獨之事物，而但有能力所浸潤之宇宙，以成為各事體（entities）之有機的相互聯繫。就其前後遷流不息者言之，名之曰事點，猶之物理之原子，就其往復不已之定型言之，名之曰客格或曰永恒客體。此指平日習見之事物與其理型言之。此二者為其哲學或曰認識論之基礎，意在由此以推翻感覺與外物之對峙或心物或主客觀之對峙，而另以超於以上二者之原素以代之，此其大宗旨所在也。

懷氏在其認識論中，研究吾人所覺所知之自然界之事點（或曰事體）與客格，此中所覺所知，有聲色香味與分子電子。懷氏視此等為同等之事物不應另加以「心理上之增益者」（psychic additions）。換言之，將另以心之主觀成分包括於哲學之中，為懷氏所不許。依懷氏意，心不應較其他事體佔有優先地位。康德氏以為世界由心湧現而出，心為其立法者。懷氏以為心由世界湧現而出，去主體（Subject）之名，而另以突出者（Superject）之新名詞代之。意謂心以宇宙爲背景，由於心與世界之關係中，漸次構成其對宇宙之各項概念。惟如此，懷氏立場與康德氏正相反對，一以心爲出發點，一以世界爲出發點。懷氏自名其立場爲康德氏之反面，正爲此也。懷氏在外表上與康氏相反，然在其形上學中到處發見其不離乎情感不離乎感應。其所謂感攝，卽由情感與感應而來，雖去康氏之所謂理解方式，而實則人之心情，懷氏終不能棄置之。此「百年來英國哲學」一書之作者梅孳氏所以評懷氏爲去康氏之「純理批判」，而代之以「純情感批判」，乃一語破的之言也。

懷氏所謂事或事點，乃平日隨時發生之事，卽實際上所遭值之事，在認識論中名之曰事點，形上學中名之實際事體（actual entity），大如諾曼第聯軍登陸，小如室中一筆一紙之落地，皆事也事點也。所謂事卽此地此時之如是者，此外無他義。事之生也有地點時間，故不離乎時間與空間，時空二者不得分離，乃交織而成，與其名之曰時間單一體，或空間單一體，不如名之曰時空合一體。事或事點乃最具體之有限體（finite entity），自足自存，且可與其他事點畫開分異。懷氏名之曰事之原子性，所謂事或事點，不能離其他事而孤立，乃與其他事與全宇宙生密切關係。事既有原子性，又有其與其他事有密接關係。此乃懷氏得之於數理中所謂數與廣延兩概念中來也。其至微之一事，不離其與全體之關係者猶之汽車輪之轉動，不離乎其所行之路程，其所行之路程，又不離乎其公路之生命，輪不離乎路程，路程不離乎公路生命之譬喩，所以說明甲事乙事丙事互相包舉互相擴延，以至於無窮。懷氏之曰廣延概念（concept of extension）。所謂廣延，視時空二者尤爲原始的，廣延乃時空之所本，而廣延不由時空而來。此問題有謂此乃爲數學中之觀念，不在覺知世界之內，其義較爲深奧，只有暫時擱置不論。懷氏之所謂事，乃發生於一遷流不息，日進不已之世界，與昔日所謂整塊宇宙大異其趣。此種立言，爲其形上學中創造的前進論作一伏筆。此宇宙日在進展中，新可能性隨時出現，永無重復可言也。

懷氏所謂客格，乃與事點相待之另一範疇之事本（Data）。事點日在流變中，在覺知中。至於客格則在認識之中，卽一時過去或消逝，然常去而再來，或曰往復不已。故其自同性（Self-identity）可以認識。客格之所以別於事點者，在其爲自然之永恒因素(Permanent factors)。然此二者互立於對待關係中，相隨而至。在此具體世界中，決無但有流動之事點而不陪之以客格，亦決無但有一堆客格，而不隨之以相關之事點。懷氏所以謂二者之相關，如犬牙之相錯，然因客格種類之不同，其犬牙相錯關係亦因之而各異。事點因變而不同，客格乃不變而無所謂不同，然在各不同之時空點上，其本爲同一者可以重新出現，雖屢次重現而不害其永恒性。其所以爲永恒，因其超於時空之外故也。惟在間接意義上既與事點相關，亦可謂其爲仍在時空之中。所當說明者，卽事點具有廣延，而在客格無之。此可以知廣延乃事點與事點之關係，而不適用於客格身上者也。客格之所以爲客格，在其有自同性，而不在其有相關之關係，卽令甲時之客格不同於乙時之客格，而無礙於其自同性。至於事點之所以爲事點，視其關係如何，關係由事點之內躍然而出，一旦離開關係，便亦無所謂事點矣。簡單言之，事點者在吾人經驗中一來而不再見者，因其時空關係中遷流而不息者也。客格一再往復於經驗中，常自同而不變，有永恒性者也。

懷氏稱客格有永恒性，是否其所謂客格，類乎邏輯中之所謂共相，抑或類於柏拉圖氏所謂意典，雖懷氏稱其客格在形上學中爲永恒客體，然與所謂共相迥不相類，良以懷氏所謂客體雖具有往復不已之永恒性，然要爲存在與具體之事物之實現於事點中者，故與共相與意典，非同類之物也。

懷氏所謂客格，有分之爲三類者，一曰感覺客格（Sense objects），二曰知覺客格（Perceptual objects），三曰科學客格（Scientific objects）。此三類外有時更加二類，一曰物理客格（Physical objects），即前第二類之知覺客格，有在幻想中者，有不在幻想中者，其不在幻想中者，可另稱之曰物理客格。二曰幾何圖形。以上五類，再舉實例以明之，第一類感覺客格，即屬於五官之聲色味觸，昔日陸氏稱之曰二等性狀，係出於感覺，不屬於物體，懷氏以爲應矯正之，謂聲色味觸既爲盡人所同，應列之於客格之中。懷氏舉二等性狀而置之於各人共同之世界中。乃哲學根本觀念之澈底的改造，懷氏所以重視此五類中第一類之地位者爲此也。第二類知覺客格，即尋常生活中所習之事物，如棹椅牆壁，山河大地等等，然可細分爲二，其一實在覺知中者，名之曰物理客格，其另一則不在眞覺知中者，名之曰幻想客格，第三類爲科學客格，如原子分子電子，雖不在直接覺知之中，但依科學方法推論而得之者。電子既無部分可分，亦無廣延可言，然其與事點發生關係顯然焉。茲將事點與客格之相異處，列表如下：

甲、事點（一）在時間流變之中（二）有時空體系之部分可分（三）一往不返無可相比
（四）特殊、非普遍（五）具體、非抽象

乙、客格（一）在時間流變之外（二）無時空體系之部分可分（三）可與他客體相比較
（四）普遍、非特殊（五）抽象、非具體

此二者如何交互織成與滲透，乃懷氏形上學中之問題，俟下文詳之。但可先舉其「科學與現代世界」第六章十九世紀之一段，此二者相關聯之處可以隱約見之。懷氏之言曰：

「吾人達到一個觀念，卽實事點如何爲其自身而成功，卽各事體（事點與客體）因一準值（普通譯爲價值）之故互相交湊（此爲懷氏之專門名詞），以成其事之型，並其他事體而擴之。吾人借培根語而略變之，可以確言之者，卽永恒客體之彼此相似是矣。凡實在（Reality，卽本體之意）之所在，乃由內在本性（Intrinsic essence），亦卽永恒客體與一種有限準值之突變體（One limited value emergent）互相關涉而以事點之形態出現之謂也。準值之種類不一。雖事由種種事匯合而成，而其所以爲事之輕重，則決之於內在本性。此內在本性究爲何物，不可不一論之。依吾人在經驗界之觀察，知此內在本性由於留保（Retention）耐久（Endurance）重複（Reiteration）三者而來，此種內在本性，實卽原始永恒客體之自同性，在『實在』因準值而變動之中，自己回復自己而已。此特種形之準值重複，由於事點全體之形，同時表現於事點分段之繼續而起之中，此所以將事點在時間之流中之各部分加以分析，卽事之所以爲事之自身卽在其中矣。事之所以爲事，在其固有的實在中，卽將其同一典型之準值返照而出。此乃事之所以實現，雖若爲經久之個性體，而實其一生之歷史在其中矣。」

以上均爲抽象性與普遍性之詞句，然試思宇宙自然律之齊一性（Uniformity）與夫萬物種類之中，在成其爲個體之中，而不失其定型之往復不已，其爲事點與永恒客體之交織而成乎。

吾人所覺知之自然世界中，何謂心，何謂物，何者爲主客間之心理關係，何者爲主客間之其他關係，與夫心物二者在本體界之地位如何，此等等者爲形上學中之問題，俟下節詳之。然認識論中尚有應補充之點，第一懷氏之論身，第二懷氏之論機體，第三懷氏對主觀主義與客觀主義之態度，此三者備，而後懷氏心中之如何認識世界問題，可以約略窺見矣。

一般哲學家之認識論，但着重於心，至於身則視爲不關重要。而懷氏喚起人注意於身之重要，此由於懷氏以各人對世界之感應爲出發點，乃知身爲感應之生機，決不下於心也。懷氏在其「科學與現代世界」（小册九十二頁）中有言曰：

「此乃經驗中明顯之事實，吾人所以能覺察外界，確由身中起了變化。吾人之能覺知與不能覺知，視其在身上之把戲如何。哲學家中有謂身、腦、神經系乃想像世界中之唯一實在之諸物。此乃將身置之於客觀主義觀點下，其餘部分之世界，則置之於主觀主義（卽想像）下加以討論者也。此種觀點難以通行，試問他人之身有時作試驗之對象時，奈何可視爲非實在乎。然吾人不能不承認人身乃一個機體，可以規定吾人之所以認識世界。知覺田野之所以統一，卽由於人身經驗之統一而來。吾人覺知身上經驗，卽吾人覺知時空合體的世界反映於一身之中。」

懷氏之論機體，亦有其特見。尋常將物理界視之爲非生物，而不視爲生機體，而懷氏名生物學爲大生機體之研究，名物理學爲小生機體之研究。是將物理學與生物學互相打通矣。

懷氏認爲今後哲學之改造，應先對於主觀主義或客觀主義二者加以抉擇，其論主觀主義之言曰（「科學與現代世界」第五章）：

「我所謂主觀主義者，卽彼等以爲人之經驗，乃各經驗者自身所特有之經驗。彼等以爲人之所覺知者非離乎認識之事物之部分視景，乃各個人之認識之所特有者。此各種認識行爲中之共同處，卽其理性中之思之表現。此思中之世界之共通者，與感覺知覺相關聯，然無純思之共通世界可言。吾人所思，爲一共通之概念的世界，可以應用於各人所特有之經驗上。此概念世界最後可以表現於應用數學之方程式中。此乃最極端之主觀主義立場也。」

懷氏旣述主觀主義之立場，繼之以客觀主義之說明，又繼之以自述其所採用者爲臨時的唯實主義。其釋客觀主義之言曰：

「此派以爲吾人知覺中之元素，其自身卽爲共同世界之元素，此世界本爲各種事物之集合，吾人之認識，卽爲其中之一，然均超於吾人而外在者。此派以爲吾人所經驗之事物與吾人之所知爲絕然不同之二物。卽令二者有相依賴之處，然只能謂事物爲認識鋪路，不能謂認識爲事物鋪路。」

懷氏乃自述其所以採取客觀主義之故有三：第一、懷氏以爲吾人自身卽爲世界中之一物，此世界合聲色味觸，山河大地，與時空關係而成，吾人自身爲此世界中之元素，猶之所覺知之事物爲其中之元素也。吾人自身旣與其他事物同爲世界中之元素，則此世界不由於各人特有之覺知而來，可以瞭然。第二、依歷史知識之所昭示，地球上無生物之日，既有千百萬年之過去，因而有星系、日、月與地球。由覺知中可以推論星系、日、月、地球上嘗起種種變化。此種種嘗起之變化，或無法詳知，或因推論而知。因此種種，吾人如何能說所經驗之世界由吾人之覺知而成。第三、吾人覺知之後，常繼之以行動，此行動乃本於一己而達於其所知之超我以外之世界。行動既已外向，而不離乎此世界，則此世界超於吾人認識之外可知。最後懷氏以為唯心主義不必合於主觀主義，唯實主義亦不必合於客觀主義。因唯心唯實同樣可以客觀主義為出發點故也。另有一派為客觀的唯心主義者，其分析此世界之實在之際，發現其中含有認識之心理成分。然懷氏以為唯實主義雖不同意於此種看法，然亦未嘗拒絕客觀的唯實主義者而排斥之。此兩派自有其彼此共同之處。懷氏曰此乃我對於我所採取之態度，可以稱曰臨時的唯實主義。依我觀之，懷氏立場與方法，其為唯實主義無疑，然就其內心精神言之，如梅孳氏稱之為出於純情感，則唯實之名，或已不適用，視之為哲學歷史中之特別類型，不亦可乎。

## （丙）懷氏之形上學

古今以來哲學中之大問題，莫難於萬殊之物與不易之理之關係，所謂氣也、理也、氣質也、本然也、感覺也、理型也，均為同一問題之所在，而名稱則因人因地因時而異。質言之，一方為萬有不同之事物，他方為不易之理，何以在此萬物不同之中，而有其不易之理。吾國古代名之曰道曰理，其與之對立者曰事物曰形氣，其在西歐，名之曰意典曰理型曰格式，其相與對立者曰感覺或事象。此二者之所以合而為一，孟子曰人心之同然，柏拉圖氏釋之曰：意典在形上界，而形下之事物則取而效法之。至於康德氏苦心焦思後，得一結論曰，此爲理解之方式，由於邏輯範疇而來，換詞言之，卽心之所造成。十九世紀之末，歐洲思想提起「變」義，或曰生命或曰動，且以爲實在（Reality）卽在「變」中，卽在「生」中，至於不易之理，因其側重於變，付諸渾忘矣。然同此宇宙同此人類，其側重之處，雖因時代而稍異，然萬殊之事物與不易之理之對立，仍爲哲學中心問題，迄未或稍變者也。懷悌黑氏於量子論相對論發明後，思所以大改造千百年來之哲學，特提出兩項根本義，其在認識論中名之曰事點曰客格。其在形上學中稍變其名稱，其一曰實事體（Actual entities），其另一曰永恆體（Eternal object）。實事體者等於認識論中之事或事點，卽在時空體系內日變不已者，在形上界內雖在變或分合中，然成爲最後之實在；乃名之曰實事體。永恒體者，卽昔日所謂理型或意典，湊合於日變之事點中以成其秩序以成其恒性者也。此二者爲形上界之體，而其綜合此實事體與永恒體之樞紐，是爲感攝（Prehension），卽事體之感應性，彼此間互相感召之心靈作用也。此三義爲懷氏形上學之基礎所在。在討論此三點之前，先就其原著中注重感覺（此爲全身之感覺，與五官之官覺各別，然二者相通）一點言之，然後可以明懷氏之着重感覺低估理知爲其立論特點。懷氏曰：

> 動物與植物，卽在低等機體中，表現其爲某種行爲時，乃所以爲自存之計，卽彼等身上有一種對於外界應如何之模糊因果感覺，深度如何與地點如何，譬如海蜇魚，何以知或進或退，此卽表示其對於外界有因果關係之覺知，植物何以在濕地生根，在陽光處上長，吾人可以斷其有因果關係之模糊感覺，但不敢斷言其對於外物之呈現逕直性（

Presentational Immediacy）有所覺知。

吾人之機體哲學，以為宇宙內無處無之者，感覺是也。（「行歷」二六八頁）

懷氏觀察宇宙內含生之倫，小如螞蟻，因嗅覺而往來而移徙者覺也，蒼蠅之飛而來飛而去者覺也，鼠之夜動聞味而求食者覺也，人與人之往來，不待人開口而略窺其為何而來者覺也。惟懷氏重視感覺，乃有宇宙內無往而無感覺之言。

懷氏又舉休謨氏言，擴而充之。休氏曰「眼之所覺知者色也，耳之所聞者聲也，舌之所覺者味也。其他官覺亦可按此類推。」懷氏就此延長之曰所以有石塊之覺者手也，所以有食物之覺者，腹中痛也，所以有同情之鳴者，依聖經言之腸不舒也，所以有愉快之感者臟腑為之也，所以發脾氣，因肝火而情調惡也。此延長部分為補充後加之情況，手與石之相觸，較目見更為重要，腹中之痛，視其所吞之食物更為重要。至於同情、愉快、脾氣乃表示於外之更明顯者，而其根本由身之機關來也。（「行歷」一八二頁）

懷氏認為萬物與宇宙相聯，所以聯之者為感覺，吾人亦與宇宙相聯，所以聯之者為感覺。惟吾人一身是細胞，其中為無數小集團，各千百小集團滙合於一大集團中，如若干社團集合於一個國家中，其各單位所以凝合，以成其為相倚部分，且合之於大宇宙者，皆感覺或曰感應實有以致之。如是各事體（Entities）之所以與宇宙合者感覺為之，吾人所以與宇宙合者，因思有以致之，然人類之思不離感覺，因此懷氏對此思覺之合體，特製為「思覺」（Thought-feelings）之奇字以名之，置思於前，置覺於後，似乎以思為形容詞，而覺為實體矣。此種想法，求之柏拉圖與康德氏未聞有之，蓋懷氏以為視理知不離乎概念，太偏於抽象，惟有着重於感覺，然後不離乎事物，不離乎身體，然後其立場乃爲新唯實主義者矣。

懷氏在其「經驗之高級階段」（「行歷」四六一頁）一章，討論「直覺判斷」一節，有語曰：

> 理知的情感之主要職務，既非信，亦非不信，亦非判斷停頓。此種感覺之主要任務，乃所以抬高感情的深度（the emotional intensity）與概念的感覺（Conceptual feelings）中之準值衡量作用相隨而至者，亦與物理的祈向（如食如色）之較理知的情感之更爲原始性者之準值衡量相隨而至者。

懷氏書中常用「直覺」一名詞，此字本於柏格森氏，然懷氏所以用之者常與直接經驗、知覺或感覺聯而用之，且以爲通過感覺與感情之知識，乃爲純粹的與正確的知識。懷氏用名詞之法如是，可以知其與理性主義者與康德氏迥然各別矣。懷氏所謂理知的情感或曰直覺的判斷，乃合陸克氏之經驗主義與浪漫主義抒情詩之情緒爲一者也。

吾人初聞情感或感覺之名，以爲此乃人之愛憎好惡痛苦憂戚之至不可捉摸者，初與邏輯判斷之是非分明者不可同日而語。然在懷氏以爲既言感覺，第一有感者之主體，第二有感覺之所以成爲感覺，第三有所感所覺之對象，第四有感覺之成績。以恨言之，有恨之主體，恨之對象，恨之所以爲恨與恨之結果如成仇或吵鬧或鬬殺，此皆可以事實證明之者。人既不能一日離其環境離其相處之人，離其愛憎好惡可否是非之情，此爲至可靠之事實，乃無可疑者。懷氏以爲此乃新唯實主義之主要成分也。懷氏亦知以感情以感覺爲出發點，則必有一覺者在，此一覺者卽爲覺之主體，則名曰唯實主義，而不免有主觀主義參於其中，懷氏以爲此項主觀初非飄忽無常，以其可以分析前述之四項，可視之爲實有之體。因此其書中好自稱爲改良的主觀主義者，卽爲此故。吾人因此知懷氏所謂「實」，非外界塊然之事物，乃含有心的原素在其中矣。

吾人旣明懷氏立場如此，乃進而論其形上學中之三項，第一實事體，第二永恒體，第三感攝。此三者中之感攝一項，最與前段所論情感有關，實事體之所以成，永恒體所以與事實體合，實事體與實事體之所以合，皆賴感攝以爲其樞紐。

茲舉其「行歷與實在」一書中所謂「範疇設計」之言，以明其形上學中各該基本概念相互間之關係。

（甲）此實際世界爲一行歷（Process），此行歷爲實事體之變。實事體爲所造物，亦可名實際遭値（actual occasions）

（乙）在一項實事體之變中，多種事體(實際的與非實際的)之可能的一體性（Potential unity）成爲一種實事體之眞實的一體性，實事體卽多項可能者之眞正輻湊同生。

（丙）實事體之變中，新感攝（Novel Prehensions），遭値繫屬（Nexus），主觀格式(Subjective forms)，命題（Propositions），事體複合（multiplicities）與對照（Contrasts）一切亦在變中。

（丁）永恒體在一切實事體中均相同。

（戊）永恒體，卽可能者之互入（Ingression）於實事體之變中，以成實事體之確定性(definiteness)。

（己）實事體之如何變，即實事體之所以成其爲如是。所以如是，即由變中來。

（庚）實事體之分析，即感攝之分析。感攝中有三因素：第一、主體之感攝，即實事體中有感攝爲其具體因素。第二、所感攝之事本。第三、主體感攝之主觀格式。感攝分爲物理感攝與概念感攝兩種。從另一觀點，可分一曰積極感攝。亦名感覺，二曰消極感攝即有所拒之意。

（辛）主觀格式中含有情，準値衡量，目的祈嚮，愛憎與自覺性。

（壬）事體之基本種類不外乎二，一曰實事體，二曰永恒體，倘更有他種事體，即此二基本種類之交互錯綜。（「行歷」三十三至三十五頁）

以上九項因懷氏所用名詞之抽象性，不易爲人所解。其意所在不外云宇宙間物理、生物、心理以至道德宗教上之現象，盡合於實事體與永恒體之中，試想物理界之電磁現象，乃知平日所謂無生物之元素中，非無互相感召互相感攝之力，推而至於植物之所以生於地，魚之所以游於水，鳥之所以飛於空，與人之所以生男育女，何處而無彼此之相感相應以成其爲分子細胞與夫生物，至於高層階段之意識中，有所謂邏輯有所謂道德，平日歸之於心理者，懷氏以之屬於感攝之中。吾人誠將宇宙一切物理以至宗教，概作爲觀察之對象，則懷氏之上文九條，或不難得其解乎。若舉全宇宙之變化言之，懷氏名之曰創造，亦名之曰行歷，大至如上帝之創造，小至如電子之起滅，懷氏一概名之曰實事體，皆以實事體與永恒體爲本，而實現於行歷中者也。

第一、實事體、懷氏曰：

實事體，卽宇宙所由成之最後實在物（The final real things），無法於此實事體之外，另求其更實在之物。事體之輕重大小，千差萬別。上帝之爲實事體，猶遠空間星球之放光，亦爲一實事體。雖輕重大小各別，然其爲實體一也。卽其重要性之等級不同，職掌不同，然其爲實事體之標本一也。此最終事實，卽爲實事體，皆由於經驗中一點一滴來也。（「行歷」二十七，八頁）

實事體之如何變，卽實事體之所以如是，如何變與所以如是，二者不可分離。所以如是由變而來，此爲行歷之原則。（「行歷」三十四頁）

實事體或曰實際遭值，卽各種不同元素之具體化（亦卽輻湊同生之意），每一遭值之所以成爲機體，卽在於此。

懷氏所謂實事體，卽宇宙間所有事物之或大或小，大如上帝，中如人之自我，下如一草一木或空中之一閃，在日變之中，而能自成一體者。其所以成爲一體。其中又可分爲無數之小事體如電子如細胞，卽爲至微至細者其成爲一體自若也。此大中小事體之所以相合，因宇宙各物相融和之原則，乃湊合，乃能並存而相處。

第二、永恒體，懷氏所謂永恒體卽柏拉圖氏所謂意典。此乃懷氏於其著作中所自明言者，卽各事物之所以成爲事物之典型或理則也。懷氏曰：

> 永恒客體者，亦卽事實之所以特定之純可能者（pure potentials），或曰定性之格式（Forms of definiteness「行歷」三十二頁）

凡實事體之所以形成，所以成為單一體，所以自同性而不陷於混亂者，由於永恒客體之參入有以致之。永恒體之自身為概念，乃其所以在此日變行歷中之事物中，構成定性之格式也。永恒體所以構成事物之本質（essence），其次於永恒體一等者，尚有愛憎，準值衡量，目的與自覺性之起於主觀方面者，此亦可謂參加於格式之決定者，然謂之為偶然性或運用性之格式可也。

此世界之行歷不外乎（一）實事體中之各元素之相合，（二）實事體與永恒體之相合，（三）此實事體與彼實事體之相合。惟如此而後此日變之世界與永恒體之世界相合而為一。

第三、感攝，實事體與永恒體二者，賴乎感攝為其樞紐，所以上下貫穿之者賴此而已。懷氏曰：

> 實事體中各項具體元素之第一分析之所昭示者，卽為多種感攝之輻湊同生。此卽起於變之行歷中者。其他更進一步之分析，亦不外乎感攝之分析。」（「行歷」三十五頁）

此項感攝，起於事物之自然嗜好，或曰自然傾向。如磁石之吸鐵，如植物之向陽光，如男女之相愛，皆自然傾向為之。既有感攝，乃有關係乃有繫聯乃有迎拒，如日中植物之需炭氣，人之需氧氣，星球運行之萬有引力，乃至一身中之細胞之結合，身心之配合與夫人之向上目的與精神寄託，皆為各元素之輻湊以為長育之資，而又有理想、典型與夫理則以範圍之，此皆感攝中所含有者也。

言乎感攝，細分之，為以下三者：感攝之主體一也，所感攝之事本二也，主體感攝其事本之形式三也。亦可分爲積極感攝，即平日所稱感覺，消極感覺，即其排斥方面，如樹木之但向上長而不橫生，亦可分之爲一曰物理感攝，如磁石與鐵之關係，二曰概念關係，如實事體成爲方圓之形，紅綠之色，物之定數與關係，事之邪正善惡皆爲實事體所採取之格式，或曰格式入於實事體之中是也。

懷氏所謂感攝，在其「思想方式」一書（二二八頁）所言者尤爲明顯，舉之如下：

> 以所觀察之事實，爲吾人哲學宇宙觀之張本，於是物理學之結論與社會學中之學說合併爲一。文學、美術、宗教即以此種種學說爲其指針。如所謂「吾在」云云，除在極抽象之境界外，誰復有能思及之者，謂人之自覺性中，有「吾在」之一境，斷斷乎不然者也。笛卡兒氏「吾思故吾在」之句，乃出於釋誤，既無單純之思，更無單純之在。然則我之爲我究爲何者？我之所以爲我，乃情、滿意、希望、恐懼、懊悔、準值衡量與決定等等之合一體也。此爲我活動之性之對於環境之反應。此合一體既爲我在，亦轉化其內外材料以成爲感覺之一致的定型。其內部之志得意滿以盡其活動之職掌，乃自構成其環境活動中所產生之新自我。此一刻之所謂新者，自然繼前一刻之所謂舊者隨之而起。就環境言之，其行歷爲因果關係，就內部志得意滿言之，乃自己創造自己之行歷。就其對於未來之概念的期待，因以成爲現在中之必然者，此即懸未來之理想爲目的論之行歷」。（「思想方式」二二八頁）

吾人讀此一段之文，可以窺懷氏所謂感攝爲何。第一，主觀經歷之情感，第二，合一體中有其合成元素，第三，主觀之對面有一活動的外界環境，第四，主觀反應與環境影響之間，有其變化，第五，主體依其所想之理型在其環境中，自選擇材料。如是感攝之中有心極(mental pole)，有物極（physical pole），有物質，有理型，此種種者皆在輻湊同生之中，以成所謂實事體，以成所謂行歷，所謂一髮之動影響於全宇宙者矣。

懷氏「理念冒險」一書中哲學部分五章，皆說明知識不離乎情不離乎覺不離乎過去未來一貫之因果觀念。其措詞視「行歷與實在」一書，較爲平易近情，可先取而讀之，以爲入門之方便。然以上懷氏所以解釋感攝者，實充滿了感覺心理、邏輯與道德觀念之成分。懷氏所以如此爲之者，自以爲如是，其形上學之內容乃與新物理學相符合。懷氏曰：

> 各種感覺中，確有甲乙丙可計量的感覺之有向的流動。經驗有向量性，卽感覺有深度。若以能力代替可量之情感深度，以特種能力替代特種感覺，且記及物理學中所謂向量有向各方移徙意之，則知吾人形上學中，求實事體之至微元素者卽以新物理學之觀念構成之者。吾人形上學中所謂事本，卽現代物理學中之向量，吾人形上學中之所謂志得意滿，卽現代物理學中所謂能力之非向量的地點化之基礎。吾人形上學中所謂覺材，卽各種能力形式之分化。……如此新物理學之根本原則，可以吾人機體哲學之形上學爲其實例爲其榜樣矣。」（「行歷」一七七頁）

如是懷氏形上學實以新物理學爲其背景矣。

雖然懷氏自以爲新物理學之原則與其形上學互相貫通，然萬殊之物與不變之理何以合而爲一，在柏拉圖氏以爲取法於意典，在康德氏以爲由思解形式爲心所造者，在懷氏名之曰概念的覺攝，此格式與理型與實事體合而爲一。此在懷氏名之曰自然合一者，苟此問題所以解決之法如是其易，亦何勞柏氏康氏苦思力索乎。懷氏所謂二者之自然合一，乃上帝之命實有致之。懷氏曰：

> 所謂潛在云云，卽永恒體何以成爲上帝之原始性之成分。此問題容俟後論。然永恒體在上帝之原始性中，乃其所以成爲柏氏意典也。（「行歷」七十三頁）

如是有形界之彼此，邏輯中之同異與不矛盾，或道德界之所謂善惡，無一而非上帝有以命之。此與黑格爾氏之由絕對以求概念或由概念以求絕對者，何以異乎。懷氏言依新物理學以推論形上學，然未見新物理學中有所謂上帝矣。英國經驗主義中既不聞所謂上帝，康德氏「純理批判」中亦不聞有上帝，此二派皆限於人之所感所知者以解釋知識之何以成，今將概念的格式歸之於上帝，由上帝之力以合於實事體而成行歷成所謂創造，此爲我對於懷氏唯實主義最不能瞭解之一點也。此說不特我一人視爲奇矣，英國學者如羅素氏如斯泰平女士皆因此與之分道揚鑣矣。吾人對於此點既難於同意，然懷氏學說中上帝論自不失其爲極巧妙之議論，將假此而論之。

## （丁）懷氏之上帝論與宗教論

懷氏自名其哲學之全部曰變曰行歷。此變此行歷又名曰創造。質言之，此變此行歷之中，有上帝在也。其所謂上帝，乃其自己哲學中之上帝，非宗教家之所謂上帝。上帝非靜止的主宰者，乃隨世界而日在變遷之中，上帝非超越於世界之外，乃內在於世界之中。上帝將永恒體運用於日變之事物中，乃構成世界之秩序與永恒性，雖內在而亦超越。上帝既不能脫離實事體，其自身即爲其中之最主要之實事體，同時又爲聯繫永恒體與實事體之組織者，故爲最高之永恒體。世界事物變而不已，永無同時完成之日，因此上帝之創造亦永無完成之日，此與柏格森氏所謂上帝日在自己完成中之義相符。以與易經所謂未濟，佛經所謂眾生不成佛菩薩誓不成佛之永遠不完成之工作相合矣乎。懷氏心中所謂上帝，大異乎既往歐洲哲學家所解釋之上帝。世界爲變爲多爲殊，上帝爲恒爲常爲一，此兩方之所由合而爲一，懷氏釋之如下：

> 上帝與世界，在其對立之需要中，其性各異。上帝乃一切各異之心之無限之根源，物理界之萬殊之統一所在。世界乃有限體之萬殊，乃各異實事體之追求完成的統一性者。上帝與世界二者同不違於靜止的完成。二者同在向新之前進創造中。然其向新之創造中，上帝不能離世界，世界亦不離上帝，以二者同爲向新之器也。（「行歷」五二九頁）

讀此段可以明懷氏所謂上帝，乃變動不居，而非靜止體也。其最觸目之點，爲懷氏於其書中稱上帝爲一種事實 (fact)，亦爲一種偶然者 (accident) 云云，乃與昔日斯賓挪莎氏或一元論者之所謂惟一絕對正相反對者矣。懷氏以爲此世界之所以在，即爲一件事實一件無理由可以解釋者，乃以偶然者之名名之，所謂偶然者，既視之爲一件事實，則在眾多事實中加上一件，無「唯此絕對」可言，舉其言如下：

> 在此機體哲學中所謂最後（This Ultimate），卽爲創造。上帝卽其原始的超時間的偶然者（God is its primordial non-temporal accident）。各家主張一元哲學者如斯賓挪莎如絕對唯心主義者普通稱上帝爲「唯此絕對者」，此等一元論者稱此最後爲最終，實在超乎其正當應有之義矣。吾人機體哲學之立場，近於印度與中國思想，而遠於西亞與歐洲思想。良以一以行歷爲最後，一以事實爲最後也。（「行歷」十一頁）

懷氏之意，以爲既有此世界，應但就此世界立論。若稱之曰「唯此絕對」則全知全能與無乎不備之義因之而起，而未完成之義無自而來矣。

懷氏所謂上帝創造，非上帝居於世界之外，而世界爲其所創造者，乃上帝自身亦受創造行歷之支配。上帝既以永恒體鎔鑄此世界上之實體，此永恒體與實體之聯繫永無止境，因而宇宙之變化永無止境，而上帝之工作永不完成。此爲懷氏特有之見解，本之柏格森氏創造進化論，爲前人所未嘗道及者也。

懷氏自言其上帝見解，異於耶教中之所謂上帝。此由於懷氏以爲上帝論應與其形上學之宗旨相合，因形上學之內容以定上帝之性質，不可將上帝爲離開形上學之原則者也。其言曰：

> 上帝不可視爲形上學之例外，以爲救濟上帝免於危殆之計。上帝者乃形上學原則之榜樣實現而已。（「行歷」五二一頁）

歐洲所謂上帝，以聖經爲根據，不聞有以哲學原理爲根據者，有之自懷氏始矣。

懷氏上帝論之新義極富，因其與東方思想距離甚遠，乃但舉其議論之特殊者而已。

懷氏於其「宗教在構成中」一書中將佛教與耶教互相比較，其言爲哲學家言，即此以爲本節之結束。

各大理性宗教，起於普遍性之宗教意識之流露，與部落性之宗教意識相反。惟其爲普遍性，所以注重於一己獨知之寂然者。宗教以一己獨知之寂然者爲境界。普遍性與獨知性之所以聯繫，惟有普遍性，乃能超脫於塵世環境之束縛，意在求其永久者理解者，以解釋塵世細故之擾攘。

兩大宗教，耶教與佛教，各有其教條以處理此大問題（即惡）。兩教對於惡，有其不同見解。佛教以爲惡存於物理與情欲之本性中，故其所灌輸之智慧，即爲人身在輪廻中之解脫。其所昭示世人之福音，即爲解脫之法。人身不因身之物理的死，而達於解脫，此乃佛教形上學中之大事實。因此之故，佛教乃應用形上學中最偉大之體系。

耶教之路正與之相反。耶教先有宗教，以求其形上學，佛教先有形上學，乃產生宗教。先有形上學之缺點，因思想體系之精緻，不免於將世界說明過於簡單化。耶教亦有困難，即以宗教爲出發點，乃與初期部落宗教之幻想無法分離。……釋迦佛留下一種極壯偉之理論，其一生之歷史事實爲其理論之輔助。耶教之形上學觀念，不如佛教之清晰，然臚舉事實甚富。……且以爲惡乃世界所固有，非人生行爲中所發出，惡由偶然事變中來，故提倡一種理想之可以成爲實事者以補救之。」（「宗教在構成中」四十七、四十九、五十、五十一頁）

處此東西文化交流之日，懷氏佛耶兩教比較之言，理論明通，洞中肯綮，絕無偏私，殆爲吾國人所樂聞者乎。

## （戊）結論

自懷氏書行世之日，嘗屢爲東蓀言之，望其寫懷氏哲學一文，然待之日久，寂然而已。及菊農留學哈佛大學，亦期以作此文自任，然其無反響，猶東蓀焉。今兩君居鐵幕後，失去言論自由，尙何哲學短長得失之議論可言。其在海外人士中，深知懷氏者，莫有過於宗三，然方埋頭於自己著述，無餘暇爲懷氏寫作。我以爲懷氏乃當今最富於新思想之一人，其學術之不彰，正所以表示吾國學界之痲木。我不自量其力之不逮，毅然發憤爲之，乃此文之所由以成也。

懷氏體系包羅萬象，其有關於邏輯、生物、道德、美術各方面者，不及論列，但述其認識論，形上學與宗敎論之基本觀念而已。我所以欣賞懷氏之故，有可得而言者：第一、規模宏大，舉物理學、生物學、心理學、社會學、數學、道德學、美學、邏輯、宗敎而冶之一爐之中；第二、知科學爲分科之學，然以爲應推而上之，以建立形上學系統，其中應具有條貫的、邏輯的、與必然的三元素，併一切人類之經驗包括其中，而予以妥當的解釋；第三、情感與理知之本相遠者，懷氏獨以爲至明晰之理智乃思想之最後階段，其初期之糢糊感覺，亦爲認識中之主要成分，故情感與思，應通而爲一；第四、將主體與客體置之平等地位，視爲互相影響與交互作用，不僅以主體爲能知者，以客體爲所知之對象；第五、視上帝爲進化中之主要實事體，其工作永無止境。凡此云云，可以見其胸中蘊蓄之富，而爲我平日最嚮往不已者也。

以上各節既成，我乃知懷氏文之不易寫，專門名詞所以譯之者，無一字不需如嚴復氏所謂旬日躊躇，試舉而言之，曰事點、客格、實事體、客體、永恆體、輻湊同生、主觀形式、感攝等，皆依我所瞭解之義而自譯之。其尤困難者，彼一字此一字，其意義僅有絲毫之微異者，既寫爲漢文，遇每一新義，則須一新名譯之。如曰事點，曰實事體，曰事，曰體，曰事實（fact），漢文中何嘗有此細微之分，以一新字表達一種細微而不同之新義者乎。其同屬於覺與情者，而懷氏分之曰知覺（Perception）曰官覺（Sensation）曰所覺（Sense）曰感覺（feeling）曰情（emotion）曰直覺（intuition），經此翻譯之工，乃深知名詞之產生，由於分析之精微而來。倘國人以爲吾國哲學名詞可以應用而有餘者，乃既不知己又不知彼之言也。豈惟懷氏著作令我發此感嘆，其他西歐思想家之著作之漢譯，令我遭受此痛苦者，亦既屢見而不一見矣。惟其意義之新，名詞之奇，殆懷氏哲學所以不易流傳於吾國之大因乎？

懷氏爲二十世紀之人物，其思想以新物理學爲背景，然二千餘年來之哲學家，如柏拉圖、亞里斯多德、陸克、斯賓挪莎、蘭勃尼孳、柏格森無不對懷氏發生影響。其在消極方面影響之者爲休謨氏康德氏。分述之如下：

懷氏所以傾倒於柏拉圖，由於柏氏書中之根本義，雖懷氏處今日亦以爲需要而用之。柏氏曰意典，懷氏名之曰永恆體，柏氏曰物理元素，懷氏名之曰物理或物極，柏氏曰心靈，懷氏名之曰心極或主觀形式，柏氏曰愛（Erōs），懷氏名之曰嗜好曰理想追求，柏氏注重和諧，懷氏書中同用此名。柏氏視數學爲最高之學，懷氏有「善與數學」一文，柏氏之基本觀念無一不經懷氏之手，移而用之。雖柏氏之義爲靜的主觀的，懷氏之義爲動的爲客觀的，因此，雙方時有意見之相異，然懷氏所營構之體系，鮮有逃出柏氏範圍之外者，此所以懷氏有二千餘年來哲學思想不過爲柏氏書之注脚之言也。

懷氏於「科學與現代世界」（二四九頁）中稱許亞里斯多德氏之言曰：

倘吾人就洞見之天才，智識之廣博，與夫師承之刺激言之，吾惟有以最大形上學家之地位，歸之於亞氏。

懷氏深知形上學體系建立之不易，對於亞氏締造之艱辛，有深切認識。懷氏書曾舉亞氏關於上帝之定義如下：

除居於中間之被動者與能動者外，另有一種能動而不被動之動者，此爲永久，爲質爲實在。在彼言之，所欲與所思爲同體。欲之對象爲表面之善，眞正之善乃理性的欲之第一對象。其欲由意而來。非意由欲而來。如是其爲出發點者思也。

此言乎上帝之所欲，無一不合於理，故其所欲即爲所思。此與懷氏書所言上帝之原始性，與概念感覺經上帝手以參合於實事體者，其義一也。懷氏所尤佩者，爲亞氏「就事實言，就效力言，除實有之事外，其他更無所有」云云之語。此與懷氏除實事體外更無所有之主張相同。良以亞氏與懷氏均注重事實，故不認於事實之外另有所謂有也。懷氏亦稱許亞氏之分類工作，然以爲亞氏過於重視分類，以爲每一類每一物各自獨立自存永久不變，爲亞氏之錯誤。此正與懷氏之重視變動不居與參互錯綜者相反對者也。此乃古今兩時代之觀點於邏輯之不同有以致之也。

斯賓挪莎氏之哲學，以「一質」（One Substance）爲主體，繼而分性與狀，乃生萬物。懷氏舍其「一質」與「主辭謂辭思想方式」（the Subject-predicate forms of thought），而代之以行歷，換言之，去斯氏之「一質」，而代之以萬殊之實事體。在斯氏「一質」具有自動性者，今以屬之於萬殊之物。於是此萬殊之實事體乃自動而生變化。此懷氏所以自認其機體哲學與斯氏有緊密關係也。

懷氏對於所謂實事體，名之曰「單子的所造物」（Monadic Creatures），此名辭可以見其與蘭勃尼孳氏之關係。此單子之名本於蘭氏，然蘭氏以爲各單子之身上無窗口，互不相通，而懷氏名之曰事體，此事體既與永恒體通，甲事體又與乙事體相通，是蘭氏單子說至懷氏手中變其性質矣。蘭氏單子之種類不一，有清晰者有模糊者，其清晰者爲思想爲自覺性，其模糊者爲小知覺（petite perceptions），或以今日佛勞意特氏之名名之，曰下意識。其在懷氏書中所謂感覺所謂直覺，均與蘭氏之小知覺有相似處。蘭氏調和機械論與目的論，亦可於懷氏哲學中見之。此懷氏所以常以無蘭氏哲學體系一書爲憾事，即此可以見其低徊往復於蘭氏者何如。陸克氏注重感覺，爲唯實主義者所同好，可以無待煩言。懷氏好引陸克氏實在內組織（Real Internal Constution）與其他觀念之可以與機體哲學相通者。懷氏書中反對休謨處甚多，對於休氏於目之見陽光而閃，謂此閃乃眼之習慣，非陽光所生之果之言，加以痛駁。懷氏深信因果原則，以爲過去之因爲人心中所常記憶，因而過去之因中，生現在之果，此因果原則之適用於推論，不可視爲習慣而忽視之，此乃懷氏論「因果效率」之主要語，亦以其過於精微，略而去之，以俟後日。至其論康德氏，舉下列之言，以見其立場之相反。

機體哲學爲康德哲學之反面。「純理批判」一書說明主觀的事體如何變而爲客觀現象。機體哲學試說明客觀的事體如何變而爲主觀的滿意，與夫客觀事實之秩序如何爲主

觀滿意造成深度。在康德言之，此世界由主體而來，在機體哲學言之，此主體由世界而來。（「行歷」一三五至一三六頁）

康氏問吾人之知識由何而來，曰出於心。懷氏曰心出於世界。此二人相反之程度如何，下文懷氏學說評價一段，再略論之。

柏格森氏以變以生以行為為出發點，其於上帝稱之曰「但為不斷之生，與行與自由，無昔所已成者藏於其中。」懷氏所謂行歷所謂創造的前進所謂上帝工作永不完成，卽由柏氏之說來也。懷氏注重理智。於柏氏理智所成者為空間化之言，不表同意。至柏氏理智向於死物質，本能向於生命云云，在懷氏以為理智之推至於空間，為理勢之所當然。其向於死物質之言，為柏氏偏見。然此等處為懷氏所不同意者，無礙於其對於柏氏之傾倒。懷氏稱柏氏為現代最奇特之哲學家，其嚮往之深可以見矣。

我以為懷氏哲學體系，雖有採取他家成說之處，然其匠心之獨運顯然可見。如柏拉圖氏蘭勃尼孳氏與柏格森氏，可謂其建築物中之石柱，聳然直立，人所共見，如亞里斯多德氏與陸克氏乃牆壁中之磚瓦與泥土，自然必要之元素，然隱約不易見矣。

讀者苟問我懷氏哲學派別如何乎？我惟有告以此不易答之問題也。懷氏在其各書中，自稱曰臨時的唯實主義，或曰機體唯實主義，或曰改良的主觀主義，或曰「吾人此種思想似乎將絕對唯心主義改造之而置之於唯實主義的基礎上」（「行歷」七頁）。其在「科學與現代世界」中，有時自稱曰機體的機械主義。彼自身所以標榜者，不一律如此，旁人欲取之而歸之於一類之中，其難可知矣。美國學者亦有言曰彼既非魚，亦非鳥，亦非可以由甲類跳至乙類之物。此語之中，更可窺見將懷氏分類之非易事矣。

此分類之所以不易，由於懷氏所構造之體系猶如地質中有無數層次，縄索中有無數股線。既有變矣，又有所謂恒。既有多矣，又有所謂一。既有個性，又有集體。既有客體矣，又有所謂主觀。既以事實爲基矣，又有準値，又有可能，又有理型。既有萬殊之事體，又有上帝元始性爲之主宰。既有情有感，而有思有自覺性與之相通，物理與生命相通，生命又與心理相通，又與眞善美相通。懷氏對於科學與準値論之關係，嘗有言曰，準値判斷雖不能置之於自然科學範圍之內，然舍去準値，則科學工作無由成立。治科學者，以眞理爲目標，是準値也，以抽象系統之構成爲美，是亦準値也。以其學問之有益於人羣言，則實用即準値也。懷氏之結論曰苟無準値判斷，自然科學末由成立。惟懷氏意在求所以貫通之法，物理與生物也，感覺與思想也，目的論與機械論也，主體與客體也，無一而不求其相通。懷氏雖自名曰唯實主義，僅就其立場言之如是。其大貢獻所在，在其將昔日所謂心也、物也、主觀也、客觀也、事實也、準値也、事也、理也之對立者分散者爭執者，一切爲之造一條理智的橋樑以濟之渡之。此我所認爲懷氏之大功也。其所以能成此大功，由於其以實事體爲出發點，此實事體爲最後實在之事（final real thing），爲主體，而又有情感與知覺。此最後實在之事性質如是，懷氏雖不願名之曰心，吾人亦不妨舍棄心之名，且從其言而名之曰感覺。宋儒伊川先生有言曰「天地之間只有一個感與應而已，更有甚事。」更有甚事四字，有舍此無其他實在可言之意。吾人倘不隨美國學者名之曰泛心靈主義者，則以心物間之感應爲宇宙之實在，而名之曰感應主義者，懷氏倘亦許可之乎。

一九五九年五月廿七日杜勒斯國葬之日金山

# 十九、附：唯物史觀與唯物辯證法述評

心與物的關係，可先從常識來說。識冷暖飢飽，是爲覺。更進一步，辨別是非，是爲心。但常識認爲有者，到了哲學中，經精密的分析，反而發生問題。有的以爲有心，如認識論與形上學（或玄學）中之理性主義與意典主義。有的以爲無心，如現時之行爲主義與唯物主義。我人以爲常識上所認爲有者，不易在哲學中化之爲無，茲就認識論言之。認識論研究智識之何以可能？人既有所知，何能離開能知的心？因爲心的作用即是思想作用，思想中具有理性之規範以組織官覺所傳達之材料，其經此組織而成者是謂一個概念。一個概念之成立，即是一個經驗之成立。說對于某物有一個經驗即是說對於某物有一個概念。這個概念就是由思想之範疇與官覺之材料所共組而成。若說一切知識來自官覺，此決無之事。蓋官覺所能傳達的，是聲色嗅味諸殊特之境，官覺決不能傳達一個概念給你。在外在世界裏決沒有一個概念，一個經驗，一個知識在那裏存在，以備我們官覺的傳達。所以在認識上決不能不承認思想作用。羅素以照鏡譬吾人之感覺，以鏡取譬，本未始不可。但此對於官覺而言，尚有類似；對於認識而言，決無可取。因心之認識與鏡不同。鏡是一個機械，無思慮作用，而心則有思慮作用。是心決不能與鏡等。而何況於一整個認識中，決無單純之官覺？官覺必常混融於思維中而爲一。所以照鏡之說，實無可取。

我們說在認識上有思想作用，並不是說只有心或思想。所謂唯心唯物之「唯」字，只是「特殊」的意思，並不是「惟獨」的意思。在認識上而言唯心，只是說心，或思想，有特殊的作用，並不是說只有心，也不是說心能造物。此證之于歷史上的任何派唯心哲學皆是如此。至在玄學上，則其意義又自不同。

於認識上我們既證成心之作用，所以于人類社會上，我們也不能否認人之所以爲人處。權力與自由，權力是一架敏活機器的運轉力，這是屬於物的一方面；自由是人類前進的動力，這是屬於心的一方面。人類的意力，在任何社會現象，社會集團中，無往而不有其表現。譬如在政治方面，我們注重效率與進步，故我們即用心思組織一架敏活的機器。這架機器，對着個性自由而言，雖是呆板而趨於物化，但是我們人類故意讓它如此，不如此，不足以達到效率，進步，與合理的目的。每一架機器，是由于參照客觀環境，將吾人的意力貫輸於其中而造成的。所以按照人類社會而言，每一套權力系統都參以人類意力於其中，決不是獨立於人類之外，與物理世界一樣，客觀地在外界存在。這套機器是經過一番意匠，投之於外，有似於物化，其實它是心的物，有理想的事實。淺見者流，拘於一隅而不能通曉社會進化的大流，從部分而觀之，故皆成了一堆死物質。遂一方以爲毫無心的作用，一方又以爲此套物質獨立存在於外界而制約吾人的心思。它一物化而成客觀存在，吾人固不能不受它的制約，但從整個社會流觀之，它是與物理世界之物理系統不同的。它是心的物。政治系統是如此，經濟系統亦是如此。在整個社會中，沒有一個孤獨的外在的經濟結構。人類參加一個集團而從事生產，然僅是經濟行爲。有了組織便是結構，便是它所以成爲系統的規範或格式，這個便是政治。有政治統轄於其中，卽有人類意力貫輸於其中。所以經濟結構決不是純粹物質的。它是常常在一個有制度性的「行進」中修改着，整飭着，前進着。現在所謂制度經濟學卽是從這個觀點出發。這種經濟之制度性，無論在自由經濟中，或計劃經濟中，皆有其存在。在自由經濟系統裏，則表現於私人團體，在計劃經濟系統裏，則表現於國家。在計劃經濟系統下，經濟結構之受政治的制約，更其顯明。蓋資本主義的國家，以經濟託於人民，國家只在旁邊擔任保護之責而已。今日之蘇俄，則把經濟與政治治於一爐。所以不是經濟自行發展，而國家加以助力，乃二者竟成爲一體。換言之，卽政治完全與經濟合一，只成了一個發展而已。可見意力與制度性，不獨存在於自由經濟系統下之私人團體中，而在計劃經濟中，此制度性尤爲明顯。

經濟旣有其制度性，則經濟政治法律乃是組織整個社會的三個必需之素，三者合而爲一，成功了一個整個的發展。所以我們若論社會本身的組織與進化，於此三者中決不能缺其一或偏重其一。這一點便是我們的歷史觀不同於馬克思主義者的唯物史觀處。馬克思的唯物史觀是從其資本論而來。在他的資本論裏，乃把經濟系統看成是孤獨於人類而外在的，所以旣制約我們人類的心思，又規定政治法律道德諸意識形態。他把這些意識形態認爲上層建築，獨有經濟結構是下層基礎。下層基礎一變，上層建築亦遲早必隨之而變。這種說法，便把一個整個的發展，用分析的方法，列成一個串系。事實上，我們若把握了經濟的制度性，則這一個串系是一個任意地抽象地分析，並不是社會的眞實性。所以若從社會本身的組織與進化而言，則唯物史觀實不合理。但是一般人對於唯物史觀常不自覺地有兩種意識。一是當方法來看，一是當組織社會本身的原則看。當方法來看，即是以某某現象爲對象，而以某某立場解析之，或者說以某方面看社會的某方面。譬如我觀察一個人，可以從其精神性格上判斷，亦可以從其生理體力上判斷。我所觀察的對象若定在性格或精神，則我便可以生理或體力爲判斷的立場。在此立場下，我說性格或精神是被動，是反過來，我若把所觀察的對象定在生理或體力上，我又可以從精神或性格上作判斷的基礎。如是對此人，我又可說我是唯性格觀。這種看法的變換，原無必然性。對社會現象也是如此。我既可以從經濟方面看，也可以從政治方面看，更可以從其他方面看。所以唯物史觀若當作方法來看，原也無何錯處。但若當方法來看，則又無必然性，一定性。一般阿其所好者，以爲如此尙不能滿足，必須進一步把它當組織社會本身的原則看，即是說把它當作社會哲學的一個原則看，如此才有了錯處。我們上面所述的卽是對這個錯處而發。我們的立場可以叫做社會之函變說或機能說（The functional theory of society）。這個學說本是解釋自然界的。我們現在貫而通之，把它應用到社會上去，看來也是極合事實的。

原來馬克思的唯物史觀，當作組織社會的原則看，本由於兩層錯誤而造成。第一，他是把經濟系統隔離化，抽象化，孤獨化，把它當作一個外在的實體，其存在猶如物理現象之爲外在國。因其把它抽象化，孤獨化，所以才可以爲政治法律的下層基礎；然而事實上這個經濟機構是不能脫政治法律而獨存的，事實上它只能與政治法律混而爲一成一個發展。

當然此處所謂政治法律是指其普遍的本性而言，並不指某一特殊政治現象或某一特殊法律條文而言。蓋卽上文所謂制度性是。若從特殊政治現象或特殊法律條文而言，則儘可政治不同於法律，法律不同於經濟，但我們現在所注意的是一個社會哲學，爲社會組織確立一個基本原則，所以便不能從那些特殊現象上立論。

第二個錯誤，他是把唯物論的見解應用到經濟結構上。他把經濟結構看成是非人間的，其存在與物理系統之存在同。物理系統或者可以看成赤裸的外在，與主觀的思維無關；或者他可以認爲不是赤裸的外在，仍與主觀的思維有關。最近愛丁頓，甄士等人同是主張後者。可見就是物理系統也未見得必是赤裸的獨立外在。但無論如何，若認其爲赤裸的獨立外在，似乎於常識上亦可很自然地說得過去；但此觀點於經濟結構卻不同了。蓋經濟結構是人間的，不是自然的。它不能離人類而獨立存在，所以它不能赤裸的在外存在。它是有人類的意力貫輸於其中，卽所謂經濟之制度性是。它如何能與物理系統一樣，同爲外在？馬克思因爲有這兩層錯誤，所以才形成了他的不應實際的唯物史觀。他的錯誤雖有兩層，其實根本的還是在不認識社會現象中人類精神的成分；因爲不認識這個成分，所以無往而不偏頗。

我們講形而上學時，是對于一切現象，加以一個本體論的見解以及宇宙論的見解。這種辦法同樣可以應用到社會上去。卽是說，我們對于社會也可以從本體論方面，找出其基本的質素，再從宇宙論方面說明這種質素的組織與發展。唯物史觀，當作社會組織本身的原則看，也就是這種形而上學的社會觀，但是它錯了。我們現在也是用這種觀點看社會，所以我們必得利用現代對於自然現象的見解之新原則方可，卽是說，能利用現代形而上學中的新原則方可。我們對于自然的見解，從希臘直到現在，還仍跳不出三個見解。問題的所在是物質與時空的關係上。對于這個關係有三個見解：一是數理說(Mathematical theory of nature)，此說主張時空格式是根本的，物質是被動的。在希臘如皮塔哥拉斯，柏拉圖等人主之，在現在，其新的形式則爲愛丁噸。二是物理說（Physical theory of nature），此說主張物質是根本的，時空是被動的，物質規定時空。在希臘如狄厤克里圖的原子說主之，在現在，其新的形式爲愛因斯坦。三即上文所謂機能說或曰函變說。此說主張時空與物互不決定而更有一根本者爲此三者之基，此三者即由此本者孳乳出來。在希臘亞里士多得主之，在現在革新的形式則爲懷悌海。這三種見解，古老的形式。我們且擱置不管。至新的形式，愛因斯坦的原子說，已不是那古舊的原子說，最重要的就是「場」（Field）這個概念的參加。但此，近人諾滋羅圃（Northrop）仍以爲未足。他名古舊的原子說爲小宇宙的原子說，即愛因斯坦的原子說仍未脫此形式。他以爲小宇宙的原子說不能說明運動與一多等問題，此在希臘已由巴門里第與其弟子芝諾所辯明。所以諾滋羅圃又發明一種大宇宙原子說以修正之。但經此一修正，則物理說，據懷悌海自己的意思，已與機能說相近了。可見在現在機能說幾成了公認的眞理。我人以爲此說若用之於社會，更可顯其眞實性。政治法律經濟是一個根本社會生活關係的三方面，我們在其中找不出何者爲上層建築何者爲下層基礎。此即所謂機能說或函變說的要義。但是只這樣空空地講述不□□□□□□來又有康門士的制度經濟學出現，證明了經濟的制度性，推翻了經濟系統的孤獨□□□□□□如是社會之機能的見解，遂有了結實的根據，而又與形而上學的原則相貫通。這更是形成了最後眞理。這個學說之應用于社會，最重要的就是解決了權力與自由的爭執，而吾人於政治經濟上對于此兩觀念的配合，於此遂有了理論的根據。

所謂機能，即人類意力加入客觀環境所起的一種函變關係，故亦稱函變說。人之所以爲人者在此。人類的意力加入客觀環境即是人類的匠心，人類的理想與理性之運用客觀環境，于此而顯人類精神，于此而成社會現象。在此種機能關係中，從其生產方面足以利用厚生者言，爲經濟現象；從其保持領土人民，使士農工商得以進行不墜而言，則爲政治現象；從其設爲規範以爲維繫之具，且使之前進而言，則爲法律現象。凡此三者皆一體函變之發展，決無如唯物史觀所謂上下兩層之分。所以這三種現象直可以說是那個根本機能關係的三幅面相或三度，這三幅面相到了各成其定型的時候，即好似三套不同的機括。一成其機括，即各有其威力，成爲客觀而外在，此即系統之權力性。這機括系統，爲達到人類的福利，目的，與理想起見，吾人又須尊崇它，維護它。它是我們人類的前進的規矩或道路。這就是秩序或修理的威力。不過它雖然物化，有了客觀的威力，然而其實它乃是由人類的意力而成。於其「行進」中的意力上，顯出人類的精神，即自由是。故從權力方面言，人類社會好似機械的定命論，但從人類精神方面言，則又是能動的自由論。唯物史觀論者喜言歷史定命論，歷史必然性，乃是只孤獨地認識了物化的機括，而未認識到人類的意志。……羅素於其「自由與組織」一書中，亦說過決定歷史的因素不只是經濟。他舉出三種：一是經濟與科學技術或發明；二是政治思想，三是大人物。他以爲這三種沒有一種是可以偏重的。他舉出了這事實，但其理論是零碎的，沒有成爲一個系統。

以上從社會之機能的見解，說明了權力與自由的哲學原則；以下再從機能的立場，說明永恒與變動這個問題。

我們以爲宇宙間任何現象，一方有其自性，一方有其外向，一方有其所以然之道，一方有其時空裏的變相。簡言之，一方有其體，一方有其用。從用方面看，則當顯其變動不居；但從體方面看，則又自有其恒常之永性。這便是變動與永恒之分界。變動與永恒是解釋任何現象的兩個終極原則，而任何現象亦必服從此兩原則。無永恒不足以顯其變，無變動不足以成其常。寓不易於易之中，寓普遍於特殊之中，這就是我們的終極原則。

機能說是最足以言變了，但他又能顯出事物之恒性，而其普遍而不易之自性。譬如經濟關係之制度性或法律性，從其表相方面看，它當然要隨時地而不同；它要發展其自己，它當然也要恒變其狀態。但變者其相或外向之關係，不變者其體其性仍是萬古而如一。即是說無論怎樣變法，其制度性總是有的，決不會有一天變沒了或消滅了，除非同時俱歸消滅。我們現在舉幾個例以討論之。

第一、譬如「國家」這個東西，有其經驗的基礎，有其理性的基礎。國家之所以為國家處，就在它是一個公器。提到「公」字，自然有它的公共性，普遍性，永恒性。此便是它的不變處。為重視這個不變性起見，歷來學者即以理性的基礎解釋之。理性的解釋即要明「國家」所以然之道。好像理學家講理氣一樣。任何物事必有質氣，亦有其所以然之理。氣則常變而多殊，理則永恒而如一。這個普遍而不變之理實有其諧和之自性，並非一個多元之加和。「國家」亦是如此。它不是各個人之加和，它超出個人之上有其諧和性，但它也實入於各個人之中而代表其通性。所以人類之公性或通性，即國家的所以然之理性的基礎。它有了這個通性的基礎，國家才有了永恒性與普遍性，也就是有了它的自性。譬若各燈交光，每一盞燈自有其獨特之光，但其交輝之處，既不是甲燈之光，也不是乙燈之光，而甲乙燈之光又都融和其中，分別不出或者為甲燈之光，或者為乙燈之光。如是，這交光之處便是一個超越的第三者，自成一基型。國家之於個人亦是如此。國家的這個精義之認識，是理性主義者的貢獻。這講來雖然有點抽象，但實是一件事實。只是隨軀殼起念不識大體的人看不出罷了。

有其自性，自然是它的不變處；但它也有它的表現性與實際性。這便是它的經驗的基礎。它雖是一個公器。但它的表現不能不隨着在時空裏的實際社會狀況而不同。一個社會裏邊的團體，各分子，甚至其文化程度，皆是決定國家的表相之重要因素。在專制主義時代，國家的表現，在皇帝之受天命而撫萬民；在資本主義時代，國家的表現，在政治機構之酌劑各社團而助其自由發展；在社會主義時代，國家的表現又治政治經濟而爲一，成了一個有計劃的合理性的發展；這些便是它的表相，它的用，也就是它的經驗性與變動性。它將來的變動，還是不可限量。然無論如何，它的爲公器的自性，總是歷千古而不變，馬克思主義者不明此義，他們以爲國家是統治階級壓迫民衆的機關，無產階級革命成功以後，到了無階級敵對的時候，國家卽可消滅。在某時某地，國家的表相，固可有壓迫的意味，但不能說這是它的常性。這是他們只看見其表面的變動性，而未認識其自體的永恒性。至若說到了無階級敵對的時候，卽可消滅國家，那更流於空想了。

說明國家的永恒性，卽可說明國家的權力與主權，且明其所以然之自性；說明國家的變動性，卽說明國家之遷就事實，容許自由，且明其表現之經驗性而日改造其自己。從前者而言，是理性的國家；從後者而言，是實際的國家。理性的國家，只說明國家所以然之道，爲國家立一永恒之基礎，並不表明國家是完美無缺至善至美。或者謂理性論者不明國家之殘缺性，而只認其圓滿性，我以爲此乃不明立論界限之所致。

第二個例便是道德。道德的看法決定人類行爲的根據。道德亦有永恒性與表現性兩方面。道德常具於風俗習慣中。從這方面看，這是它的表現性，變動性。譬如在以前忠君，在現在則忠國忠事；野蠻人則又以其父母之遺體畀于豺狼爲孝。此皆與時地有關，亦便是道德之附着于風俗習慣上。但無論怎樣變動，總有一個應該的人類「意志」在那裏決定着。這個決定應該不應該的「意志」卽是道德的所以然之體。從這方面言，道德是永恒的，普遍的，這個永恒的道德性，雖然是表現在受時空限制的實際社會裏，但其一經表現於該社會中，卽瀰漫於該社會之全體而無所偏向。其附着於該社會之風俗習慣中而成爲行爲之規約，亦是客觀的，公共的，對於任何人並無私好與私惡。所以若說道德一定是統治階級壓迫民衆的工具，那才是膚妄之談，不至滅絕人性不止。具體的，卽表現的，道德隨着社會進化而有所變動，日趨於合理，自然是事實，但決不能說它是某一階級的工具。倘使如此，卽等於否定道德。再舉若干事，作爲證明，仁慈爲一種道德，爲人所公認，但到了革命之日，殺人放火，亦所不惜。然蘇俄之恐怖政治，亦只限於革命初年，到了一九二三年已稍緩和，到了一九二八年，他們的心力，更走上一條建設途徑。此殺人之不可以久長，而仁慈道德之不可易性與其永久性之明證者一。社會卽令變遷，而社會之所以爲社會，不離乎道德，現代號稱爲功利世界工商世界，然誠實不欺終爲社會組織之唯一基礎。此可爲道德之不易性永久性之明證者二。更以結婚言之，昔日好稱「從一而終」，現代尙婚姻自由與離婚自由，蘇俄革命後數年，男女兩性之離合最自由，近來離婚之頻繁已遠非昔比，可見「從一而終」終爲人類男女結合之最高理想。此爲道德之不易性永久性之明證者三。由以上所舉數事中，卽可見道德非統治者之「口含天憲」，而自有所以產生之崇高理由。

第三個例是學術獨立問題。我們以爲學者研究問題，固不免有所偏見，但其目的與動機固在向客觀眞理而前進。淮南子的作者，固須迎合淮南王安之旨趣，但眞理所在，淮南王安亦不能必加否認。孟子曰「理義之悅我心，猶芻豢之悅我口。」此是心之所同然。淮南王亦有其人性在。又如亞力山大養亞里士多德，而亞氏所研究的卻又是無所爲的哲理，這與亞力山大的政權亦毫無關係。御用機關尙且如此，私人研究更應無所偏向。可見學術獨立，客觀眞理，乃必然之事實，不能加以否認。然近來頗有人持論，謂一切學術研究，皆爲本人階級作宣傳；不知如美國洛氏基金，專門助人以捐款獎勵醫學，不知此種補助，究爲洛氏作何種宣傳？加納奇氏基金會，專門獎勵圖書館之成立，不知加氏此種散金之法。又爲其自身作何種宣傳？總之，馬克思主義者以階級性三字掩沒了一切人類發於公心之動作了。

由以上三例言之，可見變與常之不可離；惟有常，才有永久，才有不變之目的；惟有變，乃有衝突乃有進化。然馬克思主義者但知有變而不知有常，因而不認一切制度中有目的有理性有其所以然之故。彼等雖善言變，而究竟所以變之之目的安在，則不得而知。此種理論是否可以爲造國的基礎，在好學深思之士自能明白。惟有存心搗亂之人，挾其妄論，與人作無謂的爭辨罷了。

以上第一大段從權力與自由之協調起，引出機能說，說明社會之組織與進化，成立吾人之社會哲學。第二大段，則藉國家、道德、文化、學術等問題，從機能說出發，證明任何現象有其永恒性與變動性，普遍性而特殊性，攝普遍於特殊，納永恒於變動。現在再論，名之爲機能說，原是從關係方面言，卽人類意力運用客觀環境所成的一種機能關係或函變關係。現在試問，在此種關係中，誰爲主宰原則（Dominant Principle）？據以往的討論，此種關係之所以成立，全在人類精神方面之意力；由此意力，才成那種加工的組織關係，有目的性的功能。客觀環境是意力所組織所運用的。意力處於其中而居超越的地位，因而遂起一種超越的功能或作用。客觀環境不過是吾人的參照與所運用的資料，當然離不了它，當然也不能離開它憑空胡想。意力受客觀環境的限制始有實在性，但客觀環境不能憑空即變爲人類的社會現象。意力落於其中而顯自己之性能，遂一成而主宰乎外物，不爲外物所主宰。意力固須因循外物之情勢而措施，但其自動性與主宰性仍一貫而不變；並不是說橫衝直撞，一味蠻幹，始可謂主宰。順其情勢而措施，正所以顯吾人之意力與理性。於其自我作主而不物化，我們說人類精神是主宰原則。於此即說唯心亦不妨。蓋吾人早說過，「唯」者殊特意，並非惟獨意。「唯心」是只言「心」於此關係中居主宰地位，並非抹殺外物。又誰居主宰，乃是指有所對而言，即須看所定座標爲何，譬如吾人講知識論，乃問知識何以可能，知識所以成立之條件，對此而言，自然是思想或理性居主宰地位，此即是康德哲學。如果從感官上的因果關係說起，以外界的刺激爲因，感官上的感覺爲果，對因而言，當然外界是主宰原則。因外界爲刺激是能動的故。此即英美人知覺之因果說。但一個知識或經驗之成立，非外界之刺激所能供給，外界刺激不過是一個引子，要成爲知識，還需要理性之組織作用。所以對知識論而言，思想或理性，實居主宰地位。因其爲主宰，故言唯心。今吾人講社會哲學亦是如此。對社會之組織與進化而言，人類意力實居主宰地位，因其爲主宰，故仍言唯心。譬若對衞生而言，空氣固是必須，但只有此空氣，卻不能成爲其衞生；必須如何呼吸，如何調攝，始可成爲衞生。由此而言，其居主宰地位者固別有在，決不能是空氣。因此，對衞生而言，亦決不能說爲唯空氣。于講知識論或社會哲學而言唯物，實無意義。其無意義與講衞生而言唯空氣之爲無意義同。至若科學知識之尊重客觀，那是另一問題，此不能與唯物同論。又若進而至於形上學，則系統多端，又須看吾人之見解與信仰如何而定。若如羅素以科學世界爲滿足，則只言現象間之因果關係即可。若要求一心之所安，理論之圓足，則仍須進一步，建立一至上之原則，於此而定其主從。照眼前而論，吾人言社會之機能的見解，以人類意力爲主。吾人亦可由此而推出，說任何現象，皆有其所以然之道；此道爲主宰原則，物物而不物於物；名之曰功能、曰動力、曰理性、曰精神，皆無不可。然此既屬形上學，其意義又自不同，現在可不深論。

最後更須一衡時流所謂唯物辯證法。信仰這套理論的人，動喜駡人爲玄學，其實這套理論本身就是一不高明的玄學。若再嚴格言之，則此套理論實既非科學亦非玄學之四不像。時流若云信仰，則吾人自無所言，若欲追求眞理，則自知吾人之言爲不謬。所謂唯物辯證法即是物質按正反合之公式而變動之謂。這個不高明的玄學，若站在科學的立場上說，則物理學所啟示的物理世界，最唯物最實在的看法應如羅素所描述的物理世界之結構。在他的描述裏，除去「事素」而外，沒有更根本的存在；除去事素間的因果關係而外，沒有其他法則可述。他這種描述是很足以稱合科學所對付的自然世界之眞相；但此卻決無所容於辯證法。辯證法的世界觀若是科學的，則諸科學所解示的世界觀統統不是科學的；若諸科學所解示的世界觀是科學的，則辯證法不是科學的。然則辯證法的世界觀究竟是科學的？還是不是科學的呢？原來科學所肯定的世界是一有法則的世界，吾人循此法則而可以得到普遍的知識（不管是必然的抑是概然的），有此普遍的知識，吾人可以馭物變物而利用厚生。但是辯證法的世界觀則不然了。它的最得意的筆調是「是——非，非——是」。按照辯證的法則，一切東西都是不斷的矛盾，既是又不是，既不是又是，這樣無窮地顚倒下去，而不能得到一刹那的停住。世界只有這個不停的矛盾之辯證法則，除此法則而外，再不能有別的法則存在。但如果只有這個辯證法則，吾人將從世界裏得到什麼東西？將什麼也得不到。所得到的是一個虛無。既說不上得到普遍的知識，更說不上本法則以馭物變物。然則辯證法的世界觀不是科學的了。既不是科學的，則吾人可更進一步，把它當作玄學來看。精妙的玄學是以科學的世界觀為不滿足，要於此有法則性的現象世界上，進一步直探其所以然之道。探本索源，指出一個原則，為此當然世界立一所以然之故，並使此當然世界所有的諸般法則俱滙歸於此所以然之故，（即理或道），明其本為此所以然之故之顯發。如是顯微無間，形成眞理境界之極致。然此亦無所容於正反合之辯證。辯證法的世界觀若是玄學的，它當於天人體用之間有一極圓滿之說明；但是它又不能，它又只限於現象，即物質之變動是。它若是科學的，它當於科學世界的法則性有所說明，但是它又不能，它所說的法則於科學世界又毫無關係。它既不是科學，又不是玄學；但它卻又是一個世界觀。如是，只好說它是一不高明的玄學罷了。

說它是不高明的玄學，信仰它的人，必然不服。如是，我們再把它限制到社會方面去。因為此說之造成，本是由於社會革命而發，我們再以它的來源處說。社會亦是按照辯證的法則前進。在一個社會裏面，有一種階級的矛盾；其中有一個姑說為是正的，有一個則是反的，這正反兩個階級必然起衝突，於是起革命而有變動，趨向一個新階段。這個新階段便是「合」。但是問題就在這裏發生。據說，凡一個「合」，必是正反之統一，既拋棄了以前的正反，又保留了以前的正反。但是在一個新階段裏，對於以前的正反兩階級保留的是什麼呢？若保留的是資產階級或封建地主，則豈不是革命未能澈底，又尚有餘孽存在？我以為這是很有趣的一個笑話。此點姑不深論。若是革命澈底了，則於以前無保留，又與辯證的法則不合。又若眞是澈底了，則將來變為無階級的社會，又根本無所謂正反，亦無所謂「合」。辯證法豈不是消滅了。可見若限在社會方面，辯證法必不能是永久的法則，這是很悲觀的。

所以還是回到玄學方面去。若回到玄學方面去，則又如上所云，其意義與力量又是式微的不堪，簡直不堪一顧。正反合本是黑格爾矛盾哲學的一種圓滿論。講階級的革命，爲說明其衝突起見，本無不可藉用正反以取譬，實無重大意義包函在內。但是他們竟然把它重大變化了，竟成了一個學術了，無論經濟學、社會學、歷史學，甚至自然科學，竟都成了唯物辯證法了。以上的批評還是消極的。現在既然重大化了，我們也當再鄭重一點予以積極的批評。這個批評的詳細處，曾見之於張東蓀先生所編唯物辯證法論戰一書。現在只扼要言之如下。

唯物辯證法有兩個極大的錯誤：第一是把時間上的前後變動當作矛盾；第二是把空間上的歧異並存，當作矛盾。唯物辯證法的本意即是由這兩點錯誤形成的，所以這兩點錯誤也成了它的致命傷。時間上的變動，無人能說它是矛盾，而前後的變動亦更無所謂正反合。空間上的差異並存，亦無人能說它是矛盾，而差異並存亦更無所謂正反合。但是唯物辯證法必是前後變動論，亦必是差異並存論，因爲它是物質故，因爲它是實際的變動故。所以正反合的法則於物質變動論上完全失掉了意義。固執一個無意義的東西而到處拉扯，眞所謂敝帚自珍。

原來正反合的辯證法則只有黑格爾的一套理論上的系統，乃是思維或理想的一套自行矛盾的發展論圓滿論。他這理念上的正反合並不取有時間，亦不關於事實（或物質），乃是一套一套地打漩渦。從正到合是一套發展，也是一套圓滿；但卻是一步未進，乃是同時一起聯繫起來的。說成正反合一個法則，實是理論上的抽繹。因爲他講圓滿，所以正反合才有了意義。但這只是理念上很單純整齊的意義，一提到事實，便無所應，所以只是一套理論把戲。而黑格爾亦並未嚴有事實界與理念之區分，亦無所謂應用於事實界，故亦自無不通之處。這就是說這套東西原不能亦不應關涉到事實界或物質界。熟知唯物辯證法論者竟成了笨伯，偏於其不可處而強爲之，反罵黑格爾爲脚在上頭在下。其實黑格爾有知，當罵此輩爲不可敎，作繭自縛。在黑氏之後者，已嫌其過於玄學化，故隨時代之變遷，走上新康德主義的途徑；而馬克思竟強拉正反合以入物質界，成其所謂無意義之唯物辯證法，這豈不是拾人唾涕而自甘嗎？敢告國人；凡論學論事，必須本事理之常軌，始可開眼看透世界；若徒事於乖僻與歪曲，既不本於科學，又不合於哲學，眼中只知有政爭，將何從與譚學術呢？

凡以上所述諸種妄論，其所以能流行而蔓熾者，實因它正打動了煩悶時代青年抑鬱之氣。所以天下景然從之，而不知其非。此種潮流正是磨練眞理之魔鬼，爲理性健康者發揮光明之工具。將來政治經濟諸端趨於安定，心平氣和的態度恢復，則理性目的與自制自克，自然復見於政治界與學術界。古人有言：「物物而不役於物」，即謂雖重視外在世界，而並不以外在世界爲止境。此爲吾人論學之立場，所以期望於國人者亦若此而已。

# 第七編　印度哲學與佛教

一　印度哲學家羅達克立希納學案
二　「勝宗十句義」要義
三　「勝宗十句義論」要義訂正
四　佛教沿革與教義概略
五　玄奘留學時之印度與西方關於玄奘著作目錄
六　旅印華僑之前輩
七　義淨與鄭和
八　佛教及於新儒家之刺激
九　中印携手以振亞洲文化

# 一、印度哲學家羅達克立希納學案

印度爲我西鄰，其與吾國之文化關係，在兩千餘年中，可謂第一密切之國，然吾人除印度之佛教外，其他思想派別與其政治社會情形，則鮮有所知矣。自東西大通之後，歐人通曉其梵文，傳習其哲學，於是印度哲學之名，大震於西歐，英儒彌勒氏有任何歐洲哲學家，連赫拉克立都氏、柏拉圖氏、黑格爾氏在內，未有能造乎哲學之高峯如印度者之言。其繼歐人而起，且會通條理之者，有印度多數之學者，從事於印度思想復興之工作，其中最主要之一人，當推羅達克立希納。十年前我嘗讀其書而引其語矣，今於其來吾國講學之日，寧能無一言以紀其思想以介紹於吾國人乎？印度之復興，在政治方面有甘地、尼赫魯，藝術文學方面有泰戈爾，而羅氏之所以整理印度哲學，樹印度思想之威權者，其功不在甘氏、尼氏、泰氏下也。

## 一 印度思想之價值

吾國與印度同立足於亞洲，在印度人口中言之，常將東方與西方相對立，而東方一名之下，吾國自爲其中之一部，然就中、印兩方對宗教對哲學對宇宙觀之態度言之，謂兩方之相去，猶其地理上一處寒帶，一處熱帶可也。印度之思想主於出世，不惟佛教爲然，其他各派亦復如是，而吾國獨重人倫，此其異一。印度好言業報與輪廻之說，而孔子則云未知生焉知死，此其異二。印度各學派各有其思想各有其哲學，然其終極必歸於宗教之樹立，佛教也，耆那教也，印度教也，無一而不如是；至於吾國之立言者，止於學派之異同而已，儒家雖持綱常名教之論，然未聞有宇宙一主之說，此其異三。凡此就其可以對照以言之者如是，其他方面雖欲比擬而無從者尚不可勝計焉。吾人自中國立場言之，與其謂印度思想屬於東方，毋寧謂其近於歐西，佛教之相宗其所以治名相者，卽西方之分析法也。治耆那教之學說者，又知其爲西方所謂多元的惟實主義也。印度各家之立說不離乎邏輯，其範疇不離乎物質靈魂與時間空間，此其近於歐西之跡象，非任何人所能否認者也。此種立說在印度今日之學者亦無以爲非而議之者，然就印度人自身言之，常覺惟印度思想達於精神的密度（Spiritual Intensity），而歐西之所謂精神，則以理智爲止境，如黑格爾以一部邏輯學形容上帝之演變是也。印度雖亦有因明學，同時則有證悟法，所以悟道者，不僅由論證求之，由文字求之，而在乎坐禪，瑜珈諸法。惟其然也，印度之哲學與宗教皆以精神的內向爲出發點，與歐洲之恃邏輯與理智者廻乎不同矣。由此言之，謂印度思想近於西方，固爲印度學者所反對，若謂其專屬於東方，則又爲吾中國人所不敢承認，然則如之何而可乎？曰印度思想確與西歐爲近，西歐所有，印度固有之，印度所有，不必爲歐洲所有。此二者不同所在也。惟其然也，羅氏於其印度哲學中有言曰：世界上任何精神的透視，或理性的哲學所造之高峯，無不可於印度數千年之哲學史中，自吠陀之見道者，以迄於近代之尼那耶學派，發見其相同之學派。歐印之所以相類如此，亦即其思想本質與方法之相同有以致之也。然近一千年中，印度文化日趨消沉，豈惟難於並駕歐洲，即仿之印度昔日，亦遠不若。況乎歐洲自文藝復興以來，其近代思想之特點爲理智爲悟性爲解決自然界之祕奧，視印度之重宗教重證悟專求解脫自己以登天堂者，其相去更不可以道里計矣。然歐人初不以自己之大有成就而鄙視印度，良以歐人崇尚理智，苟有一物之不知，心中便若不能安枕，因而對於他國理智之成就，必求有以發見之研究之瞭解之，且以人之有善若己有之之態度迎之。此歐人所以傾倒於印度哲學也。除上述彌勒氏之外，再舉二、三家之言如下：

法哲哥祥氏曰：吾人現時注意東方，尤其爲印度之詩歌與哲學運動，以其正傳播於歐洲也。吾人於此中發見許多眞理，許多深邃之眞理，視歐洲天才家之所得之限於淺嘗者，其相去不可以道里計，吾人對此東方思想，對此人類搖籃内之崇高哲學之產地，惟有屈膝而已。

英國畢萊教授之言曰：古代印度之所以卓越不羣者，由其由平地開始，以上達於最高嶺。

彌勒氏更有言曰：吾歐人心思之所營養者，曰希臘羅馬與猶太人之思想而已。倘有人來詢，吾人應自何國之書籍中，尋求其補救之法，俾吾人内心生活更爲完善，更爲綜括，更充塞宇宙，不獨爲此一生，且顧及其永久的生，則惟有求諸印度。

或曰：吾國今日方處抗戰之中，及夫戰後，將整頓國防，建設工業，發達科學，子奈何以印度思想之業喬慫恿於國中？吾應之曰：國人倘疑吾將繼佛教後另提倡一種「心性空譚」，此斷非吾人意也。印度既爲我之鄰國，印度之歷史地理與其哲學宗教，何一事非爲吾國所應研究，其吠陀，優婆尼殺曇，與後來各派哲學，爲人類智慧之高峯，爲人類思想之造極，惟有此種善思善悟之習慣養成之後，科學與工業之發達，自能與之同時並進。此則吾心中蘊蓄已久，而未爲國人言之者，茲藉羅達克立希納東來之機，乃爲吾國人一吐之。

## 二　羅氏平生之志行

羅達克立希納氏生於一八八八年，年十八入瑪特拉司耶穌教會學校，慨然有改革印度教之志。羅氏嘗自述其立志之始曰：

> 哲學對於人生之實際影響如何，爲我青年治哲學時之中心問題。我之哲學訓練始於瑪特拉司耶穌教會學校，校中充滿耶教思想與耶教懿行，使我對於形上學中之宗教的涵義，特加以注意。我在校中常聞人告以印度教之不健全，印度亡國之原因卽在此。所以批評印度教之缺點者，一曰理智方面不一貫，二曰倫理方面不健全，此乃對於印度教之理論與實踐兩方之挑戰也。此時期中我常念及印度教與印度衰亡之因果關係。常若一陣冷風壓在心頭，衷心慚赧，有不能自已者。於是我心中有以下問題發生，第一，印度教之缺點何在？第二，如何使印度教與現時理智的空氣社會的環境互相貫通？

羅氏所以解釋印度教所以衰亡之故曰：

> 今日教士階級，除少數例外外，既無教育，又無修養，以云現代學識更無論矣。彼所知者賴宗教之傳統為屏障，以排斥社會劇變與個人自私而已。彼等以為惟賴有彼等乃能防止革命，實則彼等所行，正所以醞釀革命。此類教士，如一旦去其面具，則彼等心中之全無信仰與常人等耳。彼等雖負宣傳宗教之責，然徒藉此為噉飯之地而已。目前印度人精神的不振，彼等實負其責。彼等以經文與儀式教人依樣葫蘆而誦習之，其意義如何，非彼等之所能解。更有若干儀節為人所奉行者，亦徒以其為習俗相傳之故，非其內心上真有人我一體之感覺也。吾印人之所以自居於印度教徒者，徒以其必居此法律的組織之中，而後自覺其個人身上之安全，非真對宗教之真性質有何瞭解也。

印度自古以來所建立者不外宗教，佛教也，耆那教也，及其他學派也，無不以宗教為依歸，雖有至高深之理論，或屬於論理，或屬於心理，或屬於形上學，其歸極之處不外宗教，猶之歐洲中世紀所謂哲學為神學之侍婢而已。吾人依歐洲之歷史之經過觀之，則印度教之改革，不外乎將宗教與哲學分離，各循其獨立之途徑以圖發展，然羅氏以為印度國中宗教之力至強，非將陳腐的教條的印度教蕩滌一番，不足一新印人對於宗教之觀聽，此則羅氏一生所欲致力之大業也。茲舉羅氏之宗教論如下。

眞正的宗教之所以生也，由於精神，不由於血肉，不由於教典與習俗，亦不限於某族某種。精神之所以爲精神，在其脫離血肉等物，以深入乎萬物之眞有。神學系統也，行爲教典也，其所以編成之者，由於大多數人不知所謂自身之宗教經驗爲何物，乃憑藉神學與教典以爲示範之具。世間之人之大多數，不足以語夫與神聖的實在之直接接觸，乃不能不賴諸教主之垂訓，此則權威的宗教所以存在之理由也。

教條與教典，非宗教的眞理之絕對的蘊藏，僅示人以人類之精神的發展達乎某階段而已。心證之所得，常視其證之者之造詣，或爲曲解，或爲所吸收。直覺的見道者，自知世間各宗教之神理與教典之互不相同，此僅所以道其本不可道，或曰以人間文字迻譯神聖之音樂而已。以宇宙之豐富，非人所能形容，其能證道者，常有仰之彌高之感，而發爲余欲無言之嘆而已。因知所謂教條，所謂名號，皆出於偶然之遭値而已。然生爲印度人者，以皈依印度教爲樂，其他各教之教徒亦復如是。因知所謂教條也儀式也，僅爲宗教家所以發揮其道之工具，以超擢人羣於心靈之高處，及其登堂入室之後，雖並教條與儀式而廢之可也。惟如是，對於某族之傳統，字之曰神聖，此正與精神之本身背道而馳者也。以無限無邊之精神限之於有限有邊之形式中，其爲精神之桎梏，復何待論乎？

理智主義認爲關於神聖之智識，得以完全的理論系統表而出之。此理智主義否認上帝之超乎萬有與宗教之祕密性。此其所言，將人心中對於上帝之回憶與神聖性之本體，混而爲一。此乃對於歷史的行歷之外形，畀之以絕對性矣。理智的宗教，令人束縛於嚴格的陳舊的教條之下。其促成信仰之硬性，等於數學中數字之不可或移。黑與白之間，有其半黑半白者在，眞與僞之間，有其似眞似僞者在，然此非理智主義之所知也。凡爲教徒者強之同入於一教會之中，以維持社會之聯繫，此乃彼等以其儀式強人遵行，不許其稍有出入，雖拂逆人性所不顧焉。惟彼所肯定者爲眞理，其爲眞理盡在於是，否則不足謂爲眞理。各種不同神學體系上，賦之以絕對與不變之神聖性，實則此其所爲，去精神之消滅不遠矣。

羅氏此段文字，言乎宗教教條之遵行日久，必成爲形式之徒具，猶之學爲八股者，徒知呫嗶咿唔，而不識聖人立言之精義，僧人朗誦佛經文字，而不識立教者之用意何在，其極也有形式而無實際，有軀殼而無靈魂，其爲宗教死亡之日不遠矣。羅氏此言，豈徒爲印度教之晨鐘，亦卽爲世界今日各宗教之寫照，彼歐人自居於耶教徒，號爲能知愛人如己之教義者，按之今日人類相殘之酷，豈不同爲有名無實之宗教乎？羅氏乃進言宗教與人類精神不容分離之故，精神日進不已，儀式每流於呆板，除以人類精神救濟宗教外，無他法矣。羅氏之言曰：

> 精神之於人也爲生命，其所反對爲種種式式之死亡，盲目的本能，不思考的習俗，遲鈍的服從，理智的惰性，精神的乾燥，此皆所謂死亡也。各個人之宗教，應出於自己之尋求，不可因信託與權力之壓迫而受之。信託與權力爲導人入德之門，然非賴乎內心之尋求，則不得達其目的也。

羅氏此言，謂人人於宗教，須有自己之信心，若隨班逐隊以入佛堂教堂中者，非眞信徒也。

雖然，更有大問題在焉，上帝先世界而存在乎，抑上帝日在創化之中乎？各教主之教典中，均有上帝造世界之言，然近來之哲學家一反其說，謂上帝自身在創化之中，此說自法哲柏格生倡之，而羅氏亦同意於其說矣。其言曰：

精神之創造力，猶未達於至廣大之範圍，造乎至充足之身量。世界文化猶在幼稚時代，宗教亦在創演之中。所謂人類進步云者，卽以人類精神改造社會而已。此世界猶爲未完成之世界，而宗教所負之責任，卽爲改造此世界之責任而已。

此世界旣未完成，因而上帝猶在創化之中。昔年嘗以此意告梁任公先生，先生語之曰：『易經全書以「未濟」終篇。近代哲人所謂未完成之世界與創化中之上帝云云者殆卽未濟之意乎？』

羅氏更論今後宗教之任務，與社會革命家之口胳如出一轍，似乎羅氏所謂宗教，存乎世界之中，不超乎世界之外也。其言曰：

由此言之（指前一段言之），宗教非靜止的，乃鬪爭的，所以鬪爭者，卽在指出反宗教原則之可惡與其空疏。宗教之中，每包含對於人類現狀之大不滿，與其爲新生活之積極的籌備，可謂新生或爲現世之天堂，或未來之極樂世。惟其然也，宗教卽爲永久不斷的革命家，以任何生活之秩序，難使宗教引爲滿意也。宗教之所要求，爲人類與社會之澈底的改造。非世界上實現經濟的公道，種族的大同，理智的與精神的自由合作，一切國家和好相處，則宗教不能自認爲滿意也。

如是，羅氏意中之宗教，即等於社會革命家，其勇猛精進，不殊今日之所謂鬬爭，然其動機則出於佛之所謂衆生不成佛，吾誓不成佛，與儒家所謂一夫不獲其所，若己推而納諸溝中之悲智同，其與不擇手段之殺人放火之行，不可同日語焉。

## 三 第一部印度哲學史之完成

吾人於敍述羅氏所以作成其印度哲學史之先，應先記二事：一曰梵文之發見，二曰印度之缺少歷史觀念。梵文云者，印人所認爲來自梵天之文也，大乘佛教之經典與其他學派之書籍，皆以梵文記之。歐人初至印也，知其爲一種文字，以不認識爲苦，繼乃於貨幣之上，見其有梵文希臘文對照之帝王名字如所謂亞歷山大者。自所認識之希臘字母以推定梵文之字母，由字母以通其文字，由文字以識其字義，繼而通其文法，曉其各書之內容，蓋積數十年之功，而後梵文之書漸爲歐人所能讀，且於歐洲大學之中，設立梵文講座，與希臘文拉丁文鼎足而三矣。因此梵文書籍，譯之以歐洲文字，如德之陶伊孫，叔本華，英之瓊斯，彌勒，皆以治印度梵文典籍之先知先覺著稱於世者也。各方之人分門研究，或治吠陀，或治優婆尼殺曇，或治吠檀多，或治六派哲學，或治佛教，於是印度思想漸爲世人窺見，至羅達克立希納更集合專家之專題研究，以蔚爲一部印度哲學史之大著，吾人誠不能不佩歐人對於死文字如梵文之發見，然印人之中如羅氏者融會數千年印度思想於一部大著之中，置之希臘哲學史之旁而絕無愧色，此則印人之顯揚先德，尤足稱爲文化上之孝子賢孫矣。其次則歐人雖能取梵文之已埋沒者而復活之，然其初至印之日，欲求一部自上古以迄近代之印度歷史，如吾國之廿四史者竟不可得，其所以致此者，由於印人向不以年代時日先後之序爲重要，甚或將先者後之，後者先之，故意顚倒其次序，今後之人雖欲按圖索驥而不可得矣。自歐人之入印，乃求其朝代與帝王名號於金銀幣上，及其他碑記與文字之可見者，爲之釐訂其朝代先後與帝王生死年月，及其後一切材料完整，乃爲之另編一部印度史，至近年而印度史之完帙已出版於英倫，唯其詳細節目中之年月之未確定者，尚不可勝計焉。惟其然也，印度歷史作成之不易於此可見，而印度哲學史上所遇之困難正與此同。羅氏於哲學史引論有言曰：『吾人固極注意於歷史的透視線之重要，然因舊日各著作中略去年代之先後，因而對各思想家之生存年月與著作年月，雖欲勉強確定而不可得矣。』以上二事既明，然後知印度民族之精神遺產之恢復工作，決不若其他各國之易可知矣。

羅氏之著作，爲印度哲學全部發展之紀錄。雖有歐美人與印人之各種研究論文，可資參證，然印度哲學之全部整理，羅氏其第一人也。羅氏於其序文中有言曰：

印度哲學之特殊部分，已由多數著名印度學者與歐美學者加以精心的與澈底的研究。其哲學文獻既本批評的方法以考訂之，然就印度思想，視之爲一個不分段落的全體與繼續的發展，而各個哲學家之地位，在此全體之中繼續發展之中瞭然在目，則迄今尚無人試爲之者矣。

居今日言之，除羅氏之書外，尙有達斯哥魄太氏之五大本印度哲學史，其考證之詳贍過於羅氏，然羅氏之書先於達氏者十年之久，此則羅氏所以推爲完成印度哲學史之第一人也。

以印度各派學說之豐富，每家學說常包含若干部分，故一人負全史之責，實非易事。羅氏有自述其著作之不易之言曰：

> 記印度自黎明時期以來之哲學發展，乃一不易勝任之大事，雖任何精勤之大學者，苟欲以一人之力任之，斷不可得。良以印度哲學之百科全書，不獨需要專精與一心，同時更需要學問之淵博與見解之融通也。

羅氏因此對於其自身之大著，不名曰印度哲學史，而名之曰印度哲學，蓋其意中僅視爲印度思想之總測驗或曰總綱而已。

羅氏之書計兩册，共千四五百頁，分印度哲學之發展爲四期：

第一，吠陀時期，自紀元前一五〇〇至紀元前六〇〇年，此時爲阿利安人種宅居印度及其文化傳播之日，各森林大學，發生於此時，而印度唯心主義之思想亦肇端於此。所謂吠陀之中有歌頌，有梵書（亦名婆羅門那），有奧義書（卽優婆尼刹曇），其所記錄，猶爲人智初期之狀，迷信與思想兩方正相鬪爭也。

第二，紀事詩時期，紀元前六百年至紀元後二百年，此八百年中，始自初期之優婆尼殺曇，迄於各派哲學之發展。此時有羅摩衍那及摩訶婆羅多之紀事詩，將人生關係中英勇性神道性之消息紀之於一篇長詩之中。優婆尼殺曇之思想已平民化於薄伽梵歌（Bhagavadgita）

之中，各種宗教，如佛教，如耆那教，如濕縛派，如毘濕紐派之成立，亦在此時代中，六派哲學統系亦屬之。六派哲學與初期佛教爲同時，惟六派書籍之寫定則爲後來之事。

第三，經典時期，始也各派學說，皆以口相傳授，其後材料過多，不免遺忘，乃有記載之法，而經典出矣。第一期中各憑其直覺與思想，以解釋宇宙之秘，其繼也，以文字記載，則思索與反省緣之以起。

第四注疏時期，自紀元後第二百年起。注疏期與經典期頗難嚴格畫分。既有注解，乃有字義之爭，是爲重文字輕思想之日。

居於二十世紀之今日，遭國家淪亡之大變如印人者，誰不腦中有一東西文化異同之感，而自嘆相形見絀乎？然現代國家之盛衰強弱，乃爲武力富力智力之高下實爲之。吾東方之國，倘因此之故，而怨其先人無一事能媲美歐洲，此猶之子孫不自憤發，惟怨其祖若父之無遺產傳諸後人，是安在其爲自立自強之嗣人乎？然羅氏之所以著此書者，不外告歐人以歐洲所有之各派哲學，無一非印度之所已有，良以愛其國者不忍坐視其先人之佳言懿行之淹沒而不加顯揚也。且惟子孫之尊重其先人，而後革新之効自隨之而至，不見歐洲宗教革命，其所呼號者曰回到聖經之本身乎，法國革命時代之所提倡者，不曰回到原始時代人人平等自由之狀態乎。是知眞正之古，常有補於革新。羅氏以爲印度爲世界文明古國之一，然埃及亡矣，巴比倫亡矣，羅馬亡矣，獨印度文化，就其至少之壽命言之，當有四千年之久，就其文化之精義言之，固至今猶存於天壤之間焉。可知羅氏於印度文化之前途，初不以其亡國之故而自抱悲觀，反因其祖宗遺產之豐而預料其來日之欣欣向榮也。

抑吾人居二千年後，追溯二千年前之思想史，其大部精神當費諸各思想家生年死月之考訂，如胡適之中國古代哲學史卽其例也。然此種文字考訂家之所爲，羅氏獨以爲非而斥之。其言曰：

哲學歷史家之從事於其著作也，不當採一文字考訂家或一博學多聞之學者之立場，而應自處於哲學家，本其學識，從古人文字中，求其潛伏之思想而闡發之。自文字考訂家言之，必視印度古代各思想家之意見，如化石之散見於思想史中顚倒錯亂之地層而已，倘有人焉，加以解釋，使其有躍然復活之氣若有關於今日之生人者，彼等必視之爲不切實用而棄之。然自哲學家之立場言之，彼等以爲印度哲學家之理論之所窮究者，爲人類生活中永遠存在之問題，初不應視爲化石，而實爲生物之一種。古代印度所以解決其哲學問題如優婆尼殺曇與佛經問答語之所記載者，卽在今日流行之哲學學說中，何嘗不以復活之方式重新出現乎？假令古代印度學者之言，或殘缺不全，或意義混淆，或前後不貫，吾人倘因此之故謂其原有邏輯之不完，猶其遺稿之散佚，則不誤矣。後來之解釋者，應根據創造的邏輯，不專從文字上加以分析，將其散見之資料從而貫串之，將古人所懷之意義爲今人解釋之，庶幾由軀殼之中，得見其靈魂矣。彌勒氏有言曰：『吾所感者將古代印度經典中習見之標語，反覆引證，有何用乎？吾人所當爲者，在乎將古人之問題，作爲今人之問題，將古人所遺留之跡象，吾人再繼續踏勘之。』如是言之，事實與證據之收集也，雖爲歷史家記載人類思想發展工作之一部，然只能爲其一部而已。此類歷史家所應注意，爲觀念之邏輯，爲推論之尋繹，爲解釋之提供，爲使散佚而無條貫之事實中，求得其線索所在。吾人倘望一部哲學歷史，不僅成爲一張過去作家與作品之目錄表，且望此哲學史能訓練吾人之心思，激起吾人之想像力，則此哲學家之所有事者，斷非百結鶉衣之收集人，而應以思想批評人意義解釋人自居而已。

吾人讀此段文字，當知哲學史之如何作法，適之中國古代哲學史之所犯，正爲羅氏之所指摘，蘭生之作繼之，已袪除適之之病矣。然吾國哲學史中意義之可闡發者，決不能謂已盡於此。羅氏之言，大可供吾國未來哲學史著者攻錯之資也。

## 四　羅氏之方法論

羅氏之中心思想曰宗教曰精神，前段中已詳言之矣。然哲學家除其所欲達之目的必有其方法，所以示人以從入之門也。關於羅氏所以由精神以達於宇宙實在之方法之言如下：

印度各派思想，皆深信人類之心力，能導人以達於眞理 普通所謂人心，非心之最高階段也。除普通人心外，另有一最高水平，爲常人所不及知者。印度各派各告人以所以超於高等自覺性之方法。各人對於宇宙最後價値之信仰，如柏拉圖對話中之所論列者，初不關乎其辯證方法之如何，而視其精神的感覺如何而已。

東西兩方惟心哲學之傳統，皆認定精神之最高性。物慾也，熱感也，衝動也，本能也，乃至理智也，均不足以形容人性之全部。精神云者乃人類之尊嚴之所在，亦卽自由之張本也。精神云者乃智情意三者未分以前之狀態，此中之自覺性，乃自爲一體而不可分析者。當精神發動之時，亦卽心靈自成爲全體之際，而人與永久之合一，乃在人之直接證悟中矣。

羅氏所謂證悟，其原文中之西文名詞曰直覺（Intuition），與柏格生之所用者同。然在柏氏學說中認直覺與理智相對立，一屬於反理性，一屬於理性也，羅氏則以爲直覺與理智互相爲用，不可分而爲二。其言曰：

> 吾人之注重直覺，不可與反理智主義混而爲一。否定理智之直覺，乃無用之物也。二者不相反而應相合。……直覺超於理性以上，然非與理性兩不相容者也。直覺旣爲人之全部對實在之答覆，則理性之作用，自包含於其中矣。
>
> 直覺（卽證悟）之需要培養，與觀察及思想之需要培養同。精神之潛能，經道德的修養之後，自能使其對於無形之實在好合無間。柏羅丁氏有言曰：『所以達此目的者，其途甚長而勞苦，其一爲德行之修鍊，第二爲思慮之澄清，最後乃由默念以達於光明之境矣。』印度思想家之所要求者，亦曰超脫於官覺的生活與夫尋常論理中之此是彼非，然後達於最深之自我，而與實在互相接觸矣。

羅氏更以此方法推諸道德與藝術二者，亦復如是。彼以爲藝術之所以爲藝術，在乎靈感（Inspiration）自有其得之自天之神妙。道德之所以爲道德，不在乎尋常所謂是非得失，而賴乎先知先覺如孔子如釋迦如耶穌者，本其所信爲天地立心爲生民立命也。習慣也，風俗也，拘束世人之言行，毋敢或違，故人之一生，與其謂人生於世，不若謂其人生爲世所支配而已。獨藝術家之創造，道德家之大智大勇，庶幾可謂爲參贊天地之化育矣。羅氏自謂其思想之得力處有二人，一曰希臘之柏拉圖，二曰印度之薩摩伽羅，此二人者皆承認物質之外更有精神，有形之外更有無形者在。此世界之所以不至流於慘酷無情，不至成爲一部自動機器而另有其人生價值者，卽賴有此輩故耳。

以上云云爲羅氏學說之正面，然數千年之印度，以重視精神重視出世之故，忽略現實世界，其流弊所屆，羅氏尤能痛切言之矣。舉其言如下：

吾人生於精神界，然非謂此現實世界之可以忽視也。精神爲眞實，人生爲虛幻，所以改善人生之舉，實爲愚妄云云，吾印思想家常樂道之，而受此語之欺騙者，不知其幾何人矣。惟印人重視解脫之故，其哲人否認對於現世之積極活動，其理想雖甚高，然所以使印度文化成爲死人文化之場，其視此世界成爲神鬼之窟，而死人且與之共晨夕共起居者，亦坐此矣。凡人超然於現世活動之外，且不以現世禍福爲意者，此人決不得稱爲智者。試問於眞空之中，講求道德，安在其可乎？所謂精神的覺悟，必發爲一種爲善之實力，推行於現世之上。眞以精神爲依歸者，不離現實世界，且參與其中，以達於物質狀態與精神狀態之改良，良以精神生活不離自然世界故也。

羅氏更有澈底之言曰，上帝旣負創造世界之責，吾人何能以一身所衣被之血肉爲苦事乎？羅氏與泰戈爾爲同調，力斥印度深山窮谷中苦行者之非，而以健全發展人生，不忘精神生活，爲處世之圭臬。此乃印度受西方思想之影響後，漸棄其出世之念，而有此新人生觀之出現也。

## 五　羅氏在印度哲學家中之立場

或曰印度浸潤於西方文化之歲月，較吾國爲久遠，今聞羅氏之言，其思想之中心爲宗教爲精神，猶未脫印度文化之本來面目，殆爲印度新哲學家中之保守派乎？吾應之曰：印度現代哲學家中，除羅氏外，當推達斯哥魄太氏。達氏對於印度哲學，雖亦賞識其境界之宏闊，論理之澈底，道德的宗教的價值之崇高三大特點，然謂印度哲學爲四項全無憑證之教條所包圍，一曰吠陀智慧之不可議其得失之教條，二曰束縛與解放之教條，三曰業報定例之教條，四曰輪迴之教條。因有第一教條爲人所共遵之故，於是但知遵守吠陀之言，而自己理性之有益於求眞者全失之矣。讀達氏此言，似覺達氏有推翻舊日傳統將恃其理性爲建設新哲學之出發點。以云羅氏著作之中，鮮見有此種語調。吾人倘以達氏爲新派，則謂羅氏爲調和派可也。玆舉羅氏論西方思想所以影響印度及因此而生之兩派之言如下：

> 方今世界之各大宗教各大思潮，皆相遇於印度土地之上。西方精神與印度之接觸，大擾亂印人自滿之情緒。……此事已動搖印人對於傳統之信仰，促成思想之自由與活動性。傳統已成爲流動之物，有人焉欲於舊基之上建室，亦有人焉欲並此舊基而移之者。此實爲一種過渡時代，旣引起人之興趣，亦不免令人生對於前途之隱憂。

羅氏先論過去與現在不可分離之故曰：

印度思想家爲信仰理性之傳統之繼承者。古代之見道者，志不在摹仿而在創造。彼等所日夜不忘者，爲眞理新領域之占領，爲日新月異之經驗祕奧之解決。遺產卽令豐富，不應憑之以束縛吾人之心思。吾人不能鈔襲古代之解決案，以歷史自身從不重複故也。古人之所已爲者，吾人無從重複爲之。吾人應睜開眼睛，發現自己問題，且本古人之所啓示以解決之。所謂眞理，非永久依存於形式之中，反常取形式而更新之。……現代哲學應針對現在立言，不可沾濡於過去。現代哲學在形式與內容兩方應同有創造性，猶其所欲解釋之人生之日進不已等也。惟現在與過去相連續，故對於過去，無法將其本連續者而切斷之。

羅氏評保守派之言曰：

保守派之理論每曰眞理不因時代而變。眞理之無可代替，猶之落日之美，母親之愛之無可代替也。然眞理卽令永久不變，而眞理所賴以表現之形式中，自含有因時損益之元素。吾人之精神，雖上承古代，以其細胞的概念至今猶有生命之故，然其生命與脈息要爲得自現代者也。以宗敎言之，何嘗非時代變遷之結果，宗敎爲合於現時之需要，何嘗不可取其形式而變更之。有時保守黨人之所謂存古者，實在存其具文而失其精神矣。兩千年前之印度思想家，其學識不如今人，而其所得之光明過之，使其能再回至此世間，對於今日專以拘文牽義爲事之流，未必視之爲眞信徒也。況乎陳舊之文尤積尤多，大有阻塞精神上自由暢通之勢。居今日而猶重視早已失其生命之舊日形式，徒以其爲古代之物而絕不敢稍有更張，猶之病者受過去陳腐物之毒而不敢蕩滌以去之，適所以促其生命而已。今日印度思想家之大部能力，應集中於以下問題：（一）分別古代信仰與後來之所附益者，（二）使宗教與現代科學精神不生衝突，（三）各人個性上之要求應有以適合之，（四）新時代之各種勢力與古代信仰並行不悖。惜哉今之所謂通人者，絕不以此等問題爲事，其埋首以爲之者，不外考古家之所爲而已。

羅氏之所深嘆者，當新潮流滂礴之日，其國中之號爲學者，不能樹立溝通中外新舊之義理，徒知以考訂名物與古籍眞僞爲事，此非所謂舍本逐末者乎？羅氏之所以痛印度者，不圖吾國中同犯此病也。羅氏對於保守派之評語如是，然其於激進派之主張，亦未嘗以爲滿意也。其言曰：

彼保守派絕不受西方文化之影響者，其思想行爲，無一不以保守爲事，至於受西方教育之人，乃追逐於西方自然主義的理性主義之後（以代印度宗教之意），且欲視印度之過去爲壓迫而欲盡棄之。彼輩不樂聞過去傳統，且懷疑印度歷年久遠之智慧。此等自命爲進步派之人，所以出此態度，自有其所以然之故。彼等以爲印度雖有精神遺產，何嘗能抗外患而免侵略，其今日之所以不免爲人奴役，卽古代遺教有以害之也。彼等自以爲愛國之道，在輸入西方之物質的成績，而鏟除過去文化之根苗，然後舊者去而新者來矣。……彼等之中有人宣言曰：印度爲求昌盛計，惟有以英國爲精神的母，以希臘爲精神的祖母。

羅氏則答覆之曰：

居今各人自思自反之時代，必欲強人回至古代文化之中，且盡去其因思辨而生之懷疑，必不可得也。然毀昔日舊基以圖建立一種關於人倫道德之新機構，反不如因其所固有而增益之之爲得也。凡人決難與其生命之根源切斷。哲學結構與幾何學之結構，其爲生命之產物一也。吾人於歷史中之產物，所以不能不吸取之以爲飲食之資者，正以吾人精神虛弱之故也。

羅氏更有對於以上兩派調停折衷之語曰：

保守派追懷舊文化之光榮，不滿於現代之無神論。激進派視古代遺產爲腐朽不堪，不如西方之自然主義的理性主義遠甚。此兩派之言雖各有其理由，然吾人以治印度思想史眼光觀之，則二者皆非也。彼排斥印度文化者，實不知其爲何物，卽其歌頌之者，其爲無知等也。保守派與激進派誠爲存古計，誠爲促進新希望計，當求兩方相互之瞭解而已。處此飛機汽船鐵路電報合世界爲一體之日，吾人何能閉關自守，不問世事乎？語曰死水生蟲，惟有活水之通於其水源者，常在更新之中，吾人卽令吸收他族文化，此不得謂爲錯誤，但關於採自國外之元素，應澄清之，提煉之，且融化之於吾所固有之至善者之中，……甘地也，泰戈爾也，拔格文達斯也，彼等固已示吾人以如何鎔鑄外來原素於吾民族的洪鑪中之正當途徑矣。依彼等之所為，先自浸潤於印度過去之人文的惟心主義之本源，同時採取西方思想之長而融化之而已。

由此言之，羅氏念念不忘舊日遺產，同時吸收西方新知以增益之，此其所以為調和派也，此其所以爲印度教之革新派也。

## 六　結　論

清代末葉，吾國思想界之鉅子如譚復生，如梁任公，皆皈依佛法，然後本其大無畏之精神，以造成其革新運動。近年自梁漱溟「東西文化」一書出，熊十力之「新唯識論」繼之，似乎又由佛而返於儒矣。居今日而告國人以印度哲學研究之重要，其能不爲世所詬病乎？吾則以爲印度思想有兩方面，其一，就其內容言之，爲出世，爲業報，爲輪迴，此佛教與其他印度各派之所同，此屬於宗教問題。吾人於首段中亦曾引羅氏關於宗教哲學之言，實則宗教之性質如何，需要如何，初不在吾人議論範圍之內。其二，就其思想方法言之，實與歐洲哲學史上之所謂一元多元唯心惟實各種主義有相類之處，雖一則發自遠古，一則起於近代，要其以邏輯的辨證法貫穴其間則一也。吾人既認哲學思想之發展，爲人智爲科學不可缺少之部分，奈何於歐洲則重之，印度則輕之，此我所認爲不解者也。彼歐人之從事於印度學，已逾百餘年，吾人本「一物不知儒者之恥」之義言之，何能不以昧於印度思想爲深恥乎？此所望國人之急起直追也。歐美人既已蓽路襤褸以啟山林導之於前，羅氏達氏又爲之條理，而貫串之。吾人就羅氏等之成績，而追踪之，不獨足以啟發吾人新知，且示我以整理國故之方法不少矣。抑吾更有言者，爲羅氏治學之成績。我所見歐洲之哲學家不少矣，歐洲大學中所以敎授哲學之法，亦略有所窺矣。然吾人讀書三四年，治一家之言，作一篇論文而已，其既返也，或爲新康德派，或爲柏格生派，或爲杜威派，其學識觀點鮮有能出師門之外，而印度之羅氏則大異乎是。其鴻博淵深，不獨我人有瞠乎後矣之嘆，即求之西方大哲，亦且望塵莫及。彼爲印度人，自於吠陀，吠檀多，佛敎及六派哲學之書無不窺見，其於歐洲之哲學，上自柏拉圖、亞歷斯大德，下迄於近代之康德、黑格爾，與柏格生、懷悌黑之書，無不爛讀胸中，卽歐洲中世以來之神學名著與夫現代社會學家關於原始宗敎之著作，決不鄙視而拒絕之。惟其所抱之宏願爲革新印度宗敎，爲改造印度思想，則上天下地各種宗敎各種哲學之材料，何一不可爲我參考之資，此其所以成爲「肴饌百家」之大思想家也。彼既讀破萬卷書，於東西文化，能抉發其所以得失之故，雖對西方學者批評其文化所以受病之由，而西人且無異辭。嗚呼羅氏，豈惟印度之學者，謂爲有功於世界人類之大思想家可也。

三三年五月三十日

# 二、「勝宗十句義」要義

## ——臺北松山寺佛學研究部疊翠學報第一期（五十一年）

### 序起

治大藏經者，無不知第五十四卷之外敎部，其中舉老子化胡經，摩尼敎，波斯敎，與夫景敎，更有兩種，一名金七十論三卷，一名勝宗十句義一卷。前書爲印度高僧眞諦所譯，後書爲玄奘大師所譯。眞諦與玄奘同爲佛法徒，何以有取於此二書而親譯之。其所以爲此之故，不可不深考也。眞諦與金七十論之關係，他日另文詳之。玄奘之所以譯勝宗傳之於吾國，依我所見，殆有以下理由。或者謂勝宗思想與佛敎相似，同爲反對印度之吠陀經，同反對神我，同有寺廟，同注重瑜珈，同守不殺生之戒，致歐西學者竟有謂勝宗爲佛敎中之一派者。然西方學者深研究後，見佛書中有駁勝宗之文，是必勝宗成立，在釋迦佛創敎之前，否則何從而見其文而駁之。玄奘留於那爛陀寺五年之久，於印度各派宗敎與學說之源流，胸中瞭然，果勝宗爲佛法之支派也，豈有不敍述其同宗分派之故，乃正其名曰勝宗乎。此可見覩勝宗與佛教有親串，然後譯述其書者，乃不能成立之說也。玄奘未去印之前，「聽受阿毗曇論，一聞不忘」「至於婆沙廣論雜心玄義，莫不鑿空嚴穴，條疏本幹」（見高僧集玄奘傳），其有意於相宗，數十年如一日，惟其有意於相宗，因明聲明與宇宙論，乃相關聯而不可忽，其必爲玄奘所旁通而兼治之學，可以意想得之。此非我一人臆測之辭，玄奘傳中自有記載在焉。玄奘既畢業於戒賢法師後，「將事博義，未忍東旋。」（見玄奘傳），其「至鉢伐多國，有數名德，學業可遵，又停二年，學正量部根本論攝正法論成實論等，便東南還那爛陀，參戒賢已，往杖林山勝軍論師居士所，其人刹利種，學通內外五明數術，依林養徒講佛經義，道俗歸者日數百人，諸國王等亦來觀禮洗足供養，封賞城邑，奘從學唯識抉擇論意義論成無畏論等，首尾二年，夜夢寺內及林邑火燒成灰，見一金人告曰，卻後十年戒日王崩印度便亂，下當如火蕩，覺已向勝軍說之，奘意方決，嚴具東還。」此爲玄奘傳之文，勝軍論師卽指其爲勝宗派之學者。玄奘所師事者，除戒賢法師外，以勝軍論師爲第二人。所以急於東還，旣取決於勝軍師之一言，其爲心中繫念之一人，可以想見矣。印度勝宗史中記西歷六四〇年玄奘訪勝宗中之赤體派（勝宗分二派：一爲白衣派，一爲赤體派），卽指玄奘學於勝軍論師言之。玄奘返國後，從事譯經，告人曰：「經部甚大，每懼不終，人人努力加勤，勿辭勞苦。」然其大般若波羅密經六百卷於龍朔三年譯成，時年六十八矣，乃貞觀二十三年，年五十四歲，先成勝宗十句義一卷，此爲數頁之書，自較般若經易於臧事。然其所以先他書而譯之者，或者其心中不忘勝軍論師一言決疑，乃譯成十句義爲報答論師之意歟。玄奘所以譯勝宗十句義，初不爲勝宗宗教宣傳，而僅取其十句義中有關於宇宙論者譯之。此則我將十句義與勝宗重要經典比較而後始知，勝宗十句義，非此宗經典中之一部全書，乃僅摘出關於宇宙論中之論物論生命之一節。勝宗典籍首段，常爲勝宗皈依先師語，同於佛書之「如是我聞」。末段每爲解放方法。玄奘十句義略去此種首尾，不以不完爲恨。此可見玄奘一生之大志願在於佛法，對於其他印度教派與學派，取其有益於知識者譯之而已。此更爲其心量之博大，初不因其爲異教而排斥之。我初發意作此文，本擬就十句義原文，以今義釋之，因去年講比較東西哲學，對於勝宗哲學稍有所窺。繼而求勝宗經典中之慧月造十句義不可得。將勝宗經典中重要各書與十句義互校，然後斷定十句義非勝宗經典之完書，乃玄奘自摘取其所認爲重要者而譯之而已。首段十句義，自一者實至十者無說，遍索之勝宗要籍而不可得。或者玄奘當時所見之書，今已遺失而不可得歟。原本勝宗十句義雖不可得，玄奘所譯中之思想要點，與現時所有勝宗要籍絕不相牴牾。乃取十句義中之九種，實分爲三項論之。（一）實（二）猶豫智（三）我意。此三項乃勝宗之基本意義也。我對於前賢之譯述，不敢妄以己意解釋。所以解釋之者一依勝宗典籍之言爲依據。所以存玄奘大師十句義之眞面目也。

## 要義

勝宗派思想之要點，可以兩個名辭形容之，一曰唯實主義，此派認爲宇宙間有種種「實」（依玄奘原文名之曰實，以今語譯之，可改爲實在，與斯賓諾沙哲學系統中之「實」極相似）兼常變二相，經成住壞三級，時在時變，就其不變者言之，名之曰實曰物（兼生物死物言之）就其色形之變者言之，名之曰相。如是同一實而有種種相，此其所謂實，乃一種動的實也（A dynamic reality）。此實可憑人之常識與邏輯中求之，不如唯心論者之有所謂超越層，此所以爲唯實主義也。二曰多元主義，多元云者，所以別於以神以心以物爲主之一元論，種種事物之存在，依其實依其相而認識之，可爲之分類，曰生曰無生，曰有意識曰無意識，曰有廣度曰無廣度，依其形態之自然而名之而形容之，而不必滙歸於惟一來源。此其所以名爲多元主義也。

以上所言，可引一二印度哲學家之文以證之。卻推奇氏與大泰氏（S. C. Chatterjee; D. Datta）合著印度哲學引論中有論勝宗學派極簡明之語曰：「勝宗哲學爲一種唯實主義，以其認定外在世界之實在性，此派同時爲多元主義，以其相信世間有多種之最後實在。此派又爲無神論者，以其否定上帝之存在。此第三點，指勝宗之反吠陀反神我言之，非謂其不信有精神有道德，彼等雖否定神我，然其崇敬創教者，戒殺與苦行，決不在其他宗教之下。不可因印度哲學家用「無神論」之一名，而視爲同於唯物主義也。

印度副總統拉特哥里希納氏，於其印度哲學中論勝宗之語，與卻氏大氏微有不同，然多元的唯實主義，亦拉氏所以評定勝宗之語也。拉氏之言曰：勝宗體系，起於反吠陀，以其不願接受吠陀之權威。勝宗初不視其創教者所言爲神之昭示。其所以推重其思想體系，以其合於實在故也。其宇宙觀，以邏輯以經驗爲根據。其形上學接受吠陀時代之唯實主義，但不依奧義書之舊而系統化之。其所謂物質，分析之爲原子的結構。其所謂精神，非靜的旁觀者，乃積極的主動者。勝宗哲學之特點（第一）將「實」依唯實主義的方法爲之分類，（第二）蓋然性的或可能性的認識論（奘譯曰猶豫智），（第三）苦行理論學。勝宗與印度其他思想體系相同之點，在其將實用倫理與哲學理論合而爲一。

由以上印度哲學家之解說，勝宗思想之一般性可以明矣。

卻氏大氏書中，有勝宗體系一表，茲譯出之，以其瞭然心目，可作下文解釋參證之資。

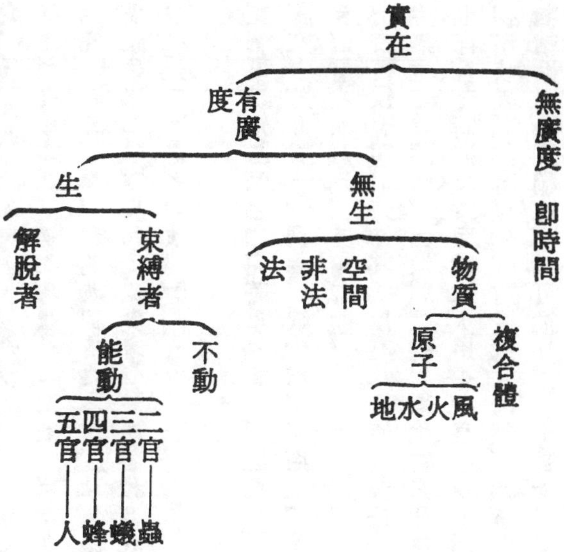


上表中勝宗分萬物之種類，自有其特點，然仍不離乎常識與經驗之立場。所以稱爲唯實主義與多元主義者在此，吾人處今觀之，勝宗之思想體系，非出於創教者一人之手，實爲後期之發展，與數論派，微西西幾派有其相同與相異之處，俟後文詳之。

（第一）實句義，玄奘師於實句義下，列舉九實，一地二水三火四風五空六時七方八我九意，是爲九實。所謂九實，依上表與我所見勝宗經典所舉者，正相符合。惟所謂「實」之意義，再舉勝宗「五種宇宙體」一書中〔（梵名）Panchastikaya Samayasara（英名）The five cosmic constituent〕之言以名之：

『勝宗曰，五種範疇之總集（一羣之意）構成「實」之體系，此卽宇宙。此外爲無限空間。我、物、法、非法與空，五者謂之體。凡物之有其本質以能表現其種種品性（卽玄奘所謂德）與形式者，謂之爲體。（上表所謂廣度）「實」自爲一類，卽萬物固有之本質。此實表現種種形式。此實經過無窮變化。此實經歷成住壞三級。凡物之流變者，經過各種品性與變化而能保其常性同性者全知者（卽勝宗之先師）名之曰實。』

讀此文者可以知勝宗之如何着重「實」，歷變化而不失其常者，乃成爲永在之「實」。玄奘譯文中將九實一一列舉，缺少線索與層次，令讀者以爲此九實乃爲同一層之各實，實則此九實因層次而區別，不可忽也。

茲將上表再爲說明，方知其所以有此各層次與每一層次所以再行下分之故。平常勝宗書籍中，以生無生二類開始，因世間之物，以生物與死物爲兩大類，生物依現代義指植物動物與人類，而印度昔時將草木與地水火風平列爲一層。所謂無生物，指物理學的物言之，與現代用語，初不歧異。其所以先列有廣度（卽體）無廣度一層者，印度學者視時間爲一種實，但時間有繼續性，無廣濶性，只可推知，不可官覺，其分爲二十四小時者由習慣而來，眞實時間，乃連續不斷之綿延。同爲一實而異於他實，他實有廣度，即占空間之謂，而時間無之也。時間之義既明，乃可進而及於有廣度之生物與無生物，生物於次節我意中詳之。茲先說無生物之四項，曰法曰非法曰空間曰物質，此四者在勝宗典籍中均如此排列，但玄奘譯中不稱曰物，而以地水火風代之，在我所讀勝宗書中絕少見，僅偶一有之。地水火風在印度稱爲四大，爲一切物質之所以構成，所以或名物，或名地水火風，其爲物質一也。

勝宗認定人類所居之世界，除人有心靈外，所以構成物質環境者，曰物質，曰空間，曰時間，曰法，曰非法，茲依次說明之。

（甲）物質——勝宗認定物質由原子構成。原子乃現代之名，玄奘譯稱爲極微。原子合爲分子，分子依玄奘譯爲微果。原子分子爲萬物之所由成，不獨一切物質與生物，乃至孳行，亦由原子分子合成。惟空間與靈魂不在原子構成之列。凡物質皆官覺所能見所能覺，其品性由觸覺味覺嗅覺視覺耳覺中得之。有精粗善美惡之分，其數量可增可減，其品性忽現忽滅。凡物質皆不離成住壞三階段。

（乙）空間——空間之名，依西文之義，指宇宙之空中言之。依勝宗言之，其一爲物質所占之空，即玄奘譯所謂方，即指有方向之空間言之。其二爲眞正空間，物性忽現忽滅，現者何處來，滅者何處去，則現者滅者有其所在之處，此之謂眞正空間，即非定向之空間。此非官覺所及，由推論中得之。此非定向之空間，非物所占之長廣高下之空間也。

（丙）法非法——法非法云云，在奘譯文，見於實句義之末之意云何一句中，又見於德句義之二十二與二十三，然奘所譯，與勝宗書籍不符。法非法二者，原文爲 Dharma, Adharma 即梵文之「法非法」，然依勝宗之意，指動靜二態言之。魚之於水，魚有意於動，然非水則不能動，故水爲動之條件。一切物質在世間之所以變所以常，由法與非法以驅使之，法所以使其動而變，非法所以使其定而常。此二者以西方術語言之，殆自然律所以運行之謂歟。

以上既說明物質、空間、法、非法與有綿延而無廣度之時間五者，是物質世界之五種範疇已具於是。然實與德之關係應更伸論之。奘譯文中「如是九實，幾有德幾無德。一切皆有德，無無德實。」「如是二十四德，幾有實幾無實，一切有實。」此三十餘字中，可以見德與實二者之不相離，有實卽有德，有德卽有實，此玄奘所以云無無德之實，同時則云無無實之德也。德亦可譯之爲品性，如物質之一般品性，一、物質性，由原子構成，二、占領空間，三、常在，四、可享用，五、可知，六、形體大小，此爲物質所共有之性。玄奘譯文德句下，列舉二十四項。其中之十二覺至十七勤勇與二十一行，屬於有生之物與人類者，應分別論之。惟物質之品不離性，某物有某性，同時某性則限於某物，如花之謝如水之流如木石之可以建屋如絲棉之可以暖身，卽某物某性互爲限制之明證也。

（第二）我、意，奘譯實句義中九、十兩項爲我爲意。依勝宗書籍之舊，名之曰生。此生字所含甚寬廣，曰生命曰意識曰靈魂皆屬之。然佛書中無靈魂之名，玄奘譯文避去此字，或卽爲此。我仍用生字，期於仍勝宗原意，且便於解說。勝宗所謂生，與物理界之非生物相對立。其所謂生，有若干種，甲全知者，乙解脫者，丙束縛者，此三者指人類言之，其下更分爲一官覺如草木，二官覺如蟲，三官覺如蟻，四官覺如蜂，五官覺如人。可知勝宗生字所含之廣爲何如。自人以至草木所以分爲若干等者，由於其意識爲物質所蔽所昧所限之所致也。

依勝宗學說，靈魂原爲全知全能全信全福，如太陽之光，本無遠不屆。然遇有雲霧霜雪，則轉而爲暗淡。靈魂之受制於物質，亦復如是。此物質以質點以原子合成，浸潤其心靈而晦塞之。人之身體，由物質合成，卽質點所組織而成。此身之所以成，本由於慾念而來，此慾念中有孽障卽過去一生所作爲者無不伏於其中，及至於一人之當身所以爲物慾所蔽而犯貪瞋癡愛驕惰之病，亦此情慾爲之，亦此孽行之質點之吸引爲之，視其心靈之本性如何，而孽行之質點與多少因之以定。此以唯物論解釋孽障之說，與佛義相背。玄奘所以但取其十句，而不及於其解脫方法者，殆卽爲此，然勝宗解脫方法，以正信正知正行爲三寶，與佛教如出一轍。此可雙方對照，而瞭然者矣。

勝宗所謂生，非尋常所謂生，乃自有人生以來信仰，思想行爲之源泉。舉其靈魂論（Purushartha-siddhyuqaya）中之言以明之：

「靈魂者乃純粹的意識。超於觸、味、嗅、色四者之外，而自有其德性與形態。然亦具有現，不現與繼續之性。」

其意謂生乃自知、自明、自具、自完之知，無待於外者。因而與色味觸之物質不相接觸。自無始以來，自爲其命運之創造人。因孽障之故，物質原子浸潤其間，而影響於心中之思行與言語。

惟勝宗將生與非生列爲一層，成生非生之對立。而在「生」之名義下力主正信、正知、正行之重要。是則人心之邪正是非，仍由其自身爲主宰，非多元物質所能支配也。勝宗以唯實多元爲立場，然同時又視精神爲人生之主。惟其然也拉特哥里希那氏，評之曰勝宗以生以思爲自知自明，其以思爲最後實在，顯然可見，是名爲唯實，而終歸於思之一元。此言也，非勝宗所能駁斥者矣。

（第三）猶豫智，勝宗哲學之特點，爲其或然的或曰蓋然的智識。此種邏輯爲勝宗所獨有。其所由來，出於勝宗以爲除其教中最高知慧（Supreme Intelligence）外，無一人能見宇宙之大全，常人所見及者爲知之一角度。彼等書中常舉「象」爲例。捫象之耳者，曰象如一大葉，觸象之脚者，曰象如一柱，摸象之尾者，曰象如一極粗繩，其握象之牙者，曰象如一大蛇而堅硬。此四說，皆見象之一部，不得象之全。人類所以觀察宇宙者亦常見其一局部，而不見得其大全。此卽荀子所謂闇於一曲而蔽於大理之意也。

勝宗根據此一角度之知，乃有七種判斷方式之說。其意以爲所有判斷，均爲一角度之知，故應限之以「某角度下」字樣。茲分七式言之。

（一）此棹在房間內，按邏輯形式爲S（主辭）是P（謂辭）。然勝宗以爲此棹在房間內，限於某時某地某方，其色如何，故應云某角度下 Somehow S是P。

（二）此棹非黑色不在房間內。某時某地某方，此棹非黑色者不在房間內，亦應云某角度下 Somehow S 非P。

（三）棹之爲棹，時爲紅色，時爲黑色，時爲棕色，有時在，有時不在，有時在右，有時在左，故應云某角度下 Somehow S爲P，或非P。

（四）然棹有時爲黑色，有時爲木之本色，其色因時而異。使有人問曰究竟棹之不因時不因地而異之眞正本色爲何，對於此種問題之誠實答語，惟有曰「不易明言」。因此判斷方式中應有第四種云，某角度下其性不易明言 Somehow S 不易明言。其意謂萬物雖可自某角度下以形容之，但不說明某角度下，不論為肯定或否定，雖欲形容之，均不可得。此外三種判斷方式，即將（一）（二）（三）三者與「不易明言」合而為一。

（五）第五式，即某物在某角度下為某色，同時又為不易明言。如云此棹為紅色，然在何時何方何狀下，初未易明言。只有以「未易明言」答之。其式如下 Somehow S 是P，同時有其不易明言者。

（六）第六式為（五）式之否定，如云此棹非紅色同時有其不易明言之處，其式為 Somehow S 非P，同時有其不易明言者。

（七）式，即將（五）（六）二式合併，同時有其不易明言者。Somehow S 為P，又為非P，同時為不易明言者。

此七種判斷方式，遠不如因明學中「宗因喻」流傳之廣。此由於七式不教人以判斷某物之為某物，某事之為某事，某理之為某理，乃告人以人之所知，限於某角度下正確，在另一角度下不正確。其宗旨在於勸人以不執成見，不以一己角度下所見者為是，而以他人角度下所見者為非。此則勝宗派不執一己成見之宗旨，所應為之表彰者也。

此猶豫智之標題，為玄奘譯文中之原名。究其猶豫智之原義，是否指此七種判斷方式，我不敢斷言。以玄奘譯文中「猶豫智」下之解釋，我求勝宗典籍原文對勘，而不可得也。

於猶豫智之後，尚有欲言者，為奘譯五無說。一曰未生無，二曰已滅無，三曰更互無，四曰不會無，五曰畢竟無。此五無之中，未生無者，如云屋以磚成，然在未造之前，磚中未嘗有屋，即未造之先，屋與磚不相涉，此之謂未生無。已滅無者，如云瓶以泥成，一旦瓶碎，瓶因毀而歸於無。此之謂已滅無。畢竟無者，如云空氣中無顏色。即在過去未來現在三時中，未聞空氣中有顏色者，謂其絕對的不存在也。相互無者，如云棹非椅，椅非棹。即棹中無椅，椅中無棹，彼此毫無關係，惟在其相反之中，可以相提並論。至於奘譯所謂不會無，或指不滅之物質言之，原文中實性之語，即實之常在者之謂也。以上五無，我求之勝宗典籍不見有類似之文，但微西西幾派中存有此說。究此兩派所以混合之故，在今日不易查考。或者玄奘師所見原書如是，是否兩派在奘師留印之日彼此互相發明，一如莊子書中引惠施之語。非吾人在今日所能斷定者矣。

## 結尾

玄奘傳稱勝軍爲安慧弟子，亦學於戒賢。此時勝宗與佛法兩派，殆互相爲師友。又稱勝軍「自大小乘因明聲明爰至外籍羣言，曰吠陀典，天文地理醫方術數，無不究覽根源，窮盡枝葉。」高僧傳集玄奘云：「廣開異論，包藏胸臆。」異論二字中豈不含有勝宗十句義論之譯述乎。此書甚簡短，在玄奘所譯之七十四部一千三百三十五卷中，眞太倉之一粟九牛之一毛耳。然按之今日印度六派哲學中，勝宗爲其中之巨擘。甘地氏之非暴力主義，即出於勝宗所謂戒殺貴生。因甘地之故，勝宗學說乃復活於印度與西方各國。吾既就玄奘譯之若干點釋之，其爲我所讀而不得其解者，待求得原本續加詮釋。昔太史公贊孔子曰，高山仰止，景行行止，雖不能至，然心嚮往之。又曰天下君王，至於賢人衆矣。當時則榮，歿則已焉。孔子布衣傳十餘世學者宗之。玄奘在世界文化史上之地位，豈不同其精微博大與久遠哉？

# 三、「勝宗十句義論」要義訂正

玄奘大師「勝宗十句義論」譯於唐代，在今日言之，文字艱深，幾於無法瞭解。然六派哲學，歐美與印人均有著作，急宜參考英文本以爲解釋之資。此乃「勝宗十句義論」要義一文之所由作也。佛識中早知此書屬於吠世史迦或衛世師派。屬稿之際因「勝宗」一詞，誤爲勝軍論師，乃憑勝軍之言以解「勝宗十句義論」。然屬稿時，已覺彼此牴牾，不相貫通。及解釋「五無」一段，求之勝軍典籍中，窮不可得，乃又引衛世師派之言以實之。凡此錯誤混雜之處，承友人唐君君毅函告，作此訂正之文，以砭己之愚鈍。

慈恩三藏法師傳，記玄奘在那爛陀寺時與外道論難，其中所列舉者曰順世外道，曰數論外道，曰論勝外道。玄奘之正信爲佛，其視其他哲學家言爲外道，原不足怪。然其返國後譯經之中，竟有「勝宗十句義論」一種。此由於玄奘平日好唯識因明之學，自然對於衞世師派分析宇宙間之萬殊而概括於十種範疇之著作，起愛護珍惜之意。此可以證其心量之恢廓大度。

勝軍論師（又名闍那）與衞世師派同爲唯實的多元主義。然勝軍論師將實在先分爲無廣度與有廣度，有廣度之生中列動物與人，則我與意包括其中，有廣度之無生中舉地、水、風、火、空間，法非法，而無廣度之中獨有時間一項。此種分類之法與衞世師派之平列九實，曰地、水、風、火、空、時、方、我、意者，自不同矣。

衞世師派之十句義，前後累積而成。依慈恩傳云：『勝論師立六句義，謂實、德、業、有、同異性、和合性。』此殆據其第一次所見之書，或者爲坎那達（Kanada）之作或云坎氏但有三句義，繼起之柏拉上隆司百達氏（Prasastapada）益之爲六句，再加「無」句義，爲七句義。六世紀中有人增「有能」，「無能」，「俱分」，「無」四者。而十句義至此乃完成。

十種範疇中之第一名曰實。衞世師派之用此實字，所以指外界自存之體，與佛說「一切法因緣生」相反。楞嚴經云「彼外道等常說自然，我說因緣。」此自然二字，即指外界自存之實體言之也。所謂實，分爲九種，曰地、水、風、火、空、時、方、我、意。此九種之實，有屬於物質者如地水風火，有屬於非物質者如我意，至於空時方又另爲一類下文詳之。此九實之中，兼物質非物質而有之，此乃衞世師派所以不名爲唯物，而名之曰唯實主義，且其所謂實有九種之多，所之稱之爲多元主義。

九實之中，地、水、風、火爲古代所謂原素，再加上「方」，乃爲各質點之爲斷續體者之所由以連繫。此乃一切物質所以合成之關鍵。

其與物質相對立者爲我與意。我字爲吾國佛經中之譯名，但西方則譯之爲靈魂。此爲知覺好惡之所由來。依衞世師派之見解，我意二者所以察知內己外物，然二者與身體不相離。

時、空、位、三者周遍乎宇宙之實也。時爲先後，遲早同時或不同時之諸關係之基。平常所謂年月日時分秒卽由此而來。一切事物之成壞，不離乎時，衞世師派名之曰永恒之實。空者指東西南北上下左右言之，意謂同時並存，其與時間之先後相繼者正相對立，再則時間一去而不可復返，空間可以追溯而歸於原處。要之所以彌綸乎宇宙，由甲地至乙地，乃至先後之迭代，皆時空二者有以致之。位爲空間之一種，然不能名之曰空，物質中之各原子，分離而獨立，所以聯繫之者，則賴乎位。位者原子所以容身之所也。聲音賴乎位而通。與譯云唯有聲是爲空。空乎位乎，是在讀者審思之。

第二範疇名曰德。此德字在吾國文字中指固有之德性言之，依現代通行之名辭，改譯之爲品性，品質，或質性。品性凡二十四種。宇宙間之事物，實爲自存之體，物由實而後構成，品性者附離於實，賴實而後存者。與譯云一切皆有德，無無德之實。如曰地爲黃色，水下流，物分彼此，數有多少乃至行爲有善惡，原文云法非法。此皆品性有以致之。

此二十四種品性，倘爲之分類，略如下表。

| | |
|---|---|
| 第一類屬於官覺 | 一、色。<br>二、味。<br>三、香。<br>四、觸。 |
| 第二類屬於數量 | 五、數。<br>六、量。 |
| 第三類屬於物之同異與彼此先後 | 七、別體（現代譯爲個性）。<br>八、合。<br>九、離。<br>十、此，近。<br>十一、彼，遠。 |

第四類屬於我意
十二、知覺。
十三、樂。
十四、苦。
十五、欲。
十六、瞋。
十七、勤勇。
廿二、法。
廿三、不法。

第五類屬於物質
十八、重體。
十九、液體。
廿、潤。

第六類行…………二十一、行。
第七類聲…………二十四、聲。

此二十四種品性，更可分爲若干小類。色有紅、白、藍、綠，味有甜、酸、苦、辣，香分臭與不臭，觸有軟、硬、冷、熱。數有一二三以至億兆，量有大有小。

個性者萬物之所以分殊也。此爲實在如是，非出於概念。此項可分爲永恒與暫時，視其所在之實而定之。就非永恒之物言之，名之曰個性，就永恒之實言之，名之曰殊性（Particularity）。所謂個性與殊性，應與下文共性一節合而觀之。

合離云云，就物之可離者而合之，可合者而離之之謂也。執筆寫字時，則筆與紙合，手與桌合，如停寫時，則筆與紙離，手與桌離。離與合，但就事之可分可合者言之，至於周遍乎宇宙之時空，則依物以行，無離合可言。先後二性，奘譯爲此體彼體，依英譯之義，指時空二者之彼此先後遠近言之。知覺，樂、苦、欲、瞋、勤勇，與法不法，屬於心靈現象，讀者所共曉，可以不煩注解。法指行善致樂，不法指作惡致苦。重性屬土，液性屬水，潤性指物質之彼此黏着言之。

第三種範疇名曰行，梵文爲 Karma 亦卽爲孽，爲宇宙間不可化除之一種因素，旣異乎實，亦異乎品性，乃爲另一項，獨立範疇。所謂行，於實於品性中俱有之，但品性爲實之永恒標幟，而行則爲一時所表現，如重爲物體之常在性，而墜下則爲之物偶現者，無時而不在者名曰品性，有時而不在者名之曰行。行有五，一曰向上，二曰向下，三曰縮，四曰擴大，五曰一般動作。凡行以實爲主，實在行在，實亡行亡。至於時空位我四者同號爲實，然其中無行可言，因此四者非物質體也。

第四範疇第五範疇曰同曰異。依現時名辭譯之，應改曰共相或共性，曰殊相或殊性。宇宙間有無數之事物，就其相同之點言之，如所謂人有甲乙丙丁或長或短或智愚賢不肖，然其所以爲人有其共同之點。此之謂共相或共性。人與禽獸異，禽又與獸異，禽獸又與植物礦物異。此之謂殊相或殊性。共性又名類性，人爲一類，獸爲一類，物爲一類，孟子曰麒麟之於走獸，鳳凰之於飛鳥，泰山之於丘垤，河海之行潦，類也。此皆哲人以類爲基，以求事物之共相之明證也，然物類一方有共同處，他方有其異處。上文所舉九實之中，地水風火之屬於物質者與我意之屬於精神者異，此六者又與時空方三者異。人但知其彼此間之異，至其所以異之故，未易言焉。

共相之自成一種範疇，爲東西所同認，然共相之性質如何，則東西兩方之主張，計有三說，一曰唯實論，二曰唯名論，三曰概念論。唯實論以共相爲形上的實在，如人之所以爲人，橘之所以爲橘，自成爲超於各個人各個橘以上之實在，不可但視之爲名號之相同。反之，其主張唯名論者，以爲各個人各個橘爲實在，稱之爲人爲橘者，獨其名號之共同而已。

其調和此兩派者，謂人與橘之實在，不離乎各個人各個橘，然其所以爲人爲橘之共性或曰一般性，存於概念之中，所以爲人，所以爲橘，去各個人各個橘之所異，而取各個人各個橘之所同，唯存於概念之中。此三派爲西方之學說，印度似缺少第二派之唯名論，獨有唯實論與概念論兩派。印哲拉達哥里希那氏稱坎那達氏爲衞世師派中之概念論者，稱柏拉薩司百達氏爲唯實論者。是則以五官所見之個體（卽各個人各個橘）爲實在，而同時不否認心思中所同然者矣。

共性雖存於各個體之中，然其所以共，則爲永恆的唯一的，因共永存於同一類中之千萬個體之中而不稍變易者也。實品性，行（卽業）三者皆有共性，此奘譯文中所以有「與一切實德業句義和合一切根所取」之言也。但首句云：「同句義云何，謂有性。」先云同，旋卽以「有」字釋之，此有字卽西方所謂 Being，意謂凡有，卽宇宙間一切事物之第一性爲有，共性分爲最大之共，與次等之共，如有字，包括宇宙間一切事物，人、禽、木、石，無一不在其中，是爲最大之共。就各物之異者或個體言之，名之曰殊。此殊顯於人、禽、與木石之間。此共與殊之間。依上文實德業之分。其爲有雖同，而又有其各具之殊性，此乃共與殊二者所以常相關聯。其與共性對立者，名曰殊性。此殊性二字，指九實之所以相異之獨特個性。時、空、方、我、心與地水風火之爲九實，其所以不能不分，卽因其各殊之，故奘譯曰是遮彼覺因及表此覺因。卽謂此也。至若尋常事物，如此柱之異於彼柱，此橘之異於彼橘，乃因其由部分合成，可因其部分合成之如何以解之。至於九實，無部分可分，且爲永恆之實，其所以不同，則以殊性二字名之。尋常事物之屬於同一類而有其大小，精粗，或色深色淺之分者，由其部分之不同以解之，不名曰殊性也。

第六範疇曰和合，此二字仍可應用，然深切言之，不若改爲合一，因其合之之程度，乃成爲一也。二十四德中亦有所謂合，乃就其本離者而合於一處言之，如兩球本在其各不同之位置，因一擊之下，而兩球相撞，此所謂合，乃遇合而已。第六範疇之所謂合一乃指二體之永恆關係言之，如云全在分之中，德在實中，共在個體中，殊在單獨而永恆之實中。再以尋常事物譬之，布之全在線中，紅色之性在玫瑰花中，行在動之球中，人之所以爲人之共性在各個人中，乃至我之特殊與意之特殊在我之全與意之全中，此所謂合一也。

第七範疇曰有能，日人宇井伯壽之英譯文，稱之曰潛能。潛能之義較能字爲狹，然可以相通，如曰樹苗能長成大樹，母能生子，此皆潛能之本已存在於實中者也，德能淑身，善有善報，此潛能之藏於德與業者也。

第八範疇曰無能，日人宇井氏譯爲 Non-Potentiality ，即「無潛能」之謂。語曰蒸沙不能成飯，即沙中不存有成飯之能也。又曰緣木求魚，即木中無魚可以發見之謂也。物性之所以相反，即在共有此能無此能見之。以上有能無能兩項爲尋常官覺中所不接觸者，然宇宙事物之所以構成，不能與此二者相背，因此列之於十大範疇之中也。

第九、範疇俱分；宇井氏英譯爲 Commonness ，此字恐與梵文原本不符，然印度原本已失傳，無從爲之校正。此字而可以譯爲 Commonness，則與 universal 或 Universality，又何以異。以意度之，奘譯爲俱分，或者與柏拉圖哲學中之用字 Participation 有相類處，意謂共相但存於理想之中，所謂人所謂物，原爲理想中之典型，其在地球上之人與物，乃分得其典型中一部而成者也。此按「俱分」之字義而加以揣度，其不足爲定論，不待言也。

第十、無句義，此『無』有五種，第一次文中原依衞世師派加以解釋，茲不復複述。

吾所欲言者印度六派哲學，無一不以脫離生死輪廻爲究意。坎那達氏著作中同有其倫理與宗敎一章。然奘師但譯其十句義。可知其所重者在衞世師派之智識論而已。夫以西行求法之高僧，而博學精思及於印度之哲學，此我所以每一念及奘師，則低徊留之，不忍去矣。

此文作於七月間，八月失足傷背骨，擱置兩月，及十月中始勉強寫完。然所釋者，限於十句義，第二章以下俟他日再續成之。

十月國慶日識

# 四、佛教沿革與教義概略

## ——美洲佛教會開幕演講

今值美洲佛教會新建佛寺隆重揭幕勝會，余承邀來寺，對佛教教義與該會務之工作，略獻數語，實深欣幸。此一教會，乃近時由多位熱誠之居士所創設者。該會不惜遠自國外敦請中國和尚來寺主持開光及寺務，可見旅居美國華僑，對於復興佛教之努力。復次，此寺即將爲有志探求佛教教義者之一研究中心。研究之方式，當爲執經問難之討論。討論之進行，則將不拘限於星期日，凡志求理解，與聽受宣講者，與寺中訂定日期，無論何時，均可爲之。所以使本寺成爲一文化交流之宗教學府焉。

每當觸目一佛寺時，所立現於吾人心中者，輒爲佛教如何異於此邦主要宗教之耶教一問題。於此，余願引述霍曼與登堡博士大著「佛陀之生活，教義與僧團」中之言，以明其特質：

「所以比較希臘，佛教，耶教三種精神者，卽其思想與感情，清晰與深度等要素之安排，與調合之相對比例，所以差異之故……當此種精神，歷史上需要建立，以應時代要求時，彼希臘於是創一新哲學，彼猶太乃立一純信仰。然印度則缺彼毋庸知而但信之純樸性，與夫不尚信而求知之豪邁的明達性。是故印度人必構造一宗教與哲學合一之教義。因此，吾人對佛教有所擬議，謂爲旣非純宗教，亦非純哲學：佛教可也。」

由此而複述之，則佛教實兼宗教，哲學二者而有之。於此，卽可占知佛教與耶教間之大異處。

彼兩者之目的頗同，同爲追求一出世之智慧。但耶教信徒以信仰求此智慧，而佛教則教其弟子依彼教義與哲學以求之。

佛教大盛於印度之阿育王朝。彼王朝起迄於西前二七三至二三二年之間。繼此後之數代，佛教仍蒸蒸日上。然歷經數世紀之後，印度佛教乃漸衰落。

佛教大藏經，合三藏而成，毘尼耶卽戒律，修多羅卽經典，與阿毘達摩卽哲理論辯，所共組成。此三藏均由中印僧人全部譯成中文。日本大正藏係由中文本所編印之佛典大集成。是因其天皇大正之名，故稱大正藏。

此五千卷，一千三百餘種經文之翻譯，出於兩百餘人之手，爲時綿亘千年，誠爲一至艱鉅之事業。蓋以在其初期，印度僧人不識中文，而中國僧人亦不識梵文故。而與此種難題俱來之另一困惑工作，厥爲鉅萬之佛教名言術語，遠超耶教聖經中名辭之上，如何譯爲信達之中文。其初期所譯，大都證明其爲粗略與含混。此後，語言之隔膜逐步解除，經時而後，新來佛教之名言，乃與儒家聖典，同爲中國傳統之一部矣。

其後佛教復自中國，傳入韓國與日本。

佛教有兩大支派：小乘與大乘。泰國、緬甸，錫蘭及其他東南亞國家奉行小乘教。中國西藏，中國本部，日本與韓國則奉行大乘教。通於大小乘，有四種基本義諦，即四法印。此四法印均強調人生斯世之變幻，無常與不安。其第一法印為一切皆苦。第二為諸行無常。第三為諸法無我。第四為涅槃寂淨。不自經文脈絡尋繹此等理諦，而就一抽象形式思考之，容或不能予人以深刻生動之感。今日由於時間有限，無法作任何稍詳之闡釋。今僅能對此四法印，略作分別之概說。

第一法印，一切皆苦。觀照婆娑世界一切生活方式，皆屬苦厄，為全部佛教之基礎。余將引述佛陀在鹿野苑說法中有關苦諦之教說：「唯，諸比丘！此乃苦之眞諦：生苦，老苦，病苦，死苦，怨憎聚會苦，愛別離苦，求不得苦，五陰熾盛故。」如是諸苦諦，乃起於人性中之貪，瞋，癡三毒。佛陀究苦之源，而獲彼滅苦之道。此道即八正道。八正道為：正見，正思惟，正語，正業，正命，正精進，正念，正定。依佛陀所見，苦無實因，但為深蘊於人心之貪、瞋、癡諸機所產生之結果。

第二法印，諸行無常。依佛教示，萬法緣生，此緣生諸法，無不是遷流之事物。在法句經中曾載有以下之佛陀教說：

「常者皆盡，高者亦墮，會合有離，生者有死。」

故世間萬法，都屬無常。在生物，是老，死緊隨於生。在無生物，是變形或變滅尾從其存在。所有任何一組織生活，其生也活躍虎虎，然迅卽喪其生命力而瀕於衰亡，終至完全瓦解。

無著菩薩於其順中論稱：「萬法皆因緣和合生，而無自體性。合和離則法滅。有情之身，乃地、水、火、風之四大和合而成。當此和合，被離散爲四大時，則有情之身卽滅。此卽所謂緣生法之無常。」（註：論中原文爲：「問曰：彼體云何不成？答曰：以因緣故。若何等法，有因緣者，彼無自體，若無自體，彼法無體。此無體者，無自體故。譬如兔角，以無因緣，是故無法。此一切法，皆無自體。」因使易於了解，故作如上之解釋也。）

第三法印，諸法無我。或說凡物之存在，是無我之存在。佛於摩訶婆伽經中云：「諸比丘！色相非我。如色相爲我，諸比丘！則此色我不病，而人亦可於其色我謂：吾身必如是如是，而吾身不必如是如是」。佛又謂：「諸根非我。是故諸比丘！無論爲任何已有，將有，現有之色相（五根五識之各方面），彼色相皆非我。此乃眞知之士所能覺現之眞理。」按此無我之問題，乃佛徒間一論戰點。龍樹大智度論之解釋此論諍之問題略稱：如來或時敎有我，或時敎無我。當宣示有我，而此我係爲一自招業感之來生罪福之受者時，其目的乃在使人不墮入斷見之異端。當敎說無一造物主，或覺識者及一絕對自由主宰，而非賦名於五蘊義之我時，其目的則在使人不墮另一常見之異端。然不論有我無我，皆爲應機而說法。

第四法印，涅槃寂淨。涅槃一詞，亦爲佛典中含義至爲繁複者。據玄奘所譯阿毘達摩大毘婆娑論，涅槃之命意如下：

一、涅槃意卽可永遠解脫於六道輪廻。

二、涅槃意卽自諸業束縛中，得一完全解脫。

三、涅槃意即已永恒脫出五陰熾盛與三毒（貪、瞋、癡），以及諸法屬性（成、住、壞、空）之狀態。

四、涅槃意即全離惡業畏怖，而了卻生死之羈厄。

於是，吾人觀察涅槃四義，更精簡之，乃有遮表（消極的），詮表（積極的）之二面；就遮表言，彼乃自三毒與生死輪廻中解脫。就詮表言，彼實構成悲智兩德之實踐。

以上，乃於佛教大小乘共通基本教義四法印之論述。在續論大、小乘之差異以前，余將略述佛教與通俗世界觀之懸殊。通俗之觀念，視生爲一事實。而佛陀則謂生爲一苦厄。故佛教之需求了生脫死，乃成必然。

鑛、植、動物與人，通俗均認爲係存在之事物。而佛陀則認爲彼等乃五蘊和合而成。依佛陀意，全宇宙實由五蘊所構成，是故彼宇宙萬有乃在成、住、壞、空之鐵律下運行。依此解說，佛陀教人捨此世間，而欣求涅槃彼岸。此世間與彼岸之分界，雖不能爲一明晰之區判，但爲轉化世人對此世界之過份渴愛，佛陀正建設一將使精神價值佔有主要地位之超越實相界。



現今吾人將探論小乘佛教與大乘佛教間之別異。小乘佛教乃以釋迦牟尼佛之教示爲根基。釋尊示寂於西前五三零年。小乘教係由諸多別異部派努力之結果所創形，而彼等部派盛興於西前四三零年，即佛陀示寂後百年至西元百年間。佛陀之教說，曾錄爲簡篇之本事，自說以及其他等形式之十二部經文。此等經文，即南傳於泰，緬，錫蘭及其他東南亞諸國之巴利經藏。此種巴利經藏，成爲佛教根本部派所信奉之基本經典。

大乘佛教又稱爲北傳佛教，蓋以其傳播於印度迤北諸地，如中國之西藏，中國本部等之故。大乘經典，乃由梵文寫成。西方翻譯巴利經典之學人，唯認此種經典爲原始，爲可信之經典，而標舉大乘經典爲自原典引申之不足憑信者。近來，梵文佛典亦於尼泊爾，吉爾吉特，即印度之北部發現。尅實言之，大乘佛教之根荄，亦可於早期佛教中見之。因是，關此兩乘經典孰爲可信之爭論，已成過去。

大乘佛教之基本經典，爲：般若、法華、十地、深密、華嚴、維摩詰、及阿彌陀等經。

大小乘教義之差別，略如下述：

第一，小乘佛教，乃自度者。而大乘佛徒崇信菩薩之理想，菩薩願於生死苦海中，濟度一切衆生。

其次，小乘佛教特重僧團與教典，大乘佛教特重教義。如佛徒誠能信受奉行佛陀之基本義諦，則出家與否，殊無區別。

第三，小乘佛教以釋迦牟尼爲一歷史人物，大乘佛教則視彼爲眞常，理想與萬能者。

余將進而指出：小乘佛教更爲株守經文而凝滯，保守。反之，大乘佛教則特爲進步與曠達。此即大乘佛教之得以迅速傳播於中，日、韓諸邦，而普化於民間之所以。大乘佛教弘傳既久，復分裂爲諸宗。其中除鈴木傳來此邦，爲衆所週知之禪宗以外，尙有三論，唯識、華嚴、淨土與天臺等宗。竊以爲禪宗之外，對其他諸宗之研究亦甚重要。以彼等同具博大，精深之諸佛知見。余確信本佛教會，將欣然任此工作，而使其他諸宗遍行於此邦。

余必涉及之最後一點，乃答覆以佛教爲無神論之學者及居士，此種論調，乃自佛陀破斥婆羅門教梵我之觀念所引出。由於此種破斥，佛教於印度乃被視爲非傳統者，乃至反對含有婆羅門教基本教義之四吠陀者。然謂佛教爲無神論，則余斷言其說爲直與佛教精神相悖謬。

於佛典中，吾人悉知有大我，宇宙精神，如來，眞如或絕對眞理，如來藏，胎藏世界等名相。凡此名相，悉指超非物質世界之精神言之，故與無神論，渺不相涉。

現今，余且引兩印度學人之言，以結束上所論述。此兩學人爲沙地耆陀羅・車陀吉，與胝仁羅摩合・達陀。彼兩著有「印度哲學導論」一書。書中明示其與余相同之觀點謂：「佛陀與大乘佛教所信受之超越實相同誼……一如羯摩迦耶，佛陀……取彼弱者祈求救助，慈悲之上帝地位而代之。」

由於對佛教若干誤解之消除，吾人可以見到歐西之耶教與佛教，甚多相通之點。余盼由此進而導致對東方，西方精神有更眞實，更深切之了解。俾由此了解，能萌生一全世界之眞正精神提撕。余願強調本寺，卽爲熱誠之中國佛教徒，所奮勉而企求能獲致此種了解之道場。

近年來，佛教在美國頗爲發達。我國旅美之華僑，經長時之籌畫，已在僑胞最多之舊金山，成立一美洲佛教會。其詳已誌上期本刊（按卽「菩提樹」雜誌）。該會開幕時，以美國官員及大學教授多人應邀參加，特請張君勱先生以英語演講，介紹該寺及佛學要義。張先生所講，深入淺出，頗極善巧方便。其中論及佛教亦係有神論一節，以此在以耶教爲主要宗教的美國，爲作佛耶兩教之融滙。仰見張先生苦心孤詣，悲願無量。張先生英文講稿。及該會譯文，刻已函索寄到。特請刊露，以饗讀者。程文熙附誌。

# 五、玄奘留學時之印度與西方關於玄奘著作目錄

## 一、印度缺少歷史書

吾嘗疑問大藏經中既列有佛國記西域記等有關地理之書，何以高僧譯經之餘，不留一部印度歷史於藏經之中，敍述古代印度？近年遊印與讀西人治印史之文，於是知印度典籍中向少歷史書，卽令有之，亦類似莊周寓言，顚倒事實，且雜之以神怪。

昔年印度爲大英帝國之一部，英人治印史者，曾編有劍橋印度史，可謂爲印度史之完整者，以此書爲始。西人勤於搜集印度史料，乃覺法顯玄奘等本所目擊之記載，實爲最可信之史料，於是法顯玄奘之印度遊記，成爲印史之標準尺度，希臘人關於印度之敍述，亦視之爲同一性質。於是法顯玄奘之印度記，不僅爲吾國博聞廣見之書，實已成爲各國學者治印史之第一等資料矣！謂予不信，請讀大英百科全書中所估計此二書價値之言：

「玄奘，法顯，西行求法之僧，墨格司塔納（Megasthenes）（希臘人）與其他希

臘旅行家之記載，乃有極大之重要性（前段更有一語云：玄奘記曷利沙王時代之印度，其値價不可勝記。）良以梵文書中絕少印度史乘一類之書故也。印度之其他零星銘記，年代表，半歷史性之小說、戲曲、詩史等，皆參之以浪漫性之文，不成其爲史，惟其詼奇譎怪之小說，雖欲於其中尋求其歷史之殘骨，而亦不可得。然偶有外國旅行家注意史實之記載可供參考者，可助吾人重建其若干時代之歷史骨架。反之，其爲印度人者，豈無旅行於埃及、中國、遠東之人，然彼輩對於此等地，絕不留下記載之文。」

此段文字末句語氣之中，豈不含有責印度高僧不留下一部中國記載之意乎？

印度自身既少印度史之作品，其國家之上下古今與朝代年月，無法考證。近年西方人憑藉印度外之典籍，古代錢幣，與夫金石刋文，乃略得其朝代先後之次序。佛經中曾記印度古代分爲十六小國之說，究竟其國之名號與王之名姓不可知矣。其惟一可靠之年月，爲亞歷山大王於紀元前三二三年死於巴比侖，此乃印度信史開宗明義之第一章也。其在亞歷山大後之各朝代，按其可考之年月，略列之如下：

第一、孔雀王朝（322-184 B. C.）。

此時期中之名王爲羌特拉哥泊太（Chandragupta），其登極之日約爲紀元前三二二或三二五年，其輔佐之者爲哥底里耶氏（Kantilya），留有治世經（Arthasastra）一書，說明當時所以治人世之方針。阿育王爲羌特拉哥泊太之子孫，其在位時代爲紀元前二七三至二三二年，此王朝至紀元前一八四年告終。

第二、熏伽（Sunga）王朝（184-72 B. C.）。

第三、康伐（Kanva）王朝（72–27 B. C.）。

此二朝因少記載之文，無可考。僅知熏伽朝之創始者爲富奢蜜多羅（Push Yamitra）。印度文法學大家百代傑里氏（Pantojali）與之同時。

阿育王之後，印度西北陷於外族之手，或爲薩卡人，或爲月氏人。薩卡人爲來自中亞之遊牧部落，素稱強悍。奪希臘人所建之巴克脫里國（Baktria）而代之。其後月氏人受匈奴排擠西去，乃征服巴克脫里，且攻入印度，因建貴霜(Kusan)王朝。其王迦膩色伽(Kanishka)統治卡步爾（Kabul），迦濕彌羅（Kashmir），與印度西北部。迦膩色伽王亦如阿育王皈依佛教，曾召集結集佛經會議。馬鳴與龍樹兩菩薩受其供養，提倡大乘教義。

第四、笈多王朝（375–470 A. D.）。

此王朝創造者爲羌特拉哥泊太第一，（與孔雀朝之王名同而朝代異），其子繼位，名薩姆特拉哥泊太（Samudragupta），其第三世名羌特拉哥泊太二世，其在位年月約自紀元後三七五年至四一三年。法顯於紀元三九九年入印度，其所居之地，卽爲羌特拉哥泊太二世之境內。法顯稱其國內治安，政刑寬厚。其王信奉印度敎，然亦許佛敎推行。其第四代王名鳩摩哥泊太，因北方自匈奴之侵入，而笈多朝於四七〇年告終。

第五、曷利沙王朝（606–647 A. D.）。

創此王朝者爲戒日王，六〇六年執政。歿於六四七年。旋其大臣篡位，戒日王室卽沒落。

八世紀以至十二世紀之間，北方印度歸於拉桀埠各部，其人原爲外族，始雜居，繼同化於印度人，又據西北部而有之。與吾國五胡亂後而有五胡十六國相類似。

第六、中世紀印度（1193–1526）。
第七、蒙厄爾帝國（1526–1761）。
第八、東印度公司時代之印度（1761–1858）。
第九、大英帝國之印度（1858–1947）。
自中世紀之印度迄於英帝國治下之印度，均與佛教關係渺不相涉，故僅舉其年代而已！

## 二、玄奘留學時之印度與其生時之中印概況

玄奘抵印之日，當戒日王全盛之世，戒日王又名泰納薩之王，於六〇六至六一二之六年間，統一北部印度，東起阿薩姆與鉢高爾，西至蘇拉希脫拉（Surashtra）與哥極拉（Gujarat），無不入於其掌握，惟北緯二十二度之南如那拔代（Narbada）不與焉。戒日王歿於六四七年，距玄奘離印以後二載而已。

戒日王之父名波羅羯羅伐彈那，正征討印度西北之日，携其長子多遏羅闍伐彈那，次子名戒日與俱。其父患熱病垂危，戒日適返自戰地，大臣中有謀立幼子之意者，因長子返國即位而罷。遏羅闍伐彈那聞其姊在戰地被殺之耗，率騎兵萬人爲之復仇，而以象兵委之其弟。不料殺姊之馬拉華王雖敗，然其同盟之中鉢高爾室賞迦王誘致伐彈那與之會議，而伐彈那竟遭毒死。於是曷利沙卽於六〇六年執政，登極之禮，緩至六一二年正式舉行。

曷利沙王所率領，始有象兵五千，騎兵二萬，步兵五萬人，橫行印度北部。玄奘稱之爲算略宏遠，德動天地，義感人神，威風所及，禮教所霑，無不歸德。六載之間，印度西北，與鉢高爾大部，悉入掌握之中，戰象乃增爲六萬，騎兵擴至十萬。三十五年之間，號稱天下

太平。惟六二〇年與南方之查羅迦耶王名泊拉克辛戰，大遭挫折，乃依拔代爲界線焉。

曷利沙好周遊，以爲監視其境內之計，不輕信其臣下。除雨季不出巡外，無時不注意於其部下之或背或服，其巡遊時居宿之所爲蓬帳，至蒙厄王朝與英國官員時代猶沿用之。其隨從中有鼓手數百人，每步則一鼓。

曷利沙王治理其國，輕徭薄賦，財源出之王田之地租，約爲收入六分之一，租稅輕，工役者例有以酬之。犯大罪者不多，然道路上治安難保，因此玄奘曾數遇盜。監禁爲常刑，囚人時死獄中。國中人之善行惡行或災害吉祥，皆有記載。當時文敎發達，婆羅門與佛僧皆從事於學問，王尤好文墨，有梵文戲劇三種，相傳爲王之著作。王之左右有拔納氏著曷利沙行讚一書。曷利沙晚年尤好仁慈，似信佛敎，印人稱爲阿育王之繼起者，其王族中之信奉宗敎各隨所好，其遠祖婆休阿蒲地奉印度敎的濕婆，其父拜太陽，其兄與姊奉佛敎，王則併濕婆，太陽，佛敎三者而兼之。曷利沙頗能兼聽，傾向於玄奘大乘敎之義。

關於玄奘生時之中印情況，茲舉七世紀半期以內兩國大事如下：

紀年五九六年玄奘生。

同　六〇五年遏羅闍伐彈那王卽位。

同　六〇六年戒日王執政。

同　六一二年戒日王行加冕禮。

同　六一八年唐高祖卽位。

同　六二〇年戒日王爲南方之查羅迦耶王泊拉克辛所敗。

同　六二七年唐太宗卽位。

同　六二七年玄奘西行。

同　六三〇年西藏宗克巴稱藏王。

同　六四一年曷利沙遣使入唐。文成公主嫁於西藏宗克巴。

同　六四三年玄奘晤羿爾夏王。王玄策使印。玄奘自印返。

同　六四五年玄奘入玉門關。抵長安。

同　六四六年王玄策第二次去印。

同　六四七年曷利沙逝。

同　六四七年篡曷利沙王朝之阿勇達爲王玄策所敗。玄奘西域記刊行。

同　六四九年唐太宗逝世高宗卽位。

同　六五七年王玄策第三次使印。

同　六六四年玄奘圓寂。

但就印度大乘佛教情況言之，時那爛陀寺講學之風猶盛，號爲四千弟子，然印度教駸駸已呈復活之象。其後回教侵入印度，殺戮僧人，焚燒寺廟，而後佛教徒紛紛逃至南印。梵文藏經之藏於尼泊爾廟中，由此來也。

## 三、西方關於玄奘著作目錄

西方各國若德、若法、若俄、若英，自發見玄奘西域記一書後，研究之者自十九世紀上半期迄於今日之一百餘年，曾未稍息，謂吾國人物，爲西方人所注意者，以玄奘爲第一人可焉。茲就法人高第爾氏中國著作目錄中關於玄奘者舉其重要作品五十九項，譯出之如下：

（一）德人克拉泊羅司氏（J. Klaproth）玄奘在中亞與印度之旅行。

一八三四年十一月十五日柏林地理學會演講。

（二）英國安特遜少校（Major W. Anderson）玄奘旅行記中若干地名考正之嘗試。

一八四七年十二月鉢高爾亞洲協會雜誌第十六期。

（三）英國克寧漢上尉（Captain A. Cunningham）關於玄奘旅行伊朗印度與安特遜少校現代地名之考證。

一八四八年六月鉢高爾亞洲協會雜誌第十七期。

（四）英克寧漢上尉七世紀上半期玄奘旅行阿富汗印度日記考證。

一八四八年七月同雜誌。

（五）中國之印度地圖。

一八四八年同雜誌第十七期第二部。

（六）法國學士院學士儒立恩氏（Stanislas Julien）著玄奘傳記，與其自六二九年至六四五年之印度旅行。

一八五一年出版。

（七）俄國克拉索夫司奇氏（Klassowski）譯玄奘傳記。（自法文儒立恩本譯爲俄文）

一八六二年俄國地理學會出版。

（八）法國儒立恩譯「慧立彥悰玄奘傳與其自六二九至六四五年印度旅行。」

一八五三年法國國家印刷廠出版。

（九）德國司比格爾氏（F. Y. Spiegel）儒立恩氏玄奘傳記書評」。

一八五三年十月科學文學月刊。

（十）法國儒立恩氏譯玄奘所記之磔迦國（Tse-Kia or Takka）王國。

一八五六年東方與亞爾奇雜誌。

（十一）儒立恩氏譯「玄奘著大唐西域記」。

一八五七至五八年出第一卷至八卷，一八五八年出第九卷至第十二卷。

（十二）法國維維恩聖馬丁氏著「按西域記製成之中亞印度地圖之說明，與西曆初一二世紀時中國對外關係以簽釋玄奘七世紀上半期之印度旅行。」

一八五八年法國國家印刷廠出版。

（十三）威爾遜者、（Proffessor H. H. Wilson）西域記與聖馬丁氏說明之玄奘遊記之摘要。

一八六〇年亞洲協會雜誌第十七期。

（十四）威烈氏（A. Wylie）著關於女直語之銘記。

一八六〇年亞洲協會雜誌第十七期。

（十五）克寧漢少將印度古代地圖，佛教時代包括亞歷山大戰爭，與玄奘旅行。

一八七一年倫敦出版。

（十六）英國上校游爾氏（Colonel H. Yule）著玄奘所記覩貨剌各國中古地名新證。

一八七三年亞洲協會雜誌新卷第六期。

（十七）英國詹姆福開森氏（James Fergusson）著玄奘自伯脫那（Patna）至拔拉皮（Ballabhi）之旅行。

一八七二年亞洲協會雜誌。

（十八）英國上校游爾氏（Colonel H. Yule）著玄奘。

大英百科全書十二版。

（十九）英國勞勃斯威爾（Robert Sewell）著玄奘遊記中之馱那羯磔迦國（Dhana-kacheka）。

一八八〇年正月亞洲協會雜誌新卷第十二冊第三篇。

（二十）英國威廉辛博森氏著 Nagarahara 地名考並參照玄奘遊記。

一八八一年四月亞洲協會雜誌新卷第十三冊第七篇。

（二十一）英國山姆皮爾氏（Rev. Samual Beal）著玄奘西域記第十卷兩個地名考。

一八八三年七月亞洲協會雜誌新卷第十五冊第三部。

（二十二）英國山姆皮爾氏著西域記中其他考證。

一八八四年四月亞洲協會雜誌新卷第十六冊第二部。

（二十三）英國山姆皮爾氏譯玄奘西域記兩冊。

一八八四年倫敦出版。

（二十四）英國山姆皮爾氏前版新版兩冊。

一九〇六年出版。

（二十五）英國山姆皮爾氏譯慧立彥悰玄奘傳。（序文中附記義淨著作目錄）。

一八八八年倫敦出版。

（二十六）英國華德司（T. Watters）氏著「大唐西域記譯義商榷」。中國雜誌（China

Review）第十八卷，第十九卷，第二十卷。

（二十七）英國華德司氏著「玄奘西域記譯文商榷」。（華氏逝世後由李司臺維氏與蒲許爾氏編輯者）

一九〇四年至一九〇五年倫敦亞洲協會出版。

（二十八）法人拉哥泊利（Lacouparie）教授著玄奘名拼音以 Hiuen-Tsang代 Yuan Chwang 及北京音避免之必要。

英吉利阿爾蘭亞洲協會雜誌。

（二十九）牛津大學教授詹姆蘭格氏（James Legge）著西域記序文中之某句。

一八八六年遠東日本協會小册。

（三十）英國戴勒氏（Gi. Taylor）著玄奘譜系。

一八八九年中國雜誌第十七册第五篇。

（三十一）比國格樓氏（Gueluy）著關於序文一篇，評十七世紀中國佛教。

一八九四年十一月法國博物院記摘要。

（三十二）荷蘭拉衣特大學漢文教授許蘭格爾氏（Schlagel）著關於西域記儒立恩譯文之辯護，並反對格樓氏之新譯文。

一八九六年拉衣特出版。

（三十三）比國格樓氏著「佛教與漢文——西域記序文駢體文之辭不達意，並反對許蘭格爾氏。」

一八九六年比國羅文（Louvain）出版。

（三十四）德國齋霍氏（Von Zach）著「再論許蘭格爾正確估計駢文」。一九〇二年北京出版。

（三十五）德國齋霍氏著「略評許蘭格爾氏中國駢體文文法見解。」一九〇二年北京出版。

（三十六）德國華德爾氏（L. A. Waddel）著蒙奇爾（Mungir or Monghyr）區烏倫山（Mount Uren）上佛骨之發見。一八九二年鉢高爾亞洲協會雜誌第六十一册第一部。

（三十七）英國第恩氏（H. A. Deane）著「關於烏仗那（Udyana）與犍馱羅（Gan Dhara）」。一八九六年十月亞洲協會雜誌。

（三十八）法國福隙氏（M. A. Faucher）著「玄奘遊記中犍馱羅（Gandhara）古地名註釋」。一九〇一年十月法國遠東學校校刊第一卷第四篇。

（三十九）斯坦因氏（M. A. Stein）著「第恩少校所發見之銘記」。一八九八年鉢高爾亞洲協會雜誌第六十七卷第一部第一篇。

（四十）斯坦因氏「迦濕彌羅（Kashmir）古地理在地圖上之記載」。一八九九年第六十八卷第一部號外第二種。

（四十一）斯坦因氏著玄奘所記之媲摩（P'i-Mo）與馬可孛羅所記之 Pein。一九〇六年十月法國出版之通報。

(四十二)斯坦因氏一九〇四年正月二日至一九〇五年三月三十一日印度西北省與卑路齊司坦之考古工作報告。

一九〇五年印度泊許華省政府出版所。

(四十三)英國少校浮司脫(Major W. Vost)著「憍賞彌(Kansambi)地名考」。

一九〇四年四月亞洲協會雜誌。

(四十四)英國少校浮司脫著 Saketa, Sha Chi or Pi-Sokia。

一九〇五年七月亞洲協會雜誌。

(四十五)英國少校浮司脫著刼毗羅伐窣堵(Kapilavastu)——即迦毗羅衞淨飯王之都城——區之地名考證。

一九〇六年正月亞洲協會雜誌。

(四十六)法國格里爾孫氏著玄奘遊記中之摩臘婆考。

一九〇六年正月亞洲協會雜誌。

(四十七)英國斯密氏(V. A. Smith)著「阿育王石柱」。

年月未詳。德國朝地(東方)雜誌第六十五卷第二冊。

(四十八)同人著「玄奘所記阿育王石柱考」。

一九〇九年同雜誌第十三卷第二冊。

(四十九)德國佛蘭克(A. H. Franke)關於婆羅吸摩補羅 Bramapura, Po-Lo-Lih-Mo-Pu-Lo 與 Suvarnagotra, Na-Chu-Ta-Lo。

一九一〇年四月皇家亞洲協會雜誌。

(五十) 京都帝國大學文科關於大唐西域記。
一九一〇年東京出版。
(五十一) 山姆皮爾譯慧立玄奘傳。
一九一一年倫敦新版。
(五十二) 山姆皮爾譯慧立玄奘傳。
一九一四年倫敦通俗版。
(五十三) 唐太宗聖教序。
一九一七年皇家亞洲協會雜誌第四十八册。
(五十四) 斯太因氏著「玄奘跋涉沙漠」。
一九一九年十一月地理雜誌。
(五十五) 斯太因氏著「玄奘跋涉沙漠」。
一九二〇年十二月至一九二一年通報。
(五十六) 印度教授維帝亞維諾(Vidyavinod)著三摩呾吒國 Samatata 以東玄奘記而未遊之六國。
一九二〇年正月皇家亞洲協會雜誌。
(五十七) 費諾氏 (L. Finot) 著「玄奘與遠東」。
一九二〇年十月皇家亞洲協會雜誌。
(五十八) 斯坦霍斯坦因 (A. Von Stael-Holstein) 著「玄奘與現代研究」。
一九二三年北支那皇家亞洲協會雜誌第五十四册。

（五十九）唯識二十頌美國哈密爾頓譯。

一九三八年美國東方協會出版。

上列目錄，至一九三八年爲止，其後迄今之十餘年間，關於玄奘之著作，聞有人承高第爾氏之後，在繼續編輯之中，俟之異日，再爲補充。若僅就以上五十九項言之，其主要爲西域記與玄奘傳之翻譯，以及關於歷史的地理學之考究，至玄奘之法相，因明，與其教理，可謂爲尚未窺見門牆，更遑論入其堂奧矣！

一九三九年我再度遊安南之河內，遇東方學院之某君專以研究玄奘爲其一生事業。嘗出示其所藏玄奘相片四五張，又知有法之浦桑氏譯「入阿毘達磨論」，此爲西方人窺見玄奘教理之第一書。更聞印之卡爾卡太大學達德教授云：「印西北，近年有一塔倒塌，中多藏梵文大藏經。旋該地分歸巴基斯坦。尼赫魯令其乘飛機往載藏經返印。」達德氏正編著此項新發見之藏經目錄，名曰「寄爾奇藏經抄本」Gilgit Manuscript 且以治毘婆沙爲事，其將於玄奘教理大有所發明歟？

## 結論

昔司馬遷氏之贊孔子曰：「高山仰止，景行行之，雖不能至，心嚮往之。」我之於玄奘法師，有同感矣！吾所以五體投地之故有三：

第一　玄奘在國內，旣以治攝論，毘曇與俱舍論爲事，及其入那爛陀寺，亦以聽瑜珈，順正理論，因明，聲明，集量爲事，其自哲理爲下手法門，顯然易見。然其返國後又譯大般若波羅蜜多心經六百卷之多，足以見其由精微以入於廣大之智慧。其譯異部宗論，不因其非正敎而排斥之。此可以見其有萬物並育之心量。

第二　其行於沙漠之中，嘗自語其跋涉曰：「上無飛鳥，下無走獸，是時顧影唯一。」又曰：「四顧茫然，夜則妖魑舉火，爛若繁星，晝則驚風擁沙，散如時雨，雖遇如是，心所無懼。」其在印度渡恒河之日，爲羣盜所執，將殺之以祭突伽天，然坦然處之，而卒免於難。此可以見其不憂不懼之仁勇。

第三　其在印度，逗留十六、七年之久，所經歷百有餘國，返國後十餘年間，譯經七十四部凡千三百三十五卷，此可以見立身行己之精勤。其遇太宗之日，太宗識爲奇才，時有伐高麗之舉，命之同行。此卽玄奘傳中所謂上卽事戎旃，問罪遼左，明旦將發，下敕同行之謂。然玄奘不以帝王之禮賢下士爲榮，此可見其超絕人世之高潔。

嗚呼！時之相隔千三百年矣，然其人之可爲萬世師表，非在此宗敎學術繽紛錯綜之日，益形顯著矣乎？

原載四十五年六月自由中國雜誌

# 六、旅印華僑之前輩

今天（一月廿二日）承中華總商會招待，並得此機會與諸位見面，心中甚感欣快。吾們今日在印度，同爲旅印華僑，然千五六百年以前，中國早早有人來印，這種人是吾們旅印華人之先輩，吾們應當紀念他們。譬如木匠拜呂班，醫生拜呂祖，讀書人拜文昌，這種先輩便是旅印同鄉會中之呂班、呂祖、文昌。我今天承諸位招待的機會，我想講三個人。第一、法顯；第二、玄奘；第三、義淨。其實漢代以來來印之華僑，不止此三人，所以祇提這三個人，因爲他們著作已譯成歐洲各國文字，爲印人歐人所共知的。

第一、法顯。東晉時代人，公元後三九九年自中國出發，到四一四年自印度回去，在印度住了十五年。他走的是天山北路，經過葛什汗到于闐，再經過葱嶺，乃到現在的卡休米爾（舊名迦濕彌羅），在北印觀察佛教名勝之地，最後到摩揭陀之首都帕脫那，當時彭伽利省之名口岸坦刺利迦地，在這地方住下兩年。這裏是他出發回國的開始。他先坐船到錫蘭島，又住兩年，再由錫蘭到現在的印尼共和國之蘇門答臘，船遇大風浪，隨風飄流，曾到廣東邊上，最後船隻傍岸，卻是現在山東之青州，回到祖國。他精通梵文，歸國後著了一部書，記他旅行印像，書名佛國記。這部書英法德均有譯本。法顯精通梵文，摩訶僧祇律是他帶回去的。他從蘇門答臘到廣東的海上，是他生命危險的時候。同船商人均說這比丘作怪，要拿他的佛像經典擲在海中。你們試想：他辛苦艱難就是爲求這幾部經典，他如何准人把他的書拋在海中呢？因風浪好久不停，多數印度婆羅門教人又恨到他身上，要拿他拋到海中，後來同船客人抱不平，起而阻止，他免於葬在海底，最後到了山東，乃上岸到長安去。

第二、玄奘。凡是讀過西遊記的人，多知道玄奘其人，但是他究竟幹些什麼，恐怕讀西遊記的人亦不大知道。他本來是個讀書人，早年歸依佛教，他於公元後六二九年從長安出發，經過涼州、甘州、燉煌。他走天山北路，到了高昌，高昌王久已聞他的大名，所以非常優禮待他，爲他預備了駝馬糧食，送他西行，越過天山，並行經突厥，葉護可汗等國，沿途遇見名師，卽停留請教。最後抵達印度北部，住在印度十六年，受印度各國國王的尊敬，眞是出人意外的。他在那爛陀寺住了五年，專心研究唯識宗，國內支那內學院歐陽竟無先生提倡唯識，卽是從玄奘開始的。公元六四五年，他開始回國，走的是天山南路，一條出國時不同的路，先到于闐，他上書向唐太宗報告回國，唐太宗叫于闐地方官吏爲他整備行裝，待他到長安時，其歡迎之盛，眞是古所罕見的。唐太宗初定天下，很想要他在政治上幫忙，太宗征高麗，要拉玄奘同去，他竭力擺脫，乃能免於牽入政治漩渦。太宗之邀請不止一次，他應付有方，不至得罪太宗。從六四五年返國到六六四年死，總共二十年間，他譯佛典七十五種，共一千三百卷，超過一切譯經之人之上。

第三、義淨、義淨在公元後六七一年出發，路線與以上兩人不同。法顯與玄奘去印時均從陸路去的，義淨是從海道去的。他從廣東出發，經過南洋島嶼到蘇門答臘，又經過錫蘭島，這一段從蘇島到錫蘭島的路程，是與法顯相同的，他最後從錫蘭轉到緬甸南方海岸阿拉幹，再轉到北印，這是法顯所沒有走過的。他在印度所到之地，亦爲鹿苑，那爛陀寺等處。在那爛陀寺有十年之久，專門抄寫梵文經典。他遊歷三十個國家後，於六九零年仍從海道走，回到蘇門答臘，在島上住了四年，著了一部南海寄歸內法傳，託人帶回國去，他回去時帶了佛經四百部，故回國後忙於翻譯一切有部之律藏。又做了一件事，方便他人研究梵文的，即是一部梵漢辭典。

吾們看了以上三人的傳記，吾們心上應該驕傲吾們祖宗的偉跡。第一、他們不怕困苦艱難長途跋涉，到印度來取經，雖哥倫布與李文斯頓氏發見非洲之人，亦不能專美於前。第二、他們求知慾非常旺盛，因爲原有梵文譯本，有詞不達意之處，所以他們自己來學梵文，以尋眞源。宋元明清國內治梵文的人，竟而沒有，豈非怪事。第三、他們到了外國，爲外國國王所尊敬，並且爲名師所賞識。玄奘屢與印人辯論，在語言上在學理上均能勝過印人，這是一件不容易的事。有一次在那爛陀寺，有一外道要求辯論，並且說出屈者斬首的話，後來外道果輸，玄奘告以佛教戒殺，更無因辯殺人之事，此人就甘願終身爲玄奘之僕人。總之，漢唐時代，吾們漢族勤於求知，不落人後，所以在學術上、宗教上，而有遠勝他國之處。現在印度佛教絕跡，彼印人以一部三藏本爲印人著作，現在非求諸吾中國不可，此非吾國旅印前輩之光榮乎？

以上三人之著作，現均已譯成歐洲文字，歐人與印人均視爲寶貝。尤其印人關於歷史哲學美術之研究，非靠此三人之書不可。因爲印度人缺少歷史書與歷史觀念，不像吾們有一部廿四史，某朝某代，某年某月，某人某事，均可按圖索驥，印度旣沒有這麼一部書，要追考過去的事，如戒日王戒賢師時代之事，要靠玄奘所記，爲上索下推之標準，法顯所記佛敎各派盛衰情形，治印史者憑此佛國記爲考求當時情形之標準。義淨書中記載一切有部，則一切有部在佛敎思想史上之情形可以推見。試問吾國僧人之作品，在千五百年之後，成爲印度學者不可或缺之著作，豈非吾國祖宗之「厚德載福」。今日會上濟濟一堂之人，出國時之艱辛，諒不下於以上三人，希望大家將此三人的相片（泰戈兒之弟有玄奘像一張），懸諸堂中，其著作可重付印，分配與各僑胞。歐人自魯賓遜漂流記出現之後，乃知有各地探險之事。法顯，玄奘，義淨之書，給青年一讀，其興趣至少不下於漂流記。望吾同胞不忘吾國過去的光榮歷史。

最後，我記憶第一次大戰時之法國老虎總理克里蒙梭之死時遺囑，囑於入地時，棺不可平放，須將渠身直立，頭上脚下，以成爲頂天立地之生，其人不肯服從流俗如此，然其晚年著書極爲恭維玄奘。他說世界上只有一人令他脫帽致敬的，便是玄奘。吾們國中有如此偉大的人物，其一身事跡與所譯出之經典，除佛敎徒外，又有何人知道與研究。吾想吾們旅印華僑應當將他們的書，印成英漢對照本，分發同胞，每年擇定一日，紀念來印之華僧與去華之印僧，並請中印兩國佛學專家演講他們的事跡，這件事所以紀念先人，亦發揚祖國文化，維諸君圖之。

（卅九年二月香港再生雜誌）

# 七、義淨與鄭和

印尼華僑大學畢業生協會演詞（此爲一九五一年一月在印尼講稿）

今日承印尼華僑大學畢業生諸君招待，並有建源公司王君致詞歡迎，衷心愉快之至。我想印尼共和國建國政治情形，諸君知之甚詳，我不想涉及。我可以爲諸君言之者，不如就歷史上中國與印尼文化關係追溯一下。中印文化溝通，可以事實爲證者，已將近千年，其時日之長，與中國與歐西之交通，不能相提並論。

我就大唐高僧義淨說起，因爲義淨著作「南海寄歸內法傳」是在印尼寫成，乃寄回中國。其逗留印尼之事實，在其書之名稱中已表現而出。義淨另有一書，名「大唐西域求法高僧傳」，書中寫明「沙門義淨從西國（卽印度）還，在南海室利佛逝撰寄歸」。此兩種書，印尼華僑特別印出，人手一編。日本人高楠順次郎將「內法傳」譯有英文本，可將漢英兩文合於一書之中，貯藏於各中學，以備各子弟閱覽，且令大家知道吾輩先人生於斯長於斯著作於斯，大家尤應愛護印尼共和國而努力保護之，以臻於獨立自由與治安強盛。

現在再回到原題，講中國與印尼文化關係。

諸君當知諸君今日之在印尼者，乃中國人來印尼之第三批。義淨與其同行者之來室利佛逝國（Sribhoga，即今日之蘇門答臘島（Sumatra）者，為第一批，鄭和時代前後之來印尼者為第二批，諸君之來者，早則明末清初，遲則十九世紀，故列為第三批。今日就義淨與鄭和之往事略為敍述，作為譚助。

吾人知唐代去印度求法之高僧，以玄奘為最著。玄奘去印返國均在唐太宗時代。義淨自十五歲時即有志西行求法。故宋高僧傳義淨傳云：

> 內外閑習，今古博通，年十有五便萌其志欲遊西域，仰法顯之雅操，慕玄奘之高風。

唐代咸亨二年（西曆六七一年），距玄奘返國已有二十六年之久，義淨年歲達三十有七，乃有西行機會。先至廣州府，得同志數十人，不料上船之際，其餘各人均退了船票，惟有義淨一人奮勵向前。故其傳中云：

> 及將登舶，餘皆退罷，義奮勵孤行，備歷艱險。

唐時往來中國與西域之間，有自波斯來華之航行船舶，故求法傳云：

與波斯船主期會南行。

船行二十日，達室利佛逝。住了六個月，先學梵文。蒙其國王優待，送至馬來半島（當時爲室利佛逝之一部），又居兩月，轉至羯茶（Kocha），此地位於蘇門答臘島之北端，由此坐船先至裸人國，又行廿餘日乃達東印度之南界，名耽摩立底國（Tamralipti），此處距那爛陀寺尚有六十萬驛。公曆六七三年五月到達那爛陀寺。讀書研究計十有三年，收集梵本三藏五十萬頌，義淨自云唐譯可成千卷，義淨在印度情形，姑且略去。公曆六八八年義淨經過印尼之羯茶，又回至室利佛逝。六八九年卽永昌元年七月，義淨初意不再回國，曾一度抵達廣州。在貞固法師傳中有「與法俗重得相見」之語。或者紙張筆墨罄盡，不得不再求之於廣州。是年十一月卽返室利佛逝。公曆六九二年大津法師由南海返長安，義淨託之帶回長安者有新譯雜經論十卷，南海寄歸內法傳四卷，大唐西域求法高僧傳二卷。吾國人以印尼爲著書之地，恐義淨爲第一人。從六九二年到現在已有九百餘年之久，實在是中國印尼文化交流中不可多見之一件大事。六九五年義淨居六十高齡，乃離印尼回至長安，受唐武后親迎，又譯經十八年之久，至七十又九歲逝世。

義淨所譯各經種類，暫不列舉，其內法傳關於印尼文化記載之價值，爲西方學者所公認，高楠順次郎受西方學者之託，譯成爲英文，將來應列爲印尼文獻之一種。

大唐高僧求法傳義淨自述行旅艱難之語云：

茫茫象磧，長川吐赫日之光，浩浩鯨波，巨壑起滔天之浪，獨步鐵門之外，亘萬嶺而投身，孤標銅柱之前，跨千江而遺命，或亡餐幾日，輟飲數晨，可謂思慮銷精神，憂勞排正色，致使去者數盈半百，留者僅有幾人。

去印求法之僧，無論陸路水路，皆經過千艱萬險，然眞有信心者，決不因一難字而退縮，此爲吾人今日所應效法之一點。

唐代爲中國與印度兩方往還最頻繁之時代，宋代亦尚有印度僧之來華。然是時印度佛教被婆羅門教所吸收，且印度成爲回教帝國。故中國人在宋後去印者寂然無聞矣。然義淨傳中所述及波斯船隻之東方航行，絕未中止，似乎到宋代以後，反而增多，吾國人對於南洋各島與歐亞各國，亦因之而博聞廣見。國中一位研究「鄭和」一生之專家，名鄭鶴聲，其著書中列舉宋明兩代關於海外聞見之各種著作，以見宋明以後吾國人對於域外智識之關切。玆舉鄭鶴聲君之表如下，或者可備海外華僑願意追求過去情形者之參考。

一、嶺外代答　宋周去非　宋孝宗淳熙七年，公元一一七八年

二、諸蕃志　宋趙汝适　宋理宗淳祐二年至寶祐六年，公元一二四三至一二五八年

三、島夷志略　元汪大淵　元順帝至正元年，公元一三四六年

四、瀛涯勝覽　明馬歡　明仁宗洪熙元年至宣宗宣德九年，公元一四二五至一四三二年

五、西洋番國志　明鞏珍　明宣宗宣德九年，公元一四三六年

六、星槎勝覽　明費信　明英宗正統元年，公元一四三六年

七、西洋朝貢典錄　明黃省曾　明武宗正德十五年，公元一五〇二年

八、殊域周咨錄　明嚴從簡　明神宗萬歷二年，公元一五七四年

九、西洋通俗演義　明羅懋登　明神宗萬曆二十五年，公元一五九七年

十、東西洋考　明張燮　明神宗萬曆四十五年，公元一六一七年

以上十種著作，可見吾國人對於域外各國之注意，迄於明成祖時代乃有鄭和出使之舉。鄭和之行，決非暗室中盲人之摸索，而在知識方面早已有所準備。鄭和出使之事蹟，略已研究清楚，無須再添蛇足。鄭和出使，前後共有七次或八次之多，茲舉其年代如下：

第一次：往，永樂三年，公元一四〇五，回，永樂五年，公元一四〇七

第二次：往，永樂五年，公元一四〇七，回，永樂七年，公元一四〇九

第三次：往，永樂七年，公元一四〇九，回，永樂九年，公元一四一一

第四次：往，永樂十一年，公元一四一三，回，永樂十三年，公元一四一五

第五次：往，永樂十五年，公元一四一七，回，永樂十七年，公元一四一九

第六次：往，永樂十九年，公元一四二一，回，永樂二十年，公元一四二二

第七次：往，宣德五年，公元一四三〇，回，宣德八年，公元一四三三

鄭和出使所帶船隻，第一次爲「寶船」六十二隻，所載人數共二萬七千七百餘，孫中山先生嘗爲之計算，此項船隻合現時四五千噸。船上所帶各種武器乃至「陰陽家」、工匠，醫生無不具備。海上風浪情形，無不記載詳明。其所經歷之國，大略言之，爲紅海以東至南洋之各國。吾人對其組織之完備精密，惟有五體投地。

鄭和與印尼之關係如何？鄭和之出使在一四〇五至一四三三年，比之哥侖布發見新大陸早八十餘年，比麥哲侖之到達菲律賓早一世紀以上。鄭和氏乃世界大航海家中之一人，其意義超過一國以上，故吾人之討論鄭和，不應以印尼爲限。但鄭和在印尼之事蹟特多，錄若干

條，以為印尼華僑之紀念。

永樂三年，我朝太宗文皇帝命正使太監鄭和等統領舟師，往諸番國，海寇陳祖義等聚眾三佛齊國（卽室利佛逝），抄掠番商，亦來犯我舟師，被我正使深機密謀，若張網獲獸而殄滅之，生擒厥魁，獻俘闕下。由是海內振肅。

有施進卿者，亦廣東人也，來報陳祖義兇橫情形，被太監鄭和生擒陳祖義回朝，伏誅，就賜施進卿冠帶，歸舊港為大頭目，以主其地。

三佛齊永樂中為爪哇所兼併，國廢，更置小酋市易，曰舊港，有南海人梁明道者，棄鄉里往居之，閩廣之從為商者數千，推明道為酋長，而施進卿副之。

永樂十一年偽王蘇幹剌（Sekaadar）寇竊其國，王遣使赴闕陳訴請救，上命正使太監鄭和等統率官兵勦捕，生擒偽王，至永樂十三年歸獻闕下。

在以上各條中，可窺吾國之海上威權如何。（一）各國國王之爭執，陳訴於北京，鄭和為之處理。（二）同國人陳祖義抄掠番商，毫不徇情顧惜，竟加以殄滅。（三）施進卿被派舊港大頭目，殆卽管理其地之意（舊港殆卽三佛齊之首都，一名浡淋邦，又命伯港，義淨所居，恐在此地）。（四）明初閩廣人經商於印尼者有數千人之多，自明代迄今之四五百年，吾國移居印尼者，曾未中斷。

依吾觀之，鄭和之出使，在吾國史家向視為一種臨時之舉。然艨艟之數七八十，載人二萬七八千。所歷時日，前後達二十八年，似乎不是一種臨時之舉，而成乎一種常設機關。以現代名詞言之，爲一種常設艦隊，專以巡察南洋各地爲事。其最初之動機在搜尋建文帝，至後來已不存在，而專以視察南洋各國叛服爲事。此可謂爲明代中國海上霸權擴張之時期。假定自明代迄今此項霸權一直維持，或者今日反抗殖民地制度之呼聲，不對於歐西而對於中國發出，亦爲一種不可知之事。

我所欲與諸君研究者，吾國之移民南洋，早於西歐各國者四五百年。何以歐西各國能建殖民地帝國，而吾國無之，其故安在？吾人依鄭和記載觀之，專制帝王與其使者所注意之事，無過於朝貢二字，尤其重視進貢之方物，如眞臘暹羅城占之象、象牙、孔雀，爪哇之檀香、安息香、荳蔻，三佛濟之犀牛、五色鸚鵡，蘇門答臘之瑪瑙、水晶等物。至於吾國人民移居之重要，似非當時君臣所能想像及之。

我可以爲諸君言者，西歐各國中，其以民主制度方式移民者成功，其不以民主方式移民者失敗。以英國言之，如加掌大，澳洲，及獨立前之美國，均爲民主方式之移民，先成立村會(Townmeeting)，繼擴而爲州，各州再聯合而成爲一國。美國由移民而獨立，即由此而來，其他如加拿大，澳洲，南非洲，皆英之殖民地，而成爲今日英帝國之一部。如法國昔日在印度在加掌大今日在安南之殖民制度，均但有官吏，而無民治基礎，故法國殖民地已居衰落之年。西班牙與葡萄牙雖有南美洲之移民，然十九世紀中背服不常，卒遭美國干涉，而與西葡分離，此均爲殖民帝國之失敗者。由移民基礎在官或在民言之，可以斷言鄭和時代赫赫一時者，迄十九世紀，而吾國之移民，成爲帝國主義之「苦力」矣。然鄭和在南洋方面所建立，自爲不可磨滅之大功。我去三寶壠三保洞，尋訪遺跡。章君淵若屬撰一聯，乃以十四字爲之表彰。聯云：「繼張班鑿空絕域，開哥麥航海先河」。

最後我欲與諸君言者，諸君居於印尼者，現已進入一新時代，卽爲印尼共和國成立時期。諸君居於此地與荷蘭人統治時代，其態度應絕不相同。諸君不可但以經商爲念，應以愛護印尼國家爲念。（第一）諸君生於斯，長於斯，置產業於斯，諸君不應但居於客，而應以主人自命。（第二）華僑諸君對於印尼國會中置有華人代表十二名，應爭先參加。（第三）印尼人力所不及之處，應提携之輔助之。（第四）助印尼政府，力謀印尼之安定，使其國家獨立與富強。此爲亞洲新興國家成立之時期，吾國人應參加而與之合作，以表吾國人之「民胞物與」之精神。

附註：是晚聽衆中會員百餘人，此外有印尼大學中國學部學生，我詢以中國學部中華僑幾人，答云三四十人，治中國歷史，可見華僑關心祖國始終不懈，望印尼華僑鼓勵而培植之。

（原載張君勱先生著，中華民國獨立自主與亞洲前途：四十四年十二月香港新時代文化服務社編輯）

# 八、佛教及於新儒家之刺激（漢譯）

## ——新儒家思想史第六章——

儒家的基本思想，無論是正統儒家或新儒家，所重視的，主要是人與人的關係、道德價值和具體生活，這使儒家與佛家大爲不同。後者乃高度思辨性的，富于想像的和超越世俗的。中國思想肯定人生世界；印度思想則否定人生世界。

佛敎在正統儒家沒落之際傳入中國，對中國人來說，完全是陌生的。佛敎是宗敎，是信仰，其最終目的是從痛苦世界中解脫。佛敎擁有許多合理論證以穩固其基礎。因此，就作爲宗敎和制度而言，佛者與儒者的生活方式極端不同。所以，當初反對佛敎的人很多。

可是，儘管表面上儒家反對佛敎，然而，佛敎的理論體系卻引起了國人的興趣。再加上佛敎傳入中國時中國正處在動亂與戰禍之中。儒家已失去影響力，人們都相信重視來生的說法。

晉朝（公元二六五——四一九）時，老莊之說盛行，人們用這兩位哲人的專門術語翻譯佛典。佛敎傳入中國的初期，道家的許多名詞如道、無爲、空、自然等都用於佛敎。「無爲而無所不爲」。這種翻譯的方法使國人容易了解佛法，因爲這等於在生疏的觀念上披上一件熟悉的外衣。不過，在進行翻譯時，像般若波羅密多（超越智）、無常、五蘊、禪定等這種新的觀念，道家的名詞使用不上。

最初，翻譯工作相當困難，因爲中亞細亞和印度和尚不識中文，而不識梵文的中國人又不熟悉佛教思想。互相了解典籍內容及以淺顯中文表達，事實上不可能。所幸，有些中亞細亞和尚，在來到中國以前，已經學了一些中文，漸漸地，由於累積的中文佛典，使一部份中國人也了解了部份佛理。

本章不能詳細敍述從事實際翻譯工作的中亞細亞及印度和尚，只能提到少數對建立佛教藏書有過貢獻的中國人和印度人。晉朝有個道安和尚，生于西元三一二年死於三八五年。他對佛教非常熱心，讀完了所能找到的一切翻譯佛書，他是第一個編纂中文佛典目錄的人。還有一位是鳩摩羅什，羅什于西元三四三或三四四年生於庫車。他翻譯了主要的大乘經典，雖然他本身爲印度婆羅門，可是，對中國佛教的貢獻最大。當他於西元四〇一——四一三年居留長安期間，翻譯了三十五部佛典計二百九十四卷。下面是他所譯一部份經典的名稱：

1. 佛說阿彌陀經
2. 思益梵天所問經
3. 百論
4. 十誦律比丘戒本
5. 大智度論
6. 中論
7. 十住毗婆沙論
8. 十二門論
9. 成實論
10. 衆經撰雜譬喻經
11. 金剛般若婆羅密經
12. 十住經

13. 大莊嚴經論
14. 妙法蓮華經
15. 莊嚴菩提心經

我們可以從這個表看出，佛教中論派是鳩摩羅什傳來中國的，因爲中論派的主要典籍（百論、中論、十二門論）都是羅什譯成中文的，我們也可以看出，成實宗也是羅什傳來中國的，因爲成實論也是羅什譯的，的確，羅什被視爲建立中國佛教基礎的人，人們往往拿他的貢獻和玄奘、眞諦相比。

佛經的翻譯始於後漢（西元二二五——二一九），繼續到唐宋兩代。翻譯工作進行的方式多少有點改變。在羅什之前和當時，翻譯的人手邊有什麼翻什麼。稍後，中國和尚希望翻譯自己所要翻譯的佛經，像玄奘，曾將法相宗的典籍譯爲中文，這些典籍在中國本土是無法發現的，他又重譯大般若經，因爲國人對舊譯似乎不甚滿意。總之，去印度求經的和尚，希望求什麼經，心裏多少有個定數。像法顯和尚，就是如此，他去印度的目的是求律藏。羅什之後的印度和尚也有同樣的趨勢。他們譯述中國從未有過的作品。由于中印兩國和尚的合作，漸漸的，整個經律論三藏都有了中文譯本。

更有趣的是佛教如何地影響中國思想。在新儒家思想形成以前，中國有一段佛家思想騷亂的時代。由于翻譯工作的發展，從南北分裂（三七一年）到隋初（五八九）中國產生了下列各宗派：

1. 成實宗
2. 三論宗（中論、百論、十二門論）
3. 涅槃宗
4. 地論宗
5. 淨土宗
6. 禪宗

7. 攝大乘論宗（爲眞諦於西元五九三首次譯介）
8. 毗曇宗
9. 天臺宗（純粹中國本土產生的宗派）

唐代（六一八——九〇六），又多了四個宗派：律宗、法相宗、華嚴宗、眞言宗。於是，中國境內的宗派多達十三個，不過，後來有兩個宗派（地論宗和攝大乘論宗）消失了，還剩下十一個宗派。

佛教使中國人認識「空」、無我、無常、十二因緣、五蘊、如如、菩提等觀念，即使沒有其他理由，僅僅這些觀念就對中國思想發生了很大的刺激力量，因爲這些觀念給予國人很多思想的材料。因此，當各派興起後，國人便有更多機會探索它們之間不同的意義。這一派說現象世界的客觀或主觀實在，那一派則說現象世界虛幻；這一派說誠心向佛者應研習代代相傳的佛典，那一派則說唯有用自己的心才能體認佛法，不必訴諸佛典；這一派發見各派之間的歧異衝突，那一派則希望調和它們之間的衝突。佛教徒之間這些不同的想法盤據在國人心頭，最後導致行動。

在十三個（或十一個）宗派中，三個宗派完全是中國本土產生的。這三派是(1)禪宗，(2)天臺宗，(3)華嚴宗。禪相當于梵文 Dyana 和日文 *Zen*。佛教每一派都和禪有關，但禪宗除了一般的禪定工作以外，還有本身的特色。因此，禪的觀點可說構成一特殊宗派。

禪宗是東土初祖菩提達磨創立的。達磨到達中國的時間和居留中國的時期，有幾種說法，許多彼此矛盾的傳說使他的生平多彩多姿。道宣高僧傳說達磨是蕭齊時代的人。同書中又說他是劉宋——蕭齊之前——時來到廣東的。這部書作於唐代，最先敍述達磨來中國之事，因此，比較可靠。

根據道宣的敍述，我同意近人胡適的說法，胡適認爲達磨來中國的日期必在四七○——四七五年左右。道宣也說過達磨去世的地點不明。傳說他是五三六年下葬的。因此，他返回印度之說不足採信。達磨教中國人的話可以歸納如下：

「直指人心，見性成佛。教外別傳，不立文字。」（註一）

後來，禪宗成爲中國最有勢力而蓋過其他一切宗派的宗派。記載禪宗心脈相傳的文獻頗多。於是，我們知道，達磨之後的二祖是慧可（四八六——五九八），三祖僧璨（六○六），四祖道信（五八○——六五一），五祖弘忍（六○五——六七五），六祖慧能（六三八——七一三）。六祖的法體，我曾親眼見過，至今仍存放在廣東一寺廟中。

禪宗的基本教理和一般佛法的根本教義無異，不過，像五蘊、十二因緣及知識的分析等教理，禪宗是沒有的。現在，我舉出印土禪家最初兩祖所作的兩首偈語。第一首是迦葉佛作的：

「一切衆生性清淨，從本無生無可滅。
卽此身心是幻生，幻化之中無罪福。」

另一首是迦葉佛傳法時，釋迦佛在迦葉佛之前作的：

「法本法無法，無法法亦法。
今付無法時，法法何曾法？」（註二）

禪宗強調空，心之用卽是把握空的觀念。「空」這個字在下述達磨與梁武帝（五〇二——五五六）對話中表示得很明顯：梁武帝問：「如何是聖諦第一義？」達磨對曰：「廓然無聖。」武帝又問：「對朕者誰？」達磨曰：「不識。」（註三）因此，「空」是禪宗的基本觀念。

空的觀念如何形成是很有趣的，我們研究一下禪者的對話或公案就可明瞭。例如：有一居士，身纏風恙，來二祖慧可處對二祖說：「請和尚懺罪。」慧可說：「把罪拿來，我替你懺。」這表示罪性不在內，不在外，不在中間，唯心所計。還有一件公案：道信求二祖：「請和尚示弟子解脫之道。」慧可說：「誰縛着了你？」道信說：「沒有人。」於是二祖說：「如此，則何必求解脫。」（註四）

日本學者鈴木大拙描寫了中國人的性格後說，禪宗思想和中國人的性格很相近。他說：「儒者所謂君子不談鬼神，乃是中國人心理的眞正表現。中國人完全講求實際。當用於日常生活中時，中國人自有其解釋悟道說的方式，他們不得不產生禪以表示其最深的精神體驗。」（註五）

鈴木在別處又說：「中國人採取過空宗的知解方法嗎？」他說：「沒有，這不合中國人的嗜好，更不在中國人心能範圍之內。」（註六）

中國人曾譯述空宗的典籍，這事實證明空宗的方法是在中國人「心能」範圍之內。這與鈴木的看法有出入。

鈴木又說：「般若波羅密多是印度人產生的，不是中國人產生的。中國人能產生莊子或六期時代的空想道家，但不會產生龍樹或商羯羅Shankara。中國人的天才表現在其他方面。當他們內心接受佛法覺悟之說時，打開在他實踐心靈之前的唯一道路是產生禪宗。」（註七）

鈴木還說：「自達磨東來中土以來，中國人即開始思量如何才能以合於本身思想和感情的方式表現禪者悟道之說；直到慧能出現以後，這個問題才獲得滿意的解決，而創立所謂禪宗的偉大事業才告完成。」（註八）

鈴木認爲禪是中國人思想的產物，一點也不錯。但禪與新儒家的關係更有可說者。(1)禪宗相信人性本善——這正是孟子所說的。這是禪與新儒家的基本相同處。(2)根據禪家的說法，一切有情皆具佛性。孟子則認爲人人皆可以爲堯舜。(3)禪者堅認，任何人只要直訴本心，都可以了解佛法。宋代新儒者陸象山和楊簡也持這種看法。禪與新儒學關係密切的觀念即由此而來。

現在，我們看看中國本土產生的第二個宗派天臺宗。這個宗派的名稱充分表示它是中國本土創生的，不過天臺宗還是希望上溯印土龍樹，以龍樹爲初祖。許多學者在接受了下述經論：

妙法蓮花經　　大智度論

涅槃經　　大般若波羅密多經

之後，進一步建立自己的系統。天臺宗的眞正創始者爲智顗（五三一——五九七），他居於天臺山，寺中有四千多僧人。此宗之名即由山名而來。天臺宗顯著的特色，是希望找出一種解釋以說明許許多多互不相同的大乘文獻。爲此目的，天臺宗提出一個原則，將佛陀之敎理分爲五期。如果學者謹記這一點，便會了解，佛家思想的不同面並不矛盾，彼此互爲補充。

根據天臺宗的說法，五期的分法如下：

(1)第一期是佛成道後的最初二十一天。在這個期間，佛爲眾菩薩和天王說「大方廣佛華嚴經」。

(2)第二期爲最初二十一天後的十二年，佛在這期間說四阿含經。轉法輪，說「苦集滅道四聖諦」與「八正道」。

(3)第三期爲二期十二年後的八年。佛告眾弟子，救世的偉大工作擺在他們面前，他們應完成菩薩的理想。在這個期間，佛所說的是「維摩詰經」、「思益梵天所問經」、「入楞伽經」、「大方等陀羅尼經」、「金光明經」。

(4)此後的廿二年爲第四期。佛陀試圖說明小乘只是準備階段，越過小乘，乃是更進一步的淨智階段。佛在這期間所說的是「大般若波羅密多經」。

(5)第五期是佛陀生命中的最後八年。在此最後期間，佛說人人皆可入涅槃。普渡眾生的觀念，具體表現於天臺宗基本敎理法華經中。佛入滅前最後一天，還說「涅槃經」，涅槃經也屬於此最後期間的作品。

五期說不只是中國佛敎徒的改造或傑作，也是根據佛經而來的。這是中國人調和不同敎派的妥協例子。

天臺宗有一概括其思想體系的要旨：（a）一心三觀。（b）一念三千大千世界（十界演變爲三千世界）。所謂十界即(1)地獄，(2)畜生，(3)餓鬼，(4)阿修羅，(5)人，(6)天，(7)聲聞，(8)辟支，(9)菩薩，(10)佛。十界中的前三界爲惡道，居於三界者究竟屬於那一界，則視其爲惡的程度而定。同樣，天、人、阿修羅乃爲善者，居於此三界者究竟屬於那一界，則視其爲善的程度。聲聞行四聖諦，辟支了知十二因緣，菩薩行六度波羅密，最後則爲佛道。辟支、聲聞、菩薩、佛都屬於禪界，只是功德圓滿的程度不同。

十界相互影響，因此，實際上產生了百界。每界又有十種特徵即：相、性、體、力、作、因、緣、果、報、本末究竟。

如乘以一百（代表十界特徵的數目），便有一千種特色。最後，如以三乘一千（三代表蘊界，有情界和器世間），便得十界三千面相，或簡稱三千世界。

天臺宗對一心三觀的分析，提出中論派的邏輯。一心有三觀，三觀及三觀最後藉以顯示中道的邏輯，從下表中多少可以看出來：

甲、空觀

| | |
|---|---|
| 1. 非有 | 空道 |
| 2. 非空 | 假 |
| 3. 非有非空 | 中道 |

乙、假觀

| | |
|---|---|
| 1. 執有 | 假 |
| 2. 執空 | 空道 |
| 3. 執有執空 | 中道 |

丙、中觀

1. 非有非空（非對待）　　　　空道

2. 執有執空（非對待）　　　　假

3. 非非有、非非空、非執有、非執空　中道（註九）

以上所簡述的體系爲智顗所造。天臺宗遍佈全中國，還從中國傳至朝鮮和日本。一直留存至今。

現在來看看中國本土所創的第三個宗派。這個宗派是根據華嚴經產生的。

溫特尼茲博士（Dr. M Winternitz）在其「印度文學史」中說：「佛學辭典 Maha-vyutpatti 中，在提到 Satasahasrika, Pancavim-satisaharika, Astasahasrika-Prajna-Paramitas 之後，立刻提到大乘經典中一部名爲大方廣佛的典籍。在中國三藏和西藏密宗的經籍中，許多典籍都有這樣的名稱。這是西元五五七與五八九年間中國興起之華嚴宗與日本華嚴宗的聖典。根據中國資料的記載，華嚴經有六種，其最大者有十萬偈，最小者亦有三萬六千偈，爲三藏佛度跋陀羅等於西元四一八年譯爲中文。實叉難陀則於西元六五九至六九九年間譯四萬五千頌本。雖然沒有梵文本的華嚴經留傳下來，卻有一部 Gandavyuha（大乘密嚴經）的大乘經典，相當於華嚴經中文譯本之一。Gandavyuha 的主要內容，是敍述善財童子的雲遊，善財童子聽文殊菩薩之勸，四處雲遊以求無上之覺悟智。他從一地遊到另一地，求教于各種不同的人，包括和尚、女尼、俗家男女信徒、商人、國王、奴隸、小孩、夜之女神、釋迦佛之妻瞿波、釋迦佛之母摩耶夫人。最後，因文殊菩薩之眷顧，得普賢菩薩之助而成就圓滿智。」（註一〇）

以上是關於華嚴經的故事。我們應該特別重視中國華嚴宗。當然，中國所有佛教宗教都希望將其法承上溯某一印土創始者。於是，華嚴宗以龍樹爲初祖。可是，事實上，這個宗派始於下述的中國和尚：

| | | |
|---|---|---|
| 初祖 | 杜法順或杜順 | 西元五五七——六四〇 |
| 二祖 | 智儼 | 六〇一——六六八 |
| 三祖 | 法藏（賢首） | 六四三——七一二 |
| 四祖 | 淸涼 | 七三八——八〇六 |
| 五祖 | 圭峰（宗密） | 七八〇——八四一 |

關於這五位祖師生死日期的種種記載，互有出入。雖然這個宗派以華嚴經爲主，其教理卻是杜順、智儼、法藏漸漸形成的。尤其是法藏，他被視爲華嚴宗的眞正創立者。有時，華嚴宗又稱爲賢首宗（因法藏的另一名字而來）。

華嚴宗像天臺宗一樣，也想找出一共通原理以概括大多數佛教文獻。天臺宗將佛教文獻分爲佛陀說法的五期，華嚴宗不同，華嚴將佛教文獻分爲五教：

(1)小教：小乘教理基於六根（眼、耳，鼻、舌、身、意）所感的實有說。
(2)始教：大乘佛法的第一階段，基於阿賴耶識。
(3)終教：大乘佛法的最後階段，表現爲眞如之說。
(4)頓教：頓變階段，基於維摩經。
(5)圓教：圓滿階段，基於華嚴經。

這種思想方式概括了佛教的各宗各派，而每派又保留着本身特有的觀點。華嚴宗認爲，華嚴經概括一切諸說。

華嚴宗希望創立一個無所不包的系統。在此系統中，現象世界與實相世界圓融無礙，一切世界融通爲一眞法界。

華嚴體系基於下述三觀：⑴眞空絕相觀，⑵理事無礙觀，⑶周遍含容觀。若細而論之，此三觀可衍爲十玄門：

⑴同時具足相應門　A物獨存，但A之獨存乃由於B、C、D之存在而促成的。A不能離開本身之過去未來，A之本身具足通於過去、現在、未來三世。

⑵一多相容不同門　多可以歸於一。然而，物物獨存，同樣，多亦是獨存。

⑶諸法相卽自在門

⑷因陀羅網境界門　如一室千燈，千燈造成室中之光，而每燈本身也是一光。一燈之光爲他燈之光所助，因而光光相涉，成一整體。

⑸微細相容安立門　相貫通、類似之理雖複雜，而一念中具足。

⑹秘密隱顯俱成門

⑺諸藏純雜具德門

⑻十世隔法異成門

⑼唯心迴轉善成門

⑽托事顯法生解門

鈴木大拙談到法藏時說：「印土天才在使心演變爲法界。在中國人心目中，天上超世的耀眼光彩，重歸於此灰暗的塵世色彩。」（註一一）

鈴木這段話的意思告訴我們，中土華嚴宗五祖——尤其是法藏，以人類理性的解釋，從華嚴經創出一套哲學體系。

對中國本土所創的佛教三宗：禪宗、天臺宗、華嚴宗，已經敍述夠多了。三派之產生乃中古中國人強烈心智活動的顯著證明。中國人學習印土佛教，創造了自己的體系，當然，他們的體系還是接近佛教的基本概念。

除了這三個宗派以外，玄奘所創的法相宗，乃中國人心智成熟的另一表現。法相宗很重視譯經工作，在所譯經籍中，有一部名爲「大乘唯識論」（即成唯識論）的，乃十論師的著作(Ten Commantaries)之「大要」而非譯述。過去，中國人對此還沒有發生興趣以前，這種「大要」是不可能產生的。

佛教宗派的發展史實暫置一旁，現在我要敍述儒者和佛教僧人相處以及對他們觀感的情形。中國讀書人，自始就同情向國人介紹佛學的僧人。中國學者覺得印度及中亞細亞僧人離鄉背井宣揚信仰，對他們獻身宗教的勇敢和誠心非常敬佩。所以，對他們的工作時加協助。的確，儒家學者與佛家僧人的相處關係，比道家要好。從道安時代開始，國人與佛學僧人間的合作關係，一直密切未斷。

到了唐代，佛教已成爲中國人文化生命中的一部份。佛寺爲政府所認可，皇帝發起譯述梵文經典，而能文工詩的佛家僧人則爲中國學者的密友。由於僧人獻身於他們的宗教事業，所以對人生事務抱着一種超然的態度，儒者非常重視他們的友誼。

前章我曾敍述過韓愈對佛教的苛刻。可是，我們要知道，這只是他的表面態度，作爲政府中政策製訂者，在公生活中不得不有這種態度。可是，在私生活中，他和一個名叫大顚的和尚相交頗洽。有一次，一位批評他的人指出他在這方面言行不一致，他說：「來示云：『有人傳愈近少信奉釋氏』，此傳之者妄也。潮州時有一老僧號大顚（石頭禪師之徒西元七〇〇——七九〇），頗聰明識道理。遠地無可與語者，故自山召至州郭，留十餘日。實能外形骸以理自勝。不爲事物侵亂。與之語雖不盡解，要自胸中無滯礙。以爲難得，因與來往。及祭神至海上，遂造其廬。及來袁州，留衣服爲別。乃人之情，非崇信其法求福田利益也。」（註一二）

韓愈這段辯護詞能不能使他淸白呢？朱熹認爲這對韓愈的衛道事業是致命打擊。朱熹編韓愈全集時說過，雖然這位偉大文學家寫過原道一文，可是在悟道方面，修爲不夠，所以，容易接受大顚的議論。

在周敦頤全集中我們發見他在潮州大顚堂壁上所題的一首詩：

「退之自謂如夫子，
原道深排釋老非。
不識大顚何似者，
數書珍重更留衣。」（註一三）

這件事證明了佛敎如何地進入了中國學者的內心。韓愈弟子李翺與佛敎的關係，在復性書一文中表現得更爲明顯。

另一位與佛敎有關聯的儒者是韓愈同時，而文名僅次於韓愈的柳宗元。柳宗元似乎並不反對佛敎，相反的，卻是佛法的信奉者。在柳宗元全集中，有一篇題爲「曹溪第六祖賜諡大鑒禪師碑」的文章。柳宗元在該碑文中說：

「而吾浮圖說後出。推離還源，合所謂生而靜者。梁氏好作有爲。師達摩譏之，空術益顯。六傳至大鑒，大鑒始以能勞苦服役，一聽其言，言希以究，師用感動。遂受信具，遁隱南海上，人無聞知，又十六年，度其可行。乃居曹溪爲人師，會學去來，嘗數千人。其道以無爲爲有。以空洞爲實。以廣大不蕩爲歸。其敎人始以性善，終以性善。不假耕鋤，本其靜矣。中宗聞名，使幸臣再徵，不能致。取其言以爲心術。其說具在，今布天下，凡言禪者，皆本曹溪。」（註一四）

柳宗元是少數以公正和客觀態度敍述釋氏學說者之一。他提醒我們慧能敎人始以性善終以性善。我們從慧能身上發現禪者與新儒家之間的相容相成。

佛敎給中國人的最大刺激，是使中國學者回到儒家的基礎上並從儒家基礎上創立他們的系統。當他們發現佛敎爲一巨大體系時，便立刻產生了一種想法，認爲儒家也應有其宇宙論、人性論以及對人生、家庭和國家的態度。換句話說，儒家應有自己的形上學、倫理學、知識論等等。有些問題，他們不能用重新解釋古代經文的方式來解決。而其他不可解的難題又只有究本探源才得解決。現在，我們可以看看新儒家的觀念與佛敎的關係如何。

無疑的，新儒家運動中，有一種愛國心的因素在內。中國學者覺得，幾百年來，他們活在印度的世界觀之下，眞是一種恥辱。起初，想在兩者之間加以調和。解釋者始終認爲佛陀和孔子所傳的是同一之道。但是，這種態度實際上只是希望掩飾中國沒有哲學背景之缺點。從韓愈以迄宋代新儒學之創立者，一種新的體系開始成熟了。例如，李翱曾說，「性體清靜，惡始於情動。」這個觀念顯然出於佛家，只是佛家所謂情欲皆汚染的中國式的說法。可是，當我們看到了宋代新儒學的成就，如周敦頤之太極圖、張橫渠之論太和，便發現中國人對佛家空的觀念提出了對立的觀點。後來，二程子出現並將宋學建立在理性基礎之上，於是，再也不能說中國哲學沒有穩固的理論基礎了。

這種廣汎的理論結構，只能恢復一種基礎以討論孔孟所考察的道德價值。從這個意義上看，儒家被置於一新的基礎上。因爲，它對思辨、理論和系統的研究有了初步的認識，這是以往從來沒有過的。

總之，新儒家思想體系是受佛家影響而建立的。但是，儘管如此，卻從未失去中國人對世界及肯定人生的基本態度。中國人不接受佛家空的觀念，堅持其肯定道德價值的立場。他們以「仁」和「智」（此乃人生活動的本源）解釋佛家所謂的大悲心和大智慧。

在印度玄奧和海闊天空式的思想方式影響之下，過去中國人以親身體驗和具體方式所思想的，現在，以整個宇宙爲背景重加思考。因此，當張載從佛敎認識所謂大地創生萬物而無差別時，便在西銘中說：「天地之塞吾其體；天地之帥吾其性；民吾同胞；物吾與也。」（註一五）張載的意思是說，愛心應普及整個宇宙。佛家認如來佛現於無量世界而普傳法雨。同樣，儒家以道及道之代表者聖人無所不在而聖人普化萬物。

佛家以衆生之心應保持明寂。新儒家學者則恢復禮記所謂：「人生而靜，天之性也。」（註一六）

新儒家也像佛家一樣，敎人儘量去欲，儘量不動心。換句話說，勸人消除人欲服從理性的支配，那就是說，應以道德法則爲生活的目標。除了相當于佛家悲慧之德的「仁」「智」以外，新儒家另增加一新的德行「敬」，敬很接近佛家的「三昧」或「禪定」。

這裏還有三個重要觀念應加以討論。性體或佛家所謂的自性、心以及人性之性。佛家認爲世界爲幻象，而「我」乃因緣會合而生，本非實有。這裏所用的「性」字乃指無體之自性。但中國人由於誤解梵文自性兩字的意義，以爲卽是中國人所謂的人性。這就是何以像韓愈及宋學創立者間普遍討論人性的緣故。中國人從來不以世界爲幻象。相反的，他們認爲世界是實有的。因此，他們的思想以太極始，太極者旣爲空無，又爲理之道。這就是說，他們的思想以實有始而非以空無始。當他們思想涉及人類時，便以爲除非關係到實際誕生的具體的人，否則，討論人性便沒有意義。因此，人性問題不僅是形而上的，而且與普遍的實在分不開。

在這方面，有所謂明心見性之說，所謂明心見性意卽「認識心，便能見實在之本體」，這是禪家之言。最後的見性兩字表示探究宇宙是否爲實有或虛幻的，這就是佛家原來所指的意義。可是，中國人誤解了這幾個字的意義，以爲這幾個字所指的是人性而非宇宙之性或性之本質。因此，中國哲學以及中國人認爲只涉及人性問題中最明顯的問題，是由於不了解梵文自性兩字的眞正意義而產生的。然而，由於人類爲宇宙一部份，這種誤解便產生了對整個問題有意義的討論。

其次，我們看看心的觀念。從孟子時代以來，中國哲學家卽認爲「思」爲心之功用，但這種功用主要被當作邏輯上的推論以及道德上是非之辨。中國人從不知菩提達摩所謂的心的妙用。

禪家此種說法將心置於一種比中國哲學家以往所指的更獨立更靈應的境地。中國人慣於以書籍爲獲取知識的來源。但是，菩提達摩認爲，靠書籍是沒有用的。菩提達摩這種看法有三種意義：⑴人不能讀書時也知是非之辨。⑵人本來就知道何謂是何謂非；這就是說，人本來就是善良的。⑶不訴諸現成知識，直指人心，使人心更爲活潑。如果沒有禪宗思想的產生，這種發現便不可能。

我們應該說，禪宗對中國儒家的復興，給予了強有力的刺激。雖然程朱學派非常反對禪宗，然而，事實上，唐宋學者很少不與禪者或佛書發生接觸的。唐以後，在所有佛教各宗各派中，禪宗是唯一能夠適應時代而保存下來的宗派，此後便成爲最有勢力的宗派。禪宗對宋儒的影響很大。

本章所要討論的最後一個觀念，爲人性之性。自孟子以來，儒家卽認爲人性中先天地具有仁義禮智四端。四端乃道德上是非之標準。人具有四端，所以人必然知道是非。宋學產生之後，宋儒稱此四端爲理或天理。他們認爲人心之活動可分兩層次：天理的超越層次，此卽是非之標準，經驗或自然層次，此卽知覺意欲功用。這是程朱學派的說法——讀者也許會記得，在新儒學之中，還有陸王學派，陸王學派的看法與此不同，心同時有兩層功用，卽心只有一層次。

所謂人性中先天具有道德標準這一中國古老信念，因佛家所謂如來藏乃如來性體所在之寶藏之說，或法相宗所謂阿賴耶識或末那識爲周遍大智之說，或禪宗所謂人人皆具佛性之說，更加增強了。如果所有心理能力都藏在如來藏中，那麼，孟子所謂人性中生而具有道德標準之說便不謬了。此種佛家之說不得不成爲中國思想推動的力量，使中國思想立於堅固不移的基礎上。

如果我們再進一步討論佛教與新儒家關係的詳細情形，便是多餘的。不過，最後我要舉出一些例子以表示這兩個傳統之間的相應情形：

甲、

(一)菩提心包含兩面：

（A）眞如面（不生、不死）。（B）生死面

(二)根據新儒家的宇宙論：

(1)無極(2)太極；或：(1)形而上之道世界。(2)形而下之器世間

乙、

(一)佛家的信念：

(1)形相世界卽空。(2)空卽形相世界

(二)新儒者認爲：

(1)萬物不離道。(2)道不離萬物

丙、

(一)人人皆具佛性。

(二)人人皆可以爲堯舜。

丁、

(一)一卽多；多卽一。

(二)理一萬殊。

儒家和佛家接觸以後，便在更思辨性、更系統與更形而上的基礎上加以改造了。這復活的儒家便是始於宋而終於清的新儒家。

## 附　註

註一：這幾句話，在道宣高僧傳中見不到，見於契嵩傳法正宗記，這幾句話一定後世人說的，不是達磨在世時說的。
註二：見於景德傳燈錄卷一。
註三：達磨和梁武帝之對話，見於傳燈錄卷三，道宣達磨傳中無之。
註四：傳燈錄卷三。
註五：D. T. Suzuki, Essays in Zen Buddhism (First Series) Luzac and Co., London, 1927, p. 90.
註六：同右。
註七：同右。
註八：同右，頁九三。
註九：The Meaning of Four Kind of Teachings, Taisho Tripitaka, no. 1913, pp. 774-780, Tokyo.
註一〇：M. Winternitz, A History of Indian Literature, vol. 2, Translated from the original German by Mrs. S. Ketkar and Miss H. Kohn and revired by the author, published by the University of Calcutta, 1933, pp. 324-325.
註一一：D.T. Suzuki, Essays in Zen Buddhism (Third Series) Luzac and Company, London, 1934, p. 52.
註一二：韓愈全集卷十八。
註一三：周敦頤全集卷八。
註一四：柳宗元全集卷六。
註一五：張載全集卷一。
註一六：禮記，樂記。

（六十三年七月再生臺北版）

# 九、中印攜手以振亞洲文化

## ——尼赫魯傳結論

我最後尙有數語，中印兩民族之關係是也。中印兩方之相知，不自今日始，若溯而上之，當在兩千年前，是爲佛教初輸入之際，不獨印度高僧以其教義傳諸中國，即吾國之法顯，玄奘亦歷萬險以學於印度。佛教已成爲吾國文化中之一部分，所以點綴吾山河之佛塔，來自印度也；所藏於叢林中之三藏，來自印度也。宋明以後新儒家思想之復興，實佛教之影響有以促成之。以云吾國言語之中，若「恆河沙數」、若「百千萬刼」，若「五體投地」等等，習見習聞之語，何一非出於佛典乎！其他佛教之專有名詞，專有思想，更不知凡幾。吾中國人之愛印度，略類於西歐諸國之愛希臘，愛羅馬。三百年來印度爲歐人所蹂躪，不獨印度人自身之痛，吾中國早應如歐人之援救耶魯撒冷，出兵以救印度。其奈五十年來吾內部革命統一之大業尙未完成，而東鄰日本逞其野心，且欲置我族於死地，乃有今日之戰爭。耶宛哈拉尼氏乎！君以此時來訪吾國，何異吾家有盜刼，君來援救，國人感君高誼當復如何！今中國之所以異於印度，獨以兵權之尙未被奪，他若科學之落後，工業之未興，憲政之未施，殆與印度等。然我略注意於印度近年之發展：政治上有君等之呼召獨立，藝術上有泰谷爾之提倡，思想史上有維微客能達等之研究，科學上有拉曼氏之獲得諾貝爾獎金，此等方面上之成績，即政治獨立之先聲也。吾信獨立自由的，光明的，強健的印度之出現，殆不遠矣。中國於抗戰結束後，民族獨立得所保障，當與印度共同携手以振起亞洲之文化，待兩方國力稍充，更進而謀對於亞洲政治之新解決。嗚呼！耶宛哈拉尼氏乎！此亞洲人之責任也！吾輩願與君共勉之！（商務版）

# 第八編　附編

## 甲、序　跋



## 乙、函牘札記

# 一、學術思想自主引論

## 甲、序　跋

近百年來，國內學術思想凌駕一切而上之者，豈不曰西學東漸乎？始焉名之曰夷務洋務，繼則慕而效之，曰變法曰維新曰革命，及第一次大戰之後，特別側重於賽先生與德先生。迄於最近，則四萬萬人受治於共產主義一尊之下矣。吾人試將中國與亞洲各國互爲比較，日本爲中國文化統系中之一分子，何以彼能應付世界環境，知所斟酌去取。印度人至今存其衣冠，絕不樂於服西方之服，其在思想上如泰戈爾如甘地如拉特克里希那，且宣傳其印度之人生觀，向西方挑戰。其爲伊斯蘭教國，雖受西方之欺凌，其讀可蘭經自若焉，守其禮俗自若焉。吾中國數千年來獨立東亞，自命爲禮義之邦，何以近一世紀中對於其所固有之文物，視若不足愛惜，且棄之惟恐不盡。此我所常一再思索，而苦於不得其解者也。

自十九世紀之初以迄今日，中國之名教、綱常、政治、經濟，與夫學術，無一不投之於「窮通變久」之大洪爐中，求其有推陳出新之一日，此目爲主變法主革命與改造學術思想者之先見，非今人所得而否認者也。然同一變也，何以在日本如是其輕而易舉，在吾中國如是其酷而虐；何以在印度推翻大英帝國三百年之統治，不見有流血之慘，且保存英人所傳授之議會政治而措之裕如，而在吾國所謂議會無一次不有名無實，卒流於專政與獨裁而後已。天之所賦與於吾國者，在十九世紀之前，如彼其富厚，而今日之遭遇，如彼其慘酷，此百思不得其解之一事，其能因難索解而漫然置之乎？

我不得其解之中，求得三種理由，姑且陳之如左：

第一、吾國人之宇宙觀人生觀，本於孔子傳統之「學不厭，教不倦」，換詞言之，可名曰理性主義或曰人文主義。印度也伊斯蘭教諸國也猶太也與今日耶教之諸國也，無一不以宗教爲其文化之主要元素，其根源爲上帝爲造物者爲無量無邊，惟其心理上有此境界，故其信心不可動搖而不存一可有可無之觀念。甘地本婆羅門教以入獄爲解放印度之方法，回教國之訴諸可蘭經神聖戰爭，保衞本國，乃至日本人對於其文物，亦有一種「神聖不可侵犯」之愛好心，此皆宗教心理實爲之也。吾國人雖皈依佛回各教，然其信心之深度密度，遠不如印，回與日本，佛教制度忽存忽毁，佛教造像，讓西人斬首作爲古玩出口，佛教經典，流傳至於高麗日本，乃天臺宗與法相宗典籍忽而失傳，轉向高麗日本取回，乃得物歸原主。日本人移此宗教信心以至於其國體與儒教，雖經珍珠港後之大戰，而天皇制度能仍其舊貫，不聞有人起而攘奪之者，其於儒教，且自誇其能存其眞面目，不聞有打倒孔家店之論調。吾國之人生觀既以教以學爲本，但憑理性上之可討論者，以爲善惡是非之標準，時代既變，則制度因之而亦變。孔子所以爲「聖之時」者，卽一切制度可以隨時勢或損或益之謂也。此因時損益之背後，有一歷久不變之印度婆羅門教義乎，有回教之可蘭經乎，吾可以斷然答之，曰無有。此乃吾國文教雖巍然獨存者四千餘年，而經十九世紀百年之狂風暴雨。則飄搖動盪，致令四萬萬中敢為本國文化制度張目者，寥寥無幾人矣。

第二、自秦以後迄於十九世紀，吾國政體為君主專制，父子相承，家天下之觀念深入於帝王中，即全國人民亦以為國家治亂，視乎正命天子之有無，雖歷代帝王中豈無少數仁民愛物之賢主，然欺人孤兒寡婦狐媚以取天下如王莽曹操者，不乏其人。其人不忠於主，不忠於職守，不忠於制度，專以一手掩盡天下耳目為能事，莽之篡漢，頌功德者數萬人，曹操之篡漢，先以三揖三讓，既視天下為一家之私產，而其居心之險詐，更影響於後世之人心。其為人民者受此等大奸巨猾蹂躪而莫可如何，不得不出於挺而走險，陳勝也吳廣也綠林也赤眉也黃巢也張獻忠也李自成也，為洩憤計，乃揭竿起義，焚燒擄掠，至於法治也議會手續也平和改革也，向為歷史中所絕無之事。循此心理以往，革命所為，成為殺人放火與奪取政權，與改造國家云者去題萬里矣。

第三、吾國昔日所謂學問，嘗分之曰義理，如孔孟程朱陸王之書是；曰考據，文字考訂與歷史之學屬之；曰詞章，現代所謂文學屬之。雖四庫之書浩如烟海，然自成一家言者除古代之儒、道、墨、名、法諸家與後代之佛經與新儒家著作外，可謂屈指可數。史部之書，太史公班固等私人之史與溫公資治通鑑，可以稱為著作，其餘如「三通」，杜馬鄭三氏序論有精義外，其全部為採集與編纂之文而已。集部則為詩集文集，歷代中不少創造作品，然陳陳相因者，則十居八九。總之，吾國人著作，視歐洲上古、中古，或可比擬，較之文藝復興之歐洲，則遠遠不逮。總之，吾國學術；以云玄之又玄，則不如印度；以云論理之嚴密，則不如希臘；以云窮條幽遠，正確精密，較之現代科學更望塵莫及矣。百年來之吾國學術界所以低徊留戀於歐西哲學科學大師之前者，良非無病之呻吟，斷可知矣。

吾人旣發見政治學術上之病如是，乃思所以療治之。其以宗教爲治病之藥乎。吾國數千年傳統上但見有以學以教爲本之孔孟，未見有如印度之婆羅門教與猶太之摩西與耶穌，至所謂默西亞，若天國之將下降者，尤爲吾國人所未聞見，故以信仰心爲吾國之藥石，未見其可。且所謂宗教亦多矣。其以佛教代之乎，在千年前之唐代，亦嘗盛極一時，玄奘輩之有志而未逮者，豈能於今日起死灰而復燃之。其以耶教代之乎，則教皇與教會之組織何在，中世紀之神學，迄今尙未移植於吾國，故高深之耶教哲理，寂然無聞，方今卽有急起而直追者，其不能恢復耶教之盛世，有斷然者矣。

吾嘗思之至再，以昌明宗教爲奠定一國文化基礎，其在今日之窒碍難行，自無待煩言。然則其孔孟傳統，除循理智之路以前進外，無他道矣。吾國文化所以異於印度、回教、猶太與歐美者，曰彼以宗教爲基礎而吾則否耳，試觀論語所記孔子之言。

默而識之，學而不厭，誨人不倦。

德之不修，學之不講，聞義不能徙，不善不能改，是吾憂也。

其爲人也，發憤忘食，樂以忘憂，不知老之將至云爾。

我非生而知之者；好古，敏以求之者也。

未知生，焉知死。未能事人，焉能事鬼。

凡此所言，諄諄以學以修養爲教人之法，與釋迦所言天上地下惟我獨尊，與耶穌口中我是道、我是光明、我是上帝之子，其心理上之相去，有不可以道里計者矣。自孔子及孟荀與夫後代之儒家，無一不以學術修養爲勵己淑世之方法。正以此故，吾國歷史上乃能免於印度之印回之爭，如印度以宗教爲本之略斯德制度，如歐洲之宗教戰爭，宗教與科學之鬬爭。又以吾國確信儒家有教無類之精神，故對於外來之宗教、文化，絕無排拒之心，佛教、回教之來也，坦然迎之，耶教之來也，徐光啟等傾心事之，乃至科學之來也，稱之曰實事求是，民主政治議會之來也，稱之曰三代盛時之與民同好惡。誠以吾國人之心思，向不受宗教教義之束縛，但憑其耳聞目擊與理智之是非以爲取舍論斷之資，其在堅定不移方面，誠不如印度回教等國，其在虛心接受方面，自非他國所得與相並論者矣。

吾國以教以學爲立國傳統，應開發心思，以求眞是眞非之所在，勿令狂熱奔放而陷於蔽聰塞明。第一、毋忘自己心官之思，而寄耳目於世界任何一人一國；第二、每一國家有其過去歷史，應查明病症而後治之以藥石，斷非生吞活剝所能有濟；第三、世界上事業之光耀奪目者，未必卽爲人類之幸福，吾人應以批判的眼光，衡量今後世界之前途。此吾所謂學術思想自主之要義，願與國人共同商榷者也。茲先舉其目錄如下。

第一、人生之天職——思想

甲、創造學術

乙、道德是非

丙、書籍紀錄

丁、歸眞返樸

第二、歷代心思之升降

甲、儒家文化特質

乙、漢代定於一尊

丙、佛、道、禪宗促成新儒家運動

丁、東西交通以還

第三、思想家思想之實例

甲、孟荀

乙、儒墨

丙、儒法

丁、程朱與陸王

第四、歐洲思想家之實例

甲、希臘

乙、中世

丙、近代

第五、今後吾國思想自主大方向

甲、盡其在我

乙、西方文化之危機

丙、東方文化之重整旗鼓

丁、東西之調和

抑今日吾人所當深悉者，吾國之先務，在於去病，非他國驗方新編上一張藥單所能有濟。我所謂病，在乎思想行爲之中，自私也，欺詐也，躲避也，傾軋也，陰謀也，詭計也，造謠也，中傷也，不負責也，退有後言也，不履行諾言也，以他人爲芻狗也。凡此諸病不除，非惟西方之民主政治難行於吾國，即蘇聯之共產獨裁，欲期其能如俄人之堅信不疑，而不流於吾國之「通權達變」、「舞文弄法」與「上下其手」，亦不可得矣。國中洞察隱微之士，平心靜氣，尋求吾國近年政治上所以翻來覆去之故。大家提倡一種質樸、誠實、剛毅、木訥風氣，庶幾「甘受和、白受采」之基礎上，可以接受外來之制度與方法。而不然者，資產階級以民主，試驗而未成，即共產主義之變質，亦將由意料而成爲事實，吾恐演戲法者前一套既去，後一套又來，而國計民生之安定，則永若海上神山之可望不可及。其爲民族慘劇，寧有過於此者乎？

民國四十二年十一月

※本文原載於民國四十四年香港出版之「中華民國獨立自主與亞洲前途」一書內。

# 二、明日之中國文化再版新序

——自由鐘五六年三十六號

第一次世界大戰後，隨梁任公先生遊歐。先生先歸，我續留德治哲學。其時西方史學界正棄其耶教文化爲正統之觀點，而承認東西各文化民族之平等地位。威爾斯世界歷史綱要(H. G. Wells: The Outline of History)與許納德氏人類文化成績（H. Schneider: Die Kulturleistungen der Menschheit），是其例也。自是以後，史前史爲歷史中之一部份。且上溯之於埃及、巴比侖、印度、中國與希臘羅馬，與中世紀，至於歐洲近世。可謂爲西方史學對於文化民族平等待遇之始也。一九三一年九月返國。翌年赴廣州明德學社講學。題目爲中國歐洲文化之比較四講，舉歐洲與中國文化大綱言之，不足以云文學、美術、音樂之詳盡研究也。今承雲五先生將重印出版。自念此爲卅年前舊作，疏略之處極多。然其立言之大方向，與今日所感無小異，良以精神自由爲文藝復興以來之惟一方針故也。此方針尤詳於論「中共內訌與文化革命」一文，以之爲附錄之二。聞今日國中尚有爲擁護科學立言者。吾以爲自曾文正在江南製造局設譯書局以來，國人中大多數以採用科學或科學方法爲急務。即有張之洞中學爲體西學爲用之說，未見其足以爲害。自民國以後，大中學林立，誠科學家每日在試驗室工作，隨時有所發明，人人且以此爲莫大幸事，有誰來反對者乎？所當辨者，除科學外，是否無倫理，無哲學，無宗教存在之餘地是也。美英德法等國，大學未見有廢此三種講座者，各就其範圍以內，立說著書，亦學術討論之自由，不必以此相非者也。然吾以爲一國學術之振興，尤以二事爲重要。第一、政治背景。國內安定，各教授能安心著作研究，圖書儀器設備充足，然後試驗，方有成績。第二、智識慾強烈。昔程伊川，分知爲二：曰德性之知，曰聞見之知。方今西方所重者，爲聞見之知。以現代名詞表之，爲自然界之知與人事社會之知。又曰自然科學及社會科學。至於德性之知，如懲忿窒慾，或曰正心誠意。此爲儒家修身之重點所在。此傳統如何保存，想將來必有一肩擔道義者來負此責。然此後定有倫理學上之辨論，如康德斷言命令與英國功利主義之爭。此倫理學成爲知識後所不免者也，其他如形上學形下學之關係如何，所謂天，所謂上帝之意義如何，均爲形上學與宗教哲學中必起之問題。即令科學家加以否認，吾國自孔孟程朱陸王以來，西方自柏拉圖、亞里士多德，至陸克、康德、黑格爾以來，西方歷年久遠之問題，無所逃避者也。吾國學者處此境界中，將何以自處乎？孫子曰：知己知彼，百戰百勝。西方人早已譯吾國之五經四書，與管、商、荀、韓之書，何以吾國對於柏拉圖、亞里士多德、培根、笛卡兒、康德、黑格爾、陸克、休謨、羅素之作，不能盡取而譯之。此非知彼之道，有所未盡乎？至於儒家與百家諸子之學說，勢不能以古書之記誦或注解爲了事。應整齊條理之，使爲體系，猶如樹木之根本枝葉之一目瞭然。或如周程張朱陸王之更有所發輝光大。此非知己之事乎？此正有志於文化復興者之大業也。

民國五十六年一月十四日於美國加州拔克蘭

# 三、張東蓀先生八十壽序

昔曾文正與吳南屏書，以爲世俗生日有壽序。遷官有賀序。乃至上樑有序。字號有序。體皆濫觴於韓退之。其書歸熙甫文集後，亦持此論。而致慨於世人不能正退之之謬，轉逐其波而拾其瀋，而直斥所謂「壽序」，乃宇宙間不應有之文體。文正與桐城諸賢，爲古文夙推尊退之熙甫，何獨於壽序一體，深惡痛絕之如是耶？

雖然，文章之體，亦貴有當而已。易、書、詩、禮、春秋、文體不同，而皆不害爲羣言之長，光並日月。下至楚騷、漢賦、唐詩、宋詞、元曲，雖復風貌各殊，音響互異，亦並能洞性靈之奧崎，稱情志之隱曲，而成咏歎之極致；夫豈體制所得局限，如文正之所云云哉？是則二十世紀中葉之今日，吾人丁宗邦淪陷，顚沛流離，不遑啟處之會，其於故國親舊，求自由往還不可得，求握手言笑不可得，乃至求書札候問亦不可得，第乃於其誕日，遠隔海天，文而壽之，以追平生之歡，訴隔絕之痛，而達衷曲之私，蓋亦心聲所不能已而大雅之所不廢者乎！

余與東蓀故共學於日本，相識則實始於東京諦閑法師之講座。是後雖復聚散靡常，而從未曠絕如今日。溯自民國四年，袁氏帝制自爲，梁任公起義西南，余自歐返國，主上海時事新報筆政爲之應。六年任公在京主對德宣戰，電余代勸中山南海贊同其對德主張皆不可。余去滬北上。以筆政付東蓀，兼主改造與解放雜誌編務之任。是爲余與東蓀之由聚而散。七年，巴黎和會，任公使歐，余復隨行，時以歐遊見聞，諸如蘇俄第一次憲法、德國社會民主政象，爲文貽東蓀，布之改造與解放雜誌。其時，國人言社會主義，激烈者師法蘇俄；溫和者步趨英費邊主義，德社會民主。五四前後，東蓀與陳獨秀之對立，儼如清末孫康之相冰炭其最著者也。和會既畢，任公先歸；余留德治哲學。未幾，杜里舒來華講學，余歸任譯事，得常以新康德派之說語東蓀。是爲余與東蓀之散而復聚。東蓀既大善余之所說，益以其思想之銳敏，文字之精闢，其哲學論文遂乃大行於時，而所譯柏格森創化論之爲時傳誦，且寖寖爲侯官嚴氏後之首選名筆焉。及杜氏離華，余以韓紫石之託，刱政治大學於上海，乃立延東蓀主哲學講席。其兄孟劬與孫德謙並私淑章實齋，則分主子史講席。其餘海外留學歸來潘光旦、吳經熊、聞一多、金井羊、陳伯莊、瞿菊農、吳國楨、陳石甫諸君子，亦各就所學講授。一時稱爲得人，校聲鵲起。比十六年春，北伐軍抵滬，校既被封，余與李幼椿另刱新路雜誌，復不爲所諒，縶余淞滬衛戍司令部，使不得復安於國，乃携妻子再赴德讀書。越二年、秋，燕京大學電速余歸，主講黑格爾邏輯，則東蓀與權弟向司徒雷登推轂之力也。是爲余與東蓀之散於南而聚於北。是時，日軍已據東北，國中夙德如徐君勉、王搏沙、胡石青等，僉憂國事日岌，而有國家社會黨之組織。其黨義黨綱，皆東蓀手筆。其黨刊再生，則余主編之。二十三年，春、余以鄒海濱之邀，入粵主講中山大學哲學系。系中唯物派教授胡思敬見譏；惡其囂，居半載，棄之去。乃不數月，陳濟棠復約余掌粤民德社。又不數月，東蓀亦來長粤學海書院。是爲余與東蓀之散於北而聚於南。唯其時粤桂宣佈獨立，中央出師討伐，書院旋卽停閉，東蓀先期北返，余亦去滬，閉門以譯魯登道夫全民族戰爭論。是爲余與東蓀之由小聚而再散。二十六年秋，政府以日本侵略無已，召開廬山談話會，余得忝末座，示願本舉國一致之義，擁護抗戰到底。居山一月，而抗日戰爭果起。余備員政府國防參議會，徇本黨同志請留寧，東蓀則仍任敎於北。及政府遷渝，東蓀一度入川，旋復北返。而東蓀之返北也，日人陰覗其以抗日勗諸生，憤而置諸獄，東蓀則絕食要之。以日人日夜環伺不少懈，得不死。至三十四年秋，日軍降，戰事終，始復入川參加政治協商會議，乃一本吾人曩昔改造與解放雜誌之宗旨，合力於政治民主與和平統一之促進焉。是爲余與東蓀之由久散而再聚。其後，政府還都，制憲行憲會議次第舉行，本黨部份同志參加政府，以示合作之誠。而東蓀鑒於國共和談之破裂，和平統一之不易，始嶄然認本黨與政府合作之非計，亦卽與余共學共事數十年而分道以馳之始。又其後，大陸淪陷，極權虐政，毒流人神。而余顚沛海外，皤然已老。旣傷祖國，復念故人。緬懷昔遊，都如隔世。是爲余與東蓀一散不可復聚，將且人天永隔，長無見期，黯然喟歎之始。嘗聞之北來友人：東蓀初曾以調停傅作義功，得爲中共政治協商會議委員。乃不知何故，不旋踵亟解其敎職；又不旋踵復撤其委員。今則輾禁厲中，並行動自由而亦喪失。酷已！易曰：「履虎尾，咥人兇。」東蓀固視自由民主過生命者，而乃獨欲周旋極權淫威之下斯冀或遂顚生平，何殊與虎謀皮？幾何不與哥羅采受制於慕沙里尼，愛因坦見逐於希特拉同其命運耶！

抑尤不能已於言者，余流亡十七年，居美特久。而國人之在美者，余嘗見英年才智之士矣，其才智初不亞於任何先進國家之青年。而一語及祖國文字之淺深，風俗之厚薄，歷史之短長，則或瞠目不知所對焉。寖或不知有漢，遑論魏晉焉。余又嘗見厠身大學之林之學者教授矣，其眞能專力學術不紛不惑者，乃寥如晨星焉。其棄素學，喪故步，以專伺外人喜怒嚬笑爲得計者，則比比焉。孔子曰：「德不孤，必有鄰。」乃吾人今日破國亡家之餘，並欲求以文會友，以友輔仁之一二素心人亦不可得！則余之念東蓀，寧有盡耶！昔老杜送孔巢父詩有曰：「南尋禹穴見李白，道甫問訊今何如？」今日誰復能爲余之巢父，足任問訊之勞者耶！而余與東蓀當年携手一堂，上下議論之樂，寧可再得於今生耶！抑余與東蓀者，皆使命失敗之人也！則於茲東蓀覽揆之辰，安忍復辭文正之誚，不一吐余二人生平之素，失敗之哀，與夫東蓀今者荆天棘地無所告訴之苦，於以訴之人類理性，訴之正義公道，訴之後世史家，一共評其是非曲直耶！悠悠蒼天，曷其有極！是爲序。

五十四年五月自由鐘第一卷第三期

# 四、當代西方哲學思潮引言

近數月來，屢接讀者來函，要求君勱先生指引當代西方思潮之路，並進而啓示研討中西文化匯流之方。玆承君勱先生覆示，擬先作引言附一目錄，視時間之允許，陸續撰述，發表次序亦不能照目錄之排比。敬請　讀者諒察。下期先發表懷悌黑（Aflred N. Whitehead）之機體主義哲學，特先預告。

（民主中國編者原識）

立國於現世界者，第一，不可忘本；第二，不可忽視外界環境。吾國立於大地四千年以上，自己之文化與思想傳統，較之他國，在效率方面已落人後。然返躬自省，自孔子孟荀，下逮宋明諸儒，其思想方式何嘗不可與西方媲美，去人云亦云之啣啞，而入於思想之堂奧，不獨可以表示自己樹立，且惟有自己精神活動，而後文化果實乃隨之滋長。證之近代歐洲以希臘哲學之復活爲導引，循致於文藝復興與現代哲學科學之蓬勃。此所謂不忘本之說也。歐洲一片土上各國並立，甲所有者，乙丙丁等起而效之。啟蒙時代英國感覺主義，由英而傳至於法，法之伏爾泰氏由普國之飛烈大王禮之爲上賓，其他如笛卡兒如蘭勃尼孳，亦爲瑞俄等國君王所禮敬，而學說因以傳佈。吾國近數十年來，久聞有西風東漸之說。然其是否能以系統的方法，將他國所長，本見善如不及之精神，頃刻之間一併移植於吾國乎？吾未見其能如是也。抗日戰爭以還，學人忙於遷徙擇地，及戰事既終，共產黨席捲天下，內外之間，竟隔一重鐵幕。我思之再四，自本世紀迄於今日，歐洲科哲學界可謂起了絕大變化。茲就我所治之哲學範圍以內，將各主要思潮，分別敍述，其亦注視環境者所應有事者乎。

附目錄如後：

一、自近代哲學開始至十九世紀末之概要

二、廿世紀形勢之變化

三、反理智主義之生活哲學，對於黑格爾氏之反動。

　甲、柏格森氏。

　乙、倭伊鏗氏。

　丙、詹姆斯氏。

　丁、狄爾泰氏。

四、新康德派之主張與其後殿。

　甲、卡西爾氏。

　乙、包和黑氏。

五、現在學派虎塞爾氏。

六、由益格羅黑格爾學派至新唯實主義。

甲部：格里恩氏、勃拉特蘭氏、卜山奎氏。

乙部：馬爾氏、羅索氏、阿耶氏。

七、生覺主義者契爾基格氏、哈特格氏、耶司丕氏、薩坦氏、馬塞爾氏。

八、凡有哲學派尼古拉哈特門氏。

九、機體主義哲學懷悌黑氏。

十、自然主義形上學家亞歷山大氏。

十一、原子彈科學家與其反對論者。

十二、歷史哲學家。

# 五、李廷輝哲學論文序

吾人平日所用哲學語言，其中有兩大問題。一曰名與實之關係。口中說棹，而棹之形起於心目間，說牀而牀之用起於心目之間，乃至說飯說酒，無一而不如是。此名能指實之謂也。然口說上帝，而有人曰，示我以上帝，則說者無法以應之。口說仁義道德，而有人曰，示我以仁義道德，則說者將窮於作答。良以言語不能時時有所指，乃語言中理論之爭，因之以起。語言所以達意而已，倘求一言一語，皆有實事可憑，此乃不可能之事，而儒墨道名法各家之爭所以起也。二曰共相與實物之離合問題。如世間事物個個各異，一名專指一物，則事物之名將同於人物辭典中之人名，一名只代表一人。今也不然，事物之中，有屬於天文者，曰水木金地球火等九星。同爲行星，以九星同環繞太陽而周轉也。聲光電熱與機械，同屬於物理學，以聲光電熱機械，同爲靜止的質與能也。飛禽走獸，同屬於生物，以此二者，同爲有生之物也。如是世間所謂物，各屬於一類，其所以屬於一類，則有其共同之性，所謂共相是也。共相雖爲人所共認，然究能離實物而獨立乎，抑不能乎？其在西方有三派。曰唯名派，主張共相僅為一名辭，與實無關。曰唯實派，主張共相存於思想中，為實有者，如柏拉圖氏所謂意典。曰概念派，主張共相為理智所構成之概念，非離心而另有其實在 (Reality)。此西方三派之爭，即為共相與實物關係之不易解決之明證。其在吾國有名家合同異，離堅白之辯。莊子德充符曰「自其異者視之，肝膽楚越也，自其同者視之，萬物皆一也。」其意謂自其異以觀之，則萬物莫不異，自其同以觀之，則萬物莫不同，是為名家之合同異說。公孫龍子曰：白固不能自白，惡能白石物乎。此言乎堅白可以離石而自存，公孫龍斷言之曰，離也者，天下故獨而正。此即西方中世唯實派共相在形上界實有之說也。然西方三派之爭迄於後世，能促成科學與哲學之發展，如屯司蘇閣士氏(Duns Scotus) 認為概念之外，應求之於個體，此乃科學家所以重一事一物之研究，亦英國經驗派哲學所由以發生。其在另一方面，重概念與範疇者，念念不忘智識起於經驗，即不離乎目視手觸之官覺。質而言之，西方之經驗與理性兩派，未嘗一刻離開其研究對象，所謂有形與無形之外界是也。吾國有名家之辯，然不能如西方三派之有功於後來科哲學之發展，其故不可不深考也。莊子天下篇曰：「桓團公孫龍辯者之徒，飾人之心，易人之意，能勝人之口，不能服人之心，辯者之囿也。……以反人為實，而欲以勝人為名，是以與眾不適也。」荀子非十二子篇曰：「不法先王，不是禮義，而好治怪說，玩綺辭，甚察而不惠，辯而無用，多事而寡功，不可以為治綱紀，然而其持之有故，其言之成理，足以欺惑愚眾，是惠施鄧析也。」莊子荀子所以批評名家者如是。以現代語言表而出之，其所辯者，只限於名辭，而不以人事物理為對象故也。其言不關乎道德倫理，故不如儒家。其言不深入於形而上之道，故不如道家。其所辯又不觸及喪葬與禮樂，故不如墨家。其所論又不如法家之以法齊民。此乃名家所以自戰國以來掩沒及無聞，自清末以來亦不聞有爲之旗鼓重整者之大因也。今年四月承星洲大學等五團體之招，演講數次，其時李君廷輝出示其所作哲學論文，尤詳於名家之說，且取而通之於佛家名相說。此爲當今治古代哲學者罕見之作。余乃述名家之苛察繳繞與其在思想史上所以失敗之故，所以序廷輝之書，亦所以使國人知所鑒戒也。

乙巳年八月

# 六、鍾介民譯陶尹皮氏「歷史之研究」節本序

英國大史學家陶尹皮氏，綜合地球上二十一種文化，參互錯綜，以求其所以生所以長所以衰與所以崩潰之故。所謂二十一種文化，有屬於古代而今已亡者，如埃及如巴比倫如希提如敍利亞等十種，其屬於舊日美洲地區者，有安蒂亞，馬耶，山加登，墨西哥四種，自西班牙侵入而始滅亡，其現存之文化，爲亞洲之中國，日本，印度本身，印度旁枝，西歐（英、法、美等），東歐（俄國），近東之回敎七種。陶氏爲書至浩瀚，徵引至繁富，於文化與衰，由顯著之跡以求其隱微之故，謂爲二十世紀初期第一鴻篇鉅著可矣。我於陶氏書輾轉反側以求之者，亦幾有年。始也偶得之於滬上書肆，當講學學海書院，爲諸生講授東西文化比較之日，始引其說而著之於「明日之中國文化」講稿中。此時陶氏書方成三册。嗣抗日戰起，由甯而漢而渝，西方新書來源斷絕，乃託友人求之海外，則以戰時郵寄不易爲辭。一九四四年抵紐約之日，搜求年來所未讀之書，首及於陶氏，美書賈答以此書在美無存者，惟有去函英國詢之，踰一年之後，我已由美返國，方由倫敦寄到。一九四五年由美返國之際，因

陳通伯之介，晤平日所心儀之陶氏，陶氏告以此書之作，始於一九二〇年之後，其受斯賓格勒氏「西方之衰落」一書之影響，而自另一機軸以研究以成此書者，殆無疑義。斯氏書本歌德氏尼采氏之方法，得之于慧眼直覺，而陶氏則處處以事實爲本，於比較研究之中，求得其結論，近於吾國超漢宋兩家以上之「實事求是」之精神。我所得於陶氏之印象，爲太沉默寡言，謙謙君子，千百萬言之大著，均自抄寫，不假手於字機，可謂精勤極矣。去歲遊印之日，將美人桑馬威爾氏摘要而成之陶氏書節本，屬鍾介民先生譯之。介民先生譯述之富，爲國人之冠，近得來書，知譯事已竣，於是我十餘年來所以爲國人介紹陶氏書之心願，可謂庶幾達矣。陶氏研究廿一種文化中所得之結論，可分四點言之：其於文化之始生也，有信地理說者，舉吾國文化發源黃河，埃及文化發源尼羅河爲例。陶氏駁之曰：倘地理說而可信，何以長江，多惱河，蘭茵河無文化之產生。其信人種說者以白人，以阿利安人爲優秀民族。陶氏駁之曰：倘白人而果特殊也，何以棕色種之印人，黃色種之漢人同有創造文化之能力，而白人中之處於高加索與亞爾班尼等地者，何以於文化絕無貢獻。於是陶氏棄地理與人種兩說而創爲「挑戰與反應」說，言乎文化之生，不能以一方面之地理或人種爲因，應求之於人與地之相互關係之中。陶氏於文化產生之後，繼之以長成之研究。文化有生而不長者，如遊牧部落之文化，斯巴達之文化，有生而長者，爲今日東西兩方之文化。所謂長成，非地理擴張之謂，非技術精巧之謂，乃自決力之發展，對於物的環境人的環境，均有因應得宜之法，是在乎個人與團體間之正當關係。文化之長成，由少數人之創造以開其先，繼有多數人之響應以隨其後。以個人言之，先有修養，繼出而問世，如摩西之登雪那山，耶穌之遁荒四十日，釋迦之出家學道，此皆所謂修證之日，自問心有所得，乃出其所懷爲救民淑世之資。個人如是，社會亦然。其在雅典，潛伏不動者約貳百年，波斯戰起，乃執希臘之牛耳。近代之意大利，偶處半島之上，不問亞爾卑山北世事者約三百年（十三、十四、十五世紀）潛心於建築彫刻，繪畫文學，於是大啟歐洲文藝復興之端緒。其繼意而起者爲英國。英所以能由農業而進於工業，由貴族而進於民主，皆由於英之退出歐洲之外，致力於自身內部之發展，自伊麗莎白王后迄於十七世紀之末，因工業與民主之交織，乃以奠定其議會政治，爲今日歐洲與其他國家所取法。陶氏以爲寫西歐文化史者，意大利爲第二章，英吉利爲第三章，其第四章屬之蘇俄，而其所謂第一章，殆爲北歐族入侵羅馬帝國之初期矣。陶氏之論文化中衰也，反對四派定命論，第一宇宙年老說，第二斯賓格勒氏謂社會同於生機體，經春夏秋冬四季歸於死亡說，第三謂文化經過一定生命時間，由於各個人性質上呈劣生之象，乃歸於敗亡說，第四循環說，起於古代巴比倫，以晝夜年月之消長爲佐證。此四說陶氏一一駁斥，乃就長成之反面言之，倡爲自決力失卻說，謂文化之特質，在乎支配物理的人事的環境。當其盛時自能應付裕如，及其衰也，流爲模效之機械性，多數人安於所習，墨守故常，而文化乃呈停滯散漫之象。陶氏舉以下六項爲立說之資。一曰舊瓶裝新酒。創造之舊制，繼續存在，而社會新現象迭興，有與之相應而損益之者，是爲改良，其與之不相容者則爆發而爲革命。此以制度之流變，出於創始者意料之所不及。如印度教之有喀斯德也，美國種棉之生奴隸制也，敎育普及之後生黃色新聞也，陶氏謂之爲社會制度之不可測度。二曰一現的故我之崇拜。凡一民族所以因應其時代，宜於甲時者，不必宜於乙時，猶太人信天使降臨之說，在舊約時代爲宜者，至新約時代而失敗。希臘人在丕立克爾時代爲宜者，至聖保羅時代而失敗。三曰一現的制度之崇拜。希臘人不忘其市府之制，至羅馬時代而失敗。希臘敎因墨守羅馬帝國之觀念而衰亡。其他如君主制官僚制，無一不因狃於故常之故而陷於腐朽。四曰一現的技術之崇拜。動物之游於水者，不如兩棲者之狃于生存，舟楫之便利遜於汽機推動之船隻，就戰爭技術言之，信大刀者遇槍砲而敗，信槍砲者遇濠溝戰法而敗，今日則有坦克飛機以代之。五曰軍國主義之自殺。陶氏舉沙烈曼大帝與中亞細亞鐵木兒之好戰以證之。六曰醉心於勝利之習，此左傳所謂狃于蒲騷之役之心理。最後陶氏論崩潰（鍾譯作分解）時代之現象，就社團本身言之，常離析爲三派，一爲少數之掌權者，二爲內普羅，三爲外普羅。所謂少數掌權者爲帝王輔佐之臣與夫主持風氣之老師宿儒。所謂內普羅，即吾國歷史上所謂盜賊，如陳勝吳廣闖獻之流，或以另一方式出現者爲黃巾爲五斗米之道教，爲歐洲之耶教。所謂外普羅，如吾國歷史上之邊寇，五胡亂華與蒙古滿洲之侵入中國。就其精神上言之，分爲消極積極兩種。消極者放浪形骸，不識規矩準繩之用。積極者硜硜自守，或蹈仁赴義，如晉代之竹林七賢與陶侃之朝夕運甓，即代表此兩派之最顯著者。其表現於人生觀，一嘆人心不古而追求三代之上，是爲返古派，二則未來派，自遁於不可知之未來，以求其心之所安，乃有烏托邦與無階級社會之夢想，甚至拋棄現世嚮往天國，乃有佛教或耶蘇之傳佈。陶氏書中之四大綱目，就節本摘要言之，大略盡於此矣。國內學者倘有志於文化之研究，循陶氏思路而移用於吾國史材，具必有超於王船山讀通鑑論之上而別有所發揮，可以預卜者矣。我所當特別提出者，則陶氏不信僅憑石器銅器鐵器以測定文化之進退，良以有形之器易於保存，可爲推斷之資，至其無形之存於心理中者，因人之死亡而無可考見，故不可但認有者爲唯一標準而視其無者爲不足置論。陶氏舉歷史事實以告吾人，謂希臘人繼承米挪社會之製鐵技術，而米挪社會適於此時崩潰，西歐社會承羅馬製鐵技術之後，而羅馬之解體，亦於此時開始，則銅鐵器之有無，不足以衡社會之進退，斷可見矣。陶氏斷言不疑者則文化長成之日，必由外以向於內，且斷定文化之盛衰決之於自決力，此爲陶氏全書畫龍點睛之處，所望讀此書者不徒驚於其外表之浩瀚，尤應牢記其內心團結之忠告也。陶氏於自決力之內容，注意兩面：一曰物的環境之支配，二曰人的環境。他人有飛機，吾人自不能以弓矢爲抵禦之具，他人有汽力電力之使用，吾人自不能以牛馬或兩足之力爲滿意，此則吾人不可將陶氏由外向內之說囫圇吞棗，乃併技術進步而亦忽之。然所以運用技術者爲人，爲社團以內之分子，內部之眾志成城爲立國不易之大徑，倘因一時之豪奪強取，以階級鬬爭世界革命爲號召之具，則四萬萬人之內先分爲二，一爲共黨主親俄政策於先，二爲反共派被迫而主張親美政策於後，雙方互相對壘以出賣國家爲能事，則吾國其陷於分崩離析自相殘殺之地獄矣乎。抑我嘗默念吾國四千年歷史之經過，自夏商周至東漢之末爲第一文化週期，夏商爲文化萌芽之日，即陶氏所謂出生期，春秋戰國爲成長之日，至秦漢大一統後而中衰而崩潰，晉代之清譚與佛教之輸入，即自己思想動搖而流於遁世之末期現象之至顯者也。然晉後南北朝之對峙與夫大乘經典之傳譯，適爲下一時代撒下種子，即由崩潰而過渡於復興，其歷時自三國迄於隋唐之一統，約有三百六十年之久。唐宋盛時，有韓昌黎之原道與歐陽文忠之本論，表現吾國思想上之重整旗鼓，是爲第二週期之由春而夏。及乎元清入主中夏則又由中衰而入於崩潰，不待歐洲勢力東漸而敗徵已先見矣。繼今以後，其爲吾國文化之末日乎，其爲第三週期之開始乎。梁任公先生於清代學術概論中嘗有推測之語，謂清代之考證學，類似歐洲之古學復興，其繼之而起者爲宗教革命，科學昌明，與夫民主政治確立，此三者或已表現，或在進行之中，故吾國文化將有光輝燦爛之一日。任公先生之言之驗否，須待將來方有水落石出之一日。或者天佑吾國，炎黃之裔其不至終于喪失其文化上獨立之地位，此吾人所日夜禱祀以求者也。以歐陽文忠之舊調書之，「病之中人，乘乎氣虛而入，善醫者不攻其疾而務養其氣，氣實則病去。」歐陽氏所謂氣，卽現代所謂內部抵抗力。不觀英國乎？有英清明之政治，共產黨於競選中求若干議席而不可得；又不觀美國乎？有美清明之政治，華拉司氏豁然大悟，棄共產黨之擁戴如敝屣。故內力之不充而徒言反共，決無是處。返觀吾國今日之現狀，以云政治，自民國以降，既去帝王專制矣，然三十餘年來之總統，曾有一人完成其法定任期乎？其爲立法機關之議員者，曾有選民調查，眞正投票而盡其代表人民之職責者乎？爲政府人員者，曾有如得議會信任且服從兩黨更迭之習慣者乎？以云文化，其爲佛道兩教之僧侶，曾有如歐洲神學院之訓練乎？曾有殷勤口說如歐洲之星期說教乎？至於孔教本非出世教，以維持名教綱常爲事。其君臣部分因國體之改造而疑其已被廢棄；其家庭部分，因大家庭制與婢妾制之打倒而認爲不適於今日；其學術部分，因內有漢宋之爭外有科學之輸入而陷於根本動搖。簡單言之，政治、宗教、社會與學術四方面所以維繫人心之具，蕩然無復存者矣。內心上之空虛如是，乃外有組織有主義之共產黨，乘此空隙而入，肆其簧鼓之技與侵略之術，此則國民黨之所以在大陸上遭遇失敗也。今共產黨稱霸中原，而全國人心咸知以反共爲事矣！所當捫心自問者，則自信而自樹立者何在，政治上之民主制度何在，宗教上培植信心者何在，社會上結合團體相待以誠者何在？此精神條件不先具備，而空言民主，空言文化傳統，我見其徒爲口耳之譚，無補於民國中興之大業耳。嗚呼國人，其亦有聞陶氏文化自決力之說，瞿然以起而翻然改圖者乎。

中華民國三十九年十一月十四日於印度葛嶺堡

再生香港出版二卷二期三十九年十二月

# 七、周著「中國佛學史」漢文序

中印往還，源遠流長，始自東漢，下至兩宋，實爲世所罕見。西域大德宏揚佛法於東土，乃有中印兩國千餘年之文化關係。兩國學者所譯佛教經典達三千餘部，今日日本所印行之大正藏經，卽此譯述之總滙。

吾國學人就印度佛學方面獲得新知後，乃自創教派，天臺宗其尤顯者也。天臺一辭，肇自中土，與華嚴（Avatamasaka）法相（Jogacyra）本有梵名者異，後者自梵而譯漢故也。迄回教徒入主印度，建立莫兀兒王朝，此兩國友誼關係，遂告中斷。迨詩人泰戈爾於一九二四，二七兩次訪華；尼赫魯於第二次世界大戰親來戰都重慶；與夫現任印度副總統羅達克立須那教授於一九四四年來華講學，所以重續中印兩國文化關係於中斷之後而恢復之者也。

我於一九四九年多間，承印度政府教育部之邀，赴印講學。當我準備在德里大學作首次公開講演時，印度總督羅迦古波迦黎氏本欲與我偕往，嗣以我之公開學術講演，係由德里大學文科學長主持，因而羅氏將前往之議作罷。惟羅氏一番盛意，使我至今感激於心！

我見印度教育部部長阿沙德氏，承告以往不用英語講話，所有與人接談，均由其譯員譯爲印度斯坦語。阿氏此種決心，乃今日印度獲得獨立地位之精神基礎。我所以述印度各執政領袖之言行於此者，實因此種零星見聞，最足以象徵中印兩國之神交所在。當我在印講學完畢，曾將全部講稿交與印度國會議員伽黎玟那伽博士，伽氏曾隨詩人泰戈爾來華，因而相識，深盼那伽氏手中之拙著能早日印行。

値此中印兩國文化與夫民族情誼復活之時，周君祥光前來印度，先後負笈於國際大學，加爾各答大學，及德里大學，並在德里大學作大乘佛教之研究，斐然有成，旋執教於其母校歷史系。所謂自印傳來之大乘佛教，若以國際政治術語名之，實兩國和平文化關係之結晶體。此書旨雖意在探討大乘佛教之在我國發展情形，亦卽印度對於亞洲學術文化之貢獻也。

此書出版，更使中印兩國人士，明白中印文化，必能繼續發揚光大。至於此書結構謹嚴，敍述詳明，尤屬餘事耳！

一九五五年一月五日於美京西雅圖（此稿原爲英文）

# 八、民族文化書院緣起

今後之中華民族，其甘於隨人俯仰，陵夷不知所極乎？抑奮然興起以保其四千餘年文化上獨立之地位乎？此吾族生死存亡之問題，或者以爲其事將隨國際勢力而解，而不知實視吾族心思才力所以集注者如何。兩千五百年前之中國，處封建制度之下，內而諸侯互爭，外而戎狄交侵，孔子生於其間，删定古籍，以存古聖賢所垂之統緒，明君臣父子之分，以立政治上社會上之基礎，標德性學問兩大綱領，示人以格致誠正之方。蓋吾族文化之形成，其得力於孔子人格之昭示者至大，豈後之謗孔者所得否認者乎！秦漢大一統之業，實爲孔子同文同軌理想之實現。漢儒收拾遺經於灰燼之餘，雖有功於存古，而思想上之活力，遠非春秋戰國之比。兩晉以降，五胡亂華，浮圖之教，其在藝術上思想上無不有外元素之侵入。歷隋、唐以至趙宋，卒取佛教之教而消化之，以演成新儒家之復活。中庸性道誠明之說，大學修齊治平格致誠正之論，遂成爲學術思想上之對象。此則宋、明學者繼孔、孟後以恢復吾族文化之獨立，而非「空譚心性」四字之評所得而抹煞者也。吾國文化之重書本而輕自然，尙虛文而缺實用，多靜而少動，自兩漢以來，早已伏此缺點。不得以此歸罪宋、明。幸賴諸夏夷狄之大防，與成仁取義之教訓，深入人心，故宋、明末葉，若文文山、陸秀夫輩，顧亭林、王船山、黃梨洲輩，於胡塵充斥之際，抱定至死不屈之決心，以存天地之正氣。雖在今日，讀文山所謂「是氣所磅礴，凜烈萬古存，當其貫日月，生死安足論，地維賴以立，天柱賴以尊」之語，一若四千年祖宗之英靈，臨之在上，質之在旁，而不容後世子孫之徬徨審顧者，則儒家學說之無負於吾族，而有合於近世民族立國之大義，亦已明矣。凡此二千五百年間，其形成時代，有孔、孟以立文化之基礎，經兩晉、南北朝衰落時代之後，有唐、宋之儒者，重建思想之系統，以恢復文化之主權。中原板蕩，讀書明理之儒，念念不忘胡人入主之恥，雖流離顛沛艱難險阻之中，猶力於復國之業，事雖不成，而民國成立之種子，於焉培植。嗚呼！自孔、孟以至明之末造，前哲所以維持其立國精神者如是，吾人今後所以遵行之塗轍，亦皎然可覩焉矣。

以上所云，乃謂吾族立國精神與其學術思想自有不可磨滅者在，然以之與歐洲現代文化相較，寧免相形見絀之譏。第一、就學術言之，歐人上自哲理，下至萬物，中爲人事，無一綱一目，不加以精研覃思。其智識範圍之廣博，絕非吾國所及。彼於素不相識之文字，如埃及文、如梵文，能推尋其鎖鑰而通曉之。自萬物初生以至人類進化，彼等能一一列舉其種類，以成一聯繫之線索。誠以歐人之於學術，得其至精巧之方法。有名數以立其基，有證據辨僞之法以定其是非黑白。因而其學者之所成就，實有震古鑠今之效。第二、就政治社會現象言之，其最易見者，曰各人飽食暖衣；曰各人之讀書明理；曰各人之獨立自尊；曰各人責任心之發達；曰各人愛國心之強烈；曰治者與被治者從容揖讓於根本大法中；曰戰爭時之舉國一致。吾國士大夫之赴歐美者，嘗目擊此種種而嘆爲三代盛治復見於今日，則其衷心仰止之情，可以想見矣。歐洲有此學術與政治兩方面之特長，在數年來之吾國中，固已心慕力追而絕無異言。雖南皮張氏發爲「中學爲體、西學爲用」之說，以圖稍減西化之勢，然爲學方法與政治構造爲國民精神之表現，若此兩方已因外人之觀點而動搖，則其所謂「中學爲體」之「體」尚有幾何乎？竊以文化之交流，在人類歷史中爲數見不鮮之象。其在歐洲除文藝復興以來之哲學、科學、政治與工、商之業外，其希臘文化與耶教，固歐洲亞里安人之學於外人者。惟有此希臘文化與耶教之舊基，而後近代之新思潮因以萌芽。其在吾國，除司馬談之所謂六家爲吾所固有外，佛教經數百年之培植，迨唐、宋後，亦成爲吾國人之信仰與思想，可見每一民族中不能免於外來元素之浸潤，奚必以外來元素之採用爲缺陷乎？吾人處於今日，惟有坦白承認歐洲文化之優良，而大開心胸以招來之。俾歐洲文化之移植，成爲吾族虛弱之補劑，因以促進吾族新文化之興起。此乃學術上政治上至顯之塗轍，大勢所趨，誰能逆流而抗之乎？

吾國文化之未來塗徑，旣明白若是，所以培植而獎進之者，不離乎教育機關。三四十年來，國中大學林立，固已抱此目的而前進，今復何取清末以來旣廢之書院制而重興之乎？吾應之曰：清末之書院，專以考課爲事，國家嘗以八股詩賦取士。及乎末造，改爲經義策論。則士子之所習與其在書院中之所進修者，自不離乎八股詩賦與經義策論，此爲書院之末流，非書院之初固如是也。書院之始，當溯之於胡安定之講學蘇湖。胡氏立經義治事兩齋，經義齋以心性疏通，有器局可任大事者屬之；治事齋則人各一事，如治民以安生，講武以禦寇，疏水以利田，算歷以明數。時政府詔下蘇湖，著爲令甲。而北宋書院之著者，曰白鹿洞、石鼓、應天府、嶽麓、嵩陽。其後濂溪關閩與象山等嗣興，書院又一變爲私人講學之所。伊川雖不聞自立書院，然聚徒至千百人之衆。朱子則手定有白鹿洞書院之敎規。其在明代，王文成之於龍岡書院，濂溪書院，顧涇陽、高景逸之於東林書院，尤爲講學論政顯著之地。下迄於粵之學海堂與吳之南菁書院，卽漢學家亦恃此爲講習與刻書之總滙，則書院制之與近千年中國學術具有不可分離之關係者如是。吾人所以重提此制而復興之者，厥有四故：昔日書院於錄取之士子，各給以膏火，月考季考，更發獎金。因此士子之有志進取者，生活安定，得以請敎名師，從容問業。今大學固遍於國中，且偶有少數大學設爲研究生之制；然大學畢業以至學問成熟，必經四五年之潛心思索，或埋頭著述。若於大學之上，更設書院一級，資之以膏火，庶幾大學畢業諸生，從容從事於學問，而不必汲汲於衣食之謀，亦猶歐美大學以外尙有各種研究所與學會之存在也。此書院制應復活之理由一。書院中之敎授法，重在因人施敎與師生問答。與大學之班級講授，迥乎不同。雖現時大學中，於最後一二年論文起草之日，未嘗無師生間之問答與論難，然亦僅以研究工作之完成爲止。以云昔日書院師生相敬，如所謂立雪程門，或對於一舉一動之注意，如象山責子弟飯次之交足者，豈現時大學所能望其項背者哉？宋元學案之記安定曰：「先生推誠敎育，甄別人物，有好尙經術者，好文藝者，先生時時召之，使論其所學，爲定其理，或自出一義使人人各對，爲可否之，或卽當時政事，俾之折衷。」凡此師生知相愛之深，提撕警覺之嚴，乃人才所以養成，而學統之所以維繫於不替也。此書院制應復活之理由二。今西方大學之所事，在發達理智，在增進智識。以云個人道德之修養，委之於宗敎、於家庭、於社會風氣，初未嘗列爲大學敎育目的之一。然吾國士子處社會中，關於待人接物之法與辭受取予之節，與其謂爲得之於家庭，不若謂爲得之於師友。宋、明之書院，注意於修養省察，實爲風氣轉移之關鍵。近年國中闡顏習齋之說，好爲攻擊宋儒靜坐澄心之論，且目宋、明儒爲泥塑土彫之人，然試問習齋之所謂三德六行，何一事不出於修養，而豈習行二字之所能盡。況心之爲物，操存舍亡，近日西方學者亦已見到心力之奇偉，而創爲心理衛生一課。則吾之固有此科者，近則千年，遠在兩三千年以上，奈何棄如敝屣，而視爲不足愛惜之物乎？此書院制應復活之理由三。吾國書院與今日歐美大學絕不相同者，在西方大學重理智之造詣，而吾國書院則德智並重，實則側重於德。孔子曰：「志於道，據於德，依於仁，游於藝。」此卽二千五百年前吾國教育之方針也。北宋伊川爲學之宗旨：「涵養須用敬，進學在致知」。迄乎南宋之朱、陸有道問學尊德性之辨，亦卽爲德智二者孰先孰後孰輕孰重之爭。良以吾國所謂「學」字，涵義至廣，有不可與西方專指智識之「學」字相提並論者。明儒許敬遠之言曰：「學之係於人者大也！天聰天明，非學不固。威儀動止，非學不端。剛柔善惡之質，非學不化。仁義禮智信之德，非學不完。君臣父子夫婦昆弟朋友之倫，非學不盡。富貴貧賤夷狄患難之遇，非學不遠。」所謂學之範圍，如是其廣，豈得與西方之所謂「學」字同日而語乎？今日所謂學術研究，重在本客觀態度以求眞理，自不應以道德價值夾雜其間。至於個人修省，何嘗不可於理智之旁，兼顧德性之存養。況治社會科學之人，苟平日留意於一己之器局度量，懲忿窒慾，與乎正人正己之要道，小之一身，大之天下，必有能受其益者矣。此書院制應復活之理由四。同仁等於國難期中，所以謀民族文化書院之設立者，其意義若是。民族文化書院之名爲書院，雖與宋、明同，而設教治學之方，自不能不大異乎昔。何也？歐洲文藝復活以降，智識之範圍，既大擴充，學問之種數，德性之本源雖同，而其側重處，因之以異。今日而言書院制之重興，非有一種新白鹿洞之規制不可矣。所當識以說明者四事：一曰宗旨；二曰德性綱目；三曰治學方法；四曰研究工作。

第一、宗旨：前既言之，東西洋大學教育之異處，一重德性，一重智識，此自古昔已然，而今爲尤甚。昔孔子以志道據德依仁列於遊藝之先，伊川之言曰：「聞見之知非德性之知，德性之甚，不假見聞。」此明言德性不必賴乎博學多聞之知也。然在西方，希臘之蘇格拉底，已有德卽智識之說，正與伊川相反者也。惟此兩方見解之異，其形諸教育，在我則有重德性修養之書院，在彼則有孳孳不倦於自然公例與社會現象發明之大學研究機關。一爲識仁定性與知行合一諸說之發見，一爲科學方面探幽索隱之成功。吾儕今日之進德，不能但記識仁定性或致知主敬之言，而自謂已盡格致誠正之能事。同時亦不必步趨西方學術機關之後，但以宇宙現象之研究爲事，而置身心問題於不顧。伸言之：重德性而輕知識，則爲科學之不發達。重知識而輕德性，終必陷於轉以智力爲戕賊同胞同種之利器，惟其然也，本書院之宗旨，既不學宋人視讀書爲玩物喪志，而以靜坐爲善學，凡關於國故與西方哲學科學原理社會科學均列諸科學之中，以爲學者研究之資。同時列舉德性綱目，以爲存養之鵠。蓋德性與智識二者既爲人類得之自天之能，使之平均發展而同等表現於人類社會之中，乃學術上不偏不倚之善德，而惜乎古今中外之未有能嚴格遵之者也。孔子之教人，道問學，與尊德性並重。中庸之言曰：「誠則明矣，明則誠矣」。誠者主德，明者主知，亦言乎德知之交相爲用也。惟學問博大高明，尤見德性之純一不二。惟德性之純一不二，尤見一物不知爲儒者之大恥。因此本院之根本宗旨，曰德智交修誠明並進。

第二、德性綱目：人與人之相處，不能無感召，而眞誠虛僞，忠信欺詐，因之以判。以誠感人者，人亦以誠應之。以偽待人者，人亦以偽報之。自一身以至家庭社會與國家之中，無不應有上下左右前後同時顧到之規矩。今既為列國競爭之世，而異乎昔日閉關時代，則朱子之所謂父子君臣夫婦長幼朋友之五教，已不盡合乎現代之需要矣。緣是本書院學規之中，關於德性綱目，分為立己達人愛國三項：第一、關於立己者三：曰誠樸，曰仁勇，曰公忠。第二、關於達人者有三：曰敬人敬事，曰胞與為懷，曰集團紀律。第三、關於愛國者有三：曰愛護本國歷史，曰養成法治精神，曰履行國民義務。其詳細意義，另有一文以解之。吾今所欲言者，為德性修養之方法。宋、明時代之儒者，有約為一二言之講學宗旨，如伊川之所謂「致知主敬」，陽明之所謂「知行合一」。今日似不必如昔賢探索心性精微神妙之地，而但取足於平日生活所必須之道，其根本所在，莫要以誠。明道之言曰：「道之浩浩，何處下手，惟立誠纔有可居之處。有可居之處，則可以修業。終日乾乾，大小各事，卻只是忠信所以進德。」陽明之言曰：「僕近時與朋友論學，惟說立誠二字。殺人須從咽喉著刀。吾人為學，當從心髓入微處用力，自然篤實光輝。雖私慾之萌，眞是爐點雪，天下之大本立矣。」曾湘鄉之言曰：「君子之道，莫大乎以忠誠為天下倡。世之亂也，上下縱於亡等欲，姦偽相若，變詐相角，自圖其安而弔人以至危，畏難避害，曾不肯捐絲粟之力拯天下。得忠誠者起而為之，克己而愛人，去偽而崇拙……嗚呼！吾鄉數君子，所以鼓舞羣倫，歷九洲而戡亂，非拙且誠之效歟？」近代大儒之所以提倡於國中者，罔不推本於誠。而湘鄉舉出一拙字，尤為吾族好以聰明自命之對症良藥。竊以為誠之在一身，為無自欺，為不愧屋漏。誠之推己及人，為居處恭，執事敬，與人忠。誠之在窮理方面為慎思明辨。誠之在言行方面，為言忠信，行篤敬。凡來此院而有志於學者，吾人對之有第一要求，曰立誠而已。

第三、治學方法：論現代學術史上之功績高下，以吾比諸西方，惟有自嘆勿如矣。數教學之不講，使探幽索微之士，無以窺見宇宙現象之總體，與夫思想之統系。即其紀載之勤（如二十四史），搜集之廣（如三通與其他類書），究無以達於學術本源之地。所論，不免於支離破碎。所積累，不免擘績補苴。況秦火之後，儒者收拾天下遺書，尤重孔子之六經，而以古今文字異寫，治之者求通其文字，日不暇給。自科舉之既行，上之取士，以六經語孟之書，下之所以應之者，自亦以此為鴻寶。朱子曰：「世之為士者，不知學之有本。而惟書之讀，則其所以求於書，不越於記誦訓詁文辭之間。」亦言乎科舉之為害也。因此種種，吾國所謂學術，只有求之於書本，除書本之外，幾無學術之可言。吾人為矯正已往之學風，而樹立今後之新精神計，舉學者求知應有之態度：（甲）積極方面有四：一、仰觀俯察。二、力求正確智識。三、養成協作思想。四、博通約守。（乙）消極方面：一、力戒門戶偏私。二、力戒人身攻訐。三、力戒隨俗浮沉。四、力戒勦襲。各端之詳細解釋，尚待另文為之。今所當說明者四事：第一、知識之源，出於天地之間，善為學者，應以天地為書本。奈端、達爾文之大發明，遵此道也。吾國學人誠欲力爭上游，應以宇宙為底本，而參考書冊上片段之描寫。不獨對於自然現象，應抱此態度，即對於社會問題，亦應於自己搜集之實例與數字中，求得其所以然之故。乃至關於各事各物之記載，與其博採於書本，何若自得於觀察。譬之記苗人之書，應先與苗人生活一番。記蒙藏之書，應自去蒙藏遊一次。凡筆之於書者，先經實地視察，或日久思索，庶可免於書本生活之弊，而得「第一手之智識」。所謂仰觀俯察者，此也。第二、學者治學，不能須臾離邏輯之學。如各種立言，或為宗教，或為哲學，或為自然科學，或為社會科學之分界，如名辭之定義，如證據之列舉，有此數者，則是非可否之爭，不須強辯，自皎然如水落而石出。歐人學術所以日有大進，雖異說紛呶，而終有平亭之法者，即以此故。吾國近年亦知邏輯之重要矣，然辨析之精微，持論之謹嚴，與自創一說，自明一義，或與人論辨之能遵守邏輯規矩者，尚不多見。良以逞辭藻憑主觀之積習未除，而客觀求眞之念，猶未深入於學者筆底心坎之中。所謂力求正確智識者，此也。第三、學者之立說，貴出乎一己之眞知，發前人所未發，乃其所以爲世所重而傳久遠也。其有趨時媚世之文，自昔名曰墨卷，乃場屋中投試主所好，以弋取功名，絕不足語夫學術上之貢獻。近年國中學子之所爲，大類場屋之考生，或馳騖於域外新奇之說，俯首帖耳，爲之宣傳。或迎合青年所好，當爲雷同附和之聲。將自己心思束之高閣，而置之於無用之地。誠不知號爲學者所自負之爲何事矣。昔章實齋生乾隆之際嘗有言曰：「君子之學，貴闢風氣，而不貴趨風氣。蓋既曰風氣，無論所主是非，皆演成流習，而諧眾以爲低昂，不復有性情之自得。」痛切哉此言！何其似爲吾人今日之病而發乎？所謂力戒隨俗浮沉者，此也。第四、竊人財物之爲盜，攘人學說之罪正同。學術界之至寶，爲各自之心思。何者屬人，何者屬己，此界限最應別分清楚。然後不至以攘諸人者爲己有。此在西方，名曰理智的誠實。然人之著書，不能無依傍，無參考，無援引。讀他人書而已有所觸發，謂爲己有可也。若明明得諸他人之成書者，必注明某書某人著，某年某版，某卷某頁，以明其來源所自，此西方著述之通例也。然在吾國之著作界，似尚未能守此繩墨，甚至一二大儒，且有竊人成說爲己有之舉。如戴震之水經註，攘自永樂大典。康有爲春秋三世之說，得自廖平之啟發。皆不肯註明來源，而犯盜竊之罪。其何以明人我之界，置著書立說於莊嚴之地，而獎進學者創作之思想乎？所謂力戒剿襲者，此也。以上四項，僅爲本院求知態度之一部，其全豹尚未盡論。然治學者之應自勉以實察、正確、誠實與自出心撰者，可以概見。今後新學術能否開創，即視吾人對此原則之能否遵守而已。

第四、研究工作：方今東西洋學術之範圍與種類，至廣至繁，非書院一所之地所能盡。本院現時暫分四系：第一、經學附子學，第二、史學，第三、社會科學，第四、哲學。

（A）經子學：治經學者，向分兩大派，一曰漢學派，主故訓。二曰宋學派，主義理。欲通二三千年以上之古籍，不離文字，故漢學家主故訓之說，自不可易。然所以通經者，求一字一句解釋之正確已焉，尤貴乎求得其精義所在，故宋學家義理云云，其根據亦至堅確而不易動搖。吾人既確認文字故訓之不可少，同時又明知所謂義理云云，起於生活全部經驗之中，不能求之於一字一句之間。故昔賢所謂故訓明而後義理明者，以之限於一字一句之解釋，固無不可，若謂古代文化之精義，必待一切文字考訂之明確而後因以明確者，則斷乎其不然矣。漢、宋兩派之工作，一為文字故訓，一為義理。在今言之，一屬於文字學，一屬哲學。其範圍異，其對象異，故其所憑藉之方法因之而亦異。此二者之不必相非，亦既彰彰明甚。此非苟為調停之論，誠兩方之注意點，自不相同故也。然今後之治經，非繼承漢、宋兩派已焉，宜有推陳出新之法。所謂文字考訂，今視漢人清人已擴大矣，所謂義理，今亦異乎宋矣。則羣經之新解新詁（文字義理兩方），今後殆將應運而生矣。目前下手處，先將二千年來每經中之問題，一一清算，俾國人瞭然於已往經學家所爭者為何事。同時應自各經中求得其義蘊。而後吾族立國之大智慧，乃得如日月之昭垂天壤。

治經之法，約略如下：甲、一經之研究。乙、同類各經之研究，如三傳及三禮。丙、羣經之會通研究。於諸經中推求羣經大義，古代宗教思想，吾國政治之起源及名物沿革之類。

丁、各經之考訂，如全書眞僞之訂考，文字之考訂。

本書院尤注意者，諸經之研究，固應根據科學方法，以求正確，但不可過涉於支離滅裂，應就根本問題加以發揮，以存吾族精神所在。子學於近二、三年中略見發達，已經各家於專書及哲學史中，整理有緒，但其研究似偏於哲學爲多。今後應持各家論理觀念、法律觀念、政治思想、經濟思想，繼續發揮光大之。

（B）史學：歷史爲一國精神與經驗之所寄，宜熟思深考，期於鑒知往來。近年國中治史學者，偏於疑古。哲學家以疑爲哲學之始，則疑古亦爲史學之始而已。近人所側重者，爲辨正、爲考訂、爲史前時代。至以春秋戰國以至秦後各代之其人其事之無可疑者，反少研究之人。如秦、漢、唐三代爲吾族發展之期，其功業之盛，最足鼓舞國難中之吾人。理學、磁器、書畫，亦吾族思想美術上之奇觀，可爲後人觀摩之資。徒以史家不加注意，潛德爲之不彰。此非歷史研究工作上應兼籌並顧而不可忽者乎？

史學之工作略如下方：甲、二十五史之分別研究。乙、根據二十五史及其他史料之研究，編纂一部與劍橋大學古代史、中古史、近代史相類之中國史。丙、歷代史家及史學家之傳記。丁、專門史，如中國民族史、佛教史、道教史、軍制史、法制史、生計史、美術史、社會發達史之研究。戊、東亞鄰國史，如印度、安南、暹羅、緬甸、日本、朝鮮及南洋開拓史之研究。己、歐美文化史，各國歷史及各國之各種專門史之研究。庚、新歷史研究法與其史學家之擴大的研究。

（C）社會科學：吾國既與歐美各國交通，國人所治之自然科學與社會科學，豈以讀橫行文字之書或傾倒西方學者，而自謂躊躇滿志乎？亦曰應求吾自身兩種科學之日新月異且興之並駕齊驅，此全國學者所當共抱之宏願也。自然科學不在本書院範圍之內，姑置不論。社會科學之發達，與自然科學異，每一國常有其各國獨自之彩色。如英國人治經濟學，好用抽象法。德人之治經濟學，好用歷史法。此卽社會科學觀點，因國而異之明證。今日吾國欲求社會科學之獨立發展，當注意下列各點：（a）每一種社會科學成立之經過。（b）各學者立說所以不同之故。（c）每一種社會科學中問題之層出不窮。（d）每一種社會科學中各貢獻者之努力方針。吾人試考近代政治學由陸克以至賴斯幾之經過，經濟學自亞當斯密以至凱恩斯之經過，則知社會科學上不患吾無自創新說之可能也。

本系中暫設政治學、經濟學、社會學、人類學四種（歷史學已見第二系）。其研究方法，在初期中，先注重此四種科學成立之經過，各人學說所以不同之故。各項貢獻者努力：如德國李斯德與許馬勒對於經濟學之努力。如北美合衆國中白琪斯對於憲法學與政治學之努力。華德與吉定斯對於社會學之努力。惟從事於此等學科者，讀書多見聞廣，根據本國環境中所生之問題，加以分析與綜合而自解答之，何患吾國社會科學之不能獨立發展乎？

以上四種科學中所包含之專門問題，如政治學中國際關係，經濟學中之銀行幣制，各國經濟近況等等，亦爲本院所認爲應加注意而研究之事項。

（D）哲學：從各種分門之科學，上溯於其淵源之地，則知哲學與科學原理，實爲一切學問歸宿之處。惟專治哲學之人，乃知哲學所給予人類思想上與行動上刺激力之偉大。今後欲求吾國學術之發展，不能不瞭解西方哲學，並求吾國自身哲學之建立。其附哲學之各科，亦應同時研究。本系中暫設各科如下：哲學、哲學史、論理學、科學原理、科學史（乃至現時各國科學所以發達之故，如德國自十九世紀初期科學家努力之經過），宗敎史，乃哲學科學交界線上之學說，如進化論，如新物理學。近來吾國哲學史之整理，何一不受西方哲學學說之影響而來？則知哲學科學理論與各種學術之關係為何如矣。

本書院之宗旨與工作，略如上述。更以概括之語言之：㈠發揮吾族立國之精神。㈡採取西方學術之精神。㈢樹立吾國學術之精神，新方向。㈣教育學子從事以學問深造與德性修養。同人念念不忘者，則民族之處於大地，必焉於智德兩方饒然自立，於國民生活方面，秩然有序，而日新月異，又何患國家不強，與文化之不能獨立，而東亞主人翁之地位，舍中國其誰屬乎？張橫渠告宋代之學人曰：「為天地立心，為生民立命，為往聖繼絕學，為萬世開太平」。本書院之所志亦曰：「求德智二者之誠與真，以樹立民族精神，以闡發宇宙秘奧，因以使世界人類安心立命之一日而已。」

## 民族文化書院組織大綱

### 第一章 總則

第一條：民族文化書院，以培育德智交修，誠明並進之學風，共同研討學術文化，致力身心存養，以期擔負文化復興之大任為宗旨。

第二條：凡大學畢業學生，或具有同等學力經驗，經考詢或呈驗論文審核及格者，得加入本書院，稱為學友。

第三條：本書院研究年限，以二年為率，得縮短或延長之。其研究有相當成績，並提出著述，經審核及格者，得發致推薦證，不發畢業證書。

## 第二章 組織

第四條：本書院設董事會，董事七人至九人。第一屆董事，由發起人聘定之。任期三年，每年改選三分之一，由留任董事推選之。連選得連任。董事會設董事長一人，由董事互推之。

第五條：本書院董事會，每年開會一次。必要時，得開臨時會。其職權如左：一、審議講學方針，二、審議學規，三、籌劃基金及經費，四、審議預決算，五、推選院長。

第六條：凡贊同本書院宗旨，熱心輔助本書院事業者，由董事聘請爲贊助人。

第七條：本書院設院長一人，由董事會推選之，綜理全院院務。

第八條：本書院設教務主任一人，由院長聘任之，掌理及研究講學事宜。

第九條：本書院設總務主任一人，由院長聘任之，掌理文書庶務會計等事宜。

第十條：本書院設訓導主任一人，由院長聘任之，掌理學友生活指導事宜。

第十一條：本書院設教授、副教授、講師若干人，由院長聘任之。

第十二條：本書院各系設系主任一人，由院長就教授中聘任之。

第十三條：本書院得設職員及書記等若干人，由院長委派之。

## 第三章 分系

第十四條：本書院暫設左列各系：

一、經學系（附子學），二、史學系，三、社會科學系，四、哲學系。

關於學系之設置，視研究之情況，得酌量變更之。

## 第四章 會 議

第十五條：本書院設院務會議，由院長、教務主任、各系主任、總務主任、訓導主任組織之，以院長爲主席。院長缺席時，由教務主任代理主席。

第十六條：本書院設學術會議，由院長、教務主任、各系主任、教授、副教授、講師、及全體學友組織之。檢討學術上研究之結果。由院長或教務主任擔任主席。

## 第五章 獎 給

第十七條：本書院學友，每人每月酌給膏火。

第十八條：本書院對於學友研究論文之優異者，得致送研究獎金。

## 第六章 附 則

第十九條：本大綱如有未盡事宜，由院長提請董事會修正之。

第二十條：本大綱經董事會通過，並呈教育部備案後施行。

# 民族文化書院學規

第一條：本書院爲實現德智交修之講學方針，訂定德性修養要目如左：

一、立己：子、體格鍛鍊。丑、德性存省，誠樸　仁勇　公忠

二、達人：子、敬人敬事。丑、胞與爲懷。寅、集團紀律。

三、愛國：子、愛護本國歷史。丑、養成法治精神。寅、履行國民責任。

第二條：本書院關於求知之態度，應守下列各點：

一、積極方面：子、仰觀俯察。丑、力求正確智識。寅、培養協作思想。卯、博通約守。

二、消極方面：子、力戒門戶偏私。丑、力戒人身攻訐。寅、力戒隨俗浮沉。卯、力戒勦襲。

第三條：本書院講學之鵠的如左：子、完成各人人格。丑、淬勵智慧以貢獻於世界學術。寅、本德智合一之工夫以效力於經世致用之大業。

本書院董事

董事長　陳布雷

董　事　張　羣　朱家驊　周煌甫　張公權

張道藩　盧作孚

院　長　張君勱

本書院院址：雲南大理洱海旁

中華民國廿八年冬成立

## 乙、函牘札記

### 九、致唐君毅牟宗三函論中國文化及哲學事

一、

君毅吾兄　昨寄函，想校中
為
公寄去，刻宗三與復觀已
覆函贊同，更推廣原意，
有昭告世界之意。望
兄挺身而出，共為此事努
力，千萬不可太拘謹，此勸
對
兄之印象，故力勸
兄此次放手做去。勱一貧如洗，
無法東來，仍望
兄先擬一詳盡之稿（不一定一稿便了，須修改多少次方能決定），彼此
同意後，再寄臺與宗三一商，
賓四見解是否與吾輩相同，
然恐彼與吾輩觀點微異，
故不如從緩。公意如何？即頌
旅安　　張君勱拜啟四、二七
稿定後再英譯。

## 二、

君毅吾兄　六月二八日
手書已悉
大稿不可删去過多，以免
前後不呼應，改後乞
屬宗三即寄來。
兄在歐所見哲學家
或新書，乞便中
示知一二，抵港時日乞
見告，賓四兄告裕略
對勱所作駁唯物主
義文甚稱許之，已函
賓四兄索一序文。
兄抵港，乞更轉達此意。即頌
行安　　張君勱手啟七、五

## 三、

君毅兄
宗三兄　科玄論戰四十年紀念論文集與賤辰論
文集自可合而爲一。
宗三之好意，尤爲感激。勱意合而爲一以處理之
較爲省事。施友忠已寄來一英文稿（哲學）來，顧
翊羣允在六星期內寄下一文，勱應作兩篇，亦
須在一二月內完成後，統寄
尊處。翊羣函中且言交人生社印行，可作爲人

生社之補助，究竟印費多少，勱不敢說，緝
之來函說，已籌有印費，此事究竟如何，待與緝
之商後，再有以奉告。昨靜仁來函報告，
君毅兄與公權已見面，且託港大林仰山邀請來港事，
是爲
公等爲我代謀之好意，我之所願與
兩公討論振起儒家思想之方法，講演乃在其次，
然既已來港，不能無講題，擬以下列二者爲題：㈠
古代中國與希臘哲學思想比較；㈡關於儒家哲
學復興。不知此二者，
公等以爲何如，港大如此，新亞如須講，亦同此二題。
至於是否確定，待港大聘書到後，方可算
數。
公等心目中有何要勱講之題目，乞
酌擬示知爲幸，此間有書可以稍作準備。即頌
年喜　張君勱手啟　元旦

四、

君毅先生　頃友人寄來

兄論丕利教授一文，讀之不勝同感，東方人之治哲學，所以去私解蔽，以歸於大中至正。孔子曰：毋意必固我；荀子曰：不以所已藏，害所將受，皆所以告人不可先存入主出奴之見而已。反之，西方人之哲學，雖見解精微，分析明白，然不免辭勝於理，或收集材料以證實其一己成見，如陸克之「白紙」說，如休謨之「一堆觀念」云云，皆大著中所嘗評論者矣，丕利教授勱不深知其為人，僅讀其書一二種，近得一美友蘇德氏，在哈佛大學治哲學十有餘年者，知丕利氏心格，所以告我之言，倘亦為兄所樂聞，譯而出之如左：

『丕利氏如何反駁，極為我所樂聞。依我觀之，你所持理由，實在無可反駁。為丕利氏計，一方固須答覆，他方須坦白、誠實抱持自己見解，二者實不可得兼。

自哈佛時代起，丕利氏至今活現於我記憶之中，尤其丕利氏論美國理想，予我以全歸印象，丕利氏對於蔣氏之態度，其怨懟之深，超於其恨德人之上。我之為此言，指其在一九二〇與一九三〇年之間，多反德言論，今乃知其恨蔣氏者，更遠過於其恨德人之上矣。丕氏成見之深，尤以對吾人共同之友康德氏為甚，以云本哲學的客觀分析康氏，去之遠矣。』

自蘇德氏之言觀之，可以知丕利為人何如，豈足與語「廓然而大公，物來順應」之義哉。吾國人三十年來無不羣趨於西方哲學，西方不論何派何人，各有其精深微妙見解，然目之為學說，為一家之言則可，以云「天地之鑑，萬物之鏡」之境界，西方古代之蘇格拉底，柏拉圖近似之。自哲學變為認識論，則不外乎理性與觀覺，外在與內在之爭而已。迄於今日，認識論忽又飄然遠引矣，其代之而興者為存在主義。良以認識論為研究知識何以爲知識之一把利刀，然終日磨刀而不得一割之用（昔年在德時屢聞此種評語），其轉而歸向人生，自爲其自然之趨勢。吾人與其徬徨於外人門戶之下，於茲有年，至今日乃深感吾國哲學自孔孟以至程朱陸王，自有其一貫相承之至道，雖孔子之言仁，孟更輔之以義，程朱曰性卽理，陸王曰心卽理，後之於前，不免於小異，然自有其共同者在，以成爲吾國之所謂道。此其爲特點者一。自孟子至陽明，好言良知良能。然良知良能之標準，不外乎仁義禮知，此四端者，昔人名之曰德性。吾再三思索，以爲此四者卽價值判斷之四種格式，猶之康德氏理解方面之十二範疇也。此四者既自有生以俱來，自爲人性中之內生觀念，此乃程朱性卽理也之結論所以成立，而善惡是非之標準在是矣。此其爲特點者二。儒家以鑑空衡平爲心，以海濶天空爲量，故曰道併行而不相悖，萬物並育而不相害，言乎異中之同，同中之異，皆有相濟爲用之妙存也。此其所言與正反合之辯證法有相類處，然其多相容而少排斥，又非辯證法之所能及。此其爲特點者三（補一條見後）此則吾人應盡其力之所及，不令廢墜者也。

兄之大著『中國文化之精神價值』與『人文精神之重建』藉西方黑格爾之方法，以圖吾國文化精神之發揚光大。其融會中西思想遠非適之，東蓀輩重思想方法，而忽略生活內容者所能及。

兄之自評曰『辭繁不殺，又喜用西方式之造句，以曲達一義。』然實由於超越，普遍，精神等名詞，皆源於德之惟心派，不通康氏黑氏書者何能窺其深有得於大著之精義乎？黑格爾學派在英在意，初藉黑氏之主張，繼之以轉移兩國思想，其在吾國，則兄與宗三爲其鉅子矣。吾人既讀西方之書，藉以圖東方文化之復活，則尊東方者自知不可存一排西方之見，反而害之，尊西方者，奈何抱狹隘之心，存鄙視東方之見乎？此爲眞正之併行並育主義，爲吾國人所當共守者也。勱本中西比較方法寫成新儒家思想史一書，一月內外可以出版。當以一册寄

尊處並乞

評正爲幸。專此順頌

教安　張君勱拜啟　八、廿八日

（補一條）各家之立言，非徒騰爲口說，必見之於身體力行，且以身殉之，所不計焉。此其爲特點者四。吾國哲學有此特色，即求之於孟子，伊川，晦庵，陽明與曾文正數人，所以維持人格尊嚴，所以抵抗潮流，所以影響於天下後世者何如？此眞吾傳國之至寶，現代學人惑於西方急功近利之言，而視爲陳舊爲一文不值。

# 十、致徐復觀函論希臘哲學

復觀先生　人生三百期中讀

大著人性論先秦篇自序末後，有註七項。其第一註中，有下列各語：「希臘以知識爲主的哲學，到了斯多噶學派，卽變成以人生，道德爲主的哲學。」其語意似乎希臘哲學以智識爲主。窃在海外讀

兄此言，蓋覺五四以來之智識界對於治西方哲學之不努力，而所知之淺嘗至於如是也。希臘哲學以蘇葛拉底，柏拉圖，與亞歷斯大德爲主。蘇氏以定義爲方法，反對詭辯派以人爲本位之主張。其方法爲定義，爲邏輯。然其背後爲「是非有絕對標準」：如善、如公道、如美、如勇、如克制等等卽爲此種標準。及在柏氏手上，乃名之曰意典（Idea），而成爲宇宙間之本體。與吾國不可須臾離之「道」極相似。其入手方法爲定義，因而吾國人疑其不離智識。然其所討論之題材，無一種對話不以道德爲根據，可謂與孔孟哲學之注重仁義禮智爲四德之一者一也。吾國方面誤於希臘智識卽道德之語，乃以爲希臘人所治者爲知識論。實則希臘所

謂知或智，乃道德之知或智，此由於蘇氏所謂「知自己」之知而來。惟其爲道德之知，乃能爲自己之知。倘爲外物之知，或自然界之知，則蘇氏所謂「自知」者，不能成其爲鎖鑰矣。香港大學之邀，如果去成，講題爲柏拉圖與孔孟哲學之比較，亦所以矯正吾國人腦中西方人祇有智識論之習見習聞也。

尊作已託程緝之弟買一册寄下。匆此順頌

著安

張君勱手啟　六月六日



## 附　徐復觀先生復函

立齋前輩先生道鑒　由程緝之先生轉下

手敎，承垂注拙著中國人性論史，並對自序中之第一附注，詳加論正，感幸無似。觀所用「希臘以知識爲主的哲學」一語，此有初階義，有中階義，有究竟義。所謂初階義者，乃一般常識性之概略說法。蓋希臘文化發展之主流，依然是在知識方面。正因其如此，故西方科學，殆無不認其爲導源於希臘「爲知識而知識」之精神。此種說法，在西方著作中，亦數見不鮮。如 Dr. G. Sarton 所著之「古代，中世科學文化史」，卽指出「希臘文明的終於失敗，不是知性的缺乏，而是來自人格與道德的不足」(日譯本卷一頁十五)。所謂中階義者，卽進一步作分解的陳述，則誠如

先生所敎示，蘇格拉底們，又何嘗不特別注重道德？且古希臘人以知識爲敎養之資，與今日將知識與敎養視爲兩不相涉者，亦大異其趣。所謂究竟義者，古希臘哲學，誠如 W. Windelband「一般哲學史」中所述可分爲宇宙論的時代，人性論的時代，體系論的時代。然貫通於此三時代之底流者，仍爲知識。例如亞里斯多德以蘇格拉底「認爲德即是理性地原理，何以故，因爲這一切都是知識」（見日譯 Friedrich Ueberweg 大哲學史卷一第三四零頁）。而柏拉圖將知識與臆見或表象嚴加區別，而認定「知識才是可通向 Idea 的」（同上頁六）。且所謂 Idea 是「從純粹邏輯地意味，發展爲存在論地意義」；「是從思考過程的單純產物，成爲實在地本質性」（同上卷三第三九七頁）。觀附注中所用者，乃採一般常識性之概括說法，宜乎爲先生之所不取也。抑又思之，蘇格拉底之一生，可謂係爲建立道德而努力。但何以彼畢竟不能在道德上找到立足點，而依然是以知識爲立足點？則或因彼之「知自己」，僅在發現自己之「無知」，而未嘗發現在生命之內，有一道德主體，有如孔孟所發掘出之心性。西方文化中之根本問題，或即在此。

且觀寫人性論史之態度，完全注力於各原典中有關資料之分析與綜合。由此分析綜合，而求出客觀之結論。此時不僅將平日師友之論點，完全忘卻，即與西方文化之異同得失，亦暫棄之不顧。蓋一面爲學力所限，對西方文化所知者甚少。同時認爲中國文化對今後人類之有無價值，不關於其與西方文化之有無相合，而關於其曾否提出在西方文化中所未曾提出之問題、方法與結論。故觀此時所能致力者，在說明中國文化之眞相，究竟如何？至由此以下之工作，則應讓他人努力。年來體驗，沉潛於原典資料之工夫愈深，即愈感耿耿孤明，一無依傍。故拙著豈特爲反中國文化者所不諒，恐亦將難爲平生敬畏之師友所諒。如熊師十力之學問出自「易傳」，而觀對易傳之評價，即全與熊師不同，且不重視陰陽之形上架構。若熊師在臺，當不知如何痛加棒喝矣。然意在爲來學開闢治學途徑，以拓淸百十年來所積之荆榛，又安敢苟且浮沉於一時之毀譽乎？謹將拙著托由緝之先生轉呈一册，敬乞先生繼續加以論正，感幸感幸。

先生耆年碩德，仍一本對族類之大仁大慧，窮探義海，直指眞源。振聵啟聾，救人淑世。此種自強不息之艱苦卓絕精神，足以感發後學者，殆未可限量也。肅此，奉復，敬叩

道安

後學徐復觀頓首

一九六三年六月十七日於東大燈下

# 十一、致羅漢成函論西方近年宗教與哲學思潮變遷

漢成同學頃讀

弟致舍弟禹九函知

弟讀夏爾屯（De Chardin）「人類現象」（The Phenomenon of Man）一書，慨然有改造哲學之心，此爲大志願，望

弟努力爲之。勱敢以近來對於西方宗教與哲學之感想，略爲

弟言之。竊以爲西方宗教與哲學，正在大變動之中，謂爲兩千餘年來絕無僅有之大變無不可焉。天主教之神父修女，向守獨身之戒，今則公開宣言願意嫁娶。天主教向以節制生育爲罪惡，今則公然許可以藥止生。天主教向有所謂禁書目錄，不許閱讀傳播，今已廢去。馬丁路德，向認爲叛徒者，今則握手而復歸於一。至對於共產黨，向深閉固拒者，今則往來酬酢一如賓主。若此類者，不徒其信徒昌言討論，且由其教宗命令以行之。能不謂爲深通因時損益之義乎？吾所尤傾倒者，爲上帝定義之改革。自有神示神學（Revealed Theology）以來，

所以頌禱上帝者謂之全知、全能、全在與無始無終（Eternity）之主宰者。試舉羅素氏西方哲學史記內阿哥斯丁（Augustine）之言如下。

「世界何以不於更早時期造成？因無所謂更早時期也。世界造成之日，卽時間造成之日。上帝爲永生的（卽無始無終），超出於時間以外，因此無所謂先後遲早，只有永久的現在。上帝之永生性旣超脫於時間關係之外，凡有時間，就上帝言之，卽爲立時現在。」苟云上帝在其創造之時，卽已先在。此卽含有上帝在時間以內之意，實則上帝永久立於時間之外者也，因此可知阿哥斯丁之時間相對論。

「阿哥斯丁自問，何謂時間？答曰，苟無人問，我知時間爲何。及我欲以言答問者，則我變爲不知。」阿氏誠知種種困難環繞此問題之左右。其在人之心目者非過去，亦非未來，只有現在在人前。而現在只爲一瞬間，時間惟有過去後，方能測算。事實上自有過去之時與未來之時，因此人常陷於矛盾。阿氏以爲所以避免矛盾，只有將過去與未來，作爲所思之現在，以過去爲記憶，以未來爲期望，此二者均爲現在的事實。如是依阿氏意，時間有三，一爲過去事之現在，一爲現在事之現在，一爲未來事之現在。過去事之現在爲記憶，現在事之現在爲目前所見，未來事之現在爲期望，謂之爲過去，現在，未來三時者，乃寬鬆之說法而已。

「阿氏深知此項理論中之難題尙未解決，其言曰『吾靈魂渴望能解此不解之謎』，彼祈禱於上帝使之瞭解。其所以有此請者，非出於好奇心，誠對於時間性質之如何，蒙昧無知故也。阿氏自言依彼所見，所以解決之者，惟有認時間爲主觀的。時間存在於人之心，爲記憶，期望，思慮是也。因此世間尙未有被造物（A created being）以前，則無時間。在世界創造以前，而討論時間爲何，乃無意義之言也。」

歐洲自近代以來，久已擱置此類神學家之言於一邊，但有笛卡兒、斯賓諾沙、與康德等自人間理性之立場以議論上帝如何，理性之可通者存之，理性之不可通者棄之。笛氏斯氏康氏依違遷就，但對神學加以修正。自柏格生氏「上帝在自己造成中」（Dieu se fait）之言出，而後學者間乃云上帝既未完成，如何能爲全知全能全在與無始無終之主宰，最近更有夏爾屯之著作，將物質合之於生命與精神，本進化論之立場，說明人類在萬萬年中，所以知所以相愛。倘人類與上帝果爲父子之關係，而人類又在萬萬年時間之內，則阿哥斯丁上帝處於時間以外之說，正與夏爾屯氏之上帝兩相衝突。此我所謂西方宗教思想之變動者一也。宇宙之因素不外乎二，曰人曰物。人有心有思，能辨彼此黑白同異，更知道義之是非，乃能分工合作，相安相處。物屬於自然界，有爲純物質，如金銀木石之類，有爲植物生物或爲自然生長，或爲人所培植。自近代科哲學發展以還，物理學成立最早，以地位，運動，推力三者，解釋一切現象。所謂機械主義定命主義卽由此而來。質言之，除人之心理外，無一事物不立於機械主義之下者也。德國康德氏「純粹理性批判」出版，明告世人曰吾人所知之外界之地位，運動與推力，皆由於人之心，人之理知所自造成。更進而上之，若上帝存在，若靈魂不死，若意志自由，惟有由人之理性立之爲準則（Postulate），所以分別此三者於經驗界之智識之外也。康氏之立言如此，然在當時不能挽此機械論定命論之狂潮。至二十世紀之初，愛因斯坦氏推翻牛頓氏絕對時間絕對空間論，而有所謂相對論。泊蘭克氏之量子論，言極小質點，如電子之確實地位，不可確定，惟有以統計方法之平均數推知其所在，故名之曰蓋然數（Probability）。如是物質之確然不疑者，既不可得見，更從何而有機械主義定命主義之可言。吾人不能因此而放棄所謂物質。然生命，自由，變動，行動，與行歷（Process）之說，因之而抬高，此則柏格生（Bergson）蒲脫羅（Boutroux）倭伊鏗（Eucken）詹姆斯（W. James）與懷悌黑（Whitehead）等之大貢獻也。以今日科學智識增進言之，人之有賴於物質，殆無何逃避，然謂依物理學之定命主義，以解決人生與社會問題，殆必無之事矣。此我所謂西方哲學思想之變動二也。至於各門科學，雖未見特殊變化，其分工尤細，分析之應用，數學之應用，技術之應用，推廣地球上之研究至於行星之間，爲人所共見共聞者矣。吾國文化立於世界之間，百年以來向被人目爲頑舊。然正以其故步自封之故，反而與最近之西方互相接近。第一、吾國向不言宗教，亦不見超自然（Supernatural）與自然（Natural）之爭。儒家「理氣合一」，與夏爾屯由物質進而爲生命之精神之說，可以相通。儒家以事天爲「報本返始」，與鐵立汝（Tillich）氏「萬物之本」（Ground of Being）之言若合符節。第二、吾國哲學向不立系統，更無一元主義，因此物、知、心、意、身、家、國、天下八項並列，無派別爭雄之辯論，亦少衆花齊放之偉觀，然以孟子比柏拉圖，以朱子比亞歷斯大德，以荀子比經驗派，足與人並駕齊驅。至於指南針，地震器，火藥，印刷器之發明，可見吾國人之聰明不落人後。然此所云云，皆祖宗之成績，不應用爲今日之筌蹄。吾人欲求今後文化之復興，約有以下各事。（一）通各國之語言，歷史。（二）各國寶書應盡量繙譯，尤其不可不知鄰國如蘇聯與回教國之歷史，不可不通各大思想家如柏拉圖、亞歷司大德、康德、愛因斯坦、懷悌黑等之原著。（三）通東西兩方之短長得失。試問不知自己之長，何能擇善守信，不知自己之短，何能補所不足。（四）去其記憶背誦與文字考證，建立思想活力以發見新問題與其解決方法。（五）以世界新文化建設爲己任，不必以步趨西方之後爲滿意。總

之，擴大胸襟，觀察宇宙，在實事之中，以求其一是之歸。此吾國青年之責，不可委諸他國他人者也。聊因

同學拳拳之意，乃陳其平日所懷，惟祈

亮察是幸。專此順頌

旅安

張君勱手啟

一九六七年三月十八日

# 十二、一封不寄的信——責馮友蘭

芝生兄足下：古今朋友相識，彼此有進言之雅，所以相規而爲善，不徒爲一二人之私，亦所以矯正天下之風氣也。僕於北京學界之自甘俯首者，處暴力之下，誰能無家庭之累，自離引身遠去，此皆當時治國者之責，故不敢對於學界同人有所刺譏。今讀
足下「學習與錯誤」之文，乃令我身發冷汗，眞有所謂不知所云之感。夫書生之所以自立，曰讀書明理之餘，灼然胸有所見，本其所自信者，著之於簡册，垂之於天壤，其爲人人心理所同然者，則形之爲風俗，垂之爲傳統，即令立說有偏向者，亦不害其爲一家之言，如老莊楊墨是也。
足下著『中國哲學史』既成，以示適之，適之謂正統派的觀點，究竟此書爲正統派與否，且俟下文自見分曉，然
足下愛千年文化傳統之心，固躍然紙上，
足下序中之言曰：値存亡絕續之交，吾重思先哲之思想，其感覺如人疾痛時之見父母也。吾

先哲之思想，有不必無錯誤者，然「為天地立心，為生民立命，為往聖繼絕學，為萬世開太平」乃吾先哲著書立說之宗旨，無論其派別如何，而其言之字裏行間，皆有此精神之瀰漫，則善讀者可覺而知也。「魂兮歸來哀江南」此書能為巫陽之下招歟，是所望也。

足下既知宋儒立心立命繼絕學開太平之言為吾國國魂所寄，然，

足下今日立身行己，何其與作序之日相反若是耶？噫！吾知之矣。

足下將中國哲學作為一種智識，一種技藝，而以之為資生之具，如牙醫之治牙，電機工程師裝電燈電線，決不以之為身體力行安心立命之準則，此其所以搜集材料，脈絡貫通，足見用力之勤，然與

足下之身心渺不相涉，我所以謂

足下與中國正統哲學茫乎未有所見也。抗戰之中，教育部嘗設所謂學術審議會，集國內哲科文藝之作品，評其高下給以獎金。教育部將

足下之「新理學」一書交我審定。

足下之立場為英美新惟實主義，此立場能否解釋中國哲學，本為一大疑問。其中最關緊要者，分心與理為二派，以陸王為心派，以朱子為理派，朱王對於心之功能，有見解之不同。其言是也。然朱子從未將心與理分而為二，更從未將理推之於外。如

足下所謂理乃石上紋理，若可以目見而手可觸者。苟所謂理不先識之以心，則吾不知所謂窮理盡性者，孰窮之，孰盡之，朱子「觀心說」中有語曰：「盡心云者，則格物窮理，廓然貫通，而有以極夫心之所具之理也。存心云者，則敬以直內，義以方外，若前所謂精一操存之道也，故盡其心而可以知性知天，以其體之不蔽，而有以究夫理之自然也。」

足下讀此數語，可以明白朱子之意，不外乎不透過心則無窮理之可能，何能分心與理而二之
乎，當時教部論文中，相頡頏上下者爲
足下之文與金君龍蓀一文，金文由黃建中評定，但云此書有意於創而仍不免於因襲，其評語
簡單若是，因置之於第二，獨我對於
大著評語近二千餘字，其中褒語十之七，而十之二三卽批評理之不可推之於外應反之於內，
亦卽所以爲陽明心派辯護。然審議會中目眩於十之七恭維而無視乎十之二三之貶辭，當時我
私心之中，亦以
足下本新惟實主義說明宋明哲學中之太極圖等，實爲難得之作，故於心所不慊者置之，而於
可推崇之處則力獎之。
足下獲第一獎，見諸報章，於是朋輩責難之書紛至沓來，謂我平日議論絕不贊成「理在外」
之說，何以此次置
足下於第一，我乃答之曰：此事係看卷子，不是講學派。
足下本現代新哲學之學說，將現時視爲陳腐之宋明理學作一系統的說明，立下一個堅實的基
礎，不能謂無功於前哲，我於是答覆難我諸君曰：邵康節爲象數之學，然不害其爲宋代五子
之一，
足下之新惟實主義猶之象數學，何害其爲有功於宋明理學，當時所以爲
足下辨護者如是，況在抗戰之中，宜於獎勵國粹以增信心，故我評語亦從未發表（尙存教育
部中），所以成全其大者，則小者置之不議可矣。然證之
足下今日之所爲，足以見將心一關看得太輕而在外者看得太重，此乃中國哲學所以於

足下絕未有受用之處，亦以見心口不一，口言而身不行之大戒，歷代哲人久已懸爲厲禁者，乃於
足下之身證實之矣。吾國哲學之精神，在乎言行一致，本所自信書之爲文，即爲他日自己立身之準繩，而此種原則，尤當驗之於危難之際，故曰富貴不能淫，貧賤不能移，威武不能屈，此之謂大丈夫。其成而建功立業也，則安國家利民生，其不幸而失敗也，則不移不屈雖死猶生可焉。孔子不屈於春秋之世，故爲萬世師表。孟子不屈於戰國之世，賤儀秦所爲，民貴君輕之言，至今爲人所稱道。韓退之不屈於佛，乃作原道之文。伊川不屈於北宋之黨籍，令四方學者相從不舍。晦翁不屈於南宋之和議與所謂僞學之禁，乃成爲其先儒朱子，乃之文文山不屈於胡元，成爲吾族之正氣。陽明不屈於劉瑾，黃梨洲王船山不屈於滿清，皆吾國哲學精神之所寄，民族英魂之所在也。近數十年，青年學子視宋明理學爲陳腐不足道。其有道之如
足下者，但見其皮毛，不能體之於身心而力行之，此即朝秦暮楚，翻雲覆雨之心理所由以循致，而天崩地裂之局所由以造成也。我爲此言，海內學人或以我爲守舊，不知卓然自立者，乃天地間創造新局之人所必由，不限於宋明理學也。彼馬克斯、列寧、托勞孳幾，何一而不如是。馬氏困於英國倫敦，治學於英倫博物館，何嘗將一身之利害與各國之權貴，置之于心目之間。列寧氏因德參謀部之招而返俄，絕不以德爲恩，反藉俄國殘破之餘引起德國革命，彼等所爲，皆自出心裁，不隨人俯仰，豈有如毛澤東之甘爲蘇聯附庸，特于史泰林之生日，自赴俄都拜壽，以表其誠心歸附者哉。如是不論其爲慈祥愷悌如孔孟朱王，暴厲恣睢如列氏，皆本其平日之所自信，不顧一世之毀譽而毅然爲之，然後成其爲開天闢地之人物，毛氏

果崇拜列氏，應效法列氏之獨往獨來憑藉地大物博之中國，另創一格，以鼓動世界人類，自不失爲革命之鉅子，奈何附蘇聯肘腋之下，甘受其卵翼，此出賣四千年之中華民族之國格而自廁于石敬塘、劉裕、吳三桂之林，何光輝之有哉？況

足下讀書數十年，著書數十萬言，即令被迫而死，亦不失爲英魂，奈何將自己前說一朝推翻，而向人認罪，徒見

足下之著書立說之一無自信，一無眞知灼見，自信不眞而欲以之信人，則

足下昔日之所爲，不免于欺世，今日翻然服從馬氏列氏之說，其所以自信信人者又安在耶。數十年勤苦攻讀之所得，尙不足以自信而信人，乃謂一朝認錯之文，尙可謂其內有所自信，外可以信人乎？凡心思之所積，必由于平日之培養，自己信之旣眞，乃敢著書問世，此爲東西古今之所同，獨共產黨棄此常識立場，必令人推翻其積年所自信者，強之從我，此猶強橫男子，迫妙齡女郎而姦汚之，在女子爲弱質而墜于無可奈何，豈有

足下讀書明理之人，而受人顚倒至于此極乎。即令

足下不發一言，中共未必置之于死地，北平城內噤若寒蟬者何可勝數，奈何

足下竟不識人間尙有羞恥事乎。昔歐陽文忠于新五代史馮道傳之前有一段文字曰；禮義治人之大法，廉恥立人之大節，蓋不廉則無所不取，不恥則無所不爲，人而如此，則禍亂敗亡亦無所不至，況爲大臣而無所不取無所不爲，則天下其有不亂國家其有不亡者乎。余讀長樂老敍，見其自述以爲榮，其可謂無廉恥者矣。歐氏之言爲

君家前輩言之者，我今更爲

足下誦之，

足下之地位原不可與五朝元老等量齊觀，然即此一篇「學習與錯誤」之文。足下步趨君家前輩之後塵，昭然若揭，所可惜者。國人於宋明理學價値之高地位之重熟視無覩也，令今日全國盡棄其五千年之所固有而俯首帖耳於外人之所頤指氣使者，自甘爲其傀儡而不以爲辱，則令我悲不自已而不能默爾而息者也。凡上所言，不免不忠言之逆耳，然願望一朝之失足不至爲千古之恨事，願

足下有自贖於異日也。專此順頌

近安

張君勱手啟　六月廿三日印度

# 十三、致梁寒操先生論五十年來政治文化函

寒操先生：頃讀

大作「中國五十年來文化運動我見」一文，中有涉及梁任公語：「與袁世凱底下的軍閥，採取合作的態度，而不願意和革命黨作友誼的聯合。」勱追隨任公有年，略知其一生行動爲年譜中所不詳者四事：第一、辛亥革命告成，任公自日返國，其抵北京之日，各處演講，均爲勱所筆記；其中一篇爲國民黨歡迎會之講辭，說其自身主張君主國體，今則共和底定，不應對於國體再起爭執，應從事於法治基礎。此爲一篇極重要之宣言。任公於民國後所以一再倒洪憲、討復辟者，即由此而來，可惜國民黨中淡然處之而不以爲意。第二、對德絕交宣戰之議起，任公主張贊同美國對潛艇戰爭提出抗議，精衞與其他二三人，同此見解；奈中山先生與馬君武等，號召反對對德宣戰，南海亦採同一態度，外間傳聞中山先生有稱南海爲同志之言，此種對外和戰大事，理宜以美國所謂「不黨政治」出之，其所以不能出之於舉國一致之方針者，實由於當時內政上之形格勢禁，非一二人之所能爲力。第三、巴黎和會既開，任公

赴歐，勱亦在同遊之列，精衞來訪任公者三次，每次兩人在花園中散步，密譚二三小時之久，時則孫段張三人合作之舉尙未成功，精衞擬以任公爲媒，實現孫段梁之聯盟，而任公此時經二次入閣後，察見北洋軍閥之無可與謀，乃辭精衞之所請。第四、中山先生逝世，任公與之爲友，乃去弔奠，不料入門後，竟有呼打之人，幸有人出而阻制，任公乃得行禮而出，此可以見吾國人政治上所見之異同，可以影響於弔祭之禮。勱所以舉此四事，所以說明當時國中誠有深識遠見者出而斡旋其間，則孫梁兩派之合作，未必不能實現於政治舞台上。或者大陸淪陷之禍，因此而免，未可知也。此所云云，類於事後之先見，可以置而不論。然經已往五十年之教訓，國人所應共勉者，一曰戒意氣，二曰戒黨爭，三曰不可自以爲是，四曰不可各走極端，吾國處此國際潮流之中，政治經濟文化方面，無往而無相對之主張，甲派主東，乙派主西，丙派主南，丁派主北，甲派既已主東，乙派起而主西，兩派互相對峙，互相仇視，終至不共戴一天，然時間經過形勢改革以後，甲乙兩派主張之各異者，未嘗不可由異而赴於同。此則民國後梁孫之趨向可爲明證者也，可知兩派之對立，不可但從惡動機觀察，而應自其所以爲此主張者之正面注意之，則兩派之對立，可以相諒相解，而時機一到之際，自有合作報國之可能。倘若以己爲獨是，以人爲盡非，甚至同國之人互不相信，反而北走胡、南走越，借異國以覆宗邦，則五千年之故國，其將不復存在於斯世矣乎。此則今後之國事黨事，乃至文化上之西化派與傳統派，無一處不應戒黨爭、去意氣，更不可自爲是，以極端爲快意者也。此區區之愚，或者與

尊論文化運動有可以互相發明之處，因並及之。專此，順頌

著安。

張君勱手啟　七月廿八日金山

# 十四、立齋讀書記——「三通」性質今解

我少年時讀書上海廣方言館。袁觀瀾先生授以三通：杜佑通典；鄭樵通志；馬端臨通考。並告之曰：「吾國文物典章制度寓於其中矣。」時年方十四五，一國中何以有文物典章制度，文物典章制度何以有變遷，文物典章制度與人心之關係如何，茫然不解所謂。惟時手持三書序文，高聲朗誦，同於論語孟子。通考序中兩句，曰理亂興衰不相因者也。曰典章制度，實相因者也。尤爲讀後能記憶之句。然何以一相因，一不相因，絕未能推求其所以然之故也。年二十五六，在德國柏林大學，偶識辣松（Lasson）教授，讀黑格爾哲學之客體精神部門，忽恍然悟曰「三通」之文物典章制度，卽黑氏所謂客體精神也。年來久欲寫一文，爲溝通此兩方學說之津梁。庶幾國人識一國之文物制度，非帝王之制作，而實出於民族團體之精神。乃此文所由作也。

㈠「三通」內容

㈡「三通」與正史與資治通鑑之異同

㈢「三通」作者之生世
㈣黑格爾所謂精神與客體精神
㈤結論

## 一、「三通」內容

自有人類社會以來，無一處無風俗習慣文物制度。始爲部落時代，有生活起居之方，族內族外之婚制，宗教之皈依與禁忌，此爲初民之狀況。及其既有書契，則文物與制度見於書册，尤爲詳備。荀子之言曰：

「禮起於何也。曰人生而有欲，欲而不得，則不能無求，求而無度量分界，則不能不爭，爭則亂，亂則窮。先王惡其亂也。故制其禮義以分之，以養人之欲，給人之求，使欲必不窮乎物，物必不屈於欲，兩者相持而長。是禮之所起也。」

此篇僅名曰禮論，實人類文化生活之開始在其中矣。荀子於前段之後，續之以所以養口養鼻養目養耳養體之各種事物。乃曰「禮者養也。君子既得養，又好其別。」人羣之始，或爲遊牧，或爲漁獵，或爲耕稼，皆求所以爲養，所以給欲。及羣之既大，有長幼之序，職務之分，與夫貴賤之等，所謂度量分界，因而益加分明。此即下文所謂「以貴賤爲文，以多少爲異，以隆殺爲要」之意也。禮字在吾國用語如禮樂詩書，則爲四者之一。實則其廣義之用，可謂文化生活之各方面，無不含於其中。史記禮書曰「余至大行禮官（後改稱爲大鴻臚）觀三代損益，乃知緣人情而制禮，依人性而作儀，其所由來尙矣。人道經緯萬端，規矩無所不貫，誘進以仁義，束縛以刑罰，德厚者位尊，祿重者寵榮，所以總一海內，而整齊萬民也。」可知道德、刑法、爵祿與政治，無一不爲禮儀之所含所賅。此由於人羣之衣食居住與文物制度，皆出於人類之心思，若規矩準繩之爲人所不能自外。誠如太史公所謂經緯萬端，規矩無所不貫者矣。

吾人既明文物制度之由來，乃可討論其與理亂興衰之關係。自有人羣之始，不論爲初民文化民族，文物制度，隨以俱來。然自酋長時代，其爲頭目者必親臨戰陣，此於商湯之伐桀，武王之伐紂，可以見之。此一代之興衰，爲歷史上之大事，改正朔，易服色，定朝儀官制，爲開創之君所應有事。謂斷代爲史爲班孟堅所創，此乃深文周納之言也。朝代本身自有斷落，在同一書之史記中，有夏本紀，殷本紀、周本紀，秦本紀、漢本紀之分，則後之作者分之爲前漢書、後漢書、晉史、隋史、唐書、宋史，又何足怪乎。朝代既自分斷落，其中本無會通因仍之道，斷代爲史，亦理之自然者也。若其本爲會通因仍者，有史記之禮、樂、律、歷、天官、封禪、河渠、平準八書；有漢書之律歷、禮樂、刑法、食貨、郊祀、天文、五行、地理、溝洫，藝文十志；後漢之律曆、禮儀、祭祀、天文、五行、郡國、百官、輿服八志。或曰書或曰志，馬貴與所謂會通因仍者也。三通三書之內容，列表如下，然後論其所以異同之故。

| 通典總目 | 通考總目 | 通志總目 |
| --- | --- | --- |
| 一、食貨 | 一、田賦 | 一、帝紀（附年譜） |
| 二、選舉 | 二、錢幣 | 二、氏族略 |

三、職官
四、禮
五、樂
六、兵
七、刑
八、州郡
九、邊防

三、戶口
四、職役
五、征榷
六、市糴
七、土貢
八、國用
九、選舉
十、學校
十一、職官
十二、郊社
十三、王禮
十四、樂
十五、兵
十六、刑
十七、經籍
十八、帝系
十九、封建
二十、象緯
廿一、物異

三、六書略
四、七音略
五、天文略
六、禮略
七、謚略
八、器服略
九、樂略
十、職官略
十一、選舉略
十二、刑法略
十三、食貨略
十四、藝文略
十五、校讎略
十六、圖譜略
十七、金石略
十八、災祥略
十九、昆蟲草木略
二十、宗室傳
廿一、列傳（更分之爲獨行、循吏、酷

史、儒林、列女。）

廿二、輿地　　廿二、載記（據地稱雄之主）

廿三、四裔　　廿三、四夷

以上三書，其純粹典章制度之作，首推杜佑通典一書。通考中馬貴與加上經籍、帝系、封建、象緯、物異五類。經籍爲歷代著作之書目。帝系爲歷代帝王表。封建記周代封建，歷代侯王與唐代藩鎭。象緯詳載日月星辰與日蝕月蝕與星隕星見。物異記水、火、木、金、土與夫人獸之異。此五者爲杜典之所無。馬氏論杜氏之著曰「有如杜書，綱領宏大，考訂該洽，固無以議爲也。然時有古今，述有詳略。則夫節目之間，未當明備，而去取之際，頗欠精審，不無遺憾焉。」可知通考確以通典爲藍本，繼其後而更求詳備之作。然象緯之記天象，物異之記五行人物之異，爲杜氏所不取。其無當於杜氏之意，可以想見。然此二書爲典章制度之書，則無可否認者也。

鄭樵通志全書二百卷，其中帝紀二十四卷，列傳與四夷百二十三卷。二百卷中有一百四十七卷，皆舊史之文，夾漈有言：「紀傳者編年紀事之實蹟，不爲智而增，不爲愚而減，卽其舊文，從而損益之。」然紀傳所以記個人之行爲，無關於典章制度，早爲杜典馬攷所擯者矣。鄭氏得意之作，爲二十略。其言曰「臣今總天下之大學術，而條其綱目，名之曰略，凡二十略，百代之憲章，學者之能事盡於此矣。」其五略，漢唐諸儒所得而聞，其十五略，漢唐諸儒所不得而聞。所謂五略，曰禮略，曰職官略，曰選舉略，曰刑法略，曰食貨略。此五略「本前人之典，亦非諸史之文」（鄭氏原文），此其可以與杜典馬攷相通之處也。十五略曰氏族略，曰六書略，曰七音略，曰天文略，曰地理略，曰都邑略，曰諡略，曰器服略，曰樂略，曰藝文略（馬攷所有，杜典所無）曰校讎略，曰圖譜略，曰金石略，曰災祥略，曰昆蟲草木略。天文略屬於天文學，地理屬於地理學，六書七音應屬於語言音韻學，金石學屬於考古學，樂屬於音樂藝文，圖譜與校讎屬於書目學，或文字考證學，都邑略爲地理或經濟地理或政治地理之一部，氏族略屬於人類學或社會學，器服屬於家具或衣飾學。謚爲現代所無，災祥爲近人所不講。此十五略，鄭氏謂之爲「大學術」。可知其志在特創若干種新學問，自爲鄭氏獨得之秘，非漢唐諸儒所能望其項背者也。然既謂爲學術，其與杜典馬攷之爲典章制度者，自不可同日而語。然就廣義言之，學術自爲文物之一部。此包括於通志中，良以學術爲共通之理故也。

## 二、三通與正史與資治通鑑之異同

史部之書，有屬於紀傳體者，如史記、漢書、唐書、宋史，有屬於編年體者，如資治通鑑。有屬於制度類者如通典、通考。馬貴與之言曰：

「竊嘗以爲理亂興衰，不相因者也。晉之得國異乎漢，隋之喪邦異乎唐，代各有史，自足以該一代之始終，無以參稽互察爲也。典章制度實相因者也。殷因夏，周因殷，繼周者之損益，百世可知，聖人蓋已預言之矣。爰自秦漢以至唐宋，禮樂兵刑之制，賦斂選舉之規，以至官名之更張，地理之沿革，雖其終不能以盡同，而其初亦不能以遽異。如漢之朝儀官制，本秦規也。唐之府衞租庸，本周制也。其變通張弛之故，非融會錯綜，原始要終而推尋之，固未易言也。」

馬氏名正史與通鑑爲記理亂興衰之書，通典爲記典章制度之書。然馬氏早知紀傳之史，不能離乎典章經制。其論史記曰：

「太史公號稱良史，作爲紀傳書表，紀傳以述治亂興衰，八書以述典章經制。後之執筆操簡牘者卒不易其體。」

然馬氏以爲太史公書，由堯舜禹湯文武以至秦漢，貫串而綿延不絕。自「班孟堅而後，斷代爲史，無會通因仍之道，讀者病之。」誠如馬氏言，理亂興衰本不相因，則一朝歸一朝，斷代爲史，有何碍乎。吾以爲正史與通鑑之記載，皆以治亂爲主。司馬遷覆任少卿書云：

「西伯拘而演周易，仲尼厄而作春秋……大抵皆聖賢發憤之所爲作也……僕竊不自遜，近自託於無能之辭，網羅天下放失舊聞，考之行事，稽其成敗興壞之理。凡百三十篇，亦欲以究天人之際，通古今之變，成一家之言。」

太史公所謂成敗興壞，與馬氏所謂理亂興衰，同一意義者也。其自比於孔子，見於其自序之中，其言曰：

「先人有言，自周公卒，五百歲而有孔子，孔子至今五百歲，有能紹而明之，正易傳，繼春秋，本詩書禮樂之際，意在斯乎，意在斯乎。小子何敢讓焉。」

司馬遷毅然以孔子自任，顯然矣。其史記之作，亦以追蹤春秋爲志。其言曰：

「撥亂世，反之正，莫近於春秋。春秋文成數萬，其指數千。萬物之散聚，皆在春秋。春秋之中，弒君三十六，亡國五十二，諸侯奔走不得保社稷者不可勝數。察其所以，皆失其本已。故易曰差以毫釐，謬以千里。故臣弒其君，子弒其父，非一朝一夕之故，其漸久矣。有國者不可不知春秋，前有讒而不見，後有賊而不知。爲人臣者不可以不知春秋。守經事而不知其宜。遭變事而不知其權。爲人君父者而不通於春秋之義者，必蒙首惡之名。爲人臣子不通於春秋之義者，必陷簒弒誅死之罪。……故春秋者，禮義之大宗也。夫禮禁未然之前，法施已然之後。法之所爲用者易見，而禮之所爲禁者難知。」

太史公乃設爲與壺遂問答之辭。壺氏曰「孔子時上無明君，下不得任用，故垂空文以斷禮義，當一王之法。今上遇明天子，下得守職，萬事既具，咸各序其宜，夫子所論將以何爲。」史公答之曰「士賢能矣而不用，有國者恥也。主上明聖，德不布聞，有司之恥也。余且掌其官(太史)，廢明聖盛德不載，滅功臣賢大夫之業不述，隳先人所言，罪莫大焉。余所謂述故事，整齊其世傳，非所謂作也。而君比之春秋謬矣。」其言駁壺氏不敢自比於春秋。然明聖德，表功臣，非春秋褒貶之意乎。如是言似謙遜，而孔子篡創之意，躍然紙上也。

司馬溫公作資治通鑑，書成上神宗書曰「專取國家盛衰生民休戚，善可爲法，惡可爲戒者，爲編年一書。」此爲其著書之宗旨。末後告神宗曰「鑒前世之興衰，考當今之得失，嘉善矜惡，取是捨非。」其於通鑑開宗明義章周威烈王初命晉大夫魏斯、趙籍、韓虔爲諸侯之後，加臣光曰評論一段，言周道日衰，綱紀散壞。最後斷之曰：「今晉大夫暴蔑其君，剖分晉國。天子既不能討，又寵秩之，使列於諸侯，是區區之名分，復不能守而並棄之也，先王之禮，於斯盡矣。」質言之，治亂得失，爲溫公著書宗旨之中心也。

如是紀傳體之正史也，編年之通鑑也，二者同以記述國家之治亂興亡爲要義。然正史之中，既有八書，不能謂太史公，班孟堅等不知有典章制度，即溫公通鑑何嘗不注意於設官分職與租賦徭役與貨幣輕重。此乃人類歷史中治亂與制度二者交相爲表裏之明證也。然則正史與通鑑所以異於三通者果安在耶。依我觀之，正史通鑑，皆以各人之言行爲本位，爲人君者有紀，爲人臣者有傳。語明君必舉堯舜禹湯文武漢高唐太。論暴主必舉桀紂幽厲秦政隋煬。稱賢相，必舉蕭何，諸葛武侯，房元齡，杜如晦。列姦臣，必以王莽，曹操，司馬懿，劉裕，石敬塘爲首。表彰哲人，必舉孔孟莊荀朱王。傳法高僧，必首舉法顯，鳩摩羅什，玄奘。以云探險家，必列張騫，鄭和。良以歷代之活動者爲個人故也。反之，通典通考之爲書，記典章制度。所以化民成俗者，有禮樂教育選舉。所以駕御人民者，有兵刑制法。所以取於民者有賦稅征役。所以養民者有農田水利工商交通。此教民養民御民之制度，起於人羣之需要，即荀子所謂養人之欲，給人之求者是矣。章實齋推之，以至於道。其言曰：

「人生有道，人不自知。三人居室，則必朝暮啓閉其門戶，饔飧取給於樵汲，既非一身，則必有分任者矣。或各司其事，或番易其班，所謂不得不然之勢也。而均平秩序之義出矣。又恐交委而互爭焉，則必求年之長者持其平。亦不得不然之勢也。而長幼尊卑之別形矣。至於什伍千百，部別班分，亦必各長其什伍，而積至於千百，則人衆而賴於幹濟，必推才之傑者理其繁，勢紛而須於率俾，必推德之懋者司其化。是亦不得不然之勢也。而作君作師，畫野分州，井田封建學校之意著矣。故道者非聖人智力之所能爲，皆其事勢自然，漸形漸著，不得已而出之，故曰天也。」

荀子與章氏，皆言教化禮樂刑政，起於人羣之需要而不得不然者。然荀子側重於先王之製作。章氏則云非聖人智力之所能爲。此爲社會學或哲學中之大爭執，暫置不論。吾所欲言者，章氏認爲制度之中有均平秩序之義。換詞言之，有道德的元素存乎其中。此德哲黑格爾氏所以稱爲客體精神也。客體精神者，謂各人之心思就個人言之，起於各人之主觀或曰主體。然其通乎全社會而凝結爲文物制度也，則聯繫一羣之人，而具有客體之存在，如宗教之教會，如學術思想之文章。就各時代言之，有所謂文藝復興，所謂啟蒙時代。如政治上之所謂封建，君主專制與夫民主。雖其經歷時代之後，常有因革損益，然在一個時期中，成爲學說制度，則有其形外之定型。此所以成爲客體精神也。吾國自孔子三代相因之言，司馬遷之八書，亦早知文物典章制度之超於朝代以上而相因相革。然如黑格爾氏明標之曰客體精神，爲前此所未聞者也。然黑氏視文物制度爲精神之一部，乃團體之心力之果實。此爲立國文化之要義，不可忽視者也。

## 三、三通著作者之生世

通典、通考、通志三書共名爲通，其內容不同。通典之重點在「典」字，確爲典章制度之書。馬氏書名曰文獻通考，釋文獻爲典籍，因而於通典各章外，再加經籍、天文、象緯、物異等篇。意在求其詳備，不知其與杜氏原旨有出入矣。至於鄭氏書，重在二十略，創立若干門新學問。學問誠不失爲思想之產物，出於個人之著作，與典章制度之超於個人以上者，爲不同者也。玆述杜氏、馬氏、鄭氏三人之生世如下：

（甲）**杜佑** 杜佑爲唐代天寶以後之人物，唐代衰運中在政治上能自保其身，在學術上有垂諸不朽之作也。自玄宗以後，邊疆方鎭之亂先後疊起，因軍費繁浩，重用言利之臣如劉晏、楊炎、第五琦、王叔文、李巽等。其人時招衆忌，或殺或流或貶，而杜佑掌度支，得全晚節。代宗、德宗、憲宗朝，文學知名之士如韓愈、柳宗元、白居易、元稹、或直言竭諫，或以黨同伐異而貶謫，爲尋常習見之事。而杜氏獨能自全。歐陽修新史稱之曰「爲人平易遜順，與物不違忤，人皆愛重之。」可知其爲明哲保身之人矣。

一、杜佑生於玄宗開元廿二年（公元七三四年）。
二、佑以蔭補濟南參軍剡縣丞。
三、父執韋元甫奇其才，署司法參軍府。
四、楊炎輔政，佑任金部郎中，爲水陸轉運使，改度支使兼和糴使。
五、盧杞爲相，杜佑出爲蘇州、饒州、嶺南刺史。
六、德宗委以討平徐泗之亂，無功，以張愔代之。

七、德宗十九年，佑檢校司空，二十年同平章事，節度徐泗。
八、順宗元年檢校司徒。
九、憲宗元年拜司徒，任度支鹽鐵轉運使。四月即解職。
十、佑解度支職，仍爲司徒，憲宗七年致任。

如是杜佑爲宰相，已年逾七十，及元和七年（公元八一二年），公逝世矣。其任冢宰兼度支之日，以王叔文爲副。叔文因搖撼東宮之謀去職，佑更薦李巽爲副。此皆杜氏謀所以自全之策也。歐陽修稱之曰「佑資嗜學，雖貴，猶夜分讀書。」可知其通典二百卷，爲秉燭讀書之成績。其任戶部侍郎時，曾上書曰：

「自漢至唐，因征戰艱難，以省吏員，誠救弊之切也。昔咎繇作士，今刑部尚書，大理卿，則二咎繇也。垂作共工，今工部尚書與將作監，則二垂也。契作司徒，今司徒，戶部尚書，則二契也。伯夷爲秩宗，今禮部尚書，禮儀使，則二伯夷也。伯益爲虞，今虞部郎中，都水使司，則二伯益也。伯冏爲太僕，今大僕卿，駕部郎中，尚輦奉御，閑廐使，則四伯冏也」。（下略）

此言乎六部與九卿官制之重重疊疊，惟杜氏精於歷代制度者，能澈底言之如是。杜氏通典告成於貞元十七年（公元八〇一年）。其獻書之文曰：

「夫孝經、尚書、毛詩、周易、三傳、皆父子君臣之要道，十倫五教之宏綱，如日月之下臨，天地之大德，百王是式，終古攸遵。然多記言，罕存法制。……每念懵學，莫探政經，略觀歷代衆賢著論，多陳紊失之弊，或鈌匡救之方。臣既庸淺，寧詳損益，未原其始，莫暢其終。尚賴周氏典禮，秦皇蕩滅不盡。縱有繁雜，且用準繩。至於往昔是非，可爲來今龜鏡，布在方冊，亦粗研尋。自頃纘修，年逾三紀。……圖籍實多，事目非少。將事舉功，罔愧乖疎。固不足發揮大猷，但竭愚盡慮而已。」

我讀通典，循誦不已者，莫如其評秦後政治根本弊病之語。其言曰：

「降秦以後，阡陌既弊，又謂隱覈在乎權宜，權宜憑乎簿書，簿書既廣，必藉衆功，藉衆功，則政由羣吏，由羣吏則人無所信矣。夫行不信之法，委政於衆多之胥，欲紀人事之衆寡，明地利之多少。雖申商督刑，撓首總算，亦不可得而詳矣。不變斯道而求理者，未之有也。」

秦得田賦之制，理財家每自謂有救之之良法，杜氏名之曰權宜。然三十稅一也，租庸調也，兩稅也，一條鞭也，無一朝無一次不賴吏與胥。於是舞文弄法，上下其手，欺矇，隱匿，逃避，賄賂隨之而來。迄於今日，已爲民國矣，人口無報告，選民無名冊，猶漢唐舊習焉。此吾國政治根本上不清明之所致也。杜氏身爲宰相，任事四五十年，著書又三十年，乃呼號秦後之政曰人無所信，曰不信之法。此眞一針見血之言，爲今人所應深思熟考者也。杜氏不變斯道而求理者未之有也之語，等於說傳統政治中無路可尋。吾人居廿世紀，奈何不以民主制度下之政治公開，人權保障地方自治與夫民德民智之培植爲矯正之法，而猶高譚傳統政治乎。

（乙）**馬端臨**　馬端臨為宋丞相廷鸞之子。廷鸞在理宗度宗兩朝，直言敢諫，其措辭立論，頗肖朱子。宋亡後，端臨隱居不仕，以二十餘年之力，成文獻通考一書。留夢炎與廷鸞同時為相，降元朝後，欲羅致端臨，端臨以親老辭。後為慈湖，柯山二書院院長，臺州教授三月，謝病歸，卒於家。端臨於通考自序中有『百憂薰心』四字，殆指心中亡國之隱痛歟。

馬氏所以作通考之故，本於「其理亂興衰不相因者也」，「典章經制實相因者也」二語。其傾倒於杜書，可以其言「綱領宏大，考訂該洽，固無以議為也」之十四字證之。然於杜書之略詳節目，以為有未當之處，乃毅然以補正之功為己任。其言曰：

「古者因田制賦，賦乃米粟之屬，非可析之於田制之外也。古者任土作貢，貢乃包篚之屬，非可雜之於稅法之中也。乃若敘選舉，則秀孝與銓選不分，敘典禮，則經文與經文相汨，敘兵則盡遺賦調之規，而姑及成敗之跡。諸如此病，寧免小疵。」

此種批評分析之語，使杜書更加精審明備，其為制度之書，馬氏絕未變更焉。其所增加之五門，曰經籍則為著作目錄，曰帝系，是為人事，曰封建，但就歷代封建王侯言之，亦為人事之一部，曰象緯屬於天文，曰物異則為天象人獸之變。馬氏因其為歷代正史中有志記之，因而綴緝於通考之中。馬氏認為此五項有相因之意義。實則此類事物，固可依歷史沿革記之，然與制度之通行於社會，且有具體之外形，如教育之有學校，宗教之有廟寺，政府之有衙署者，固不相侔焉。

（丙）**鄭樵**　鄭樵為北宋南宋間之人物。生於北宋哲宗之世，至南宋高宗時代，其名始顯。此爲吾國學術界之特殊人物，非常人所能企及者也。茲錄宋史鄭樵傳：

「鄭樵字漁仲，莆田人，好著書，不爲文章。自負不下劉向揚雄。居夾漈山，謝絕人事。久之乃游名山大川，搜奇訪古。遇藏書家，必借，留讀盡乃去。趙豐公張魏公而下，皆器之。初爲經旨、禮樂、文字、天文、地理、蟲魚草木、方書之學，皆有論辨。紹興十九年上之，詔藏秘府。先生歸，益厲所學。從者二百餘人。以侍講王綸，賀允中薦，得召對。因言班固以來歷史爲史之非。帝曰聞卿名久矣，數陳古學，自成一家，何相見之晚耶。……高宗幸健康，命以通志進。會病卒。年五十九。學者稱夾漈先生。蓋先生好爲考證倫類之學，成書雖多，大抵博學而寡要云。」

通志六書略中有華梵文字異同一篇，夾漈先生學問之博，可以想見矣。二千餘年歷史中博學而著作多者者三人，一曰朱晦庵；二曰王船山；三曰鄭夾漈。朱王有其哲學體系，著作多而自有條貫。鄭氏創立各種新學問，然無體系。此乃宋史博學寡要之評，所由來也。其上皇帝書曰：

「念臣窮困之極，而寸陰未嘗虛度，風晨霜夜，執筆不休，廚無煙火，而誦聲不絕，積日積月，一簣不虧。」

下文繼之以對於各種學問所費之歲月：㈠十年爲經旨之學。㈡三年爲禮樂之學。㈢三年爲文字之學。㈣五六年爲天文地理之學、爲魚蟲草木之學，爲方書之學。㈤八九年爲討論之學爲圖譜之學爲亡書之學。此五時期佔了三十餘年。紹興應召上殿，奏言「臣處山林三十餘年，修書五十種，皆已成之書，其未成者，臣取歷代之籍，始自三王，終於五季。通修爲一書，名曰通志。」大概現存通志之前二十四卷，與七十六卷以下至二百卷，爲上奏時所欲寫成之通志，此時爲歷史之書。最後又以二十略納入其中，乃爲現存之通志矣。

吾人今日讀之，二十略共六十七卷，禮、職官、選舉、刑法、食貨五略十六卷。餘五十一卷，與其餘帝紀列傳百四十七卷，實另爲一類。此兩部分由於臨時合而爲一，初非整塊思想中之產物也。禮略等十六卷，可謂爲典章制度之具有外形者，其餘十五略，可名曰分門專科之學，如天文、地理、金石、草木、魚蟲、文字、音韻，謂之爲科學可也。此分科之學自有其知識之沿革，猶如各科學，從其開始至今日，可作爲一部科學史之研究，然與典章制度之起於人類精神自具有外形者不相侔者也。如是通志一書，原以班固斷代爲史無復相因之義爲出發點。然如其屬於馬貴與所云治亂興衰之帝紀列傳百四十七卷與其屬於分科之學之五十一卷，此三者之所以會通之道安在乎。二百卷中，不相因者佔百八十四卷，雖賅以一名通志，然不如杜佑通典一書之性質純粹，顯然矣。然鄭樵之所以爲鄭樵，自有其巋然獨存之道，與通志內容之合於杜氏或不合於杜氏無涉焉。章實齋申鄭篇稱之曰「鄭樵生千載而後，慨然有見於古人著述之源，而知作者之旨。不徒以詞采爲文，考據爲學也。……獨取三千年來遺文故册，運以別識心裁。」以現代名辭言之，博學多識而有創作天才者也。吾國倘多有如鄭氏爲人者，學術界何至陳陳相因，如是又何患無起死回生之一日乎。

## 四、黑格爾所謂精神與客體精神

黑格爾哲學之體系，分爲三部門，一曰邏輯，卽意典（柏拉圖所謂意典）之本身，二曰自然界哲學，卽意典之外化，三曰精神哲學，卽意典之由外而復歸於內。黑氏哲學之各部，均由一分而爲三，再由三合爲一。邏輯的意典分而爲三，曰大有(Being)，曰精粹(Essence)，曰識解(Notion)。意典外化之自然界，分而爲三，曰機械(Mechanics)，曰物理(Physics)，曰有機體（Organism）。意典內歸之精神，分而爲三，曰主體精神（Subjective spirit），曰客體精神（Objective spirit），曰絕對精神（Absolute spirit）。就此九項，一一爲之解釋，非千言萬言，不能說明。故只列舉其名而已。就其要點言之，黑氏哲學爲一種形上學，與柏拉圖之意典相類，謂宇宙之構造，先之以概念，如有、如無、如變，均概念也範疇也。此概念範疇，皆屬於先天，在理性之中，非官覺所能察覺。此其所以爲意典，爲形上學也。然意典必外化而後成爲世界，於是有力之相推，是爲動力，惰性，擊力。有單體，如元素如吸力如聲光如日月星辰。更有有機體如地球之構造，如植物、如動物。意典之由外化而內向，有主體精神，如本能、情感、知覺、思想、理性。有客體精神，如契約、財產權、罪行與過失，如道德上之是非善惡，如各種組織曰家庭社會國家。絕對精神亦分爲宗教曰哲學。此三而又三之大全之總名曰意典，或曰實有。

本文所欲論者爲黑氏所謂精神與客體精神。人之所以爲人，有嗜慾，有官覺，有聞見之知卽理知，有想像，有記憶，此之謂主體精神，卽各個人之慾望，感覺理智是也。然各個人之內在精神，可以推己及人，而成爲制度，於是有家庭，有通工易事，有守望相助，有道德上之善惡是非，有法律上之罪行過失，有設官分職，有禮樂教化。此之謂客體精神。客體精神者，由蓄於內者，形之於外也，與植物之生於地，飛鳥之舞於空，日月星辰之懸於太空，一也。然其既成爲制度後，雖出於各人之心思，實已超乎各人之上，而爲公衆集體之所行所守，且有外形而成爲機構，如教化之有學校，法律之有法典與法庭，銓選之有考試與文官制度，乃至憲政之有國會有內閣。此皆客體精神之外形也。黑氏更推而廣之，稱美術，宗教與哲學三者爲絕對精神，此爲純粹思想，此爲實有（Reality）。此爲主體精神與客體精神之合一。

黑氏一生之著作之年月，精神現象成於一八〇七年，邏輯成於一八一二年，學問總綱成於一八一七、二七、三〇年，法律哲學成於一八二一年，世界歷史哲學，哲學歷史，美術哲學與宗教哲學，由其門人編輯而成。各書皆十九世紀初期之書也。黑氏逝世，其學說流傳於英國與意大利，乃有英、意兩國黑格爾主義。一九三二年秋我去德國書舖，買黑氏邏輯，主人語我曰今年爲黑氏死後百年紀念，故此書方出。倘去年來購此書，則無以應。因一八三一年後黑氏書久不印行矣。此數語中可窺見黑氏學說在德之沉寂爲何如。

德哲尼哥拉·哈德門氏於一九三二年，著「精神之有的問題」（Das Problem des Geistigen Seins）一書。研究黑氏所謂精神。其第十八章曰「對黑氏主張之立場」。其第一段曰黑氏之發見與發見者之錯誤。其言曰：

「各大發見者，每不自知其所發見者爲何。哥倫布發見新大陸，而不知其爲新大陸，發見精神者不知其爲精神，正與哥氏同。惟有歷時以後，方知其發見爲何。後代繼起者方知之。兒童小說中曰：「有人出門，求一小驢，不料所得者爲一王國。亦有本求王國者，僅得一小驢。此亦數見不鮮，但歷史家不記載矣。」

「吾人可以明言黑氏爲客體精神之發見者。黑氏定名曰客體精神，卽此超個人的歷史上活動的精神。歷史上各事情，皆以此精神爲本。歷史之擔當者，道德，法律，團體組織，國家教育，與文化之創造者，卽此客體精神也。此種之文化結構中，卽歷史之所在。惟此客體精神乃能指示精神歷史上之途徑。」

「黑氏此項發見，將歷史各區域之活動精神，以哲學方法總括之，並將其本身生活（卽其與個人之關係，目的在乎自由）與活動精神或爲並列式，或爲上下相屬式一一指示。但此項發見全以黑氏思想上中之形上學爲背境，因此黑氏成績，爲其方法所誤，所隱蔽，或有失眞之處。其所觀察者所把握者，反爲思想結構或曰辯證法所縈繞，而無由分開。此黑氏思想之所以受抨擊，不能謂評者之無理由也。」

「但評論者之言，不免過乎其度。此由於其不辨其何爲發見，何爲發見者之錯誤，或曰將黑氏所覺察與所思構，混而爲一故也。黑氏哲學體系有使人難作此分辨之工。但今日所需者卽此爬梳之工。黑氏哲學之永久價値，不在其思構與體系中，而在其研究與發見中。本書之所貢獻者，卽此滌洗之清潔工作。將所觀覺者由體系網羅中解放而出之。此爲黑氏哲學之歷史材料中之超歷史的精粹也。」

哈氏在二十世紀初期，自宣佈退出新康德派，轉而爲惟實主義者。其所謂實，非物質可見之實，乃包括物質、生命、心理、精神四者之實。質言之，非唯物派之實，非經驗派之實，亦非英美新惟實派之實，乃衆物理、生物、心理、精神（道德法律等）四種現象，爲人所共見共知而無可否認者也。哈氏本其唯實主義立場，取黑氏客體精神而復活之。可知其非爲形上學體系之一部，乃人間實有之現象也。

黑氏客體精神所列擧者，曰道德，其在吾國曰倫理曰善惡是非，屬於內心精神，而不列於典章制度之內。曰法律，卽三通之刑法與大理時之官制。曰國家，卽吾國所謂君臣與設官分職。曰敎育，卽吾國之庠序學校。曰團體組織，卽吾國通工易事之社會。曰文化，卽九流，七略之藝文。曰宗敎，類於吾國郊社之祭禮。如是東西兩方之見解，無一事不同。其所以異者，黑氏以哲學家之眼光，概括以一名曰客體精神。此精神爲超越於個人之上，且垂爲典型。其成爲時代風尙，則有百家爭鳴，指戰國諸子百家學風之盛言之。曰四六文字，指南北朝彫琢文辭言之，如曰唐代藩鎭，指疆臣割據言之，如漢宋黨禍，指士大夫好議論政治與其倔強不屈言。其在西方曰希臘文化，曰羅馬法律，曰文藝復興，曰啟蒙時代，曰英國憲政，曰法國革命。若此類者，其著書立說或出生入死之個人，早已去矣。然其一代精神常留於後人心中，爲人所仰慕。若可以招來而與之晤對者。此所以名曰客體精神也。

## 五、結論

或者曰：子旣以三通內容比黑氏客觀精神誠是矣。然人類社會之所以成人類社會，更有其深且遠者，人類之養育，曰言語之達意，曰社會之傳授，曰各人之通工易事。子盍言其所以然之故歟。吾應之曰：此四者人類社會所以生存之基礎也。一羣之人之生生不息，由於父母之養育。孔子曰「子生三年，然後免於父母之懷」。此語但就子女之撫育言之。他若語言也，禮俗也，知識也，爲人之道也，其出於父母之口，入於子女之心者，尙不知有多少事。可知子女與父母相依，乃能有所知所聞，以成其爲社會之份子。如是謂人羣之語言，風俗與習慣，出於父母之傳授也。其次語言文字所以通彼此之情意。兒童自墜地以後，學習其羣中之語言，不知不覺中，不憑一書本，就所聞於父母兄弟姊妹者記憶之，及其有所知而以之語人，亦自知應用者爲何語何名，人將有以應之，或聞之而歡笑。及其旣長，彼又以所知者，寫爲文章，或以筆記，或以明理。乃至其社會中之前言往事，或哲理科學之發明，無不憑此語言爲前後代經驗之承受。又其次爲人與人之相處，常相效相慕，或一身之衣服，或一家之居住，或技能之學習，或事理之是非，無不由於學習與辨析而來，家中之長幼，行業之師徒與學校之師生，何一不相勉而相勵以求一身之有成與社會之進步乎。乃至其飽暖日用之具，初出於獵，繼出於牧，又繼以稼穡，而有工商，乃有日中爲市，交易而退，各得其所之滿足。此四項或由於本能，或由於需要，或由於互助，其總之合之者，團體生活也。語言尤爲團體中各人達意之公器，謂爲聲音乎，則聲音不足以盡之，謂爲符號乎，符號不足以盡之。因其有所達之意與義，所明之理與道也。西方言語學者衆說紛紜，不能說明其所以然之故。其爲同聲同氣之所需，心同理同之傳達之具，則無可疑也。質言之，人類精神上苟無此相需相依之公溥者，則所謂文化、教育、學術何自而來，典章制度又何從而立乎。人類文化從廣義言之可分之曰文學、曰美術、曰知識、曰宗教、曰道德、曰政治，然此屬於各方面者，概括之以一名，曰客觀精神。因此鄭樵以二十略歸納於通志之中，或如杜佑之以典章制度爲限，此視其人之解釋如何，不必以一格相繩也。然惟其有此精神有所思所知所成就者，相傳授，而後有歷史。倘其爲塊然之物與飛走之禽鳥，有何精神有何歷史可言乎。此則人羣社會之特點，曰精神而已，曰文化而已。

馬貴與之言曰：「殷因夏，周因殷，繼周之損益，百世可知，聖人蓋已預言之矣。爰自秦漢以至唐宋，禮樂兵刑之制，賦歛選舉之規，以至官名之更張，地理之沿革，雖其終不能以盡同，而其初亦不能以遽異。如漢之朝儀官制，本秦規也，唐之府衞租庸，本周制也。其變通張弛之故，非融會錯綜，原始要終而推尋之，固未易言也。」文章制度，歷代相因，則客體精神之存在，吾國學者見及之者，早於歐洲約千年之久矣（自杜佑算起千年，自馬端臨算起八百年）。然歐人習於邏輯，其所以說明文物典章之特點，曰超個人，曰團體精神，曰具有外形，曰有生命。其刻劃之深，非吾國所能企及者矣。

本文所以說明三通之作與黑氏客體精神有相通之處而已。文化雖起於精神，然精神自身不能構成文化，其爲之基者曰人種曰地理曰農工商之經濟生活，均爲文化大建築所不可缺之鋼骨水泥也。文化之發達，尤必需有生活之安定與構思之閒暇。管子所以謂「倉廩實而後知禮義，衣食足而後知榮辱」即此意也。自秦燒書以後，學者敝精勞神於經學考證，以抱殘守缺爲事，經老學復活與佛學輸入，於是吾國學者思想又呈顯其活潑之狀，韓愈原道李翶復性與劉禹錫天論因之以成，而杜佑之通典，爲同一時期之產物。宋承五代而起，力矯當時風氣，提高士大夫地位。於是周程張朱理學運動之勃興，而司馬光之通鑑，鄭樵之通志，馬端臨之通考與之後先輝映矣。此非一手一足之力，而時代風氣促成之也。然吾人倘將一國文化構成之因素，全委之於時代與夫社會上環境，而忘各個人之努力與其所以致力於愼思明辨與夫奬善懲惡之大原則，則一二人之學說與行爲如韓非子之尙權謀術數，如曹操司馬懿之以禪讓行其篡弒者，其貽害於數千年來人民之智慧德性與國家之典章制度者，不可勝道。何也，學者不爲理論之公是，謀國不爲人民之公利，而但知爲一己進身之階與爲君主一人之私者，未有不毒流後世者也。此則西方之論學論政歸本於客體精神（精神主公主合，不主私與分爲黑氏學說之要點，俟後論之）者，所以爲國人所當追蹤而上之者也。

# 編後記

## 張君勱先生著：「中西印哲學文集」

中國儒家之「義理心性」，西洋之「宇宙生命」——印度之「吠陀梵我」及佛教之「眞如實相」，乃今世之三大哲學。言語文字雖異，而理事無礙，確有其相同者在。所謂「理一分殊」，不特就「物自體」與「現象」言，有其不一不異。然心同理同——可各又有其不同之相應。要其學思歷程——無不由無知，而驚奇，而懷疑，而追究，而完成。或少得爲足，或終得其究竟。雖有「不可知論」，然「溫故知新」，「三明達智」，尤其「蒲許納氏曰：人類心理，皆腦神經爲之：思也，記憶也，想像也，數之概念也。空間之概念也，美之概念也，皆藏於特定之細胞中。成年人之思想，不越乎十萬概念。而腦中細胞，自五萬萬至一千萬萬，故尚有保存新概念之餘地——張君勱先生譯英國喬特『心與物』自『序』頁四民國十四年商務版」所言，則腦中細胞之藏記憶，可爲「溫故」與「三明達」，作「新釋證」。蓋「先驗」或「先天」，如有「期又一期無量刼來之生命流轉可言，則記憶如不隱覆，即可於「由闇而明」，「由明而明」，以達於無不可知者。王陽明說「知」並說「良知」：「知是理之靈處」，「良知是天理之昭明靈覺處」，「良知之在人心，亘古至今，無有終始」，

「良知之在人心，若問於聖愚，天下古今之所同也」。是知與不知，惟在能明與不明。然人固無不求於明也。

知於「天道」，知於「實在」，知於「眞常」，然後爲道德行，於是人之所以爲人有其意義矣。

世人知行於「中西印哲學」者甚多。君勱先生是其中之一人。君勱先生言：「哲學喜歡德國的，政治喜歡英國的」。依莊子所說「內聖外王」，先生初是「去了一政治國，又來了一學問國」，繼以國事故，又言「不因哲學忘政治，不因政治忘哲學」。所以瘁心自負者，則曰「致知求仁」。而所以實現之方法，曰「負起四千年重擔，辨別全世界向方」。最後在彼岸美國，不時懷念回向於中華民國與大陸，孤獨的自處於「學問獨立王國論」中，爲國士，爲詰士，從事於譯著於講學，於創辦「自由中國協會」並發行會刊「自由鐘」月刊第四十九期出版後，遂於民國四十八年二月廿三日捨壽。先生生於光緒十二年丙戌十二月廿五日，是與孟子同皆在世爲八十四歲。

先生所遺於國人及歐美印澳者，各有中文德文英文三方面專書著述。至散見中外各報刊雜誌者，亦甚多。我爲其學生，曾發願致力於先生四種文集之編刊：曰「中西印哲學文集」，曰「民主立國文集」，曰「共產主義之新變化文集」，曰「國際關係與歐美政象文集」。一代儒行，承先啟後，又見日新又新者，不當爲之流傳乎？

先生從事讀書與哲學研究及譯著之大事如左：

光緒十七年辛卯（一八九一）：六歲：與四伯父諸子公權先生在家塾從程庸伯先

生讀書。

光緒廿三年丁酉（一八九七）：十二歲：奉母命，考入上海江南製造局所設之「廣方言館」，學習英文及數理化。讀國文時，兼閱讀三通考。次年，在館門口驚見滿清政府高懸康有爲梁啟超兩位先生照片及逮捕通令，遂促起委身國事之念之始端。此後爲文禮讚「百日維新」及其影響，卽曰五四運動之德先生與賽先生，固已早在晚清顯現之矣。

光緒廿八年壬寅（一九零二）：十七歲：值詔廢八股，改試策論，遂應試入縣學，並得中寶山縣秀才。次年考入震旦學院，從馬相伯先生讀西洋歷史及西洋哲學。同時，從數年前起，迄至於今，嘗於黎明焚香一柱，讀朱子「近思錄」。自謂使對此書，發生很大興趣。此後於「義理學十講綱要」一書卽謂：朱子嘗採周程張子之言，輯爲近思錄一書，以現代名辭言之，其中有哲學本體論，道德哲學，教育哲學，政治制度與政治哲學。朱子嘗謂四書爲六經之階梯，近思錄則爲四書之階梯。其重視此書，可以知矣。

光緒卅二年丙午（一九〇六）：廿一歲：爲寶山縣公費送日本入高師理化部。半年後，考入早稻田大學學國家學，並自修德文。公費既斷，遂苦讀。時爲生平第一文曰「約翰彌勒議院政治論」，承梁任公先生發表於所辦之「新民叢報」，繼卽由梁先生聘爲報社編輯，月得六十元，始解困厄。次年，任公先生以上年有預備立憲之詔，乃約先生加入爲「政聞社」之發起人，並在社刊以「政論」爲名者，擔任國際關係之編纂。

宣統元年己酉（一九〇九年）：廿四歲：應早稻田大學暑期訓練班之邀，講「中國文化史」，並在東京創辦「憲政新誌」。次年，早稻田大學修學完成，得政治學學士學位。再次年，回國參加北京殿試，得授翰林院庶吉士，則所謂洋翰林是也。

中華民國元年：廿七歲：以外蒙事件，數袁世凱十大罪，不得在國內安居，乃受北京「憲法新聞社」聘爲德國觀察員於年底由任公先生之助，經俄入德，於次年三月考入柏林大學再學政治學及國際法兼研究德國哲學。途經莫斯科與俄記者作長談，被譽爲中國赴歐第一記者。是年，諦閑大師在上海說佛法。先生前往聽講，即於席間，與張東蓀先生相識。陳獨秀亦在座。

中華民國四年：卅歲：曾赴英國參觀巴力門，旋以國內發起反對袁世凱帝制運動，促參加，遂置博士論文不顧，由英急速返國，主持上海時事新報筆政。不久，先生赴京，時事新報事交請張東蓀先生接替。東蓀先生即於七年在時事新報創辦國內第一副刊名曰「學燈」，力事闡揚新思想。論者謂次年之五四運動，「學燈」實爲先導。

中華民國九年：卅五歲：去年底隨梁任公先生與蔣百里丁在君先生等赴歐。今春與任公先生赴德，謁晤倭伊鏗先生談精神生活。任公先生返國後，遂從倭氏學哲學。是先生從社會科學入於哲學之始。次年，與倭氏合著「中國與歐洲的人生問題」一書，再次年在萊比錫出版，是謂國人與德人合作出書之第一人。

中華民國十年：卅六歲：年底伴同德國生機哲學家杜里舒氏返國。蓋應講學社之請也。杜氏在國內演講由先生擔任翻譯，並有演講集出版。杜氏返德所著一書中曾記講學事，並刊有與先生在開封時之合攝之照片。

中華民國十二年：卅八歲：二月先生向清華大學出國留學生演講「人生觀」，丁在君先生不滿，遂引起「人生觀論戰」。

中華民國十六年：四十二歲：先生所辦之國立政治大學，於國民黨黨軍攻佔上海後，由國共合作之上海市黨部所封閉。自是在家讀書，並譯竣英儒賴斯幾氏之「政治典範」。初被迫用「張士林譯」字樣。先生逝世後，今商務版始刊先生姓名。國人讀是書者，始知政治上之「多元」論。欲求民主，惟被治者與治者有其「聯治」始可。

中華民國十八年：四十四歲：與李璜先生合辦「新路」，並在青年黨在上海所辦之知行學院教「歐洲政治思想史」。因被黨匪綁票，不克在國居留，乃第三次赴德。由倭伊鏗夫人介紹，在耶納大學教「中國哲學」。此時又與杜里舒氏作哲學研究。

中華民國廿年：四十六歲：應北平燕京大學之請，返國在該校教「黑格爾哲學」。次年，與「民主憲政黨」主席徐君勉（以個人身份參加），張東蓀、胡石青先生等，在平組成「中國國家社會黨」，並發行「再生」雜誌。仿效德國「社會民主黨」與英國「工黨」，期「民主政治」與「社會主義」在中國有其會通。

中華民國廿三年：四十九歲：先生應廣州「明德社」之邀，前往講學。旋應陳濟棠先生之請，洽將明德社於次年改組成立「學海書院」，並商請張東蓀先生主持。同時並在香港創辦「宇宙雜誌」，以與北京之再生雜誌相呼應。爲追憶康有爲先生，曾一度赴「南海中學」爲「十九世紀德意志民族之復興」之演講。先生在學海書院，曾講「國家哲學」，並爲「明日之中國文化」（商務版）之演講。次年，先生將「再生」所發表有關民族文化之文，合輯「民族復興之學術基礎」一書，在「自序」文中，力言雖可用力於政治，但亦應在學術上自創一種哲學，積累日久，俾成爲社會上與政治上學說之憑藉。廿七年，講「立國之道」（商務版）。

中華民國廿九年：五十五歲：出任設在大理之「民族文化書院」院長。珍珠港事變後，先生被幽居於重慶之汪山。卅年，在野各黨派在重慶，成立「中國民主政團同盟」。此後改爲「民主同盟」，改由在野各黨派以個人名義參加。

中華民國卅三年：五十九歲：先生第一次赴美，參加太平洋學會會議。次年，任我國出席聯合國會議代表之一。年底赴英國。卅五年初，返國參加「政治協商會議」，其後並爲「中華民國民主憲法草案」之草擬。八月十五日，海外「民主憲政黨」與「國家社會黨」合併，改組成立「中國民主社會黨」，先生出任主席之職。此後遂有「康梁張」之譽稱，亦即晚清之「立憲黨」，今爲「社會主義黨」，有其「民主政治」與「社會主義」融合之「立國」大道矣。

中華民國卅六年：六十二歲：年底，應美國華盛頓大學之請，第二次赴美，講「中國新憲法」。卅八年十一月應印度政府之邀，由澳門赴印，講「中國哲學」。因大陸失陷，爲「中華民族精神——氣節」一書，不啻以之以表明個人之立場。四十一年在印講學完成，即赴東南亞各國講學。然後爲第三次之赴美。美國杜魯門總統特囑「國會圖書館」爲先生設立一室，從事各種譯著資料之蒐集及寫作。午間以咖啡一杯，麵包數片爲食，苦讀至晚方歸寓所。

中華民國四十四年：七十歲：美國國會圖書館查閱寫作完成，乃應舊金山僑胞之邀，前往講「義理學十講綱要」，並爲「世界日報」撰社論。四十六年，所著英文「新儒家思想史」在美出版。

中華民國四十七年：七十三歲：一月，與唐君毅、牟宗三、徐復觀三先生聯合發表「爲中國文化告世界人士書」。六月，得澳洲孟氏之資助，赴歐亞爲「環球講學」。西德政府亦邀請前往訪問，曾與「社會民主黨」主席奥門倫氏及副主席施密德氏會晤，並參觀國會。因獲贈「社會民主黨新黨綱草案」之初讀，嘆未曾有，此後即視之爲「社會主義之花果」。先生旋應邀發表演說，題爲「儒家思想與中國共產主義」，批評西方人對儒家思想之誤解。該講全文，後在「東歐」雜誌十卷四期（一九六〇四月）發表，是爲先生之第四次赴德。

中華民國五十年：七十六歲：應舊金山僑胞成立之「美洲佛教會」致詞，並講佛教教義。次年，應西德佛萊堡大學之邀，前往講學。先講「新儒家思想發展之大要」，次講「中共最近之發展與對毛澤東之批判」。此行曾順道訪問「存在主義」大師耶士培教授。其後由在該校講中國哲學之蕭師毅博士陪同前往瑞士一遊。是爲先生第五次之遊德。

中華民國五十四年：八十歲：在金山創立「自由中國協會」，並發行「自由鐘」會刊。

中華民國五十六年：八十二歲：應新加坡政府李光耀先生之邀，前往講「社會主義思想運動概觀」。

中華民國五十八年：八十四歲：先生所著「專制君主政制」及「孟子與柏拉圖」兩文在自由鐘發表後，於二月廿三日在金山辭世。唐君毅先生告我：「專制君主政制」一文如出書，可續加「與現代民主政治」七字。我答遵守之。亦唐先生來臺講學及療病離臺返港對我最後之言也。

先生以上大事，所陳甚略。生平譯著，有更勝於我所作「君勱先生之言行」及「張君勱先生年譜長編初稿」兩文者，則為李日章先生著：「現代中國思想家：張君勱」（巨人版）一文，獨列先生之「著作表」一項，較為詳盡，可謂稀有。此外，尚有江勇振先生著：「中國歷代思想家：張君勱」（商務版），及蕭豐椽先生著：「張君勱的政治觀」（近代中國思想人物論——時報書系）與王雲五及吳相湘兩先生，亦有有關先生生平之著作。今可再為欣陳者，則為洪茂雄先生新自德國獲得慕尼黑大學博士學位返國告我：君勱先生為德國知識界熟知之中國第一人，其譯著，將依年月，一一先後列明。果然，則更可包括歐美諸種講著，可為最完善之參考。

民國六十年八月，我辦「再生臺北版」期間，曾蒙德國 Ursula Richter 吳素樂小姐，美國 Roger B. Jeans 金若杰先生及 Douglas H. Easey 伊子安先生先後來訪，所談君勱先生言行甚多。金若杰先生在美並有專著。至德國慕尼黑大學一度開設君勱先生思想研究課程，其詳當另俟後賢譯述。

臺北學生書局，刊行唐牟徐三先生專書甚多。六十七年，我前往請購唐牟徐三先生書籍時，黃新新小姐見我手持「再生雜誌」，即告我來購四先生書及欲知君勱先生言行者甚多，獨不見君勱先生有何著述，不知如何答覆？我答：商務印書館有數書出刊。其後，再前往購書時，黃小姐即介紹與張經理洪瑜先生晤談。張經理謂四位現代新儒家著作，獨不得君勱先生著作在本書局出版，未能有所配合，不知有君勱先生哲學著述，可交本書局出版否？我答：承蒙關垂甚感，當可將已珍存之文章多篇，以之編爲文集，再行洽辦。其後，即編成「中西印哲學文集目錄」，並寄請香港「新亞研究所」趙致華(潛)先生指教並請代詢關心此文集之友好及再代爲蒐集「目錄」中所缺少爲報章雜誌之文章(謹按：張公權先生曾面告有研究君勱先生思想之獎學金請該所核用)。趙先生當即將草擬「分類」之目錄，在「華僑日報」刊出，並徵求缺失之文。時有江日新先生在臺灣大學哲學研究所讀碩士，係忘年新交，乃請其代爲整理，即今已決定之分類目錄，目錄既定，張經理乃偕馮董事長愛羣先生來晤。相見恨晚，洽談至歡。馮先生讀全集時，親爲標列，較之原排之篇，一一皆顯清新之貌，大有助於閱讀。至於原文有遺錯之處，則請江先生詳爲核校。該局盧成信先生則從事最後之檢整，始付印。江先生又力助「新儒家思想史」中文本之查校工作。今於本集之校核查對，如牛毛繭絲，細入無間，其勤勞有足多，而非我所及者。

昔曾向唐君毅先生陳述本文集事，並擬請爲序文。唐先生答：晚輩不可爲前輩作序。因之，其後向李幼椿先生請求賜序，祇允於「民主立國文集」爲序，故亦未再向牟宗三、徐復觀二先生有所請求。無已，乃以先生其他著作有關「哲學」之意義敍述，鈔錄多則以「[illegible]爲前引。先生於儒家哲學，最後曾擬「儒家哲學之復興」一書之「目錄」，列有：「

卷上：第一：「儒家哲學在歷史之變遷」。第二：「儒家哲學處於西方哲學環境中之覺悟」。第三：「宋代學者復興儒學之先例」。第四：「今日所以復興儒家哲學應如何」。卷下：第五：「儒家哲學之基本範疇」。第六：「儒家哲學之各部門與其方法學」。第七：「儒家倫理學」。第八：「儒家社會哲學」。第九：「儒家認識論」。第十：「儒家形上學」。第十一：「儒家宗教哲學」。附：第十二：「中華民族精神——氣節」。就以上「目錄」所列，雖未寫作，亦可知先生所以爲新儒家哲學思想之體系所在。至於西洋哲學，亦曾列有「目錄」，亦未能寫作。然或多或少，可於其他著述，得知一二。先生好爲「青出於藍」之言，是則未完之作，有望於國人今後再續發前人所未發有其新新之著作，俾後後勝於前前。關於佛教，先生本有擬譯「高僧傳」之計畫。屈映光先生並曾有請先生將「大般若經」六百卷譯爲英文之意。但均未能如願。

先生於民七在「學燈」及北京「晨報」副刊所發表之文，我讀誦後，即生崇敬之心。迨考入國立政治大學後，更喜於珍存先生之譯著。民國四十五年時，我以先生如返國，必須有知於參考臺灣史實事，不能不先爲之蒐集有關資料。適臺灣省鑛業研究會編印「臺灣鑛業史」該會理事長顏欽賢先生約邀担任「會纂」一職，亦須查閱臺灣史誌。乃前往「中央研究院近代史研究所」，會晤所長郭庭以學長（國立東南大學附屬中學同學），請求指教。郭學長當即介紹在該所從事研究之黃嘉謨先生。蒙黃先生熱心代爲檢出有關書刊，擇其重要者鈔錄，得以完成該史之會纂工作，並就心得編製顏鄭，荷西，鄭荷西——清代，日據，光復後各時代「臺灣鑛業大史表」數種。我以黃先生博識清代史事，再進而受我請託，得又讀該所所存之「新民叢報」及「解放與改造」諸雜誌。凡先生及以「立齋」爲名發表之譯著，皆請黃先生影印寄我。故先生早年之文，皆郭學長與黃先生之賜也。

本集諸文，除歷年上述及自行珍存者外，亦曾蒙蔣勻田王世憲兩學長，張敦華師妹及王厚生先生所交讀者。至張公權先生所交美國各圖書館所藏者，則囑由小女學祥與孫昌德君夫婦二人依藏存目錄代爲查詢影印。故本集未刊者，將來擬再編續集。本集三校畢，謹爲本文，敬向馮張黃盧江五先生致謝。儒家有「仁以聚之」及「與人爲善」之言。西洋哲學有「關係」及「構成」之詞。佛門有「法不孤起，待緣方興」之語。是此集之成，亦君勱先生所謂「多元」及「會通」者。能否裨益於中華文化傳統有其再生而見新哲學之立，則有待國人共勉者矣。本集如有缺欠而待補充者，並乞關心民族文化者，予以援助及指教是幸。

學生　程文熙　七十年三月一日
臺北縣新店市

國家圖書館出版品預行編目資料

中西印哲學文集

張君勱著，程文熙編. – 初版. – 臺北市：臺灣學生
1981.06
冊；公分

ISBN 978-957-15-1878-7(全套：平裝)

1. 哲學

107　　　　　　　　　　　　　　　　110020180

中西印哲學文集（全二冊）

著　作　者　張君勱
編　　　者　程文熙
出　版　者　臺灣學生書局有限公司
發　行　人　楊雲龍
發　行　所　臺灣學生書局有限公司
地　　　址　臺北市和平東路一段 75 巷 11 號
劃 撥 帳 號　00024668
電　　　話　(02)23928185
傳　　　真　(02)23928105
E - m a i l　student.book@msa.hinet.net
網　　　址　www.studentbook.com.tw
登記證字號　行政院新聞局局版北市業字第玖捌壹號
定　　　價　新臺幣一五〇〇元

一 九 八 一 年 六 月 初版
二 〇 二 一 年 十 二 月 初版二刷